「現代能楽集」の挑戦

The Challenge of "Contemporary *Noh* Performance"

The Work of Ren'niku Kobo 1971–2017

錬肉工房 ren'niku kobo 1971–2017

Edited by OKAMOTO Akira

岡本章 編著

論創社

ハムレットマシーン［撮影＝宮内勝］

「現代能楽集」の連作

AYAKO SEKIGUCHIのための「姨捨」

1989年（撮影→池上直哉）

現代能『水の声』

1990年（撮影→高島史於、吉越研（右上））

井筒・AM BRUNNENRAND

1992年（撮影・宮内勝）

現代能『紫上』

1998年（撮影➡吉越立雄）

現代能『無』

1998年〔撮影➡宮内勝〕

ハムレットマシーン

1998年（撮影➡宮内勝）

現代能『ベルナルダ・アルバの家』

2002 年（撮影➡宮内勝）

バッカイ

2010年〔撮影→宮内勝〕

現代能『春と修羅』

2012年（撮影➡宮内勝）

オイディプス

2013年（撮影➡宮内勝）

現代能『始皇帝』

2014年（撮影➡前島吉裕）

西埠頭/鵺

2017 年（撮影➡宮内勝）

「現代能楽集」の挑戦
錬肉工房 1971-2017

The Challenge of "Contemporary Noh Performance"

The Work of Ren'niku Kobo 1971-2017

はじめに

OKAMOTO Akira

岡本章

能は世界に類例のない独自の優れた特質、構造を持つ伝統演劇である。私は一九七一年に錬肉工房を創設したが、活動の初期より能を現代に開き、活かしていく活動を持続的に行ってきた。そして一九八九年からはそれをさらに深め展開するために、「現代能楽集」の連作を始め、現在まで十四作品を上演している。本書では、そうした「現代能楽集」の連作の挑戦の試みを中心に据え、第一線で活躍する多様な論者、表現者により、多面的な角度から能の本質とは何か、また能と現代演劇、現代芸術との交流、展開の可能性、そしてさらには長期間に亘る錬肉工房の実践活動、その営為の内実が問い直されている。

錬肉工房では、これまで通常の現代演劇の枠組みを根底から捉え返す、様々な実験的、根源的な試み、作業を行ってきたが、その中心的な課題は次の四点である。一つ目は、〈言葉〉と〈身体〉の関係を根底から問い直し、新たな〈声〉や〈身体性〉の可能性を模索する作業。二つ目は、能を中心に、前近代の演劇、伝統的な文化とどのような関係を持ち、切り結んでいくのか。三つ目は、様々なジャンルの表現者たちとの脱領域的、横断的な作業の課題。そして最後に、テクノロジーやメディアと身体がどのように関わっていくのか。高度情報化社会の中での身体のあり方を見つめ直してみるという問題である。これらは当然相互に密接に関係しあって実践されてきたが、その中でも二番目の能を中心に前近代の演劇、文化とどのような関係を持ち、切り結んでいくのか、という課題が最も重要な軸であったことは言うまでもない。

ところで「現代能楽集」の連作の作業では、多様な芸術ジャンルの表現者が共同作業を行うため、毎回新たな共通の課題、テーマを掲げ、探求が試みられてきた。その作業の内実や方法論の具体的な問い直しは、本書で多面的に展開されているのでご覧いただくとして、ここでは、私が活動の初期から何故能を現代に開き、伝統と現代の諸課題を捉え返す作業を持続的に行ってきたかに関して、その根底に一貫してある問題意識について少し触れておきたい。

その中でも重要なものが三点あって、先ずその一つは、能の本質としての根源的な自由の問題である。通常能は型に縛られたイメージがあるが、その本質は自由にあると思われる。それはもちろん勝手気儘の恣意的な自由ではない。能は型、様式の洗練化が極まで進み、型に縛られ、拘束されている側面があるが、そうした強い規範性、法則性を背負った中での根源的な自由がそこにはあるはずだ。それは例えば、能『道成寺』の乱拍子の段の自在で充実した「間」、また夢幻能『井筒』の高度な〈変身〉の演技などは、そうした緊張感のある根源的な自由の一つの現れ、姿と考えられる。しかし同時に、同じ定型的な型や動きも、演者によって深い感銘を与えたり、正に「型通り」演じられ、退屈極まりないなぞりの演技でしかない、といった両極の事態も、能ほど赤裸々に浮き彫りになるものはない。こうした型、様式の二面性の問題、パターン化、惰性化、形骸化の罠は、能固有のものではなく普遍的、本質的な課題であるはずで、それを超えていく転換の一瞬をどのように設《しつら》えることが出来るのか。これは様々な芸術表現のジャンルにとっても重要な課題であり、能にはそうした根源的な自由への手掛かり、知恵が秘められているのではないか。

続いて二つ目の問題意識として、「伝統と現代の断絶と接合」の課題がある。周知のように、明治維新以降の日本の近代化の中で、多様な領域でそれまであった文化伝統を否定、切断する必要が生じたわけで、そのことは演劇の領域でも、近代リアリズム演劇を移入、定着することは重要な課題として取り組まれてきた。それは築地小劇場の小山内薫の、「『歌舞伎を離れよ。』／『伝統を無視せよ。』／『踊るな。動け。』／『歌うな。語れ。』」のモットーに見られるような、意志的な伝統との切断がそこに存在した。しかし、その時同時に、それまでの演劇伝統とどのように切り結び、関係づけていくのかという、「断絶と接合」の課題も浮上してくる。これはもちろん他の芸術ジャンルでも同様の事態があり、さらに言えばこうした日本の明治維新以降の伝統と近代の二重構造、「伝統と現代の断絶と接合」の問題は、文化、社会の構造をも貫く、いまだ解決していない大きな課題であると思われる。能を現代に開き、「伝統と現代」の関係性を問う活動を持続的に行ってきたのは、このような拡がりを持った根源的で重要な課題を少しでも実践的、具体的に、可視的な形で対象化出来ればという問題意識があったからだ。

三つ目としてアクチュアルで根源的な共同作業の場の問題がある。「現代能楽集」の連作の試みでは、毎回能や狂言の演者に参加してもらい、多様な芸術ジャンルの表現者と共同作業を行うことで、能の本質的な構造が浮かび上がるとともに、同時にそれが、これまでにない新鮮な「現在」の表現として現出することが目指されてきた。さらにそこでは多様な芸術ジャンルの表現者が、共同作業の中で能と直接出会い、それを手掛かりにすることで、それぞれのジャンルの枠組み、また個々の課題が照らし出され、揺さぶりがかかり、新たな表現のあり方を探っていけるような場を設えたいと挑戦してきた。というのは、私たちの演劇を含めた芸術創造の現場は、かなり閉鎖的に分断されていて、風通しの悪い状態にあり、それを私は「ただの現在《いま》」と呼んでいるのだが、各ジャンル間、そして過去とも、またアクチュアルな外的状況、今とも切断されてしまっている。他方ではポストモダン状況、大衆消費社会の中で、一見易々とジャンルの横断が可能のようでいて、それがすぐに商品化され、囲い込まれてしまう。そうした現状を見据えながら、能の演者にも参加してもらい、能を一つの重要な手掛かり、核として本来的な意味で横断的であり、アクチュアルで根源的な共同作業の現場をそこに創り出せればと考えてこれまで試みてきた。それはもちろん能の演者にとっても同様であり、自身が身につけてきた型や様式、身体技法に根底から揺さぶりがかかり、捉え返しが行われ、型や様式の基盤にある声や動きの原理的な筋道、芸の深奥を体得していくための発見や手掛かりをそこで見い出すことがあるはずだ。振り返ってみると、こうした三つの重要な問題意識が活動の初期から一貫して根底に存在し、毎回様々に工夫を重ねながら多面的に問い直されてきたと言える。

さてここで、本書刊行の経緯について述べておきたい。「現代能楽集」の連作は、一九八九年の『AYAKO　SEKIGUCHIのための「姨捨」』から開始したが、実はその時に併行して、「〈ことば〉のいのち、〈からだ〉の声——能のコスモロジーと身体性」というシンポジウムが開催された。これは「現代能楽集」の連作を始めるにあたり、それまで交流のあった多様なジャンルの第一人者の表現者、研究者の方々に出席していただき、〈言葉〉と〈身体〉の関係性を軸にして、能の本質や能と現代芸術の接点、そして能の背後に存在するコスモロジー、身体性について多様な角度から討議が行われた。その内容は本書の第四章に収録されているが、充実した貴重な遣り取りが行われ、連作の作業を開始する上で、大きな手掛かりや示唆を受けた。ただ時間が限られていたため、さらに深め、展開した発言の機会をこちらで設けることが出来ないかと、一九九〇年から出席者による鍊肉工房アトリエでの連続講演会を企画した所、快諾していただいた。その講演会ではシンポジウムの発言を踏まえながらも、背景のそれぞれの仕事により沿った形で、縦横に能や様々な芸術表現の核の問題が語られ刺激的であった。ただシンポジウムも講演会も限られた聴衆しか立ち会うことが出来ず残念な思いがあり、その時から何らかの形で内容を活字化したいと考えていた。

実はそのことが本書刊行のそもそもの発端となった。それが具体的に動き出したのが錬肉工房創設四十周年の折で、その記念としてこれまでの活動を多面的に捉え返す論集の刊行が目指され、その中に収めようと考えたが、内容が多岐に亘り、編集の都合で発刊が延期となった。そしてその後丁寧に準備を重ね今回の、四十五周年記念論集『「現代能楽集」の挑戦　錬肉工房1971―2017』の刊行の運びとなった。

本書では、シンポジウム、講演だけではなくさらに大きく展開し、充実した形で、能の本質的な構造、また現代演劇、現代芸術と能との横断的な交流の作業、そして錬肉工房の、一九七一年からこの二〇一七年までの長期間に亘る持続的な営為の意味や内実が、第一線で活躍する様々なジャンルの論者、話者により、論考、エッセイ、シンポジウム、講演、対談、座談会など多様な角度から捉え返しの作業が行われている。以下簡単に全体の内容を紹介しておきたい。

第一章では、岡本章の「能と現代」に関するこれまでの論考の中から、本書の内容に深く繋がる三編が収録されている。「『現代能楽集』の作業」は、連作の中から代表作のいくつかが具体的に取り上げられ、その課題、問題意識、方法論が多角的に論じられる。「〈形〉について」は、現代能『水の声』の上演過程を踏まえ、型や様式の二面性の課題を考察する。「現代演劇と能」は、錬肉工房の初期の仕事が、アングラ・小劇場演劇と絡め、能との関係性を重要な切り口にして捉え返されている。

第二章では、五人の批評家や研究者、西堂行人、羽田昶、竹本幹夫、小田幸子、新野守広により、錬肉工房と岡本章のこれまでの営為について、多様な角度から考察が行われている。それぞれ独自の視点から、具体的な上演を踏まえ、その作業の意味や内実について鋭く分析されている。これらの論考は、創設四十周年の際に書き下ろしを依頼したもので、編集の都合で刊行が遅延したことをお詫びするとともに、今回そのままの形での掲載の許可をいただいたことに感謝したい。

第三章では、「現代能楽集」の連作の試みで共同作業を行ってきた、多様な芸術ジャンルの八名の表現者、高柳誠、櫻間金記、田中純、笛田宇一郎、鵜澤久、上杉満代、古屋和子、横田桂子のエッセイが収められている。これらは今回の四十五周年記念論集のために書き下ろされたもので、現代演劇、能、糸あやつり人形、舞踏、現代詩、ストーリーテリングなどの表現者により、能を一つの重要な手掛かり、核とした、ジャンルを超えたアクチュアルで根源的な共同作業の場のあり方やその作業過程、また問題意識が生き生きと描かれている。

第四章では、二つのシンポジウムが取り上げられている。最初の「〈ことば〉のいのち、〈からだ〉の声」は、既に述べたように、一九八九年の「現代能楽集」の連作の開始時に、大野一雄、観世銕之亟、高橋康也、渡邊守章、岡本章の出席により、併行して開催されたものである。次の「能と現代演劇」は、二〇〇二年に早稲田大学演劇博物館主催で行われた、企画展『伝統と前衛――錬肉工房と岡本章の30年』の際の観世榮夫、岡本章、竹本幹夫によるシンポジウムで、能と現代演劇、伝統と現代の根底の課題が実践に即して具体的に討議されている。

第五章では、錬肉工房アトリエで開催された連続講演会を中心に講演会の内容が掲載されている。それは舞踏家、現代詩人、能楽師、英文学者、仏文学者によって、一九八九年のシンポジウムを踏まえながらもさらに深め、展開して、能や多様な芸術表現の核心の問題が自在に語られている。続く観世榮夫の講演は、二〇〇六年に明治学院大学で行われたシンポジウムの際のものであり、また岡本章のものは、二〇一一年の楽劇学会大会での基調講演である。

第六章では、様々な場、機会、媒体で行われた対談、座談会が収められている。どれも編者の岡本章が何らかの形で関わったものであり、舞踏家、能楽師、狂言師、作曲家、映画史家などによって、能や多様な現代芸術の本質や魅力、「現代能楽集」の連作の作業の課題について縦横に語られている。また観世銕之亟、野村萬、梅若実、観世榮夫、櫻間金記、鵜澤久など実績のある能楽師、狂言師によるそれぞれ独自の能楽観、その修行の過程についての貴重な発言も収録されている。

そして巻末の第七章では、資料集として「『現代能楽集』の連作一覧」、「錬肉工房活動公演年譜」、

「錬肉工房・岡本章演出作品演劇批評集成」が収められている。活動公演年譜、演劇批評集成などをご覧いただくと分るように、錬肉工房では創設以来、「現代能楽集」の連作以外にも多数の実験的、根源的な舞台上演、演劇作業を行ってきている。

以上が本書のあらましである。これまでこうした長期間に亘る実践活動を持続、展開することが出来てきたのは、共同作業に積極的に参加していただいた多様なジャンルの表現者の方々をはじめとする、多くの得難い出会い、助力、支えがあったからに他ならない。それらの方々に感謝の気持ちを述べるとともに、本書の刊行が一つの契機、手掛りとなって、様々な現場でアクチュアルで根源的な課題が問い直され、閉塞状況に揺さぶりがかかり、演劇、芸術の表現領域の活性化につながる所があればと願っている。

「現代能楽集」の挑戦
錬肉工房 1971-2017

目次

第2章 書き下ろし論考 062

第3章 エッセイ 124

第4章 シンポジウム……158

第5章 講演……214

第6章　対談・座談会

第1章

現代能『水の声』［撮影＝池上直哉］

論考

1 「現代能楽集」の作業

OKAMOTO Akira

岡本 章

はじめに

私は錬肉工房という劇団を主宰しておりまして、一九七一年に創設しましたので、今年で四十六年目になります。その間に様々な演劇的な試みを行ってきましたが、中でも能を現代に開き、現代演劇にどのように活かすのか、また、「伝統と現代」の問題を多様な角度からどのように捉え返すのかといった作業は、特に重要な課題であったと言えます。そのことは活動の初期から持続的に取り組んできましたが、一九八九年からはさらに深め展開するために、「現代能楽集」というタイトルで連作を始めました。現在、他にも「現代能楽集」という名称の試みがありますが、これは私が最初に名付けて始めたもので、二〇一七年の三月に行いました『西埠頭／鵺』まで、十四作品を上演してきました。今日はその「現代能楽集」の連作の試みの課題、問題意識、具体的な作業の内実、方法論などについて、いくつかの代表的な上演作品も取り上げお話させていただきます。

「現代能楽集」の課題

さて、私は現代演劇の世界に長年携わってきましたので、もちろん現代演劇は数多く観てきましたし、他にもバレエやダンス、舞踏、ミュージカルなど様々なジャンルの舞台芸術に接しています。そうした時、比較してみると能の舞台上演が与えてくれる独自の時間、空間体験、自在な関係性のあり方、美的であるとともに深くて強い存在感など、他のジャンルの表現では決して味わうことの出来ないものがそこにある。そしてこれを支え、可能にしている演技、演出の工夫、仕掛け、テキストの構造も非常に興味深いものがあります。と言いますのも、現代演劇の分野では、ここ四、五十年、重要な課題として近代劇批判がありました。そこでは近代リアリズム演劇の枠組みに対して、戯曲、俳優、観客、劇場と多面的な角度からの捉え返しの作業が世界同時的に行われました。わが国でも一九六〇年代末からアングラ・小劇場と呼ばれた現代演劇の運動がそれにあたりますが、近代リアリズム演劇の戯曲中心主義が崩れ、俳優の表現が、戯曲の思想やテーマの表象=代行、単なる身振りつき文学の再現ではないことが主張されました。そのような過程で能や歌舞伎などの伝統演劇の本質的な構造、特に演技や身体技法が注目されるということがありました。現代演劇に携わる私が、どうして能に興味を持ち、「現代能楽集」の連作を試みてきたのかという理由の一つはそこにあります。

そして、それとともに大事な課題として「伝統と現代の断絶」の問題があります。これは大きな課題で、明治維新以降の日本の近代化の中で、多様な領域でそれまでにあった文化伝統を否定、切断する必要が生じたわけでして、それは演劇の世界でも、築地小劇場の小山内薫の、「『歌舞伎を離れよ。』／『伝統を無視せよ。』／『踊るな。動け。』／『歌うな。語れ。』」のモットーに見られるような、意志的な伝統との切断がありました。しかし、その時同時に、それまでの演劇伝統とどのように切り結び、関係づけていくのかという、「断絶と接合」の課題も浮上してくるわけでして、これは現在に至るまでいまだ解決していない、困難な課題でもあります。私が能の本質を捉え返し、それを現代に開き、現代演劇にどのように活かすのかといった「現代能楽集」の作業を積極的に展開してきた背景には、このような重要な課題を少しでも実践的に捉え返してみたいという思いがありました。

「現代能楽集」の問題意識

さて、それでは具体的に「現代能楽集」の連作の問題意識について話したいと思います。そこには三点の重要な問題意識が存在します。まずその第一点として、

1. 謡曲などの言語、テキスト・レヴェルだけでなく、演技や身体性、能舞台の空間性など、多様な側面から能を捉え返していくこと。特に、夢幻能の演技の持つ自在で深い存在感、関係性、それを支えている身体技法に注目し、対象化の作業を行う。

三島由紀夫氏の『近代能楽集』は、言語レヴェルでの能の現代化の類まれな達成であることは言うまでもありませんが、私が「現代能楽集」と名称を付けたのも、もちろん三島氏の『近代能楽集』を意識してのものです。三島氏の『近代能楽集』八篇は能に触発され、緊密な構成

と文体で、写実的な近代劇として見事に翻案したものですが、残念ながら能の演技や身体技法を前提に書かれたものではありません。もちろん、だからこそ様々な演出処理も可能なわけですが、そこでは演技や身体技法という大きな課題が見過ごされ、全く手がつけられていません。

ご承知のようにポール・クローデルが、「劇、それは何事かの到来であり、能、それは何者かの到来である」と定義づけたように、夢幻能では、西洋演劇のような登場人物の対立、葛藤、劇的展開を描くことを目的としていません。シテは通常の登場人物を超えた何者かであり、その身体に劇世界、記憶、さらには自然や宇宙まで担い、内蔵し、到来します。観世寿夫氏がかつて語ったような、「ただ立っているだけで一つの宇宙を象《かたど》り得る存在感」。そして後場の回想の、鎮魂の舞のクライマックスでは、時間、空間が自在に往還、伸縮し、複雑で高度な〈変身〉の演技が刻々豊かに生きられます。これは、もちろん近代劇の写実主義や心理主義の感情移入の使い分けでは実現出来ないわけでして、ここには高度で複雑ではありますが、現代演劇にとりましても刺激的な演技のあり方、身体技法が存在すると言えます。私の行ってきた「現代能楽集」の作業では、まず夢幻能の構造に一つの的を絞り、謡曲、テキスト・レヴェルでの捉え返しとともに、さらには何より夢幻能を成立させている能の根底の本質的な演技の、身体技法のあり方を射程に入れ、その対象化の作業を積極的に行ってきました。

続いて第二点としまして、

2. そのため「現代能楽集」の連作では、実際に能舞台を使用したり、また能、狂言、囃子方などの古典の演者の参加を得、共同作業を行うことで具体的に身体技法や空間性を射程に入れ、その本質的な構造を浮き彫りにする。そしてその作業が同時に「現在」に根差した、新鮮でラディカルな実験的な作業として息づくように模索する。

夢幻能の演技の構造を根底から捉え返し展開するために、これまで毎回必ず能・狂言の演者の方々に参加していただき共同作業を行ってきました。私の長年の演出作品は、ある意味で全部がどこかで能と関係していると言えるかもしれませんが、「現代能楽集」の連作とそうでないものとの区分けははっきりしていまして、具体的には能・狂言の演者に参加してもらったり、能舞台を使用するとか、直接、具体的に能に関係する作品を「現代能楽集」の連作に入れています。そしてその共同作業の中で能の本質的な構造が明瞭に浮かび上がるとともに、それが同時に、これまでにない新鮮な現代の表現として現出することが目指されてきました。

そのことは単に現代演劇、現代芸術の表現の問題だけではなく、能・狂言の演者にとっても色々と発見や気づきになってくる所があると思います。能・狂言における型や様式は、演者を人間存在の根底の場に下降させ、運び込んでくれる通路の役割を果たしてくれる重要なものですが、しかし同時に、正に「型通り」演じられ、なんの新鮮さもない惰性化、形骸化したなぞりの演技に陥る危険も伴っています。「現代能楽集」の共同作業の中で、型や様式の基盤にある原理的な筋道を、具体的な腰や肚、息の詰め方といった身体技法のレヴェルにまで下降して、そこで多面的な角度から対象化の作業をしてみる。その中から、普段自明性となっている型や様式の深い意味の内実、構造が自覚的に捉え返され、また芸の深奥を窮めていく大事な手掛りも、そこに見いだせるのではないかと考えてきました。

そして三つ目の問題意識としましては、

3．能以外の、現代演劇、舞踏、ダンス、現代音楽、現代美術、現代詩などの多様なジャンルの表現者と能との共同作業の場を設える。そして、それが単に相互の手の内の技芸の寄せ集めの縮小再生産ではなく、絶えず各ジャンルの根元のゼロ地点に戻ってみる、自在で「開かれた」新たな表現の、関係の場の探求になること。

能の演技や身体性の問題を射程に入れ、他のジャンルの表現者と共同作業を行う場合、その方向性として三つのパターンが考えられます。一つは能の型や様式をそのまま保持し、他のジャンルの表現と緊張関係を取る場合。二つ目は、能の型や様式を保持しながらも、他のジャンルから吸収、取り込みを行い変化を模索する場合。そして三つ目は、能の型や様式を方法的に一度離れて、型や様式の根源に戻ってみる場合です。もちろん私が行ってきた「現代能楽集」の連作は三番目の作業ですが、これは私も体験があるのですが、共同作業と言っても多くの場合、残念ながら単に相互の手の内の技芸の寄せ集め、ある種の縮小再生産に終わることが多いわけです。そこで工夫、仕掛けが必要となってきます。これはなかなか困難な課題ですが、そのためにそれぞれの技芸、型や様式を方法的に一度離れてもらい、各ジャンルの分かれる前のゼロ地点に戻ってもらう。もちろん離れると言っても、他のジャンルの表層的な真似をするとかではないわけで、能、特に夢幻能が持っている本質的な演技の構造を、方法的にさらに徹底、拡大し、それをゼロ地点の共同作業の場で受け止め直し、捉え返してみるという作業を丁寧に行ってきたということがあります。そのため毎回共通の課題、テーマを掲げ、能以外の、現代演劇、舞踏、ダンス、現代音楽、現代美術、現代詩などの多様なジャンルの人々と、長期間にわたって開かれた表現の、関係の場で、多面的な角度からの探求が目指されました。そして、そこでは能と直接出会い、それを重要な手掛かりとすることで、多様なジャンルの表現者にとっても、新たな発見と展開の場になることが模索されてきました。もちろん古典の能の様式、構造による新作能は、そこに新しい題材、テーマなどを盛り込むことで、これまでも成果を挙げているわけですが、私が新作能ではなく、あえて現代能と呼び、「現代能楽集」の連作を持続的に行ってきた背景には、こうした三つの問題意識がありました。

現代能『水の声』

それではこれから、「現代能楽集」の連作の中からいくつかの私が構成・演出しました代表的な上演作品を取り上げ、具体的に作業の内実、方法論などについてお話しいたします。

まず一九九〇年に上演しました現代能『水の声』は、現代演劇、能、音響彫刻、コンピュータ音楽と多様なジャンルの人々が参加し共同作業が行われました。テキストは、W・B・イェイツの詩劇『鷹の井戸』をもとにした横道萬里雄氏の新作能『鷹姫』を基盤にしながらも、一先ず解体、断片化し、他の言語素材を自由にコラージュする形で再構成してみました。そして作業の共通の課題としましては、〈即興性〉、〈偶然性〉、プロセスの問題に的が絞られました。

こうした課題が掲げられましたのは、能は通常堅固な様式に守られ、型通りに行われている印象があります。確かに様式の洗練化が極まで進んでいるのですが、同時に一方で、例えば能『道成寺』の乱拍子の段等に凝縮してみられる、シテと囃子方との間の、息をはかりあっての緊張感のある引っ張り合い、また、メトロノーム的な拍ではない伸縮可能な時間性、自在で充実した「間《ま》」といった側面は重要です。こうした偶然性の中に必然を探っていくような、ある種の本来的な意味での〈即興性〉は、能の本質的な構造の一つであり魅力でもあります。「自在な関係の生成のシステム」とでも呼べる「間」、〈偶然性〉、〈即興性〉の高度な演技のあり方の背景には、理論的、実践的な筋道、身体技法が存在しているはずです。例えば理論的には、世阿弥が『花鏡』の「万能を一心に綰《つな》ぐ事」で述べている「せぬ隙《ひま》」の充実した自在な「間」、内心の集中の位相、また、冒頭の「一調二機三声」の論は、単に発声法の問題だけではなく、能の多様な身体表現全体に関わり、そして「せぬ隙」の前後を縮いでいく重要な身体技法のメカニズムであったと考えられます。そこに、表現におけるプロセスの問題も浮かび上がってきます。

銕仙会能楽研修所、梅若能楽学院会館、青山円形劇場などで行われたこの現代能『水の声』の舞台では、能の「三鈷《さんこ》の会」の浅井文義氏、粟谷能夫氏、瀬尾菊次（櫻間金記）氏と、錬肉工房の関口綾子を中心とする女優陣が共演しました。当時、能舞台で現代演劇の女優と能楽師が本格的に共演するのはほとんど初めてだったと思いますが、共通の課題を探求するため、稽古の初期の段階から色々と演出的な工夫、仕掛けを設えました。その一つとして参加者の能シテ方の演者の方々には、能の構エや運ビ、摺リ足といった定型的な様式、技法を方法的に一度離れてもらい、連日、即興の稽古を行うという難しい課題に挑戦していただきました。これは先にお話ししました問題意識にあるように、共同作業が単に手の内の技芸の寄せ集め、縮小再生産になるのではなく、絶えず根底のゼロ地点に戻り、自在でスリリングな関係性の場がそこで目指されていたからでありました。そのことは奇を衒ったことではなく、即興と言いましても恣意的なものとは異なり、具体的には世阿弥の「せぬ隙」の高度で充実した自在な「間」、内心の深い集中といったあり方や、「一調二機三声」のプロセスの課題を、普段の能舞台以上に徹底化し、拡大化して、自覚的に生きてみるということを方法的に試みたわけです。実際、本番の舞台でも要所以外はほとんど型付けをせず、思い切った即興の演技を主体に進行させてみました。

そしてこの課題をさらに探求、実現するための演出的な仕掛けとして、美音子グリマー氏の音響彫刻、藤枝守氏のコンピュータ音楽の参加がありました。どちらもかなり徹底した〈偶然性〉のプロセスを持っていて、舞台が一方的に固定化され、予定調和にならないよう、絶えず異化し、根底から揺さぶりがかけられるといった、重要な仕掛けとして機能したと思います。その美音子グリマー氏の音響彫刻は、一昼夜かけて氷結された、ピラミッド状の小石が能舞台に吊されます。形態としても美的なものですが、それが室温によりひとつ、ひとつ溶け落ち、その下の木の桝に仕組まれた水面、竹、ピアノ線を美しく響かせます。言うまでもなく、その小石の落下、音の発生に関してはほとんど全くコントロール不可能なわけです。このような偶然性のプロセスに満ちた音響彫刻を、舞台全体の進行を取り仕切るある種の囃子方の役割として、何より一番の根底の基準にしてみました。そして能、現代演劇の演者たちは体全体で耳を澄ませながら、その音との緊張関係の中で演技が自在に進行するよう仕掛け、設えてみました。

こうした様々な工夫、仕掛けや丁寧な探求の共同作業を行い、また、舞台上演を経て改めて浮き彫りになってきましたのは、能の演技、身体技法の本質、核の部分に対してある自覚的な的の絞り方をし、その方法的な拡大化、徹底化をすることによって、演技の本質構造がよりくっきりと浮かび上がってくるとともに、それが表現として新たに生き直され、展開してくる可能性があるということでした。そして、さらにそれとともに興味深いのは、作者や人間のコントロールを超えたこうした〈偶然性〉のプロセスの課題は、現代音楽のジョン・ケージの作業なども通底するものがありますし、またそれは現代演劇の分野でも、近代劇批判の中で出てきた、俳優の演技や身体性の問題とも深く絡んでくる所がありました。そのことは、単に俳優が戯曲や文学の表象＝代行の媒体となるのではなく、〈場〉そのものから一回一回新たな関係性、「出来事」そのものが生起してくるような、本来的な意味での〈即興性〉の可能性を観客とともに、探る試みになっていたのではないかと思っています。

現代能『無』

続いて一九九八年に上演しました現代能『無』についてお話しします。この公演は舞踏家大野一雄氏、能楽師観世榮夫氏の共演で話題になりましたが、テキストは能の老女物の秘曲『姨捨』、サミュエル・ベケットの『ロッカバイ』、那珂太郎氏の現代詩「秋」から引用、構成しました。ご承知のように能『姨捨』は、棄老の悲惨さを超えた老女の霊の透明で無心な遊舞の姿を描いたものであり、また『ロッカバイ』は、徹底した孤独で空無化した近代の果ての老いの虚無の深淵を見つめたもので、こうした東西の極北のような「無」の、「老い」の生死の姿が演者の身に引き寄せられ、生き直される中で、「老い」と「救済」のテーマが問い直されました。

それとともに重要な課題としまして、日本の伝統演劇の中で連綿と探求されてきた「老いの芸」について、新たな形で捉え返して、展開を目指したということがありました。能におきましても、例えば世阿弥は、四十歳前に書いた『風姿花伝』の「年来稽古条々」の「五十有余」の所で、「せぬならでは手立あるまじ」と述べていますが、実際世阿弥自身はその後八十一歳まで生きたわけでして、彼自身、「老いの芸」の問題に対面せざるを得なかったはずです。そしてその格闘の中から紡ぎ出されてきたのが、『花鏡』の「せぬ隙」や「動十分心、動七分身」などの演技論でして、そこで「せぬ」の位置づけが大きく変化しています。身体の老い、衰えを単に演じないという方向の「せぬ」から、積極的に高度で充実した自在な「間」、内心の深い集中の「せぬ隙」に転じ、さらにそれは「心より出来る能」、「無心の能とも、又は無文の能とも申也」に至るわけです。丁度この舞台の出演時に、大野氏は九十一歳、観世氏は七十一歳でありました。この現代能『無』では、長いキャリアと実績を持つ、第一人者の二人の表現者が取り組み、切り結ぶことによって、能が年月をかけて探求してきた「老いの芸」の演技のあり方を、開かれた新たな表現の、関係の場でもう一度改めて捉え直す作業になったと言えます。

ところで、私がこうした企画を考え、公演の場を設えましたのは、一九七七年に大野一雄氏の舞踏公演『ラ・アルヘンチーナ頌』を見たことにあります。それは圧倒的な舞踏体験でして、あまりそんなことはないのですが、見終わった後しばらく席を立てずにいて、じっと深い感動に身を浸していました。その時、この感動の質が何かに似ているなと感じ、しばらくして思い至りましたのが、優れた演者の夢幻能の舞台でした。透明感を帯びた軽やかで華麗な舞踏、豊饒で根源的な時間性は、「せぬ隙」の内心の持続に貫かれ、身体の、〈場〉の大きな働き、リズムに支えられ、自在に生成され、それはある種の「無心の能」にも通じていくように思われました。もちろん大野氏は能の修行をしたわけではなく、その舞台でも能の型や様式は全く使用していませんし、それは即興性に貫かれた紛れもない現代舞踊でした。しかし両者のそのような差異にもかかわらず、上演の場での深い体験、感銘の質に通底するものを強く感じたわけで、そこには問い直すべき重要な演技、身体性の問題があるはずで、その後、実現には大分時間はかかりましたが、能の観世榮夫氏との共演という願ってもない形で、「現代能楽集」の連作の作業の展開として、捉え返しの試みが実現しました。

シアターコクーンで行われた実際の現代能『無』の舞台では、観世氏の強度のある身体性を持った声、言葉、多様な語りが、大野氏の身体に依り憑く形で三つの場面を構成・演出してみました。第一場では、能『姨捨』の「わが心慰めかねつ更科や、姨捨山に照る月を見て」という歌に引き寄せられ、大野氏による亡魂が登場し、続く第二場では、能シテ方による「死のコロス」たちがベケットの『ロッカバイ』の言葉を即興で朗唱する中、大野氏の孤独の果てに死んだ西洋の老婆の霊が現れ、鎮魂の舞を舞います。そしてさらに、その第三場では、まず観世氏が能『姨捨』の間狂言の部分を、コメディア・デッラルテのタルターリアの仮面をかけ、狂言でも現代演劇でもない独自の絶妙の語りを聞かせます。そしてその後、能の地謡の声、囃子の音に引かれるように、白塗りの裸体に長絹を羽織った大野氏が登場し、能『姨捨』の序ノ舞を舞います。もちろんそれは能の様式とは全く異なった、独自の即興舞踏なのですが、長絹の袖を翻して舞う老女の霊に月の光が静かに映り、沁みこんでいき、広げられた指先の微細な動きの中に、世界が、宇宙が宿ります。当時大野氏は老齢に加えて、直前に腰を痛められまして、その動きは極端に少なくなり、ふと、よろけそうになる時もありました。しかし、動きづらくなった不自由な老いた身体の隅々にまで気が通っていて、その深奥から響いてくるのは強靭な生命の波動のようなものでした。そして太鼓の音に誘われ、幼児が戯れるように足踏みし、天空を仰ぐ様は、澄みきって飄逸感さえ漂っていました。現代能『無』の舞台において、観世榮夫氏をはじめとして第一線の囃子方、地謡、現代音楽家と大野一雄氏が出会い、相互に精一杯切り結び、引っ張り合うことによって、このような孤心の極みの無心で自在な舞姿が現出し、それは能が長い年月をかけて探求してきた最奥の演技の位相、「老いの芸」とどこか深部で響き合いながらも、独自で新鮮な展開を示したもののように思われました。

『ハムレットマシーン』

一九九八年には、現代能『紫上』、現代能『無』、『ハムレットマシーン』と三連続で、多様な角度から「現代能楽集」の連作の捉え返しの共同作業を行いました。『ハムレットマシーン』は、旧東独の劇作家ハイナー・ミュラーの作品で、戯曲としては徹底して解体され、様々なモノローグの断片の集積であるテキストで、現代演劇のラディカルな問題作と言えます。この作品を初めて読みました時に、是非能の演者と演ってみたいと思いました。と言いますのは、そこでは表層の『ハムレット』の世界が解体、二重化され、東欧の現実が浮かび上がり、さらにはナチスやマルクス主義の専制の支配下を生き抜いてきたミュラーの個人的な記憶、そして古今の西洋の様々な文学、演劇作品や記号体系の引用が錯綜していて、ある意味で現在の日本の状況からは、「遠く」、「重い」テキストで、上演の作業や演技の課題など大きな工夫、仕掛けが必要とされます。しかし、それとともにそこにはある奇妙な自由さと、空無化、冷えの果ての「熱」のようなものが確かにあり、それが根底の部分で激しくこちらを揺さぶり、「現代能楽集」の試みの問題意識にも触れてくるものを感じたからです。

この「熱」の正体は一体何なのか、テキストを読み込む中で次第に明らかになってきましたのが、ある死者の声、視線でした。それは激動の二十世紀の戦争、暴動、革命の過程で、また、さらには歴史や伝統を超えた、例えばギリシャ悲劇の発生や、日本の能や歌舞伎の成立と密接に関連している御霊信仰にも通じていくような、そうした非業の死者たちの声、視線でした。ご承知のように夢幻能には死者(亡霊)が登場し、過去の記憶を語り、思い出が思い起こされ、鎮魂の、カタルシスの舞が舞われます。そこには何百年後の死の視点から生を振り返り、人生や運命を凝縮して生き直す画期的な演劇的な構造、達成があるわけです。もちろんミュラーの『ハムレットマシーン』は、直接的に夢幻能的な構造を持ってはいませんが、そのテキストの言葉にはかなり深く重層的な記憶の層があり、そこから絶えず非業の死者たちが召喚され、その声が「熱」となってこちらに伝わってきます。先に述べましたように、「現代能楽集」の重要な問題意識に夢幻能のテキスト、またそれを支える演技、身体性の捉え返し、対象化の作業がありました。そこで、なかなか難しい所はありますが、『ハムレットマシーン』のテキストを大きな手掛かりにして、そのような課題を根底から問い直してみたいと、ジャンルを超えた能、現代演劇、ドイツ語朗唱の共同作業の形で取り組むことになりました。このことは、世界の現代演劇研究を牽引してきたハンス＝ティース・レーマン氏が、ここ四十年以上、世界各地で試みられてきました戯曲中心主義の近代劇、ドラマ演劇の多面的な捉え返しの作業をポストドラマ演劇と呼び、もちろん『ハムレットマシーン』はその重要な成果の一つですが、そうしたポストドラマ演劇とギリシャ悲劇や能などのプレドラマ演劇が、多くの点で共通するものを持っていると述べていることを想起してみましても、別に突飛なことでないと思われます。

さて、そのための具体的な作業課題として出てきましたのが、思い出の「思い出され方」の構造、あるいは〈思い出される身体〉でした。振り返ってみますと、近代劇、ドラマ演劇は多くの場合、こうした記憶の構造、身体のあり方を隠蔽し、切り離してきました。テキストの上で、いくらラディカルな現状批判を行っても、結局はテキストの言語の表象＝代行の回路に回収され、舞台上で他者の切実な記憶や死者たちの声、視線が真に呼び起こされ、蘇ることはありません。そこでは演技の重要な課題である〈役〉と〈自己〉の関係が捉え返されることなく演じられ、俳優の〈自己〉が抑圧され、消されてしまっています。

そうした時、示唆深いのが、伝統演劇、能における〈役〉と〈自己〉の関係だと思われます。例えば、能で若い女を演じる場合、能面を付けますが、その時、面をすっぽりかけるのではなく、面の下から男の演者の顎がのぞいています。絶えず〈役〉と〈自己〉の二重性が保持され、その関係性の中で〈役〉が演じられています。もちろん、その〈自己〉は日常の素顔の自己そのままではないのですが、消されることなく確かに〈自己〉は舞台上に存在しています。そして夢幻能の後場では、死者（亡霊）は過去の記憶を語り、鎮魂の舞が舞われるのですが、その時演者は、深い集中の回路を基盤にして、言葉の深奥に耳を澄ませ、自己の身体の、存在の根底に下降していきます。日常意識が一旦無化された、そうした本来的な意味での〈受動性〉の中で、ある刹那、亡霊の過去の記憶、思い出が思い起こされ生きられます。それは感情移入の同化ではなく、プルーストの「無意志的記憶」のように、他者である死者の声、記憶が突如、思いがけず自己の切実な言葉、体験として蘇り、語り出されてくるわけです。このような夢幻能の思い出の「思い出され方」の構造、〈思い出される身体〉には興味深いものがありますが、それを現代演劇においてどのように対象化し、展開していくのか。また同時に、能の演者が現代の先端のポストドラマ演劇のテキストと切り結ぶことで、どのように演技の本質的な構造を見つめ直し、さらには新たな展開の可能性を模索していくことが出来るのかということは、重要な課題であるはずです。

能、瀬尾菊次（櫻間金記）氏、ドイツ語朗唱、川手鷹彦氏、現代演劇、岡本章、長谷川功により、三度の試演会を重ね、一年がかりで根底のゼロ地点での共同作業、稽古が行われました。世田谷パブリックシアターでの初演では、島次郎氏の秀逸な美術プランにより鉄板が敷き詰められた能舞台が出現しました。観客は鉄板であることはほとんど気づかなかったと思いますが、後半の暴動のシーンで、鉄板をコツコツと鉄パイプ棒で打ち叩いていた演者が、それを手放した瞬間、カーンという金属音が空間に響き、床が鉄板であることに初めて気づくとともに、『ハムレットマシーン』の根底にある、無機的で空無化されたメカニカルな世界が、そこに鮮やかに浮かび上がったことを印象的に覚えています。ここで取り上げたいのが、第三場の「女のヨーロッパ」と名付けられた場面ですが、若い女面をかけ、黒のシャツ、ズボン姿のオフィーリア役の能の瀬尾菊次（櫻間金記）氏が暗闇に浮かびます。長い緊張感のある充実した「間」の後、大地が、空間がひび割れるように、うめき声にも似た音、声《オト》が内奥から響いてきます。それは様式化された能の語りや謡のもう一つ根底の、分節化以前の言霊とでも言える新鮮な響き、声でした。そしてその次の、「死者たちの大学。呟きや囁きの声。死んだ哲学者たちが墓（教壇）から自分の著書をハムレットに投げつける。死んだ女たちのギャラリー」というト書きのある、「スケルツォ」の場面で、花嫁衣裳の白のヴェールを着け、二人の男（コロス）たちとゆっくり舞い終えたオフィーリアの女面が、突如剝ぎ取られます。これはト書きとは全く違った演出にしたのですが、「能の六百年の肉付きの仮面が割れた瞬間に立ち合ったような衝撃が走った」という評がありましたが、そこには、オフィーリアであり、ハムレットであり、また生身の初老の一人の男の姿であり、そしてさらには、非業の最期を遂げた行き場のない累々たる死者たちの呪詛の声、姿、ある無垢なものが確かに蘇り、浮き彫りになり、響き合っているように思われました。能は能面を付けることで日常性を超える回路を持っていますが、ここで能面を剝ぎ取ることを通して、その回路、枠組み自体にもう一度揺さぶりをかけ、さらに根底の身体の、存在の相互変換する自在な共同作業の場に戻ってみたいと思い試みました。『ハムレットマシーン』のテキストは、ある意味で現在の日本の状況からは、「遠く」、「重い」ものですが、その濃密な意味を回避せず、日本の文化、社会、歴史の文脈に確かに足を着けながら、どのようにアクチュアリティを持って上演することが出来るのか。これは常に根底にあった、根源的でアクチュアルな重要な課題でした。この作品では、死者の声、視線を大事にしながら、夢幻能の演技の持つ自在で深い存在感、関係性、それを支えている身体技法も射程に入れ、思い出の「思い出され方」の構造を手掛かりに、能の演技の本質構造を浮き彫りにし、それを現代に活かし、展開することが目指され、挑戦されたと言えます。

現代能『始皇帝』

それでは最後に、二〇一四年に上演しました現代能『始皇帝』についてお話します。「現代能楽集」の連作には、共同作業を能・狂言の演者と多様な現代芸術ジャンルの表現者との間で行うケースと、能・狂言の演者だけで行うケースがあり、この現代能『始皇帝』は後者の試みとなります。この作品は、日本語の美、言葉の響きを深く追求してきた詩人那珂太郎氏に私が依頼して書き下ろしていただいたもので、観世銕之丞氏、山本東次郎氏、宝生欣哉氏をはじめ能界の実力者の方々が意欲的に取り組んでくださり、国立能楽堂で上演されました。もともと二〇〇三年に能楽座の主催でテキスト・リーディングの形で、梅若六郎氏、観世榮夫氏、宝生閑氏、山本東次郎氏、櫻間金記氏などによって上演されましたが、今回は装束を着けた本格的な現代能としての待望の上演となりました。

那珂太郎氏とは、活動の初期からご縁があって、その詩作品を舞台に使用させていただいたりして、長いお付き合いがありましたが、一九八五年に中国西安郊外の兵馬俑坑を見て、衝撃を受け、深く感じる所があって長篇詩「皇帝」を書かれました。これが素晴らしい詩作品で、始皇帝の事跡や出生の秘密を踏まえながら、始皇帝の内面、存在の根源が浮き彫りになっていて、読んだ時に是非、能にしてもらいたいと思いお願いした経緯があります。

現代能『始皇帝』は、永遠の生命、栄華、権力を求める始皇帝と、その命を受け不老不死の仙薬を求めて、海の彼方の三神山に旅立ち帰国しなかった方士の徐福の、その二人の魂が二二〇〇年後の舞台で出会い、語り合うことを通して、人間存在の真理と深淵を明瞭に浮かび上がらせた作品と言えます。この上演においても能の本質的な構造を捉え返し、新たに展開を模索する試みを多様な側面から行いましたが、重要なものは次の三点でした。まず最初は那珂氏の能本、テキストについてですが、日中の古典を織り込みつつ、漢語を主体にしたその簡潔で力強い新たな文体、リズムが挙げられます。能には中国種の作品は色々ありますが、そのほとんどはやはり大和言葉のレトリックを使用しているわけで、能の演技、発声と深部で響き合う、この新たな文体は効果的だったと思います。そして前場では、夢幻能の構造を図式的になぞるのではなく、現代の日本人、徐福の後裔が始皇帝陵を訪ね、往時の始皇帝と徐福の対面の場面を、白昼夢の中に見るという形で展開します。そこでは現在と二二〇〇年前の過去が、また中国と日本が交錯、往還するスケールの大きな舞台が創出されています。

さらに後場では、後裔の夢の中に、始皇帝の亡霊が現れ、自らの死を、また徹底した人間不信、絶対的な権力への希求を語りますが、後裔はいつの間にか徐福その人に変身します。そしてそこで交わされる二二〇〇年後の緊迫感のある二人の対話を通して、永遠の生命、栄華、権力を求める私たちの根深い欲望や願望が浮かび上がり、それが曇りなく見定められ、ついには、その執着の空しさが語られていきます。ご承知のように、始皇帝は、絶大な権力を持って中国最初の統一帝国を創ったわけで、言ってみれば人間の持っている欲望や願望を凝縮したような人物であり、だからこそこのような作品のテーマ、問題意識が説得力を持ってくるのだと思います。

そうした時、ここで重要な意味を持つのが、那珂氏自身が「虹棧（こうさん）虚空（こくう）の舞」と名付けたキリの舞であり、その直後に置かれた「限りなき権力への欲／永遠の命への望み」という言葉です。那珂氏自身が、『「限りなき権力への欲』は、ニーチェ的な権力意志のつもりだ」と語っているように、ここでは始皇帝が担う、人間の持つ凝縮された執着のあり方が、そのまま ずっと持続しているのではなく、対話、そして何よりキリの舞を通して、それが空じられ、自然界の到る所に働いている大いなる生成、力への意志への変容が願われ、ついには宇宙の塵となって消え去ります。ここには他の能にあまり見られない、根源的な権力批判とでもいえる、この作品の重要なテーマ、また見所の一つが存在しています。

続いて二つ目は、演出、演技の面での工夫、仕掛けとしまして「コロス劇」の課題があります。ギリシャ悲劇の特色としましてコロス（合唱隊）の存在があり、能の地謡との共通点もこれまで語られてきました。那珂氏は作中で、シテである始皇帝と同時に、兵馬俑坑の地下軍団の兵士たちを重要視し、役柄を担い、中心的に活躍する地謡、コロスとして構想していました。さらにそのことを踏まえこの上演では、演出上の仕掛け、方向性としまして、彼らを宇宙の生成の大きな働きとしての「無」、無限の存在や意味を生成し、消滅させる場所、システムとしての「無」の役割を生きるコロスとして位置づけてみました。これはそんなに突飛なことではなく、後場でコロスがクセで謡う、「無のゆらぎよりあらゆる有、萬物は生じ　しかしてあらゆる有、萬物はやがて無に帰すべきもの　宙有のあらゆる有は　無より無への途上に他ならず人の命もまたこれに異ならず」に描かれているように、それは『始皇帝』の劇世界の根底の部分を明瞭に浮かび上がらせるとともに、能の本質的な構造、特に地謡のあり方を思い切って捉え返すための仕掛けであると言えます。それは例えば、ギリシャ悲劇ではコロス（合唱隊）からヒーローやヒロイン、対話が発生したと考えられていますが、この現代能『始皇帝』の「コロス劇」の試みは、そうした視座から現在分業化し、役割分担が固定化してしまっている地謡のあり方を、もう一度根元から見つめ直し、展開する作業であったと言うことが出来ます。それは具体的には、印象的な冒頭の場面で、暗闇の中、「無」そのものであるコロスたちによる語りから舞台は始まり、そこから様々な存在、役柄が、始皇帝も、徐福も、その後裔も生み出され、消滅していくように演出的に工夫して設えてみました。

最後に三つ目としまして、こうした「コロス劇」の、さらにもう一歩踏み込んだ展開の可能性を探る作業としまして、中入の場面について触れておきます。通常、前場で始皇帝が退場すると間語りになりますが、今回はコロスが緊張感を持って静かに舞台に登場し、那珂氏の初期の代表作、詩集『音楽』に収められた「鎮魂歌」を語ります。この作品には、日本語の美、音韻、リズムを大事にしながら、人間の生と死、生者と死者の関係性、そして深い鎮魂の思いが定着されていて、能の世界の根底とも繋がってくるものがあります。前場が「無」の場所から始まったように、この場面では、もう一度コロスがさらに深く「無」の場所に下降し、そこに足を着けることが求められていました。そして「鎮魂歌」の言葉に、また様々な非業の死者たちの声に耳を澄ませることで、人間の、万物の生死の相がそこで見つめ返されることになりました。

このように現代能『始皇帝』の舞台では、重要な課題として地謡、コロスのあり方を多面的に捉え返し、展開することが探られました。先程話しました冒頭の場面では、舞台は一度暗転となり、漆黒の暗闇の中、しばらく深い沈黙が支配します。演者と観客ともども意識の集中が高まってくると、やがて闇の中から「無」そのものであるコロスの声、言葉が浮かび上がってきます。「西安の東郊約三十五公里　黄沙のなかよりむくむくと身をもたげ　奇怪なる軍團現れたり」。一条の光が入り、始皇帝陵の地下軍団の兵士たちの姿が、存在感を持って描写され、語られます。そして徐々に明かりが増す中、コロス、地下軍団の兵士の一人が、静かに羽織っていた水衣を脱ぐと、そこには徐福の後裔の姿がありました。こうして「無」であるコロスから、様々な存在、役柄が生成、消滅するのが視覚的にも見えるように演出がなされていたのですが、現代能『始皇帝』の試み、作業において、能・狂言の演者の真摯で意欲的な取り組みの中、那珂氏の根源的で斬新なテキストの言葉と切り結び、響き合うことで、その技芸、声や身体性がもう一度根底から捉え直され、新たな展開が探られたと言えると思います。

おわりに

今日は、一九八八九年から開始しました「現代能楽集」の連作の作業の、その課題、問題意識、具体的な作業の内実などについてお話いたしました。これまで能・狂言をはじめ、現代演劇、舞踏、ダンス、現代音楽、現代美術、現代詩など多くの意欲的な表現者の方々の参加を得、長期間作業を継続し、積み重ねてこれましたことを、改めまして有難いことだと思っています。お聞きいただきましたように、この連作の共同作業では単に寄せ集め的なものではなく、毎回共通の課題、テーマを掲げ、多面的な角度からその捉え返しの試み、探求を持続的に行ってきました。そしてそのことを通して、多様な芸術ジャンルの表現者たちが、能と直接出会い、それを重要な手掛かりとすることで、新たな発見や展開をし成果を挙げてきました。また、それとともに、最初に重要な課題としてお話しました「伝統と現代の断絶と接合」の根源的な問題を、少しでも具体的、可視的な形で対象化出来ることがあればと考えてきた所がありました。こうした接点、交流を探る地道な作業の中で、「伝統と現代の断絶」を超えていくための手掛かりを、そこに見いだしていくことも可能になるのではないかと思われます。そしてさらに言えば、その共同作業の場が最良の形で機能する時には、交流、格闘の作業の中で、能の本質的な構造が大きな刺激、手掛かりとなり、それぞれの芸術ジャンルの枠組み、また個々の課題も照らし出され、新たな舞台創造、表現のあり方の展開の可能性もそこに示されました。

もちろん、このことは現代演劇や現代芸術の表現者だけではなく、能・狂言の演者にとっても同様であり、それは例えば、『能楽タイムズ』の櫻間金記さんの能楽対談で、長年ご一緒に作業を重ねてきました金記さんが、「岡本さんの意図としては、能的な動きだけでやるのではなく、それを少し崩すとどうなるかを試すという思いもあったのでしょう。それはやっているうちに解ってきたのですが、最初は随分戸惑いました。〔……〕自分で言うのは変ですが、最近は体の中心に力を集めて、それ以外は力を抜いて身体を動かすことができるような気がします。そうなると、仕舞を舞っていても、構エやハコビなどでも、以前は型にはまってやろうとしていたのですが、お腹に力を入れて気持ちさえ集中していれば立っているだけでいい、という具合になりました」と話されているのを目にしました。また同じく共同作業を行ってきた能シテ方の鵜澤久さんも、演劇雑誌での対談で、現代能『春と修羅』の稽古の中で、丁寧に呼吸や声の点検、捉え返しの作業を行ったが、その公演直後の能で、自分でも驚くほどの開放的な声が出、能評においても、その声が今までにはない凄みがあったと書かれたと述べておられるのを読んだりしますと、やはりほっとしますとともに、何よりもうれしく思います。こうした「現代能楽集」の連作の共同作業は、長期間の稽古、持続が必要であり、大変なご苦労をかけていますし、また同時に、型や様式の基盤にある声や動きの原理的な筋道や、芸の深奥を体得される、何らかの手掛かりになればと願ってやってきた所がありましたので。ともあれ、これからもこのような「開かれた」新たな表現の、関係の場を大事にしながら、息長く作業を持続していくことが出来ればと思っています。

（初出：山中玲子編　能楽研究叢書5『能楽の現在と未来』野上記念法政大学能楽研究所）

2

〈形〉について

——現代能『水の声』の試み

岡本 章
OKAMOTO Akira

暑い夏だった。蒸し風呂のようなアトリエで午後からずっと稽古は続いていた。舞台の上の演技者の全身から汗がしたたり落ちている。その時、谷崎潤一郎の『鍵』の一節を語っていた能シテ方の瀬尾菊次（櫻間金記）氏の顔に、突然、笑みが浮かんだ。周知のように、能役者は舞台で笑うという表現をすることは全くない。一旦舞台に立つと、「直面《ひためん》」と呼ばれる高度な身体技法で、日常的な表情は見事に消え去る。その顔に笑みが浮かんだ。もちろん、その笑みは現代演劇の写実的な笑いでも、狂言の様式的なものでも、また日常的な微笑でもなかった。言ってみれば、六百年の肉づきの仮面がニッとひび割れて、そこからゆらゆらと官能的、生命的なものが溢れ出てくるといったような、久方ぶりにインパクトのある独自で新鮮な笑みであった。

能シテ方の三鈷《さんこ》の会（浅井文義、栗谷能夫、瀬尾菊次の各氏）との共同作業は、一九九〇年の初め、国立能楽堂の主催で行われ、私も構成・演出で関わった、「シテの技法解剖」という能の公開ワークショップが直接の機縁となった。その後、もっと本格的な共同作業をとの話が持ち上がり、具体化していったのだが、もっとも、かなり以前から相互に交流があり、また私たちも、錬肉工房の集団創立の初期から、演技の作業の重要な核の一つとして、能との緊張関係を持ちながら様々な試みを積み重ねてきたという経緯もあり、ある意味では満を持した形での取り組みとなった。

とは言え、もちろん作業がそう簡単にスムーズに運んだわけではない。と言うのも、稽古を始めるにあたって、演出として私の方で熟慮し、決めていた一つの方針、仕掛けがあった。それは、後に「現代能楽集」の連作の一つ、現代能『水の声』として結実するこの試みにおいて、能の型や様式を安易に利用するのではなく、シテ方の演者には、能の構エや運ビ、摺リ足、謡といった定型的な様式を方法的に一度やめ、離れてもらうということだった。言うまでもなく、それはシテ方にとって演技の根幹に関わる重大事であり、もちろん何も奇を衒ったことをそこでやろうとしたのではない。常々能などを見ながらよく経験することだが、同じ型や動きが演者によって深い感銘を与えたり、単なる退屈な表層のなぞりでしかないといったことがある。無自覚に型や様式に寄りかかり、支えにすることで、なんの新鮮さもない惰性化、形骸化したつまらないなぞりの演技に陥ってしまう。そこに型や様式の問題の持つ面白味と同時に怖さ、難しさも見えてくる。定型的な型や様式を安易に利用するわけでも、また型を崩してしまうわけでもなく、一旦、型や様式、そしてそれを支えている自己の枠組みを方法的に離れ、ズレ、距離をつくってやることでその根源に戻ってみる。そうした丁寧な共同作業を重ねてみることで、能の本質的な構造、型や様式の抱える問題、また〈形〉そのものについて多様な角度からもう一度捉え返し、思考を深めることが出来ないか。

その作業は、まず足袋を脱ぎ、素足になることから始まった。そして、テキストも最初は能とは距離のある谷崎の『鍵』の言葉の断片を素材にし、出来るだけ定型的な型や様式を一度離れ、即興のエチュードを連日積み重ねてみた。しかし、やはりこうした根源的な演技の作業は、演者も演出も相当苦労や工夫を強いられる所があったことは言うまでもない。気がつくと語り口が謡の朗唱風になったり、摺り足になっている。血肉化した型や様式が顔を覗かせる。その度に手を打ち、中断し、やり直してみる。演出の私の方も、能シテ方の、そうした洗練された充分手応えのある型や様式を活用し、構成すればどれだけ作業が容易かといった葛藤、誘惑と戦いながら、じっと息をつめ、舞台に目を凝らす。そして何よりその稽古で毎回的を絞り、共同作業の手掛かりとして繰り返し指示を出したことは、心身の充実した深い集中、強度の持続を大事にするということであった。それは即興の作業といっても、言うまでもなく恣意的な軽いアドリブといったものでは全くないわけで、例えば、世阿弥が能楽論の中で展開した「せぬ隙《ひま》」の、高度で充実した自在な「間」、内心の深い集中といったあり方を、普段の能舞台以上にそこで自覚的に生きてみる。そしてそのような充実した強度の持続の中で、相互に息を、「間」をはかりあいながら、本来的な意味での〈即興性〉の可能性の意識的な捉え返し、生き直しをやってみる。また、さらにそれとともに、補助線としての私の演技、身体訓練メソッドなども一緒に同時に行ってみた。それはシテ方の演者にとって、その身体技法を支える身体の集中、解放、呼吸の問題などの自覚的な捉え直しになったようだが、そうした様々な型や様式を一旦離れ、ズレをつくり、揺さぶりをかけるといったスリリングで緊張感のある、しかし、かなりの困難を伴う地道な積み重ねの作業、プロセスを、連日持続してみた。

そして数ヶ月たった夏のある日、瀬尾菊次の「直面」の顔にあの笑みが浮かんだ。その衝撃力のある笑みは、独自で新しい表現、表出であると同時に、不思議に能そのものでもあるといった感じがあった。それはそれまでの丁寧な即興のエチュード、稽古の手探りの中で、谷崎の『鍵』の言葉を何度も身の奥底に沈め、その言葉の深部に触れ、感応することによって、われ知らず深層から生起、浮上し、生きられたものと思われる。その頃から瀬尾氏をはじめ、浅井文義、粟谷能夫の両氏など舞台のシテ方の演技の作業もそれぞれ大きく展開していった。舞台の語りも、謡の朗唱風ではなく独自の語り口、リアリティを持ち、またさらに動きも能の演技の深い身体の集中、充実した強度の持続を確かに持ちながらも、だらしなく寝そべってイモ虫のようにゆっくりゴロゴロ転がったりと、自由度が増し、思いもかけない身体の位相の発見、展開を示し、俄然、活気づいてきた。

＊

「現代能楽集」の二作目である現代能『水の声』[1]は、アトリエでの試演を経、その後展開し、一九七〇年に銕仙会能舞台、一九七一年に青山円形劇場、梅若能楽学院会館などを使用して、現代演劇（錬肉工房）、能（シテ方三鈷の会）、音響彫刻（美音子グリマー）、コンピュータ音楽（藤枝守）と、多様なジャンルの人々の参加を得、共同作業が試みられた。テキストは、W・B・イェイツの詩劇『鷹の井戸』をもとにした横道萬里雄氏の新作能『鷹姫』を基盤としながらも、そのまま再現するといった方向ではなく、一先ずそれを大胆に解体、断片化して、先程の谷崎潤一郎『鍵』、那珂太郎氏の詩作品なども引用、コラージュし、演技の作業と絡めながら、永遠の生命を象徴する泉の水が湧き出、豊かにあふれる場面を中心に、もう一度自由に再構成してみた。

これまでも、能を現代に活かす試みは様々に模索されてきているわけだが、この現代能『水の声』の作業では、もちろんテキスト・レヴェルだけでなく、夢幻能の演技の持つ自在で深い存在感、関係性、それを支えている身体技法なども射程に入れてみた。そしてそこで、能の本質的な構造を浮き彫りにし、それを現代に活かしながら、出来ればその作業が同時に一方で、「現在」に根差した新鮮な表現、先端のラディカルな実験的な作業として息づかないかと色々と手探りが行われたのだが、その時、先程の稽古のプロセスでの型や様式の課題、捉え返しの格闘の作業が重要な手掛かりとなったことは言うまでもない。

通常、能は堅固な様式に守られ、型通りに行われている印象がある。確かに様式の洗練化が極まで進み、その典型のような所もあるのだが、同時に一方で、例えば能『道成寺』の乱拍子の段などに凝縮してみられる、シテと囃子方との間の、息をはかりあっての緊張感のある引っ張りあい、また、メトロノーム的な拍ではない伸縮可能な時間性、自在で充実した「間」といった側面、そうした本来的な意味での〈即興性〉は、能の重要で本質的な構造の一つであろう。そして、それとともに、夢幻能を代表する『井筒』の後場などで生起してくる多義的、重層的で自在な〈変身〉のあり方も興味深いものがある。そこでは男の演者が、若い女の面をつけ、太い男の声のまま井筒の女を演じ、そしてある刹那、同時に昔男の業平も生きるわけで、確かに近代劇の写実主義や心理主義の、意識的な感情移入の使い分けでは到底実現は不可能であり、そこにはかなり複雑で高度な〈変身〉の演技、身体の位相が存在している。能には、型に縛られ、拘束されたイメージがあることは否めないが、しかしそれとは逆に、私は能の魅力の何より重要な側面が、様式美とともに、こうした本来的な意味での「自在さ」にあると考えている。「自在な関係の生成のシステム」とでも名付けられる、このような〈即興性〉、高度な〈変身〉の演技の位相は、能の欠くことの出来ない重要で本質的な構造であるはずだが、またそれを深部で支え、そして密接に関連しているのが、あの拘束力を持った型や様式であってみれば、そこに型や様式の問題の持つ複雑さの一端が浮かび上がってくる。

さて、ここで「型」について考察を進めていく上で、まず押さえておかなければならないのは、やはりその多種多様性ということであろう。それは芸能や武芸などの個人の身体レヴェルでの「型」から、社会や文化の「型」まで広い次元にまたがっている。こうした「型」の特性を考えてみる時、〈形〉との関係に注目することは大きな意味を持っている。源了圓氏は、両者の相違について、「『型』は基本的に『形』（フォルム）であるけれども、ただ一つの機会にだけ行われた『形』は『型』ではない。ある『形』が『型』になって定着し固定するのは、幾度も繰り返してその『形』が演じられ、時代の観客によって承認されること、そしてその『形』がある種の規範となって、俳優から俳優へと伝承されることがその前提となる」(2)という服部幸雄氏の説を紹介しながら、「型は形の洗練であり、合理化・機能化・美化であり、いわば形の形」(3)であると的確に述べている。確かに、能の型や様式は、かなり強い規範性を持った典型的な「形の形」であろうが、先に少し触れたように、そのような型や動きも演者によって、深い感銘を与えたり、正に「型通り」演じられ、退屈極まりないなぞりでしかないといった両極の体験、事態がそこに思い出され、浮かび上がってくる。

　やはり、「型」や様式の問題には、「型は形の洗練であり、合理化・機能化・美化であり、いわば形の形」であるといった側面と、一方、「型にはまった」、「型通り」などの使用に見られるような、ある種の固定化、形骸化の方向の二面性があるわけで、そうした時、〈かたち〉について多面的に論じたその著の中で、ゲーテの動的な形態学について触れた中村雄二郎氏の次の指摘は示唆深い。ギリシャ語では、かたちを表す言葉として、エイドス、（イデアとしてのかたち、あるいは形相）と、もう一つモルフェーがあるが、「エイドスがわれわれの眼に明確に見える、もののかたちを指すとすれば、モルフェーのほうは、薄暗く定かならぬところから立ち現われる姿・形、表層的ではなく深層的な、静的ではなく動的な姿・形を指している」(4)とし、このエイドスとモルフェーの間にある問題を見てくると、「ゲーテがその形態学を〈モルフォロギー〉として提唱したことの意味はまことに大きい」と述べている。そして、さらに日本語の〈かた〉の特徴について、それは確かにモルフェー性が強いとして、「そのことは、演劇における日本の〈かた〉の一つの極致である能の世界がすぐれて夢幻的、モルフェー的な世界であることによっても裏書される。よく知られているように、能にシテとして登場する人物はしばしば幽と明を異にする複数の人間を自己のうちに含んでおり、その特徴は純粋に存在が立ち現われ、出来《しゅったい》することにある。したがってシテには、エイドス的な明瞭な輪郭は存在しないのである」(5)と指摘している。やはり先に述べた夢幻能『井筒』など、典型的なモルフェー的世界であり、様々な〈かたち〉、〈姿〉、〈ことば〉、〈時間〉が錯綜し、同居し、微妙に変幻、変換して、映し、映りあうといった、その複雑で高度な〈変身〉の演技の位相、「自在な関係の生成のシステム」も、日本語の〈かた〉の深層的、動的なモルフェー性を如実に示していよう。では、そのような「型」や様式の問題の持つ両極の体験、二面性、イデア化され、固定されたエイドス的な〈形〉と、動的なモルフェー的な〈形〉とはどのように関連しあっているのであろうか。

＊

「医学的人間学」の創始者だったヴィクトーア・フォン・ヴァイツゼッカーは、その著作のエピグラフとして、ゲーテの次の言葉を引いている。

しかし、あらゆる形態Gestalt、なかでも特に有機体の形態を観察してみると、そこには、恒常的なもの、静止したもの、完結したものなどにはひとつも見出せず、むしろすべてが運動のなかで揺らいでいるのがわかる。それゆえ、われわれのドイツ語が、生み出されたものと生み出されつつあるものとの両方に対して形成Bildungという語を用いるのも、十分に理由のあることなのである。したがって、形態学Morphologieというものを紹介しようとするならば、形態／ゲシュタルトという語を用いてはならないだろう。やむをえずこの語を用いる場合があっても、それは理念とか概念を、あるいは経験において一瞬間だけ固定されたものをさすときに限ってのことである。[6]

ヴァイツゼッカーは、これに続けて、「ゲシュタルト／形態は固定されたものである。しかしその反面、この固定されたものの正体は流動的なものである。ゲシュタルトは、（中略）それ自身生成したものであると同時に、生成しつつあるものでもある」[7]と述べている。「型」や様式の問題の持つ二面性、エイドス的な〈形〉とモルフェー的な〈形〉の関連について考えを進める上で、このような固定されたものであると同時に、流動的なものであり、生成したものであると同時に、生成しつつあるものでもある、といった〈形〉のあり方は興味深い。ヴァイツゼッカーは、ゲーテの「動的な形態学」を受け止め、そしてさらに「ゲシュタルト」に深い意味を込めて、「ゲシュタルトクライス」（形態円環）という概念を提出しているのだが[8]、そのようなヴァイツゼッカーの業績を踏まえながら、精神病理学者の木村敏氏は、生命とかたちの関係について示唆深い考察を展開している。「生命それ自身にはかたちがない。かたちを作り、かたちを保つ、これが無機世界をも含めた最広義の生命の営みだと言っていい。（中略）有機的生命の世界においては、かたちは一刻も物理的な同一性を保たない。生成消滅するもの、それがかたちである。かたちを生成消滅させているもの、それが生命である」[9]。そしてこのような、かたちなきはたらきとしての生命は、かたちとして自らを示しながら、それ自身はこのかたちの底深くひそんで姿を見せない。しかし、その生命が姿を垣間見させてくれる一瞬があると、木村氏はさらに続けて語る。「それは、一見安定して連続しているように見えるかたちが自己を更新する刹那、以前のかたちが壊れて新しいかたちがそれにとって代わるその瞬間である。ヴァイツゼッカーがクリーゼ（転機＝危機）と呼んだ転換の一瞬である。この一瞬にかたちは消滅し、そして生成する」[10]と、解体が即生成となるような、根底の、生きた〈形〉のはたらきについて、ヘルダーリンの草稿に触れ、即しながら詳細に語っている。

瀬尾菊次氏の、あの「直面」の顔に浮かんだ笑みの正体が、少し照らし返されてきた。思いがけず、六百年の肉づきの仮面がひび割れ、そこからゆらゆらと官能的、生命的なものが溢れ出てきたあのスリリングな一瞬の構造が、多少とも透けて見えてきた。互いに困難と苦労の伴う、積み重ねの作業ではあったが、稽古のプロセスで、一旦、方法的に能の構エや運ビ、摺り足、謡といった型や様式をやめ、離れ、即興のエチュードを重ねながら様々に手探りすることで、型や様式のその堅固なシステムに揺さぶりがかかり、そこにズレやひび、裂け目が出来る。そして、「一見安定して連続して見えるかたちが自己を更新する刹那、また以前のかたちが壊れて新しいかたちがそれにとって代わるその瞬間」、転変し、そのひび割れから、ゆらゆらと独自で新鮮な笑みが匂い出てくる。ヴァイツゼッカーがクリーゼと呼び、木村氏が根底から捉え返した、かたちの底深くにひそんだ生命が姿を垣間見させる、その転換の一瞬は、「型」や〈形〉の問題について考察していく上で、様々に示唆的、刺激的である。振り返ってみると、先の瀬尾氏の笑みが、インパクトのある独自で新鮮なものであるとともに、同時に能そのものでもあるといった不思議な感じを与えたのは、やはり言うまでもなく、能自体がその本質的な構造として、深部に、解体が即生成であるようなクリーゼの転機の記憶の痕跡を確かに保持している所があるからであろう。例えば、夢幻能『井筒』のあの自在で重層的な〈変身〉の演技の位相、世阿弥の能楽論の「せぬ隙」の内心の集中、また、能特有の伸縮可能で、自在で充実した「間」なども、こうした根源の生命の流動の場のあり方、はたらきと直接深く関係し、結びついているはずだ。

ところで、先に能の「型」や様式の問題の持つ二面性、演者によって深い感銘を与えたり、退屈極まりないなぞりでしかないといった両極端の体験、事態について触れたが、もう一度そのことに立ち戻ってみたい。能の、何代にも亘って踏襲されてくる中で洗い出されてきた「型」や様式とは、日常的な自己の枠組みを超えさせ、正に演者を人間存在の、生命の根源の流動の場に下降させ、運び込み支えてくれるある種の通路の役割を果たしてくれるものであろう。能の演者の長年に亘る修行、研鑽工夫とは、そうした根底の場に下降し、固定されたものであると同時に、流動的なものであり、生成したものであると同時に、生成しつつあるものでもあるといった、生きた〈形〉のあり方、「自在な関係の生成のシステム」の運動そのものを自己化し、自在に生きるためのものでもあったことは言うまでもない。しかし、それが成就される恩寵のような瞬間とは、もちろん、そうたやすく訪れるわけではない。それはある時期、徹底して型や様式をその身を持って学び、体得するとともに、いつしかその枠を破り、さらにはそこからも離脱して自在に生きるといった、めくるめくような絶えざる揺さぶりの、格闘のプロセスがそこに必要とされるはずだ。演技者が、そのような至難の業を成し遂げ、下降し、直接根源の生命の流動の場に足を着け、触れる時、一瞬転変し、かたちを持たない生命のはたらきそのものが、自在に様々な〈かたち〉、〈姿〉、〈ことば〉、〈時間〉を生成消滅させ、確かにその姿をそこに垣間見させていたのではなかったか。あの『井筒』の演技などに見られる能の本質的な構造も、そうした優れた演者の絶えざる格闘、下降の成就のある瞬間、初めて現出するものであったはずだが、ところが多くの場合、反対にその安定したかたち、「型」や様式のシステムに無自覚に安易に寄りかかり、支えにすることで、下降するどころかかえって不自由に拘束され、なんの新鮮さもない退屈極まりない、固定化、惰性化、形骸化した演技に堕してしまう。興味深いことに能の場合は何よりも、こうしたエイドス的な〈形〉とモルフェー的な〈形〉の問題、「型」や様式、表現の場における自由と不自由の問題が、凝縮されて浮き彫りになってくる。

そうした時、もちろんこうした「型」や様式の問題は、能だけのことではなく、他のジャンルの表現者にとっても重要であるはずだ。現代演劇や現代芸術でも五年、十年と作業を継続していれば、強固な「型」とまでは行かなくとも、その人なりのパターンが形成され、固定化、形骸化が起こる。その枠組み、〈形〉にどのように絶えず揺さぶりをかけ、解体、生成を行い、根源的な生命の流動の場に足を着けることが出来るのか。このことはジャンルを超えて様々に手掛かりになる、何より重要で本質的な課題であろう。またそれとともに、幼少から稽古を始め、徹底した「型」の習得、研鑽を積むプロセスを持つ能でも、これまで見てきたように形骸化の事態が起こるわけで、そのため考えてみなければならないのは、現代演劇や現代芸術における「型」や様式化の方向性には、容易に固定化、形骸化が待ち受けているはずで、そこには相当の工夫が必要で、慎重な取り組みが要請されよう。そしてさらに翻って考えれば、これは大きな課題ではあるのだが、背後、基層で私たちを規定し、影響を与えている、正に文化や社会の「型」の問題がそこに浮上してくる。伝統演劇の能のシテ方との共同作業となった現代能『水の声』の作業のもう一つの課題として、「伝統と現代の断絶」の問題が存在する。明治維新以降の日本の近代化の中で、多様な領域でそれまであった文化伝統を否定、切断する必要が生じたわけで、その時同時に、それまでの文化伝統とどのように切り結び、関係づけていくのかという「断絶と接合」の課題に直面した。これは現在に至るまでいまだ解決のついていない困難な課題であるのだが、演劇の現場で、このような問題を多様な角度から具体的、実践的に問い直すことが出来るのも、「現代能楽集」の作業の持つ重要な側面であるはずだ。

＊

氷結され、吊るされた小石が静かに溶け落ちる。冒頭の場面ではまず水滴が、そして小石が水面に落ちる。ひとつ、ひとつゆっくりと小石が幽かに水面を打つ。しばらくして、小石が竹にあたって撥ねる音が響く。いつの間にか、気がつくと、舞台の演技者も観客もそれらの音にじっと耳を澄ませている。音が響いている。その音と音との間の沈黙が、静寂がぐっと迫り上って、音を包み込み、生み出していく。充実した「間」、持続。

現代能『水の声』の上演、共同作業には、美音子グリマー氏の音響彫刻、藤枝守氏のコンピュータ音楽も参加した。どちらもかなり徹底した〈偶然性〉のプロセスを持っていて、舞台が固定化され、一定に方向づいたり、予定調和的にならないよう、絶えず異化し、根底から揺さぶりがかけられてくるといった、重要な仕掛けとして機能していた。音響彫刻は氷結された小石が溶け落ち、その下の木の桝に仕組まれた水面、竹、ピアノ線を美しく響かせるのだが、言うまでもなく、その小石の落下、音の発生に関してはほとんど全くコントロール不可能であり、さらに藤枝氏のコンピュータ音楽も、外界からの音や声などの情報を組み換え、変換させて音を出していくわけで、絶えず外界の音、条件に依拠、寄生する形で音が出、両者はどちらも偶然性、即興性の要素を色濃く持つ。このような偶然性のプロセスに満ちた音響彫刻を舞台全体の進行を取り仕切る根底の、一番の基準にし、演技者は体全体で耳を澄ませながら、それとの緊張関係の中で演技が展開するよう、演出上仕掛け、設えてみた。

演技者が舞台に坐し、耳を澄ませている。いつ、誰が、どこで最初の〈声〉を発し語り出すかは、全く決められていず、演技者のはかりあい、集中に委ねられている。張りつめた緊張感のある引っ張りあい、本来的な意味での〈即興性〉の中、「せぬ隙」の深い内心の集中を自覚的に生き直した演技者たちは、いつの間にか、存在の、生命の根源の流動の場に下降し、その「自在な関係の生成のシステム」の運動、あるいは、生きた〈形〉のはたらきそのものに変容しはじめている。そして、心身の充実したプロセス、高まりの頂点で、気がつくと地の底から生み出されたような音、〈声〉が息づき、確かに語り出され、さらに自ずから生み出されたような、他の複数の〈声〉が絡みあい、重層的に響きあっていく。それは、もちろんある構築されたものの再現などではなく、根源の生命の場から、一回一回新たな関係性、「出来事」そのものがそこに生み出され、自在に様々な〈かたち〉、〈姿〉、〈ことば〉、〈時間〉がそこに生成消滅していく。

闇の中、小石が水面を打つ音が、また一つ確かに響き、深い沈黙を浮かび上らせる。

（初出：『るしおる』第二十七号、書肆山田）

註

（1）現代能『水の声』（錬肉工房公演、構成・演出・岡本章）。初演、一九九〇年十一月、銕仙会能楽研修所。再演は、一九九一年六月、青山円形劇場、梅若能楽学院会館にて行われ、青山円形劇場の上演では、マルチスクリーン映像の福井正紀氏も共同作業に参加。

（2）服部幸雄「型掌論——歌舞伎の「型」に関する覚え書」（『文学』一九八三年十一月号）九〇頁。

（3）源了圓『型』（創文社、一九八九年）三六頁。

（4）中村雄二郎『かたちのオディッセイ』（岩波書店、一九九一年）六五頁。

(5) 同右、六八頁。
(6) ゲーテ『形態学序説』(ゲーテ全集一四巻、潮出版社、一九八〇年)四三、四四頁。
(7) ヴァイツゼッカー『生命と主体』(人文書院、一九九五年、木村敏訳)八頁。
(8) ヴァイツゼッカー『ゲシュタルトクライス』(みすず書房、一九七五年、木村敏・浜中淑彦訳)
(9) 木村敏『生命のかたち/かたちの生命』(青土社、一九九二年)一〇四頁。
(10) 同右、一一九頁。

3

現代演劇と能

——「錬肉工房」創設の頃

岡本 章
OKAMOTO Akira

不思議な体験だった。それはかなり以前、一九六九年のことだったが、現在もありありと記憶が身に残っている。その舞台は世阿弥の代表作で、観世寿夫氏の舞った能『井筒』だった。『井筒』は、紀有常の娘の永遠の愛が描かれた夢幻能の傑作で、当時大曲にあった観世会館の二階席で見た。後場になって井筒の女の霊は、夫であった在原業平の形見の装束を身に着けて舞台にあらわれる。「恥づかしや、昔男に移り舞」「雪を廻らす花の袖」と、ゆったりした序ノ舞を舞い上げ、そして名残りの井筒に近づき、すすきをかき分ける。その時思いがけないことが起こった。前に差し出されたシテのその腕が、息をつめて見ていた二階席の私の胸元まですっと伸び、届いてきたように思われたのだった。さらに続いて「見れば懐かしや」と名残りの井筒をじっと見込む。その集中の瞬間、舞台上には不思議に数百年の時が還流し、また深い水面には、「さながら見みえし、昔男の、冠直衣は、女とも見えず、男なりけり、業平の面影」と、井筒の女が、業平が、老いた亡霊の姿が、そして観客の内奥の様々な思いが、刻々自在に変幻しながら、映（移）し、映（移）されていた。

それは、これまで全く味わったことのない手応えのある新鮮で、充実した時空体験だった。時間、空間が自在に往還、伸縮し、複雑で高度な〈変身〉の演技が刻々豊かに生きられている。もちろんこれは、近代劇の写実主義や心理主義の感情移入の使い分けでは到底実現出来ない演技の位相であり、さらに驚いたことに、古典の能を見ているにもかかわらず、その頃に盛んに見、引き込まれていたアングラ・小劇場と呼ばれた現代演劇の舞台や舞踏などと同様に、いやそれ以上に「現在」を生きているという実感、時間の手応えが切実に届き、根底から揺さぶられた。これは目から鱗の体験だった。

当時私は学生であったが、周知のように六〇年代後半は、社会や文化状況が激しく揺れ動き、芸術表現の領域も活気があった。もともと詩や小説の勉強がしたくて上京したが、文学作品だけでなく、演劇や映画、美術、音楽と様々なジャンルの表現の場に足を運んだ。六九年は、大学封鎖のバリケード闘争の年だった。もちろん時代状況が持っていた熱気には共感があり、一緒に呼吸していた所があったが、同時に、その頃叫ばれていた喧しい政治的な言説に空疎なものを感じ、時折デモにも出たが、一方で直接生身の俳優と観客が向かい合い、自分と他者、社会との関係性を丁寧に問い、探り、緊張感を持って生き直せる演劇にアクチュアルな魅力を感じ、そちらに深入りしていった。当時のメモを見ると、前年の六八年半ば頃から、現代演劇、そして能や歌舞伎などを熱心に見はじめている。新劇の大手劇団から、アングラ・小劇場と呼ばれた「状況劇場」、「早稲田小劇場」、「天井桟敷」、「演劇センター68／69」、そして暗黒舞踏など、他にも色々と見歩いていた。今、振り返ってみると、「錬肉工房」創設の七一年までのこの二、三年間は、自己や他者、現実との出会いの確かな手応えを求めて、私なりにかなりの集中と、ある種の直観力をはたらかせて、短期的にめまぐるしいスピードで様々なものと出会い、吸収しながら生きていた時期だったと言える。またそれとともに、その後の私の演劇活動の核になる課題や方向性が、まだ粗削りな形ではあるが、そこですでに手探りされ、動き出していた所もあった。

ところで周知のように、六〇年代後半から現代演劇の分野で重要な課題として近代劇批判があった。それまでの新劇、近代劇の枠組みに対して戯曲、俳優、観客、劇場と多面的な角度から揺さぶりがかかり、捉え直しの作業が活発に行われた。また演劇、舞踏、詩、美術、音楽など多様なジャンルが自由に横断的に交流し、切り結び、照らし合い、響き合っていた。そして従来の戯曲中心主義が崩れ、俳優の表現が、戯曲の思想やテーマの表象＝代行、単なる身振りつき文学の再現ではないことが主張されたのだが、その中で唐十郎氏の「特権的肉体論」や、鈴木忠志氏の『内角の和』（而立書房、一九七三年）所収の演技論などに刺激や示唆を受けた。それらは主に歌舞伎を中心とした前近代の演劇に目を向け、補助線としながら近代劇を超えようと試みていたのだが、当時私自身はすでに観世寿夫氏の能と出会い、能を対象化しながら、能の演技や身体性を現代演劇に開き、活かせないかと考えていたので、深部で問題意識を共有しながらも、独自の演技論の実践と理論の模索を始めることとなった。

もちろん言うまでもなく、前近代の伝統演劇と現代演劇がどう切り結ぶのかということは、大きな課題ではあるが、今考えてみても、能を見はじめた初期に、観世寿夫氏の卓越した能と出会えたことは幸運だった。その頃、大学の能のサークルに入っていたのだが、熱心に能を見るにつけ、無自覚に型や様式に寄りかかり、形骸化したなぞりの演技に陥っている多くの舞台にも接した。観世氏の深くて強い存在感、自在で見事な〈変身〉の演技、そして現代演劇以上に現在が透けて見えてくるといった稀有の体験は、その背後に、常に時代、世界と向き合い、能を根底から捉え直す、様々な徹底した実践的な格闘の作業、また能が、現代に対して訴えかけを持つ演劇であらねばならないという強い危機意識が支えていることを、後に親しく交流してもらう中で知ることになる。ともあれ観世氏の能と出会うことで、近代劇の枠組みに根元から揺さぶりがかかり、超えていくような斬新な演技の位相、身体技法の存在、能の持つ根源性と現在性に気づき、捉え返しの作業が射程に入ってきた。それは「自在な関係の生成のシステム」とでも名付けられる、多義的、重層的で自在な〈変身〉の、関係性の、根源的な人間存在のあり方であり、その後の私の演劇活動の中でも、現在に至るまで、一貫して重要な課題として探求を続けてきた。

さて、私の初演出作品は、一九七〇年に早大劇団『自由舞台』で上演した別役実作『カンガルー』であった。それはまだまだ手探りではあるが、能と現代演劇の関係を探る最初の試みでもあった。『カンガルー』上演に際して、構成・演出の立場から色々と工夫、仕掛けを行った。その中から二点を取り上げると、一つ目は、『カンガルー』のテーマに関するもので、描かれた閉塞状況、そこからの脱出、そして死の視点をさらに浮き彫りにするため、日本の文化、社会の構造の中に戯曲を置いて捉え返すことが出来ないか。二つ目は、別役戯曲特有の文体、言語を演技の課題としてどのように身体化するか、ということであった。その重要な手掛かりになったのが、伝統演劇の能と現代演劇との関係性の問題だった。

それは具体的には、最初に『カンガルー』の戯曲を読んだ時に、幾度も闇の中から這い出し、波止場にたむろし、生贄を選んでは、安住の死を取り戻すための秘密の儀式に奔走する登場人物たちの姿と、能、特に夢幻能の亡霊の姿が重なって見えた。能の亡霊たちは、過去の執着が断ち切れず闇の中から登場し、回想の語り、舞を行い、最後は僧の読経によって成仏することになっている。しかしそれは仮の救いであって、実は何度も繰り返し闇の中から這い出し、登場せざるを得なかったはずだ。別役氏が『カンガルー』で描いた閉塞状況とそこからの脱出の世界は、連綿と続く日本の文化、宗教、社会の構造と通底する奥行き、射程を持っているのではないか。そんな思いもあって、その世界がより鮮明に浮かび上がってくるために、思い切って戯曲を再構成し、各場面ごとに異なった演出、演技の方法を試みた。

そのため、これは一つ目の課題と結びついているのだが、まず日本の風土、文化、芸能に通底していくような基底部の構造として、戯曲冒頭の口上の場面を変更し、新たに能『安達原』の鬼女の謡から触発され、私が創作した老人の語りを置いた。「くるくるくる　くるくるくるま　糸車　くるくるまわる輪廻の車　悔いある命の繰り返し……」。能の囃子を背景にした語りが終わると、エレキの生ギターの演奏が入り老人が歌い出す。そしてこの後は大きく転換し、戯曲の波止場の場面がテンポ良く開始され、物語が展開していく。

続いて二つ目の、別役戯曲特有の文体、言語を演技の課題としてどのように身体化するかについての工夫だが、別役氏の特徴的な文体は、繰り返しが多く、曖昧な言いまわしの中で次第に追い詰めていく。この文体の背景、方法論として考えられるのが、通常の自己と対象の固定的な関係性が一旦括弧に入れられ、より深い意識の状態で関係性が探られていることだ。

このような別役氏の言語を深く身体化するために、『カンガルー』の上演では、戯曲の後半の静やかで透明感のある「おままごと」の場面で、演技の課題として挑戦してみた。そのために舞台で俳優を四つん這いにしたり、正面を向いたまま動かずに語らせたりと、日常的な動作や再現を止め、緊張感のある台詞の遣り取りのみでその関係性のリアリティを探ることを試みた。それは別に奇を衒い、無理を強いたわけではなく、日常的な動作、意識を封じ込めることで、一旦日常意識のあり方を離れ、研ぎ澄まされた集中の中で、身体の、意識の深部に下降するための一つの方法としてあった。公演パンフレットの私の演出ノートに、「事象と意識は不確定な対応関係しかない。確固たる実体として意識されるものなどなく、物と人、言語と自己の関わる瞬間の未分化な状態を直視する。その直視のまさぐりを措いては、何も見えないし、始まらない」と書いているのだが、別役氏の言葉と深部で出会い発語するためには、俳優の方も、固定した関係性を一旦括弧に入れる必要がある。これは例えば至難の課題ではあるが、能の世阿弥の「せぬ隙」の演技、何もしない所が面白いといった究極のあり方ともどこかで結びついてくるはずだ。この工夫、仕掛けの二点は、どちらもそれまでに現代演劇で探求されていない難しい課題で、俳優の方にも戸惑いがあり、私の方もまだ手探りで、どこまで達成出来たか分からないが、実際の舞台には不思議な熱と緊張感、手応えがあったことは記憶に残っている。

一九七一年十一月、「錬肉工房」の旗揚げ公演として『聖《セイント》・女郎花《おみなえし》』が上演された。私自身はその年の始めから、以前から関心のあった舞踏家笠井叡氏の「天使館」の開館に参加している。「天使館」の稽古場は自由な雰囲気に溢れ、即興舞踏が中心で刺激的であった。また青年座で行われた「現代舞踊の異形」シリーズの公演では、「天使館」の一員として出演し、そこに大野一雄氏が客演したこともあり印象深く憶えている。そんな中で、改めて私自身の内部で浮上してきた問題が、〈言葉〉と〈身体〉の関係性であり、舞踏の強度と深さを持った身体性と通底し、拮抗するような〈言葉〉の発語のあり方、そして二項対立的でない、両者の密接な相互関係を丁寧に探っていくという根源的な課題であった。そのためそこで能と現代演劇の関係を捉え返すことも含め、演劇の枠組みを根底から問い直し、閉塞的な時代や舞台の状況に少しでも揺さぶりをかけることが出来ればと、私なりの独自な作業、挑戦の必要性を痛感し、「自由舞台」の仲間であった長谷川功や関口綾子らと「錬肉工房」を結成し、活動を開始することに踏み切った。

その『聖・女郎花』は、早稲田JAZZ SPOT「TAKE-1」を会場に上演されたが、作業の課題として一つには〈歌舞〉という演技の課題が探られた。実際に能管やエレキギターが使用されたが、もちろんそこでミュージカル的なものを志向したのではなく、日常的な心身のあり方を超えた、深層の〈言葉〉と〈身体〉の位相が〈歌舞〉という課題として多様な形で模索された。またテキスト・レヴュルでは、唐十郎氏の『24時53分〝塔の下〟行は竹早町の駄菓子屋の前で待っている』に登場する、日本の文化や風土のあり方を、「なんてじめじめした陽気だろう」という絶妙な言葉、形で定着した、二人の奇妙な老人の対話を枠組みとし、様々な言語素材がコラージュ風に構成されたが、同時にそこで〈老体〉という演技の位相も重要な課題として出てきた。その演技のあり方は、夢幻能の時間性、身体性とも繋がっていく所があり、当時発表した演出ノートに二人の老人の会話について触れながら、「話の内容の虚実など全く問題ではなく、ただ飽きることなく、果てしなく語られるなんとしたたかで、そして救いようのないくらい悲惨な二人のその語りが、ある刹那かたどられて定着する。（中略）このような根源的な時間構造、『朽ちる』のではなく、この〈現在〉を充足した現在として全存在で生きるべく、『あの世へか？』と〈死〉をも日常的な手つきで〈現在〉の内に取り込んでいく、ある種の〈ふるび〉とでも言えそうなその生き様の物腰は、例えばわが国の肉体史を遡行すれば、『昔をかへす在原の……』などの夢幻能の根源的な〈肉体〉の土壌へも通底していくように思われる」（『老体』について）と記している。唐十郎氏のテクストの言葉に触発されることで夢幻能の根源的な時間性との相関がそこで考えられている。さらにまた、以降「錬肉工房」の公演の舞台上で何度も語られることになる、能『砧』の「思い出は身に残り」という言葉、それは私の演技論の要の一つである〈思い出される身体〉とも密接に結びついているのだが、それがこの上演の中ですでに中心的に使用されているということがあり、確かにこの旗揚げの舞台は、「錬肉工房」のその後の展開と繋がっていく新たな踏み出しの公演となった。

こうした初期の試みが結実していったのが、一九七四年に那珂太郎氏の詩集『音楽』を中心にして上演した、『須磨の女ともだちへ』、『アメリイの雨』の連作であった。那珂氏は日本語の美、音韻、リズムを生かした質の高い数多くの作品を発表しているが、特に初期の詩集『音楽』は、言葉の音韻的、イメージ的な連鎖を徹底して追求した戦後詩の重要な達成の一つである。以前からこの「詩集」の作品を上演したいと考えていたので、それを中心にしながらも那珂氏の詩作品だけでなく、『須磨の女ともだちへ』では能『松風』が、『アメリイの雨』では能『卒都婆小町』、『通小町』が引用され、全体の構成の大きな枠組みともなった。他にも多様な言語素材が引用されたが、またどちらの作品も途中に喜劇的な場面が挿入されていて、能と狂言の並立の作業が試みられた。それとともに具体的な演技の課題としては、『須磨の女ともだちへ』では、冒頭の場面で、深い意識の集中の中、三人の男優による音も台詞もない、緊張感のある数分間の超スローモーションの歩行の演技が探られた。さらにまた舞台全体の設えとしては、能の地謡やギリシャ悲劇のコロスのあり方を捉え返した、登場人物を生み出し、それをまた無化し、呑み込んでいく原コロス的な存在を、「根源的な関係の生成の磁場の運動」として構造化し、重要な演技の課題として身体化が探られた。両作品とも、それまで行われていない演劇的試み、挑戦が様々なされ、アングラ・小劇場界に刺激や影響を与えるとともに、観客の反響も良く、私の演劇界へのデビュー作となった。

今回、私自身の初期の活動を、求めに応じてアングラ・小劇場演劇と絡め、能との関係性を一つの切り口にして振り返ってみた。もちろん私の演劇活動の軸になるものは他にもあるのだが、その捉え直しの作業の中で浮かび上がってきたのは、その後の私の演劇活動の中心的な課題や方向性が、かなり明瞭な形で初期の仕事の中で手探りされているということであった。それは具体的には三点あって、一つには七〇年当時の時代状況や私の個性もあり、当初から脱領域的、横断的であったこと。そして次には〈言葉〉と〈身体〉の関係を実体化し、二項対立的に捉えるのではなく、その密接な相互関係を丁寧に探っていくという姿勢。さらに何よりも伝統的な演劇、特に能とどのような関係を持ち、切り結んでいくのかという大きな課題であった。その三つ目の課題は、六〇年代後半の演劇運動の中では、「前近代を否定的媒介にして近代を捉え返す」という視点から、近代劇批判の一つの大きな手掛かりとして、歌舞伎を中心に様々な形で取り組まれていたわけで、私自身も別役実氏や唐十郎氏の〈言葉〉と緊張関係を持ちながら、独自の方向性から能を現代演劇に開き、活かす試み、作業を開始していたことがそこに見えてきた。そのことは、築地小劇場の小山内薫の、『『歌舞伎を離れよ。』／『伝統を無視せよ。』／『踊るな。動け。』／『歌うな。語れ。』以来の、「伝統と現代の断絶」の課題をどのように引き受け、越えていくのかという重要な問題と結びついていることは言うまでもない。

ともあれ、その後の三十数年に亘る、「錬肉工房」での演劇の枠組みを根底から捉え返す作業の持続は、もちろん平坦ではなかった。しかし、あまり慌てず、焦らずにこれまでじっくりと積み重ねてこられたのは、活動の初期から、能と緊張関係を持って向き合い、それを現代演劇に開き、活かしていくといった大きな課題に挑戦し、長期的な時間軸、展望で作業に取り組む必要性があったことと関係しているはずだ。今後、出来ればその試行の作業が、少しでも、螺旋運動の持続となってさらに展開していければと願っている。

（初出：日本演出者協会＋西堂行人編『演出家の仕事　六〇年代・アングラ・演劇革命』れんが書房新社）

第2章

AYAKO SEKIGUCHI のための「姨捨」［撮影＝栖原憲治］

書き下ろし論考

1

実験演劇の現在形

——岡本章と錬肉工房の四十周年に寄せて

NISHIDO Kojin

西堂行人

はじめに

一九七一年に岡本章、長谷川功、関口綾子らを中心に結成された錬肉工房が四十周年を迎えた。

一口に四十年と言っても、実験演劇を志向してきた彼らにとって、それは並大抵なことではなかったろう。そもそも現代演劇とは、確固たる基盤を持たぬところに成立の要因があり、なかでも実験演劇は、一瞬一瞬が発明であるような緊張を強いられる作業の連続なのである。

彼らが出立した時代は、まだしも「前衛」という言葉が生きていた。現代演劇はつねに時代の先端の思考を切り開くものとして存在し、困難な作業を自らに課すことはさして珍しいことではなかった。だが時代は八〇年代に入り、演劇にエンターテインメント性が求められるようになると、強靭な思考を要求される前衛劇は次第に後退していった。さらに九〇年代以降の不況の時代にあってより確実なものが求められ、安定志向にむかう世情のなかで、実験的な演劇行為は姿を消していったのである。その意味では、錬肉工房が四十年間の長きにわたって持続してきたことは奇跡にも等しいと言えよう。

ここでまず岡本の出発点を確認しておきたい。

(1) 岡本章の三つの出会い

早稲田大学の自由舞台を母体に錬肉工房は結成された。ここに至るまでに岡本は重要な出会いがいくつもあった。

その一つは能との出会いである。能はもともときわめて前衛的な志向性を持った伝統芸術である。観世寿夫は能楽界の中でもとりわけ革新的な実験を行なってきたが、学生時代に彼との知己を得、交流を通じて、岡本は能の演技や身体性が現代演劇の創造と結びつくという確信を得た。これは岡本にとって大きな指針となった。

同じ頃、舞踏家・笠井叡の天使館の創設に立ち会っている(一九七一年)。笠井は土方巽と並ぶ舞踏草創期の中心人物の一人であり、土方が「暗黒性」を核としたのに対し、シュルレアリスムや精神分析、神秘学などヨーロッパ的な知性を背景にしていたのが笠井だった。岡本はもう少し後になるが、舞踏のもう一人の雄・大野一雄との決定的な出会いを遂げる。

能と舞踏の二つの導線は、岡本のその後の航跡にも大きな影響を及ぼしたと思われる。岡本は演劇だけに特化するのではなく、もう少し広い視野で演劇や芸術に関わろうとしていたからだ。それは身体、生命、言語など表現の根底に関わるものへの関心である。能や舞踏はいずれも身体を武器にしたライブパフォーマンスであり、テクストに依存する演劇とは明らかに異なった角度から舞台に接近している。当時勃興していたアングラ・小劇場運動に若い岡本は大いに刺激を受けたが、そのムーブメントにのみこまれることなく、ジャンルを超えた脱領域を志向していったことは注目に値する。

そしてもう一つは、アントナン・アルトーの演劇論『演劇とその分身』(当時の訳は『演劇とその形而上学』)との出会いである。一九六〇年代の演劇に大きな影響を与えたアルトーは、肉体もしくは身体へのさまざまなイメージを喚起した。文学偏重だった西洋近代劇に対していち早く違和を唱えたのがアルトーであり、彼は生が壊れつつあった西洋に警告を発した文明論を展開した。アルトーの演劇論は単なる芸術論に留まらず、二十世紀の病巣を抉り出していたのだ。そして、その根拠に身体(の崩壊)を据えた。「錬肉」という言葉の中には、明らかにアルトーが隠れている。

こうして、能や舞踏という日本の文化に根ざした身体技法に、西洋の文明論を合体させ、岡本章の演劇論は次第に姿を現していく。

それまでの蓄積を踏まえて、一九七八年に岡本は「岡本演戯塾」を開設し、身体の独自のメソッドを追求し始める。だが彼は様式と呼ばれるような固定したものに向かわなかった。むしろ固定化しそうになると、すぐさまそれを解体していくことに気を配った。現代演劇は「確固たる基盤を持たぬ」ところに本質があると前述したが、絶えず安定化へ向かう表現を解体し、その解体そのものが新たな生成へ接続されることを発見したのだ。

このことを岡本はしばしば、ドイツの精神医学者ヴァイツゼッカーの「クリーゼ」という言葉で説明している。この言葉は「転機=危機」という概念だが、生命とは、ふだんは身体の奥深いところにひそんで姿を見せない。が、その生命が危機に瀕した瞬間に垣間見えてくる。以前の形が壊れて新しい形がそれにとって代わる刹那、それがまさにクリーゼの一瞬なのである。そこには解体が同時に生成となるような契機がはらまれている。

こうしたクリーゼの一瞬をどのように設えていくか。そこに岡本の方法と仕掛けがある。

(2) 四つの活動期

岡本章と錬肉工房のこれまでの歩みをたどってみると、おおよそ以下の時期に大別できる。まず第一期は旗揚げから一九八〇年の『うつせみⅡ』まで。この期では七〇年代半ばの那珂太郎の現代詩を素材にした『須磨の女ともだちへ』が頂点となる。この頃の錬肉工房は、早稲田の六号館五階のアトリエに始まって、六本木自由劇場、シアターグリーンなど当時の小劇場を転々とし、また新宿アートビレッジでも公演している。このアンダーグラウンドな匂いをたたえた小劇場は、暗黒舞踏のメッカでもあった。これは彼らがどこに存在の基盤を置いていたかをよく物語っている。

第二期は、一九八一年に新築した柏のアトリエを拠点とし、言葉と身体の関係性を徹底して追求した時期に相当する。この期の代表作は『水の鏡』である。

八〇年代末になると、アトリエから離れて都内の能楽堂などで上演活動を展開していった。これが第三期に当たる。この時期は、音楽や美術など他のジャンルのアーティストとのコラボレーションが数多く行なわれ、『水の声』がその集大成となった。

これにさまざまな作家やテクストと格闘した第四期。ハイナー・ミュラーの『ハムレットマシーン』をはじめ、カフカの手紙、ガルシア・ロルカやサミュエル・ベケット、ジャン・ジュネなどが言語素材に選ばれた。いずれも近代以後の前衛的なテクストであり、身体と演戯を根底から考え直させる素材群だ。四十年でひとまず括ってみると、おおよそこのように跡付けできるのではないか。

ここでは岡本の方法について素描しておこう。

岡本の根底に一貫して流れている演劇的課題は、「即興」である。この言葉には誤解を招き易い要素が染み付いている。即興とは、技術や知識の裏づけのない演者がその場で思いついて、でたらめにやることではない。イタリアの即興喜劇＝コメディア・デラルテが好例である。多くの台詞（レペルトリオ）と曲芸など身体技術をもつ俳優がその場の状況に合わせて的確に台詞を取り出すのが、コメディア・デラルテの即興だ。俳優には十分な蓄積がなくてはならない。決して「素人」の無手勝流ではないのだ。その場の刺激に反応するさい、もっとも重要なのは身体性である。

岡本の方法論がユニークなのは、身体から発せられる言葉の根元にもう一度戻ってみることだ。その根っこの地点では、まだ身体も言葉も「動き」や「意味」が分節化されず、流動的なまま漂っている。こうした渦中での「即興」とは、岡本の言葉でいえば、「自在な関係の生成のシステム」を生きることだ。

ただしこういう根源への自在な関係は簡単に出現してくるわけではない。そこで仕掛けが必要になってくる。自分の蓄積してきた技芸を一度「離れてみる」ことである。固定化した言葉の意味や身体の動きはすぐさまパターン化し、惰性になっていく。そうしたものに絶えず揺さぶりをかけ、疑ってみること、そこに岡本の仕掛けがある。

そのさい、もっとも堅固な様式性を身体に抱える能役者は、絶好の作業仮説を提供してくれる。「型通り」という言葉がある。文字通り、繰り返し演じられ、紋切り型として表層をなぞっていく行為だ。型や様式に守られた伝統芸術の役者たちは、ともすればその堅固な場所に逃げていく。何代にも伝承されてきた型や様式は、個人の枠を超えて、伝統の厚い層への逃避を容易にさせる。だからこそ、岡本は型が出来上がる前に立ち戻り、人間存在の根底に触れようとするのだ。

では確固たるフォルムや様式性を持たない現代演劇の場合はどうなるか。「離れる」ものを持たない現代の俳優たちはいったい何を手がかりにすればいいのだろう。

現代の俳優たちも、型とまでは言わなくとも、その人なりの固有性、技芸といったものを獲得している。それが個々の表現の支えになると同時に拘束にもなる。個性は安易に寄りかかると、すぐにマンネリ化する。これは伝統の技芸だけの問題ではなく、現代の表現にも等しく当てはまるだろう。そこで岡本は演出の現場で、俳優に「困ってもらう」ことが必要だと言う。現場で「戸惑い」「追い詰められ」「立ち尽くす」。こうした難局に遭遇して、初めて人は存在の根源を見ようとするのではないか。それがクリーゼ、転機が生成につながる契機なのだ。その危機に遭遇したさい、これまでの蓄積から札を取り出して乗り切れることもあるが、多くの場合それは矛盾の先送りでしかない。そこで「失敗」することが必要となる。実験演劇が重要なのは、この局面においてなのである。失敗を通じてしかその先の可能性は見えてこない。

(3) 現代能楽集と『水の声』『無』

ここで錬肉工房の第三期の大きな成果だった『水の声』について記してみよう。『水の声』には「現代能楽集」という副題が付されている。この言葉には、当然、三島由紀夫の『近代能楽集』が意識されているのだが、三島がテクスト・レベルで能を扱ったとすれば、岡本と錬肉工房が目指したのは、身体のレベルでの能の再生にあった。「現代能楽集」の作業は、一九八九年の『AYAKO SEKIGUCHIのための『姨捨』』に始まるが、『水の声』はその第二弾である。

『水の声』は、現代演劇（錬肉工房）、能（シテ方三鈷の会）、音響彫刻（美音子グリマー）、コンピュータ音楽（藤枝守）と、多様なジャンルの意欲的な人々の参加を得たコラボレーション（共同作業）である。現代演劇と能、テクノロジーやメディアと身体はどう関わっていくか、多様なジャンルの人々とのコラボレーションはどのように可能か――岡本が探っていくのは、予定調和ではなく、刻々と生成してくる「開かれた関係性」、共同性の場はどのように可能かを問うことだ。

生きもののような舞台を息づかせていたのは、俳優、パフォーマーたちの丸腰といっていい「即興演技（演奏）」である。それぞれ出自も来歴も異なるアーティストが舞台上で激突するとき、個々のジャンルの根っこに何があるのかを各自が問われる。俳優ならば身体の深いレベルで能役者と出会えるかということだ。六百年の歴史を持つ能との格闘は、岡本のこうした方法意識の表れである。

この劇の最大の特徴は、能役者が従来の意味での「能」を演じないことにある。能の構エや運ビ、摺リ足、謡といった定型的な様式から一度「離れて」もらう。だが、現行の能を演じずとも、そこで上演されているのは、まぎれもなく「能」なのである。つまり、ここで岡本らがやろうとしているのは、歴史のなかに埋もれてしまった能をゼロ地点に戻って原型的なあり方を探り、元来持っていた能の表現のダイナミズムを取り返そうとすることだ。それをテクノロジーという先端技術にぶつけ、他ジャンルとの共同作業を通じて、固定化された因習に風穴を開けるのである。そこに「現代能」として転生していく可能性を見出した。その背景には、日本の伝統と近代の二重性を捉え返そうという岡本の積年の課題が横たわっている。

この延長線上に位置づけられるのが、『無』である。ここには、観世寿夫の弟である榮夫と、もう一人、大野一雄という存在が大きく関与してくる。『無』はそれぞれ舞踏と能というジャンルを代表する第一人者・大野一雄、観世榮夫が出演する空前絶後の企画であり、さらに作曲、生ピアノの演奏に三宅榛名が参加している。つまり現代芸術の総合化が現代演劇という枠組みで上演されたのだ。彼らを束ねた演出家が岡本章である。

『無』は、能の秘曲ともいわれる『姨捨』とベケットの『ロッカバイ』、これに那珂太郎の詩「秋」を言語素材とした。この舞台は、それぞれの世界に共通する、死を目前にした老女の〈虚無〉の深淵を覗き込むものである。岡本がここで配した演出上の仕掛けは、能という枠組みの中に舞踏家・大野一雄を解き放ったことだ。女の三態を自在に織りあげていく大野は、彼自身のなかに多層の時間を呼びこんでいく。すると、彼自身の身体のなかにさまざまな思いが輻湊し、揺らぎはじめるのだ。能の堅固な様式を借りながら、その様式の外にはみ出していく瞬間を彼の肉体は体現する。

一方、能役者もまた本来の能の動きを封じられている。謡ではなく、語りを余儀なくされた観世榮夫は、強度をもった声、言葉によって舞台空間を構築する。彼らもまた能ではありえない異質な場所へ出てくることを要請されたのだ。この劇は、一種の異種交配にその狙いがあるのだが、能役者たちも、大野一雄という舞踏家と出会うことで、自分たちの領分が浸食された分、能の枠から外へ出ていくことが可能となった。笛や鼓のなかを動き出す大野一雄の老体は、この世とあの世をつなぐ結界を生きているかのようだ。その自在さは、かけがえのない生を謳いあげる。死を目前にした老体が、にもかかわらず、生への熱い讃歌を送る。存在の根元に立ちゆらめく大野一雄の肉体から、過剰な生へのエネルギー、救済を感じとったのは、わたしだけではあるまい。スタイルや様式から抜け出し、いっさいの拘束から無縁な存在と化したこの舞踏手は、表現というものの極北にあった。

ここでテクストの異種交配も試みられている。すなわち伝統と現代、東と西の混交である。タイトルの「無」とは「何もない」という意味ではない。老女の霊の悲惨を潜り抜けた末に訪れる無心、西洋の徹底した個人主義がもたらす孤独の中で老いさらばえ、その果てにくる虚無。こうした東西の中に存在する「無」を描くことで、「救済」が透けて見えてくるのである。そして演者たちの格闘のなかで、「すべての『有』を包含したところの『無』(観世寿夫)が浮上するのだ。それは無心や無限に通じるものかもしれない。

虚無の深淵を見据えれば見据えるほど、かえって陽気な、生を力強く肯定する力が迸り出る。そこに能とベケットの、つまり東洋と西洋の虚無の深遠の先にある「有」を浮かび上がらせようとする演出家の意欲が看て取れるのだ。

すでに大野も観世も他界した。したがって、この舞台を再演することは叶わない。だがこんな企画が二十世紀末に行われたこと自体、奇跡のようなものではなかったか。「結界を生きていた」大野は、すでにその肉体は滅びてしまったが、相変わらず死と生の境界を漂っているかのようだ。

(4)『ハムレットマシーン』試演会から上演へ

岡本章は、伝統演劇に用いた即興や解体/生成の方法をヨーロッパのテクスト上演にも押し拡げていった。ここで言う「伝統」とは、具体的にはギリシア劇以来の「テクスト」の歴史である。彼がこれまで扱ってきたヨーロッパのテクスト素材は、ベケット、イエーツ、カフカ、ミュラー、ロルカ、ジュネ、エウリピデス、ソフォクレスと多岐にわたっている。とりわけ一九九八年秋に世田谷パブリックシアターで上演された『ハムレットマシーン』(ミュラー作)はその方法意識の結晶とも言うべき舞台だった。ここでも現代演劇の俳優たちは能役者と舞台の上で共存し、加えて鼓やバイオリンなどの音楽と即興的に交わった。そうすることで二十世紀の歴史を圧縮したかのような旧東ドイツの劇作家の言葉が舞台上で光彩を放ったのである。それは伝統と前衛の衝撃的な出会いであり、のみならず東洋と西洋のコラボレートだった。

この上演に至るまでのプロセスもまた興味深い。

岡本章の最初の『ハムレットマシーン』上演は、その三年前の小さな試みから始まった。それは「ハイナー・ミュラーと日本演劇の対話」という企画で、岡本章が演じたテクスト・パフォーマンスである。そこで彼が選んだテクストが、『ハムレットマシーン』だった。岡本は、客席の正面に置かれた机の前に座り、これまでのミュラーとの出会いや関心の持ち方などを述べた後、「ではこれから始めます」と開始を告げた。だが岡本はなかなか言葉を切り出そうとしない。彼は台本をコピーした用紙を前に、首を回し、アッ! アッ! と喉を鳴らし、背筋を伸ばしてテクストを睨みつける。だが、一向に言葉が出てこない。そのまま十数分が経った。われわれは固唾を呑んでその瞬間を待った。ついに岡本の口から言葉が出た。だがそれはほとんどかたちを失い、意味を留めていない言葉らしきものだった。わたしがこのとき見た光景は、一音一音にまで解体され、意味を失った言葉が岡本の身体を通過し、ついに発語へといたるプロセスだったのである。

そのときわたしは、十六年前の名作『水の鏡』を観たときのことを思い出した。この舞台で、「空しい」という言葉は四つの音に分解され、俳優の肉体を通り、「む・な・し・い」という意味をもった言葉として立ち上がった。わたしはまぎれもなくその瞬間に立ち会ったのだ。言葉が俳優の身体から発語された瞬間、世界は生成する。アルトーが夢想した、分節言語に依拠しない言葉＝世界のなまなましい「残酷」の出来《しゅったい》をわたしはそこに見た。

岡本にとって『ハムレットマシーン』とは、『水の鏡』で行った実験の延長線上に置かれるものだろう。日本の伝統と西洋のテクストは一本の線でつながった。

こうした経験を踏まえて、一九九八年五月から、千葉県柏にある錬肉工房アトリエで、『ハムレットマシーン』の試演会が三つのパートに分けて行われた。現代演劇、ドイツ語朗誦、能部門のそれぞれのヴァージョンが試行され、それをめぐって討論が重ねられ、それが最終的に秋の本公演へと昇華されていった。その記録はやがて一冊のドキュメント『錬肉工房・ハムレットマシーン全記録』(論創社、二〇〇三年)として刊行された。プロセスを大切に作業してきた岡本らしい着実さが生み出した成果である。日本の演劇現場でこれだけ丹念に作業を積み上げていく演劇家などめったに存在しない。

難解で知られ、上演不可能とまで称せられた戯曲、セリフともト書きとも判別不能な散文的テクスト、それが『ハムレットマシーン』である。旧東ドイツの劇作家ミュラーが一九七七年に書き、その後数多くの演出家の上演意欲を掻き立ててきた問題作に、岡本章はこのような周到な手続きを経て上演まで漕ぎ着けた。

では岡本はミュラーの作品に何を見出したのだろうか。おそらく彼は非業の死を遂げた無名の死者たちの無数の声を聞いたのではなかろうか。舞台の上に甦った死者たちが、過去の事象を物語り、生者がそれを聞き届ける。これはまさに複式夢幻能の構造そのものだ。なんと、世界の前衛的なテクストは、能の形式と酷似していたのである。『ハムレットマシーン』の副題に「現代能楽集の試み」とあるのは、そのためである。

演劇史を遡れば、ギリシア悲劇もまた非業の死を遂げた英雄たちの物語である。シェイクスピアの悲劇もまた然りである。とすれば、西洋のテクストの太い伝統と日本の伝統に出自を持つ能は見事に出会ったのである。

戦争と革命の世紀であった二十世紀をまともに生き抜いてきたミュラーの濃密な歴史の「意味」が満載されたテクスト。それを日本の伝統的な身体技法によって表現しようとする。これが現代演劇にとってスリリングな試みでなくてなんだろう。

(5) 現代演劇の可能性

第三期を「現代能楽集の試み」と銘打つならば、第四期はいよいよ「現代能楽集」の全面展開となる。だが素材は、意外にも海外のものが多い。二十一世紀に入って、岡本と錬肉工房は、さまざまなテクストとの格闘を展開したからだ。

二〇〇〇年に韓国水原の野外で『K——カフカと恋人たち』を上演した後、ガルシア・ロルカの『ベルナルダ・アルバの家』が続く。だが、単なる翻訳劇でなく、テクストを阿部日奈子、水原紫苑といった女性作家に依頼し、また女優だけで演じるという試みも行っている。さらに二〇〇五年の『月光の遠近法』、翌〇六年の『風の対位法』では上演テクストを担当したのは詩人の高柳誠である。戯曲の再現に留まらない岡本の上演作法は新しいテクストの生産を必然とした。この創作にあたり、岡本はこう記している。

「劇言語を閉域から解き放ち、鍛え直し、詩的言語としても、演劇言語としても斬新な言語としてもあり方を探ってみたいと考えたからに他ならない」

(『シアターアーツ』二〇〇五夏号、一三四頁)

書かれた言葉は俳優の身体を通じて舞台に可視化される。そのとき、耳に届く「詩的言語」と身体が担う「演劇言語」の両方に通じる言葉を、岡本は詩人に要求した。例えば、「さらさらさら」といった擬音語のように、意味としてでなく、音として身体に働きかける。宮沢賢治の多用するオノマトペもまたこの文脈上にあるだろう。賢治の詩『春と修羅』は岡本が幾度も立ち返る重要なテクストだが、言葉の持つ詩的な直立性と、どこまでも身体にまとわりつく粘着性が共存している。視覚と聴覚に同時に訴えかけることは、演劇にとって必要不可欠だ。テクストの中に潜む劇性を探ることで、岡本は近代演劇〈以後〉の問題に触れたのである。

こうしたプロセスを踏むことで、岡本章はいったいどこへ向かおうとしているのか。

日本文化は二重性を持っている。「伝統」と「近代」以後に構築された文化が並立している。岡本はこれを身体で架橋できないものかと考えた。そのためには、伝統と近代に通底する身体の根っこに降り立つ必要がある。とともに、演劇と他ジャンルを隔てる壁を解体し、横断する。日本というローカリティと芸術という世界性の交錯のなかに姿を現すのが、彼の考える「演劇」である。

岡本章と錬肉工房が切り開こうとする演劇の可能性とはそのように素描できるように思われる。

学生演劇から始まった錬肉工房の四十年、伝統と現代の追求を基軸に据え、他方で、脱ジャンルを志向する。それが「現代能楽集」へと至りついた。足を止めなかった彼らの活動は遅々としたものに映っていたが、気がついてみると、実に高速回転で、大きな足跡を残してきた。ずいぶん遠くまで来たものである。

（本稿は早稲田大学演劇博物館に寄稿した三十周年企画展の論考、およびドラマティストの肖像」を大幅に改稿したことをお断りしておく。）

2

岡本章さんの「現代能楽集」

HATA Hisashi

羽田　昶

岡本章さんと錬肉工房のお仕事は、能の演技演出と深いところで通い合うものをもっているので、まず初めに現代演劇と能との交流について振り返ってみたい。

そうは言っても、近現代の演劇が能楽と交流をもつようになったのは、古いことではない。そのへんが歌舞伎とは大いにちがう。歌舞伎の場合は、明治の新時代を迎えてもまだ当時の現代劇という側面を持っていた。河竹黙阿弥は、明治の風俗を直截に描いた散切物を書いているし、坪内逍遙から三島由紀夫まで多くの文学者が、いわゆる新歌舞伎を書いた。のみならず、新劇運動の担い手ともなった二代目市川左団次のような人がいたし、弁慶役者として名を馳せた七代目松本幸四郎は一方で翻訳劇やオペラを演じているし、六代目菊五郎が校長であった日本俳優学校は新劇や映画の俳優を輩出している。野田秀樹や串田和美が歌舞伎と関わりを持つような種類のことは、今に始まった新しい現象ではないのである。大衆芸能のジャンルで言えば、いわゆる時代劇映画は、歌舞伎俳優とその技芸の大規模な流入による産物にほかならない。

能楽（能と狂言）は、そのように現代とかかわりをもつことは、第二次大戦前にはなかった。江戸時代すでに古典芸能になっていた能楽は、明治以後昭和前期まで、近代化の波とは逆流を進むかのように、伝承を維持することに汲々とし、およそ近現代の芸術とは没交渉にすごしてきた。新作能は山ほど書かれたけれど、高浜虚子と土岐善麿の作を別にすれば、多くは好事家の趣味の域を出ない。近現代の芸術のほうでも、能楽から摂取するもの、学ぶものは何もないかのように、目もくれなかった。わずかに和泉流狂言師の小早川精太郎（一八六九〜一九一八）が、一九〇九年（明治四二）坪内逍遙が開設した文芸協会演劇研究所の講師を勤めた事例がある程度だ。これは俳優教育のカリキュラムに狂言の稽古が組み込まれた、きわめて早い、それも稀な例である。

そういう状況が一変したのは第二次大戦後、一九五五年ごろからである。それにはいろいろな要因があるが、戦後の自由で開放的な気運のなかで能楽師も、一部とはいえ、伝統と現代を見すえた問題意識をもち、古典の能の修業と併行して、新作能、新演出、他ジャンルとの交流など、新しい活動に参加するようになった。また現代芸術の側でも、演劇の概念や実態が多様化してきて、近代主義的なリアリズムとはちがう新しい演劇のあり方が模索され、また欧米の芸術家がアジアや日本の芸能に強い関心を寄せたためもあって、伝統的なものが再認識、再評価されたからだと言える。

それらの動きをあらためて解説する余裕も必要も今はないが、要するに、作家でいえば木下順二、飯沢匡、田中千禾夫、演出家では武智鉄二、鈴木忠志、役者でいえば観世寿夫・榮夫、野村萬・万作、茂山千作・千之丞といった人々が、戦後の能楽界と演劇界にまたがる銘記すべき仕事を残している。

とくに、能に触発され刺激を受けた現代演劇・現代音楽の分野に、めざましい実践活動で参加したのは観世寿夫である。シェーンベルク曲・武智鉄二演出の『月に憑かれたピエロ』(一九五五)、同じく武智鉄二構成・演出の『智恵子抄』(一九五七)、福島和夫『中有』(一九五九)、ストランヴィスキー曲・岩城宏之指揮『兵士の話』(一九六〇)、武満徹『水の曲』(一九六〇)、湯浅譲二『コメットイケア』(一九六六)、秋吉敏子のジャズ『みなまた』(一九七六)などのすぐれて前衛的な音楽に謡や舞で出演している。寿夫は、やがて能楽師と新劇人の演劇グループ冥の会の代表となり、一九七一年から七六年にかけて『オイディプース』『アガメムノン』『メデア』『ゴドーを待ちながら』『山月記』に主演した。また、鈴木忠志演出の『トロイアの女』(一九七四)、『バッコスの信女』(一九七八)にも出演している。

『バッコスの信女』については、演劇評論家の森秀男が「ディオニュソス(観世寿夫)とペンテウス(白石加代子)との烈しい詰め開きは、様式的な美しさをもって展開するが、狂気をもたらすディオニュソス自身は冷く醒めているのにたいして、秩序を守ろうとするペンテウスが怒りのあまり平静を失ってゆく。観世寿夫と白石加代子の冴えたせりふは、二つの電極のあいだに強い電流が流れるような緊張を孕み、神と王との対決にふさわしい劇空間のひろがりを感じさせた」(『現代演劇まるかじり』晶文社、一九八三)と評しているのが、よく寿夫の存在感とせりふ術の魅力を伝えている。

観世寿夫は、言葉の正統な意味で「伝統」を重んじ、祖父の観世華雪をはじめ野口兼資、橋岡久太郎らの先輩を尊敬し、厳正で端麗な、集中度と凝縮度の高い能を演じた役者である。しかも、能のなかでも最も能的な世阿弥、禅竹の夢幻能を愛し大切に演じてきた。が、そのことと、反自然主義の現代芸術に取り組む前衛志向との間には、通底するものがあったのだった。

岡本さんの活動は、現代演劇と能との架け橋ともなるもので、右に述べた観世寿夫の活動の系譜に連なるものといってよい。

*

岡本章、錬肉工房という名前を私は早くから知っていたし、岡本さんが学生時代に早稲田の自由舞台と観世会に所属していたことも聞きおよんでいた。が、残念ながら錬肉工房の初期の舞台を見ていない。『須磨の女ともだちへ』初演のころ（一九七四年）、西野春雄さんが観世寿夫さんと一緒に見に行ったときの話を聞いたことがある。寿夫さんは、岡本さんの演出とその舞台にたいへん理解と共鳴を示していたという。そのころの舞台を見ていないことを残念に思ったのは、一九九〇年のことである。その年は、三月に国立能楽堂研修舞台で『能「鷹姫」によるヴァリアントⅠ』、九月に柏アトリエで『能「鷹姫」によるヴァリアントⅡ』、そして十一月に銕仙会能楽研修所で『水の声』を見て、その魅力に打たれ衝撃を受けたのだった。その思いは錬肉工房二十周年記念誌に「現代能『水の声』」として書かせていただいた。

世阿弥のとなえた有名な言葉のなかに「一調二機三声」というのがある。「音曲口伝」と『花鏡』に出てくるのだが、解釈は、小西甚一『能楽論研究』によれば「謡い出すとき、まず頭のなかで音階を定めるのが調、その調を謡い出すため息を整えたところが機、機が現実の音声となって謡われたのが声である。声として現われたところだけを聞くと、序も破も無いようだけれど、実は、そこへ行くまでに、経過としては瞬間的であろうとも、やはりある種の秩序が存在することになる」のである。

岡本章さんは、その著述でたびたび「一調二機三声」を引用して、自身の演劇活動との関連を説いている。たとえば「世阿弥能楽論の射程」（『文学』二〇〇〇年一一・一二月号）であり「発声―破裂音と〈身体〉」(『国文学』二〇〇三年三月号)だが、私はそれらを読む前から、岡本さんのお仕事に接するたびに、この「一調二機三声」という言葉を連想していた。

錬肉工房の演劇、すなわち岡本さんの演出では、しばしば冒頭で登場人物たちが、言葉にならない、または言葉になる前の無意味な、ある一音を、突発的に発する。そして、それが間歇的に機関銃のように繰り返される。はじめは奇異な感じに包まれる。しかし、やがて、ある一音に別の一音一音が加わり、単語が見えてきて、次にまとまったフレーズとなり、さらにセンテンスを形成して意味をもつにいたる。―まあ、正確ではないかもしれないが、そういう印象をうける。

瞬間的にではなく、ある継続的な時間のなかで演じられる作業だから、世阿弥のいう一調二機三声とまったく同じではないが、周到に意識的に仕組まれたプロセスを通しての発音であり発声であるところに、世阿弥の説くところとの共通性を思う。ある一音に発して、センテンスが現れるにおよんで、もはや奇異でもなんでもなくなる。そうすることによって、セリフは、なにげなしにふと口をついて出て来た言葉ではなく、つまり何かほかの言葉や言い回しに置き換えられるようなセリフではなく、どうしてもその言葉でなくてはならない表現としての確かな手応えをもたらす。からだの内部から衝き動かされて出て来た必然的な表現であって、それ以後のセリフが信頼すべき確実なものとして、重く深く響く。

演劇に占めるセリフの重要性は、計り知れない。私などは、劇場の椅子に座っていれば、当然、役者の動きも見ているけれども、それよりもセリフを聴いているのである。そして衣裳、舞台装置、照明などのヴィジュアルな要素ではなくて、役者のセリフで魅了しなければ芝居ではないとすら思う。ただし、そのセリフは、何か日常的な実感やら生活感みたいなものを、練達なエロキューションで聞かせてくれるだけではつまらない。もちろん、ただ叫んだり怒鳴っているようなセリフ術は論外である（世に名高い舞台にそういう実例はあるのだ）。劇のセリフは、まず息扱いの確かな、よく通る声であり、その声に組み立てられた、抑揚の正しい言葉でなければならない。岡本さんの演出による舞台は、その点が前述のようなプロセスを通して、高度に達成されていて、それは岡本作品によく見られる現代詩のコラージュで常に大きな成果を上げているけれども、それだけに留まらず、たとえばジャン・ジュネ『女中たち』のような構造的な作品でも効果的だった。錬肉工房の芝居は難しい、わからない、という人がいる。しかし『女中たち』は私がそれまでに見た別の劇団の上演に比べると、断然セリフの意味がよくわかった。「奥様と女中ごっこ」を演ずる姉妹が、悪意、羨望、嫉妬、憎悪の渦巻く華麗なセリフを繰り広げる、虚構と現実のあわいを恐ろしくも興味深く感じさせたのは、ひとえに錬肉工房のセリフ術である。

＊

岡本さんには「現代能楽集」と名づけた連作がある。一九八九年の『AYAKO　SEKIGUCHIのための「姨捨」』から最近（二〇一一年）の『春と修羅』まで十一の作品がある。

これらを現代能楽集と位置づけた意図については、前記の「世阿弥能楽論の射程」（『現代能楽集』の作業」というサブタイトルが付いている）と「『現代能楽集』の挑戦」（二〇一〇年十一月『SPT』第七号）という論文に岡本さん自身が明らかにしているから、ここでは繰り返さない。論点は三つあって、私なりに要約すると①夢幻能の演技の存在感、関係性を対象化する、②能舞台の空間性、能役者の身体技法の本質的な構造を浮き彫りにする、③能以外の多様なジャンルの表現者と能との共同作業の場を設け、各ジャンルの根元に戻り、新たな表現の関係を探求する、ということになる。

私はこのうち『水の声』、『紫上』、『無』、『ハムレットマシーン』、『ベルナルダ・アルバの家』、『始皇帝』、『バッカイ』、『春と修羅』の八作を見ている。

『水の声』は横道萬里雄の『鷹姫』、那珂太郎の詩『はかた』、谷崎潤一郎『鍵』から、現代能『無』は能『姨捨』、サミュエル・ベケットの『ロッカバイ』、那珂太郎の詩「秋」から、合成し再構成した作品で、これを現代演劇の俳優、能楽師、舞踏家の出演で、非常に鋭くしかも透明で集中力の強い、着実な舞台成果をあげていた。

深瀬サキ作『紫上』と那珂太郎作『始皇帝』は、初めから新作能として書かれたテキストなので、前者は比較的オーソドックスな能として、後者は朗唱劇のスタイルで、能楽師によって演じられた。

『ハムレットマシーン』、『ベルナルダ・アルバの家』、『バッカイ』の三つは、それぞれ、ハイナー・ミュラー、ガルシア・ロルカ、エウリピデスの作品、いわば翻訳劇だが、岡本さん独自のテキストレジーで、能様式を採ることはせずに、あるいは語りの劇あるいは一種の夢幻能に再構成された。たとえば『ハムレットマシーン』で櫻間金記（当時は瀬尾菊次）さんが、ドイツ語を朗唱する現代劇の俳優と対峙し、能面をつけて「私は一人、自分の乳房、腿、子宮があるだけ、私を囚人にする道具を壊す、椅子、机、ベッド、マイホームだった戦場を破壊する」というようなセリフをしゃべる。それが少しも異和感がなくあざとくもないのは、岡本さんの演出意図が透徹し、演出家を信頼した演者の技法に、ためらいのない強さがあるからだった。

「現代能楽集」といえば、すぐに三島由紀夫の『近代能楽集』が連想される。しかし、三島の『近代能楽集』は能と同名の八篇の戯曲だが、一篇一篇は完全な近代劇であり、写実的な科白劇である。よく引用される「自由な時間と空間の処理や、露はな形而上学的主題」という『近代能楽集』作者あとがきの言葉が、能のドラマツルギーに触発されて作劇したことを示している。しかし、「自由な時間と空間の処理」とは、たとえば「卒塔婆小町」で、鹿鳴館時代の情景が八十年経った戦後の東京に回想シーンとして現前し乞食の老婆がそのまま若い美女に変身することであり、「露はな形而上学的主題」とは「卒塔婆小町」の主題が幻想を排し覚醒した眼で人生の表裏を眺め尽くす芸術家の信条であることを意味する。きわめて文学的な、テキストの問題として能に触発されたのであり、能の演技や演出、能役者の声や身体に内在する演劇的な方法とは、ほとんど関係がない。

ところで、また近年「現代能楽集」と銘打った、複数の劇作家による作品が上演されている。二〇〇三年に始まった、世田谷パブリックシアター制作によるシリーズである。三島作品のように能と同名の戯曲ではないが、いままでのところ、それぞれ『葵上』『卒都婆小町』『求塚』『鵺』『海人』『弱法師』『俊寛』『綾鼓』とおぼしき能のストーリーやテーマを下敷きにした作品群が書かれ、演じられてきた。私も、そのすべてではないが多くを見た。中には興味深く心惹かれた舞台もあったけれども、これもまた、能との接点は、物語というテキストのレベルにとどまるのであって、能の技法や様式と有機的にかかわるものではない点、三島の『近代能楽集』の系列にならぶものだろう。一九五〇年代に書かれた三島作品が『近代能楽集』ならば、これはポスト・モダンを通過した現代演劇の場で書いた戯曲だから「現代能楽集」だというにすぎない。それにしても、すでに錬肉工房が一九八九年から年を追って「現代能楽集」を発表してきたにもかかわらず、同じ名称とは、まことに紛らわしい。

そして、あえていえば、三島由紀夫の観能には年季が入っていて能を知悉した上で、劇作家としての創作欲から、しかし能の技法や演出とは関係なく『近代能楽集』八篇を書いたのに対し、世田谷版「現代能楽集」の作家たちは制作者と演出家の要請にしたがって本を書いたものの、それ以前に三島ほど能をよく見、親しんでいた形跡は感じられない。

なぜそんなことを言うかというと、岡本章さんの場合は、三島由紀夫以上によく能を見、経験し、学生時代に観世寿夫に強く惹かれたことに始まり、演劇活動の初期から能と深く強く結びついていたので、内発的・意識的に、能楽師の声や身体とかかわり、能の構造や技法に踏みこみ、「現代能楽集」を作ったのだからである。右に見てきたことで明らかなように、その「現代能楽集」は題材が能に拠っているか否かとは、関係がない。また、単に能の技法を導入するか否かというレベルの問題でもない。

たとえば、能の謡や囃子のリズム、舞の動きなどは、細部まで予定調和的に定まっているわけではなく、端的には見計らいという言葉が示唆するように、臨機応変の即興性と偶発性が作用する。またたとえば、世阿弥の『花鏡』に「万能を一心に綰ぐ事」という言葉がある。すべての技芸を統一する緊張した心の働きをさし、謡や舞などが休止した空白部分にも、意識の奥底に緊張を持続する力があって、それが外に匂い出ると、観客が面白いと感じるという意味である。前述の「一調二機三声」もそうだが、岡本さんの「現代能楽集」の舞台からは、しばしば、それらの、本質的に能が内包する独自の技法と同じものが感得される。そこに至るまでのプロセスで、岡本さんが払う努力とエネルギーを貴重なものだと、私は思う。

3

岡本章と能、もしくは観世寿夫

TAKEMOTO Mikio

竹本幹夫

I

最近でこそ、能の演技様式もしくは身体の様式を取り入れた作品が、現代劇の世界において一般化してきたが、かつてそれは実験的な試みとして、能役者や狂言役者の協力を得なくては実現不可能なことであった。そもそも能は孤高の演劇として閉鎖性が強く、自ら他の演劇分野と交わることは原則的になかったのである。しかし現代でこそ親しみにくい古典演劇というイメージが強くなっているが、例えば歌舞伎の松羽目物のような、能に取材した作品がそれなりの人気を博したことに明らかなように、近世においては能は多くの分野に影響を与えていた。もっともそれは相互交流というよりは、謡の人気に支えられつつ、多くの近世芸能が能の筋立てや趣向を摂取した、一方通行のものであった。近代以降は他分野による積極的な能楽摂取は見られなくなり、能が他分野の影響を取り入れることもなかったために、能は孤高の演劇であり続けたのである。これは見方を変えれば、江戸時代以降、近代に至るまで、能の分野において本当の意味での創作活動が行われなくなったことの証しでもある。

それより以前、観阿弥・世阿弥時代の中世の能は、先行の文芸や芸能をその作品や演技様式に取り入れることにきわめて積極的であり、そこから新しいスタイルの能が生まれ出たことは周知のことがらである。要するに他分野とのこうした形での交流を失うことは、演劇として生命を失うに等しいのであり、能の特異性とは、新たな世界の創出という手段を欠いたまま、しかも生き続けているという点にある。そして江戸時代以後、現在に至るまでのほとんどの能役者が、この事態を積極的に是認し、これが能の課題であるとは思わずに、世界に冠たる特色と確信してきたのである。

能のこのようなあり方にやや変化が生じたのは戦後になってからである。一九四五年というのは、ヨーロッパ演劇が第三世界にまで伝播する契機となった境目である。非欧米圏で最も早くヨーロッパ演劇の洗礼を受け、それを積極的に摂取した日本の場合も、やはり戦後世界はその演劇状況に大きな影響を与えたのであり、その一つが一部の能楽師による実験的な活動であった。そこに先鞭を付けたのは武智鉄二であったが、能楽師の立場で能以外の演劇との協同作業に関わったのが、能役者観世寿夫・狂言役者野村万作をはじめとする人々であった。とりわけ観世寿夫こそは、「世阿弥に帰れ」を標榜して能の演劇としての生命を取り戻そうとした唯一の存在であった。観世寿夫を得て初めて能は、世界の演劇状況との関わりの中で自らのあり方を模索するという体験をしたわけで、能以外の演劇に能・狂言役者が参加するという、以後も長く踏襲されることになる先例がここに作られた。しかしながら、その逆の動き、能自体を変革する形で他の演劇が能の中に入り込むことは、それこそが能役者が「外界」に出て行く真の動機のはずであったにも関わらず、中々実現することはなかった。
岡本章が能に出会った一九六〇年代後半というのは、まさにそういう時代であった。

Ⅱ

私が岡本章と出会った頃、それは早稲田大学観世会という謡曲・仕舞を稽古し、能の勉強もするという学生サークルでのことであったが、七〇年の日米安保条約改定をにらんで反体制運動が盛り上がりを見せている時でもあった。彼が二年次生、私が三年次生であった一九六九年頃は、大学自体が夏休みを挟んで半年近くも休講となる騒ぎで、私自身は能などというのんきな分野に関わっていて良いのかという忸怩たる思いを抱きつつ、能との関わりをより「革命的」なものに色付けすることに活路を見出しているような、いささか安逸な学生生活を過ごしていた。

その頃、われわれが私淑していたのが観世寿夫であった。寿夫は封建的な能界にあって、公然と家元制度を批判し、新作能『鷹姫』を実現し、自演の能に数々の工夫をこらして、多くの若い観客を引きつけていた。実はその一年ほど前から、関東観世流学生能楽連盟というサークル連合体の活動で、寿夫にレクチャーや能への出演をお願いするという機会を通じて、彼も私も、私淑の段階からその謦咳に接する段階にやや進んでいたが、少なくともその当時の私は勉強不足で、観世寿夫の演劇人としての活動の意味を必ずしも正確に理解していたわけではなかったと思う。私が引かれたのは、多くの観客がそうであったように、むしろ観世寿夫の能の魅力であり、若い学生に何かを託そうとするかのような熱気であった。

最初はやはりそうであったのだろうと思うが、岡本章はかなり早い段階、三年次生になる頃にはすでに、観世寿夫の演劇人としての何たるかを感得し、それに引かれて行った。彼は元々演劇に興味があり、その興味の一環として能を知るべく観世会に参加したわけで、恐らくは寿夫の文章を味読し、その演劇的作業について理解していたのであろう。その結果彼は、所詮は謡曲サークルでしかないという限界を感じた観世会を飛び出し、当時のいわゆるアングラ演劇の世界に飛び込んでしまった。三年次生の頃から、観世会の仲間の何人かに、一緒に旅回りをしないかと冗談とも本気ともつかない誘いかけをして、われわれはそれをゲラゲラ笑ってみていたが、彼が四年次生になった八月には、当時大学の六号館五階にあった演劇アトリエで錬肉工房を結成し、その秋に旗揚げ公演を行った。

その作品『聖・女郎花』の『女郎花』とは、能の作品名である。愛の妄執ゆえに地獄に堕ちた男を描く能で、こういうテーマの能はわかりやすいこともあり、若い学生には人気があり、最も親しみやすい作品であった。また観世寿夫もこうした妄執物を得意としていた。だからわれわれには、『女郎花』という能作品を強く意識したこの作品が、岡本章の夢の実現のようにも思えたし、実際に見に行くと、それを主演した彼の声が、能の謡で「ナビキ」という自然発生的なビブラートを実現しているのを目の当たりにして驚愕もした。なぜなら「ナビキ」を効かせた謡は、われわれ学生の間では至難の業とされ、それが出来るのはすでに卒業した先輩クラスだけで、対するに彼は、観世会に在籍しながら謡の稽古をあまりやろうとしなかったというツワ者だったからである。

岡本章の能に対する思いは非常に強く、それはそのまま観世寿夫の能に対する思いであった。その後の錬肉工房における作品も、観世寿夫の能を感じさせるものがあった。時に二時間以上にも及ぶ上演、肉体を静止によって厳しく律する演技、作品構成要素としての様々なテクストを連ねた「語り」の重要性というのは、たんなる引用やある種の演技要素の借用というのとは次元を異にして、しかもきわめて能的であった。能といっても観世寿夫の能であった。鍊肉工房の芝居は、観客にも苦行を強いるものとしてわれわれ仲間内では有名であったが、それは寿夫の能のあり方を彼なりに表現した結果なのである。観世寿夫のまねをするのではなくて、寿夫の舞台から学んだ能のあり方を自身の演劇の中で再現しているのが、鍊肉工房の舞台であった。

作品の中に様々な先行作のエピソードをちりばめるやり方は、鍊肉工房ならずとも多くの日本の前衛演劇がやることであるし、時々笑いの要素を持ち出すことも一般的で、鍊肉工房の芝居にもそれはある。しかし鍊肉工房の作品においては、世阿弥の夢幻能が様々な故事本文を引用し、作品の説話的骨格を作品に先行するテクストによって構築する手法を応用した結果なのであり、笑いの要素は作品の前後を分かつほぼ中央部、まさに能の間狂言の位置にあって、狂言の視点から作品の物語構造を見直すという間狂言の機能を果たすものなのである。岡本作品を一見類似の前衛諸作品から大きく分かつ性格として、このような様式のオリジナル性ということが指摘出来るのであり、彼が何度も同じ作品を再演しては改訂を試みたのも、その点に彼のこだわりがあったがゆえではないかと思う。

『須磨の女ともだちへ』のように、題名からしてはっきりと能『松風』を連想させるような趣向にも、岡本章の演劇とは能なのだということを強く感じさせるものがある。彼が後に「現代能楽集」を構想するようになるのも、実は彼自身がはじめから「現代能楽衆」なのであり、今や複数の演劇人が三島由紀夫の『近代能楽集』のもじりとして使うこの言葉も、彼にとっては必ずしも三島作品の題名のもじりという意識ではなく、彼自身の演劇体験そのものであったのではないだろうか。

三島由紀夫『近代能楽集』を能だと思う人はまさかいないだろう。これはすぐれた戯曲であり、能とは異質の分野に属する、しかしながら現代にあってはきわめて珍しいことに、能に取材して成功を収めた作品としても注目すべきものがある。江戸時代なら知らず、現代の能から新たな創造を引き出した三島の才能は、やはり偉大である。今やこのような類例は皆無ではないが、成功の大きさは比類がない。しかしながら例えばこれを能役者が演じようとすれば、それは能役者が『勧進帳』や『娘道成寺』を演じようとするのと同じ事で、滑稽以外の何物でもない。すなわち異質の演劇分野を修練なしで演じようとするのは無謀であり、失礼な話でもあるのだ。観世寿夫をはじめとする能役者の他分野への出演が、実験にしてもしばしば惨憺たる結果に終わったのは、相撲取りがプロレスラーになるようなもので、あるいはそれ以上にむつかしい事だったのかも知れない。誰もが力道山になれるわけでもない。演劇としての同一性を追究して何人かの能役者が行った、実験的コラボレーションは、少なくとも周りの人間から見る限りは、役者生命を賭けるにはあまりに無謀な「人体実験」であった。

しかしその反面、分野ごとの縦割り世界の中で孤立していては、演劇としての進歩は止まり、新しい世界の影響下に新たな創意を生み出すということが出来なくなってしまうことは、前述した通りであろう。岡本章が先人のひそみにならうかの如くに、能役者を錬肉工房の舞台に引っ張り込もうと苦闘したのは、そのような理由によるのだろう。能のためではなく、新しい演劇のために、能とコラボレートしようとしたわけである。

これは実は観世寿夫がかつてやろうとしたことと、はからずも同じ方向を目指すことでもあった。要するにお互いに同じ地点を目指して、自分の領分から一歩外に踏み出したのである。

観世寿夫が様々な試行錯誤の後に、演劇に正面から取り組み、最終的に冥の会という同人を結成した当座は、右に述べた様な、土俵から降りた相撲取りの格闘技といったミスマッチの印象が強かった。それが変わったのは渡邊守章演出の『アガメムノン』でクリュタイメーストラの役を演じた時からで、驚くべき事にこの頃を境に、観世寿夫の能舞台における謡の声もガラリと変貌、というよりは大きく領域を広げて千変万化の妙を聞かせるようになった。寿夫は現代劇で手応えをつかむと同時に、能の世界での自分の舞台をも変えたのである。その後あまり時を経ずして死去したのは惜しんでも余りあるが、その短い期間に、岡本章は観世寿夫と演劇人としての交流をはたした。亡くなったその年の夏に、寿夫があえて病体を押して特別講師として、発足したばかりの岡本演戯塾においてレクチャーをしたのは、岡本章の芝居に託すべき後事があると確信したためであったろう。

もちろんそれ以前に、彼と寿夫の個人的交流というのはあって、寿夫自身がたびたび錬肉工房の芝居を見に来てもいた。たまたま私も寿夫の来訪に行き合わせたことが一、二度あった。当時の錬肉工房の作品はしばしば大作で長時間にわたるものが多かったが、無理に長くしたようなところがあり、芝居の後の感想として、その点は少し辛い所があった。しかしその一方で、主演の関口綾子の集中力のある演技や、能にも等しい緊張感を備えた劇構造について高く評価していて、だからこそ錬肉工房の公演に足を運んだのであろう。

IV

観世寿夫と岡本章のコラボレーションは、一九七八年の寿夫の病没によってついに実現することはなかったが、もしも実現していれば、『無』のような作品がもっと早く出来上がっていたかも知れない。そしてこの後、錬肉工房は大きく迂回することになる。岡本章が能に「回帰」するのは、十年以上を経た一九八九年であった。もちろんその間、能の演技様式にも等しい錬肉工房の演戯術に大きな変更が加えられたわけではないが、思うに寿夫を喪ったことが、彼をして錬肉工房アトリエにおける様々な試行錯誤へと向かわせたのではないだろうか。七九年の『うつせみ』、翌年の『うつせみII』を境に、その作風は能よりも、テクストにおいて現代詩へ、肉体においてコンテンポラリーダンスへ、訓練においてヨガへ、と傾斜を強めていったように思う。そのことが彼の作品世界に広がりと深みを与えることになった。そしてやがて再び彼は能に回帰するのである。

一九八九年から開始された「現代能楽集」のシリーズは、岡本章と能との関わりが、着実で現実的なものに変わったことを示すものであった。何よりも彼は多くのすぐれた能役者を自分の舞台に引っ張り出すことに成功した。もはやアトリエ公演という実験的な場ではなく、商業劇場や時には能楽堂までも使って公演することになった。そういうこともあってか、作品は適度に切り詰められ、かえって緊迫感を増したし、何よりも長らくの難点であった不条理劇的な晦渋さを脱して、透明感のある作風を実現したように思う。また独自の演出により、『ハムレットマシーン』や『ベルナルダ・アルバの家』のような翻訳劇を題材にした作品をものしたことも注目される。しかし何よりも新作能の世界に進出したことが、画期的であった。

拙稿の冒頭で述べたように、創作の芽を摘まれてしまって数百年を経た能にとっては、新作能こそは新たな再創造への大道であるかに見える。しかし再創造というのは、現在の能の枠組みを解体し、能がまったく別種の演劇へと進化する可能性をも内包するものでなければならない。ところが伝統墨守を至上としがちな能の世界にあっては、それはきわめて危険な実験なのである。これを恐れないのは観世寿夫くらいであったろう。従って能役者の主導する新作能の多くは、いわば及び腰の試作品であり、作品も大半が素人の作文で、能役者が能以外の演劇分野に出演するのと好一対というか、文学的レベルはきわめて低いことが少なくない。

岡本章の新作能のいくつかも、正直なところ、文芸作品としては必ずしも成功を収めたとは言い難い面がある。これは構成・演出を手がけた彼の責任というよりは、異分野融合の難しさなのである。しかしながら、新作によって能自体を変えようとする実験を果敢にも実現させたのは、それまでの新作活動にはまったく見られなかった事態である。それは観世寿夫が冥の会を結成して演劇の世界に打って出たのに匹敵する。能がこれによってただちに変わり得たわけではないが、能も変わり得ることを示した点では、非常に大きな意味があった。岡本版「現代能楽集」以後、類似の企画が次々に試みられてもいる。それによって能は少しずつだが変革に向かって動き出しているのではないかという実感もある。

それだけではなく、現代演劇における能の摂取ということも、一時代前とは大きく変わりつつある。死ぬほど退屈な緩慢な動作が必ずしも能の本質ではないということを、多くの演劇人は気付きつつあるように思う。もちろん岡本章の場合は、それははじめから判っていることであった。

V

岡本章もしくは錬肉工房は、なぜこれほどに能にこだわるのだろうか。能とは近代ヨーロッパ演劇成立以前のプリミティブな要素を多く残した演劇であり、そこに神秘的なイメージを期待する向きは少なくない。しかし岡本章の能楽理解はそれほどに浅くはない。むしろ彼の目指すのは、世阿弥の能作法なのではないだろうか。

初期の錬肉工房の作品が持っていた比較的素朴な能様式の摂取に比べると、例えば『無』における能『姨捨』のとらえ方は、あたかも能役者が最高の秘曲の一つである『姨捨』を解釈し、作品と向き合い演じるのと同質の姿勢を感じる。『無』は能『姨捨』の翻案などではないから、プロットはより自由であり、テーマのみがわずかに大野一雄の身体によって能『姨捨』と繋がるだけであり、そこに登場する観世榮夫他の能役者・囃子方は、実は能を演じたわけではなかった。実は彼らは岡本章のイメージした月光の下の老女を、その存在の意味を演じていたように思われる。そのような逆転の演出が『無』の面白さなのだと思うのだが、それは例えば、観世寿夫が『姨捨』を演じたならば形象化したかもしれない舞台のありようと似ているのではなかろうか。つまりは大野一雄にも観世榮夫にも、または観世寿夫にも、恐らくは共通していた役者の存在感が、『無』には形象化されていた。これはまた『ベルナルダ・アルバの家』における山本順之の確固たる身体にも感じられるところであったし、『ハムレットマシーン』の櫻間金記も同じものを持っていた。何よりも『ハムレットマシーン』に金記と競演した岡本章自身が体現したものでもあった。

錬肉工房が結成されて今年で四十年経った。それは現代の能役者が修行を重ねて己の技芸を完成に導くのと、ほとんど同じ時間である。岡本章は確かにこの時を経て、現代能を創り上げたように思う。それは古典的な能とはまったく異質だが、しかもきわめて能らしい特質を備えた、新しい現代劇なのである。

4

岡本章の舞台と能
——現代能『春と修羅』を中心に

小田幸子
ODA Sachiko

（1）霊魂の劇

はじまりは長い暗闇である。実際には数分程度だろうが、あたかもいつまでも続く闇の中に置かれている気がする。やがて、（おおお……）と地を這うような響きが聞こえてくる。響きが次第に大きなうねりとなり、薄あかりがさすと、女たちの姿が見えてきた。それぞれが、意味のよくわからないオトを発して鋭く動き出す。ピアノも流れているようだ。「カンカラカンのカアン」……「二等賞は、きんいろメタル」……、時折ふいに、オトが意味となってつながる。現代能『春と修羅』（明治学院大学アートホール版。二〇一一年十月八日）はこのようにしてはじまった。

暗闇からオトが響き、やがて人物の姿が見えてきて、オトから言葉が生まれ出る。そして、最後にすべては再び闇の中に溶けていく。この劇構造は、岡本演出の「定型」といってよいだろう。少なくともここ十年ほどの作品は、「無」から生き物が生まれ出、物語が語られ、再び「無」へ還っていくという印象がある。岡本の舞台が〈始原〉や〈霊魂〉といった言葉を喚起する理由のひとつは、この円環構造に起因していよう。登場人物がまとうモノトーンのゆったりした衣裳は性別も時代も超越している。そのためであろうか、あるいは宮沢賢治の世界を反映してか、たまたま人間の姿をとったモノの精が、蝶や鳥のように止まったかと思うと飛び散り、歌い、物語っているような印象が今回は特に強かった。

こんなにも直接に「霊魂」を扱った舞台がほかにあるだろうか? あるとすれば、能だろう。能のなかでも「夢幻能」は、死者の霊魂が生者の前に現れ、自分自身の過去を語り演じるという劇構造を持っている。演劇に志した当初から岡本が能に大きな影響を受けてきたことは、彼自身折に触れ語っており、一九八九年『AYAKO SEKIGUCHIのための「姨捨」』を皮切りに、二〇一二年現在までに本作を含めて十一編に及ぶ「現代能楽集」の連作が作られた。岡本の舞台が能と切り離せないのは確実だ。わたしは、これまで岡本と能との関わりについて数本の論評を発表してきたが、結論を述べれば、岡本の「現代能」は、特定の能の翻案でもなければその現代化でもない。つまり能は、素材ではないし、到達点や目的地でもないということである。そうではなくて、現存する夢幻能のさらに先に、あるいは奥にある世界を、人間だけでなく宇宙に存在するあらゆる生き物のありようを、舞台上に実体化していくことを岡本は目指してきた。たとえていえば、夢幻能の霊魂が、出現し、戻っていく揚幕の奥に広がる「生命の場」を見据えているのだ。一九七一年の錬肉工房設立以来、岡本の舞台はすべて、この「未来の夢幻能」に向けた挑戦であり過程であるとわたしは考えている。人間を特権化せず、あらゆる生物・無生物と同等に宇宙に存在する「モノ」として捉える姿勢において、宮沢賢治と岡本章の姿勢は近い。はやくから賢治に関心を持っていたという岡本は、一九九三年三月に、『コラボレーションNo.6「〈春と修羅〉への序章」(現代能楽集の試みのひとつ)』と題する作品を発表している。その体験を踏まえ、今回は女性の出演者のみによる賢治の世界が展開した。

以下、本稿では岡本章の舞台と能との関わりを、「語り手」に注目しながら検討していきたい。はじめに岡本の「現代能」の特徴を確認したうえで、夢幻能における語り手と、岡本の現代能における「コロス」の関係を探る。なお、過去の論評と重複する内容もあるが、御了承いただきたい。

(2)「現代能」の課題

能の現代化を論ずる際無視できない重要な作品に、三島由紀夫(一九二五〜七〇)の『近代能楽集』がある。近代の劇作家が本格的に能と向き合った作品群として歴史的意義を有するだけでなく、近代劇の傑作としても高い評価を得ており、後代に与えた影響は甚大なものがある。岡本の「現代能」の位置を確認するために、三島の取った方法について略述しておこう。

一九五〇年の『邯鄲』から一九六〇年の『弱法師』に至る十年間に発表された八編の『近代能楽集』(一九六二年作『源氏供養』は作者の意向により含まれない)は二度にわたって刊行された。一九五六年初版の後書きのなかで三島が、「能楽の自由な空間と時間との処理や、露はな形而上的主題などを、そのまま現代劇に生かすために、シチュエーションのはうを現代化したのである。……脇能だの、舞踊を主にしたものだの、現在物だのは、翻案もむずかしく、またわざわざ翻案を企てる意味がなかった。」と述べているように、各編はすべて、同名の能の「翻案」である。また、そのなかに、典型的な夢幻能がひとつも含まれていない点は注意を要する。

夢幻能は定型構造を持ち、主人公（シテ）による一人称語りを内容とし、演技的には舞踊が中心となる。『近代能楽集』の中には、霊魂が出現したり過去が現前したりする作品があるために、一見夢幻能風な印象を与える。しかし、実は右に述べた夢幻能の三大特色はひとつとして踏まえられていない。『近代能楽集』はあくまで、複数の登場人物による近代セリフ劇なのであり、そこにこそ、能の現代化としての意義が存したと考えられる。極端な言い方になるが、劇作の対象として三島の興味は夢幻能にはなく、あるいはあったとしても、能の様式や演技は「翻案もむずかしく」、「意味がな」いと考えていたのだろう。

能の一部分を導入・利用するのではなく、全面的に現代化を意図する場合、方法的には大きく分けて、①能の物語を取り入れる、②能の劇構造を取り入れる、③能の演技様式を取り入れる、の三点が考えられるが（むろん、導入方法が大いに問題なのだが）、三島の方法は②をヒントに①をアレンジすることにあったといえよう。いわば、能を本歌取りにした近代劇を目指したのだ。

ところで、現在「現代能楽集」や「現代能」の語を用いて活動している団体に、坂手洋二主催「燐光群」と世田谷パブリックシアター主催の企画公演「現代能楽集」（二〇一一年までに六作品を上演）があり、二〇〇九年七月には新国立劇場企画になる「現代能楽集」・『鵺』（坂手洋二作・演出）も上演された。また、特に「現代能」と銘打たずとも、能に触発された現代劇や、能の手法を西洋古典劇や近代劇に導入した作品はしばしば上演されており、能舞台を用いた公演、現代劇・現代舞踊への能役者の参加などを含めれば、能と現代劇との交流は十数年前とは比較にならないほど増加している。それらの舞台からうかがわれるのは、ストーリーにとどまらず、夢幻能の劇構造をかなり直接的に導入する傾向である。そこには、近代リアリズム演劇の行き詰まりを打開する方策のひとつとして、能が注目されているという一面があろうし、死者の鎮魂劇としての夢幻能が切実に感じられるようになったという社会的事情もあるかと思う。能と現代劇との自由で活発な交流はむろん歓迎すべきだが、同時に問題点も生じている。その一端は、拙稿「現代劇における能の摂取（上・下）」（『シアターアーツ』40・41号。二〇〇九年九月・十二月）で述べたので参照願うこととし、ここで確認しておきたいのは、夢幻能の劇構造を導入したからといって、それが直ちに「現代能」になるわけではないという当然のことがらである。同様に、能の舞をアレンジして現代劇に取り入れた場合、他とのバランスを著しく損なってしまうおそれが高い。三島が注意深く避けたことからもわかるように、舞や演技などを現代劇に持ち込むのは極めて難しいのだ。ところが夢幻能の主題は、その表現方法（様式）を通して現わされるため、様式を抜かしてしまうと、最も夢幻能らしいところが消えてしまう。「現代能」の困難さと工夫のしどころはこの点にあるはずで、表面的な劇構造やストーリーをこえた能のエッセンスを各人が如何に把握し、如何に現代の劇としていくかが、問われるのである。

岡本が構成・演出した「現代能楽集」を見渡してみると、能役者が能舞台で上演した、むしろ新作能と称すべき『紫上』や『始皇帝』のようなタイプから、表面上能との接点が希薄な『ハムレットマシーン』や『バッカイ』まで幅広い作品がある。最新作『春と修羅』についてみると、能役者・鵜澤久が出演しているものの、彼女は能の謡や舞を演じるわけではないし、能面や囃子や能舞台の使用もない。また、表面上は夢幻能構造の導入もなされておらず、能から最も遠く感じられる作品である。では、『ハムレットマシーン』や『バッカイ』や『春と修羅』は、如何なる意味で「現代能」なのか。

岡本は「現代能」制作にあたっての問題意識を、次のような言葉で開始している（「『現代能楽集』の挑戦」、『SPT』7号、二〇一〇年十一月）。

1，謡曲などの言語、テクスト・レヴェルだけでなく、演技や身体性、能舞台の空間性など、多様な側面から能を捉え返していくこと。特に、夢幻能の演技の持つ自在で深い存在感、関係性、それを支えている身体技法に注目し、対象化の作業を行う。（傍線小田）

能のすべてにわたって全面的に取り組む姿勢が表明されている中で、傍線部の「夢幻能の演技」や「身体技法」という語が注意を引く。おそらく、能の台本も、夢幻能構造も、囃子・能面・能舞台の利用も「現代能」の必要条件ではあるまい。最重要視されているのは、役者の身体性である。より詳しく言えば、夢幻能を演じている能役者の身体演技が生み出し得る「存在感」と「関係性」を現代劇の中に実現することが、第一に求められているのだ。岡本の言葉をわたしなりに解釈すると、冒頭で述べたところの「霊魂や精霊」の問題にいきつく。人間という存在を一旦離れた「霊魂が語る物語」として夢幻能を捉え、それに新しい形を与えること、その際、役者が何をどう語るのか、質的な深さを重視すること、これらが岡本の「現代能」の基盤であると考える。

（3） 物語る主体とコロス

岡本の「現代能」（以下「現代能」と呼ぶ）には、能のシテに相当する役が原則として存在しない。シテは能の主役であり、物語上の中心人物であって、「シテ一人主義」と称されるように、演技の大半がシテに集中している。そのシテがいないのは何を意味するのだろう。「現代能」で活躍するのはコロスである。ほぼ同じ扮装をした彼らは、本質的に同等で平等な存在とみなされ、誰かが主役というわけではない。そして、このコロスこそが、「現代能」のドラマツルギーを担う根幹である。多くの作品においてコロスは、『春と修羅』について述べたように、土から湧きだした「生命の萌芽」ともいうべきニュートラルな存在として設定されている。彼らは、単独で、あるいは複数で発語し、会話するという形で舞台が進行していく。「現代能」は、コロスによって演じられる劇なのだ。

コロスには、能の地謡が反映しているはずである。テキストの半ば以上を謡う地謡は劇の進行を司る役割を担うが、登場人物(立ち役)ではなく、舞台の右端(地謡座)に二列に座って動かない。図式的にいえば、影の進行役である地謡を地謡座から解放し、さらに立ち役を兼ねさせたのが、コロスということになる。シテがコロスの一員であることは、現代能『始皇帝』の舞台からあざやかに読み取れる。『始皇帝』は夢幻能形式に沿って作られた作品で、シテやワキが登場するのだが、コロス(ここでは「兵馬俑」)の一人が前に出てワキを演じ、別の一人が出てきてシテ役を演じる。ここには、宇宙的生命体から、個人という存在が仮に現世に誕生する過程が示されていると思う。ギリシャ悲劇のコロスとは性格が異なる意味でも注意されよう。

地謡への注目は、とりもなおさず台本の言葉(文体)への注目と重なる。シテを特権的な主人公役ではなくコロスの一員として造型する岡本の方法には、夢幻能におけるシテの主体の重層性がヒントになっているのではなかろうか。シテは、前半はどこの誰ともしれぬ人間の姿で現れ、正体を明かした後、本体の姿で再度登場する。全体の文脈としては、ある人物が自分の過去を物語っているとみてよいはずだが、時々「語っている主体は誰なのだろう」という問いが浮かぶことがある。「クリ・サシ・クセ」でシテが中央に座して物語を語るシーンなどがその筆頭にあげられる。主として地謡が謡うなかにシテが所々加わるこの箇所は、シテの言葉を地謡が代弁していると解するのが一般的だが、実際にはシテの言葉と地の文とが入り交じっている。いやむしろ、第三者的な叙述文が主体になっているといった方がいい。

〈野宮〉の例をあげよう。〔クリ・サシ・クセ〕は六条御息所と光源氏のなれそめから別離までを簡潔に描く内容で、「そもそもこの御息所と申すは……」と第三者的叙述で開始する。〔クセ〕の冒頭以降は、光源氏が六条御息所を野宮に訪ねる以下のような場面が展開する。〈野宮〉前半のクライマックスシーンである。

「つらきものには、さすがに思ひ果て給はず、はるけき野の宮に、分け入り給ふ御心、いとものあはれなりけりや、秋の花皆衰へて、虫の声もかれがれに、松吹く風の響きまでも、さびしき道すがら、秋の悲しみも果なし」(小学館『日本古典全集』・『謡曲集』(1)所収本文による。以下同じ)

(源氏は、御息所をいやな女だとは、さすがに思い捨ててしまわず、はるばると野の宮まで尋ねていらした。その御心は、たいそうあわれ深いものであった。秋の花はみな枯れ果て、虫の声も途絶えがちに、松を吹きすぎる風の音までもさびしげに響く道すがら、秋の悲しみははてしがない)

括弧内に意訳を付したが、内容は、野の宮に分け入った光源氏が目にした晩秋の景色である。劇の中の女が、源氏の視点に立って語っている言葉なのか、あるいは劇の外に存在する第三者による地の文と考えるべきか、いささか迷う。また、「秋の花」以下を、語り手の感慨とも源氏の感慨とも受け取ることが可能である。そして、少なくとも、六条御息所(の霊)が自分の行動と心情を述べているとは受け取れないにもかかわらず、「光源氏が野宮まではるばる訪ねてきてくれた。六条御息所は嫌われて、捨てられたのではない」という、語り手の誇りと喜びが全体から伝わってくる。光源氏について述べながら、間接的に御息所のことを語っているわけである。

能の文体と語り手の問題に関しては今後詳細な研究が待たれるが、「語り物の立体化」といわれる能のさまざまな局面において、役のセリフと地の文とが混交し、両者のどちらか判断しにくいことが多々ある。複数の人物の視点が混在したり、モノローグとダイアローグが重なっていたりする。ただし、こうした曖昧性は欠点というわけではない。「語る主体」を一人に絞り込むよりも、複数の声がこだましていると見る方が、劇を豊かにするはずである。〔クセ〕の流れに沿って、観客の視点は、あるいは御息所に、あるいは光源氏の心境に、さらに二人の人生を離れた場所から見つめる目にと、移り変わり、混じりあい、枯れ草や松風の音も加わって、舞台は「果てしない秋の悲しみ」に浸されていく。その変化の様相が面白いのだ。詞書きと絵が書かれた絵巻物を繰るような展開ともいえようか。そして、座ったままのシテは、他者が語る物語に耳を澄ませているようにさえ見える。物語は、地謡の声として外部から降り注ぎ、シテの内部を満たしていく。その意味において、六条御息所という名のもとに集まってきた多様な声の集合体が地謡の言葉なのだと考えてもよかろう。

「現代能」のコロスとは、能を構成する複数の視点(言葉)の端的なあらわれではないかとわたしは考えるのだが、もうひとつ、「現代能」からいつも想起させられるのは、夢幻能と同種の「時間感覚」である。同じく〈野宮〉後場から引用しよう。昔をなつかしんで「序之舞」を舞った後シテの感慨の後半である。

地謡：露うち払ひ、訪はれしわれも、その人も、ただ夢の世と、古りゆく跡なるに、誰松虫の音は、りんりんりんりんとして、風茫々たる、野の宮の夜すがら、なつかしや

（露を払って、訪われたわたくしも、訪ずれた源氏の君も、今はすでに亡く、ただ昔の夢物語の跡だけが残っている。いったい誰を待っているのか、松虫がりんりんと鳴き、風が茫々と吹きすさぶ、この野の宮の夜。なんと、なつかしいことか）

『源氏物語』が書かれた平安時代から〈野宮〉が書かれた室町時代まで、四百年ほどの隔たりがある。作者（金春禅竹と推定されている）は、その長い年月を作中に取り込むかのように、松虫と風の音だけが聞こえる野の宮の廃墟を描いた。かつて六条御息所と呼ばれた「われ」とは、今はこの場所に浮遊する幻のようなものにすぎない。はるかな時の流れと、つかのまの人間存在が対比され、深々とした思いに浸される。夢幻能という劇構造ならではの時間感覚である。冒頭で述べた、暗闇から開始し、再び暗闇へとかえっていく「現代能」の構造は、このような時間感覚に通い合う。

複数の人物の視点が交じりあい人称が移り変わる能の文体を、人称の自由な変容と捉えて、積極的に生かそうとしたこと、そして、悠久な時の流れを内包した夢幻能のシテを、時空を往還する無人称集合体のひとつとして捉え直したこと、この二点が、「現代能」のコロスという設定のうちに読み取れる。

(4)　すべての母なるもの

ここで再び『春と修羅』に戻り、台本について略述しておきたい。『春と修羅』は、宮沢賢治の詩、童話、書簡などを組み合わせた岡本による構成台本である。一定の筋を持った物語ではなく、アンソロジーの趣であるが、全体を通じてわたしが受け取ったのは、賢治と妹トシと自然（詩や童話に描かれているもの）とが、多彩な旋律を奏でる交響詩風な世界であった。コロスたちが、さまざまな組み合わせのもとに、異なる声と身体によって発する言葉は、原作の文脈から切り離され、別の形に並び替えられて、互いにスパークしながら、あらたな意味を作り上げていく。その様子は、言葉を音符に用いた音楽に近い。

多様な受け取り方ができる台本をわたしなりにまとめると、全体は三部構成になっており（二〇一二年三月の公演ではさらに一章増加した）、第一章が、プロローグと自然の情景の中から賢治の妹トシの声が聞こえてくるまで、第二章が死にゆく者たちの物語、第三章はトシも賢治も自然も宇宙にはじけて散らばっていく姿、並びにエピローグということになる。すべてが賢治の言葉で構成されているが、そこには分身としてのトシや、童話の登場人物や、詩によってあらわされた自然の姿が見え隠れしている。

能の文体との関連でいえば、第二章前半に、能の〔クセ〕や〔語リ〕を思わせる箇所があった。鵜澤久が、片膝立ちで舞台中央に座って語る「一人語り」である。ここは、三種類の詩編によって構成されていた。「きみにならびて野にたてば……」との透明感を湛えた言葉を経て聞こえてきたのは、「たしかにあいつはじぶんのまはりの／眼にははつきりみえてゐる／なつかしいひとたちの声をきかなかつた……」だった。妹トシが死んでいく様子を描写した『無声慟哭』の一節である。次いでそこに、「にじはなみだち／きらめきは織る／ひかりのをかの／このさびしさ……」（『十力の金剛石』）が挿入される。

別の詩句を挿入することによって、言葉の意味合いも、位相も変化をきたす。「にじはなみだち……」以下は、トシの死を見つめる賢治の心象風景となって、一段階深い内面へ入り込む。演技者は、トシの姿・賢治の心・あたりの風景が、こだまし合う重層的情景を担うことが求められるだろう。岡本の舞台に初参加した鵜澤久は、能の世界では、女性とも男性とも区別しにくい「中性的」な声といわれることが多い。その独特な声がこの場面では特に生かされていた。静かで深い響きは、賢治にもトシにも風景にもなりうる可能性を確かに持っていると感じた。そして、「トシについて語る賢治の言葉」を女の役者が語るからであろう、あたかもトシが賢治のことを語っているかのような錯覚が生まれ、「物語る主体」はますます混沌として興味が尽きない。

岡本の構成台本の方法は、実は能の台本の方法と通い合う。過去の物語・説話に基づき、和歌や漢詩をふんだんに用いて綴られた能の文体は、劇の形に組み立てられた文学のアンソロジーといえる。岡本は、登場人物すべてをコロスの一員に設定し、それによって能よりももっと自由に、人称を変え、言葉の位相を変えることを可能にしたといえよう。

『春と修羅』の第三章は強烈だった。ダダダダダダと激しく床を踏みならす音からはじまり、コロスは声の限りを尽くして「チョウ」、「ソン」など強く鋭い単語を叫びつつ、足踏みをさらに高めながら中央に集まる。管楽器が切迫した音楽を奏で、打楽器が大きく打ち鳴らされて遂に音がはじけると、コロスは波が砕けるように床に投げ出される。やがて暗転の中で、ひそやかにピアノが響き、立ち上がったコロスは、再び賢治の詩を静かに語りだす。

世界の破壊と死を思わせるこのシーンからは、否応なく本年の東日本大震災を連想させられた。そして、観客ひとりひとりの中に呼び覚まされた、生命と破壊の激しい横溢の後で聞こえてくる詩の断片、「風景はなみだにゆすれ」からはじまり、「すべてがわたくしの中のみんなであるやうに、みんなのおのおののなかのすべてですから」で終了する言葉は、ひとつひとつが今ここで生まれ、この場に捧げられた賢治の言葉として心に深く刻まれるものとなった。岡本の「現代能」がこれほど直接的にアクチャルなのははじめてだ。そして、わたしは、『春と修羅』が女性ばかりで演じられた意味深さに思い至った。

コロスは、あらゆる生命を生み出す「母なるもの」の表象である。人間やケモノや森や土など森羅万象のおおもとにある存在、生物が胚胎し発芽する場所。それは、宮沢賢治が最も親しんだ世界であろう。「再生」や「復興」という言葉はここにはない。深い悲しみの中で、立ち尽くし、風景をみつめているだけである。だが、大地と自然の情景を、それらを生み出した母自身が語ることによって、再生への祈りが込められることになったと思う。

尤もこの母は、破壊を司ることもある。エウリピデス作『バッカイ』のアガウェイが息子を殺し、同時に弔う母であったように、ハイナー・ミュラー作『ハムレットマシーン』の終盤でエレクトラと名乗る女が「私が産んだ世界を回収する。私の産んだこの世界を、股の間で窒息させ、自分の恥部に埋葬する」と宣言したように。おそらく『春と修羅』の女たちも両義性を持っているはずだ。床を踏みならし大声で叫ぶコロスは、みずから震動し破裂する大地そのものの姿にも見える。「鎮魂」とは、魂を鎮めると同時に、その発動をうながす行為であるのだから。能が、広い意味で死者たちへの鎮魂であるとすれば、「現代能」・『春と修羅』の射程はさらに生き物全体や大地にまで広がり、わたしたちの今を照らし出している。

〔付記〕
本稿は二〇一二年六月に執筆した。
本文中の「現在」は、執筆時点を指す。
執筆後、本稿で言及した能の文体に関して、論考が発表されたので、記しておく。

竹内晶子「語りとセリフが混交するとき——世阿弥の神能と修羅能を考える——」『能楽研究』第四十一号（二〇一六年度能楽研究所紀要）二〇一七年三月三十一日発行

また、夢幻能の「時間」については、拙稿「夢幻能の時制——ワキの役割を中心に」（『シアターアーツ』60号、二〇一六年四月）も参照されたい。

5

エネルギーの交感

——異色の現代能『ハムレットマシーン』

新野守広

NIINO Morihiro

(1) 錬肉工房との出会い

「『現代能楽集』の挑戦」という論考のなかで、岡本章は八九年初演の『AYAKO SEKIGUCHIのための「姨捨」』から二〇〇九年初演の『バッカイ』に至る十本の舞台を「現代能楽集」として挙げている。岡本はこれらを二十年以上にわたって実践してきた連作の試みと位置付けており、次のように振り返っている——「能の本質的な構造を捉え直し、それを現代に生かしていくため、毎回様々な視座から挑戦を試みてきた」(1)。そして、これらの十連作を貫く示唆に富む発想を、(一)言語、テクストのレベルだけでなく、演技や身体性、能舞台の空間性、とくに夢幻能の演技を支えている身体技法の対象化、(二)能、狂言、囃子方などの古典の演者との共同作業、(三)古典以外の現代演劇、舞踏、ダンス、現代音楽、現代美術、現代詩などの多様なジャンルの表現者と能との共同作業、という三つの観点にまとめている。とくに最後の（三）では、それぞれの参加者が各ジャンルの根元のゼロ地点に戻ることが共同作業の前提とされており、ポストモダン美学の引用という手法とは一線を画す本質論的姿勢が読み取れて興味ぶかい。ジャンルの成り立ちのゼロ地点に立ち返る発想は、人間には各々の違いを超えた共通の本質があるという考え方につながっているからである。

一九九八年に初演された七作目の「現代能楽集」には、東ドイツ出身の劇作家ハイナー・ミュラーが執筆した『ハムレットマシーン』が選ばれた。『錬肉工房・ハムレットマシーン全記録』によると、十月末の世田谷パブリックシアターでの本公演に向けて、同年二月には稽古が始まっている。[ii] そして五月、七月、八月の三回にわたって、千葉県柏市の錬肉工房アトリエで試演会が開かれ、終了後観客とともに討論会が行われた。二度目と三度目の試演会を見、討論に参加したが、試演会終了後、板敷きのアトリエ内に演者と観客が車座になり、岡本の司会にしたがって今見たばかりの能とドイツ語朗唱のコラボレーションについて意見を交わす場は緊迫感に満ちており、観客も演者からきびしく見つめられる感覚があった。夜が更け、アトリエの近隣の住宅地が静けさに包まれるにつれ、心身修行の道場にも似た雰囲気を強く感じた。

もちろん軽い雑談にも花が咲き、面白い話も交わされた。能と他ジャンルの表現者とのコラボレーションはそれほど珍しいことではなく、ダンサーや新劇系の俳優が参加する公演もあるが、錬肉工房のように何カ月もの長期間にわたって稽古を重ねる例は稀であるという。また、通例、能、狂言、囃子方は直前に申合せという通し稽古を行うだけで、稽古を重ねない。というのも彼らは小さい頃から、徹底して型、様式の稽古、訓練を積んでいるため、公演ごとに舞台のその場で間合いを計り合い、リズム、歌、所作を自在に創り上げるのが喜びなのだ。つまり能の公演はある種の即興に近い性格を持ち、毎回異なるものになるというのである。私はこれまで能の公演は、伝承されてきた型や様式を公演ごとに正確に再現しているとばかり思っていたので、演者と囃子方の内発性の余地が意外に大きいことを知って驚いたものだった。

(2)『ハムレットマシーン』と東ドイツの現実

まず、『ハムレットマシーン』が書かれた背景についてまとめてみよう。「私はハムレットだった」という有名な台詞から始まる『ハムレットマシーン』は、一九七七年に西ドイツの演劇雑誌『テアター・ホイテ』誌に発表された。八五年の『ユリイカ』十一月号(青土社)に岩淵達治訳が掲載され、一部の知識人から注目を集めた。ベルリンの壁が崩壊した直後の九〇年、ベルリン・ドイツ座が休憩時間を含めて八時間もかかる『ハムレット/マシーン』(構成・演出ミュラー)を上演すると、作者であるハイナー・ミュラーの名は世界中の演劇人に響き渡り、日本でも西堂行人、谷川道子、岸田理生、鈴木絢士、内野儀を中心にハイナー・ミュラー・プロジェクト(略称HMP)が結成された。同プロジェクトでは彼の演劇が日本の現代演劇にもたらす可能性について議論され、実践としては二〇〇二年(金沢)と〇三年(東京)のハイナー・ミュラー演劇祭に結実した。ミュラーの主な戯曲や自伝は九〇年代前半に未来社などから出版された。

『ハムレットマシーン』が世界的に有名になった第一の理由は、対話型のドラマ形式を離れた新しい戯曲形式を通して、二度の世界大戦と東西冷戦に象徴される二十世紀の政治性が東ドイツの知識人の複雑な思いとともに表現された点にあった。ト書きと台詞の区別があいまいで、全体的にモノローグ調であり、作家が偶然見つけた文章の恣意的な引用もある。ミュラーは七六年に東ドイツでの『ハムレット』上演に向けて翻案台本を作成していたが、その際に「ハムレットをライクかスランスキーかコストフのような人物の息子にするという変奏に興味をそそられた」[iii]という。この三人は、すべてスターリンの手で粛清されたハンガリー、チェコスロバキア、ブルガリアの共産党指導者である。戦後の東欧諸国では、各国の生え抜きの共産党指導者たちがモスクワのスターリンの指示で処刑され、傀儡国家が成立していた。

東ドイツには言論の自由はなく、秘密警察が人々の生活を監視していた。正面からこの体制を批判することは困難だった。『ハムレットマシーン』冒頭の有名な「私はハムレットだった」という台詞は、シェイクスピアが生きたエリザベス朝の時代から現代の東ドイツへの架橋である。このような回り道を設定しなければ東ドイツの現実を描けなかったのだ。『ハムレット』が国王の葬儀を描くように、『ハムレットマシーン』はスターリンの国葬を描く。『ハムレット』がレアティーズ率いる群集の暴動を描くように、『ハムレットマシーン』は東欧諸国の人々の蜂起を描く。東欧諸国ではソ連指導下の共産党支配に反対する人々の蜂起が起こった。スターリンが死んだ五三年には、東ドイツ各地で労働者が蜂起した。五六年にはブダペストの学生、労働者のデモがハンガリー各地に拡大した。六八年にはチェコスロバキアのプラハの人々が蜂起した。しかしすべての蜂起は、ソ連を中心とするワルシャワ条約機構軍の手で鎮圧された。本来労働者の国家である社会主義国家が、主役であるべき労働者を弾圧したのである。当然ながら、蜂起と弾圧の事実を表現することはタブーとされた。当初『ハムレットマシーン』は、西ドイツの雑誌に掲載せざるをえなかった。東ドイツで出版されたのは、壁崩壊の直前の八九年である。

『ハムレットマシーン』を有名にしたもうひとつの理由は、現代哲学の概念や現代芸術の手法が洗練されて使われていたという点だった。この戯曲は脱構築やポストモダン美学、ジェンダー論などの用語を使って論ずることができるのである。たとえば冒頭の「私はハムレットだった」という台詞は、シェイクスピアの『ハムレット』という原作の権威性を脱構築する手法として理解された。戯曲の最後はオフィーリアの台詞で終わっているが、彼女の最後の台詞「彼女が屠殺者の短剣をもっておまえたちの寝室を通りすぎる時、おまえたちは真実を知ることだろう」は、ミュラーがブルガリア滞在中に偶然手にした「ライフ」誌に掲載されていたチャールズ・マンソンの回想録から採られたという。[iv] ジョン・ケージのチャンス・オペレーションやジャクソン・ポロックのアクション・ペインティングなどを通して音楽や美術の分野に浸透していた偶然性に選択をゆだねる手法が、戯曲の台詞の選択に使われた。また、題名中の「マシーン」という言葉は、マルセル・デュシャンの『独身者の機械』やドゥルーズ／ガタリの『アンチオイディプス』の基本概念である「戦争機械」を連想させる。このように『ハムレットマシーン』には、東ドイツで公の場での議論や公刊を禁じられていたシュールレアリズム以降の現代芸術や哲学を一気に盛り込んだところがあり、そのため東ドイツでの出版は十年強遅れ、むしろ西側諸国の演劇に幅広い影響を与える結果となった。

ミュラーの演劇活動が与えた影響はさまざまな分野で見られる。たとえば演劇理論の分野では、対話重視のドラマ構造にとらわれないポストドラマ演劇という考え方を提唱したハンス＝ティース・レーマンは、発想の多くをミュラーに負っている。劇作の分野では、ドラマ構造にとらわれない戯曲形式を追求する一群の劇作家が九〇年代以降のドイツ語圏に登場した。デーア・ローアーをはじめとするこの世代の劇作家の多くが、自作へのミュラーの影響を認めている。九五年の死後から二十年以上が経った現在、ミュラーの戯曲が劇場で上演される機会は少なくなったが、ドイツ語圏の演劇の理論、実践、劇作の三分野にわたってミュラーが大きな痕跡を残したことは間違いない。

（3）エネルギー

さて、錬肉工房の特色は、稽古の過程や稽古場での発想が主宰者である岡本章の手で明晰に言語化され、継続的に議論されて舞台に反映される点にある。演劇の現場が抱える問題を可能なかぎり言葉にして、身体的な実践と連動させる姿勢がはっきりしているのである。『ハムレットマシーン』の場合、岡本は上演後に『錬肉工房・ハムレットマシーン全記録』を公刊し、彼がなぜ『ハムレットマシーン』に着目したのか、その演出意図はどこにあったのかを明らかにしている。私が興味を惹かれるのは、彼がこの戯曲の魅力を「熱」にあるとしている点だ。引用してみよう。

> また、テクストの冒頭の「私はハムレットだった」のすぐ後に、「背後には廃墟のヨーロッパ」という言葉が続く。絶望的でペシミスティックな、冷え冷えとした空無化した世界が描かれていくのだが、しかし、その〈言葉〉の手触りには、ある奇妙な自由さと、冷えの果ての「熱」のようなものが確かにあり、根底の部分でこちらが鼓舞され、挑発されるところがあったのも事実だ。[v]

岡本はこの「熱」の正体として、激動の二十世紀の戦争、暴動、革命の過程で非業の死をとげた死者たちの声と視線を挙げる。そしてこれを、日本の能や歌舞伎の成立と密接に関わる御霊信仰やギリシャ悲劇の発生に関連させ、「ミュラーのテクストにはかなり深い意味の地層、重層的な記憶の層があり、絶えず死者たちが召喚されてくる」と結論づける。これは先述の「現代能楽集」連作のまとめで最初に挙げられていた「（一）言語、テクストのレベルだけでなく、演技や身体性、能舞台の空間性、とくに夢幻能の演技を支えている身体技法の対象化」を発展させ、テクストの深層にある重層的な記憶を感受し、死者たちの声と視線を身体技法として獲得する方法を示唆している。「死者たちが召喚されてくる」とは、前シテ／後シテの演技を通して死者が実際に舞台に登場する「夢幻能」を思わせる。

錬肉工房のもっとも大きな特徴が現れるのは、この先である。錬肉工房が東欧の現代史を上演するやり方は、たとえば上演中に労働者蜂起の映像や資料を併用して実際の出来事を指示したり、前シテ／後シテと思しき人物を登場させて実際に殺された人々を演じたりするというような、表面的な関連付けや事実の再現とはまったく異なる。東欧の現代史と錬肉工房の上演をつなぐものは、「分節言語の解体」と岡本が名付けるところの瞬間を身をもって体験する演者の激烈な経験なのである。それを岡本は、ＨＭＰが九六年に企画したテクストパフォーマンスの実演で体験したという。

会場に置かれた机の前の椅子に静かに座り、深い集中をする。何度も発語しようとするのだが声にならない。テクストの濃密な意味、死者の声に耳を澄ませ、担い、拮抗するうちに、いつの間にか長時間呼吸を止め、保持している。身体は弾きとばされそうな強度に満たされ、それを腰で必死に支え、コントロールしている。言葉が根底から奪われるような失語の沈黙と集中が十分近く続いた後、突然私の身体の深部から、破裂音を伴い、すさまじい勢いで分節言語が解体された。意味不明の言葉が噴出した。黒々とした底無しの深淵に飛び込んでいくような恐怖と、同時に不思議な高揚感、充実感を生きていた。さらに思い起こしてみれば、その時意識は普段以上に集中覚醒していて、突き上げてくる身体の動きを的確に押え、そして次第に意味不明の言葉の混沌の海から、言葉が、意味が分節化

され、形になり、立ち上ってきた。(vi)

この文章には、『ハムレットマシーン』の言葉から岡本の受けたインパクトの深さがわかるが、従来から那珂太郎の詩を上演テクストとして使用し、いわゆるシニフィアンとシニフィエのズレに着目して、発語の身体性と意味の流動性を追求してきた錬肉工房にとって、「分節言語が解体され」る経験はまったく未知のものではなかったことも事実である。たとえば岡本は「発声―破裂音と〈身体〉」という文章のなかで、八二年の『水の鏡』公演の稽古中、「数分間の深い集中と沈黙の後、突然私の身体の深部から、破裂音を伴い、すさまじい勢いで分節言語が解体された」ことを語っている。(vii) つまり十数年間にわたり一貫して、いわゆる分節言語が解体され、分節化以前の状態を垣間見ること、つまり「死」の体験を演劇として組織することが、錬肉工房の身体技法の要だったのであり、今日でもなおそうなのだと言えるのではないだろうか。

錬肉工房の独自性は、このように虚構として組織され、観客の存在を前にして体験される「死」を通して、アントナン・アルトーの演劇論と日本の伝統芸能とを結びつける点にある。岡本にとってアルトーは、「言語の、生命の根源の流動の場に戻ってみるために、堅固な分節言語の秩序に揺さぶりをかけ、切断し、声、そして息にまで還元して、追いつめていく」実践者である。(viii) 錬肉工房の演者たちが「身体の深部から、破裂音を伴い、すさまじい勢いで分節言語が解体され」る瞬間を体験するとき、彼らはアルトーの生命の根源的直接性への希求を、「器官なき身体」への希求そのものを、体験していることになるのだ。このように前衛演劇を理解する一方で、岡本は世阿弥の能楽論『花鏡』冒頭で述べられている「一調二機三声」のプロセス、言いかえれば音程の調子を定め、機をはかり、声を発するプロセスの背後に、「一瞬一瞬に形姿を変えるダイナミックな意味エネルギーが存在する」と考えている。アルトーが全生涯をかけて格闘した分節言語解体の作業は、様式化された能や謡の背後の「意味エネルギーの流れに下降し、足を着けることに他ならなかったであろう」[ix]と岡本は推論を進める。このようにして岡本は、アルトーと能が通底することを見出すのだ。

「分節言語」の解体という虚構の「死」を経て、分節化以前の、あらゆるものに通底するエネルギーの感受を試みるのが、錬肉工房のめざす身体技法の目標である。彼らの舞台は日本文化の深層に触れ、その不可視のシステムに揺さぶりをかけるが、それは彼らが個々のテーマを表象するのではなく、文化が作動するシステムそのものを浮かび上がらせ、現在の閉塞状況を炙り出そうとするからである。[x]先述の引用箇所で、岡本が『ハムレットマシーン』の魅力を「ある奇妙な自由さと、冷えの果ての『熱』のようなもの」と表現したのも、分節化以前のエネルギーをミュラーのテクストに見出したからに他ならない。

（4）多くの観客に開かれた試みに向けて

このようなテクストの読みは通例の読解とはだいぶ異なる印象があるかもしれないが、「熱」に着目し、一種のエネルギー論を展開して、冷えて固定化した現状の批判をめざす芸術は、ヨーゼフ・ボイスの社会彫刻などいくつも先例がある。芸術論として見れば、錬肉工房の発想はけっして特異なものではない。むしろ、アルトーの試みを敷衍し、伝統的な古典芸能の枠を借用／解体しながら、独自のエネルギー演劇論を実践して日本文化批判を行う錬肉工房の活動は、日本における前衛芸術のあり方にきわめて啓蒙的な光を投げかけるものである。芸術作品は作品の観賞だけですべてが尽きるわけではなく、作り手のコンセプトや制作環境などへの理解があってはじめて納得のいくことも多い。同じように錬肉工房の舞台は観賞体験だけでは完結せず、使われたテクストや作り手の発想を理解することで、はじめてその奥行きを了解できる性格を持つ。『ハムレットマシーン』の場合も、ハイナー・ミュラーを読み、能の知識を持つことで、錬肉工房の舞台が良く理解できる部分がかなりある。

九八年十月に世田谷パブリックシアターで初演された錬肉工房の『ハムレットマシーン』では、大鼓やヴァイオリンの演奏に合わせて黒服の男四人がさまざまな動きをしながら、国家の強制力、規範の崩れた家庭、死んだ女の情念、人々の叛乱などを連想させる力動感溢れる言葉が発せられた。能の大鼓（佃良勝）の音が響くなか、鉄の板に覆われた舞台に一人の男（川手鷹彦）が登場し、第一場の前半をドイツ語で朗唱する。暗転の後、ヴァイオリン（江頭史雄）の演奏とともに二人の男（岡本章、長谷川功）が登場。あたりを見回すように動きながら、「わ、ワ、わ・た・し、私はハムレットだった[xi]」と語り出す。これは先述の岡本の引用にある「突然私の身体の深部から、破裂音を伴い、すさまじい勢いで分節言語が解体された」経験が再構成されたものだろう。二人が動きを速めながら第一場を最後まで語り終えると、フルート（宇佐美陽一）が響き、若い女の能面をつけた黒服の男（瀬尾菊次、現櫻間金記）が第二場のオフィーリアの台詞を語りだす。第三場「スケルツオ」では、先に登場した二人の男たちが、この男がつけている若い女の能面を剝ぎ取ってしまう。すぐさま暗転となり、大鼓の鋭い打音が響くなか、第四場のデモの場面となる。黒服の男たち四人が手に鉄パイプを持ち、鉄の床をたたく場面は、圧倒的な緊張感がある。続いて四人は客席に静かに正対し、一人はドイツ語で、一人は再び若い女の能面をつけて「こちらはエレクトラ」で始まる原作第五場のテクストを語る。次第に四人の語りが交差し合い、言葉による激しい交わりの感覚を覚えるうちに、徐々に暗転して終演となった。

鍊肉工房が『ハムレットマシーン』を上演すると知って劇場を訪れた多くの観客は、四人の演者が力を尽くしてさまざまな死者の声を立ち現そうとしていたことを実感したに違いない。実際の舞台から立ちあがったのは死者たちに向けられた特別な時間であったが、私はとくに、厳粛なさなかに滑稽な所作が混じり合うところに興味を持った。岡本と長谷川のどこか昆虫を思わせる奇妙な動きがそれである。対照的に、この二人が能役者の瀬尾菊次から能面を剝ぐ場面は、伝統の枠を内側から踏み越え、廃棄しようとする強烈な気構えが感じられ、実にスリリングな思いがした。

能を写実的な近代劇に翻案した三島由紀夫の『近代能楽集』について、岡本は否定的な判断をしている。三島は言語レベルでの緻密な構成と文体で成功したが、「演技の課題を残念ながら周到に避けた」[xii]というのである。では、能を近代劇に世俗化した三島を否定し、三島が避けた根源的時間性と自在な変幻の位相の問題とに真正面から格闘しようと試みる鍊肉工房は、能の厳粛な儀式性と非日常性をあくまでも打ち立てようとするのだろうか。私はそうは思わない。能なぜなら鍊肉工房の重要な芸術理念には「自由」があるからである。能役者の能面を剝ぐ場面には、彼らがいかに「自由」を重視しているかがよく現れている。この理念が保持されているかぎり、「現代能楽集」はさらに多くの観客に開かれていくに違いない。

註

(i) 岡本章「『現代能楽集』の挑戦」(『SPT』七号二〇一〇年所収)五六頁。
(ii) 岡本章『鍊肉工房・ハムレットマシーン全記録』(論創社、二〇〇三年)二五八頁。
(iii) ハイナー・ミュラー(谷川道子他訳)『闘いなき戦い』(未来社、一九九三年)二三五頁。
(iv) ハイナー・ミュラー『闘いなき戦い』二三七頁。

（v）岡本章『錬肉工房・ハムレットマシーン全記録』一四頁。
（vi）岡本章『錬肉工房・ハムレットマシーン全記録』一六頁。
（vii）岡本章「発声―破裂音と〈身体〉」（『国文学』二〇〇三年三月号所収）一八頁。
（viii）岡本章「発声―破裂音と〈身体〉」二〇頁。
（ix）岡本章「発声―破裂音と〈身体〉」二四頁。
（x）岡本章『錬肉工房・ハムレットマシーン全記録』二九頁。
（xi）岡本章『錬肉工房・ハムレットマシーン全記録』二三七頁。同書二三　頁から二五五頁には、九八年十一月一日の世田谷パブリックシアターでの上演譜が採録されている。
（xii）岡本章『「現代能楽集」の挑戦』五九頁。

第3章

オイディプス［撮影＝宮内勝］

エッセイ

1 詩の「ゼロ地点」をめざして

高柳 誠
TAKAYANAGI Makoto

岡本章さんと知り合ってからの三十年ほどの年月を思い返すと、「時分」とか「時宜」とかいったことばが浮かんでくる。当初は、那珂太郎さんを介しての演劇人と詩人という関係で、これほど濃密な付き合いをするとは予想もしていなかった。会うたびにその誠実な人柄は感じとれたし、その後、岡本さんから舞台のためのテキストを書いてみないかと折々誘われるようになったけれども、当時の私は、虚構に基づく映像性を重視した詩を書いていたので、自身の作品の舞台化は全く想像できず、いつも曖昧な返答に終始していた。

それが十数年前、今思えば絶妙なタイミングで、あらためて真剣な口調で舞台のための作品を依頼された。引き受けることにした要因は数多くあるが、その主なものの一つ目は、私自身、若いころに漠然と思い描いていた詩における映像性追求の試みを詩画集三部作や夢の記述でほぼやりつくして、次の展開をどうすべきか模索していたこと。二つ目は、ドイツ各都市や国内での毎月の朗読会の経験を積んできて、活字面とはまた違った「声」による詩の可能性に気づきはじめていたこと。三つ目は、その頃見た岡本さん演出の『ハムレットマシーン』の再演に震撼させられたこと、が挙げられる。

もちろん岡本さんの演出作品は、柏のアトリエでの公演を別にすれば、出会ったころからほぼ見ていたし、『現代能楽集』も第一作の『AYAKO　SEKIGUCHIのための「姨捨」』から見てはいたものの、そのころの私は無責任な一観客でしかなかった。自分の作品が上演されるという前提で見た最初ものが『ハムレットマシーン』の再演だったのである。あの、能面を剝ぐ場面での魂を揺さぶられるような衝撃は忘れられない。こうした斬新で根源的な演出、ことばへの深い理解、想像力を刺激してやまない演技等は、この人にならば作品をすべて任せられるという全幅の信頼感を与えてくれた。

しかし、それからが大変であった。紙に印字され、それを黙読することが通常のかたちである現代詩を書き続けてきた私にとって、ことばに肉声を響かせることは想像していた以上に難しい。話し合いで決めた基本的なテーマ「月光」「廃墟」に沿って発想した詩の草稿を送る。そのたびに岡本さんから「もっと身体の奥に響いてくるようなことばを」という要求が出るのだが、言われている意味は充分に理解できるものの、具体的にどのようなことばを発すればいいのか皆目見当もつかない。

そんなやりとりを三回ほど続けたとき、いくつも送った断章のうちのたった一つについて岡本さんの口から「これだけは、声に出せます」ということばが発せられた。そのとき、長らく求めていた身体的言語の発声法がストーンと私の体のうちに収まった。卑小な自己にこだわったことばを求めるからいけないのだ。自己放下をして、むしろ自分を一つの有機的機関となして、誰のものでもない普遍的なものの声を身体のうちを通して発現させればよい。そのことをようやくにして体得したのだ。

しかし、発声法を体得したからといって、すべてが解決するほど単純な話しではない。そうした「声」を統べる作品の構造についても私は深く行き泥んでいた。そんなタイミングを見計らったかのように、岡本さんから能『融』を見ないかという誘いを受けた。世阿弥によって完成された夢幻能は、霊的存在がシテとなって旅人などのワキの前に出現し、土地にまつわる伝説や身の上を語る形式を取る。この霊的存在のあり方が、古今の死者の霊が次々と現れては己を語るという作品の基本構造を思いつかせてくれた。
その後は、死者たちが毎日のように私の肉体のうちを訪れて、身体の最も深いところから己の思いのたけを迸らせる。それは時にギリシア悲劇の登場人物だったり、聖書の中の女性だったりした。こうした個を超えた普遍的な死者たちが、いずこからともなく私の内面に立ち現れて、ほかならぬ自らの身体の深奥から声を響かせる毎日は、初めて味わうきわめて緊迫したエキサイティングな体験であった。このとき、心がけたことは、ことばが発生する現場まで自らの意識を測深鉛のように降ろしてゆき、その発生したばかりのことばを生け捕ったうえで、自らの肉体を通して発語するということであった。その時点で、〈私〉の存在は跡かたもなく消え失せ、「声」の手応えだけが残った。

こうして最初の作品「廃墟の月時計」（公演名『月光の遠近法』）が完成したのだが、何のことはない、岡本さんの語彙で言う、詩の「根元のゼロ地点に戻る」行為が強く求められていたのだ。それを頭で理解することは誰にでもできるが、得心して実行するには大変な勇気とある種の能力とを必要とする。それまでに自分が身につけた技法を捨て去ることは、この上もなく怖いことだからだ。表現者としての自らのアイデンティティを失ってしまう不安にもかられる。しかし、一旦体験してみると、こんなに爽快なことはない。その自由度からみると、それ以前の自分がいかに技法にがんじがらめになっていたかに気づくのである。過去の自分の枠組みから、未来に向けて解放されるのである。

この作業に激しく覚醒させられた私は、今度は逆に岡本さんを挑発しようと考えた。そのためのテーマとして真っ先に浮かんだのが「風」だった。考えて見れば、「詩《ポエジー》」と「風」とは存在のかたちがよく似ている。どちらも不可視、不可触であるにもかかわらず、多様な相貌で私たちを魅了してやまない。その不可視、不可触のものを、岡本さんなら舞台でどう表現するだろうか。そう考えた私は、演劇においては不動であるべきトポスがまさに風の吹くままに移動してゆく、あえて上演不可能に近いテキストを書いて挑発したのだ。しかし、驚くべきことに、岡本さんの傑出した演出は、実力ある演者たちの卓越した演技とも相俟って、『風の対位法』の舞台上にさまざまな「風」を吹き渡らせてしまった。

その後私は続けて、ギリシア悲劇の『バッカイ』『オイディプス王』を原作とする「現代能楽集」のための作品を書くことになった。しかし、これらの原作は、二千年以上の生命を保持し続けたことからも明らかなように、それ自体完璧に近い構成をもっていて、そのままでは新たな作品として創作する余地がない。それに、古典としてではなく現代劇としての普遍性をもたせるためには、時代も場所も普遍化、抽象化する必要がある。そこで、またもや夢幻能の結構が見えてきた。というより、方法を模索していく過程で作品自体がそれを要求したのである。

しかし、ギリシア悲劇も能も、その独自の様式美の中に長い年月で培った世界観が一つ一つ緊密に織り込まれているものであって、安易に両者の折衷が成立するような浅薄なものではない。だが、この両者は、その背負って立つ世界観や極致にまで洗練が進んだ様式の位相は大きく異なりながらも、独自の型を通して根源的な人間像を表出している点において、また、ある一瞬の中に人間の営みの膨大な時間の堆積を内包している点において、共通の土壌がないとも言いきれない。

両者の本質的な差異を見逃さないことも重要ではあるが、そこに普遍的・根源的な視座を持ち込まなければ、何ものも生まれてはこない。この差異にじっと目を凝らし、同時にそこから一挙に根源へと至る道を幻視する。こうした表層と根源との絶えざる往復運動のうちにしか、断絶と連続の有機体のうちにしか、詩も演劇もないのではないだろうか。このとき、瞬間は、瞬間であるがゆえに、過去や未来を重層的に含み込む根源的な世界像を現しうるかもしれない。こうした、安易な理解を拒絶する絶対的な深淵に絶えず架橋しようとする行為のみが、人の心を変化させうるのである。

岡本さんや関係者との共同作業である『月光の遠近法』以降の全四作の舞台空間は、私に今まで味わったことのない刺戟を与えてくれた。演者たちの肉声を通して発せられたことばは、自身が書いたものでありながら私の内奥を深く震撼させた。彼らの「声」の力によって、心のうちに、時に荒涼たる風が吹きすさぶ荒地が浮かび上がり、時に姉弟の甘美極まりない至福の場面が現れる。あるいは、何者とも知れぬ死者たちの「声」が、黄泉の国から一挙に自らの胸のうちに逆ってくる。現実には存在しない詩的空間が、演者たちの深い「声」と根源的な身体表現によって確かなリアリティをもって顕現してくる。

改めて考えてみると、「声」には実に不思議な力がある。演者が声帯を震わせることで発せられた声は、波動となって空気中を伝播し、観客の鼓膜を振動させ、それが大脳に伝わることでその意味を伝達する。しかし、伝わるのは意味だけだろうか。空気の振動というきわめて物理的・直接的なものだけに、意味を超えた体感的な響きのみならず、色、光、匂い、肌合い、艶といった語彙でしか表現できない、ことばが本来備えもつ霊的なものさえ伝えうる。だからこそ、そこに神話的時間が幻出するのではないだろうか。

こうした神話的時間を創造する際には、主体と客体も固定したものではありえなくなり、めまぐるしくその位置が入れ替わって、自己解体を迫る混沌たる運動となるはずだ。岡本章さんの独創的で斬新な演出によって、生の根源をめざす断絶と連続の有機体が、主体と客体の混沌たる戯れが、重層的な時間の堆積となって舞台上に幻出してくる様は、私に日常的な現実を根底から突き崩すほどの衝撃を与えた。もちろん、詩を読む楽しみも、こうした、現実世界とは別の、ことばによる詩的空間の創造にこそあることは言うまでもない。しかし、黙読のときと違って、演劇では、舞台という現実空間の中に突如詩的空間としての非在のトポスが、演者たちの具体的な姿かたちをまとい「声」を伴って現れ出るのだ。

こうして岡本章さんや関係者との共同作業を通して得た体験は、詩についての私の考えに新しい視座を与えてくれた。それは必ずしも、上演を意識して作品が書かれるということではない。また、現代詩が、その遙か起源として存在した「うた」（当然「声」を伴った）の状態に戻ることでもないし、それが簡単にできるはずもないだろう。ただ、詩の中に、日常的で卑小な〈私〉を大きく超え出る根源的な存在による豊かで内在的な「声」を響かせること、意味だけにとどまらないことばの色や光や肌触りを通して

「声」の直接性を取り込むことが、その要点となることは間違いないであろう。

事実、昨年（二〇一六年）自らの詩業をまとめる形で『高柳誠詩集成Ⅰ・Ⅱ』（書肆山田）を出版した際、演劇に携わる以前の作品をふりかえって見ることで、私自身、その後の作品との質的な差に否応なく気づかされることになった。以前の作品では、活字面から喚起される映像性は感じられるものの、作品から肉声が響いてこないのである。ところが、今年、長年構想を練っていた前世からの宇宙的記憶をすべてつぎ込んだ作品集『放浪彗星通信』（書肆山田、二〇一七）を出した際には、特にそれと意識しない作品でも、その記述の根底に密かに肉声が潜むことによって、どことも知れぬ宇宙世界なのに不思議に懐かしい光景が展開されて、自分でも大いに驚く結果となった。私の詩は、岡本さんとの共同作業によって根底から変化したと自覚せざるを得なかったのである。

2

錬肉工房での試み

櫻間金記

一九八七年に「三鈷《さんこ》の会（観世流浅井文義・喜多流粟谷能夫・金春流瀬尾菊次（現櫻間金記）の流儀を超えた演能同人の会）」の立ち上げ公演として、アイルランドの詩人イェーツの『鷹の井戸』をもとにした、新作能『鷹姫』（横道萬里雄作）を上演しました。この三鈷の会出演の、国立能楽堂企画ワークショップが研修舞台で催され、最後に岡本章氏演出の『能「鷹姫」によるヴァリアント』の試演がありました。これが岡本さんとの初めての出会いでした。一回限りのお付き合いだろうと軽く考え、言われる儘にただ無意識に動いていました。このキッカケから錬肉工房の公演に三鈷の会が参加することになり、兎に角舞台をと伺った柏のアトリエ公演を拝見して、「こんなこと一緒にするのか……」という大きな衝撃、困惑は今でも忘れません。

もともと、狂言や歌舞伎の役者はその培った技術で他の分野と共演しても通用するのに、能の役者は何故融合出来ないのかという疑問を持っていました。昔の能の役者の他分野の参加と称するものは、劇中に能の場面が設えられ、能の衣装で能の一部を舞う、というものが殆んどでした。錬肉工房への参加が道を拓いてくれたのですが、なにせ如何にすれば良いのか戸惑いばかりで、稽古作業のあと、演出家に「どうですか？」とその日の感想を聞かれても、答えはいつも「わからない」ばかりでした。

世阿弥の伝書の中に、「一調二機三声音曲開口初声＝調子を整え、機会をはかって、こころ・体の中でそういう動きをして声になって出てくる」という理論が説かれています。錬肉工房での稽古は、この過程を丁寧に現実的にすることから始まりました。お腹に息を吸い込み吐き出すうちに、息が音（おん）になり音声になり言葉となっていく……、言葉になるまで長い時間がかかります。一つの音が出てきてお腹に力が集中すると、その力が体を立ち上げ、次の音を他の空間に求めて動き出し次の音と繋がり、さらに他の空間に次の音を探しに体が移動し一つの言葉になる。

「これは」の「こ」が出てくると、その音を繰り返すうちにお腹に集中した力が体を立ち上がらせ、次の「れ」という音の手掛りを他の空間に求めて体が動き出して「これ」となり、さらに他の空間で、「は」を探り出して「これは」と言葉になる。音と音声と言葉と動きをそのように捉えれば良いのかと、自分なりに解釈し納得したことで、困惑が解けてきました。

現代能『ベルナルダ・アルバの家』で、ある方に「言葉を言うのにどうして体を動かすの」と問われて、実力のある名女優さんとも知らず、臆面もなく自説を披歴してしまいました。この方は能楽師との共演は初めてとかで、「能楽師がどのようにアプローチをするのか、現代語をどのように喋るのか興味津々」でおられたところ、「分野の違いを軽々と飛び越え、とても楽しそうにロルカの言葉を喋り、舞踏家と共に舞っていて」、「稽古を見ながら役者の基本は同じではないかと思い至った」こと。また、「体の持つエネルギーが、外に向かうのと内に引くのと常に同じでいられる」とも。後日の私の演能会のパンフレットに書いて下さいました。

出発点はこの柏の稽古でした。柏から帰ってくるといつも楽しげで上機嫌だった、とは亡妻の言でした。

「どうしてそういうことするの」と聞かれた時、「ただ、楽しく面白いから」と答えていました。もっとも本人の独りよがりで、「みっともないからもう止めるよう言って！」と、当初の舞台を見た皆さんの本音を、亡妻に忠告？　された方もおられたとか。恰好をつければ自分の可能性を求めていたとでもいえましょうか。

『ハムレットマシーン』の能面を剝ぎ取る場面は、「能の六百年の肉付きの仮面が割れた瞬間に立ち合ったような衝撃が走った」と評されました。「能面」は能役者が精神的な拠り所として一番大事にしているものですから、邪道ともいえる道具のように扱うことに、抵抗が無かったわけではありません。演出家との話し合い、現代能面作家の方の理解を得られて成り立ちました。私自身に、能面の下ではどういう顔をしているのかと聞いて来る人に答えようが無く、自分でもその顔を剝き出してみたい好奇心があったのも事実です。

この『ハムレットマシーン』は高名な方の舞台装置で、鉄板が舞台一面に敷かれ、上手から下手へ照明による横筋の光線が幾筋も浮かび出されていました。オフィーリアとして能面を着けて、下を向いたり屈んだり、能とは違う動きをしますと、面の目の穴から横線が入ってきます。日頃板が縦に敷かれている能舞台で舞っていますので、横線を縦の線と錯覚し、自然に体が反応してしまい、横線を縦に割ってステージの前へ出て行くのに一苦労いたしました。

『水の声』に始まり、『〈春と修羅〉への序章』、『ハムレットマシーン』、『ベルナルダ・アルバの家』、『無』、『バッカイ』、『オイディプス』と作品に参加して、その世界では名立たる実力者の俳優・舞踏家・糸操り人形遣い・パフォーマーの方たち、また、照明、音響など諸々のスタッフの方たちと作り上げる共同作業をしていくうちに、原点、出発点は確固と保ちながら、異なる表現も成し得るとの思考に繋がりました。凝り固まっていた肉体に、自由と柔軟さを与えられた体験は、能の世界に止まっていては不可能なことでした。

四十五周年記念公演の『西埠頭／鵺』を拝見して、作品の中にいつも挿入される、緊張感のある音楽の中、コロスの動き、言葉が烈しく交錯する場面で、常は力を剝き出しにして切り結ぶ激しい演出でしたが、今回は外へ迸る力を内へ集中させる印象を受けました。動そして動ではなく、静の中の動の表現といえましょうか。能の老女物に繫がるような方向に結実していかれるのでしょうか。

三鈷の会での錬肉工房への参加でしたが、浅井さん、粟谷さん共に「古塚に帰る」と引かれてしまいました。「錬肉工房座付き能役者」などと、軽口叩きながら残った一人ですが、闘病に少なからず費やした六十代の時間を出来るならば取り戻すべく、そろそろ私も古塚へ……と思い定めたのに、『西埠頭／鵺』の「静」の演出の展開の行方いかにと、塚の中から覗き見したり、尻尾を出したり、……困ったことです。

3

態

田中 純
TANAKA Jun

人形芝居は人間の芝居から考えると変った内容を持ったものである。人形とは創られた形代であり、又人形遣いも形代と云える。人形遣いは念じる。精霊は人形遣いを通り人形に降り、入り込む。その人形に動きを伝える形代として人形遣いの存在がある。古くは人形としての形代は身実《むざね》で神であった。八幡系統の神社には人形を神の正体《むざね》とする所もあるそうだ。この人形は「青農《せいのう》」と呼ばれる。この青農は筑前志賀ノ島の祭には神霊を憑《よ》らせるために海を覗かせる式をすると云う。又平安期の文献にある御神楽《みかぐら》の時の「才ノ男《さいのう》」は人間で、面白い事に「才ノ男の態」と記されているとか。「態」とは業《わざ》、仕草を身ぶりで演じた事だそうだ。すなわち心の持たぬ事なのか。とすると、態にある心は何処へ行ったのであろう。もしかして人形の青農を模した人形振りであった為ではないかと折口信夫は云っている。人間が神に到底なれるものではない、とすればその神の心を写す事は出来ぬと思ったのか、はたまた神への敬意であったのか。心はその後、身の内に入り、態の心はなくなる。心は各自一人々々の拠り所となる。それは演劇への目覚めと云って良いだろう。思い考えるものとして歩み出すのだ。見る者も演じる者もだ。その事を考えると芝居は何と素晴しい時間を創り出すのだとわくわくするのであるが、その後時間は時代の流れと共に変り、内なるものも、思いもしない方向へと流れて行ったのだ。道を見失う。形代達はどうすればよいのだろう。形代は遠い精霊達の時間と今の時間との間《はざま》に居る。その対立関係のなかに存在があるのだ。のたうち廻り言葉を捜す。しかし現代の華やかできらびやかな世には時間がない。そこに古典が求めるとしたら、見る者も演ずる者も消えて行く運命だ。情けない事だ。

　老人の戯言が横道に逸れてしまったようだ。本道に戻そう。人形芝居を見る人は、人形が人間のように動くと褒めてくれる。私は苦笑を押さえる。私は人間の動きはどんなものかと考えて遣った事はない。人形を人間代用品などとは勿論考えない。私は人間の動きも人形の動きも、どのように動くかは毛程も考えない。考える事は動かぬ事との思いだけだ。静止の中の動を見きわめる。なまじ動くと説明になってしまう。芝居には説明は必要ないのだ。人形には彼等だけの内在するものがある。人形の形に頼らず、その内在との勝負だと思っている。数年前に岡本章氏とギリシャ悲劇の『バッカイ』と取り組んだ事がある。他分野の人達との芝居だ。私はその時人形と云う〃ひとがた〃から離れて新たな人形を遣いたい思いを持ち続けていた。私の役はアガウェイで、息子を殺してバラバラにする母親であるが、出来上がって来た頭《かしら》を見た時に、その頭を高所から落して歪んだ物にしたかったのだが、それは思っただけになり、そのまま手直しをして使用したのだ。本当の気持ちは石に糸をつけて遣いたい思いで一杯だった。幕間から長い長い数分間の不動のアガウェイ。私は左手に人形の操作板「手板」を持ち右手ですべての糸を束ねていた。私はアガウェイが何を見、何を思っているのかとアガウェイを通して時空間を見ようと坐していた。数分。アガウェイが動きだそうとする。私はアガウェイを動かさすまいと心で押さえ込んでいた。場が変わっていたのをその時感じたのだった。静かな空間。それは舞台に居る人の気配による静けさだった。アガウェイはその気配を打破るように動き出すのだ。それは人々の態による働きかけではなく、態から離れた心の作用であったのかも知れぬ。それは私が石に糸をつけたいと云う、動きに対する動機を見出す事が出来た一歩であった。動きとは。動くとは。増々面白くなった。その後岡本章氏とは『オイディプス』で二度公演を重ねた。初演の時は私は稽古の初日に脳梗塞になり充分な舞台とはならなかったが幸い好評で、その為に再演が決まり再び取組む事が出来た。勿論いつものように、のたうち廻り苦しんだ。舞台上で気付いた事だが、コロスが声を合わせて朗誦する場がある。声は合っているのだが各自の心がばらばらに聞こえた事だ。これは良いと思った。カオスだ。テスピス時代には50人から居たコロス。その一人一人が解説者であり批判者だった。彼等は一人一人心を持ち各自の時間を持っていたのであろう。素晴らしい。素敵な舞台創造だと思った。態ではなかったのだ。一人一人が各自の時間を背に舞台に身をさらしていたと思う。芝居は時間の勝負だと思う。戯曲は舞台以前に書かれたものである。そこには様々な問題が潜んでいる。それをどう探し出し自分の問題にするかが我々舞台者の生きがいとも云える。それは心だ。態から抜け出した心だ。その心を観客が心を持って発見する。それが芸だ。その一座建立こそが芝居の醍醐味だと思う。それには自己確立がなければならない。一人一人が自己の時間を持つ。時間とは思考。

〔付記〕

私はここ数年来思っている事がある。人形の糸を切ってしまいたいとの思いだ。オイディプスの時もだった。糸を切り人形遣いと人形の関係を切る。(人形と継がっていない)糸の切れた手板を持った人形遣いが人形遣いとして成立するのかと。糸を切られた人形は。きっとしっかと立ち動き存在を主張するだろうと。私の人形遣いとしての夢だ。

4

演劇の本質力

笛田宇一郎

FUEDA Uichiro

一九七六年、私は劇団早稲田小劇場（現劇団ＳＣＯＴ）に入団しました。利賀村での活動が始まった年です。その年の夏、一日だけの利賀山房開場記念公演が行なわれ、早稲田小劇場公演の前に、観世寿夫さんの演能がありました。まだ演劇のことなどほとんど分からずに裏方に携わっていた私にも、そこで何が起こっているかは伝わってきました。そのすぐ後に早稲小公演が控えていたこともあってか、あるいは、利賀山房の舞台の造りが能舞台とは逆だったので、いつもとは裏表がひっくり返ったかたちで演じなければならなかったこともあってか、凄まじい気迫が舞台にたちこめ、針の穴に糸を通すような集中の持続は垂直に落ちる時間と化し、その一瞬一瞬の差異から表現としてのかたちが生まれては消えていきました。私は演劇の本質にふれた思いがしました。

あのときの現在は、今でもますます私の現在であり続けています。つまり身体性の〈現在〉と化しています。四十年以上も私の現在であり続ける力を、当時の私は演劇の本質として直観したのでしょう。二十年間所属していた劇団を退団し、最初の本を書く頃から、私が「演劇の本質力」という言い方をするようになったのも、舞台上の存在に演劇の本質＝力を目の当たりにしたあのときの記憶があった（ある）からだと思います。〈記憶〉とは、それを思い出す人間の現在と身体性の〈現在〉との出会い、つまり常に現在／〈現在〉なのです。

「演劇の本質力」という言い方で私が自覚的に示唆しようとしているのは、演劇という表現形式の独自性です。様々なメディアが溢れかえっているこの現代にあって、演劇にできること――演劇にしかできないこと――は、その本質力に絞りこんで言えばたったひとつです。舞台上の人間が身体性の次元で語りかける／呼びかけるとき、それを聞いた、というよりもそれに立ち会った人間は、その〈他者〉からの語りかけ／呼びかけによって、死を共有できるということです。

身体性の次元での語りかけ／呼びかけとは、言葉であって言葉ではありません。そこで現象しているのは、意味を指示する言葉ではなく、意味を超越した言葉＝身体です。演劇において言葉は身体であり、身体性とは関係性に他なりませんから、舞台上の人間の語りかけ／呼びかけは観客の身体に触れてきます。そのとき観客は、舞台にいる人間――それはもはや「役」ではなく今そこにいる俳優――と、死すべき運命を共有していることを身体的に感受します。自分がいかなる他者とも死すべき運命を分かち合っていること、そしてそれこそが人間が他者と共有しているものの本質だと気づくのです。生まれながらにして私たちが、すでにそして常に、他者と共有しているのは死なのです。

「現代俳優」とか「能楽師」などといった言い方で区別する必要などありません。私の言う「語りかけ／呼びかけ」は言葉＝身体ですから、身体が言葉として語りかけて／呼びかけてくるのであれば、舞台上の人間がもの言わぬ「ダンサー」や「舞踏家」でも全く同じことです。舞台上の他者からの語りかけ／呼びかけを受けとった人間が、たとえ一瞬であれ、舞台上の他者と死すべき運命を共有するとき、人は演劇と出会っているのです。演劇との出会いとは他者との出会いなのです。

出会いそのものは一瞬の出来事ですから、本当を言えば、演劇は刹那にしか宿りません。あのとき寿夫さんが体現してくれたように、舞台上のその人間の身体的な持続／差異のさなか、不意打ちのごとくその刹那は訪れるのです。そこで出会った演劇という体験を、意識化して認識することなどできませんし、そんなことはすべきでもありません。私の身体的な記憶の〈現在〉として、私の身体に生き続けるのです。まさに「思い出は身に残る」のです。

デカルト以降の西洋近代が、テクノロジーと資本の力によってほぼ全面的に世界を覆い尽くしてしまったこの現代とは、すべてを内面化／観念化してしまう文学空間――これが近代空間です――に人間が閉じ込められてしまった時代です。つまり、今や観客は、映画やテレビを見るようにしか演劇も見れなくなったということです。「演劇はライブだ」などと言うこと自体、単なるメディアイメージでしかありません。最終的には観客によって創造されるのが演劇ですから、たとえ演劇の独自性が瞬間的に現われることはあっても、それだけで演劇空間が成立することは今や極めて困難です。演劇の本質力となりうる可能性として存在しているのが舞台上の人間／俳優ですから、その中の誰かが思いもかけず演劇という刹那に観客を出会わせてくれることはありうるでしょうが、映像を見るようにしか演劇も観れなくなった時代に、観客を文学空間／近代空間の〝外〟へと誘《いざな》うためには、単に個人の才能や偶然性に頼ればいいというものではありません。

演劇という表現様式の独自性を可能性として追求し、最終的に観客によって劇場自体が演劇と化すことをもし本当に目指すのであれば、そのための方法や論理が実践を伴う作業仮説として現場で検証されてしかるべきでしょう。そのとき、世阿弥によってその地平が切り開かれた能を、自分（たち）なりに射程に入れることは、現代の演劇にとって不可欠だと私は思います。ここで言う〈現代の演劇〉には、いわゆる「現代演劇」だけでなく、現行の「伝統演劇」も含まれます。演劇とは、「現代」という「同時代」を生きる「私たち」がやっている、すべて現代／現在の演劇なのです。

現代／現在の演劇現場が能を射程に入れるということは、能の所作を習ったり、能についての知識を蓄えることではありません。世阿弥の夢幻能に代表されるように、死の側から生を見つめることで、宗教的というより形而上学的なテクストが書かれ、それを上演するための身体技法や演者の心得を共有し、それを集団として積み重ねてきた歴史を伝統とすることで現代にまで至る、私たちが「能」と呼んでいるものを生み出した初発のエネルギーを想像し、それと向き合ってみることです。そのエネルギーの質とそれが秘めている潜在的な可能性の大きさは、演劇が創造される初発のエネルギーをどう組織するかが常に問われる演劇人にとって、決して無視できるものではありません。

世阿弥が演者の極意として語ったのが「離見の見」です。観客からの視線を我がものとすることだと言われています。要するに、人から自分がどう見えているかが分かることが大事だと世阿弥は説いたと一般的には理解されているようです。それが間違いとは言いませんが、それだけのことであれば、優秀な営業マンやホステスさんなら当然わきまえていることでしょう。世間知としてはもちろん大事なことでしょうし、演劇が客商売だということは私なりに充分承知していますが、自分が歳を重ねるごとにその恐ろしさは深まるばかりのあの世阿弥が、客商売の接待の心得とさして変わらないことを演者の極意と説いたとは、私には到底思えません。演者の極意であるからには、「離見の見」という言葉は、いったん死なないかぎり舞台（という虚構の場）で生きる術などない俳優の宿命と直結しているはずです。「離見の見」という言い方で、世阿弥は他者＝死者を召喚しているのです。死を介することで他者＝死者からの視線を我がものにせよと言っているのです。演劇とは、他者＝死者に支えられていることでしか本質的には成立しない表現様式なのです。

死者たちの眠る塚に建てられた能舞台に、死者の亡霊が登場します。日常には還元しようのない感覚が身体的に生きられ、〈花〉と化した演者は、死者の視線から生者に語りかけ／呼びかけます。〈生〉は生によっては語りえず、語りえない〈生〉を生きている人間（観客）は、自らの視線で舞台上の死者／他者を見つめ、死を共有することで、舞台上の死者／他者に応答します。そのとき、観客からの視線は無数の死者／他者からの視線でもあるのです。演劇の本質力が劇場自体を演劇空間へと変容させるのはこの時です。

以上、現代の演劇人が決して無視できないことを一九七一年に錬肉工房を結成し実践し続けている、岡本章さんの活動に深い共感を持ち、二〇〇五年に上演された『月光の遠近法』以来持続的に関わらせていただいている私なりの必然性を、手短にではありますが述べさせていただきました。

5

観世寿夫先生を通じて能と岡本さんと私

鵜澤　久
UZAWA Hisa

岡本さんとは同年である。我々の学生時代は、学生運動の渦中であった。その頃の、言わばスーパースターであった観世寿夫先生の物凄い吸引力のある舞台に、足繁く通い、当時、銕仙会の公演の時はいつも、能楽堂の中が若い学生の熱気に溢れていたと記憶する。その中に岡本さんもいた。今では残念ながら考えられない空気があった。そういう時代だった。それは、後に能の師匠として二十五歳から亡くなられる迄の五年間、厳しくも充実した稽古をして頂いた私も同じだった。そして私はどこかにお互いの共通項を勝手に感じながら、岡本さんの錬肉の舞台も折あらば、見ていたのだと思う。そして錬肉工房の公演に能役者が出演するのを見ながら、いつか何か自分もやる事が可能になるのかなあと、長い間思っていた。そして二〇一一、二〇一二年の現代能『春と修羅』に出演の機会を頂いた。その依頼の電話を頂いた時は、正直言って嬉しかった。しかしその事が思っていた通り、又それ以上に現実的に苦しみを味わう事になろうとは……。でもそれは、そんな事を遥かに上回る、これからの私の能役者としての大きく深い、意味あるものだった。その頃私はちょうど六十になって、それまで常に八方塞がりの中でまあ、無理矢理進んで来た能の道とは言え、どう、これからの道を歩んで行けば良いのかとあるためらいが生じ始めていた。そこへ新たな自分を見つけられるかもしれない、又とないチャンスだと、私は岡本さんからのお申し出を捉えていた。いよいよ稽古が始まりその初日の事は生涯忘れない。雑々とした歌舞伎町の地下の貸稽古場で、あらかじめ頂いた台本だけ持って行き、そこで、「では鵜澤さんどうぞ演って下さい」と岡本さんから言われた時の事を。一体何をどう？ 何の取り決めもない、能で言う〝型〟も詞の抑揚の決まりも何もない、賢治のコトバだけの台本。元々私は、岡本さんの稽古に臨むに当ってゼロの自分を、能役者でも何でもない自らをさらけ出す事をやってみたかったたし、その覚悟で引き受けていた。しかし現実にそれをやるのは、きつかった。その作業が自分にとって面白いものだと思う事は容易ではなかった。それが毎日に近く続き、歌舞伎町への登校拒否気味にもなったが、同時に稽古終了後の充実感と爽快感は不思議にも思えた。

能に限らず伝統芸能には〝形〟がある。六百五十年の間にそれはそぎ落とされ、洗練に洗練を重ね言わば究極の美を表現するようになった舞台芸術である。非常に単純な形を自己の体に引き寄せて肉体化して行く事によってその曲、その役のもつ根源的な人間のありようを舞台で提示する。その方法論はあくまで常に形のあるものが礎となっている。その先にあるのは「型を知って型を忘れろ」という事である。しかし岡本さんの要求する所はそういう事ではない。一つの作品を作り上げる時の向かい方が能とは全く違う。それをやってみたかった自分のはずだったが……。ともかくその出会いはかなりのインパクトであった。

稽古が進む内にこの『春と修羅』に参加する私にとっての大事な意味は〝女だけでやる〟という事だと気付いた。能以外の女の舞台人と舞台を共にする事によって、少なくとも能役者としては女性も男性もないものだと更に確信する事になった。つまり根ざす所は息使いであること。岡本さんの言語表出に対する強いメッセージと方法論に身体を通して共感する事が私にとって新しい発見に繋がった。能には節がある。この節をとかくメロディックに捉えがちになる。音の高低ではない、コトバに節がついているだけなのだという節の捉え方は、根本的な息の使い方があって初めて認識できる。とかく女の息は浅い。この公演は、それをもっと深める事を他の分野の女性と稽古を通し、また舞台を共にしてあらためて摑む事ができた様々な自己再発見の場であった。

その後二〇一三年、二〇一五年とギリシャ悲劇『オイディプス』への出演の機会を頂き、今度は男性の役者と舞台を共にした。しかし幸せな事にこの公演で岡本氏の要求する所は、女性である事をむやみに意識させられることでは全くなかった。只、イオカステという役の存在を、女の肉体として舞台に立つ、その事だけであって、それは一人一人の人間がそれぞれの個体であるのと同様に、女性であること、男性であることは一つの個性にしか過ぎない、という能の道を女である私が志したその大きな命題の裏づけを、より強く、確かなものとして、自己の身体を通して気づかされた事が、私の人生にとって一番大きな収穫であったと思う。たぶんこのまま能だけをやっていたら摑めなかったのではないかと思っている。

「お前が生きている間にその結論は出せないだろう」と、かつて二十代の時に観世寿夫先生から言われた、その事に向かって進みたい。まだまだ遠い先にある何かに向かって、強い信念を持って能の道を生きて行きたい。岡本さんからその信念の、体の裏づけの道程を得る機会を頂けたことに、今深く感謝している。

6

岡本章さんとの仕事

上杉満代

UESUGI Mitsuyo

「『劇とは何事かの到来であり、能とは何者かの到来である』と、いみじくもクローデルが定義づけたように、夢幻能では、西洋演劇のような登場人物の対立、葛藤、劇的展開を描くことを目的としていない。シテは通常の登場人物を超えた何者かであり、驚くべきことにその身体に劇世界、記憶、さらには自然や宇宙まで担い、内蔵し、到来するのだ。そして後場の回想の、鎮魂の舞のクライマックスで、ある刹那、豊饒で根源的な時間性が垣間見られ、刻々自在に変幻を遂げる〈変身〉の位相が生きられる」。『現代能楽集』の挑戦」と題して書かれた岡本章さんの論考の一節です。

私が舞踏に願う世界です。

一九七七年。我が師大野一雄の舞踏公演『ラ・アルヘンチーナ頌』に感動された岡本章さんと私の出会いです。今、現在もその感動の種をお互いの立場で模索し続けている様に思います。

幼少より古典バレエを学び上京し、ひたすら、白鳥の湖―ジゼルの妖精物語に憧れたバレエ娘が、身体と心の奥底の反乱と爆発に突き動かされ彷徨した挙句、辿りついたのが大野一雄でした。『ラ・アルヘンチーナ頌』が産まれる五年前です。

舞台芸術が群舞や団体の活動に偏るなか、ひたすら個に徹する大野一雄の姿勢が私には魅力でした。古典バレエの型を捨てる作業から内面に向かう戦争の日々でした。大野先生の孤独な作業の日々。その勇気と身体を賭け模索される想像の豊かさを身を持って教えていただきました。我が舞踏を模索する日々は続いていますが、戦いも和解し少し平和協定の身体に、やっと辿り着いたかと思える年齢になりました。私が大野一雄に出会った時の先生の年齢です。

岡本章さんの大野一雄への想い。能への深い愛。それが錬肉工房のお仕事の基盤であることを、柏でのアトリエ公演などで拝見しながら、刺激を受けておりました。お互いに黙々とした自分の仕事に徹する日々。

二〇〇〇年。錬肉工房公演の『K―カフカと恋人たち』に出演のお話を頂きました。

詩人の阿部日奈子さん。美術の勝本みつるさん。素敵な出会いでした。

そして続いて二〇〇二年、現代能『ベルナルダ・アルバの家』のお誘いでした……。

四つか五つの頃。我が家の座敷の障子がぴたりと閉められ何やら大人達が集まり地の底からの呻くような、謡うような声が響き、幼い私は何事かとおそるおそる人差し指を唾で濡らし、こっそり障子に小さい穴を開け覗き見しました。

目にしたのは畳のうえをすりすり、むずむず這う白足袋です。

心臓がどくどくしました。身を固くしじっと覗き見してしまいました。目ん玉を凝らして。

母のいつもと違う緊張した顔が目に入りました。怖くてその場を去りました。人が居なくなった座敷の床の間には、女の面がひっそりとこちらを向いていました。母には何も尋ねたことはありません。ひとりで謡の稽古もしていました。何年かそんな集まりが続いていましたがいつしかふっと終りました。

海辺の神社。寒い夜。赤い炎。めらめらと火の粉が舞う。闇夜が鋭く切れるような笛の音。空間を揺らす鼓。男達の低い唸る声。あのすりすりの白足袋。金襴の着物にあの女面。

私は体をやはり固くして興奮していました。震える小さな体を必死で支える為に、母の手をしっかりと握り締めていました。母もそれに応えてくれました。

その母は既にあの世の人です。でもあの凍る寒さのなかで汗ばむ程に、握り締めあった母の手の感触は今もしっかりと身体に残っています。薪能との出会いです。

能に心惹かれるからこそ、簡単に近づくなと戒めています。

その私にお能の重鎮と言われる観世榮夫先生はじめ櫻間金記さん。山本順之さん。御一緒の舞台。しかも能舞台での公演。緊張と喜びが溢れました。

この時の体験の深さは、言葉にならないほどに身に滋養とし、今の私の踊りを養ってくれています。

岡本章さんとの仕事は、稽古も長くインプロの出し放題から演出の方向が分からなくなったりと体力勝負です。凄い粘りです。

でも、この能との出会いを与えて頂きましたことは、感謝の気持ちでいっぱいです。

『ベルナルダ・アルバの家』の稽古と公演まで、能の皆様方の身の運び。居ずまい。そして多感に新たなことへ挑戦されるお姿、清潔で初々しく、又、能舞台に身を置かさせていただき、その建造物の意味の確かさ。軸。成る程、成る程、と型への愛おしさが蘇り、構造物としての身体を捉え直す素晴らしい体験でした。

この環境も岡本さんが長い年月を賭けて、能を愛し又舞踏家大野一雄に眼差しを向け粘り強く、仕事を形にされてきたからこそ、私達に与えられた賜物でしょう。

今も又、新たな挑戦の最中の岡本章さんです。

この世からあの世まで。生きて出逢った師や友人達。父も母もあの世の住人です。日々のなか我が想いは死者達と語り、笑う時が愉しくなりました。

死者が生者になって歓声をあげて私を励ましてくれます。

なんと豊饒の闇。月を見上げて日本人の魂はこの身体にまだまだ宿っていると信じ願って、この近代への挑戦を私も続けていくでしょう。

岡本章さんの「現代能楽集」が粘り強く展開されて挑戦されていくことを同胞として願っています。

7

氷山の下

古屋和子

FURUYA Kazuko

氷河の崩れる瞬間に出合った事がある。一月のアラスカ、物音一つしない湖畔で、突然対岸の氷河の一角が、ゆっくりと崩れ落ちて行った。その下から顕われた群青といってもよい透明な青。神様の贈り物、だと思った。カナダのアルバータ州の大平原の真中で、空一杯にかゝってゆらめく、ごく薄い緑のレースのカーテンの様なノーザンライツを見た時も、そう思った。

そんな時、自分はシラミほどの価値もない、もっと小さなもの、と感じるが、心はとても安らかになる。そして、シラミだって、個性もあるし、どっこい、生きてるんだ！と思う。

自分は一匹のシラミにすぎない、という地点から語られる物語の力は、耳にではなく肌にしみ入ってくる。私はそんな語りが好きだったし、そんな風に語りたい、と思っていた。「音の臨書・近松世話浄瑠璃集」を始めたのも、分析からではなく、音と呼吸から読んで行けば、少しは、そこに近づけないか、と思ったからだ。

そんな頃、岡本さんから現代能『春と修羅』に誘っていただいた。「良いんですか？　私で」思わず言ってしまった。芝居を止めて二十年になる。語り続けていたし、重いリュックを背負って歩き回っているから、脚腰は即物的に強いが、ストイックに肉体に重荷をかける訓練は、二十年、やっていない。役者としての感覚も、どうなんだろう？

でも、岡本さんが憶えていて下さった事、鵜澤さんと同じ舞台に立てる事が嬉しくて、「やります、喜んで！」と続けた。

宮沢賢治は好きで、いくつかの作品を語ってはいたが、「春と修羅」は初めてだった。コラージュされている「青森挽歌」も、その他の作品も、声にのせるのは初めてだった。

稽古を始めて間もなく、東日本大震災が起こった。それは賢治を捉え直す大きなきっかけとなった。あの頃、賢治を語っていた何人もが、しばらく語れなくなった。賢治が生きた時代の現実を改めて考えなくてはならなくなった。

連日繰り返される津波の映像は、東北を襲った大津波の年に生まれ、大津波の年に死んだ賢治について、否応なく向き合わさせられた。

彼は何を見、聴き、何を感じ、何をしようとしたのか？　賢治はリアリストだと理解していても、私達は、もっと、ずっと、お気楽に考えていたのだ。そんな事を考えている日々に『春と修羅』の稽古が重なった。

稽古の初めに岡本さんから言われたのが、「言葉は海面上の氷山にすぎない。海面下の氷山は、どうなっているのか？」

海面下の氷山に肉体と呼吸を置き、そこから声を発しろ、と私は理解した。北山耕平さんがよく言うのだが「国家という絨毯を捲ると、日本の大地が顕れる」その大地に近づき、その声を聴こうとした、あるいは聴いていたのが賢治だろう。津波は、私たちの目からも、絨毯を捲ってくれた。

言葉は頭脳にではなく、心に手渡す為に、肉体と息を総動員して海面下の氷山に近づく。言葉を、分析という頭脳のやり方ではなく、音と息の深さという、生物的、肉体的なやり方で捉え直す。言葉は、どうしても頭脳に引きづられる。引きづられると、意味、になる。意味に納め込んで窒息してしまわない為に、息と、音に戻してしまう。

言葉が、立ち顕れる根っ子、命そのもの、生命力が溢れ出して来るその源に、どうやって戻って行くか。それを探る稽古だった。岡本さんにはメソッドがあっても、私にとっては手探りだった。

成功したかどうかはともかく、方向は定まっていたし、面白かった。人が、何かを、丸ごと理解するのは、意味からではなく、言葉に籠められた質量からだ。その根は、生命体としての肉体。その肉体を、どう目覚めさせていくのか？

テキストの言葉の先には、あの真っ青の氷河が見える。あの瞬間、「母なる大地」は単なる言葉や観念ではなかった。具体性を持った、丸ごとの実体だった。言葉にしっかり血肉を与えられるのは、しっかり張った根、小手先の飾りなど無用と、スックリ立つ木だ。

解っているつもりの、求めているつもりのその地点が、まだまだ遥か彼方にあると、思い知らされながら、稽古が続いた。

ふと気をゆるめると、意味に引きづられる。感情に引きづられる。その根元を握りしめ、深い所へ引っ張り込む。シラミの生命力と意気地を信じて、一切の小手先を捨てて、小さいながらスックリと立つ、それを試し続けた一年だった。

8

柏アトリエの二〇一六年夏

横田桂子

YOKOTA Keiko

錬肉工房は創立四十五年目を迎えたと言う。私は彼らのアトリエで来年の春にやる「現代能」の稽古をやっている。またしても熱き夏。

「錬肉工房」という何やら凄い名前を初めて聞いたのは、一九七九年の国際児童年に日本で開かれた「世界児童演劇祭」なる催しの時で、グロトフスキーの流れをひくというデンマークから参加した「オディン・シアター」の人たちからだ。彼らは日本の演劇について予めリサーチをして来日し、公演の合間にいくつかの小劇団に会いに行っていた。私は「早稲田小劇場」に同行したが、「錬肉工房」にも彼らは別の通訳と共に会いに行ったと思う。私はまだ演劇をやっておらず仏語見習い通訳としてそれに関わっていた。オディンとの出会いに触発され数年後に私は演劇を始め、何故か「劇団黒テント」に入ることになるが、当時は演劇状況などまるで知らなかった。「錬肉工房」もオディン・シアターのように言葉を使わずに激しく肉体を使う演劇をやるのだろうと思った。

それから二十数年して、私はその「錬肉工房」に役者として出会うことになった。二〇〇二年のロルカ作、現代能『ベルナルダ・アルバの家』の時で、その後もたびたび芝居作りに参加することとなった。「錬肉工房」は身体を使って言葉と激しく出会う劇団だった。

いつも絶妙なタイミングで岡本氏からお話を頂く。しかも上演する作品の作家とテキストがいつも非常に魅力的だ。今回も、この数年個人的に続けていたフランスでの活動に一区切りつけて昨年帰国した翌日に、ベルナール＝マリ・コルテスの『西埠頭』をやるというお話を聞いた。佐藤信演出で黒テントでも演じたことがある戯曲。さらによく聞けば、そこに世阿弥の『鵺』を合体させるのだという。遠い昔に観たことのある能の作品だ。どう組み合わされる事になるか難しくて想像もつかないが、これまたとんでもなく魅力的な作家たちとテキストだった。

これまでもガルシア・ロルカ／水原紫苑作、現代能『ベルナルダ・アルバの家』、高柳誠作『風の対位法』、ジャン・ジュネ作『女中たち』、宮沢賢治作、現代能『春と修羅』と、魅力的なものばかりだったが、私がじっくりとそれらに取り組むべき時にそれらはやって来た。

ところが、である。

「錬肉」での稽古が始まるといつも身体が大量の疑問を抱えこむ。

誇り高きアングラ演劇出身の無手勝なんでもあり流の役者ではあっても、結局「普通の演劇が普通」な自分には簡単ではなかった。何度関わってもそれは変わらない。

「錬肉」スタイルは、コロスだ。登場人物を演じない。テキストがもともと詩の場合はさておき、ロルカ、ジュネ、コルテスらのような西洋の会話体の戯曲も、「」は外され、もとの会話のぬしの人物は表から姿を消され、むしろ全体が長編の詩か散文詩と化したテキストを複数の人間で「語る」。（少なくともそう私には思える。）多数の人物の声が入り交じり、もはや誰かの言葉というより多数の人々の声の集合体でもあるようなテキストに複数の演者の声で取り組むことになるのだ。そして、テキストの言葉にはいつも強烈な「死」が顔をのぞかせている。

『ベルナルダ』も『女中たち』も『西埠頭』も最後に人が死ぬ。他のテキストも「死」が強く潜んでいる。感情や行為を拠り所にせずに台詞の言葉を発することができる身体とはどういうものか、会話の相手ではない、一緒に舞台に立っている他の役者とはどう向き合えばよいか、初っ端から疑問だらけなのだった。共演させてもらった「錬肉工房」の女優さんらと共にそれを探るためのエチュードを繰り返したが、未熟な舞踏か格闘技のようにも見えたろう。私の身体は痣だらけとなった。

岡本氏の繰り返す、「言葉の氷山の底にある深いところの層を見つける」ために「言葉を縦掘りにしてゆく」作業は、なかなか私の身体ではすぐに成り立たない。言葉の深い層に意識的に行き着けたことはまだ私にはない。私は能役者のような身体を持っていない。

テキストごとに作業も違うが、今回のコルテスは手強い。「語る」ための試行錯誤ばかりが続く。心優しき共演者にも褒められるくらい力いっぱいバットを振るが、言葉の端にも当たらない。空振りばかり。覚えたての野球に夢中になっている子供のようで、楽しくて熱が出そうだ。演劇作品としての仕上がりはすべて演出家にお任せして、稽古場で自分のためのお勉強をひたすらやらせてもらっている。「錬肉工房」はそれがいつも許される場でもある。自分が上演で言うテキストの「分配」は最後近くまで頂けないので、こちらもぎりぎりまで探らせてもらう。

改めて「錬肉工房」の活動年譜を拝見し、関わる人々や形態の変遷こそあれ、かくも長きにわたり言葉への独自の挑戦を続けてきた頑固ともいうべき姿勢に思いをはせながら、私も外部演者として、今回で二〇〇二年以来八回もその芝居作りに関わらせてもらっていたことを確認して、自分のクソ頑固ぶりにも驚いた。この劇団の千葉は柏にあるアトリエへ、埼玉から、覚え終わらない長い台詞をブツブツと怪しげに呟きながら、トコトコ電車に揺られて通うこと久しき間に、かたや筑前琵琶に出会い琵琶「語り」のまね事を始めていたり、興味ある仏演劇に接すべく渡仏して彼の地で共同作業をしてみたり、長年いた劇団をやめたりと、私には変化があった。多くの身近な人々の実際の「死」にも向き合わねばならない年齢にもなっていた。

それにしても、深いところから出てくる声というものに出会えるのは、いつだろうか。

いつか、声だけの存在になって語ることができたらどんなにいいだろう、中途半端な身体などはもう存在しなくて……うっ、その時私はもうこの世にはいない？……そりゃ、困った。

第4章

現代能『無』［撮影＝宮内勝］

シンポジウム

1

〈ことば〉のいのち、〈からだ〉の声

——能のコスモロジーと身体性

出席者
（発言順）

大野一雄
那珂太郎
渡邊守章
観世銕之亟
高橋康也
岡本 章

岡本　これからシンポジウムを始めさせていただきます。本日の進行役を務めさせていただきます錬肉工房の岡本でございます。今回、各界の第一人者の方々にお集まりいただき、『〈ことば〉のいのち、〈からだ〉の声』というタイトルで、副題は、「能のコスモロジーと身体性」となっておりますが、多様な角度から能の本質的な構造、そして能と現代芸術、現代演劇との接点、関係性について捉え返し、討議を進めさせていただきたいと思っております。このシンポジウムを企画いたしましたのは、私ども錬肉工房では創立以来、能を現代に活かす作業を持続的に行ってまいりました。また昨日から、この銕仙会の能舞台を使用し、その新たな出発、展開として『AYAKO　SEKIGUCHIのための「姨捨」』という作品を上演しておりまして、そんなこともあり、叡知を結集し問い直しの試みが出来ればと考えております。

まずご紹介をかねまして、お一人ずつお考えの所を少しお話しいただきます。それでは、まずこちらの方から舞踏家の大野一雄さんです。ご承知のように、世界中で踊りの神様のように称賛されておられる方で、一九六〇年代から土方巽さんと暗黒舞踏をお始めになり、今年八十四歳でいらっしゃって、現在も第一線で活躍されております。

では、お願いいたします。

大野　最初五分くらいというお話も聞いております。私はお能を観る機会が全くなかったと言ってもいいくらいですが、今年観た能に感動を受けました。その前には十四世喜多六平太先生の亡くなる前、テレビで観たことがありました。それがもう忘れられない、私の中で、気持ちの中で。紋付を着て、袴をはいて、何ていうんですか、仕舞、それを観て、とにかく極まりない感動を受けました。それで今年の初めに、喜多流の能舞台で友枝喜久夫さん、八十歳を超えた方ですが、その能を観に行ったわけです。その時の感動を書いた私の文章がここにあります。これを読ませていただいて、最初のことばにかえようと思います。

『弱法師』というお能ですけれども、「死生を超えて差し出された杖は命そのもののように震えていた。百年一歩の歩みか。厳しさの中にも得も云われぬやさしさが堪えられていた。橋懸りの中で歩みが止まった時」に、かすかに方向が橋懸りの所で、歩いていた方向が、ちょっと、前の方に変えてそこで止まった。

「私は天の高さ、地の低さの中に置かれ震えていた」。お能を観た時に、天の高さ、地の低さということまで、私の中にしみてきておったんではないかと思うんです。天地自然の中、「佇みの中、静かにあげられた足のゆびさき」、動き始めたときにね、足の指先が、スッとあがったわけです。吸いつけられるようにね、足は下なんだけれども、こうして親指があがった時、ああーっと思ったんです。そのテンポって言いますか、何て言いますか、同時にね、それと共に次の指がついてかすかにあがった。私はその時にね、日常のたたずまいって言いますか、親がおって子供がおってお父さんがおって、大黒柱がおって、子ども達がそこに一緒に生活しておる。ほっと親指がこう行った。天地自然、こういう中でね、日常のたたずまいをすっと感じたわけです。あーっと思ってね、すごいなぁと思ってね、指先一本でもって、そういうふうに、触れることが出来るようなことが、「親指が芯となって幽かに何かをまさぐっている。それは幽現両界、自然の胎にいだかれてのたたずまいの業か。両足をそろえて白足袋に包まれた命の歩みは悠久そのものだった。喜悦と喜びと痛ましさ。人間が歩いている、蝶が歩いている。天上から地上に、そして再び天上に」。

あまりの美しさに、お面をつけているということは、私はちゃんと知っておったんですけれども、お面をつけておったのか、あるいは素の顔なのかということをこうしてね、あまりに美しいからその中に陶酔してしまいながら、「あまりの美しさに面をつけておることも忘れ、おもてか裏か、何かを確かめようとして必死だった。共なる歩み」。私と共なる歩み。「人間が歩いている、蝶が歩いている。命が誕生したのだと、ふっと想われた」。蝶が、人間が誕生したのだと。「忘れられない時としてますます深まり、結ばれ、杖を持つ衣の下の」、何か袖に隠れて杖を持ってる。袖の中に、こう手を突っ込んで、「見えない手をまさぐりながら」、共に私が舞台の上を歩いておったんではないだろうかと。私はまさぐりながら、「共に歩む自分を幸せに想う。私にとって『極めつけ』とは何だったんだろうか」……。

　私は、「極めつけ」ということについてね、歌舞伎とか地唄舞とかいろんなところで「極めつけ」ということばが使われていますけれども、何だったんだろうかということについて深い関心を持っておったものですから、「極めつけ」とは何だったんだろうかと。これが、私の著書（『御殿、空を飛ぶ。』）の中の結びのことばなんですけれども、最初のごあいさつにかえて、観衆として私が能を観た時の実感、最初に観てものすごい感動を受けて、今でもその感動というのは、私の心にとって、伝わっている、大事にしています。

岡本　ありがとうございました。今のお話の中にもすでに能の本質的な構造、生と死、日常と非日常の交錯、そしてコスモロジカルな身体、時空のあり様などが、お読みくださった文章の中から浮かび上がってくると思います。また、それを材料にこの後、議論を進めさせていただきたいと思います。

　続いてご紹介いたします。

　詩人の那珂太郎さんです。那珂さんは、日本語、ことばのいのちに耳を澄ませ、ことばそのものをどのように自律的に詩空間の中で息づかせていくのか、ある意味で言語表現の極限のような素晴らしいお仕事をされております。また、萩原朔太郎研究の第一人者でもあり、言語について思索も深めておられますので、そういう視座から、能についてご関心の所などお話しいただけましたらと思います。

那珂　今、大野さんが能の身体の動き、そういう面から能についてのことをおっしゃっていましたけれども、僕は、ことばの上で、能に関する関心を簡単にお話ししたいと思います。

　だいたい近代の、まあ今はそうでもないんですけれども、僕なんかが若い時代というのは近代のロマン主義的な文学観、そして人間の個性、あるいは自分の内部にある感情だとか思想だとか、それを表出する。それを文学だというような非常に強い考えがありました。それからもうひとつはリアリズム、これもやはり近代のひとつの大きな文学観であって、現実を出来るだけそのまま写す。そして、そこに描かれているものの実感というものが、文学の価値を決めるような、そういった考えがありました。

僕は十代の頃はそういうものをずっと読んできたんですけれども、『新古今集』という皆さんご存じの中世の歌集がありますね。それは全くそういった文学観とは違ったところから出てるものです。しかしその流れは、やはりお能の世界とも通じている。僕は本当の意味で能につくりあげたのは、世阿弥という人だと思いますけれども、その世阿弥は、一三六二年から一四四三年まで、つまり十四世紀から十五世紀にかけて、足利義満それから、義持、義教、そういう時代ですね、能を完成したと言っていいかと思うんですけれども、それから十七歳位年下に正徹という歌人がいます。この人に僕は前々から関心を持ってまして、この人は一三八一年に生まれて、そして死んだのは一四五九年、つまり十八年のちに死んでるわけで、ほとんど同時代、ただ、世阿弥のほうが先輩なんですけれども。この世阿弥は能の美に関して、「幽玄」ということを言っています。ところが正徹もその文学論の根底に「幽玄」ということを書いている、説いているんですね。この二人のことばの使い方、あるいは詩の書き方、作り方、これが『新古今集』をもっと徹底させ、展開させた、そういうものだと思います。具体的に言えば、ことばから個人性、あるいは一人称で誰かが語ることばというようなものを出来るだけなくしてしまって、もっと根底にあるもの、ことばというものは、もともとはその言語体系の中にいる人達の共有財産ですね。昔からずっと伝統的に受け継がれてきてるものです。ですから、いわばそれは文化の担い手であるというよりは文化そのものだと言ってもいいくらいのもので、ことばというのは、つまり本来、非個人的なものです。で、そういうものによって、あるひとつの世界をつくろうとした。それが新古今以降、世阿弥だとか正徹のやろうとしたことだと思うんです。だから、能の中にはシテとかワキとかいろんな登場人物がいたり、地謡が存在したりとか、そういう構造化がされていますけれども、本来的には、シテはあるいはワキは〝わたしは〟と言わずに〝これは〟というふうに、自分自身を対象化しているような、そういう台詞で近代演劇のリアリズムとは全く違うような、ことばですね。しかもそのことばは、まず古い古典の引用、これが非常に多いわけです。そして、それをつなぎ合わせるのに、縁語だとか掛詞だとか本歌取り、そういったものを使って、いわばことばの綾織り、そういうもので、ひとつの世界をつくろうとしている。そういうところに、僕はまあ非常にひかれるわけです。

さっき楽屋で、ここにいらっしゃる高橋康也さんが、那珂さんの詩はちょっと謡曲の文句に似たところがあると、おっしゃってくださって、これはまあ、ほめすぎだと僕は感じますけれども、つまりそこまではいってないと思いますけれども、やはり僕もことばを非個人的なものとして、つまり自分を超えたひとつひとつのことばを非個人的なものとして、ひとつのある種の〝もの〟として、そういうものを組み立て構成することによってある世界をつくりたいと考えて詩を書いてるものですから、その意味では謡曲のことばとかなり共鳴するところがあるんです。しかし謡曲のことばというのは僕の十代の頃、つまりロマン主義だとかリアリズムだとか、そういう文学観が幅をきかせていた時代には〝つづれの錦〟つまりいろんなことばをつづれ織みたいに、くっつけてつくったものだというふうに、つまりこれは美文だけれども悪文だ、何をいってるのかよく分からない、そういった変なことばだと否定的にしか評価されていなかったわけですね。近頃やっとヨーロッパなんかで引用の問題であるとか、そういったものが文学の中で、スポットライトを当てられ、もう一度新しく見直そう、というようなところが出てきたと思うんですけれども、とにかくそういう文化そのものであることば、それによってあるひとつの世界をつくる。で、しかもその世界というのは、人間の最も根源的なもの、それを追求しようとしてるのが、「能」だと思うんですね。まあ、夢幻能なんかでは、生と死、あるいは夢と現実、あるいは狂気と正気、そういった対立するものが、常にまじり合い、一体化し、あるいはその何ていいますか、葛藤、これが、ひとつの世界を構成している、というようなことが言われます。つまり個人の生を超えたことば、それによって、個人の人間じゃあなくって、最も普遍的な、あるいは最も根源的と言ってもいい、その人間の生とか死、そういうものをドラマとして描き出そうとしたのが、能ではないかと思うわけです。

ま、もっと言いたいこともありますけれども、これくらいで。

岡本 ありがとうございました。『新古今集』のことばのあり方をさらに展開したものとして、世阿弥と正徹を結びつけていただき、ことばの根底の問題、個人を超えた非個人的なことばの位相についてお話しいただきました。その中から能のことばのひとつの本質も見えてきたと思います。

では、続きまして、渡邊守章さんをご紹介いたします。ご承知のように仏文学者でいらっしゃると同時に、演劇集団「円」の演出家としてもご活躍されております。また、能の観世銕之亟さんはじめ、亡くなった観世寿夫さん、榮夫さん、狂言の万之丞さん、万作さんとも「冥の会」でご一緒に活動されて、能にも造詣が深い。能について、多様な領域、側面からお話しいただけると思います。

渡邊　渡邊です。

今日はとにかく、大野一雄、那珂太郎というお二人——その銕之亟さんはこの館の主人みたいなものですから——そのお二人の「立合い」を皆さんは観にいらしたので、康也さんと私は全く刺身のつまで、そもそも言説の人間が、ゴチョゴチョ、ベラベラ言っても、あまり有効性がないから、我々は出来るだけしゃべらないようにしようという、打ち合わせをしたところなんです。

この銕仙会の舞台は、私も色々と個人的な思い出もありまして、一九六〇年代に寿夫さんに能を習っていた時のこと、それからジャン＝ルイ・バローが来た時に、寿夫さんと〃立合い〃と称してワークショップをやったこと、それから寿夫さんのお葬式などですが、それ以後、この舞台に乗るのは初めてですので、いろいろな感慨があります。

私が能に興味を持ったのは、必ずしも観世寿夫によってではないのですけれども、能というものが自分の作業の中で、あるいは、ものを考えていく中で、決定的に重要なものになったのは、寿夫さんのお蔭でしたし、それから、いわゆる観世三兄弟、寿夫、榮夫、静夫（現銕之亟）、それから野村二兄弟、宝生閑とかいった現場の人達と仕事ができたということは、大変な贅沢であったと、今にして思えば言えるでしょう。

最近は、今、岡本さんが言ってくれましたように、新劇の劇団で演出をしているわけですが、六〇年代の末から七〇年代の初めのように、いろいろなものが一度ご破算にならなければいけないというような主張のもとに、様々な実験がなされていた時とは違いまして、現在は全般的にはなはだ保守的であり、そして、保守的であるだけではなくて商業主義的であって、現代の演劇状況には、きわめて悲観的というか、絶望的なものがあると思うんですが、その中で「能」を語っても、はたして何の役に立つのかという思いも、なくはありません。

大野一雄
岡本章

高橋康也
観世銕之亟
渡辺守章

ただ、大野さんと那珂さんのあとで、大野さんはからだのことをおっしゃいましたし、那珂さんはことばのことをおっしゃいましたので、大学の教師ですから話をまとめるのは商売ですので、やはり「からだ」と「ことば」の関係について考えてきたことをまずは言っておかなければいけないだろうと思うんですね。それに共々、自分がどうして能に興味を持つようになったのかということを絡めて、簡単に申し上げておけばいいと思うんですけれども、「からだ」と「ことば」というものは、それほど簡単に結びつくものではないんですね。

一九六〇年代から七〇年代に言われたことの一つに、「からだの表現」とか「ことばの表現」に分節する、分かれてしまう前の状態にすべてを送り返すのがいい、という考え方もありました。一種の「始源回帰」で、始まりに帰る。それはそれで、作業の一種の「仮説」として面白かったと思うんですけれども、実際に仕事をしていくと確かに「あるからだ」、「あることば」というのが生まれてくる前の未分化な特権的状態が分からなくはないんですけれども、しかしそこにすべてを送り返せばそれから新しい表現が出来るかと言うと、そんなことはないのですね。むしろ、以後私が興味を持っているのは、そのように、すべてをご破算にする手続きを片方に置きながら、すでに出来てしまったことば、出来てしまったからだというのを、どうやって関係づけ、相互に壊し合いながら別のものをつくっていくのかという作業だと言った方がいいかもしれません。

その意味では、ここのところ、能の現場は、銕仙会の能は比較的マメに観るほうですけれど、昔ほどは観ていませんし、それから、一九七〇年代の頃のように能について批評的なことばが、活性化しているとも思えなくて、一方に非常にアカデミックな研究が、文字通りの文献学があって、それはすごい発展を遂げつつあるようですが、その一方に、月並みな評――「月並みの会」の評ではありませんよ――があるだけのような関係になっているような気がする。そのため、最近はあまり能の現場については、興味を持っていないんですが、それとは反対に、世阿弥については書き散らかしたと言ってもいいくらい、たくさん、いろいろなものを書きました。

世阿弥の残した仕事について考えることと、能について考えることは必ずしも同じではありません。確かに世阿弥によって能は、今あるような能の基本が出来たのですけれど、しかし世阿弥は、まずこんな狭い空間でやってたわけじゃあありません。近代的に言えばオープンステージでやっていたわけです。ただ、日本の歴史の中で、最初に社会のあらゆる階層の人達が、同じひとつの舞台を観にくるということが成立した時期のものですから、教養のある人もあれば、ない人もあるし、一生懸命観る人もいれば、ただ娯楽というか、気晴らしに来るだけとか、珍しいから来るだけとか、そういうお客もいたわけで、そういういろんなお客を前に、能を演じていた人ですね。ですから近・現代の能とは全然状況が違うんですが、しかし世阿弥がその「伝書」で書いていたことは、今の能とそのままつながるものばかりではないが、つながらないからこそ、かえって演劇のことを考える時には役に立つ。

で、五、六年前から僕が世阿弥の伝書の中で一番興味をひかれているのは、世阿弥が「ことば」というものに対して、どうしてあれだけこだわったのか。これは、世阿弥の伝書は注釈がたくさんありますから、原典でもその現代語訳でもお読みになった方は、多いと思うんですけれども、中世には、歌論から始まって、芸というかパフォーマンス、言葉でのそれも含めてですね、そういう作業についての反省や議論は色々あって、その大本は言うまでもなく歌論ですけれども、しかし定家にせよ、正徹にせよ、歌論の言説のレヴェルと世阿弥のレヴェルは、極端に言うと全く違っている。世阿弥のほうは徹底して、とにかくことばで理詰めに考えた人ですね。フーコーの言葉を借りれば「問題形成」というのですが、つまり「問いを立て」ることができ、しかもその立て方が的確で、より広く強い問いへと接続されていく。あれは日本の歴史の中でも、最初で、もしかしたら最後かもしれない、芸能についてのトータルな理論的反省と分析なので、十五世紀にあれだけのことをちゃんと日本語で考え詰めた人がいるということは驚くべきことです。

ごく教科書的な「おさらい」をしておけば、世阿弥は、大和猿楽と近江猿楽の違いを、近江猿楽は幽玄のかかりを主体にするけれども、大和猿楽はそうではなくて、「物真似」と「儀理」を本体にして、その上で「幽玄のかかり」を実現するのだという言い方をします。物真似というのは近代語で言う「ものまね」ではなくて、アリストテレスの「ミメーシス」です。自分とは違う人物を演じる、ということです。それに対して「儀理」というのは、これは、専門家の中でいろんな説がありまして、私の説が正しいという保証はありませんが、私にはやはり「儀理」というのは「正しい筋道」であり、「筋道」というのはやはり「ことば」によって通る筋道なので、だからことばによって筋道を立て、同時に筋道の立つようなことばを使うというのが「儀理」ということばの意味だと思うんですけれども、その「儀理」が大和猿楽の伝統であった。で、これは、田楽のように、非常に幽美・艶麗で、官能的で華やかなショーに比べると、大和猿楽というのは、どっちかというと「新劇」であったので、要するに、ある虚構の人物を演じて、出来るだけそれを本当らしく見せる。本当らしく見せる「ことば」を使い、そういう「ことば」を使って戯曲を書くということだった。つまり幽玄至上というか、幽玄とか美的な快楽だけが眼目だとするのと、そうではなくて、現実を整合性のある形で作り直していって、ある虚構の物語を舞台の上で表現する、この二つの流れはどこの国の芸能にもあって、日本の十四、十五世紀というのはそれが、両立していた非常に面白い時代だと思う。世阿弥はやはり「ことば」のほうに立ちます。ですから、例えば、能の舞台で、今の能ではそういうことはありませんけれども、例えば「泣く」という時に、まず「泣く」ということばを聞かせてから泣くしぐさをすればお客に通じるというようなことを言うんですね。

通念的に考えられているよりは、世阿弥は、「ことば」が芯になってつくられていく芸能をやってた人だと考えます。ですけれど同時にそこで、「からだ」が不在だったわけではない。「からだ」をつくっていくということは――「からだ」というのは、声も含めた「からだ」ですけれども――それは、世阿弥の問題意識の中には当然にあった。例えば「幽玄」ということばにしても、『風姿花伝』の中の最初のほうでは、ほとんど出てこないというのは、誰でも知っていることで、使われるのは、「十二、三の美少年の美しさ」にしか使われていない。身体的な美しさ、優美、艶麗と言ってもいいんですけれど、そういうものについて、まずは「幽玄」ということばを世阿弥は使っているわけで、そこから言っても「からだ」が重要だということは百も承知なんですけれども、しかし作業の上で、やはり「からだ」と並んで、あるいは時にはそれ以上に「ことば」が重要だという軸足の上に立って、世阿弥は一生考え続けた人ですね。

現在の能の「序ノ舞」のようなものは、――これは岡本さんの友人である竹本幹夫氏の「天女の舞」についての名高い論文があるのですが、――元来は大和猿楽のものではなくて、近江猿楽の犬王道阿弥の艶麗な「舞いごと」を取り入れた。そうした過程で「ことば」と「からだ」の関係は世阿弥にとって、どうも最後まで「問い」だったのではないかという気が僕はしている。おそらく後の世代が、今の能で見られるような「からだ」と「ことば」の関係をつくって来たのではないか。

話が抽象的な方にいきすぎましたが、話のつながりとして、例えば「ことばがからだにかかる」というような言い方をしたり、あるいは、大地の底から湧いてくるような声を使わなければならないとか、いろいろな呪術的な仕掛けも使いながら、極めて優美で、場合によっては極めて抽象的な、あるいは無機的に透明な美をつくっていく能の不思議な技巧、技術は、世阿弥のところでいきなり成立したわけではなくて、六百年間の間に成立したものでしょう。つまり現代の能は、そういう大変矛盾した要素を抱えこんでいて、それを、ある関係性の中で、うまく創造的に組み合わせていく。しかも、そういう問題がわりとはっきり見えるのです。つまり、よけいなものが、三百年間の江戸式楽の経験の間になくなりましたので、能では一番基本的な、寿夫さんがよく言ったように、カマエとかハコビとかサシコミヒラキとか、極めて抽象的な事だけが基本的な身体の技術としてあって、それが同時に表現に接続されていくということ。その辺が、僕が能について面白いと思うことのひとつの点です。

それは、まず現場の方にことばを渡したいと思います。

岡本　どうもありがとうございました。

具体的な世阿弥の能楽論や大和猿楽の歴史的な経過を通して、ことばとからだの関係性、その作業の重要性について触れていただきましたので、続きまして、観世銕之亟さんにお願いいたします。ご承知のように銕仙会の当主でおられ、能界の第一線でご活躍されております。亡くなられた寿夫さん、また榮夫さんと現代演劇、他領域の芸術とも交流されて、いろんな活動をしてこられました。能の現場で活躍されている方なので、具体的なことばとからだのお話などをうかがえるとありがたいと思います。

観世　能をやっておりますす観世でございますけれども、今、お話の中で能、能、能って、たくさん出てくるんですけれど、その能をやっておりまず私としては、今日にいたるまで、見たり、聞いたり、試したり、ありとあらゆるものの中の、音楽でも演劇でも舞踊でも舞踏でも、そういう中から自分のやっているものって一体何だろうなあというふうに常々思いながらやってきております。

かたや古典として、六百年前につくられたものを、実際には今日、今日のお客様の中で、舞台をお見せしている、という状況の中でやっております。したがって、論理的にこれが私の本筋である、これ以外はない、というようなことばでは、ほとんどお話しが出来ないような状態なんです。今、ちょうど、このシンポジウムのあと、岡本さん演出の錬肉工房の公演、『AYAKO　SEKIGUCHIのための「姨捨」』がここであり、皆さん、ご覧になると思うのですけれど、私は昨日拝見しました。それでやはり、ある種の感銘を覚えているわけです。それもひとつのことであるし、又、歌舞伎を見たり、この間、渡邊守章さんのなさった『天守物語』というものも拝見しましたし、そういう中にそれぞれ、私にとっては能の勉強になるものがいろいろあったりするわけです。

　しかし、今日のテーマによせて考えますと、ことば、というもの、ことばがからだを超えて聞いてくださる方、見てくださる方に浸透していくことはどういうことだろうかと考えます。それから、能も演劇の中での一ジャンルだと思いますけれども、能というものの中に、六百年間の伝統みたいなものがあるわけですけれど、今日、自分がやっておりましても、または、自分が観客側にまわって能を見た時でも、非常に解明しにくい所はあるのですが、その戯曲のことば、その戯曲というものを生かす内容、というものを具体的に観客にとおすという面、こういうふうに動けば、ものを理解させるということではなくて、感じさせる面からとおしていけるのではないかと、そういったようなことをいろいろ思っておりまして、今日このシンポジウムに出させていただいているわけで、皆様のお話の中から、自分の体験をお話し出来ればいいと思っております。

岡本　どうもありがとうございました。あとでまた、いろいろ詳しい能の具体的な工夫、問題をお聞き出来たらと思っております。

　続きまして、高橋康也さんをご紹介いたします。ご承知のように高橋さんは英文学者で、シェイクスピアからベケット、ノンセンス文学などの第一人者でいらっしゃいます。またベケットと能についてもお書きになっておられます。それではよろしくお願いいたします。

高橋　おそらく今日のシンポジウムで私に期待されていることは、能とヨーロッパの演劇の前衛的な部分を比較して能を世界の演劇のコンテクストの中においてみるというようなことではないかと思います。

　そこでヨーロッパ演劇の突出した部分を、仮にベケットというふうにとってみるとはっきりしてくる所があるのではないかと思います。今度の岡本さんの作品を昨日拝見しましたけれども、そこでもベケットの『ロッカバイ』という新しい芝居のことばを引用していらっしゃっていて、岡本さんによる、能とベケットのつながり方がよく分かったような気がしました。ベケットはかなり特殊と言えば、特殊な作家ですから、ベケットですべて代表させるつもりはないのですけれども、能とベケットというのは一種の合わせ鏡みたいな関係になっていると思うのです。決して、両方が簡単に似ているとか違ってるとかそういう話ではないのであって、ねじれた関係でつながっている。違っているといえば、これほど違っているものはない、しかし、大きく違っているが故にどこかで結びつく。そういう形で相手を照らし出す、特殊な合わせ鏡の関係にあると思います。どう違うかという点を話した方が本当はいいのですが、私もベケット自身に会った時にそういう話をいたしましたし、ベケットと能を比べた英語の論文をベケットに読んでもらいました。彼の芝居のように短い五、六行のハガキの返事がありまして、その中に、「お前の言うことはわかったつもりだけれども、しかし、根本的に俺と能は違うだろう」と書いてありました。能では舞台と観客に共有されたものがあるだろう。しかし私の芝居ではそれがないと。「共犯性」ということばをベケットは使っていましたが、確かに共有されたものがないかあるか、そこの違いが決定的だろうと私も思います。能は先程もお話に出た日本の文化的伝統を深く踏まえて出来上がっています。能に不可欠なことば遊びも引用も、そういう文脈を踏まえて成り立っている。ベケットは、それに対して、文化的な伝統が壊れてしまっているところで書いてますね。もちろん彼も引用をしますけれど、引用の仕方は根本的に違うような気がします。図式化して言えば、能は、いわゆる近代の前にあった。ベケットは近代の後にきた。近代を挟んで二つは向かい合っているということです。ベケットの場合は、アイデンティティとか共有性の喪失、断片化、そういったもののぎりぎりの所から出発しようとしている。近代以前には、個と全体が大きくまとまって、類比的な統一を持っていた時代があって、まあそれだって虚構化された前近代かもしれないのですが、その後に、合理的な思考、孤絶した自我、それが対象化する世界、そういうもので出来上がっている近代がきた。そういうことになってますが、ベケットに言わせると、いわゆる近代というのは非常に中途半端であるということになるのだと思います。つまり、近代の根本原理である個とか、世界と個の断絶とか、そういうことが適当なごまかし、なあなあで馴れ合っているのが近代であって、ベケットとしてはむしろ、近代の前提になっていることをとことんまで突き詰めなければならない。例えば近代を代表する哲学者デカルトが「我思う、故に我あり」といって、思考すること、あるいは分節的な言語の上に人間の存在を打ちたてた時、世界と自我が分かれてしまいました。そこの断絶、分裂を、近代は適当に妥協させているのではないか。ベケットはデカルトを単純に批判するのではなくて、デカルトが言ったこと、近代の前提にあることをとことん突き詰めようとする。だから、むしろ近代に殉教するという感じなんですね。近代を、突き抜けた後に何が出てくるか、ということについては彼は何も言わないのですけれど。

今、そのことを「ことば」と「からだ」ということで言わなければいけないのですが、「ことば」に関して言いますと、能のことばには先程から出てますように、深くコスモロジカルな、宇宙的な根っこがあるような気がいたします。『井筒』の能の、「暁ごとの閼伽の水、暁ごとの閼伽の水、月も心や澄ますらん」。ここに見られる、音の響き、イメージの繰り返しには実に驚くべき技巧があります。毎朝、閼伽供養のための墓にかける水を井戸から汲む。その井戸の底には月が映っている。その月が心を澄ますであろう、というふうに「あか」、「つき」、「あかつき」、水が、月が、心が「澄む」――ことばの微妙な反映が繰り返されていく。これは一種のことば遊び、新古今的な遊びであるかもしれませんが、それ以上にことばというものが発生してくる根源というものを非常によく表していて、例えて言えば、ワーグナーの『指輪』四部作の最初の出だしで、とくにバイロイトの劇場で聞くとそうなんですが、オーケストラボックスが深い所に覆ってありますから、本当に地面の底から低く低く響き始めるという感じで始まる。そして神話が始まる。能の場合もこの、例えば『井筒』のここを謡う地謡、最初のこの感じなどはまさにワーグナー的という感じです。外国人に能を簡単に分からせるには、ワーグナーを引き合いに出すのが一番いいような気がします。ただ、『井筒』の場合でも、この「月や心を澄ますらん」もきれい事ではなくて、その後の芝居の展開をみれば、シテの気持ちというのは決して澄みきった姿ではない。芝居の間に自分の情念を演じきって、井筒の底の月のように澄んだ心にかえる。そこまでのサイクルを演じてみせるのが『井筒』という芝居なんですね。その冒頭のことばが「暁ごとの閼伽の水、月も心や澄ますらん」と、那珂さんの詩を思わせるような(と言うと順序が逆かもしれませんが)音とイメージの反覆であるわけなのですが、この反覆がこの作品の演劇的実体にもなっている点が肝腎なのですね。つまり、後シテが、女なのに男の服装をして出てきて、アンドロギュヌス（両性具有）の自分の姿を井戸の底の水鏡に映してみる。われとわがイメージに驚く、その印象的な瞬間に出現する男と女という二重性、実像と水鏡の中の虚像という二重性の戯れが、『井筒』のドラマの中核にあります。ことばのあり様が、上すべりではない。根本に根ざしていて、それが芝居という宇宙をつくっていくという形で働いていく。発せられることばが空間を満たし、創造していく。

これに対して、ベケットの場合は全く、ことばが無意味化し、空無化し、断片化していく、という状況があります。一番分かりやすいのは、『ゴドーを待ちながら』という芝居で、ポッツォという人物が出てきた時に、ディディとゴゴという二人の浮浪者はこれがゴドーではないかと思って話しかけるのですが、ゴドーという名前がゴデーとかゴダンとかゴドゥーというふうに、分裂してしまうんです。ゴドーという正しいことばが出てこない。ゴドーというのは「神」（ゴッド）のもじりですから、神そのものが分裂しているということを端的に示していると思う。そういう点がベケットと能のことばのあり方の根本的な違いですね。からだに関しても、能の場合は能舞台という何もない空間で、能役者が一歩踏み出し、一歩退く、その動きの中で、ある虚構の空間というのが創られていく。それを観客も追体験します。天地創造のひな形みたいなことが行なわれ、それが身体的に空無を満たしていくという、充満、充実、充溢の原理というのが見事に働いていると思う。からだというものが、最近よく使われる哲学的用語でいえば、「器官なき身体」として働いている。アルトーという人があこがれた、からだのあり様というのを、能ははるか昔にやすやすと実現しているのではないかと思われます。それに対してベケットのからだというのは、まさしく正反対でして、ベケットほど役者の体を虐待してさんざん痛めつけてしまう執念にとり憑かれた劇作家はおそらくいないでしょう。『ゴドー』から始まって、だんだんだんだん彼の芝居に出てくる役者達はからだの自由を失っていきますし、『ロッカバイ』という今回、岡本さんの作品に使われている芝居では老婆が一人椅子に座ったまま、臨終の瞬間を待っている。そして、彼女は「もっと」というひとことしか喋らない。聞こえてくることばはというと、それは彼女の肉声ではなくて、あらかじめテープに録音されていたものが流されてくる。おそらく、それは老婆が喋っている心の中のことばなのですが、合理的な説明が成り立たない様な形で出来ている。そして、からだそのものの自由を完全に役者は奪われているのです。あるいは、『わたしじゃない』という、もうひとつ特徴的な作品がありますが、これは暗闇の中に、唇だけが、スポットライトを当てられて浮かんでいる。その唇が二十分くらい喋りまくるというだけの芝居です。その唇に向かい合った、舞台の上の対角線の所に、能のワキにちょうどあたるような、お坊さんのようにも見える「聞き手」という人物がいまして、それが唇の喋ることを聞いています。これは能の構造に非常に近いのですが、しかし、唇しか見えていなくて、からだは抹殺されているのです。からだとことばというのを、ベケットはついに分離してしまうという所まできてしまっている。他にもそういう作品がありまして、役者は舞台上で何も言わない。聞こえてくるのはスピーカーから流れることばである、というふうに心身を分裂させている。いわば、近代の心身二元論をいく所まで行き詰めたものがベケットであると言えます。そこまで行ってしまった時に初めて、能とベケットが不思議にねじれた関係で結びつくのではないか。ベケットのことばが意外に宇宙的、コスモロジカルであったり、ベケットのからだが、ある種の根源性をもって、彼なりの「器官なき身体」になっているのではないかという気がしてくる。つまり、「器官なき身体」の極限的なあり様のひとつは、からだを抹殺してしまうことではないか。そんなふうに「両極端は結びつく」という、昔ながらの格言を証明するのが、能とベケットではないかと考えています。

ただ、繰り返しますけれど、両者を短絡させるのは禁物であって、能役者のことばやからだについても、先程何もない空間を満たしていく創造性、宇宙論的充満の原理を強調しましたが、そのような、いわばポジティヴな「存在感」や「実体性」は、裏返して言えば、「虚」そのものであるとも言えるんですね。すぐれた演能を見た時の感じは、役者のからだの「現前」に圧倒されるというように言い方よりも、からだの「無化」「消失」と表現した方が当たっているという気がする時もあります。そしてこれはベケットについても同じところがあって、『ゴドー』の人物はロブ＝グリエが言ったように「舞台上の現前」そのものであると同時に、限りなく無に近いからだであり、その台詞も「ノン・センス」(「くだらない」という意味ではなく「実体的意味から限りなく遠い」ということ)であることによって、世界大の意味を持ってくるのではないでしょうか。

ことばとからだの関わりについて言うと、能にももちろん様々な仕掛け、側面がありますけれど、ことばとからだを「正接的」につなげることをわざと避けるという特徴が一つあると思う。歌舞伎のように名ゼリフのところで見得を切るとか、ハムレットが旅役者に教えるように「ことばとしぐさを合わせる」とか、そういう演技術に当てはまらないことを能——とくに「物まね」よりは「幽玄」の芸においては——意識的にやる。ベケットがことばとからだをわざと切りはなそうと試みているのは、先程も言いましたが、これは鈴木忠志が『劇的なるものをめぐってⅡ』で、白石加代子に用便をしながら鏡花のセリフを言わせた実験にもつながる「逆説的」演技術であって、能の持つ豊かな演劇性、現代性がこういうところにも発見できると思います。

岡本　ありがとうございました。能とベケットの両極端でありながら結びつく関係性、また能のコスモロジーの背景にある「無化」、アンチコスモス的なあり方についてもお話していただきました。

さて今、『井筒』の話が出ましたが、後場の井戸に身を移す水鏡の場面で二重性とおっしゃっていましたけれど、錬之亟さんも演じておられますよね。その時に若女の面をかけて男性のあごが出ています。井筒の女であり、それから業平の装束を着けてますから同時に最愛の男でもあり、その辺りが普通、お芝居でやるような心理的な使い分けではない、不思議に重層的な役を同時に生きている、そういう変身の演技がある。とくに夢幻能の演技にはそういう自在な二重性があると思います。それを保証しているのは、きっとそこにはいろいろと身体的な仕掛けがあるのだろうと思います。

例えば、カマエやハコビとかサシコミヒラキ、能の型、様式と、今、お話が出ました根源的な演技のあり方との関係は、いかがでございますか。

観世　私どもは舞台で声を出し、動くわけですけれども、具体的なことからお話しすれば、亡くなった観世寿夫ともよく話していたのですけれど、自分がただ役をやるとか、この曲をどういうふうにこなそうかといった時に、自我でもって、その曲をどういうように料理するかということで、お客様に対峙した時には必ずお客様から反発が起きてしまう。それが起きてしまうと、趣味的に同じような系統のお客様には納得がいくけれども、そうではないお客様には反発が起きてしまう。それはやはり百人百様の方にお見せしている舞台の人間ですから、あまりいいことではないからそれを避けるためには、どうしたら一番いいだろうかということをよく話したことがあります。

今、岡本さんがおっしゃっていた演技について、根源的なことはこれが基本的だということは僕はあまり言えないと思うのですけれども、ただ、役者というのは、いつもブレーキをかけながらアクセル踏んじゃうみたいなことをやった時のひずみの中に演技としてのストレスとか、または、エネルギーのほとばしりとかがあるわけです。具体的に申しますと、声を出す場合でも口の中でなるべくことばをはっきりして日本語として聞きやすい口の開き方をする。しかしながら、それを言うについては一番、潜在的に感じたものをどこかで言ってて、それから、そのことばについても色合い、例えば、女の役をやれば、一種の色っぽさとか、あるかたい人間をやればそういうようなことばのニュアンスというものが聞こえてくることをやる。それはどういうことかと言うと、ヨーロッパのオーケストラの場合にはヴァイオリンとかコントラバスとか多様な楽器が演奏を行ない、様々な楽器で楽しい、又、美しい音を出して、それに重層的にやるわけだけれども、私どもの場合は、比較的一人の人間のからだの中でそれをやってのけてしまう。それは一体、どういうふうにやるかというと、つまり、中枢神経、背骨、そういう所に根拠を置いておいて、そして、具体的にどういう役をやる、どういう状況であるかについてストレスをかけていく、というようなことだと思います。

舞台上の働きについては、能というのは、六百年の間に非常に不幸な時代というのが、徳川三百年の間というのがあったと思うのですけれど、その不幸が又、役者にとってのひとつのかせとなって出てきたことがある。よく、能のこと、摺リ足で舞台を歩くというのですが、これは実際に板をすって歩くことではない。さっき守章さんがおっしゃったみたいに河原でやってたのですから、こんな上等な板の上でやってないと思いますから、その当時はどういうように歩いていたかはよく分かりませんけれど、今日では、こういう板の上でやる場合にこの面ということに対して、からだが足がどういうふうになじんで歩くかということが問題だと思う。そのためには、重心は、摺リ足をするとか、よく日本舞踊の方なんか、要するにそういうことで歌舞伎が能というものに近づいて本行という言い方するけれど、本行っぽく見せるというような言い方をするのですけれど、私どもはなるべく重心を高くとって、それで腰がつり上がれるだけ、上げておいて足を出す。そうすると普通人間は歩く時に絶対、足は上がるはずですから、床をこすってこれだけで歩くということはありえない。もし、そういうことをやるということだったら、もっと違う意味でのかせ、型があるので、そのことを摺リ足と言ったりするのは絶対におかしいということになる。
一番最初に申し上げたみたいな、意識としてはパラドクスというか、ブレーキをかけながらアクセルを踏んでしまう。そういったことを声の問題でも、それから動きの問題でも非常にストイックにやらなくてはいけないのではと思っています。

岡本　今、おっしゃったように、「逆説の美学」と能のことを言う人もいるくらいで、逆説的な身体のあり方が重要な仕掛けとなっている演劇なのだろうと思います。今、お聞きしていて、先程『井筒』の水鏡のことを話しましたけれど、以前、大野さんの舞踏、『ラ・アルヘンチーナ頌』を見せていただいて、大野さんは能については先程、おっしゃっていたようにあまりご覧になっていたわけでもないのですけれど、ある瞬間、『井筒』の重層的な〈変身〉、自在な身の変わり方、映（移）り方みたいなものと同じ深い感動をそこで受けた所がありました。何かお考えのことがありましたらお願いいたします。

大野　今、重層的というお話も出たのですけれど、それはどうしても演技をする上において、また踊りをやる上において必要なことではないのだろうかと思います。こう思うことは、天地創造の初めから、人間が必死になって生きてきた。自分一人だけでなく、人と関わりを持ちながら、必死になって生きてきた。いいこともあるし、悪いことも全部含めて、そういった時代が、億単位の年月が重なってずっときた。という中で、人間が現在の形にまで成立した過程において、無限の重なりの中で人間が生きてきた。したがって、人間の生命というものは、無限の重なりの中、魂というものは、心というものは、精神というものは、無限の重なりの中でずっと体験を積んできた実績がある。これは私一人ではなく、全部の人がお母さんのお腹から生まれてくるように、全部の人が体験した事実だと私は思っています。
したがって、二重、三重ということはあるけれども、私は無限の重なりの中と、こういうふうに考えています。私が考え出した、なんてことよりも、何かふっと思いつくということは、やはり億単位の年月が重なりの中でいつの間にか、考えられないような仕掛けがあって、そして、ふっと何か浮かんできたと。夢なんていうのは最も典型的なものだと思う。毎日、お腹がすいた、なんだかんだという夢の他にもっと、やはり、天地創造の初めから、生命の根源に当たるような夢だってあるわけです。そういうものは二重、三重、無限の重なりの中で、切実な人間の生きてきた実体が、重なりの中で、成立している。そういうふうに思っておりますけれども。

岡本　ありがとうございました。今、大野さんが無限の重なりとおっしゃいましたけれど、踊られることが無限の体験の重なり、生命の根源、そこへ帰っていくようなことを生きておられる。きっとその問題というのは、先程那珂さんにお話しいただきました、ことばの問題、ことばというのは文化的な形成物だというお話がありました。文化的な形成物としてのことばのあり方も、無限の重なりの中でことばというのはあるわけですから、その奥行きや豊かさの中で、もちろん那珂さんの詩作もあるわけで、実際私の錬肉工房で、舞台の上演の中で那珂さんのことばを二十年近く使わせていただいて、本当にからだの深い部分へ刺激がくる。那珂さんのことばによって、からだの根底の場所へ連れていかれる。そういう体験をさせてもらっております。

那珂さんは詩作を行われる上で、ことばの響き、音楽性を大事にされていますが、その辺りのお考えはいかがですか。

那珂　いや、難しいですね。

今、大野さんが現在踊る場合、そういう動作あるいは、ひとつのしぐさを自分が思いつく時には、無限の何億年という人類の歴史ですか、そういったものの重なりを感じるとおっしゃっていましたけれども、ことばもやはりそうだと思うのです。

さっき、ことばは文化だというふうに言いましたけれども、声に出すということ、これは肉体から出てくるわけなんで、僕は岡本さんの舞台を最初に見てあっと思ったのは、岡本さんのは最初は演劇でもないし、舞踏でもないし、何と言っていいのか分からないのですけれども、舞踏の一種みたいなものとして僕は最初見たのですけれど、声が出るという所が他の舞踏と違う。

世阿弥に「舞は音声より出でずば感あるべからず」、これはどこにあったか、そういう文句がある。つまり、舞、からだを動かすというのは、音声、つまり声を出す、そこから出てくるのでなければ、本当の感あるべからずというふうに言っている。舞踏をしている、からだを動かしている人は何か、「あーっ」とか、「おーっ」とか、出ないものかなあ、あるいは、出さないで、それを抑圧することによって、肉体の動きだけで何かを表現しようとそうされているのだと思うのです。けれども、もう少し、声が出てもいい、そういう舞踏があってもいいんではないかと。岡本さんは声を出すわけです。そこにまず、驚いたんです。そして、「あ」という母音、あるいは「お」という母音、「う」という母音、これは言語学者ソシュールはじめ言語学者に言わせれば、恣意的に結び付いているわけで、そこに何も必然的な関係がない、だから音そのものには意味がない。これは言語学者の常識ですね。ところが、明治の頃、林武というだいぶ前に亡くなった洋画家、ご存じでしょうか、若い方はもうご存じないかもしれないのですけれど、そのおじいさん明治の頃林甕臣《はやしみかおみ》といって、これは民間の国語学者ですね。その人が一音一義説というのを唱えて、ひとつの音にはひとつの意味があるんだというふうに書いているわけです。そして「お」という母音、これは最も深いところから出てくる驚きだとか、遠大なものを表すとか呼応する時の音。それから「あ」というのは詠嘆だとか開放的、天上の声、それから仰天をした、感嘆をしたそういう時に「あ」だ。「う」というのは、呻く、呻吟、あるいは恨みだとかいろんな音を表す。僕は謡曲のことばは、分析したわけではないんで、コンピューターにかければどうなるか分かりませんけれど、「おー」という腹の底から出てくる深い母音、「うー」という唸るような呻きの音、そういう音が多いような、これは印象であって統計的にはそうでもないかもしれないですが、そういう感じがする。

これは、やはり岡本さんの声の中にもそれを感じるわけなんで、僕は、岡本さんのその後の演技の中に僕のことばをずいぶん使っていただいて、それは光栄だと思ってますけれど、僕のことばは最初から最後までの一編のまとまった形でなければ読めないというものではなくて、どの行を切り取っても何か使いものになる、というような所が取り柄かもしれませんが、僕も大野さんと同じように、何を言い始めたか分からなくなりましたので、この辺でやめます。

岡本 ありがとうございました。今のお話の中で示唆深かった一音一義説という、謡曲の中にも微妙なことばの持つ呪術性みたいなものがあって、それがからだに働きかけてくる作用というのは、実際演者の方にすごくあるはずです。

それと、能が仮面劇であるということ。呼吸も苦しいですし、視覚も狭まってきますし、そういう身体的な仕掛けをすることで、演者の中でどのような変容が起こるのか。以前、渡邊さんは憑依についてお書きになったり、理論的に展開されたりしているお仕事があり、色々と刺激をいただいているのですけれど、少しお話をしていただけたらと思います。

渡邊 時間がなくなってしまったのですけれど、いくつか言っておきたいことがあるのですが。

憑依の話は、さっき、面にことばがかかるという言い方をしましたけれど、そもそも装束、女の衣装を着ることでその女の霊が取り憑くという発想が能の中にあることは確かです。『卒都婆小町』と『井筒』、その中心に『松風』を置いて比べてみると、「物着」という形で装束をつけることが、憑依である。憑依として、それを舞台の上にあらわすということと、すでに憑依であることは前提になっていて、それを美的に置き換えていることの、レヴェルの違いが、よく分かると思うのです。憑依というコンセプトというか、それがそのままで舞台に出てきて、神がかりになって——神がかりになってやればいいということではなくて——六〇年代の末から七〇年代の初めにはそういう誤解もあった節もあるのですが、僕はそうではなくて、能が面白いのは、そこで神がかりになることではなくて、あくまでも、人間の作業としてつくるということだと思う。バリ島なんかですと、ランダをやると、本当に神がかりになってしまうことがありまして、前にバリ島の人たちと合宿(ワークショップ)した時に、そこの村長が、ランダをやっているうちに本当に神がかりになって、あれ、ヤラセではないかなあと言ったら、どうもヤラセではないらしくて、本当に憑依してしまうのです。ですけれども、いちいち『井筒』をやっている人が神がかりになったらとてもやっていられないわけで、世阿弥の時にもすでに、神がかりではなかったと思う。そのことが一つ。

ですから、神がかりになるとか、憑依とか、トランスとかを、どうやって役者の作業として取り返すかということが一つの課題でしょう。しかし、それにもかかわらず、その神がかりに似たような心持ちというのは、やっている方にはあるだろうし、それが観客に感染するということもあるだろう。そういう時に何が一体きっかけになるというか、何によって、そういうことが伝わったり、出来たりするのか。その時に、六〇年代、七〇年代はわりと、からだ、からだ、と言ったのですね。だから、「憑依する身体」というふうに、すぐ、言ってしまったのですけれども、どうも、やはり僕は、憑依というものをひっぱり出すには、少なくとも演劇的な作業として、まあ、音楽というものがひとつありますが、音楽だけではなくて、ことばというものがものすごく重要なのではないだろうか。それは、古事記などのアメノウヅメの憑依にしても、あれはいきなり神がかりするわけではなくて、その前に祝詞を言ったりするわけで、言葉があって憑依が引き出される。言葉が憑依の「実体」

になる。ですから、例えば『井筒』でも何でも、そういうふうに美的に置き換えられた憑依によって、見て面白いというのは、新劇をつくっている時でも、言葉がとっついていくとか、言葉によって人格が変わるとかいうことを、実感的に分からせるということが、重要だと思います。

先程の高橋康也さんのベケットのことで、ちょっと、時には反論する人もいないといけませんから、反論というか、必ずしも僕はそう思わないと言うか、ベケットと能というだけが能の面白さではないのではないか、別に、康也さんもベケットと能だけが、能の面白さだと言っているわけではないんですけれども、どっちかというと、能をみる時にベケット的な目でみるというのは、ある時点では、分かりやすかったことなんですが、それはそれでいいんですけれど、僕自身はそうじゃない見方をしたいと思う。

だいぶ昔に書いたものですが、岡本君が今回パネラーに配ってくれた「祝言の声、ばうをくの声」というエッセーを書いたことがあって、それは何かというと、〈祝言/ばうをく〉の対比がそのままで現行の〈ツヨ吟/ヨワ吟〉ではないのですが、世阿弥の音曲論の中には、よく出てくることで、そして、『五音曲条々』というその音曲論の中には、能の曲柄、曲趣というものを「五つの木」にたとえるわけです。つまり、「松」、「桜」、「紅葉」、「枯木」、「杉」。「松」は祝言、これは『高砂』などを考えれば分かる。「桜」は幽玄の曲、幽曲だと、これは桜は花の中の王であったりするわけで、これも分かります。「紅葉」は恋慕だというんですね、恋だと。そして「枯木」、「枯れた木」というのが出てくるのが面白いんで、これは高橋先生のお好きなベケットにまさにぴったりなんですけれど、ただ、これは不条理ではなくて、「哀傷」だ。そして「杉」は「闌曲」、つまり、全く超絶的な位だと説くわけです。

そのペーパーで僕が書いたことは、どうも戦後の能というのは、これは寿夫さんなどの影響も大きいと思うんですけれども、「枯木」、「枯れた木」、というのと、「杉」というものの「強さ」ばかり言って、ごく単純に、例えば「幽玄」というものが「幽美艶麗」だったことを忘れているのではないか、銕之亟さんは、その中では寿夫さんの持っていた幽美艶麗とはちょっと違う幽美艶麗ですけれど、大変色っぽいシテ方なんですね。もちろん色っぽいといっても、玉三郎とは違いますよ、でも非常に色っぽいというので有名なシテ方なんですが、そういうふうに「桜」の色っぽさとか、あるいは「松」の祝言も国家神道とかいうと、つまらないんですけど、松というのが、日本人の想像力の中で持っているものが、もう一度ちゃんと取り返されてもいいではないか。必ずしも、「枯木」と「杉」ばかりで舞台がにぎわうわけではないので、むしろ、能の持っているいろいろな要素を、もう一度とり直した方がいいのではないかという気がする。それから先程の「暁ごとの閼伽の水」に関して言うと、これは、康也さんに言うのは全く釈迦に説法なんですが、先程の分析はまことにその通りなんですけれども、しかし、あれは日本語が分かる人に言っているから通じるので、日本語の分からない人にあれを言っても全く分かりません。僕もそういうことをさんざんやってきましたので、謡曲の解釈というのは、もっと真面目に考えた方がいいと思う。つまり、能から日本語をひいてしまって何が残るかという大問題があって、これは何となく通じるだろうというふうに私も言ったこともありますし、何となくではなくて、非常に通じる部分あります。例えば、『道成寺』の乱拍子というのは退屈であるかと思うと、ヨーロッパ人は一生懸命見ていたりするということがある。しかし、逆に言うと『井筒』はとても大変ですね。『松風』がはたして大変でないかどうかは来年やってみますから、お楽しみなんですけれど。例えば、「月」というけど、「月」というのは、神秘的にイメージとして、世界どこでも共通かというと、そんなことはまずない。それから、能の「月」は必ず「水」と一緒に出てくるんだけれども、これもヨーロッパ人が「月」と言った時にすぐ「水」と思うかというと、そうとは限らない。『姨捨』という曲は、月が出ているのに水が出ない珍しい曲で、あとは全部、月が出れば水が出てくる。「水鏡」が必ずあるでしょう。『井筒』だってそうだし、『松風』はもちろんそうだし、『融』なんてのももちろんそうです。しかも『融』の場合は現実の水はないのですから、舞台の上には、あるはずのない水が、月と共に、幻想の中で出現するとか。これは「若水の神話」というので、分析した方ももちろんあって、文化人類学的な与件ではありますけれど。しかし、それはヨーロッパ人や、例えばアメリカ人にとって、自明の理では必ずしもない。それとことばの働きとが非常に密接に結びついている。日本人にとって今、やらなくてはいけないことはそういうことをもう一度、日本語ではない所から考え直してみる。つまり、我々がシェイクスピアやラシーヌを訳している時は、それをやっているわけで、定型韻文や脚韻がない所で、そういうものの代わりのものが何かを考えている。そうだとすれば、日本語でも、そういう「重層性の美学」を何とか日本語ではないもの、例えば、ヨーロッパ語に置き換える努力を、もうやらないと、「日本文化マイナス日本語」というものだけが、「日本文化」だと外に言ってまわっていると、実は日本語を使っていないものまで分からなくなってしまう。「ことばを介さなければ、普遍的だ」ということはないので、ですから、今日、私は大野先生と個人的にお目にかかれて大変嬉しかったんですけれど、大野先生のお書きになるものというのは、ひとつの詩篇のように詩的なんですね。しかし、それは行みたいなことをやって分からせるわけではなくて、今度はそういうふうにとり憑かれる、ことばがとり憑くことが出来るようなからだをつくるということもあるわけです。ただ、そのからだも、身体訓練をやればできるというわけではなくて、僕はやはり演出家として、ある特殊な空間で、ある特殊な関係をつくることで、それが出来ると考える。ですから、一般的に前表現的なレヴェルで憑依があったり、ことばの呪術性があったり、身体の呪力があったりというふうには、必ずしも考えないで、実際にものをつくっていく時の表現レヴェルで、それをもう一度考え直そうと僕は思うし、能が面白いのは、実際に能は極めて複雑な仕組みを持っているわけで、その複雑な仕組みがある程度こちらに分かりつつ、その結果が極めて面白いということなんだと思う。やはり、そういうことを知って、大野一雄先生の舞踏を見ているのと、そうではなくて見ているのとでは、かなり違うのではないだろうかという気もしてきたりする。ですから、からだの美しさとか、それはそれでもちろんあるんですけれど、しかし、それだけが、ことばという文化の文脈から切り離して流通しうるものだとは必ずしも僕は思わなくて、能の場合には、言うまでもなく、「からだ」だけがあるのではなくて、「ことば」や「音曲」があっての「からだ」であるということを言っておいた方がいいんじゃないかと思います。

岡本　「憑依」に関してバリ島の演劇と比較し、能の身体の持つ複雑なメカニズムについて、そしてまた「幽玄」における幽美艶麗的な側面の重要性についても丁寧にご指摘いただき、ありがとうございました。

それから大野先生が、先程楽屋で面の話をされていました。あれは非常に興味深かったので、少し、どういうお話だったのか伺えれば……。

大野　皆さん、この頃、写真機をほとんどの人が皆持っています。カメラのレンズの絞りをこうやりますね。すると全開になる。それが閉じる。遠くを撮る時には絞って遠くを撮る。それから、近く、ソフト・フォーカスの時には全

1　『〈ことば〉のいのち、〈からだ〉の声』

開にしてしまう。それと、人間の目玉との、目の見るというメカニックは基本的に共通している。同じようなものだと。カメラの目は人間の目からモデルにしてつくった、最高のメカニックだと私は思うのです。

そうすると、我々が踊りをやる時にね、例えば幽玄だとか、色んな世界がある時に、日常生活そのものをこう持ってくるような、例えばここに何かあって、こうお芝居をやる時にも現実の目玉です。現実の思いがあって、そして踊りをやる時にも目玉はそれでいいんですけれど、それがだんだん無とか幻とか、それから幽玄とかそういう世界になってくると、ものを見ない目というやつがあるんですよ。私はものを見ない目あたりが非常にすごく重要だと思うんですね。人間が死んだ時には、瞳孔が開いて、閉じることがないんです。そうだと思うんです。別にお医者さんから聞いたわけではないけれど、たいがい目を見て、あ、もうだめだ、と。瞳孔がこうなっておるわけです。それから今度、目がしょっちゅう、こういうふうに動きますよ。日常生活の中で。しかしこれも見たわけではないんですよ、自分で。だけども、喜んでいる時には、確実に目がこうなって、瞳孔が開いて、死者の目と同じ位の瞳孔が開く。それから、悲しんでいる時もこう開く。しかし、もとに返るんですよ。

ところが、お能の面、かぶっているでしょう。だから、中でどうしているのか、というのが興味あるんです。目玉がね、瞳孔が開いて、こうして小さい穴から見るっていうのはね。入ってくる世界がある。こういう目じゃないだろうかなあと、こう思うんですよね。お能の時はいいですけれど、今度、こちらの岡本さんのように演劇をやって、お能の方に近づいていく時には、お面はかぶってないわけですよ。そうすると、どうなるんだろうか、とね。こういうふうに幽玄の中に、幽霊が現実にこう出てきて、冥界から来た死者のようにこうしていくような。目玉が何か、あそこにふし穴がある、こっちに何がある、こういうような目玉の中じゃ現実的ですからね。現実を超えた虚空と言いますか、そういう目でなければならない時に、瞳孔を全く小さく絞って、現実の問題をたくさん背負って、一体幻の世界をやれるかどうかとなると、これはとても出来ないでしょう。じゃまになってさ。少しでも、こういう思いがね、心の中にあった場合には、これは幽玄なんて世界、とても出来ないでしょう。すべて忘れてしまって、こうしてなれば出来るけど、ちょっと片鱗でもあそこに誰かがおるななんてことを舞台の上から考えた時には、もう幽玄なんて世界、ぱあーっととたんに消えてしまいますよ。そういう、目の問題があるんですよ。私は、これはね、踊りをやってる人も演劇をやってる人も、私、外国に行って、色々聞くんですよ。だけど、目のことはね、考えている人はあまりない。もう、切実にカメラが氾濫しているでしょう。それは目から、人間の目からモデル形式としてつくった最高の機械であるのに、モデルケースがそこにあるのに、目については誰も、踊りをやってる人は関心がないんですよ。私は不思議だと思ってね、そういう目の問題というのは……。

岡本　ありがとうございました。

能面の中の目のあり方を通して、表現や認識の根本の問題につながるお話をしていただき興味がつきないのですが、本当に残念で仕方がないのですけれど、終了の時間がきてしまいました。今日はパネラーの皆様から、多様な角度から示唆深いお話をお聞かせいただき、ありがとうございました。大野さんには、まさにからだの声に耳を澄ませた深層の身体の位相から、そして那珂さんには、ことばのいのちに直接触れた、根底のことばの領域から能について語り、照らしていただきました。また観世さんには、実践を踏まえ、能の型や様式の根元にあることばとからだの工夫、仕掛けについて貴重なお話をいただきました。そうしたお話を踏まえ、渡邊さんには、多面的に能におけることばとからだの関係性を解明し、その重要性を浮き彫りにしていただき、高橋さんには、能とベケットを対比させ、東西の演劇、古典と現代の課題について語っていただきました。今回のテーマは、そもそもが簡単に結論の出ないような大きな課題ですが、お話の中で、能の本質的な構造、そのコスモロジー、そしてまた、ことばとからだの関係性が新たに照らし出され、その根底の課題が浮かび上がってきたと思います。

能というものが、やはりそういう豊かな鉱脈、水脈というか、そういうものを確かに保持していることは今日改めて確認出来ましたし、さらにその地層をどのように掘っていくのか、それは現代の我々にとって、また様々な現代の先端の表現の作業にとってやはり大事で重要な課題であることも見えてきました。

渡邊　一つだけいいですか、今、大野さんのお話、さっき、楽屋でお話しされていたので、よく分からない所あるといけませんので、お聞きになっている方に。大野さんは、能面の目は、あれは死人の目ではないだろうかとおっしゃっていたんですね。僕もそれは、ものすごい、今日、一番面白い話でした。

岡本　最後に今日のシンポジウムの核心のような、興味深い根源的な生死の問題のお話が出ました。しかし誠に残念ですが、時間になりましたので、ここで一つの区切りにさせていただき、本日のシンポジウムを終えたいと思います。どうもご清聴ありがとうございました。

（錬肉工房シンポジウム　一九八九年十一月三日　銕仙会能楽研修所にて）

2

能と現代演劇

——「現代能楽集」の試みについて

出席者

観世榮夫
岡本 章
竹本幹夫

伊藤館長 ようこそおいでくださいました。時間になりましたので始めたいと思います。私、演劇博物館の館長をしております伊藤洋でございます。演劇博物館では、毎年企画展というのを年に七回か八回行っておりますが、現在、「伝統と前衛——錬肉工房と岡本章の30年」という展覧会を開いております。これは九月から始まりましたが、十一月まで開いております。それにちなみまして、シンポジウムを開催することになり、パネリストの方々にお忙しい中をおいでいただきました。今日のシンポジウムは、「能と現代演劇——『現代能楽集』の試みについて」というタイトルでお話をいただきます。お配りしました資料にありますとおり、シテ方観世流能楽師の観世榮夫さん、錬肉工房の主宰者である岡本章さん、そして演劇博物館の副館長をしております竹本幹夫、このお三方にご登壇していただきます。司会は能の専門でもあります竹本先生にお願いをいたしますので、最後までゆっくりとお考えをお聞きいただければと思います。ではお三方よろしくお願いいたします。

竹本 今日は、「能と現代演劇——『現代能楽集』の試みについて」と題しまして、三人の鼎談、シンポジウムと銘打っていますけれども、私は実際には聞き役として両先生のお話を伺うという立場でやってまいりたいと思っております。よろしくお願いします。

さて、では改めまして講師のご紹介をいたします。まず岡本章さんは、今、演劇博物館で展示をしております錬肉工房の主宰者で、演出家としても活躍していらっしゃいます。岡本さんは実は私と学生時代からの友人で、私が今現在交友関係を持っている友人の中では、もっとも古くからの知り合いということになります。時々、高校時代の友達が、たまたまひょっこりどこかの仕事で一緒だということもあります。そうするとずいぶん長い付き合いということになりますが、中断が長いわけで、三十年ぶりということもあるわけですが、岡本さんとはずっともう、若い頃は一緒に勉強会もいたしましたし、岡本さんの芝居をいつも楽しみに拝見して、一年以上顔を見ないという空白期間なしで、もう三十年越しの付き合いということになります。

皆さんにお配りしたプロフィールにも書いてありますけれども、岡本さんは早稲田大学の第一文学部をご卒業になる以前から、すでに大学の能の観世会というサークルで能についての勉強をする一方で、現代演劇とか舞踏とかにも興味を持って非常に幅広くやってらっしゃった。卒業後、演劇の道にそのまま進まれて、ずっと芝居一筋でやってこられた方です。特に近年は、もともと学部時代からそれを目指していたわけですけれども、志が実現するような形で能との関わりが非常に深まって、いろいろなジャンルの方々とのコラボレーションによって、能の技法を捉え返したり能役者が登場してきたりという形で、現代の演劇と伝統的な演劇の接点をずっと追求してこられた。現代の演劇人の中では非常に稀有な存在ではないかなと思います。岡本さんの芝居は硬派な芝居でして、客に迎合する芝居ではない。そういう面では真面目な芝居なんです。他が不真面目というわけではないんですけれど、我々古典学の研究者が喜びそうな芝居なんです(笑)。そんなにペダンティックなものではないんですけれど、非常に面白い、印象的な芝居をずっと続けてこられて、演出もなさり、自分でもご出演をなさるという方です。

それから観世榮夫先生は観世銕之丞家という観世大夫家の江戸時代に分かれた弟の家筋、今でも名門の家がございます。そこのお生まれでして、観世寿夫・観世榮夫・観世静夫という観世三兄弟というのは若い頃から能界の嘱望しきりの秀才兄弟ということでずっと注目されてきた方です。秀才の域を通り越していずれも天才的な方ばかりでして、寿夫先生は若くして——若くしてと言いましても私と同じ五十三歳でしたけれども——残念ながら亡くなりましたけれども、世阿弥以来の天才と言われた、非常に優れた演技者でありました。弟の八世観世銕之亟（静夫）先生も、人間国宝になられて最近逝去されましたけれども、能界の重鎮として活躍された方です。

観世榮夫先生はちょっと変わったご経歴で、後藤得三さんという、もう亡くなりましたけれども喜多流の人間国宝になった方の芸養子として、観世の家から喜多流に変わられまして、そこで喜多流の将来を担うべき方として輿望を担っておられて、非常に高い評価も得ていたんですけれども、当時非常に保守的な能界の中で、演劇への絶ちがたい思いというのを強くお持ちになっていた。寿夫さん、静夫さんというご兄弟と共に活動する中で、喜多流というのは流儀の中でも当時はとりわけ保守的な流派だったものですから、そこでいろいろな難しい問題がありまして、とうとう能界から身を引かれまして、それ以後は能役者としてではなくて、俳優として映画や演劇で非常に幅広い活躍をなされた。で、寿夫さんが亡くなったのを機会にして、乞われてまた能の世界にお戻りになられまして、以後弟である観世銕之亟さんを助けながら銕仙会を支えていくという重責を担われました。今はもう銕仙会だけではなく能界の重鎮として、今もっとも優れた能役者の一人として知られている方です。榮夫先生は岡本さんの芝居にも前々から興味をお持ちで、岡本さんの現代演劇と能との接点を探ろうという試みに何度かご参加くださっています。今日のテーマからしてもっともふさわしいお客様をお迎えできたと思います。どうぞよろしくお願いいたします。

竹本　早速今日のお話に入らせていただきます。岡本さんの芝居の三十年間の軌跡は展示の方でお願いしまして、今日は、とりわけ一九九〇年の現代能『水の声』という作品以降完成の域に近付いた錬肉工房の演劇、岡本章の演出の確立以降の話を中心に、現代において演劇というのは何を目指していくべきなのかということ、それから伝統と現代の関係というものは、演劇のみならず明治維新以降、また戦後の日本にとってはいつも大きな命題であるわけですけれど、その問題は演劇の世界でいかに克服していくのかというようなことを中心にお話しいただければと思います。最初にそれぞれの先生方から十分ぐらいずつお話をいただければと思うんですけれど、まず岡本さんの方からお話をいただきましょう。

岡本　岡本でございます。観世先生には、今回参加していただきましてどうもありがとうございます。今ご紹介していただきましたように、去年ちょうど三十周年を迎えまして、それを記念するような形で演劇博物館で企画展を開催していただいております。ずっと演劇の作業を持続してきましたが、その中で演劇が抱える根源的な問題をできるだけ対象化し、捉え直しながらやってきたつもりですけれども、まだまだ見えていないこともありますし、こういう機会を作っていただいて、自分たちが何を大事にしながらやってきたのか、また個別の作業の一つ一つがどんなことが課題だったのかということを、また改めて考える機会をいただけました。また今日はシンポジウムという形で観世さんにも参加していただいて多面的に捉え直す機会をもらいましたので、「現代能楽集」の作業を元に、能と現代演劇の関係性について改めて考えさせていただけたらありがたいなと思っております。

今、ご紹介がありましたように三十年間、様々な演劇の作業をしてきましたが、言ってみればそれは試行錯誤の連続で、僕ら現代演劇というのはご承知の通り能とは違って型とか様式がありませんので、毎回手探りでやっていくしかないわけです。確かに試行錯誤の連続でしたけれども、やはり継続してくるから見えてくることということはあります。特に今日は観世さんに来ていただいて、言ってみれば僕らの大先達で、身をもって伝統演劇と現代の演劇を往還、横断してこられている。そしてこのところご一緒にお仕事をさせていただいております。本当に、観世さんは身体の中に日本のあらゆる演劇の歴史を宿し、同時に脱構築されている。こういう大先達がいらっしゃるという事はとても勇気を得ますし励みになりますので、僕も今日はまた色々とお知恵をいただけたらなあと思っております。

そこでまず、少しこれまで僕のやってきた作業の要点をお話をさせていただきます。お手許の資料にありますとおり、一九七一年に錬肉工房という劇団を作りました。先程館長室で伊藤先生とお話をしておりましたけれども、大学内に六号館という建物がありまして、そこに館長室や事務所があるんですけれども、ちょうどその上の五階のアトリエでですね、錬肉工房は実は始まっております。当時自由舞台という学生劇団に在籍しておりまして、僕らがその最後の世代になるんですけれど、その仲間たちと発展、展開する形で錬肉工房を作りました。最初の二年間はあそこを拠点にしましたから、だから錬肉工房の基盤となる身体技法、僕の演技メソッドなどは、あの六号館五階のアトリエで手探りしながら出来たものです。その後、七三年に学内を出て活動するわけですけれど、八一年に千葉県の柏市にアトリエを新築して事務所も移転しました。初期からずっと演劇における身体性というのを大事にして作業してきており、錬肉工房という劇団名も、「肉体の錬金術」、錬肉術ということを考えてつけました。

と同時に、さっきご紹介があったように伝統演劇の能に深い関心、関係があって、現代演劇を見始めたちょうど同じ頃に能と出会うことが出来た。特に観世さんのお兄さんの観世寿夫さんの能を見ることがあり、また話が出るかもしれませんが、その古典の能を見て、本当に魂を鷲掴みにされるような感動があって、能とはどんな演劇なんだろう、その演者の演技、身体の仕組みは一体どのようになっているんだろう、ということにすごく興味が湧いて、一生懸命能を見るようになりました。その後劇団を創り現代演劇の現場で活動することになり、能を現代に活かすという試みを始めるわけですが、劇団創立時からそういう作業を一貫して大事にずっとやってきたと言えます。

その中で持続しながら、毎回多面的な角度から捉え返しの作業を行っておりまして、この十数年、特に一九八九年から今回のサブタイトルにもなっております「現代能楽集」の連作の試みを開始しました。これは現代演劇、能、現代音楽、現代美術、現代詩、舞踏といった様々なジャンルの表現者に参加していただき、共同作業を積み重ねてきましたが、今年三月に上演しました、ガルシア・ロルカの『ベルナルダ・アルバの家』という作品で七作目になります。これには観世さんに中心的に出演していただきましたが、こうした試みで何を目指してきたかというと、まずもちろん能を現代演劇、現代芸術の中でどのように活かすことが可能なのか、ということがあります。それとともに少し大きな課題になりますが、明治維新以降の日本の近代化の中での伝統と近代の二重性の問題があります。演劇の領域でも伝統演劇と現代演劇の断絶の問題、それは、築地小劇場の「歌舞伎を離れよ。伝統を無視せよ」に見られるように、そこには一度切断が入ったわけです。そうした断絶、そしてまた日本文化の閉鎖的な蛸壺構造を超えて、伝統と現代がどのように切り結び、接点、交流を持つことが出来るのか、といったことを、演劇の中で捉え返してみたいと試みてきた所がありました。その時、「現代能楽集」というタイトルにしたのは、もちろん三島由紀夫さんの『近代能楽集』を意識して名付けました。三島さんの仕事は言語レヴェルでの能の現代化の優れた達成ですが、そこには能の演技や身体性の重要な課題が見過ごされているわけでして、「現代能楽集」の試みでは、テキストレヴェルだけではなく、演技や身体性の課題を非常に重視して取り組んできました。そしてそうした作業を通して、能の本質構造の捉え返しになるとともに、同時に現代の表現の先端の実験的な作業にもなればと、なかなか欲張ったことなんですけれど、そうした思いで作業を持続してきております。これからの議論の中で、いろいろ具体的にお話し出来ればと思っています。

竹本 では観世先生お願いします。

観世 私は能の家に生れたこともありますけれども、三つぐらいから舞台に出ているもので、気がついたら能役者になっていたみたいなところがあります。よく古典芸能の修行なんていうと涙流しながら辛がってやっているというような話が多いんですけれども、そんなことはちっともなくて、兄がいたせいもありますけれども、小学校行っても学校から帰ってくると、兄と二人で能の真似して遊んでたみたいなことで。遊びに行くっていうことと能をやるっていうことと、そんなに違いなくやっていた。うちの祖父（観世華雪）がいまして、外面はとっても優しい人なんですけどうちの中じゃとっても怖い人で、機嫌悪そうな顔してるんですけど、僕らが能の真似して遊んでいることは陰から応援してくれて、自分で夜具のお布団みたいな布でもって能装束の形の着物を作ってくれてね、それをお互いに着て遊んでいました。うちの中に舞台があったせいもありますけれども、それで舞台を勝手に使っちゃあやっていたんです。そうすると、兄貴はいつもいい役は自分がやっちゃうんですよ。不満だったんですけどね（笑）。まあ、そういうふうにやっていましたから、あんまり辛く稽古したみたいな記憶は全くありません。

そのうちにだんだん戦争がひどくなって、まわりにどんどん人がいなくなり、僕は中学から大学へ行く頃になって、どこへでも行ってもいいよと祖父なんか言ってましたから、じゃあ芸大に入ろうということになった。その頃、本当に誰もいませんでしたから、能の舞台がたまにあると、僕らが出るよりしょうがなくて舞台をつとめられた。それともう一つ僕らにとって幸せだったのは、戦争が幸せということもないんですけれど、祖父や父親がほとんど失業状態で、僕らの稽古をするぐらいしかやることがないのでよけいに稽古してもらったところがあります。そんなことで戦争がひどくなって、そのうち自分の家も焼けたりなんかしました。

戦後はいち早く、終戦の年の十一月には銕仙会の舞台を東急の多摩川園の中にある能舞台でやったんです。人もいませんし大変な騒ぎをしてやったんですけれど、そういう中でもう僕らがやるよりしょうがないようなところに追い込まれていたこともありましたし、各流の舞台もみんな焼けちゃったので、いろんな流儀の人と一緒にね、そこで今まで見たこともないような他の流儀の若い人とも仲間になって、なんとかここで能をやっていかなくちゃならないんだということがありました。まあ、そういう不幸せが逆に自分たちが能を考える上ではとっても幸せなことだったと思います。そのおかげで流儀を超えていろいろな若い人、それから囃子方、ワキや狂言の人たちとも交流ができるようになって、本当に能というのをどういうふうにやっていったらいいかと考えることになりましたから、僕らの前の世代の人とはまた違った能の考え方ができるようになった。

そのうちに私は二十三ぐらいの年に喜多流へ行こうと思ったんです。それはなぜかというと、僕らの家の稽古の仕方というのは、お能をスーッと作ってそれを舞って直してもらうようなものでしたが、そうじゃなくて自分の身体をどう鍛えるか、どう能役者向きに作るかといったことをやるには、喜多流のメソッドの方がいいんじゃないかと思ったんです。それで喜多実先生という方に習ったんですけれども、先生は月水木、舞台が空いていれば土曜の朝も、毎日一番必ず舞われるんですよ。それも三番目物みたいな長い能が多いんですけどね。一番舞われた後で僕とその頃毎日やっていたのは喜多節世君と二人でね、その稽古をしてくださるんです。それもあまり細かく直されたりしないで、ほとんど身体を作る、錬肉術じゃないですけれども、そういう稽古をやっていた。

そこで十年ぐらいやっているうちに、今度は能そのものっていうものを演出の目でもう一度捉え直していきたいと思ったわけです。というのは、能というのは世阿弥以来六百年間ぐらいほとんど同じことをやっていると皆さん思ってらっしゃるけれども、実はうんと違うんですよね。考えてみても、世阿弥の頃は表でやっていたわけですよね。ですから声の出し方から身体の使い方も違うし、それから楽器だって今みたいな精度の高い音ではなく、もっと荒々しい音でなければとても通用しなかったと思うんですよ。江戸時代になると、江戸式楽三百年の間に形の上ではどんどん整うわけだけども、たとえば謡い一つ、せりふ一つ言うにしても、見る方のお客もだいたい今日の舞台がどんな筋だっていうのは知っているから、言葉がはっきり伝わるというよりも、技術主義になって感情がよく出るとか節を上手く謡うという方にいく。ですから僕らが子供の頃の謡よりも、現在の謡の方がよっぽどはっきり謡われていますよ。それまでは上手く謡おうとかきれいに謡おうというのがあって、同じ言葉でもほとんど聞こえなかった。聞き取れないのが謡だったみたいなところがありましたよ。昨日もちょっと芥川龍之介の本を読んでいて、桜間金太郎さん、弓川先生の『隅田川』のことを書いていて、自分は舞台を見るのも面白いんだけど、それと一緒に観客を見ているのもすごく面白い。多くいらっしゃる観客は女の人なんかも皆さん綺麗な着物を着ているけれど、半分はあくびをかみ殺したような顔して見ていて、それを見ているのがまた面白いんだと芥川が書いていて、それでも櫻間金太郎先生の『隅田川』はすごい感動があったと書かれているんですけど、それくらい謡というのはよくわからないところがあったんです。そういう事を考えても、本当に能を戯曲として捉え直し、演劇として捉え直すにはどうしたらいいかと思って、僕は演出の勉強を始めました。そのうちオペラの演出してくれないか、芝居の演出してくれないかということになっていきまして、能楽協会は今だったらなんてことないですけど、その頃は他の舞台に出たり、まして映画なんか出たりしたらとても許されない時代でしたから、いろんなことがあった。僕は無理して観世から喜多へ行ったもので、そんなことをすると僕を受け入れてた先生方が責任者として文句を言われちゃうんで、もうそのまま続けているわけにいかなくて、能楽協会を退会しました。その後お芝居の演出をしたりオペラの演出をしたり、モダンダンスをやったり、それこそいろんなことをやりましたけれど。

あらゆることをやってようやく二十年ぐらい前に、兄貴が死ぬ前に、「お前そろそろ五十だろう、今帰ってこないと一生帰れないよ」と言われました。その時もう身体が悪かったんですけどね、方々へ手紙を出してくれて。その時僕はちょうどアイルランドへイェーツの芝居の演出に行ったので、帰って来た日に兄貴に会ったら、「もう方々へ話してあるから、そのまま行けるから」と言って。で、その日に意識がなくなってあくる日亡くなったんです。ですから兄貴が亡くなったあくる年に能楽協会に復帰して今に至っているわけです。これまでの間に、自分の身体、自分の声、そういうものを使って表現していくっていうのは一体どういうことなのか。何をどのように表現したいのかという事をずっと考えながらやってきたと思います。お蔭様で今も能の舞台にずいぶん立たせていただいてますけれども、それと一緒にいろんなことも次々にやることにしているので、あんまり能楽協会では評判がよくないんじゃないかとは思いますけれども。でも私はそれでもいいかと思って、自分のやりたいことをとことんやっていきたいと思って、岡本さんとも今年の初め、それから三、四年前も一緒に舞台を作ったりしています。その中でもいろいろと発見することが多くて、とっても楽しい思いでした。

竹本　また後で続きをお伺いすることにいたしましょう。今、榮夫先生のお話の中にも、何かを表現していくという根源的な志と言いますか、そういうものが基本にあって、能の中でもその他の演劇、映画、舞台の俳優として演出家として求めてやまないものがあるというお話でしたけれども。

岡本さんの錬肉術という言葉についてもう少しご説明をいただけますか。というのも、岡本さんが私と一緒に観世会にいた頃、学生サークルの活動ですから、それはあくまで趣味というか楽しみの域を出ないようなことだったわけですし、榮夫先生の修行とは全然違う。また年譜にはありませんけれど一度、初期の頃は舞踏にも参加してらっしゃって、それから能はものすごくよくご覧になっている。その中から錬肉というアイデアと言いますか、考えが生まれてきて、具体的にどのように自分の身体を作っていくのか。様式はないと先程おっしゃっていましたが、その中での錬肉というのは何なのかということをお願いします。

岡本　先程、錬肉工房という名称は「肉体の錬金術」ということを考えてつけたと言いましたが、本当は「錬肉術工房」としたかったのですが、長いのでつづめて「錬肉工房」にしました。それは僕が演劇を始めた六〇年代後半に盛んに読まれていたのが、フランスの演劇人、詩人のアントナン・アルトーの書いた『演劇とその分身』でして、その中に「錬金術的演劇」という論があって、それに影響を受けたというのがあります。ご承知のように錬金術は卑金属を人工的手段によって貴金属に転換していく術ですが、その根底には、錬金術に携わる人々が、物質と精神、存在の変容とをつなげて考えていたことがあり、アルトーは演劇と錬金術を結びつけて、物質と精神をはじめ様々な二項対立にラディカルに揺さぶりかけた。アルトーのそうした演劇の中に危険な力を見ようとしている眼差しや、また演劇はエンターテインメント的な要素もあるけれど、同時に演劇行為を通して人間存在が変容し、高まっていくといった側面にも興味があって、「肉体の錬金術」ということを考えました。その時に、先程ご紹介がありましたように、舞踏という舞台芸術のジャンルがあります。土方巽さんや大野一雄さんが始められた、既存のバレエやモダンダンスの枠組みを根底から問い直し、独自に展開した日本発の画期的な身体表現、現代舞踊ですが、現在、世界各地の表現者にＢＵＴＯＨとして大きな影響を与えています。僕は錬肉工房を始める少し前に、舞踏の創成期から活躍されていた笠井叡さんの天使館で、その開館の時に参加し、一年足らずお世話になったことがありました。もちろん能との出会いは言うまでもなく大きいのですが、六〇年代後半にいろいろと出会いがあり、僕は当時から現代演劇、能、舞踏などといったジャンルの垣根にあまりとらわれがなく、それらが並列してあり、自分の身体、存在に深く触れてくるものに興味があって、そうした出会いや模索が、その後の錬肉工房の作業につながっていったと思います。

まあ舞踏と出会い、そこで身体について根底から考えてみる機会になったのですが、やはり踊りの場合は基本的に身体表現ですから声を出さないですよね。それはそうした制約があるからこそ優れた身体表現も出てくるわけですけれども、やはり踊っていて僕の中でどうしても声と言いますか、強度のある深い身体性と拮抗するような声、そういうものが確かに動いてくるんですよね。その課題をどうしても表現行為として成立させたいということがありまして、だから「錬肉工房」という名称ですけれど、同時に言葉か声を錬っていくということでもあるんです。身体の深部から発語される声、言語表現、またそれを可能にする身体のあり方。「錬肉」というと肉体だけと捉えられるかもしれないけれど、僕にとっては言葉と身体の関係を、根底からもう一度徹底して現代演劇の中で捉え直してみる、そういう意味での「肉体の錬金術」ということを初期から考えていた。その重要な手掛かりやヒントになったのが能であるし、舞踏でもあったということだと思います。

竹本　発声といいますか、テクストというものが存在しない舞踏では物足りないから演劇に進むべき必然性があったということなんでしょうね。

岡本　ちょうど今度の展覧会で、現代詩の那珂太郎さんという詩人からいただいたお葉書を出させていただいています。那珂さんの詩から若い頃から深い影響を受けていて、七四年には、ある意味で僕のデビュー作となった、那珂さんの詩集『音楽』を中心に、能の詞章もコラージュして僕が構成・演出した、『須磨の女ともだちへ』、『アメリイの雨』という連作を上演しました。実は那珂さんには初期の七二年の第二回目の公演からご覧いただいていまして、初めて見たその二回目の公演の後に那珂さんからお葉書を頂戴し、今回許可を得てそれを展示しています。当時はまだ暗中模索で、自分なりには手応えはあるのですが、これでいいのかという所もあったので、そのお葉書は有難かった。那珂さんはそこで、あなたの公演を見て面白く刺激を受けたと書いてくださっていて、一見すると舞踏的な身体の動きのようだけれども、それと同じレヴェル、同じ強度で声――ことばも出ていて、それは他にはないことで、斬新で詩的興奮をおぼえた、というようなことを書いてくださっていたんですね。当時はまだ手探りの所がありましたから、これは大きな力となり、ある確信を持って、その後言葉と身体の関係を根底から問う作業に取り組んでいった覚えがあります。今も僕は稽古やワークショップの折に、「言葉も身体表現だ」とよく言うんですが、身体の深い所を通って言葉が出てこない限り、いくら声、言葉は聞こえても本当には届いていかない、伝わらないということがあるわけです。だから身体の根、深部から声、言葉が出てくるような両者の関係性、新たな声や身体性の可能性を探る作業は、初期からずっと大事にしてやってきたことは確かですね。

竹本　岡本さんの場合は、能はとりわけ観世寿夫という榮夫先生のお兄さんにあたる方との出会いが大きいのですけれども、その頃まだ榮夫先生は能から一時お退きになっていて、演出や俳優をなさって、そういう立場にありながら能界にもいろんな意味で影響を与えていくような存在であり続けた。そういうところと理念的に響きあいながら、観世寿夫の能というのが非常に新しい世界を作っていた。そういう時代に岡本さんも僕も能を一生懸命見ていて、岡本さんの理念としては能というものは一つ目指すべきものとしてあって、そういう中でいわば独学のような形で舞踏の世界に足を踏み入れたりしながら、錬肉術ということを目指して演劇の中でドラマというものが何なのかということを追求していく作業をしていったわけです。

榮夫先生の場合ですと、能といういわば錬肉術がすでに様式として存在する中で、全然違う世界のものを始めることの難しさってあると思うんですね。今でも能の世界の人が他の分野に出ると、その人がまさに能役者然としていて全然そぐわないということが時々あります。ただ先生の場合は知らなければ、能役者だっていうことを知らずに先生の芝居を拝見したり映画を見たりっていうことを普通にしてしまう。そういう意味で融合というか超えているところがあるのは、どういうことなんでしょうか。

観世　答えになるかどうかわかりませんけれども、僕はね、たとえば岡本さんもそうかもしれませんけれども、土方さんの舞踏なんかになぜ惹かれたのかということがあるんですよね。つまり踊りっていうものは、地球の重力とどれだけ闘うかみたいなところがあります。重力から解放されるために回転したり跳び上がったりするわけです。それを能もそうなんだけども、舞踏は地面の中に食い込んでいくような歩き方をする。それが表現のテクニックになっている、これは何なのか。しかも土方さんも大野さんも摺るように、めり込んでいくようにしながら、それが逆に重力から解放されていく、軽くなっていく。こういうことが本当は能だってそういう目的で、例えば今の摺り足みたいのがあったんじゃないかと、そういう身体の使い方がそこにある。

それは声でも同じことで、日本語をきれいにしゃべるしゃべり方、それは何なんだろうか。能をきれいに謡う謡い方って何なんだろうか。僕なんかはお芝居の演出なんかしていると、いい声している奴は大体いい声をスルッと出すんですよ。いい声というのはね、その意識の中にはたとえばイタリアのベルカントみたいな声でいい声出そうとする。そうするとね、イタリア語や英語だったら、たとえば「夢だ」という時に、「dream」のEという母音だけをベルカントでグーッと響かせればいい声に聞こえるわけだけど、日本語の場合には「ゆ・め・だ」って全部的確に母音を聞かせなくちゃならない。それがベルカントみたいになっちゃうと「ゆ〜め〜だ〜」ってなって何も伝わらないんだよね。そういうような、たとえば「夢だ」という時に、「夢だ」ってちゃんと言えて、表現出来て、相手に伝わっていくにはどうしたらいいのかということを一生懸命考えた。そういうことを僕は能の方からやって、岡本さんは錬肉術でやっていくということが、どこかでつながったところがあるんではなかろうかと思いますけれども。

岡本　今おっしゃったことは本当によくわかりますですよね。やはり西欧から伝わった近代リアリズム演劇を日本に移入、定着させるというのは一つの大事な作業であり、そのためにいろいろと工夫、試行錯誤が行われた。ただ一方で日本には能、狂言、歌舞伎、文楽といった貴重な伝統演劇があるわけです。それとどう関係を持つのかという課題が同時にあってしかるべきで、身をもって観世さんはその両方を体験し、自覚的に捉え直しをやってこられた。こういう方はそんなに多くないわけですよね。能の方で観世さんのような実践された方はあまりないわけで、大事なお立場におられる。もちろん、いい能を演じるために厳しい修行、芸の継承は重要ですが、同時に捉え直しの作業も必要で、その中で能の本質も浮かび上がり、能自体もっと演劇として展開していくところもあるはずだと思います。一方、現代演劇、現代芸術の方も断絶のままでなく能の持つ豊かで自在な演劇としての面白さ、身体技法などをもっと取り込み、活かしていくことが出来るはずです。

先程少し話しましたように、若い学生の頃、観世さんのお兄さんの観世寿夫さんの能を見てすごく感銘を受けたわけです。この体験は他にも書いたことがありますけれど、今もありありと身に残って覚えています。演目は世阿弥の代表作の『井筒』だったんですが、当時大曲にありました観世会館の二階席で見ました。この能は典型的な複式夢幻能で、後場になって井筒の女の霊が、業平の形見の装束を着けて舞台にあらわれるんですよね。そしてゆったりと序ノ舞を舞い上げ、井筒に近づき、すすきをかき分けた時、思いがけないことが起こったんです。前に差し出された寿夫さんの腕が、二階席で息を詰めて見ていた僕の胸元にまですっと伸びて届いてきたように思われたんです。もちろんその時から時間は経ちましたが、何か今もその感触が残っていますね。そしてさらには、「見れば懐かしや」と名残りの井筒をじっと見込む瞬間に、不思議に数百年という時間がさーっと戻ってきた。時間や空間がそこで自在に往還、伸縮したんですね。それだけではなく、驚いたことに亡霊が身を映した水面には、井筒の女が、業平が、老いた亡霊の姿が映り、刻々変幻していて、そのことが確かに信じられました。それを演じておられた寿夫さんは、美的な感覚を伴いながら、圧倒的な存在感で、そうした自在で高度な変身の演技を生きていて、これまで味わったことのない演劇体験に根底から揺さぶられたことを覚えています。もちろんこれは言うまでもなく近代劇の写実主義や心理主義の感情移入では表現出来ませんし、また前場の居グセなどもほとんど動かないで演じられている。西洋のドラマの語源は、ギリシャ語の「行動する」というドラーンという言葉からきているわけでして、それとは全く異なった演劇観、演技の方法論がそこにあり、刺激的で引き付けられました。

一八、九の時にそうした出会いがあったわけですけれど、僕は現代演劇の人間ですので、能の型や様式を使わないで、そうした根源的で自在な演技、表現のあり方を活かせないかと、ずっと探求し試みてきたということがあります。その時に注目したのは、型や様式の基盤にある原理的な筋道、「息」や「間」のあり方であり、そして腰や肚、息の詰め方といった具体的な身体技法でした。型や様式を直接使うのではなく、出来るだけ徹底して身体技法のレヴェルまで下降し、分解、分析して声や身体性、集中の新たな可能性を探ることを持続的にやってきたと思います。またそれと同時にヨガを中心に様々な呼吸法、心身の集中法も参照し探求を行ってきましたが、今度の展示で出しましたけれど、そ「錬肉術史」という劇団の稽古ノートがありまして、そううした稽古の過程を克明に記録に取ってあります。普通の劇団は稽古というと公演に向けてすることが多いんですけれど、うちは、特に初期の何年間は公演を打たなくても週三回ぐらい集まってそうした声や身体のメソッドを——まさに錬肉術ですね——一生懸命探求しておりました。やはりそういう根底から演劇や能を捉え返す作業が興味深く、面白く、また強い必要性があったからでしょうが、その中からいろいろと発見や気付きがあり、僕の岡本メソッドと呼ばれている演技の方法論も出来てきました。

竹本　それでは少し「現代能楽集」について具体的にお話しいただけますか。

岡本　そうですね、一九八九年から開始しました「現代能楽集」の連作の試みとは、これまでお話ししてきました能の本質構造、演技、身体技法などを捉え返し、それを現代に活かす作業に、直接能界の演者の方々に参加していただき、他の多様な芸術ジャンルの表現者とともに共同作業を行って探求する試みであると言えます。具体的にお話しすれば、一九九〇年に上演しました現代能『水の声』では、現代演劇、能、音響彫刻、コンピュータ音楽との共同作業で、テキストは、イェーツの詩劇『鷹の井戸』をもとにした横道萬里雄さんの新作能『鷹姫』を基盤にしました。能からは流派を超えたシテ方のグループ「三鈷《さんこ》の会」の浅井文義さん、粟谷能夫さん、瀬尾菊次（現櫻間金記）さんが参加されましたが、これが能界の方々との最初の共同作業になりました。実は活動の初期から言語、テキストレヴェルだけではなく、能の演者にも直接加わっていただき、能の演技や身体技法を射程に入れ捉え返す、そうした「現代能楽集」の試みは実現したい重要な課題としてありました。しかしそれは、能の様式をそのまま使用する通常の新作能とは異なった試みであり、能の型や様式を方法的に一度離れて、その根源に戻って探ってみるといった、緊張感のある充実した引っ張りあいの共同作業の場を実現するためには、やはり時間がかかりましたね。錬肉術という形での、声や身体性の新たな可能性の模索、また腰や肚、息の詰め方といった身体技法の探求も、ある意味でこうした試みを実現するための積み重ねのプロセスでもあったと言えると思います。能の型や様式、演技、身体性を射程に入れ捉え返す課題はもちろん深く、困難を強いられるもので、安直には関われませんでしたので、準備に二十年近く必要だったとも言えると思いますね。その過程でいろいろと発見もあって、僕の演技の方法論やメソッドも深まり展開してきました。そこで一九八九年の『AYAKO　SEKIGUCHIのための「姨捨」』で思い切って「現代能楽集」の作業に踏み出したわけです。この現代能『水の声』に参加された、瀬尾さんとはこれが初めての出会いでしたが、浅井さん、粟谷さんは七〇年代から存じ上げていて交流があったのですが、お二人はその第一作目をご覧になったんですね。能の老女物の秘曲『姨捨』を素材にした作品でしたが、主演していた錬肉工房の女優の関口綾子の演技が、能の型や様式を全く用いることなく、能の身体性のかなり深部に触れ、存在感を示していたことに少なからぬ衝撃を受けたとおっしゃっていました。そんなこともあって、「三鈷の会」から共同作業の話が出、またこちらもそれは積年の課題でしたので、満を持した形で『水の声』の取り組みとなりました。

とは言いましても、その共同作業がそんなに簡単に展開するものではありませんで、この「現代能楽集」の連作の一つの問題意識として、特に重要視したのは、その共同作業が相互の手の内の技芸の寄せ集めの縮小再生産ではなく、絶えず各ジャンルの根元のゼロ地点に戻って探ってみるということでした。それは具体的には能の方々にはまず足袋を脱いでもらい、カマエやハコビといった能の定形的な型や様式を一旦離れて、即興を中心とした演技の作業をかなり長時間やっていただきました。実はその作業、問題意識の背景には、通常能は堅固な様式に守られ、型通り行われているイメージがあるわけですけれど、もちろんその側面はあるんですが、同時に『道成寺』の乱拍子などに見られるような自在で充実した「間」、偶然性の中に必然を探っていく、ある意味で本来的な即興性があると思うんですね。そうした即興性、偶然性の問題を、共通の本質的な課題として設定し意識的に捉え返しを行うことで、通常の能の上演以上にそれを浮かび上がらせ、また出来れば同時にそれを現代の表現の先端の課題としても展開させたかったわけです。

その稽古では連日、定型的な型や様式を離れる即興のエチュードに取り組んでもらいましたが、しかし、もちろんスムーズに共同作業が進んだわけではなくて、やはりこうした共同作業はかなり難渋しました。その時それと一緒に僕の呼吸法やリラクゼーション法などの捉え直しの演技メソッドをやってもらいましたが、そちらは好評で喜ばれましたね。そして二ヶ月くらい経ったある時に、台本の中に僕が引用した、谷崎潤一郎の『鍵』の一節を語っていた瀬尾さんの顔に突然笑みが浮かんだ時には驚きました。ご承知のように、能のシテ方は、舞台に立つと日常的な表情は消えて「直面」の状態になる見事な身体技法を持っているわけですが、その笑みは、言ってみれば六百年の肉づきの仮面がニッとひび割れて、そこから官能的、生命的なものが溢れ出てきたようでとてもインパクトがありました。それは現代劇でも、狂言でも、日常の笑いでもない独自で新鮮なもので、稽古後、瀬尾さんにどうでしたとお聞きしたら、いや、すごく不思議な感じがした。自分にとって初めての体験であると同時に、一番いい能を舞っている時と同じ感覚もあった、と言われたんですね。それで僕はすぐに、「そのことをやりたいんです」と言いました。これはもちろん困難な課題ではあるんですが、一度、それぞれの技芸、型、様式を方法的に離れてみることで、能の演技の本質的な部分が普段以上に浮かび上がり、さらには新たな表現として展開していくことが、その時、そこで目指されていた。それをきっかけにして、その後の稽古では他のシテ方の演者の演技の作業もそれぞれ大きく展開していって、舞台の語り口も変化し、また身体の動きも深い充実した集中を肚に持ちながら、一旦型、様式を離れ、だらしなく寝そべってイモ虫のようにゆっくりゴロゴロ転がったりと、自由度が増し、いろいろと思いがけない発見や展開が出てきました。また同時に、一緒に共同作業している現代演劇の僕たちも、相互の即興の引っ張りあいの中で当然その刺激をもらいますから、こちらにも根底から揺さぶりがかかり、枠が壊れ、自在な演技、関係性が展開し手応えが出てきましたですね。

竹本　今、お話のあった現代能『水の声』は「現代能楽集」の中でも大掛かりで、能と現代演劇、現代美術、現代音楽とのコラボレーションで、成果が挙がり成功した例だと思いますね。少し素朴な疑問を私は持っていて、ここで質問させていただくと、なぜ古典なのかということなんですね。私も古典学者の端くれで、いかに自分のやっていることが人気のない世界なのかという事をよく認識しているわけですね（笑）。授業で大体がみんな近代文学の方へ行ってしまう。いつも古典をやっている連中はそこで悔しい思いをするわけですね、こんなに面白いのに何で来ないんだろうと。どうもわかりやすい近代の方に行ってしまう。本当はその方が難しいんじゃないかと私なんかは研究者として思うんですけどね。今でもやっぱり古典なんかやめてしまえみたいな雰囲気が大学ぐるみで存在していて、現代というと学生がどっと集まる。それは私の商売からすると非常に困った現象なんですけれども、その一方で、現代に生きている若い人たちが現代のことに一番興味を持つのはある意味で健全なのかなという気がします。そういう中でなぜ能なのかなということですよね。他にもいろんな芝居の作り方があるのに。だからたとえばある劇団の方に講演をお願いして、劇団の企画とか運営についてのお話をしていただいた時に、能の経営の方法とどう違うのかと聞いたら、「あ、古典芸能ね」と言われちゃってね、あれは別だというような扱いを受けて非常にショックだったんですけど、そういうものにあえてターゲットを据えてやっていくっていうのは普通から見ると非常に変わった印象だと思うんですね。くどい質問になりましたが、そのあたりのことを岡本さんに伺います。

岡本　なかなかこういう事を持続的にやっている人は他にはいないし、確かに型や様式の問題もあり、作業するには面倒くさい手続き、積み重ねもいっぱい要りますからね。でもまあ単刀直入になぜ古典なのかと言われれば、まず伝統演劇の能と対した時、やっぱり僕の中で自分の身体、存在の一番深いところに触れてくるところがあるわけです。それから先程そこまでお話できませんでしたけれど、観世寿夫さんの『井筒』を見た時に、能の持っているエッセンスを深く感じ、感銘を受けたと同時に、驚いたのは古典の能を見ているにもかかわらず、当時アングラ・小劇場や舞踏などの現代のものをいろいろと見ておりましたけれど、それと同じように、というかそれ以上に「現在」、今を生きている実感、手応えが切実にこちらに届いてきて、魂を揺さぶられました。それは本当に目からウロコの体験でしたね。もちろんその背景には、能が現代に対して訴えかけを持つ演劇であらねばならないという、寿夫さんの強い危機意識と実践的な捉え返しの作業が支えていたことを後に知るわけですけどね。だから古典と言いましても、取り組みによっては強く「現在性」も感じさせてくれる、そうした古典の能という存在にまず興味を持ったと言えると思います。

今回の企画展に寄せて、演劇博物館の館報に「〈不易〉と〈流行〉」というタイトルで文章を書きましたが、そこでも述べましたように、僕たちの現代演劇の状況と言いますか、現場の置かれ方は、過去や外的状況、世界とも切れてしまった閉塞的なただの現在を生きてしまっているのではないか、という強い危機意識があるんですね。大衆消費社会の中で、すべてがすぐに商品化され、今、今の大きな流れに押し流されている。その中で舞台言語も衰弱し、演劇固有の言語、身体性を創出するという本質的な課題もなおざりにされてきたのではなかったかと思います。芭蕉の言葉に「不易流行」ということがありますが、ある意味で表層的な〈流行〉の変転極まりない相に押し流されてるんじゃないか。何とかそのような閉塞状況に揺さぶりをかけることが出来ないか、という思いがあるんですよね。そうした時に能という存在は大きな力、手掛かりを与えてくれるのではないか。確かに能そのものが〈不易〉の相、根源的な時間や身体のあり方を演劇として高度に構造化した稀有な例だと思いますが、そうした地点を一つの軸として「現在」の変転の相を見つめ返してみる。また同時に現在、〈流行〉の相から〈不易〉の相を捉え直してみる。これまでの作業はそうした〈不易〉と〈流行〉が切り結び、往還していくような回路を考えてきたということがありますね。そのような緊張関係をどう生きるのか。〈不易〉の相も固定化すればすぐに形骸化しますし、〈流行〉の相も変転する時代状況に押し流されてしまう危険性を常に持っている。そうした問題意識で古典、伝統演劇の能に興味を持ち、ずっと持続的に作業を続けてきたと言えると思います。そしてさらにもう少し言えば、こうした〈不易〉と〈流行〉の関係性は最初にも少し言いました、伝統と近代の二重性、伝統演劇と現代演劇の断絶と接合の問題といった大きな課題とも結びついてくるはずです。断絶をどう超え、切り結び、接点、交流を持つのか。「現代能楽集」の試みが、能の型や様式を直接使用するのではなく、一度離れ、伝統と現代の両者が同一の地平、ゼロ地点で、火花の散った緊張感のある引っ張りあいの共同作業を探ってきたのも、こうした視点、問題意識があったからだと思っています。僕にとってはそういう意味で古典の能なんですね。

竹本　一方で榮夫先生が古典演劇の世界に身を置いていらっしゃりながら現代劇に切り込んでいらっしゃったというような経歴をお持ちで、岡本さんの場合はそれを非常に自覚的に、頭で考えてその境地に向かっているようなところがあると思うんですが、ちょっと先生と形が違うのかなと。最近は一緒にお仕事をしていらっしゃることが多いですけれど、先生からご覧になってそのへんはどうなんでしょうか。

観世　岡本さんとあんまり違ったことをやっているとは思

わなくて、確かに能をやっているということでは違うかもしれないけど、物を作っていく方向ではそんなに違うことをやっているつもりはないわけでね。能にしても危機意識や批判、問い直しなくして継承ということもないんでね。僕の中じゃわりに進む方向としてそんなに無理をしている感じはないんだけどな。実際に能をやる時だって作っていく時は毎回同じようなことがあるわけですよね。今岡本さんが『井筒』の話をしていたけれども、本当にまあ難しいと言えばとても難しいわけです。おっしゃったように、男の僕らが女になって、その女の亡霊が男姿で出てくる。それでその男姿の自分の影を見て「見れば懐かしや」って言うのは一体何を見て懐かしいって言ってるんだか（笑）。何を言っているのか、それをちゃんと自分の中で作れるかどうかっていうのが大変で、形の上では教わることは教わるわけだけど、その中を自分でどう作っていくのかということをね、毎回一つ一つ問い直して、しかもそれをまた忘れてやらないとできないからね。こうなりますっていうと説明っぽくなっちゃうんですよ。そうじゃなくやれて、しまいにふっと変わることができるかどうかっていうのはね、やっぱりとっても難しいんだけれども。そこまで追い詰めて考えて、身体でも追い詰めて考えていかないと出てこないから、そういう意味ではそんなに僕の中では違うことをやっている気持ちはないんですけれども。

ただ、とっかかりの時が一番難しくてね。この間も岡本さんからロルカの『ベルナルダ・アルバの家』をやるというのを聞いてあいいですよ、と言って一緒にやりました。僕はうんと昔に山本安英さんがベルナルダ・アルバをやったそのイメージがまずあって、『血の婚礼』というのも俳優座劇場でやっているのを見ているし、それからアントニオ・ガデスが来て、スペインの舞踊でやっていて、これもとっても面白かったですけどね。そういうイメージの中でどういうおばあさんをやったらいいのかなあと思って稽古場に行って、それでもまだ初めのうちはなかなか難しくてね。岡本さんの現場は、コロス劇でいろんな役のせりふを全部入れることから始まるんで、それがとても膨大な量のせりふで、こんなのを全部俺は覚えてやるのかねえと思ってて（笑）。そのうちにだんだん岡本さんの考えや狙いがわかってきてとても面白くやれましたけど、それまではどういうふうに取りかかっていいかっていうのは考えるだけでも大変でしたよね。

それからその前の岡本さんとの仕事で大野一雄さんとやった現代能『無』っていうのは、これまた大野さんが天衣無縫というか自由で、スーッと出てきて即興でスーッと踊られちゃうんだよね。そうするとどうしたものかと、ウーンとね（笑）。大野さんもお年ですからね、そんなに何十回も稽古するってわけにいかないから、その中でこっちがどう感じてどう動くのか。こっちがこう動いても本当に大丈夫なのかなあと思ったりして。でもまあそういう中で、身体で感じたり考えたりして作っていく楽しさっていうのは、またちょっとない経験だったし、とても面白かったです。

岡本　あの時は色々と大変な演出プランを引き受けていただきましたので、そういうふうに言っていただくと有難いですね。九八年にシアターコクーンで行いました現代能『無』の公演は、舞踏家の大野一雄さんと観世さんが共演され話題になりました。テキストは、能の老女物の秘曲『姨捨』とサミュエル・ベケットの『ロッカバイ』という戯曲を中心に僕が構成・演出したんですけれど、観世さんの強度のある身体性を持った声、言葉が大野さんの身体に依り憑くような形で三つの異なった場面を創りました。ここでも作業としては第一人者のお二人に出来るだけゼロ地点に立ち戻って探っていただければと思って設えてみましたが、その二場では観世さんを中心に能のシテ方の方々（瀬尾菊次、小野里修）に、ベケットの『ロッカバイ』を「死のコロス」として即興で語り、動いてもらいました。その言葉に引き寄せられるかのように、大野さんの孤独の中で死んでいった西洋の老婆の霊が出てきて、即興で踊るんですが、その声、言葉と身体の相互の引っ張り合いが絶妙でした。終演後、ベケット研究者の高橋康也さんが見えていたのでお話を伺ったら、ト書きどおりではなかったんですけれど、非常に面白かった、是非ベケットに見せたかった。ベケットが見たら喜んだと思いますよ、と言って下さったので、ほっとしたことを覚えています。

そして次の三場では、今度は反対に、観世さんを地頭にした地謡と第一線の囃子方に能『姨捨』の序ノ舞の部分を演奏してもらい、その中で大野さんに即興で踊ってもらうということを設えてみました。その直前にはコメディア・デッラルテの仮面をかけた、観世さんによる『姨捨』の間狂言の部分の、狂言でも現代演劇でもない見事な語りが行われ、それらが依り憑く形で大野さんの序ノ舞があったんですね。もちろんそれは能の様式とは全く異なった、独自の自在な即興舞踏なんですが、長絹の袖を翻して舞う老女の霊に月の光が映って、孤心の極みのような無心で自在な老女の舞でした。ここでは「老い」と「救済」が重要なテーマとして問い直されましたが、その自在な舞姿は、能が長年探求してきた最奥の演技のあり方、「老いの芸」ともどこかで響き合うところがあったように思われました。

観世　大野さんはカーテンコールの時なんかも終わったと思ってすーっと入って行かれちゃってさ、また連れ出して（笑）。でも、こっちも何となくスッと連れに行けるからいいんですけどね。それはやっぱり大野さんの自在さの中にこっちが組み込まれているからだと思いますけれどね。

岡本　ご面倒をおかけしましたですね。連日カーテンコールがすごくて、拍手が鳴り止まなくて、何度も出ていただきましたね。今年二〇〇二年に上演した現代能『ベルナルダ・アルバの家』では、今度は観世さんがまさにその自在の境で、主人公のベルナルダ・アルバと、八十歳のマリア・ホセファという老婆を演じていただいた。テキストはガルシア・ロルカの原作を基盤にしながら、歌人の水原紫苑さんにも参加してもらい、新たに創作された詞章を加えるとともに、ロルカの詩や他の戯曲作品の一部も引用し構成・演出しました。舞台ではスペインのアンダルシア地方の、幾世代にもわたる非業の死者たちの声、記憶を生きる一人の老女の霊を登場させ、ある種のスペイン種の老女物の夢幻能を目指したのですが、観世さんにはその老女の霊を演じていただいた。それは能の深い存在感、身体性を基盤にしながらも、型や様式にとらわれずに、刻々独自で新鮮にその姿を演じられ、自在にロルカの言葉が語り出されて見事でしたね。それからさらにはマリア・ホセファの役は、少し頭が変で、色情狂のようなところのある老婆なんですけれど、観世さんにはメークもなしで素顔のままショールみたいなものを羽織るだけでやってもらいました。その登場の姿を見た時に感銘を受けました。観世さんは写実的に作るのではなくよろよろとまったく自然に歩んで来られるのだけれど、それは老婆であり、少女のようでもあり、また男性である観世さん自身でもあるわけで、多層的で何か猥褻で無垢なものが歩み出してきたんですね。その姿を見て思いがけずおかしくて笑いが出たんですけれど、同時に物悲しく、いとおしくもあって、様々な思いや感情がそこで一挙に立ち上ってきたのを覚えていますね。

この公演では、現代演劇の女優さん八人、またシテ方の山本順之さん、櫻間金記さん、そして舞踏家の上杉満代さんに参加していただき、音楽はヴィオラ・ダ・ガンバやポジティヴ・オルガン、箏などの古楽器を用いた藤枝守さん作曲の斬新なもので、能、現代演劇、舞踏、現代音楽といった多様なジャンルの共同作業になりました。全体としましては、コロス劇の新たな挑戦を行ったのですが、それはコロスといっても普通の群衆や合唱隊を意味するのではなくて、例えば二人の登場人物を四人で演じてみたり、五人を三人で生きてみるといった演出の工夫、仕掛けで、自我や〈役〉のアイデンティティに根元から揺さぶりがかかるようにしたんですね。ある意味で原コロスとでも言える存在の基底部、複数の自己のあり方に下降することが目指されていました。それは因習に強く束縛された、『ベルナルダ・アルバの家』の女たちの集団的な深層心理、身体の記憶を浮き彫りにしたいと思ったわけなんですね。それで先程観世さんがおっしゃっていたように、大変だったけれど、女優さんたちにはどの役のせりふも全部覚えてきてもらうようにしました。そして一つの役を与えるのではなく、毎回順番を決めていろんな役を同時に演じていく体験をしてもらったんですね。これは通常の近代リアリズム的な演技のあり方への批判、洗い直しの試みでもありまして、さっき話に出ました『井筒』のあの変身の演技ですよね。多層的な人格を生きる、高度で自在な変身のあり方を、能の型や様式を借りないで現代演劇でやれないものかと思って試みてみたんです。

竹本　『ベルナルダ・アルバの家』の場合は、女優の人たちが五人の役のところを八人で交代でアトランダムにやっていく。能や狂言の場合はそれは普通に行われている技法ですよね。というのは、能なんかの場合は、一つの能のすべての台詞をすべての役者がわかっているわけですよ。全部暗記していて全部謡うことができる。まあ間狂言の部分というのは技法が狂言方は特殊ですから、能役者が自分でやったりはしませんけれども、でも大体の内容は知悉してるわけですよね。ですから途中で自分が他の役になったとしても平気だし、一人で謡うというような形での演じ方もある。能役者にとってはそれほど驚かないやり方なんでしょうけれども、現代劇の人にとっては非常にショックなんでしょうね。

岡本　そうなんですよね。僕も前々から能の自在な関係性、変身のあり方は、そうしたことが基盤になっていると注目していて、この試みにつながっている所があるわけですが、普通は役を割り振りして、固定された近代的な自我、役を生きるわけですから、なかなか大変な試みでしたけれど、皆さん興味を持って取り組んでおられましたね。ある意味でゼロ地点に戻ってみるような作業ですけれど、その中で普段の自分の枠、関係性に揺さぶりがかかり、俳優の身体の内部で多様なものが動き出してきました。近代劇は対話を狭く限定し、貧しい意味で等身大にしましたが、これは言ってみれば、そうした近代劇的な演技のあり方の捉え返し、単なる戯曲の言葉の再現や説明に堕さない対話や役への取り組みだったわけです。そのことはロルカ自身が自作の戯曲の中で、リアリズム演劇を超えるために、ギリシャ悲劇のコロスを効果的に導入していたことを思い出しても、そんなに突飛な試みではなかったと思っています。

竹本　一方能の方は、榮夫先生の他にも山本順之先生とか櫻間金記さんとか、そういった能役者の方がご出演になって、櫻間さんはすでに『水の声』の時に体験しておられるということなので大変でなかったんでしょうけども、いかがなんですかね、私は山本さんなんかを拝見していると明らかにあれ以後変わったっていう印象で……。

岡本　それはいいふうに変わられましたか？

竹本　非常に。

岡本　よかった（笑）。それは気になりますね。何か使い分けではなくて、出来ればこうした作業を通して、能界の方々にとっても、芸の深奥を体得される何らかの手掛かりになって、能の方に持って帰っていただければと思っていますので。やはり作業を一緒にやった後、能の舞台の評判が良かったりするとほっとしますし、嬉しく思いますね。山本先生は初めてだったので、だいぶご苦労をかけたと思います。僕は実際山本先生に謡仕舞を習っていましたので、存在感がありいい声で謡っておられるのを、ゼロ地点に戻っていただくために、一旦、カマエや摺リ足、謡を止めて、やめてもらうのは、こちらもなかなか大変でしたけれど、熱心に取り組んでいただきましたね。最初はすぐにカマエに戻ったりされましたけれど、だんだんそれが取れて枠が壊れていくと、普段以上に自在な存在感が出て引きつけられましたね。

観世　それは能の人は慣れてるということでもなくて、やはりどうしてやったらいいのかなあと思いますよね。役でせりふが割れてないってことはあるけれども、それでもなかなかスッと岡本さんの目指されている所へ行くっていうのは難しいですよ。難しいけど、難しいってことは逆にやってて面白いってことでもあるんです、役者としては。

竹本　そろそろ予定の時間が近付きつつあるんですけれども、今後の展望をですね、岡本さんには「現代能楽集」というのはこれからどこへ行くのかというようなことをお話しいただきたいと思います。また榮夫先生にはこれからそういうような新しい試みにどう関わっていかれるのか、榮夫先生なりの企画というのもおありじゃないかなと思いますので、それぞれ一言ずついただければと思います。岡本　今日お話しさせていただいた「現代能楽集」の連作の試みは、もちろん僕たちだけでは出来ないもので、多様なジャンルの意欲的な表現者の皆さんの共同作業への参加があってこそ可能になったわけです。それぞれのやってこられた作業に、根底から揺さぶりのかかるような困難な試みに毎回挑戦していただき、それを長期間持続、展開してこれましたことは、本当に有難く、恵まれているなと思っています。能を現代に活かす試みは、先にも述べましたように、同時に明治以降の「伝統と現代の断絶と接合」という大きな課題とも繋がっているはずで、試行錯誤で少しずつしかやれないけれども、今後も色んな分野の方々のお力をいただいて、それに積極的に取り組んでいければと思っております。錬肉工房を創設してから三十年を経ましたけれど、その作業の持続はもちろん平坦ではなく、ご多分にもれず経済的な問題や組織上の課題で、しんどい時期も何度かありましたが、しかしあまり慌てず、焦らずにじっくりと積み重ねてこれたことも事実です。それは〈不易〉と〈流行〉の緊張関係を常に生きながら、能を現代に活かすという大きな課題に向き合うことで、長期的な時間軸、展望で作業に取り組む必要性があったこととも関係しているかもしれません。

それとともに最後に触れておきたいのは、先にも述べました能の型や様式の問題です。能を見に行っていつも思うのは、型や様式の二面性の問題でして、能は様式の洗練化が極まで進み、だからこそ同じ定型的な型や動きでも、演者によっては深い感銘を与えたり、まさに「型通り」演じられても退屈極まりないなぞりになったりしてしまう。能の何代にもわたり踏襲されてきた型や様式は、演者を人間存在の根源的な場に下降させ、運び込んでくれるある種の通路の役割を果たしてくれるものでしょうが、しかし同時に諸刃の剣で、無自覚に型や様式に寄りかかり、支えにすることで、何の新鮮さもない惰性化、形骸化したなぞりになり感動もないわけです。しかし同時に「型破り」という言葉がありますよね。それは別に突飛なことをするんじゃなくて、固定化、形骸化した型、様式が揺さぶられ、枠が壊れ、自在に新鮮に生き展開していく瞬間でしょうが、もちろん能の長年の修行にはそうしたプロセスがあるわけですが、そのことに徹底して自覚的に取り組み、ゼロ地点に戻って、共同作業の中で根底から捉え返す試みが、言ってみれば「現代能楽集」の作業の重要な課題だったと思っています。まあ僕たち現代の演劇や芸術の表現者も十年、二十年やっていれば型とまではいかないにしても、あるパターンが出来てくるんですよね。そしてそういう固定化、形骸化の事態に絶えず根底から揺さぶりがかかり、刻々新鮮であることは、演劇、舞踏、音楽、美術などの現代芸術の表現者にとっても何より重要な課題であるはずで、だからこそこれまで互いに接点を持って共同作業が出来てきたわけです。この課題は、ジャンルを超えて一番本質的な問題を秘めていると思いますね。

観世　大体それに尽きているような気もしますけども。型があって、それを能でやっていきますね。ある程度型を全部マスターしたところからお能づくりは始まるわけで、そこから先に行かない限りはね、面白くもおかしくも本来ないんだと思う。だから型を全てマスターして、そこから先に役者が演じるっていうことの意味合いというのが出てくるんだし、それが演じる方にとっては楽しみでもあり喜びでもあるわけで、それがないというのは許されないというかありえないんだと思いますけどね。そこまで行って初めてお能なわけで、それまではお能の真似なんだと思ってるんですよ。そういう意味で能をやっていくのと一緒にいろんな試みをやっていく中で、自分をしょっちゅう新鮮なところへ持っていかないと僕の場合はできないので、これからも岡本さんともやると思うし、さっきお話に出ていた詩人の那珂さんが書かれた新しいお能も、近々岡本さんと一緒に作りたいと思ってます。

岡本　今お話にありましたように、詩人の那珂太郎さんに僕が依頼して現代能を書いていただきました。秦の始皇帝を題材にした現代能『始皇帝』で、新たな文体、構成が試みられていて、それを能楽座の主催で、観世榮夫さん、梅若六郎さん、宝生閑さん、山本東次郎さん、櫻間金記さんといった能界の実力者の方々が取り組んで下さる計画が現在進んでおります。これは「現代能楽集」の新たな挑戦でありまして、これまでの作業を踏まえながらも、能本、演出、演技と多面的な角度から、少しでもさらに問い直しの試みが出来ればと考えています。

竹本　本日は興味深いお話を長時間ありがとうございました。

（早稲田大学演劇博物館企画展シンポジウム　二〇〇二年十月十日　早稲田大学にて）

第5章

現代能『ベルナルダ・アルバの家』［撮影＝宮内勝］

講演

1 舞踏のことば

大野一雄
OHNO Kazuo

まず最初に、この前の銕仙会の能舞台でのシンポジウムの時にした目の話をさせていただきます。舞踏をやる時に、目をどうするかということは私にとって非常に大事なことだけれども、「目は心の窓」というように、日常生活の中で人と人が対面する時も、目は非常に大事なウェイトを持っているように思うんです。でも踊りをやる時には、もっとフィクショナルで、日常生活の目ではちょっと間に合わないのではないかという感じがします。例えば部屋に飾ってある肖像写真なんかを見てると、顔はまっすぐでも横を向いていても、目はちゃんと正面を見てる。これは、目について私の言おうとしていることと、何か関係があるのではないか。

私は踊っていて永遠の中に瞬間がある、瞬間の中に永遠があるという体験をして、死んでもいいというような思いになることがあります。時を越えて、「よかった。生きててよかった」ってことですね。私は若い時には、瞬間の中の永遠があるなんて考えたことないんですよ、この二、三年ですかね。今まで首が痛くなったことないんですよ。ところが、瞬間の中の永遠なんてことを考えた時に、目はどうやったらという問題があって、その工夫の中で首を使うものだから、首筋が痛いんですよ、今まで使ったことのない筋肉ですから。でもこれはいい傾向だなと私は喜んでいるんですよ。しかし痛いことは相当痛いですね。

人間が死んだ場合には瞳孔が開く。お医者様が来て目に懐中電灯を当てて、「ご臨終です」という時には、瞳孔が開きっ放しですよ。舞台の上で死者や幽霊をやる場合も、瞳孔が開いてなきゃ駄目だ。目が駄目だったら全然迫力がないという気がします。日常生活の中でも気持ちが解放されて、「ああ、よかった」というような時には、目をつぶっている人もあるし、開いている人もあるけれど、それであなた今、何を見ていたんですかといわれても、これは見る必要がない世界です。死者の目で踊る人の目というのは見えちゃ駄目だ、具体的に何を見てるか分かるような目では出来ないんですよ。見えるには見えるんだけど見てない、その時の目は瞳孔が開いているんですね。皆さんは今この話を聞いていて、舞踏や演劇で目というのは重要だと分かると思うんです。しかし日本でも外国でもそんなことを書いてある本を見たことがないし、実際ワークショップをやっても、目については誰も振り向かないし踏み込まない。そんな世界であるように私は感じています。でも、とても大事な問題だと思います。

（この後、具体的な動作を伴った目の使い方の話が続く）

ところで先程、岡本さんが紹介された私の本（『御殿、空を飛ぶ。』）の中にも書いたんですけれども、生命の誕生をめざして、お母さんのお腹の中で、無数の精子が卵子と結びつくためにひたすら流れを遡る。狂気としかいいようのない姿で。そしてひとつの精子と卵子が結びついて生命が成立するわけですが、じゃあ一個の精子以外の無数の精子はどうなるのか。それはひとつだけが必要なんだからあとのものは淘汰されるんですよ、というふうにはとても考えられない。それは人間のどこかに刻み込まれている、何らかの役割を果たしていると、私は思っている。

私は戦争中ニューギニアへ行って、着いた途端に沢山の爆撃を受けました。敗戦のため八千人の兵隊さんが東部から西部へ雪崩をうって移動した時、そのうち六千人が餓死したんですよ。生きているのは二千人。もう食うや食わずで、マラリアには罹るし顔にもおできが出来てようやく生きているような姿で基地に戻って来た。そのジャングルでの体験、行き倒れの情景は精子の体験でもあると思うんです。ひとつの命が成立するために、沢山の生命になる可能性のある精子が不要になってしまうのか。いや、不要になったんじゃない、生命を大切にするという気持ちが中に刻み込まれたんだと私は思うんです。生命を大切にする、自分の生命ばかりではなくひとの命も大切にするということが組み込まれている、感情の源泉ですよ。感情というのは、ただ涙を流すということだけではなくて、生命を大切にするってことが一番の原点で、誰も教えないけれども、そういう体験を通して生命の中にちゃんと刻み込まれている。わたしの生命が成立するために、これだけの億単位の精子が、生命の源泉として、感情の源泉として組み込まれ、痛みをもって伝わってくると私は考えるわけです。

お母さんはお腹の中で自ら生命を削って胎児に食べ物を与える。そして生命が誕生する。生まれてから困んないように、自立出来るように排泄のことまでお母さんのお腹の中で体験させる。羊水を飲み込んで栄養分を吸って、それで不要になった排泄物をお母さんに返して、お母さんがそれを処理する。こうして天地創造、生命の原初から現在に至るまで、この宇宙が体験したことは、全部お母さんのお腹の中で宇宙の反映としてみんな体験する。

天地創造の業が、お母さんのお腹の中で、こうして感情まで備え、栄養を摂るために消化器がちゃんと機能するように何から何まで我々に体験させる。私は、お母さんのお腹は天地創造の業であって、我々の生命というのは天地創造の業の証しとしてあるんだと皆さんにお話ししたいんですよ。だからね、お母さんのお腹の中のすべったりころんだりといった一挙手一投足のことが、世界中の政治経済や人間の考え方にみんな密着しているんだと思うんです。

最近、詩人の吉岡実さんが亡くなられました。日本におけるシュールレアリスムの唯一の人だって高橋睦郎さんがいっています。シュールレアリスムというのは超現実主義。現実を超えていて、現実そのものと全く遊離しているのかというと、そうではない幻実。我々は現実にああだこうだと考えつつ結論を出しながら生活しているけれど、生命の問題とか、考えても考えてもどうしたらいいか分からない幻のような世界がある。私はね、考えても分からない、その分からない世界をやりたいんですよ、踊りの中で。計算してこうして行けるというものでなく、そうでない世界を。ある意味で現実と遊離してるかも分からないけれど。

しかし、現実というのは現在の実りです。天地創造の初めから実りがあって、そういう中で我々は生きているわけです。人間が活き活きと生きていられるのは、死者の恩恵に依ることだと私は思っているんですよ。自分がこうしてやっているんだと天下でも取ったようなつもりで人間中心に考えるかもしれないけれど、それればかりで人間が生きているわけじゃないでしょ。太陽の、月の、自然物の、いろいろな恩恵、恩恵……の連続です。

じゃあ、死んだ人はどうなるのか。人間の想像力の中に、死者の恩恵がひょっとして入っているのかも分からない。私は、想像力というのは死者の恩恵そのものだと思っているんですよ。我々はせいぜい生きて、たった百年。天地創造からは何十億年でしょ。何十億年の昔からの積み重ねの中で人間があって、思想、想像力なんてものがあるんですよ。「俺が考えているんだから昔とは関係ありませんよ」なんてことはない。では、使い捨てのようにして、「うん、恩恵は確かに受けたけど、どうも有難う。じゃあバイバイ」と、それで済むかどうか。死者の恩恵である自分たちの想像力を活かして使わないと駄目だ。死者の恩恵を大事にすることは、自分たちの生命を大事にすることだ。そして想像力というのは、人間だけが成長するのではなく、死者もまた成長するものだと私は思っています。我々の想像力というのは、死者の恩恵があって活き活きとしているのだから、ただ想像力として思いとしてあるだけだとすれば、いつの間にかなくなってしまいますよ。活き活きと成長する想像力じゃないと駄目だ。それで死者の恩恵を生かさないと駄目だ。それが人間の大切な仕事であるように思うんですよ。自分自身を活かすための大切な仕事なんです。自分だけではなく人との関係も、そういう中で深いつながりを持つことが出来るんじゃないか。

こういうことは、お母さんのお腹の中の話にすべて詰まっているわけですよね。お母さんが命を削ってそして食べさせてくれる、お母さんのお腹の中の食べ物。そんなものを食べたことがありますか、私は食べたんです。お母さんは私が成長する時に、懸命になってご馳走を作ってくれた。そのことで私はしょっちゅうけんかしたんだ、そんなことしなくてもいいって。母親も食べさせたいという気持ちで必死なんです。そんな中でいろんな体験をするでしょ。さっきもいった、すべったりころんだり、政治経済から世界、宇宙、何から何までみんなお母さんのお腹の中で体験するわけですよ。お母さんのお腹の中で子供の体験がびっしり行なわれているわけです。どうですか、私はずっと自分でそういい聞かせている、そうだとずっと思っているんです。

現実の世界だけでなく、人間が考えられないような世界が人間の中で行なわれている、それがシュールレアリスムだ。現実に対してもうひとつ幻実というやつがある。それは付け焼き刃ではなく、生得に自然なもので、人間にとって大切なもので、お母さんのお腹の中でも生活の中でも体験出来る。夢物語のようなものではなく、現実の生活をする上で必要なエネルギーを蓄えて開花させてやるような仕事が、超現実主義（シュールレアリスム）ですよ。

お母さんのご馳走を真似したくて毎日宴会をやっているようなものです、宴ですよ。これ以上の宴会があるかどうか。生者から死者からみんな寄って来て、「食べたい食べたい」というような食べ物だと思う。生命を削って作った母親の体験が重要で、テレビの料理番組を見て習って、今日はご馳走出来ましたよというようなものじゃない。おいしい物を食べさせたい、少しでも命を開花させてやりたいという必死の思いの中で作ったご馳走なら、おいしくなくたって最大の宴でしょ。そういう宴がお母さんのお腹の中にあるんですよ。それが赤ん坊のホームですよ。我々の家庭はどうあるべきか。お母さんのお腹の中を考えてみなさい。生命を大切にして言葉でいえないような切実な思いの中で、人間の生きるエネルギーがだんだん養われる所でしょ。それは我々の家庭のモデルケースですよ。

我々の衣装だって肉体だって、何十億年もかかった宇宙の体験を魂が羽織っていることになる。我々の魂と肉体は離れがたく一つのもので、宇宙が脈々としてエネルギーとしてあるんです。これは衣食住の問題ですけれど、今お話ししたのは体験です。現実のいろいろな体験の積み重ねが大事なんだ。積み重ねだけで充分なんです。すぐ結論を出そうとするけれども、そんなことをしちゃ駄目だ。お母さんのお腹の中での眠りと瞑想と宴。必要なことから不必要なものまで積み重なって、何らかの形で我々のエネルギーの源泉として使われるようになってますからね。

眠りと瞑想と宴、これは私の最近の踊りのテーマです。いろいろ体験したものがあって、指ひとつの動きであっても、あらゆる人々のエネルギーがここに結集されているんです。自分だけの考えでやったら出来ない。沢山の人がいるから出来る。人だけじゃない、道端の小石だってぱっとけつまずいて、ころんところぶでしょ。ころんだ時にね、そこから立ち上がる、這い上がるんです。「いい体験をした、いい体験をした」って這い上がる……。そんなあらゆる体験のことを、お話ししてみました。

対談　大野一雄　岡本章

岡本　貴重なお話をどうもありがとうございました。今お聞きしていて、先生の踊りの深い感動やまなざし、そういうものの秘密の一端を気付かせていただきました。その中で、我々にはどうしても個人の表現衝動とか想像力といったものがありますね。それは我々が表現してゆく時の足場になるものでしょうが、同時に単に個人レヴェルでない、もっとそれを貫いているような大きな生命の層があって、そこに足を着けることの必要性を強く感じさせていただきました。その辺りのことは、いかがでしょうか。

大野　私はものを考える時に、一方向に単線で考えるのではなく、我々が生まれてずうっと来て、現実にこうして在りますね。そしてまた遡っていくという考え方、こういう往復運動が非常に重要になってくる。お母さんのお腹の中の胎児の世界というのは、みんな万人が体験したことですよね。それでね、ヨーロッパへ行ってワークショップをやる時にも、必ず胎児を踊るんですよ。そこから天地創造にまで遡っていったり、いろいろなことが出てきて、結局また元の胎児に戻ってくるというふうに、そうしたことを繰り返し繰り返し稽古するわけです。また例えば、天国と地獄はいつも絡み合っていて、こういう往復運動の中でいつの間にか一本になっている。我々の中に天国も地獄もある。我々の通る道というのは天国の道、地獄の道の両面が重なり合っているんだと思います。

岡本　先程のお話で興味深かったのは、死者も成長するというお話でした。我々はやはり普段生と死を分けて考えていますが、先生は今おっしゃったように絶えず往復運動をされている。そして例えば、夢幻能というものも死者の視点からこの世、人生が見つめられ、往復運動が行われています。常々お見受けしていて、普段からひょっと向こうへ行って、すっと帰って来られるような感じがいたします。それが踊りの場では、もちろんさらに凝縮され、自在に往復運動を生きられている。

それと関連して先生の踊りの重要な要である即興の話になるんですが、普通、即興というと、ある種のアドリブや思いつきといったことが多いわけです。先生の踊りの即興は、いうまでもなくそれとは異なったレヴェルの即興だと思われますが、それについてはいかがでしょうか。

大野　生と死のことは、分かる分からないかの領域で考えるととても難しいですよ。そうではなくて、お母さんのお腹の中のように分かる分からないかの問題でなく、現実に体験して我々の中に全部詰め込まれているんです。それを私は子供の瞑想だと思うんです。大人はすぐ結論ばかりを出したがる。でも、大事なのは体験なんですよ。だから物を創って構成していく時もその作業のプロセスに非常に意味がある。子供は生まれてきた時に、初々しくて恥じらいを持っています。その恥じらいと初々しさを保って、真理に対して謙虚に生きていくことが人生だと私は思っているわけです。そういう中で、踊りを創っていく時に、昨日今日体験したことをいろいろ考えて表現の工夫をする。活き活きとしているかどうかが大事なんですよ。それでね、テクニックと感動というのは別の問題でして、私は感動のないものというのは、あまりに人を道具視していると思う。だから私の踊りを見て、「よく分かりました」なんていわれるとがっかりしちゃう（笑）。私は別に分かるためにやってるわけじゃないんですよ。そんなことは微塵も考えない。誰かの命と出会って感動した、「ああ、ありがとうございました」というひと言、言葉にならなくても良いですよ、それが私には励ましになるんです。

そういう中で、踊りの振付けをする時にも、今日の自分は昨日の自分と違う。刻々と変化して、今日考えたものは明日には違う。私は昨日も横浜で『睡蓮』という踊りをやってきたんですよ。胎児が蓮の上に乗って冥土へ来て、そこへ桜の花びらが落ちてきて愛でる。死者たちが花のように活き活きと語りかけているような、そんな思いを芯にした踊りです。ところがその時使おうとした「ポートレイト」という曲が、全体のバランスからみて甘すぎるからと、昨日公演の直前の稽古で、バッハの曲で一度踊ったんですよ。まあ、とにかく必死に限りを尽くして即興で踊ったら、私の中で感じたものがあったんです。

じゃあ今度は本番でしょ。稽古の時に感動があったから本番になるとどうしてもそれを追いかけるんですよ。それでね、なかなか上手く展開が出来なかった。そこで考えてみると、稽古しないでいきなりバッハをかけてやれば良かったと思ったんです。しっかり今までやったものもこの中にありますし、外れていっても全然関係ないってことはないだろう。外れっぱなしでも、宇宙の天地創造から現実の微細な世界まであらゆる所へずーっと入っていって、その中で踊れば良かったんだと。それが練習しちゃったから駄目だった。やっぱりそういうものなんですね。

ですから良かったから繰り返しそれを追いかけるってことの中には、感動は絶対にないですよ。良いものはその時の出たこと勝負だと。その次にやる時には全部忘れてしまって、それでも体験したことは必ず活きてくるんだから、その体験を活かそうなんて考えないで、新たに飛び込んでやるべきだという結論に達したんです。

ところが、じゃあ即興だからその時の出たとこ勝負でやれば良いかというと、そういうものでもない。あらゆる体験と失敗を積み重ねながら稽古しないと駄目で、即興というのはなかなか易しいようで大変な世界なんですね。

岡本　なるほど、即興の問題、世界というのは難しいですけれど、興味深いものがありますね。どうしても我々は方向付けられて結論ばかりで生きているわけですが、先程おしゃっていた、指一本の動きにも何十億年の生命の堆積がある、その辺りのことを落としてしまって普段生きているし、舞台作品を創る時にもそうなりがちです。

大野　それはね、日常生活の中にあらゆるものが含まれている、それを大事にするということなんです。ところがその大事の仕方ですよね。私が四歳位の時、夜寝る時に母親がラフカディオ・ハーンの怪談を聞かせた。きれいなお姫様が「チンチロリン、ガッポガポ、チンチロリン、ガッポガポ」と音をさせて長い廊下を伝って来る……といった話です。とにかく恐い、恐くて寝られない。寝られないと、「知りませんあんたひとりで寝なさい」ということになりかねない。ところが母親は必死になって話し続けるんです。一生懸命に私を育てたいという思いだったんでしょうね。あの時はとても恐かったけれども楽しかった。八十歳近くになっても涙がこぼれるんですよ。こうしてね。

私はそういう精神の中に生活を大事にするということがあると思うんです。ああしてあげたから、こうしてあげたからもうそれで良いというような取り引きじゃない。そういう生活の体験を大事にすることの中に、生きる時の原点に立ち返るためのモデルがあるんだと思うんです。

母親は私のために本当に尽くしてくれたんですよ。そのために私は母親にわがままの限りを尽くした。どうしてこうわがままになっちゃったのかなあ。ただ、わがままっていうのは、私が考えるにはやはり生きてゆく生命の原点なんですよ。「あれ買ってくれ、これ買ってくれ」と、買い与えたってすぐ別の物を欲しくなるようなわがままもあるけれど、そうではなくて、それが実現されない限りどうしても解決しない、人間の切実な生命の問題に触れるようなことがお母さんと子供の中にあって、それが解決されない限りわがままは続く。わがままっていうのは子供の成長のためには大切なことだと思うんです。わがままがなくていつも優等生で良い子供ってわけにはいかない。

だから私は母親に対して「ごめんなさい」って気持ちでいつもいるんですけども、本当に幸いを感じるんですよ。お母さんは亡くなってからも私の中にいつも棲んでいるから、私はわがままをいっていたら、夢の中にも毛虫になって出てきた。誰のとも分からない手のひらの上に、毛虫がその小さい目をランランとさせて立っているんですよ。それを見た時に私は「お母さーん!」って夢の中で絶叫した。お母さんと会ったんですよ、亡くなってから二~三年経って。私はわがままの限りを尽くして毛虫にまでお母さんを追い詰めちまった。その母親が毛虫になって、手のひらの上でいくらやっても落っこちないで、無限の広さの中で、宇宙の中で、母親の胎内の中で、こうやって活き活きと踊るんですよって教えてくれた。そんなつながりが日常生活の中にあったわけですよ。

岡本　お話をお聞きしていて、また御本の中でも生命記憶や宇宙記憶の話をされていますが、夢と現実、日常の生活世界とコスモロジーといいますか、すごい拡がりと時間的な奥行きがある世界を、絶えず自在に往復運動されていて、こちらも自由になっていく感じがありますね。

大野　この世の中にはいろんなものが住んでいるんですよ。初めはごみのようなものが周囲に拡がっていく。それは星ですよ、宇宙の広さに比べればごみのようなものだ。こういうものが集まって、熱を発して、ぶつかってぶつかってだんだん大きくなって燃える。燃えれば必ず成分になって還ってきますからね。その熱が地球を取り巻く。冷たくなれば雨になって地球の表面から内部に還ってくる。洗い流して洗い流してあらゆるものを組み込んで今の地球が成立したんだと考えれば、海の中の要素というのはあらゆる地球上の要素を含んでいるから、そこから人間が生まれたんだから、人間の中の髪の毛だって血だって、何だってみんな海の塩分の要素と同じだ。だから人間の中に山が川が海があるだろうって私は考える。

そして、雨や風といった自然現象は何となく魂と関係があるような想いになる。雨が降ると気持ちは沈んでくるし、お天気が良ければ解放されたようになる。雨だって親しい雨もあるし振り払ってやりたい雨もあるでしょ。あらゆる自然の現象というのは魂の姿を代弁してる。すると、この中にあらゆる物が無数に、死者も生者も動物もみんな同居している。こういう世界が人間の内部の中に伴って同居してると思うんです。これがひとつの考え方なのか、それとも現実なのか幻実なのか分からないけれど、私はそう見ています。

岡本　お聞きしていて、やはり普段我々はいかに狭く方向付けられて生きているかということが浮かび上がってきます。死者も生者も動物も植物も、あらゆるものが同居するような世界にどう足を着けていくかということが大事で、それは普段の生活の中にあるんだということですね。

大野　踊っているうちに、初めはそうしたくないと思うんだけれど、何となくこうやんなくちゃいけないと形にはまって、形にとらわれてしばられちゃうわけです。そうじゃないだろう？　あなたが踊りでやることはそうじゃないでしょ。川は高い所から低い所に流れるんだという、そればかりじゃ駄目ですよ。低い所から高い所に登って流れて行くんだってことまで、あまり形にはまらないようにいろいろ考えていかないとがんじがらめになってしまうと思うんです。

岡本　本当に今日は大事なお話を、どうもありがとうございました。

（錬肉工房連続講演会　一九九〇年六月十日　錬肉工房アトリエにて）

2 詩・声・ことば

那珂太郎

NAKA Taro

今日は講演ということになっていますが、皆さん一人一人いろんな考えや関心を持たれているでしょうから、どういうことをしゃべっていいのか見当がつきかねる所があります。これが詩を書く人、あるいは演劇・舞踏関係の方だけということであれば、それなりに絞られるかと思うんですが。それで今日は岡本さんのご要望もありましたので、自作詩の朗読を主体にして、「詩・声・ことば」について何かしゃべってみたいと思います。

錬肉工房は、もう二十年近く前から僕の詩を随分採り上げて下さって、舞台の上で演じられてきたわけなんです。もちろん僕の詩は素材として錬肉工房の仕事の、全体の構成の中の一部として使われたわけですが、今日はその錬肉工房で使われた作品を中心に読んでみようかと思っております。

錬肉工房は、一九七一年に岡本さんたちが早稲田の学生さんだった時代に始められて、僕はその翌年に初めて六本木の自由劇場という小さな小屋で『物忌姦《モノイミカン》』という作品を観たんですが、非常にショッキングというか、新しいものと出会い驚きました。その前に僕も暗黒舞踏を一、二回見たことはあるんですけれども、それと錬肉工房の仕事のはっきりした違いは、普通舞踏というのは声を出さない。もちろん、台詞・言葉はない、肉体だけを動かす身体表現によって、ある一つの世界を舞台に表すわけなんですけれども、錬肉工房の特徴は声があること、これにまず僕は驚きました。しかし、もちろん普通の演劇とは違う。錬肉工房の仕事は、舞踏とも演劇とも題目は付けられていないと思うんですけれども、独特の舞台を見て、そこで声そのものが何か発生状態で捉えられていて、その声がひとつの言葉になり、あるいは言葉が脈絡を持ってある意味を作ったり、逆に意味が形成された言葉を解体して、無意味なただの声に還元されたり、そういう操作が非常に面白かったんですね。そしてある意味では、それは僕がその頃やっていた詩の仕事と共通したものが感じられて、とても新鮮なショックを受けました。

それが錬肉工房と僕との最初の出会いで、それからもう二十年位経ちますので、その頃学生さんだった観客の方たちも、社会人になると同時にそういう世界から離れていく人が大部分のようですね。だいたい日本の文化の底の浅さというのは、学生時代には何だかんだ非常に熱中したり興味を持って目を向けるけれども、そのうち社会でちゃんとした勤めを持つようになると、そういうものから離れていってしまう。あくせく毎日毎日働くだけというような日常性の中に埋没することになりやすいんです。錬肉工房がやろうとした仕事の第一は、そういう日常的な身体あるいは言葉のあり方の源、深層部分へまず沈潜する。そういうことだったんじゃないかと自分流に解釈するわけですが、そういう点で僕の言葉に対する考えと非常に共通するものを感じました。

近頃僕は『幽明過客抄』という詩集を出しまして、これは非常に分かりやすい極く普通の書き方で、言葉の上での新しい試みというものがあまり無いと見えるかも知れません。それで例えば、批評家の北川透氏などは今度の僕の詩集について、あまり音楽的なモチーフは感じられないと書いてましたけれども、確かに『音楽』の時代の僕の詩と、今度の『幽明過客抄』のスタイルとは随分変わってきている。しかしそこに音楽的なものが無いかどうか、これは後で「皇帝」その他の詩を、錬肉工房の方と一緒に試みに朗読してみますので、皆さんに判断していただきたいと思います。

だいたい詩作品というのは、あまり周りの事を気にして書くわけじゃなくて、自分自身のやりたいことをやるんですけれども、しかしひとつの作品というのは、やはり同時代の詩の一般的傾向に対してある批評的な意味を持つわけで、書く当人は意識しなくたって当然そういう意味合いを持ってくる。現代でも十年一日の様に、あるいは百年一日と言って良いかも知れないけれども、自分自身の感情をそのまま叙情する、あるいは自分の感懐を言葉の上で伝達する、そういうのを詩だと思って書くような例が無数にあるわけです。それから一方では、特に若い人の詩の中で言葉が非常に軽くなっている。あるいは表層的に言葉が使われていて、皮膚感覚的と言ったら良いでしょうか、言葉は自由に動くけれども、言葉の上での戯れになっていて、意識は日常性の中に浸り切っているようなものが随分多い様に見受けられます。それで、そういった言葉遊びあるいは語呂合わせみたいな形で詩が展開していく、そういう傾向の元を作ったのは、二十五年前の『音楽』という詩集だと。つまり僕がそういう傾向を作ったというようなことを言う批評家もいて、『音楽』が出て数年後には「言語至上主義」というようなレッテルを貼る人がいました。「言語至上主義」というのは何だろうか、問い詰めたらそのことを言った人もあまり答えられないんだろうと思いますが。

さてさっき、ただの個人的な感懐だとか叙情を表白する詩が多いと言いましたけれども、もちろんそれも詩でないということは無い。しかし、余程の天才か大思想家でない限り折々の自分の感懐だとか感情だとかを表現して、それが本当に人を動かすような力としての言葉を持つということはまあ無いわけです。ですから非常に日常的な詩がたくさん幅をきかしてばら撒かれているわけですね。詩人の仕事というのは、もちろん自分が何かを言いたいから表現するんだということもあるけれども、日本語に対して何をしているかという自覚が、詩人の自覚だと思うんです。つまり日本語の特質を考え、その機能を十全に働かせて豊かにする、あるいは可能性を開く、あるいは練り鍛えるのが、詩人の言わば外から見た社会的な効用価値じゃないかと僕は考えるわけです。もちろんそういう新しいものを切り拓くということは、常にすべての詩人が出来るわけじゃないんで、一方で時代の状況に応じて忘れられたり失われている言葉の持つ様相を復権させ甦らせることも詩人の仕事だと思うんですね。それは守勢に立った詩と言えるかも知れないですけれども、だんだん歳をとってくると、そういう傾向が強くなってるかも知れません。

『音楽』を書いた当時の、あるいは明治以後の一般の詩というのは、活字を通して見られる、あるいは読まれるのが基本的な受け取り方になっていて、それで書く側も当然活字になったものを読者が読むのを前提にして書いていて、もちろん字配り、行の切り方、行間を開けて連を構成する、あるいは漢字・平仮名をどういう風に使い分けるか、そういう工夫は読まれる詩として非常に意識的にされたけれども、言葉の音に関してはかなり無自覚、無神経に使われてる。これは特に昭和初めのモダニズム以後の詩の、非常に目立った傾向じゃなかったかと思います。しかし言葉というのは必ず音を持っていて、言わば音を通して言葉は成り立つわけですね。『音楽』という詩集では、意識的に言葉の音あるいは音韻性によって言葉を動かすということを考えたわけです。しかしその時僕は実際の生の声を意識したんじゃなくて、非常に抽象的な、つまり頭の中で聞こえる声であったわけです。しかし錬肉工房の人たちは、舞台上でそれを肉化して声に出してやって下さった。そういう点で僕は非常にありがたいと思っています。一九七四年に、錬肉工房で僕の詩を採り上げて下さった連作の二作目に『アメリイの雨』というタイトルの作品があったんですね。それは僕の『音楽』という詩集の中にあるんですが、その「アメリイの雨」をまず読んでみます。初めてお聞きになる方は、妙なものでそんなのが詩かと思う方もきっといらっしゃるかと思いますけれども。

〈朗読〉「アメリイの雨」

雨のピアノが奏でるチャバイビコボフブスブキビイビ
の黒い無言歌のしたたりのしろいまどろみの脂肪のま
るみのはだかのアメリイのへそのしたの毛にひかつて

くゆるパイプのくねりのけむりのたまゆらの露のゆらめきにへそからへくそかづらへしなやかに思念を曲げるしめやかな四月の朝のライラックがさくさくさく紫の庭にガラスのシャボン玉をくだきながら猫のにこ毛のぬくもりにただよふ理由のない憂愁は方向のない彷徨を王朝から窈窕へ羊腸から盲腸へはらわたからはなびらへさまよふゆびににほふアメリイのゆめの海のかなしみの海藻と貝をひたすひややかなピアノの雨

これについて、昨年出た『コレクション現代詩』という大学の教科書用のテキストの中で、関西の大学の先生で、杉本優という人が解説を書いているのを手掛かりに読んでみます。

そこでは最初にマラルメの言葉が引かれています。マラルメは皆さん御存じのように十九世紀末のフランスのサンボリズムの詩人で、言葉の音というのを非常に重要視した人ですね。彼は有名なエッセイ『詩の危機』の中で言っています。

「半透明の音色を持ったombre《オンブル》（影）という言葉の横では、明るい音色を持ったténèbre《テネブル》（闇）という語はあまり暗く感じられない。」「jour《ジュール》（昼）という語は暗い音色が、nuit《ニュイ》（夜）という語には明るい音色が、皮肉にも正反対に与えられているのを見るのは何という失望であろうか」

これはフランス人がフランス語として、この国の言葉の歴史、音韻体系全体の中でそういう風に感じるわけですね。日本人がそれと同じ様に感じるかどうか、それはちょっと別ですけれども。

しかし、「光を表わす語は音色も輝かしく、その逆の場合は暗くなることが望ましい。しかし、そのように当然な明暗の交錯が実際に可能だとしたならば――そのときは、詩句など存在しなくなるであろう」

つまり詩句というのは言葉の高級な補足としてその欠陥を補う役目を持つと、そういうことをマラルメが言っている。それをまず引用した後、杉本優氏は次のように書いています。

「那珂太郎はこれを承けて〈音韻の持つ意味――音色の色価〉が語の置かれたコンテクストにより可変的である事実を認め、以下のような認識を導く。〈言葉のもつ所謂意味と、その言葉のもつ音色の意味とは、ときにかさなり合ひ、ときにずれながら、詩句のながれの中で相互作用を交しつつ、いはばポリフォニックな構造をもつて動いてゆく〉」

〈　〉の中は、僕が昭和四十八年頃に書いた文章からの引用です。

ポリフォニイというのは音楽用語で、多声音楽という風に言われる。つまり音の流れが重層化されて多声的に音が構成されている、それがポリフォニックですね。言わば言葉の上で、言葉の持つ響きあるいは意味、ニュアンス、そういうものが重層的なものとして詩の中で使われるというようなことをここで言っているんですね。

続いて杉本優氏は、「萩原朔太郎の有名な『竹』の中の「繊毛」を「わたげ」と読むことを断固主張し、「竹」（take）「青竹」（aotake）「根」（ne）「繊毛《わたげ》」（watage）の語が音韻の上で「生え」（hae）と相乗的に響き合い、〈a―e〉の母音の波動が、ときに〈k〉子音の軽い破裂音をまじえつつ、音韻による生動的リズムをつくる」と僕の考えを紹介し、さらに「詩論のためのノオト」という僕のエッセイを引用しながら、こう書いています。

「しかし無論、音韻と意味との相関はほんの入口である。〈詩作品における言語は、ことばのもつ対象指示機能、もしくはそこから転移した暗喩的意味機能だけにもとづくものであつてはならない。それは、物的存在としてのことばの、視覚的形象性、聴覚的音響性にもとづいての、能ふかぎり緊密な構造体でなければならぬ〉」

こういった僕の考えは、話し言葉あるいは声に出される言葉じゃなくて、書き言葉、つまり文字に書かれることを前提に考えてましたからね。続けて杉本氏の文章から引用します。

「また彼は歴史的社会的産物としてのことばの伝統を重視する。〈ことばの音は、いはば《ことだま》のこだまだ。それはおそらくもつとも端的に、ことばのいのちそのものであり、傳統に培はれてきた人の遠い潜在的意識なり記憶なりをよびさまし、深奥の情緒にうつたへる力をもつ〉」。

こう、僕の詩論を紹介した後、さらに引用を続けます。

ことばの音韻性——なかんづく頭韻もしくは母音律によつて、ことばを追求すること。——それはけつして単に聴覚美としての効果をねらつての、技巧なのではない。作者は効果をねらふのではない、むしろ虚心にことばの自律的うごきに随はうとするのだ。ことばをしてことばを呼ばしめ、ことばをしてみづから行かしめることによつて、おのれの未知の領域に達しようとするのだ。したがつて、そのとき構文法は顕在的論理によつて拘束されず、ほとんどことばはそれみづからの要請のままに、波のやうにうねつてゆく。

何だか、他人の文章の中で僕の書いたのが引用されている所をずっと読んでいるんですけれど、耳だけでお聞きになってもあまり分かりにくいかも知れませんね。昭和五十年に出した『萩原朔太郎その他』、それから昭和五十八年に出した『詩のことば』、そういう所に僕の詩の言葉についての考えは書いてますので、もし興味のおありの方はそれをお読みになっていただきたいと思います。

今言ったような僕の言葉についての考えを引用した後で、杉本氏は、さっき読みました得体の知れない『アメリイの雨』という詩についてこういう風に説明しています。

「『アメリイの雨』——、すでに何かいわくありげなタイトル。三行目に出てくる〈アメリイ〉から、これが人名であるらしいことがわかるが、そうすると最もありふれた人名のひとつ〈メアリイ〉が脇に浮かぶ。〈メアリイ〉でなく〈アメリイ〉なのは〈雨〉(ame)との音韻関連を強めるが、この結びつきは作品が〈雨のピアノ〉に始まり、〈ピピアアノの雨〉に終わる円環をなしていることと関連する。終わりの二音節が始まりの二音節と一致する構造として相同である。〈あめりいのあめりいのあめりいの……〉、このこだまを聴く人に〈雨〉は絶え間なく降るだろう。〈雨のピアノが〉――〈雨〉が〈アメリイ〉の〈ame〉であるなら、〈アメリイ〉が〈奏でる／奏でない〉も含意されてよい。〈まどろみ〉〈まるみ〉〈はだか〉の頭韻〈a〉の連鎖が冒頭の〈雨〉と響き合い、〈はだか〉の〈a〉の強調にも促されて三行目に〈アメリイ〉をつれだす。〈チヤバイビコボフブスブキビイビ〉――チヤイコフスキイが隠れていることは明らかだが、一体何に隠れているのか。〈チヤ〉――〈バ〉、〈イ〉――〈ビ〉……バ行音のノイズはそれぞれ直前の母音に連鎖している。〈チヤイコフスキイ〉の澄んだ音の響きにまとわりつき、それを濁らせているもの、いや逆に、あくまでも雨がもたらす複雑な自然音のなかに〈チヤイコフスキイ〉の楽音を聴くととってもよいのだが。ともかく犯人は〈雨〉なのだ。なぜ〈雨〉は濁音をもたらすのか。そこまでこだわる人には、「雨という漢字をよく御覧なさい。窓のそとに濁点が降っているでしょう！」とでも答えておくほかない。二行目に入る。〈黒い〉――これは神秘的なことばだ。（最も神秘的なのは〈の〉）。前行の〈ピアノ〉からの連想、すぐ下の〈しろい〉との対照（ここにピアノの黒鍵・白鍵を連想するのも自由）、そして望むなら次行の〈へそのしたの毛〉との関連、そうした侵蝕にさらされながらも〈無言歌〉との緊密な連辞を誇示している。そして、〈無言歌〉つまり歌詞の無い歌曲（器楽曲）が人の不在を告げ、連想は不在を補うかのように次行へとしだいに像を結んでゆく。三行目にかけて頭韻連鎖が〈i（し）〉から〈a〉に交叉しつつ移り、〈ア（a）メリイ（i）〉が出現するのだ。（〈まどろみ〉〈まるみ〉にも注目）」

この人は最初の三行の部分だけを細かく分析的にあるいは直観的に説明しているわけですが、これが唯一の読み方じゃなくて、ひとつの読み方でしょうね。詩を読むってことは、こういう風に言葉のつながりと言葉の持ついろんなニュアンスを元に読者はそれぞれ自由に読み取っていくということであるわけです。

僕自身は、この「アメリイ」という言葉は、メアリイから思いついたわけじゃなくて、十代なかばの頃読んだ、小林秀雄がまだ二十代位に書いた短いエッセイの中で、ランボーの言葉として「アメリイの乳房は夜明けの海のようだ」という一行をカギカッコの中に入れて引用したのがあって、何となく記憶に残ってたんですね。それで「アメリイ」から「雨」、これが極く自然にひとつの連想で出てきたわけなんです。もちろんこの詩全体はランボーとも小林秀雄とも何の関係も無いんですが。詩の言葉というのは、人の経験の総体あるいは記憶の底から何かぽっと出てくる。しかしそれは個人のものにとどまらなくて、日本語というひとつの言語の中でいろんなつながりを持ってある世界を構成していくんで、そういった発想の元になったものなんかは、別に詩を解釈する上で何の役にも立たないわけですね。

　さっき言葉の音というものに関して多くの詩人があまり自覚的でないと言いましたけれども、一時代前、大正初期の頃の詩人は、言葉の音に対して非常に自覚的だったんです。十数年前に、萩原朔太郎全集をやるために朔太郎の書いたものを逐一調べた時に、彼が若い頃書いたノートが二十数冊残ってるんですね。ものすごい乱雑な字で書き散らした大学ノートだとか中学生が使うような小型のノートだとかにびっしり読みにくい字で書いたものが残っているわけですが、これは今の、全集のノート篇の中に全部活字になって収められています。その中でこういうことを書いています。

「元来、日本語といふものは、母音と母音との重複であつて、そこにこの国語の独特の味覚があるのだ。たとへば『は』といふ言葉のひびきは非常にひろびろとした快活なあたたかい感じをもつてゐる。『る』といふ言葉のひびきは、あるうるみとふくらみと落ちつきとをもつた果実のやうな感じである。所で今この二つの言葉を同時に連続して発音して『はる』といへば、如何にも湿気の多い、そしてのんびりした日本の春の感覚を音楽的に象徴する」

　さっきのマラルメの、jourだとかnuitとかいう言葉についての直観的把握と同じ様に、朔太郎は日本語の「春《はる》」という言葉の音韻について、こういった美しい説明をしているんですね。

「英語でスプリングといひ、ドイツ語でフリユーリングといふ言葉のひびきは、如何にも透明な感覚である。これを以つて考へるに、空気の清朗な西洋の春と、白つぽい湿気を含んでやや憂鬱を帯びた日本の春との相違が言葉の上から感じられる。明るいかういふ日本語の根本的の問題について徹底した考へをもつてゐる人は極めてすくない。すくないといふよりは殆んどないのである。私の知つてゐる範囲ではただ一人、大手拓次君があるばかりである」

そういうことを書いた萩原朔太郎のよく知られている『月に吠える』という詩集の跋文で、友達の室生犀星がこういうことを書いています。

「君ほど日本語にかげと深さを注意したものは私の知るかぎりでは今までには無かつた。君は言葉よりもそのかげと量と深さとを音楽的な才分で創造した」

その同時代の大手拓次、この人は現在殆んど忘れられていますが、萩原朔太郎や室生犀星なんかと一緒に北原白秋の『失樂《ザムボア》』という雑誌に投稿した、その当時の若い詩人です。しかしその後は、ジャーナリズムから一切離れて、世間的には忘れられ、詩もあまり発表しないで昭和十年前後に亡くなりました。その死んだ後に『藍色の蟇』という詩集を、白秋が中心になって朔太郎だとか昔の友達が出して上げました。その大手拓次が昭和初期に、これも日記みたいなノートに書いた文章です。

「言葉の音を何より重んずる事が大切です。

言葉の意味は有限であります。だからして、言葉の意味を重んじて、言葉を選択してつくつた詩は、どうしても有限的です。

けれども言葉の音は、その内容たる意味の外に無限の意味をつたへる事が出來ます。故に、言葉の音を重んじて音をえらんでつくつた詩は無限です」

例えば密教では、言葉の音は宇宙そのものの象徴であり、空海も、声や言葉と、実相（この世のすべての姿）は同じである、つまり実相の表れが言葉であり声だというようなことを言っているわけですが、そういったメタフィジカルな所まで大手拓次は言っている様に思います。そして彼のノートの中で、日本語と英語とフランス語を並べて、それぞれの単語について書いている所があります。

「女（をんな）　此言葉は日本語としては比較的含蓄のある語である。手ざはりはやはらか、色と匂ひは消極的なれどゆたかなり。音楽は少、舞踊は多し。woman（ウーマン）　此れはあまり詩の語としては好位ちにおかるべき人格の語ではない。femme（ファンム）第一に舞踊のめざましさが晋としてる。そしてはなやかな少女の手ざはりと色と匂ひとがある。音楽も極めて陽気な極めて快活な調子が多分にある。詩語としては最もよし」

「風（かぜ）乾ききつた語。色も匂ひもなし。あらい手ざはり。舞踊も音楽もなし。wind（ウインド）陰気なれど舞踊はある。色も匂ひも沈んでる。vent（ヴアン）かろく波のやうにゆく風が眼に見えるやうにをどつてる。凡べてゆたかなり」

こういうふうに大手拓次は三つの国の言葉の中での、単語の持つ言葉の象徴的意味合い、あるいは音のニュアンスを説明しています。皆さんお聞きになって、そのままああそうだと同感されるか、いやそんな事はあるのかなと不審に思われるか、それぞれ違うかと思いますが、少なくとも彼の直観の中ではそういう風に感じ取ってるわけですね。詩の仕事というのは、客観的にそれが事実であるかどうかよりは、その人自身がそうだと感じる直観、その方が主体を為すので、ここにはいかにも大手拓次らしい言葉の捉え方があるわけです。そして、この人はフランス語の象徴詩をずっと読んでいたので、フランス語に関してやはり一番共鳴する所が大きいんですね。

言葉の音に関してマラルメは、実際の意味と言葉の音とが相反する、だからこそ詩によって今までにその国の言語に無いような新しい言葉を生み出す、そういう可能性を作る、そこに詩人の意味があるという様なことを言った。

これに対して、吉川幸次郎という漢学者が、戦後間もない頃、例えば日本語で「おもい」という音は重い感じがある、「かるい」という音は軽い感じがある。漢語でも「重《ジュウ》」と言えば重い感じがある、「軽《ケイ》」と言えば軽い感じがある。そういうことをいくつか例を挙げて書いていました。

それに先立って、明治の頃の林甕臣《はやしみかおみ》という、大学の先生にもならず、世間的に学者として重んじられたわけでもない在野の国語学者で、大分前に亡くなった洋画家の林武のお父さんですね、彼が、それぞれ母音には意味があるんだという「一音一義説」を唱えました。「あ」は、天上、開放、嗚呼《ああ》、仰天、感嘆などを、「い」は、居坐、緊張、固定、根元など、そういうものを表す。つまり「あ」は明るく、「い」は鋭い。「う」は、動作、呻吟、憂恨、変化など内向的な音です。「え」は、令被、恩恵、扶助、令使などを、「お」は、地平、喫驚、遠大、呼応、などを象徴すると言っています。

全く同じ様なことを、ドイツのユンガーという人が「母音頌」というエッセイで、「A」という母音は高さと広がり、「I」は生命的なものと、その逆の腐敗を、「U」は生殖と死、「E」は虚と崇高、「O」は高さと深みを表す、というふうに母音それぞれに象徴的な意味合いを持つというようなことをドイツ語に即して書いています。

これは一般の言語学からすると、ナンセンスだと一言のもとに撥ねつけられることでしょう。つまりソシュール以来の言語学の常識では、音と意味とは恣意的に結びついていて、音そのものには意味はない。ところが、それぞれの国の言葉に即して、確かに林甕臣だとかユンガーだとかが言っていることが、ああ成程と何かを感じさせる所があるわけです。あるいは詩を読んでいて、その中の言葉、音の働きについてやはりそういうことを感じることがあるんですね。経験的、後天的にそういう言葉に対する感受性が作られていくのか、あるいは本来的にそういうものが備わっているのか分かりませんけれども、学問の常識に反して、直観的にそういうことを感じられる要素が、言葉の音あるいは声の中にあると、僕は考えます。

錬肉工房の営みは、身体表現が中心になっているわけですけれども、声そのもの、つまり言葉も身体表現であるという基本的な考えがあって、他の舞踏とははっきり違う。僕は、何か錬肉工房の勉強会の時に、演劇の舞台で概念、意味以前の声、つまり言葉そのものの表現力をもっと追求して欲しい、というようなことを言ったことがあるんですけれども、僕がそんなことを言う以前から、錬肉工房の仕事としてはそういうものはずっと探られていたわけなんですね。これは去年の銕仙会の能舞台でのシンポジウムでも言いましたが、世阿弥の「舞は声を根と為す」、「舞は音声より出でずば、感あるべからず」。能の表現上での舞というのは、声を出す、その声から出てくるものでなけりゃ人を動かす力がない、つまり声と肉体の動きが一体となった所を世阿弥は言ってるんだと思いますけれども、僕はそれを実際の声を出さずに、目で見る文字の上で音を意識しながら『音楽』という詩集を書いたわけです。その中の詩を少し読んでみます。

〈朗読〉「秋の……」

秋のあらしのあしあとの曲りくねり
うねりめぐる空氣の蛇のきらめく肌
にふぢいろにふるへるふしだらな伏
し目の夫人ほうほうぼうぼう骨のホ
ルンを吹き鳴らせばそれは空にむか
つて果てもなくふくらむ透明なトオ
テムポオル唐草絡ますコリントの柱
りらりらぷるんらりれろれるりらラ
マの蘭塔より沙漠のサボテンよりは
るかにはるかに晴れわたる白晝の闇
を破つて沸沸と噴きあげる白い噴水

白いしぶきはしとどに濡らす
ふくらむふたつの白桃のふる
へを沙丘のしなやかな姿態の
しらべを鳴立つ澤の茂みのし
めり砂のしののめの櫻貝の舌
を白いしぐれはしめやかに濡

らす虹いろに匂ふしぐれる女
の如幻の肉のふるへるへそか
ら颯と鳥がとび立つとほい空
へ氣遠くむなしく……

これは、四角な枡形に活字が組まれていて、ここに統一的な意義だとか、何かを言おうとする様な筋の立ったいわゆる意味、それは無いわけですね。しかし、これは耳でお聞きになっただけでも何かエロティックな場面だとかイメージを頭に思い浮かべられるかも知れません。しかし、次の詩は、おそらくそういうイメージさえも統一しては感じられないでしょう。

〈朗読〉「作品A」

燃えるみどりのみだれるうねりの
みなみの雲の藻の髪のかなしみの
梨の實のなみだの嵐の秋のあさの
にほふ肌のはるかなハアプの痛み
の耳かざりのきらめきの水の波紋
の花びらのかさなりの遠い王朝の
夢のゆらぎの憂愁の青ざめる螢火
のうつす觀念の唐草模様の錦蛇の
とぐろのとどろきのおどろきの黒
のくちびるの蒼みの罪の冷たさの

さびしさのさざなみのなぎさの蛹

ここでは、意味を持った言葉、漢字の視覚的なイメージ、音の流れ、そこから醸し出されるある種の情感みたいなもの、それらがない合わせられて次から次に展開しているので、統一した意味はないけれども、その動きそのものが詩であるというような、そういったものなんですね。しかし、発表された当時はこれを詩と認める人は非常に少なくて、言葉遊びだとか、そういうのは詩じゃないとか、あるいは言語至上主義だとか言われることが多かったわけです。同じ様に音を中心にしてても、これはちょっと意味が限られるかも知れない詩を、次に読みます。

〈朗読〉「透明な鳥籠」

すべての肉はむなしい
すべての贋の生はむなしい
肉感も
匂ひ油も
日光も
日曜日も
妊娠も
煮しめも
すべてむなしい
認識論も二壘打も二酸化マンガンも尿もすべて

むなしいむなしいむなしいむなしいむなしい
むなしい心もむなしい
むなしい心もむなしいといふ言葉もむなしい
すべての心すべての言葉はむなしい
個性も珈琲もコイツスもコンクリイトも悉くむなしい
むなしさはもういらない
むなしさの形相むなしさの肉はもういらない
むなしさの本質むなしさの骨
は何か

おお　燃えろ燃えろ燃えろ森も燃えろ桃色も燃えろ物差しも燃えろ物憂さも燃えろもやしも燃えろモノロオグも燃えろ妄想も盲腸も喪服も目的も文字も木琴も悉く燃えろ
むなしいもの悉く燃えろ
むなしさも燃えろ
燃えあがる森の　もだえる桃色の　燃えさしの物差しの　靄なす物憂さの
燃え盡きたもやしのモノロオグの
もだす骨

それらすべての肉すべての贋の生の燃えがら
の透きとほる骨を集めておお　俺はつくらう
輕いからつぽの鳥籠を

還らない小鳥のためでもない
限りない記憶のためでもない
ただ　生の本質むなしさの骨
無
の観念のために
かがやくからつぽの透明な鳥籠を

これは三十代に書いた詩なんですけれども微温的な日常の中に埋もれている自分自身に対する激しい否定、そしてもっと根源的な生を求めようとするようなもの、つまりそこには錬肉工房のやろうとされてた仕事と共通したものがあるんじゃないかと、僕なりに考えるわけです。

錬肉工房が僕の詩を公演に採り上げられた最初の時に、一九七四年でしたが『須磨の女ともだちへ』という標題がつけられました。それは僕の「小品」という作品から採られたものですけれども、これは今まで一度も朗読したことがないんです。ちょっと際どいような表現があるんで、公開の席で声を出すのは照れ臭いんで読まなかったんだろうと思うんですけれども、今日は恥のかきついでに読みます。この中に「松風」「むらさめ」という単語が出てきますけれども、無論ここではあの在原行平と潮汲みの松風・村雨という姉妹の話は直接は関係ないけれども、言葉として日本語のニュアンスの中には当然入ってくるんで、それを僕は意識して使っているわけです。そして、「立ち別れ因幡の山の峰に生ふるまつとし聞かばいま帰り来ん」という行平の歌、その「立ち別れ因幡の山の峰に生ふる」という「まつ（松・待つ）」という言葉を導き出すための序詞を、違った言葉にかかる序詞として一部入れています。一種の本歌取りを使っているわけです。

〈朗読〉「小品」

須磨の女ともだちからおくられた
さくら漬をさゆに浮かべると
季節はづれのはなびらはうすぎぬの
ネグリジエのやうにさくらいろ
にひらいてにほふをんなのあそこ
のやうにしよつぱい舌さきの感觸に
目にしみるあをいあをい空それは
いくさのさなかの死のしづけさのなか
モオツアルトのかなしい旋律のやうに
砂のなかを疾走しつづける少年の
たちわかれいなまれたいのちの想ひの
かへらぬ時のとほいそら音に
わたる松風のこゑに似て
あふれる波よせてはかへす波
泪はむらさめの眞珠のしたたり
シイツにしどけない素肌のしろい幻が
さくらを浮かべたさゆのなかに映る

言葉というのは、何よりも伝統的なものであり、あるいは文化を荷なう最も基本的なものである。むしろ言葉は文化そのものだと言ってもいい。長い歴史のうちに蓄積されてきた言葉の持つニュアンスと音、これは緊密に結びついていると、僕は考えます。岡本さんはこの作品から様々な読み込みをされ、能の

『松風』の詞章や他の言語素材を構成して『須磨の女ともだちへ』という舞台を創られました。

次に「てのひらの風景」という詩を読みます。これは、実際の手のひらと、ある風景のイメージ、人生、そういったものを重層化させた、一種のポリフォニイと言ってもいいわけですが。

〈朗読〉「てのひらの風景」

ふしぎないきもののやうにうごく草ひとつはえぬ丘
わかれては出あひはてしなくからみあひはなれゆく道の
藻鹽やくあまのたく火のたちのぼるおもひ
すべての道はひたすらみえぬはるかな果てへむかひ
あをざめた血の地下水　肉いろの肉のうへ
かれがれの木の葉にすける葉脈ににて暗くきざまれ
ひとりひとりのさだめのすぢはゆれみだれとぎれもつれ
ひとりはひとりにどこでめぐりあひまたとほのいてゆくか
しづかにゆるやかにひとり老いゆきながらかわいた砂のなか
やがてかずしれぬかなしみの川のかたちに竝行してながれ
うづまく砂の風紋にうもれつひにとだえる岬のはづれ
こごえおびえつつ　渇きの風のむごい鞭にうたれ
無をまさぐる　その斷崖の
ゆびのをののき

最初は、音、イメージで組み合わされていて、ひとつながりの意味というものは感じられない様なスタイルであった詩が、今読みました「小品」、「てのひらの風景」では、やはり音が中心ではあるけれども、ある意味がそこから感じ取れる様に書かれているわけです。音だけで詩を展開させるのは非常に困難なことで、しかも限界があるんで、そこに、ある具体的なもの、あるいは事柄を重ね合わせないと、どうも詩がうまく展開していかない、そういう思いがありました。『音楽』から十年後に、『はかた』という詩集を出しました。その中の「はかた」という詩は、それをもう少しはっきりと具体化した作品です。これは、後で岡本さん関口さんと一緒に朗読する時に、簡単に説明することにします。

その後、『空我山房日乗其他』というのを今から五年位前に書いたんです。この前半は『音楽』の世界とかなり共通したスタイルのものがあって、その中のひとつで、「momonochrome」という作品があります。錬肉工房では舞台の上で、同じ音あるいは音が言葉になっていくプロセスを、『水の声』などでかなり意識的に徹底して表現されたことがあって、それをヒントに僕は詩の上でやってみたんです。これは、同じ音が重ねられているんで、一種の吃音みたいに感じられるかも知れません。活字の上では、同じ音にいろんな連想による漢字を当てて、これが重層化されて書かれているんで、耳で聞いただけではちょっと足りない感じがするんですけれども。

これを書いた頃はまだ無かったけれども、その後急速にワープロが普及してきて、ある音を打てばずらっと同じ音の漢字が並ぶ。この詩なんかワープロからヒントを得て書かれたんだろうと思う人もいるかも知れないけれど、この時代にはまだ普及してないし、僕は知らなかったんです。

〈朗読〉「momonochrome」

し、し、しぐれる光の
し、死、しし、しぶきにうたれ
に、にく、肉體は　無

むむ、無の
や、やみ、なやみの闇の
ふ、不快、深い淵に
ふふ、ふふふ、ふしぎな
ま、まほろば、ほろぼし、まぼろしの
ま、幻の孤、個、固体としてう、う、う、
うかびあがる
ひ、日、火、光とは
ぶ、佛、物質か　それとも
ひひひ、非物質的な　じ、自、時間のさ
さざなみか
い、いや、藻、もしかしたらそれは
啞、あの、名ざし得ぬものの視線？
え、X線のやうに
に、憎、肉のすべての四季、死期、識、しきさう
し、色相をつらぬき
腿、裳、喪モノクロオムの
そそ、存在の穗、骨を
と、と、投企、凍死、透視しようとする
啞、あの、否《ノオ》、能にも似て
せ、精子、生死のあはひを脱け出た
移、井、意地、異次空間にあつて

ゼ、ゼラ、ゼラチンの肉體は
え、映、翳、永遠にゆれ
はは、はてしない無音のお、音樂として
せ、せ、旋、煽、顫動し、つづける

もうひとつ、「ロマネスク」という詩を読んでみます。これは、トーマス・マンの初期の短編『衣装戸棚』を素材に、「アルプレヒト・ファン・デル・クワアレン」という主人公の音に惹かれて、それを何回か繰り返して書かれている詩です。この人は、医者に不治の病であと数か月の命しかないと宣告されて、あてもなく汽車に乗って、それで見知らぬ駅に降りてぶらぶら歩いているうち、ある貸間札を付けた部屋を借りてそこに泊まる。そうすると夜毎に衣装ダンスから裸の美女が現れて会話を交わす。そういった夢みたいな話を書いた短編です。

〈朗読〉「ロマネスク」

もう殘りの時はわづかしかない
すべては宙にうかんだまま
何もすることもなく　また何をしてもよい
アルプレヒト・フアン・デル・クワアレン
名もしらぬ驛で降りると霧深いたそがれ
見もしらぬ町の　うるむガス燈の通りを
二つの塔のある古い門の脇をぬけ
三つに分れる川の鐵飾りの橋をわたり

左へ左へとどこまでも曲つていつた
アルプレヒト・フアン・デル・クワアレン
たちまち町は盡きてそれから
貸間札をつけた扉のベルを鳴らしそれから
たまたま借りた部屋では夜ごと何がおこつた？
夢魔との語らひか　死神との象戲《チエス》か
泣くばかりあてやかな素肌の女との色事か
アルプレヒト・フアン・デル・クワアレン
音もなく舞踏する蠟燭の焰のもと
もう殘りの時はわづかしかない
すべては宙にうかんだまま

僕は、近頃は日本の伝統的な言葉の持つ味わいだとか本歌取り、そういうことをやって非常に日本的な伝統的詩人と一面で見られるようですけれども、十代の頃、ヴァレリーのむづかしいエッセイを翻訳で読んで、その影響をかなり受けたんですね。ヴァレリーは詩と散文の違いについて、散文を「歩行」に、詩を「舞踏」に例えて言っている。「歩行」というのは散文と同じ様にある明確な対象目的を持っていて、それに向かって進められる行為だ、目的に達すれば行為自体が消滅する。つまり目的地に行けばそのプロセスはどうだっていい。それに対して「舞踏」というのは確かに同じ肉体を使う一つの行為体系には違いないけれども、その行為自体のうちに已れの窮極を持つ。つまり舞踏は、歩行の様にある目的地に向かうための行為じゃなくて、行為、動きそのものがひとつの目的なんです。

つまり舞踏はどこにも行かない。そんな功利的な目的は持たず、「もし何物かを追求するとしても、一の観念的対象、一の状態、一の快楽、一の花の幻影、もしくは或る恍惚、生命の極点、存在の一頂上、一最高点……」、言わばそういった行為自体を目的とする。

こういう風にヴァレリーは、歩行と舞踏とを区別して、散文は歩行にあたって、ある目的のために使われる。しかし、相手に伝達するという行為が終わってしまえばその言葉は消える。それに対して、舞踏というのは、その言葉のあり様、形、それ自体が目的だから何かを伝達するものじゃない。

絵だってそうでしょ、例えばセザンヌの絵を見てそこにリンゴが三個描かれてる、ああなるほど赤いリンゴだと分かったからと言っておしまいというわけにはいきません。音楽でも、一度聴けば用済みになるわけじゃなくて、何度も繰り返してその音のかたち、あるいは色彩とかたちという絵そのもの、それを見る人が見る、しかもそれは汲み尽せない意味がある。

詩というのはやはりそれと同じで、何かを伝達すれば終わるというものじゃない。言葉の形それ自体に意味があるんで、そして繰り返し読むに価するものが詩であって、一回読んで面白かったらおしまいというだけだったら、それは詩じゃない。そして、その中の意味というのは汲み尽くせないものがあって、これは見る度毎にまた違った光を当てられ、違った影を持ち、そういう言葉と言葉の関係によって織りなされている、ひとつの織物、これが詩だと僕は考えます。

そして、それを構成する言葉というのは、日本語ならば、日本の長い歴史によって醸し出された語感あるいは蓄積された意味、言わば文化、そういうものによって支えられ、成り立ってる。例えば俳句の歳時記、あの季語というのはやはり長い時代の蓄積によって作り上げられてきた言葉の宝庫で、しかし季語以外のひとつひとつの言葉がやはりそうだと思うんです。しかも詩というのは、そういう言葉を使いながら、あまり慣用化された語法だけに基づいていては駄目なんで、そういった語法を常に新しくする、あるいはコンヴェンショナルなものを常に練り直すことが必要なんです。詩の言葉というのは慣用語の対極にあるもの、だから言い古された比喩だとか形容なんかは、詩の上では一番嫌われるはずのものなんですね。

しかし、最初に言いましたように、言葉が時代によって動いていくにつれて、いつの間にか忘れられたり見捨てられたりしているものを、もう一回取り出してそれの持つ力を甦らせようとするような仕事をすることは、同時にこの時代に生きる、詩を書く人間の役割でもあるかと思うわけです。
『空我山房日乗其他』という詩集の後半では、漢語を多く使った語体の詩を書いたんです。「日乗」は禅宗の言葉で、日記のことです。近代で知られているのは、永井荷風に『断腸亭日乗』という日記がありますけれども。「空我山房」というのは、僕は杉並区の久我山に住んでるんで、「久」という字を、「空」に置き換えてみただけで、これは、日記のスタイルを取っているけれども、現実の日記というわけじゃないんです。

その中の詩は、耳だけでは分かりにくい所が多いので、その中の一番短い「白雨夢幻」を読んでみます。「白雨」というのは夏の夕立ちのことです。ざあっと降るともう一面真っ白に見える、それで「白雨」というわけです。

〈朗読〉「白雨夢幻」

同年水無月某日
酉ノ刻、方丈ノ庵室ニ獨リ肱ヲ曲ゲテマドロム
遠クイヅクヨリトモナク僧ラノ讀誦ノ聲響キ來ルニ
目ヲ上グレバ小暗キ處ニワガ同期ノ海軍豫備學生ノ幾タリカ坐シテアリ
ソハ戰時下ノ土浦航空隊第十四分隊ノ溫習室ナルガ如シ
如何ナレバワレ戰《イクサ》ニ死セシ
正面ノ白布ニ蔽ハレシ柩ノ中ニ横ハルハ、ワレ自ラニ他ナラズト知ル
サラバ、コレヲ見ル我ハソモ何者ナラン
ト訝ルニ目覺メタリ
讀誦ノ聲ト聞キシハ庭前ノ青葉ヲ打ツ雨音ナリシカ

激シキ白雨ハ索麵ノゴトク光リテ、眼界イチメンニ簾ヲカケタリ
コハ幻ナリヤ、ウツツナリヤ
紋白蝶ノ群レハ樹蔭ニ潜ミ隠レテ梅花空木ノ花瓣ト化《ナ》リ
草叢ノ奥ニ紫陽花ハ水中ヲ浮遊スル水母ニ擬《マガ》ヘリ
中有ニ絡ム定家葛ヨリ、シロキ香煙漂ヒ來リテ
蒼ザメタル庭ハ　恰モ死後ノ世界ヲ眺ムルゴトシ

　こういった文語の詩を書いたんですけれども、これはどうもあまり評判がよくなかった。今時、文語を使うというのは特に若い人には受け入れられなかったようです。それで多少妥協して、今度の『幽明過客抄』も「皇帝」なんかの作品では漢語を多く使ってますけれども、口語体で書いてみたわけです。

　その前の「はかた」という詩は、二百行ぐらいで、四部に構成されていて、「Ⅰ」は、遠い古代から現在の博多へ接近していこうとする前奏の部分で、ここでは万葉集から中世の歌の本歌取りの鎖連歌みたいな形でつないでいってる詩で、これはお聞きになって意味を取ろうとするとかえって分かりにくいかも知れません。音の流れを感じ取ってもらえばいいかと思います。「Ⅱ」は、昭和初期の僕の子供時代の博多の町のいろいろなイメージ、町名だとか、その頃あった店だとか、あるいは子供の遊びだとか、そういったものをずっと羅列してる。半世紀以上も時が経ってしまいますと、そこにある店の名前だって今じゃほとんど無くなってしまっている。子供の遊びでもよくお分かりにならないものもあるかと思いますけれども。「Ⅲ」は、「Ⅱ」から十年位経った昭和十年代、僕の高校生時代の町のイメージと現在とを重ね合わせて、しかもその頃に読んだモーパッサン、チェホフ、ニーチェだとか、近代のいろんな詩人の詩がまぜこぜになって引用されてます。最後の「Ⅳ」は「はかた」「しらぬい」「つくし」というような音のアリタレイション（頭韻）で構成されています。この作品は、錬肉工房の岡本章さん、関口綾子さんにも加わっていただいて読んでみます。

〈朗読〉「はかた」

I 那珂太郎
II 関口綾子
III 岡本　章
IV 三人で

（長篇のため掲載略）

『幽明過客抄』の中の「皇帝」は、秦の始皇帝を素材にした詩です。始皇帝は今から二千二百年位前に初めて中国全土を統一した皇帝として知られてますけれども、その兵馬俑というお墓のそばにものすごい量の人形を作って埋めたわけです。これは埴輪みたいなものですけれども、それが一九七四年に初めて発見されて世界を驚かした。というのは、人間と同じ位の大きさでしかも非常にリアルに一人一人顔が違う。おそらくその当時の実際の家来をそのまま写したんだろうと言われる位に、それぞれの個性、人格を持った人形、これが何千と埋められてるわけです。今でも全部は発見されてなくて、日本でも十年位経って初めてその一部分が展示されたことがあります。

僕は数年前に西安に行って実際の兵馬俑を見て、やはりひどく感動しました。途轍もないことをやったものだというだけでなくて、宇宙が出来、非常に不思議な条件がうまく重なって生命が出来、それから人間が出来たというようなことも驚くべきことですけれども、二千二百年前に始皇帝という人物が生きて、こんなものすごいものを作った、そしてこんなものすごい野望を持って生きたということが驚くべきものだと感じます。しかしどんな大皇帝であろうが、極く平凡な普通の僕らであろうが、人間の生命の条件というのはまったく平等なわけです。つまり何年か経てば死んでしまう。さらに何十年か何百年か経てば骨まで皆消えてなくなって、他の水になったり空気になったりして動いてゆく。そういったこの世の理法みたいなものは、何千年も前に仏教がもう見抜いていて、現代の宇宙論と、仏教の思想というのは非常に符合する所があって、これも驚くべきことですけれども。そういう歴史の中で二千年というのはほんのわずかな時間でしかない。僕らの一年に比べれば長いけれども、人類あるいは宇宙の歴史から見ればほんの一瞬と言ってもいい位の短い期間だけれども、その始皇帝のことを素材にして書いたわけです。

この詩もやはり四部からなっていて、「一」は、兵馬俑、つまり発掘された土で作られたいろんな兵士を書いています。「二」は、その土で作られた兵士自身の言葉を主体に、「三」は始皇帝自身のモノローグという形で構成され、「四」は最後の結びということです。ここに出てくる徐福という『史記』にも書かれている実在の人物については、萩原朔太郎が、『月に吠える』を書く大正五年頃に『虹を追ふひと』というかなり長い散文詩型の詩劇みたいなものの中で書いています。もちろんその頃は兵馬俑のことはまったく知らなかった。さらに戦前からの同人雑誌で一緒だった僕の先輩の真鍋呉夫という作家が、やはり『史記』を素材にした小説を書いてまして、『天命』は昭和二十年代に芥川賞の候補になって非常に読まれたわけですが、彼の『荒野』という小説の中で、琴を弾く（琴と言っても中国の筑という小さな手で持てる位のものですね）高漸離の話があって、これも『史記』の中に書かれていて、そういうものをこの詩の中では読み込んでいます。

〈朗読〉「皇帝」

Ⅰ　岡本　章
Ⅱ　那珂太郎
Ⅲ　関口綾子
Ⅳ　那珂太郎

（長篇のため掲載略）

この『幽明過客抄』の「幽明」はあの世とこの世、それを過ぎて行く人々、無論そういう人は無数にあってそれを全部書くわけにはいかないんで、その中の幾つかをという意味で題をつけました。第一部は、西脇順三郎とか鮎川信夫とか現実にこの数年間に亡くなった人をもとに書いたものです。第二部は、十代の頃から読んだり観たりした小説や映画などを素材にして書いたものです。

では最後に、今岡本さんからリクエストされた「地球のあなた」という作品を読んでみます。この詩の中の「藻草のようになびく髪」というイメージは、タルコフスキイの映画『惑星ソラリス』の最初の部分で、随分長いショットで、水の流れの中にゆらゆらと揺らめいている藻が描き出されているんですね。そのイメージを借りてきました。

〈朗読〉「地球のあなた」

惑星そらりす　こちらからおもひうかべると
地球のあなたがたとへやうもなくいとほしい

あなたのひんやりしたはな
あなたのかたちのよいくちびる
そのりんくわくをゆつくりゆびでなぞると
あなたのおほきなひとみはたちまちきらきらとうるんでゆく

みなそこのもぐさのやうになびくあなたのかみの
ゆらめくなみをかきわけてそのかをりのなかをさまよひたい
あなたのうなじからかたへのしなやかなきよくせん
あなたのはだのしめやかなぬくみほのかなにほひ

そのゆるやかなすろおぷをしたのさきでたどり
くらいくさむらのおくのあついほのほにとどくまで……
あなたのないぶのやみのふかみはをののきあふれふるへ
くるほしくへんぐゑしうねるおんがくをかなで
………………
ははににたあなたのふくらむふたつのをかのあひだの
なみだのたにもういちどひたひをうづめてまどろみたい

惑星そらりす　こちらからながめると
地球のあなたはなぞのままかぎりなくなつかしい

これは、あの世からこの世の女性を見て歌ったような詩なんです。

（錬肉工房連続講演会・一九九〇年九月九日・錬肉工房アトリエにて）

3 能の心と身体技法

観世銕之亟

KANZE Tetsunojo

私共は六百年前に出来た能というものを、何故かその家に生まれて、今日まで演じさせてもらい、皆さんに見ていただいております。能は日本の演劇、芸能の中で古典と言われますが、現在まで型、様式が伝承されてきました。その基盤に六百年前に書かれた戯曲（謡曲）があって、その言葉の中にある確かな価値、リアリティを、私たちは体を通して演じ、具体的に見ていただいております。とは言いましても、各時代ごとにいろんな影響を受け、様々な形で作品に立ち向かうアプローチがあって、その中で伝承され、古典として今日まで残ったのだと思います。

これがヨーロッパの場合ですと、社会や文化の構造自体もそうなっていますので、前のものが否定され、時代時代で根底から作り変えてしまう。例えばシェイクスピアの『ハムレット』で、主人公がオートバイに乗って舞台に出てきたりする。それでも『ハムレット』は『ハムレット』であるというような形なんですね。日本の場合は、これは不思議なことなんですけれど、私たちより古い雅楽から狂言、文楽、歌舞伎というものが並存して、それぞれのスタイルでその時代を代表するみたいに残っています。

さて、先程岡本さんが話されましたように、この後、能『井筒』の後半の場面を実際に舞ってみます。この能は夢幻能という分類になっているのですけれど、そこで夢幻能とはどういうものなのかというお話を少しします。それは例えば、皆さんが奈良へ行って法隆寺をご覧になった時に、聖徳太子はどういうふうにしてこのお寺に出入りしていたんだろうとか、いろいろと過去へのイメージを膨らませていく。そしてそこで本当に聖徳太子の霊と出会ってしまう、というような芝居の立て方をするわけです。『井筒』を例にとれば、旅の僧が奈良から初瀬へ行く途中に在原寺を訪れ、『伊勢物語』に出てくる業平と紀有常の娘のことをあれこれ想像します。そこへ里の女が現れ、井戸の水を汲んで古塚に手向けているので、僧がいぶかしく思って尋ねるんですね。すると二人にまつわる話をいろいろとするのですが、それは現世の女の体を借りた紀有常の娘の霊の化身で、三人称的に話をし、そのうち井戸の陰に姿を消します。そしてその夜、僧の夢の中に井筒の女の霊が、業平の形見の衣裳をつけて現れ、舞を舞い、井戸の水に姿を映して、やがて夜明けとともに消えていくというお話なんです。そういう劇の作り方をしているわけです。

では何故それが面白いのか。それは、一旦死んでしまって土に帰ってしまった位置から、自分が生きていた時に、こういう辛いこともあった、面白いこともあったということを織り交ぜて描いていく。これは劇を作るのには非常に自由な構成で、こういう形をとりますと時間と空間を超えて抽象的な表現も出来るし、具体的な思い出の話も出来る。そうした夢幻能という良いものがあるのですが、しかし折角自由な表現の出来る構成を持っているにも拘わらず、役作りや舞台作りでその形に足を掬われ、心の表現がなかなか難しくて、上手くいかないこともあるんですけれども。

それとともに能には語り物性と言いますか、叙事的な物語を語っていくという側面があります。ヨーロッパの場合オペラがありますけれども、これは楽器が非常に発達していて、その楽器の音というものの純粋さと、人間の声がどれ位拮抗していくか、ということで出来たものだと思うんですね。能というのはあくまでも過去の物語を皆さんにお聞かせする。平家琵琶の平曲や浄瑠璃、落語、講談などと同じく語り物なんです。言葉を語り、それをある程度音楽化しながらも、人間の声を基本に置いて演じるんですね。それは具体的には、人にいろいろと訴え掛けたりする時も、その裏にあるストレスのようなもの、呻き声みたいなものを基にしながら言葉にのせて語っていく。このことは夢幻能を演じる時にも大切なことで、非現実的な人間の魂が登場するわけですから、日常的な人間の生な感情でやりとりしているだけでは駄目なのでね。日常現実とは全然違う所からの呼びかけ、魂の呼びかけといったものを自由に演じながら、且つその役なりの戯曲の中にあるリアリティを感じていただく。そのための演技の技法の工夫もあり、戯曲の文章の多様な綴り方の工夫もあります。

そういった先人達の演劇的な工夫、様式に実は私も感動する所があります。先に申し上げた通り、日本の古典芸能には、能の後に文楽や歌舞伎があり、また今日では現代劇が上演されていますけれど、もしそれらと同じような構造、方向性の舞台の作り方をしていたら、きっと能はなくなってしまったんじゃないかと思うんですね。そこに能独自の、一つの演劇世界のあり方、作り方が時代を超えて今日まで伝承され、存在している。これは重要なことだと思います。

能が成立した室町時代というのは、日本独特のものがいろいろと生まれた時で、例えば石庭がありますね。花が咲いたりする所を全部取り去ってしまって、石と常緑樹だけの非常に切り詰めた形で庭を造る。四季折々に変化する色を取り除いたために、逆にその庭に接した人々が、それぞれのいろんなイメージを広げることが出来る。背景には禅の思想があるわけですけれど、水墨画、茶道、華道、香道など、日本独自の特性を持ったものを創り出した時代です。もちろん能もその中の一つですけれど、そこには「余白」とか「抑制」の美学があって、最終的には言葉では言い表せないことを感得し、互いに出会っていく。そのことが能の魅力にもなっているわけです。

一方で最初にも言いましたように、能は単に型、様式が伝承されてきたわけでなく、時代、時代で問い直しが行われてきました。また能の演劇世界は、ある意味で現代演劇とも繋がってくる前衛性も持っています。日常生活の再現ではなく、人間が存在していること、思いそのものがドラマになってくる。そこにはベケットなどにも通じる抽象性があって、現代の人間の心の深い部分を描ける様式、言葉、音楽性を持っているように思います。ただ能が出来た頃には、テレビもなければ、現在のような様々な演劇もありませんので、いろんなスタイルの能があります。具象的なものもあれば、今申し上げたような非常に抽象的なものまであり、百人百様の心を持った観客に向けて演じられてきた。だからある種のエンタテインメントという言葉に通ずるような所もなければ、能はやっていけなかったはずです。しかし、世阿弥という人が、一方でそうした抽象性、象徴性に深く根差し、体現した独自の能の世界を作り、そして優れた演技、演出の技法、夢幻能の戯曲構成を生み出した。ある意味で、人間という存在が時代を超えて本質的に持っているリアリティを、そこで深く表現したからこそ、今日まで能が伝承され、残ったと言えると思います。

（この後、実際に謡や所作といった能の身体技法の実技と解説、また『楊貴妃』や『海士』、『朝長』の仕舞があり、そして最後に能『井筒』の後場が演じられる）

対談

観世銕之亟
岡本章

岡本　素晴らしい実演、本当にありがとうございました。この私共の柏のアトリエでいろいろと舞っていただき、皆さん非常に近い距離でご覧になれて、深い感銘を受けられたことと思います。今日拝見していて、やはり能というのは関係性の演劇なんだなということが、改めて見えてきました。自分の身体の中で関係性が絶えずあり、同時に他の演者との引っ張り合い、そして空間全体との関係性など、いろんな要素を刻々感じ取りながら演じていくことが大事なんだと思いますが、いかがでしょうか。

観世　この柏の稽古場は初めて伺ったんで、前からこの寸法でどうするかということは考えないで、今日は演らしていただいたんですけれども、能というのはそういう所がありまして、何処へ行っても、いろんなことを場に沿ってやる。昔を考えれば、要するに河原で演ってたわけですからね、今みたいに整備された立派な能楽堂じゃなくては出来ないということはない。舞台やお客様との関係で自ずから三足出る所を二足でと、別段遠慮してじゃなくて演ることが出来るような様式は持っているんですね。だから観客との緊張関係を失わなければ、どんな場所でも出来ると私は思っておりますけれども。

岡本　なるほど、それはすごいですね。確かに世阿弥の能楽論を読んでも、常に関係性の問題が論じられておりますよね。場所や観客、そして天候、季節なども含めて、いろんな要素を敏感に受け止めて、その緊張関係の中で演じていく。能は型、様式が存在しますから、型通りのものという印象がありますけれども、今日、先程舞っていただいて分かるように、本質的な深い自在さが能を支えている。もちろんお力があるからですが、こうした狭い空間の中でこそ、却って果てしない拡がりが感じられます。能には逆説的ですけれども、相反するものが拮抗しながらバランスをとっているような状態がありますよね。音曲面、それから演者同士、観客との問題を考えても、そこに自在な間合い、関係性が存在すると思うんですけれども、その辺りはいかがでしょうか。

観世　私たちは、いわゆる新劇ふうに客席の方を暗転に近い形にされちゃうのが一番困るんですね。確かにその方が舞台への集中度はあります。だけど私の方としては、今日みたいに皆さんの顔が見えて同じレベルで演った時の方が良いですね。皆さんの協力が得られる。舞台と観客席が仕切られちゃうととてもやりにくい。僕はやはりお客様一人一人の生き様みたいなものと、舞台がパッと出会うことでより両方のイメージが膨らむように思うものですから。

岡本　そうですよね、普通は暗い方が集中しやすいだろうと考えるわけですけれども、能には相互の可逆的な心身の集中のあり方、コミュニケーションがあるんですね。

観世　隠す所と曝け出す所がアンビバレントにすごくあるような気がする。「秘すれば花なり」と言うように隠す所はうんと隠すわけですから。けれども曝け出せる所は出来るだけ曝け出した方が良いという演劇だと思いますね。

岡本　近代劇の額縁舞台で前に壁があって、覗き見しているという構造とは全く違った、開かれた関係性がそこで生きられているわけですね。それとともに少しお聞きしたかったことで、能の「位」ということがありますね。今日も『井筒』の序ノ舞を舞っていただきましたが、例えば『野宮』でも同じ序ノ舞を舞われる。しかしそこでもちろん違った世界が立ち上ってくるわけで、そこにそれぞれの作品の「位」というものがあるんだと思いますが、それはいかがでしょうか。

観世　自分の位置と曲目の位置、それらが出会う時間を決めるというか、取り出すというか、『井筒』はこういう位置なんだ、それに対して自分はこういう位置なんだという意味において、「位」という言葉は使えるというふうに思っているんですね。演じる時のイメージとかテンポとかいろいろありますけれど、どうしても位置というふうに考えるんです。例えば違う言葉で言いますと、「品が良い・悪い」と言いますね。「品が良い」という言葉は、お互いにとってその品物が良い、適っているということでしょ。そういう意味において「位」というのは、その位置と位置とが良い塩梅に出会えたというふうに使いたいですね。それから場所ですよね。同じ曲目でも非常に明るい場所で演る場合と、暗い場所で演る場合、また前に一曲あってから演る場合とかでテンポも違ってきますしね。こういうのを「位」と言えば言えるんでしょう。舞台に出ている者全体が、お客様も含めて、見ようとすることと出会おうとすることが、うまく合体出来る所を探さなきゃいけない。

岡本　そうした出会いの場所を皆が手探りをしていくということでしょうか。能では型がありますけれど、型通りではなく、「位」としか言いようがない所にどのようにして行くのか。

観世　能には決まりがあってないような所がすごくありますから、それを良い意味での緊張感で、皆が支えていくということはありますね。

岡本　ある種の本来的な即興性のような所があるんでしょうね。

観世　そうです。だからメトロノームで計ってといったもんじゃないですね（笑）。

岡本　ところで少し話は変わるんですが、面（おもて）のことをお聞きしたいんですけれど、面を掛けられた時の意識の変化は、どのようなものですか。

観世　役者さんの体質によりますけれども、私は短時間なんです。「鏡の間」というのがあって、鏡の前で面を掛けて役になり切るんですけれども、あまりなり切りすぎちゃうと、つまり自分の方がなくなっちゃうと良くないから、比較的短時間なんです。もちろんそれまでに、どういうふうに顔に掛かったら良いかということはいろいろ研究しますけれども、掛けてしまったら後は自分の方でやるわけだから、それからじたばたしても始まりません。

岡本　ある人に聞いたんですけれど、面を掛けると不安になって自分の体が何かしちゃうってこともあるけれど、良い時には反対にふうっとすごく信頼出来る感じになるんだっていうことを聞いたんですけれど。

観世　若い頃に女の役なんかをやった時に、面を掛けるまでは自分の着ている衣装とか周りの状況がよく見えるわけでしょう。面を掛けてしまいますと全然そういうものはなくなりますから、言葉は悪いですけれど、裸で出てるような恥ずかしさがすごく出てきちゃうんですね。だんだん慣れてくるとそんなことはないですけれど、初めはそういう葛藤がすごくありました。

岡本　被うことで反対に晒されることがあるということですね。

観世　何も見えませんからね。また素人の方で能が好きで止められないっていう方が沢山いるけれども、それはどういうことかと言うと、自分は中に入っちゃって外界と全く遮断されちゃうでしょ。いっぺん能を舞うとそんな快感を止められなくてね。面を掛けるともう誰にも頼れなくなっちゃう。真っ暗ですからね。そういう経験っていうのはあまりないから、これはすごい快感ですよ（笑）。

岡本　そうなんですか。面を掛けると複雑、微妙だけれどそういう意識の回路が動き出すんですね。普段はあれこれ考えて、はからって生きてますから。それが「しょうがない…」と肚が据わると、きっと回路が変わるんですね。普段外を向いているのが内側に向かって深く入っていくっていうか、面はそういうことの仕掛けになっているんでしょうね。

観世 面の目は穴が開いているだけですから、自分の目を動かして見ることは出来ない。だからどうしても、胸で見るとかお腹で見るということにならなきゃならないんです。

岡本 それをもっと突き詰めていったら、心眼という所まで行くんですかね。

観世 そうですね。面を掛けない時のことを「直面（ひためん）」といって、面を掛けたみたいな演技をしたら良いと言うんです。どういうことかと言うと、能と普通の芝居は違うから、素顔で演っていても目を動かして見るんじゃなくて、面を掛けた時の目つきなり、方向性を感じながら演じていく。普通の芝居のような目にならないために、「直面」という言葉で戒めているのではないかと思いますね。

岡本 人間の意識の深層と結びついた身体技法を、能は面を通して仕掛けとして持っているということですね。そこで、もう一つ関心がありますのが、「役」の問題なんです。近代のリアリズム演劇では、役に同化し、感情移入して心理を生きるわけですが、能の場合は全く違いますよね。

観世 能は、他の演劇のあり方と同じように考えるんじゃなくて、音楽とか絵画といったものに近いと言われることがあります。例えば前田青邨という人が絵を描いたとすると、その絵の裏に青邨の生き様を感じ、ゴッホならゴッホの生き様を感じるといったあり方ですね。それと同じように能の場合、観世銕之亟という人間の生き様が、戯曲のドラマやストーリーの上に乗っかってくる比重は他の芝居よりも大きくて、演者の生き様を二重に合わせながら観ていくということがある。だから一所懸命ドラマだドラマだと思って観なくても、ゆったり観ていただくと、そのうちにもドラマが分かるし、役者の色というか、指向しているものが分かってくるような演劇だと思うんですね。これも逆説的なんで、ある意味で自己否定の極みたいな所があるわけですけれど、同時にそういうことを通して自分が顕わになってくる。

岡本 でもそれは普段の日常の自分とはもう一段違ったレベルの自分ですよね。

観世 そうです。だからあまり自己主張しちゃうのはいけないんじゃないかな。亡くなった兄の寿夫は、非常に自己主張の強い人でしたからね。晩年には「なるべくお前は人に自己主張しないで、お客様の中に入っていくように。俺みたいに頭から『俺はこうやってるんだ』というのは良くない」って盛んに言ってました。それも知っちゃあいるけど止められない口でね（笑）。

岡本　自分ってことを突き詰めていくと、普通は自己主張の方に行くんですけれど、そうじゃあない、ある種の自己否定の果てに出てくる自分と言いますかね……。

観世　もちろん、やっぱり主張はなきゃいけないんです。けれども、あくまでそれはお客様の中に生きるということにおいて主張出来ないとうまくいかない。

岡本　先程の『井筒』の後場の、井戸の水面に身を映す場面なんかは典型的ですね。幾重にもいろんな役、人称が映（移）り、変幻していく。あそこは実際演っておられてどんな感じですか。

観世　男の役者が女の役を演って、男姿で出て水鏡を映すんですからね。そんな虚の上塗りみたいな所で自分を出そうっていうんだから（笑）。でも、そういう所に能の不思議な世界があると思いますね。それからね、リアリズムではないとしても、リアリティってことはあるんですよ。これはやはり分けて使わないといけないと思います。イズムというのは主義、主張ですからね。それはないとしても、自分の深い存在感が出るようなリアリティがない能はつまんないですね。

岡本　確かに優れた能には、他の演劇にはない深いリアリティがありますね。

観世　世阿弥の『花鏡』に「わがこころを我にも隠す安心」という言葉があります。よく鏡を見ながら稽古している人がいるけれども、うちの親父は、「鏡なんか見て稽古しててうまくなった奴なんて見たことない。鏡で自分が分かる位なら何も苦労はしねえ」とこう言うんです（笑）。そりゃそうなんですよね。自分の思っている自分というのは絶対他人様（ひとさま）が見ている自分ではないと僕は思いますね。自分の思っていることで自分が全部理解出来て、それが他人様が見ていることと同じだったら、こんな恐いことはない。

岡本　そうですね。だから、まさに「離見の見」というのは、鏡で見るんじゃなくて、無心の境の中でつかんでいくということで、そこには深い集中がきっと要るんでしょうね。この前、演劇評論家の渡辺保さんと話をしてましたら、柳生但馬守の頃ですか、名人の観世大夫が演じていて、本当に隙がなくて、ある剣豪がいつ切り込んでやろうと思っても切り込めない。ところがある一瞬だけちょっと隙があった。それで舞い終わった後に聞いたら、その時にほんの小さな紙かなんかがあって、それが目に付いたんだと言う。これなんかは本当に深い集中で、剣豪同士が互いに切り込む様な緊張感の中で演じている。ある種の極致なのかも知れないですけれど、なるほど凄まじい心身の状態が生きられているんだなと思ったんですけど。

観世　自分がこういうふうにやりたいということはもちろんあるけれども、それを前に出しすぎて人と合わなくなるってことはあります。でも皆それぞれ違う個性を持っているわけですから、また、仲良くしようと思うとどんどん離れちゃう。だから逆に議論してぶつかり合った方が良いですね。手を差し延べるとか、差し延べられるという所でやっていては駄目なんだと思います。緊張関係、引っ張り合いが弛んでくるんですね。

岡本　本日は、能の表現の深奥についての興味深いお話を、本当にありがとうございました。

（錬肉工房連続講演会　一九九一年九月二九日　錬肉工房アトリエにて）

4 演劇における時間

高橋康也

TAKAHASHI Yasunari

「演劇における時間」というのは、狭い意味の時間を指すのではなく、時間を補助線として演劇の様々な問題を考えようではないかという意味であって、だから何でも取り込める合切袋みたいなテーマです。どこからでも切り込めるようなテーマですから、いくつか、作品からの引用を用意いたしましたけども、そのどれから取り上げても、またそこから戻っても先へ行ってもかまわないはずです。とりあえず、おなじみということで、チェーホフから入っていきましょうか。

チェーホフ、というと普通はリアリズム演劇の完成者、ということになっております。確かに、チェーホフの芝居というのはリアリズムですね。つまり、現実にあり得ないようなことは起こらない。全て我々の普通の日常的な感覚、五感、常識的な観察、その範囲に入る出来事だけで成り立っている。その意味では、イプセンと同じく、リアリズムです。同じ時代のストリンドベリという作家を考えるとはっきりしますが、こちらは非常に幻想的な、非現実の作品、生と死、夢と現実が入り混じるような世界を書いておりまます。当然、リアリズム演劇の中では時間が正常にノーマルに流れていく。時間があっちいったり、こっちいったりしない。時計の時間通りだんだん先へ先へと一歩ずつ進んでいき、応じて出来事が展開していく。リアリズムということは、時間に即して言えば、常識的な時間の展開、つまり過去から現在、未来へと自然に線的に流れていく時間を軸にしている。そして確かにチェーホフはその通りなんですが、しかし、それですむものだろうか。

第二次大戦後、一般に近代的価値観の体系が大きくゆらいできたのに合わせて、リアリズム演劇への批判が、世界的に高まりました。リアリズム、すなわち、近代演劇、すなわち批判されるべきものというような等式が出来上がった観がありまして、反リアリズム、反近代、反新劇でなければ演劇にあらずという風潮が続きました。そんな中で、チェーホフも安易なリアリズム批判の槍玉に上がってしまうことが多かった。チェーホフの芝居は、要するに非常に陳腐な日常的な出来事をこまごまと書いているだけで、現実の引き写しではないか、と。特に日本の新劇のやり方でやると、チェーホフは大変つまらないものになってしまうと思われて、チェーホフ、すなわち、かっこつきの批判されるべき「新劇」という感じになっていたわけです。

しかし、実際にはチェーホフの作品をよく読むと、あるいは優れた上演を見ますと、確かに現在の現実の出来事を扱っているのですが、閉塞に満ちた現実生活を精一杯生きている人間の姿を徹底的に細かく、ニュアンスを込めて捉えていると同時に、そういう人間の姿、現在の時間を、もう一つ遠い未来の、ある仮定された視点から見返す、そういう屈折した時間意識があるということがわかります。それによって、単にリアリズムの、のっぺらぼうな、平坦な時間の流れを超えて、一つ飛躍した、もう一つ別のレベルの時間が導入される。チェーホフの世界に流れる時間が単純に一つの種類の時間ではない、ということを示すものとして、いくつかの例をここに引用しました。チェーホフの四大作品、『ワーニャ伯父さん』『かもめ』『三人姉妹』『桜の園』はシェークスピアの四大悲劇に匹敵すると思いますが、その終わりの方でいつもチェーホフ的パターンとも呼べるようなセリフの展開がある。主人公達がその劇を通して生きてきた、非常に切なく虚しい現在の時間、一生懸命生きているのだけども、どうしてもその生きている意味が見つからない、そういう時間が、劇の終わりにきて、ある将来の時点から振り返られるんです。あるいは、ある将来の時間の点を仮想することによって何とか現在を超えようとする、あるいは、現在にせめて耐えようとするのだ、そう言ってもいい。そういう姿勢が出てきまして、これがその劇の最後にあたって、いかにもチェーホフ的な心優しい、切ない感動を与えるということになります。もちろん、下手にやると、これは鼻持ちならないセンチメンタルなセリフにすぎなくなってしまいます。でも、うまくいけば、ここで劇の時間がパッとはじけて、舞台装置で言えば「屋台崩し」みたいな感じで、世界が開け、現在が新しい照明の中に浮かび上がるはずなんです。第一の引用『ワーニャ伯父さん』第四幕、幕切れ近くのソーニャのセリフ（神西清訳、以下同）を、錬肉工房の関口綾子さんに読んでいただきます。今日のお客様はとても運が好いのでありまして、関口さんの朗読でこれだけ世界演劇の名ゼリフを聞けるという機会はめったにありません。

「でも、仕方ないわ、生きていかなければ！　そして、やがてその時が来たら、素直に死んでいきましょうね。あの世へ行ったら、どんなに私たちが苦しかったか、どんなに涙を流したか、どんなにつらい一生を送って来たか、それを残らず申上げましょうね。すると神さまは、まあ気の毒に、と思ってくださる。その時こそ伯父さん、ねぇ伯父さん、あなたにも私にも、明るい、すばらしい、なんとも言えない生活がひらけて、まあ嬉しい！　と、思わず声をあげるのよ。そして現在の不仕合せな暮しを、なつかしく、ほほえましく振返って、私たち――ほっと息がつけるんだわ。」

続けて、『三人姉妹』のオーリガもお願いしましょう。

「やがて時がたつと、わたしたちも永久にこの世にわかれて、忘れられてしまう。わたしたちの顔も、声も、なんにん姉妹だったかということも、みんな忘れられてしまう。でも、わたしたちの苦しみは、あとに生きる人たちの悦びに変って、幸福と平和が、この地上におとずれるだろう。そして、現在こうして生きている人たちを、なつかしく思い出して、祝福してくれることだろう。ああ、可愛い妹たち、わたしたちの生活は、まだおしまいじゃないわ。生きて行きましょうよ！　楽隊の音は、あんなに楽しそうに、あんなに嬉しそうに鳴っている。あれを聞いていると、もう少ししたら、なんのためにわたしたちが生きているのか、なんのために苦しんでいるのか、わかるような気がするわ。……それがわかったら、それがわかったらね！」

両方とも似たようなパターンだということ、おわかりだと思いますが、さっき申し上げたように、現在の非常に閉塞した、挫折に満ちた人生を精一杯生きている人物達ですね。そして劇の終わりになって、その閉塞感、挫折感は、出口が閉ざされて、ますます辛いものになるのですが、そのどん底で人物達はなおも必死にある希望を将来の中に遠く望もうとする。特にこのオーリガの最後のところ、「もう少ししたら、なんのためにわたしたちが生きているのか、なんのために苦しんでいるのか、わかるような気がするわ」。この考え方、発想を、風呂敷を広げて、大昔にさかのぼって考えてみましょう。

ギリシャの古代から、時間というものについて二つの考え方がありました。一つはクロノスという時間、もう一つはカイロスという時間です。クロノスというのは、時間の神様の名前でもあって、時計のように、いわば無機的に無表情に刻々ときざんでいく時のことです。均質的時間、客観的時間ですね。時計のことを英語でクロックとかウォッチとかいう他にクロノメーターという言い方をします。これはクロノス的時間の計測器ということですね。時計の上でたっていく時間というのは、何が起こっていようと同じように過ぎていく、意味というものから解放された時間、無意味に無表情に過ぎていく時間です。それに対して、カイロスというのは、ある区切られた時間のことです。つまり、あるポイントに向かってだんだん緊張し高まっていく、そしてその区切りの時間に至って一つの意味が完了する。そういう意味に満ちた時間ですね。日本語で「時」「満ちる時」「時が満ちる」という言い方がありますね。そういう満ちる時と言いますか、だんだん、こう時が盃に水のように注がれていって、ある所で、盃が満杯になる。これは、さっきの時計のようにいつまでたっても無限に同じように続いていく時間とは違うわけです。カイロスというのは、クライシス「危機」という言葉とも語源的につながっています。ある危機的な瞬間というものが設定されていて、そこに向かって時間が切迫していく、そういう緊張に満ちた時間。例えば、これは文学で言いますと、ホメロスの『オデュッセイア』の世界なんかがそうですね。クロノス、これはギリシャ的な世界観の一つの背後にある時間の考え方で、時間は無感動に流れていく。一種の虚しさとか、無常とかこういう感じに結びつくわけです。それに対して、ユダヤ、キリスト教の世界、この世界は、カイロスという、もう一つの時間に貫かれているそういう世界だと言えます。キリスト教によれば、時間というのは神によってある時作られた、そこで始まる。そして、キリストが出現し、十字架にかけられ、復活し、キリスト以後の歴史が始まっていく。最終的には、キリストが再臨し、最後の審判が行われて、永遠の天国と地獄に二分されまして、そのとき時間というものが抹殺される。そういうのがキリスト教的な終末論、世の終わりについての哲学ですね。

ギリシャ的なクロノスと、キリスト教的なカイロス。こういうふうに分けると、演劇の考え方にも二つの時間が絡まっているのがわかります。リアリズムというのは、さっきの考えで言うと、クロノスになりますね。つまり、人間がいくらじたばたしても過ぎていく時間というのがあって、それが現実だとすれば、その現実を写すのがリアリズムですから、リアリズム演劇というのも、そういう現実において働いているクロノスとしての時間を扱うことになる。しかし、演劇にかぎりませんが、よく考えると、リアリズムというのは一つの建前、約束事であって、決して現実そのものではないのですね。現実そのものはのっぺらぼうであって、写実といっても、人間が現実を写す時に無定形なものを何らかの形にあてはめているんです。写す、という時にフィクションが入る。ある解釈の角度というのが必ず入る。それがイズム、というものですね。リアリズムと。ですから、一見、現実にありそうなことを描くのがリアリズムですが、ありそうなことを描くということで、もう現実そのものでなくなってしまっている。リアリズムと呼ばれる芝居も、実際にその中身は、クロノスとしての時間をただ扱っているだけじゃなくて、芝居の終わりに向かって、だんだん意味が高まっていって、そして最後にカタストロフィー、大団円に至るように創ってある。つまり、一種のお話になる。最後のケリがついてお話になる。ストーリーができるということは、リアリティ、現実そのものではあり得ない。リアリズムは、しかし、それがまるで現実であるかのような顔をして成り立ってきたわけです。その嘘っぱちが、まぁ、暴露されてリアリズムの絶対的な権威というのは落ちた。

さてチェーホフをみていると、一見、クロノスの時間でずうっとやっています。ところが今読んだ二つの引用でおわかりのように、その淡々と過ぎてゆく虚しい時間、その時間を生きている人間の主体とか主義とか内面、というものに関係なく過ぎてゆく時間というものに対して、ある未来のポイント時点をこの人物達はイメージする。そのイメージに照らして、今の時間をはかり直す。そうすると、今の時間を生きている自分にとっては、何のために生きているのかわからないという、その無意味さが、未来のある時が来たらわかるのかもしれないと、そういう考え方がここにある。その時、時間はクロノスではなくカイロスに変わるのです。人間は生きている以上、自分の生きているということに対して、ある意味を求め続ける。大抵は自分の一生にケリがつかないまま、死んでいくのが現実ですけれども、同時に意味を求めるということも事実です。

チェーホフの四大悲劇の最後の『桜の園』の幕切れで、端役のフィールスという召使いが出てきます。すっかりぼけていて、自分の周囲で何が起こっているのかわからない。そういう老人の最後のセリフなんですが、「一生が過ぎてしまった、まるで生きた覚えがないくらいだ。……どれ、ひとつ横になるか。……ええ、なんてざまだ、精も根もありゃしねえ、もぬけのからだ。……ええ、この……出来そこねえめが！……」このフィールスという召使いにとって、もう普通の意味での、他の人物達が生きているような、時間というものがもうなくなってしまっている。彼がいるのはのっぺらぼうな時間であって、言いようによっては、これは悟りの境地とすればすれかもしれません。そういう形で時間が一気に否定される、クロノスやカイロス以前の原初の時間、あるいはそれ以後の究極の時間をちらりと垣間見せて、チェーホフは芝居を終わらせるのです。

チェーホフの後、さかのぼってもいいのですが、歴史の順に従いまして、ベケットに話を移そうと思います。チェーホフからベケットというのは、近代から現代への演劇の歴史の展開の尾根づたいを歩くことであって、いろんな意味で、チェーホフとベケットは親近性があるという気がいたしますが、時間の問題に関係あるようなことに絞りますと、例えば、『ゴドーを待ちながら』ですね。ゴドーさんが来るのを待っているあの二人の浮浪者、いろんな他愛もないお喋りをかわしていますが、一人が、「俺達は誰かに見つめられているんじゃないだろうか」というようなことを言うことがあります。つまり、自分達が誰かに見られているんじゃないか、というような意識、その誰かを神様と言ってしまえば、中世のダンテの『神曲』みたいになって、話は簡単なんですが、二十世紀の真ん中の時代に生きる、神の死の後の人間としては、神様が私達を見ているのではないかとは言えない。ゴドーという神モドキを待っている、という芝居においては、人間を見ているのも神モドキ、ただし誰かに見られているのではないかという感じは依然としてある。ゴドーがもし来たら自分達は救われるというセリフがありますね。ゴドーが来れば、自分達が今待っているという虚しい行為が意味に満たされる。ゴドーが現れない限りは、待っている行為はひたすらクロノス、ただ過ぎていく時間にすぎないわけですね。ゴドーが来たら、その瞬間、今までの時間が全て意味をもたらされるという構造。つまり、ゴドーは来ないというふうに言い切ってしまえるならば、『ゴドーを待ちながら』という芝居は成り立たないし、一方、ゴドーが来るとわかっていたら、あの芝居にまたならない。その両方の中間であの芝居は成り立っている。時間に即して言えば、クロノスとカイロスの交差点というか、二つのすれ違うところで成り立っているということになりますね。

それから『勝負の終わり』という芝居があります。主人公のハムがこう言います。「俺は時々考えるんだが、ある知的存在がこの地球にやってきて（これは天使か異星人のイメージですね）私達をずっと観察していたとする。するとそのうちに奴は、思い込むんじゃないかなと。うん、なるほど、これでわかったぞ、この連中が何をしているかがわかった。そこまでいかなくても、我々自身、いつの日か、こうしたこと全てが、もしかしたら無意味ではなかったということになるかもしれない、そんな気がするのではないか」。この発想は、さっきのチェーホフとほとんどまったく同じですね。また飛びますが、シェイクスピアの『夏の夢』で、パックという妖精が活躍して惚れ薬を若者達の目にたらすのを間違えててんやわんやになる。あの、人間の欲望の追いかけっこを見て、パックがオーベロンという妖精のお殿様に向かって言います。「何て人間て馬鹿なんでしょう」と。あの場合は、パックという妖精の視点を時間ということではなくて、いわば空間的に別のレヴェルを設定いたしまして、人間世界の愚かしさを見物させているわけです。

もう少しベケットを続けますと、『クラップの最後のテープ』というのがあります。テープレコーダーを使って、毎年自分の一年を総括して吹き込む習慣のある老人が、六十九歳になった今年の一年を総括しようとしている。その景気づけに、まず三十年前の自分のテープを引っ張り出してテープレコーダーにかけて聞いてみる。三十九歳の時のクラップが自分のその一年を振り返って総括したその声が流れてくる。ですから、舞台の上では三十年前に時間が主として流れ、それに対して今の時間が交錯する、という構造になっています。未来がどうなっているのかというのが問題ですが、これは最後のテープというんで、もうクラップはこの年最後、七十歳のテープを吹き込むことはもうないのではないかという意味がタイトルに込められているらしい。もう一つ『しあわせな日々』というのがあって、これは大きな土饅頭の中に初老の女性がひとり埋まり込んでいる。第一幕では胸元まで、第二幕になると首の所まで埋まっている。ひたすらウィニーという女主人公が喋り続けるんですが、その中で、人生というのは、神様が作った冗談だという考え方が示されます。これは、さっき言いましたダンテの『神曲』のパロディになっていて、人生とは神聖な喜劇、神が作った喜劇であるという観念は、ヨーロッパの一つの伝統です。『しあわせな日々』の女主人公がこう言います。神様を讃える一番いい方法は、神様の冗談を一緒に笑ってあげることじゃないかしら。特にその下手な神様の冗談を。つまり自分達の人生の惨めな不条理を神様と一緒に笑ってあげるのが一番神を讃えるやり方としてふさわしいんじゃないかしら。自分達の今やっていることは芝居であって、それを観ている観客として神様がいる。そういう入れ子的な考え方ですね。その延長でもう一つ、『芝居』という芝居をベケットは書いています。英語で『PLAY』という題の芝居、題からしてふざけていると言いますか、入れ子になっています。男一人と女二人が骨壺から首を出している。生きていた時の自分達の三角関係を、死んだ後でも一生懸命喋っている。女二人がこの男一人を巡っていがみあう。男はその両方の女に適当に付き合っているうちにどっちにも付き合いきれなくなって逃げ出してしまった。そういう痴話ばなしとしても読めるような前衛劇ですね。男が一種の名ゼリフを喋ります。「今のこれはいつになったら、これがみんなほんの芝居だったってことになるんだろう」。今のこれというのは、死んだ後で今自分達三人が喋っているこの一種の芝居のことでしょう。ただ、ベケットの場合は、生きている時と死んだ時と、区別があまりないんですね、死んだら終わりになるとはならない。死んでもなお、死者は喋り続けなければいられない。『ゴドー』の中にもそういうセリフが出てきます。「あたりは死者の声でいっぱいだ。やつらは死んでからも喋り続ける。つまり、生きてたってだけじゃおさまらない。足りないんだ。死んでからも、自分達が生きてたってことを語らなければおさまらないんだと。そういう死者達の声であたりはいっぱいだ」。これを地でいったのが『芝居』で、死んだ後で三人の人間が自分達が生きていた時のことを喋っているわけです。

ベケットの芝居は大変不条理で非現実的な作りになっていますが、先の名ゼリフはチェーホフのオーリガが言っている、「もう少ししたら、わたしたちがなんでこんなに苦しんでいるのか、わかるようになるはずだ」という発想と基本的には同じですね。過去と未来の時間を折り重ねてしまう。そういう発想が芝居、演劇というものには内在しているのではないか。時間がまっすぐ平らに流れていくように見えるリアリズムでも密かな形で未来の時間というものが現在に折り重なっているし、ベケットになれば、それはあからさまに現在と未来から生と死の視点、時間が重なる、ということになります。

ここで、ぐっとワープいたしまして、ギリシャ世界にさかのぼりましょう。紀元前五世紀エウリピデスの『トロイアの女』（松平千秋訳）です。

「神様方のお心は、ただ私を苦しめ、トロイアをば、とりわけて憎もうとなさることであったとしか思われぬ。牛を屠って勤めた奉公も空しいことであった。しかしまた、神様がこれほどまで根こそぎに、トロイアを亡ぼされることがなかったら、わたしらは名も知られず、後の世の人に歌いつがれることもなかったであろうし……」

トロイ戦争でトロイが落城して、トロイの妃、ヘカベは、夫を殺され、息子達を殺され、娘達はギリシャの将軍の妾として、戦利品の一部みたいに連れ帰られてしまう。そういうさんざんな目に遭ったヘカベの嘆きのセリフがこれです。運命は不可解、神様の意図は私達を憎むこととしか思えない。そういう戦争の犠牲者として女の告発として有名なセリフですが、ここで私達にとって問題になるのは時間のテーマですね。つまり、「しかしまた、」の所からですが、「神様がこれほどまで根こそぎに、トロイアを亡ぼすということがもしなかったならば」ときて、その後に実に奇っ怪な事が書いてある。「わたしらは名も知られず、後の世の人に歌いつがれることもなかったであろうし……」。これは、考えてみると、妙なセリフではないでしょうか。リアリズムではあり得ない。のちの世に至って、トロイ落城の悲劇がホメロスに歌われ、それによって有名になる。その、後の世に語り伝えられて有名になった時点での自分達の話というのを思い描いて、その視点から今を、今の自分を語っているわけですね。こういうひどい目に遭わなかったら自分達は歌の種にはならなかったろうと。これは、後に歌の種になって有名になることを知っているような書き方ですね。現実的な時間の流れを無視した書き方で、ここを読むたび、そして芝居で聞くたびに、私は頭の中が混乱して、時間の流れが逆流してしまうのです。これとは少し違うのですが、似たような例があります。十七世紀のセルバンテスの小説『ドン・キホーテ』正編というのがまず出版されましてベストセラーになる。世間で知らない人もいないくらいに有名になってしまう。そして、著作権の確立していなかった頃ですから、その続編と称して贋作が出版されたりする。セルバンテスは怒って自分で続編を書きます。その続編に出てくるドン・キ・ホーテというのは自分がすでに正編によっていかに世間的に有名な人物になってしまっているか、ということを承知しているんですね。そういう奇っ怪な設定になっております。ヘカベのセリフはちょっとこれに似ています。自分達の現在の不幸、悲惨が将来において有名になっているということが意識されている。その現在と将来、二つの時間を折り重ね、将来から今を見たら自分達の不幸は歌の種になる為であったのではないか。そう思っているかのような感じさえします。こういうように、今の人生の時間を別の時間を未来に設定してそこから振り返るという時間意識というもの、これはかなり複雑な倒錯したものですが、これが紀元前五世紀から実は出ている。エウリピデスという人は演劇の手法の上で老練な人でした。ですから、こういう事をあえて承知してやっているわけですね。間違って書いたわけじゃない。彼の先輩にあたるソポクレスなんかだったらこういう不条理な書き方は絶対にしなかったと思います。エウリピデスはわざと合理性をひっかき回す事をやってのけた。古代ギリシャ劇における前衛的な作家です。それに比べると後の十九世紀の近代演劇、リアリズムの作家というのは非常にナイーブな気がする。時間の流れを単一にしか捉えられなかった。エウリピデスの方がよっぽど進んでいた。

似たような発想、演劇における時間の構造の折り重ね方というものがシェイクスピアにはたくさんあります。ここでは、『アントニーとクレオパトラ』を例にとりますが、『ハムレット』とか『リア王』とかにもいくらでも似たような例があります。芝居の最後の方ですが、クレオパトラは戦いに破れて、捕虜としてローマに連れ帰られそうになっている。クレオパトラは誇り高い女ですから、そういう屈辱には耐えられない。蛇を使って自殺をするのですが、その少し前のセリフです。ローマに連れていかれたら自分達がどんなにひどい目に遭うかということを侍女に言って聞かせているところです。「ローマの乞食詩人が私達を調子はずれの小唄のネタにし、こざかしい役者が私達の物語を芝居にするだろう」。アレクサンドリアの豪奢な宴、官能の喜びの場所、それに君臨するクレオパトラ。アントニーはローマから来てそこの官能の虜になっていたわけですが、エジプトに対してローマというのは現実主義的な真面目な、官能の喜びのない場所として対置されているわけです。私達は私達を矮小化した芝居にのせられてしまうだろう。そこではアントニーも単なる酔っ払いとして芝居の人物にされ、黄色い声の小僧が演じるクレオパトラは淫売婦として女王の品位を汚して見せるだろう。黄色い声の小僧が演じるというのは一種の楽屋オチであって、シェイクスピアの時代の女性の役はご存じの通り、女優というのがいませんでしたから、声変わり前の少年が演じていました。今この『アントニーとクレオパトラ』の芝居のクレオパトラも少年が演じているわけです。役者の声と身体の二重性が、すでにそこにあるのですが、そういう少年が演じているクレオパトラが今、「ローマに連れていかれたら黄色い声の小僧が私を演ずるだろうと、淫売婦として」というセリフを言っている。それには耐えられないということで自殺する。この場合も、現在の時間と将来の時間が折り重ねられて、それが芝居の中に現前する。

こういうふうにヨーロッパ演劇をかけ巡りますと、ある種の共通した構造というものが見えてきます。その上でふり返ってみると、その点に関して一番洗練された形式、時間の折り重ねということに関してもっとも深い所まで進んだ演劇形式は日本の能であろうという気がいたします。例として『井筒』の最後のところを岡本さんに読んでいただいて終わりたいと思いますが、舞台に井筒、井戸の枠の作り物が一つ置いてあります。井筒の女とかあるいは人を待つ女といわれているシテが現れる。時間の流れに即して言いますと、彼女は少女時代にこの井戸のそばでボーイフレンドと一緒に戯れた。それが後の在原業平です。彼女は紀有常の娘です。二人が適齢期になりまして、ここで再会します。そして和歌をかわして恋を打ち明けあった。業平が捧げた和歌が、「筒井筒、井筒にかけしまろが丈、生いにけらしな妹見ざる間に」。この「井筒」の所で二人で丈くらべをしたりしたものだった。その私もすっかり大きくなってしまった。あなたを見ない間に。娘の方が答えて、「比べ来し振分髪も肩過ぎぬ、君ならずして誰か上ぐべき」。ここでいろいろ背くらべをしたりした、その時の私の振分髪も肩を過ぎるくらい、長く伸びました。この伸びた髪を結い上げて妻になるとしたら、その相手はあなた以外にあり得ましょうか、と相手の求婚を受けます。

二人は結婚しますが、結婚生活は必ずしも平和でなくて、業平は他に女を作って家へ帰らなかったこともある。そういう時、妻としての彼女は一生懸命耐えて和歌を作って、そしてその和歌の力で夫を自分に呼び戻したというようなことがあった。時間が流れて夫は死ぬ。彼女は何年か、何十年か生き残って、死ぬ。そして今、舞台の上にいるのは彼女の亡霊であるということになります。これはいわゆる「夢幻能」で、シテは亡霊です。ここは終わり近い最後の所ですが、彼女がどういう格好をしているかというと、亡くなった夫の形見の冠と直衣を愛しさのあまり身につけている。そうすると業平が自分に乗り移ったのか、自分が業平に乗り移ったのか、そのとり憑かれた形で「序ノ舞」を舞い終わったところなんですが、「井戸」の中を覗き込む。そうすると、当然そこに夫の冠をかぶり夫の男物の服を身につけた女の顔がうつっている。これは男であるのか女であるのか、両性具有的な映像が井戸の底の水鏡にうつっているのです。それだけじゃなくて、時間もそこに幾重にも折り重なってきているわけでして、先程申し上げました幼なじみであった頃の時間から始まり、そして求婚、結婚、結婚生活、死別、老いた未亡人としての生活、そして今は亡霊としての長い長い時間が過ぎつつある。「老いにけるぞや」というセリフは、ですから水鏡にうつった時の彼女の老いた姿ということになります。考えてみればグロテスクでもあるような両性具有の姿です。「さながら見みえし、昔男の、冠直衣は、女とも見えず、男なりけり」、ここで完全に亡き夫と自分が重なる。視覚的、物理的にもですね。生きている間についに完全には達成し得なかった夫と自分との一致。一致できなかったからこそ、その煩悩、妄執がはれずにまだ亡霊として成仏できないでいるのですが、今、現れて、ワキの僧の祈りの力もあって、舞を舞うことによって夫と完全な一致に到達した。それが映像の形で重なるわけです。これは見事なエクスタシーでありカタルシスです。「見ればなつかしや、われながらなつかしや。亡霊魄霊の姿は、しぼめる花の、色なうて匂ひ」、同時にそれはしぼめる花とか色なうてとか、そういうネガティヴなイメージとも重なっている。「夢も破れて覚めにけり、夢は破れ明けにけり」というふうに、わびしいと言えばわびしいのですが、同時にカタルシスを遂げたあとの、余韻の深さともとれなくもない。そういう能独特の終わり方ですね。

これは私達の時間という問題意識に照らして言えば、過去、現在、未来、カイロスとクロノスがみごとに複雑なままに折り重ねられた演劇的な傑作であろうと言えます。それでは、その最後のところを岡本さんに読んでいただいて終わりにします。

「筒井筒、井筒にかけし、まろが丈、生ひにけらしな、老いにけるぞや。さながら見みえし、昔男の、冠直衣は、女とも見えず、男なりけり、業平の面影、見ればなつかしや、われながらなつかしや。亡霊魄霊の姿は、しぼめる花の、色なうて匂ひ、残りて在原の、寺の鐘もほのぼのと、明くれば古寺の、松風や芭蕉葉の、夢も破れて覚めにけり、夢は破れ明けにけり」

どうもありがとうございました。

対談　高橋康也　岡本章

岡本　今日は「演劇における時間」というタイトルで、興味深いお話をどうもありがとうございました。それではここからは、さらに自由に展開してお話を伺っていければと思っております。

高橋　そうですね、日本の夢幻能ほど、思い出そのものを芝居の軸に据えているものは珍しいと思います。能と構造的に近いものを持っているものを探せば、イエィツとベケットでしょうか。死者を呼びだして語らせる、よみがえった死者が喋りつづけ、それを誰かが聞いている。

ベケット以後の劇作家で、一人だけ挙げると、ハロルド・ピンターがベケットの影響を強く受けていて、過去の時間の現前にこだわっています。文字通り『オールド・タイムズ』というタイトルの作品もあり、『背信』という作品では、時間がだんだんさかのぼっていく作品です。

もちろんリアリズムの芝居にも、過去がよみがえってくるというのはよく出てきますね。イプセンにしてもそうです。現在の時間が進行している中で、昔の話がよみがえってくる。過去の時間が現在に闖入してくる。そういう構造は珍しくない。まあ、根本まで遡れば、全て演劇というのは、過去、具体的には死者を想像力の中によみがえらせるための共同体の儀式として発生したと考えられます。宗教的儀礼が芸術化されて英雄の墳墓のそばで英雄の事蹟を再現する演劇になっていったのだと。

これは日本では折口信夫などがいう「たまふり」、「たましずめ」ですね。生きていた時の緊迫した瞬間を再現させ、それによって魂を鎮める。それが、そのまま能の構造になっているわけです。死者の亡霊がシテとして舞台に呼び戻される。ワキのシャーマン的な力が作用して、隠れていた土地の霊みたいなものがあらわれ出たわけですね。シテが生きていた時の妄執の瞬間を再現する。これが夢幻能の実質ですね。そして最後に、ワキのお祈りの効験によって、霊は消え、夜が明ける。ベケットは、私が彼自身に直接聞いたところによると、意識的には能の影響を受けていないとのことですが、ベケットの先輩格のイエィツは日本の能の影響をもろに受けた人でして、間接的に影響を受けていたということはありうるでしょう。

ですから、思い出と言ってしまうとセンチメンタルに聞こえますけれど、思い出を俳優の肉体を通して現前させることは演劇の根本であり、能もイエィツもベケットも皆そこにつながっているわけです。ソフォクレスの『オイディプス』などのギリシャ悲劇だって同じですね。

この場合、思い出はフロイト的であるとともに、ユング的な問題です。個人的であるだけでなく、集合的あるいは民族的無意識と言いますか、土地にひそんだ思い出。それを役者のからだにいかにして通過させ、いかに表現するか。役者の身体感覚として、そこのところを岡本さんに伺いたいですね。

岡本　かなり前ですが、大野一雄さんの『ラ・アルヘンチーナ頌』（一九七七年）の初演を見た時に、それはまさに五十年前のスペインの舞姫との出会い、思い出がモチーフになっているのですが、いたく感銘を受けたんです。そして、その時感じたのは、不思議な感覚だったんですが、非常に優れた能の演者がやっている夢幻能を見ているのと同質の、充実した身体感覚、時間感覚があった。これは一体どういうことなのかと思って、自分の舞台での体験、作業なども踏まえながら、少しでも俳優の本質的な演技、身体の構造を捉え返すことができればと対象化し、考えてみたことがありました。

その時、大きな手がかりになったのが、能の『砧』の中にある、「思い出は身に残り、昔は変わり跡もなし」という言葉だったんですが、「思い出は身に残り」というのは、もちろん単に過去を心理的に追想しているのではなく、現実の知覚の内へ、過去の体験が生々しく侵入し、持続している状態を示しているわけですよね。そうした身体のあり方は、根源的な演技の問題を考えていく上で、非常に示唆的ですが、それと同時に、「昔は変わり跡もなし」と対句になっているのが重要で、興味深いものがあるように思われます。単に過去のある体験、時間に偏執するだけではなく、「昔は変わり跡もなし」の、森羅万象を空無化し、押し流していく不可逆性の時の重み、それとどのように対面し、また、内的な抜き差しならない自己の問題として引き受け、格闘していくのか。そうした問題がそこに浮かんできました。そして、例えば、夢幻能『井筒』などで、ある瞬間、数百年の時が還流し、多義的、重層的で自在な〈変身〉が行われ、可能になっていくのも、単に台本次元の問題ではなく、演者が自分の演技の、身体の位相の問題として、そうした対句にある構造を引き受け、格闘してみる時、初めて生起してくるのではないか。大野さんのあの豊饒で自在な舞い、身体も、また、能の摺り足をはじめとする固有の型や様式も、そうしたある種の、思い出の「思い出され方」の構造とでも言えるものを内部に確かに秘めているのではないか。そういったことを前に少し理論的に考えて書いてみたことがありました。

そんなところからベケットの世界、時間について考え直してみますと、本当に断片化され、無意味化、空無化が極限にまで進んでいる。前に高橋さんが、ベケットと能について、「両者はねじれた関係でつながっている。違っていると言えば、これほど違っているものはないが、大きく根底で違っているゆえに、どこかで二つは結びつく。そういう形で相手を照らし出す、特殊な合わせ鏡の関係にある」とおっしゃっているのを聞いて非常に示唆的だったのですが、まさに「昔は変わり跡もなし」が極北まで進んでいる、荒涼としたベケット世界を一つの鏡にすることで、能の演技や時間の位相、そして現在の私達の身体の置かれ方、状況が少し見えてくるのではないか。そのあたりのところはいかがでしょうか。

高橋　能は、宗教的起源や日本的中世の宴の構造を濃密に受けついでいますね。しかし、ベケットは近代をとびこして、前近代＝中世的共同体に帰るという解決を示した人では決してない。その点、能とはあくまでも決定的な時間・空間の隔たりがあるということは否定できません。

十年くらい前ですが、ベケットの劇と能の類似性を論じた論文を彼に送ったら、返事がありまして、「能は舞台と観客の間に共犯関係ができているだろう。わたしにはそれが存在しない」。

ベケットは、近代リアリズム演劇の後にきているわけですね。近代リアリズム演劇とはご存じの通り、舞台と観客は透明な「第四の壁」で隔てられていて、観客は舞台を覗いているだけという約束の上に成り立っている。二十世紀に入って、そういった劇構造を壊そうとして、いろいろな試みがなされたわけですが、ベケットの芝居にはある意味で、見えない壁を律儀に守りぬいているところがあります。決して、寺山修司がやったような観客参加を求めはしない。むしろ逆に、『ゴドー』は外向的な要素をたっぷりと持っているのですが、その後の作品では、人間の魂が徹底した孤独の中に閉じこもるところを見せて、できるならば観客ひとりひとりの心の中に同じように密室を喚起しようとする。両者の間に共鳴関係が生じれば幸いということです。その点では、ベケットの芝居は宴の後と言いますか、非常にシラケた、冷めきった世界です。ただ、役者と観客に凄まじい集中力を要求する。そこまでいくことによって、近代リアリズム演劇が避けていた問題と徹底的に直面し、かえって演劇の根本に近づいた。つまり、能と近いところまできたということです。

能というのは、一人の演者の中に、恐るべく複雑な時間が流れてるわけです。『井筒』などが典型的ですが、幼年時代から死後の時間まで。そういった様々な時間が交錯する場として、役者の身体がある。

それをどう演じるかというのは役者の大問題でしょうが、うまく演じれば理屈抜きで不思議に伝わってくるわけです。あるいは大野一雄さんの場合、時間とか性差を、多義的に複雑なままに折り重ねてしまう。確かに能の名人の芸に近いですね。

ベケットでは、役者の肉体は固定化されたり断片化・部分化されます。クロノス（無機的な均質な時間）のどうしようもなく虚しい流れの中で、自分のカイロス（意味を形成する時間）をつくろうとして失敗する人間達の煉獄の風景ですね。

俳優というのは、他者の魂を自分に乗り移らせるポゼッション（憑依）に似ていますが、同時にそういう自分を見つめている存在でもある。逆の角度から言うと、エクスタシー、つまり自分が自分外に連れ出されて日常的意識を失った恍惚・法悦の境にあると同時に、自分を保って冷めている。世阿弥の「離見の見」も同じことを言っているわけです。

「思い出は身に残り」というのは、演劇の、あるいは俳優の根本を言い当てた言葉だと、つくづく思いますね。ベケットの『クラップの最後のテープ』は「思い出が身に残らない」恐ろしさ、滑稽さ、つまり不条理を俳優に演じさせています。シェイクスピアはマクベスに「明日、明日、また明日……」と呟かせて、人間はこのようなクロノスに流されて忘れ去られて大根役者みたいなものだと言わせています。『砧』のシテは、思い出というカイロスが「身に残っている」点で、クラップやマクベスより幸せな役者体を与えられていると言えるかもしれません。能役者のそういう特権的な身体を、岡本さんが現代のゼロ地点から捉え直そうとしているのに、いつも感銘しているのですが。

岡本　いや、なかなかうまくはいかないのですが、例えば能は、先におっしゃったエクスタシー＝脱我の構造といったものをある時点で、徹底して演劇的に捉え返し、世阿弥の『花鏡』の「万能綰一心事」、「離見の見」といった形で身体技法、演技の問題として確かに構造化していますよね。現在の私達の演劇、身体性のあり方について考え直していく時、一方でテクノロジーと身体の関係が重要な問題としてあると思われます。そして、もう一方の極に、能の演技、身体技法の持つ、そうしたある種の、「自在な関係の生成のシステム」とでも言える本質的な構造をどのように対象化し、浮き彫りにし、できれば型や様式を直接使用するのではなく、もう少し自由な形で現代に捉え直し、生かせないかといった課題があるのではないかと考えています。その両面から作業を少しでも進めていければと思っていますが、いつもながら遅々とした歩みですけれど、その辺りのことを踏まえながら、今年の秋にこの柏のアトリエで、多様なジャンルの人々との連続コラボレーションを予定しておりまして、ベケットの作品や能『井筒』の捉え直しも考えており、今日は色々と刺激や示唆がいただけ手掛かり、参考になりました。興味深いお話、本当にありがとうございました。

（鍊肉工房連続講演会　一九九二年三月二十二日　鍊肉工房アトリエにて　対談初出：『レ・スペック』一九九二年十一月号）

5 テクストの身体性

――アルトー、クローデル、マラルメ

渡邊守章
WATANABE Moriaki

いきなり「テクストの身体性」と言っても、何のことだかおわかりにならないかもしれません。言葉と体の話をしようと思うんですが、僕自身がかかわっているものが主としてヨーロッパの演劇であったりするために、あまり身近でない人や作品の名前が出てくるかもしれません。

今日は、アルトーのことから話を始めようと思います。アルトーの話をする気になったのは、みすず書房から近々、彼の『デッサンと肖像』のアルバムが出ますので。これは、ポール・テヴナン――ポールといってもこれは女名前のポールですが――という、アルトーが晩年に非常に可愛がっていた人がアルトーの著作権を持っていて、ガリマールから出ている全集は彼女がやっていますが、その彼女が序文を書き、それから、哲学者のジャック・デリダが久しぶりに長いアルトー論を書いています。デリダは、一九六七年、デビューした当時に、アルトー論を二つ書いていて、たいへん刺戟的なアルトー論だったのです。ところが、デリダはそれ以後、あまりアルトーのことを語っていませんでした。

今度みすず書房から出る本は、原本がドイツ語で出ていて、その後ガリマールでフランス語版を作って

出た本で、もとの本自体は何年か前からあるんですけれど、日本での翻訳は今度が初めてです。訳したのは、シュールレアリズムや十九世紀の写真のことなどをやっている松浦寿輝という若い研究者です。そこにデリダの論文があるので、それについて何か書いてくれと言われた。で、その長い文章を読んで、なかなか面白いなと思った、というのが出発点です。

それともうひとつ、ここのところ僕自身が大学で、いわゆる研究としてやっているのが、十九世紀フランスの詩人マラルメの、晩年の未定稿『エロディアードの婚姻』という作品——エロディアードはサロメのことなんですけれども——の読解なんです。それについては、東大の表象文化論が中心になって年に二回出している『ルプレザンタシオン』という雑誌の三号に書いていて、これも四月半ばには出ます。

自分自身の仕事としてそういう二つのことがありましたので、今日は、それに引っかけて話をしようと思います。アルトーとマラルメ、と言えば、多少とも知っている人はうんざりするくらい難解な話になりかねないのですけれども、出来るだけやさしく話をしようと思います。

そこで、枕に振ろうと思うことがあります。それは今、銀座のセゾン劇場に来ているスティーヴン・バーコフというイギリスの演出家で役者のことなんですが、一昨日その『サロメ』を観に行きました。スティーヴン・バーコフという人は、映画の好きな方なら知っていると思いますけれど、『バリー・リンドン』だとか『オレンジ・メカニック』だとか『ランボー』だとかに敵役で出ている、たいへんくさい芝居をする役者です。その彼が率いている劇団が、『サロメ』とカフカの『審判』をやるというのです。

『サロメ』は、もちろんワイルドの『サロメ』です。ワイルドの『サロメ』というのは、一八九三年に、最初はフランス語で書かれて、ひと頃はたいへんもてはやされた芝居です。世紀末のサロメ神話の一つの頂点を作ったと言っていいでしょう。あとで話すつもりのマラルメも、サロメ神話とかかわりがあるんですけれども、ワイルドの方は今となっては、もうほとんど読むに堪えないような気がする。それに、オペラの好きな方ならご存じのように、リヒャルト・シュトラウスの『サロメ』という傑作——これはワイル

ド の戯曲をドイツ語にしたものを使っているわけですけれども——があるから、台詞の芝居としての『サロメ』のほうは、まずやらないと思います。オペラでやるか、さもなければリンゼイ・ケンプがむかし、あやしげな、バレエというかダンスにしたのがあったり、ということになるんですけれども、スティーヴン・バーコフは、その英語版を、言葉の演劇としてちゃんとやるのですね。

どういう仕掛けでやるかと言うと、このバーコフは、身体行動のほうは、ルコックというフランス人の演劇学校で勉強をしたことがあるそうで——ルコックという人は、パントマイムではないのですけれど、わりにマイム的なことをやります——、ルコックのミーム的な仕草をする。従って、非常にゆっくり動かしますので、つまらないお能と同じで、私はくたびれていたせいもあって最初のうちはほとんど寝てしまった。ところがバーコフが出てくると、これは全然違うんですね。

仕草のほうはそういうふうにミームのようなことをしますが、台詞のほうも、まあ、「言語を解体する」と、一応括弧つきで言っておきます。パントマイムで仕草を解体する——つまり、緩慢に動くことで仕草を解体している——と同じようにして言語も解体します。ご存じのように言葉には、音の要素として子音と母音があります。その子音だけをものすごく強く言うとか、母音をすごく長くのばすとか、それから声の調子を変えるとか、アタックを変えるとか、ということを徹底的にやるのですね。母音と子音とで出来ている、音の流れとして普通にある言葉を、母音とか子音のところまで、——つまり「音素」にまで解体して、しかも音素に解体するだけではなくて、それを支えている筈の「声」というものまで考え直す。ところが、「声」というものはその前に「息」があるわけで、「息」までもう一度考え直す。そういう作業をバーコフはしているんですね。観ていて文楽の人形浄瑠璃の大夫の「語り」を、まず思い出しました。バーコフがそういうものから影響を受けたかどうかということは言っても仕様がないことですが、日本人が知っている芸能のなかで言うと、まあそれにいちばん近い。

ただこれは、バーコフという役者にあっては、一種の超絶技巧みたいなことになってしまっている。むかし浪花節で天中軒雲月という人がいて、「七色の声」などと言われていた。これは、我々の年齢の人でなければ、見たことも聞いたこともないと思うのですが、もう少し近いむかしの話で言うと、早稲田小劇場の白石加代子。彼女を見た時に私は、雲月だと思った。狂気女優とか何とかより、雲月だと思ったんですけれども、その雲月なんかに非常によく似ているかもしれない。

その超絶技巧は結局のところ、むこうの寄席の芸ではないかと思いました。寄席の芸というのは、文化の周縁的なところで、公式の文化からどうしても落ちていってしまうようなものを拾い集めます。そういうところに公式の文化が切り捨てたものを見つけるということは、これも一九六〇年以来誰でもやることですけれども、そういうことではないかと思われました。

そういうサブカルチャー的なものと、それから一九六〇年以降のヨーロッパ演劇が模索していた、身体行動や言葉というものを解体し、解体した上で表現を作っていく、という作業の一つの見本を見たような気がした。見本というと、バーコフをいいと思うか、くだらないと思うかなのですが、一九九〇年代の文脈で言うと、あれはやっぱりいいと思います。少なくとも、野田秀樹よりはいい。要するに、それを芸にしている、ということなんですね。そういう意味では、バーコフは一見には値します。

ああいうことは、実を言うと、いろんなところでやっていた。たとえば、ジャン＝ルイ・バローもやっていたし、バローの先生であったアントナン・アルトーという、今日話そうとする人の言ってることにも、同じような問題提起がたくさん出てくる。あるいは、バローのもうひとりの先生であったポール・クローデルという劇詩人は、中国だの日本だのの演劇ばかり観ていたから、言葉というものを単に意味のレヴェルではなくて、その物質性とか、あるいは身体性とかいうもので捉え返そうとしためずらしい人です。バローはそれを演劇の技法として取り返そうとした。ただ、演劇の技法として取り返すと、そこから先は、今度は歴史のなかに組み込まれてしまいますし、劇場の事件になるということは、歴史のなかに組み込まれる、ということでもあって、ある時もてはやされたあと、つまらなくなってしまうということがあります。

今、バーコフをいいと思うか悪いと思うか、という言い方をしましたが、バーコフはアルトーの『演劇とその分身』に書いてあるようなことをほとんどそのままやっている、と言えなくもない。でも、アルトーのような人が見れば、「こういう商業演劇的堕落は何事か」、と言って怒るにきまっている。アルトーは、そういうふうに芸になってしまうようなもの、制度になってしまうものは絶対に拒否したわけですから、アルトーだったら怒るとは思いますが、やはり六十年も経っていると、アルトーの思い通りにはいかない。それにバーコフは、バローがやっていたことよりずっと徹底している。ああいうものが商業的にも流行りうる、というのは一九六〇年代以降の大きな地盤の変化、亀裂というものがあったからだと思いました。

ところが日本は、およそそういうことが起きない国なんですね。僕の『虚構の身体』という本の論文は、だいたい六九年から七二、三年くらいに書いたものばかりで、それはいわゆる「アングラの第一世代」が元気だった時代です。そのなかのいちばん長く、時期的にいちばん最後の論文は、一九七三年の春、フランスの総合雑誌『エスプリ』二月号の日本特集に書いた「演戯・肉体・言語―日本の若者演劇における〈始原の神話〉」なんですけれども、――それはアングラ演劇論としては現場的な報告みたいに見えますが、〈総括〉としてはあまり書かれていなかったと思う――それを書きながら、これは「白鳥の歌」ではないか、つまりもうお仕舞なのではないかという想いにとりつかれていました。つまり、七三年の初頭には、僕自身としては、「もうアングラは終わった」と思って書いたわけです。ほぼ二十年前のことですが、それ以後、演劇の言説は、日本ではほとんど進展しなかった。第三世代は、商業演劇と言われるくらい、全然別のことに関心があったわけだし、もてはやす人たちもそうでありましたし、若者というものが消費社会の中で最も重要な市場になっている、ということに単純に見合ったそれなりの文化現象でしかなかったような気がするんですけれど、そのために、「演劇の言説」はまったく荒廃してしまっている。新聞記者が書いたもののほかには何もない、ということになってしまうわけです。そういう状況と比べると、バーコフのようなことを堂々とやっているのを見ると、やはりヨーロッパは革命の国なのかな、と思ったりもします。

ここまでが枕なんですけれども、デリダが書いたアルトーのアルバムについてのその長い長い文章は、『基底材を猛り狂わす』というタイトルなんです。〈基底材〉、これはフランス語では‘subjectile’という単語で、絵のほうで使う言葉で、キャンバス地とか、そういう意味です。〈基底材〉という訳語はあまりよくないとは思うのですけれど、それは比喩にも使われるものだから、そういうふうに訳す他はなかったと思います。そこでまず、『基底材を猛り狂わす』というタイトルがどういうことを指しているか、それをちょっとお話ししたいと思います。

アルトーという人は、若い頃絵を習ったことがあった。そして、美術評論なども書いている。もっとも、途中からは芝居のことばかりやっていて、そして一九三〇年代の末に、精神分裂症だとして、監禁されてしまいます。電気ショック療法などという暴力にさらされたあと、四〇年代の初めにパリに移送されて、パリ郊外のイヴリーのお医者の家に住んで、半分自由な生活を送る。その頃また、絵を描き出すのです。アルトーの絵は、絵自身として非常に上手かった感じはします、むかしのデッサンは。ところが晩年の絵は、何通りかの絵があるんですけれども、普通の肖像画を描いて、その通りの顔に描いているものもありますが、多くの場合、肖像画を描いているうちにその肖像画自体が解体してくる。解体してくる、と言っても、ピカソや何かのあいうふうな解体ではない。顔に穴ぼこがあくんですね。あばたの大きいのみたいなものがうんとあるような顔を描く。つまり、顔の表面が欠落していく――陥没していくような絵を描きます。

そういう絵のほかに、中南米の象形文字みたいな図像で一杯になっているデッサンがあったりします。それから、何を描いているのだかわからないけれど、木炭とか鉛筆をゴシゴシこすって、黒いかたまりとか、円筒形のものとかが描いてある、デッサンみたいなものがあります。ノートを破ったり、あるいは画用紙でもいいんですけれど、デッサンを描いて、挙句の果てにそれに煙草の火を押しつけて穴をあけるんですね。ですからデリダのこの話は、画用紙とかノートの紙とかいうものが〈基底材〉なので、そういうものに対してアルトーが何か戦いを挑んでいる。〈基底材〉、つまり土台が安定してあって、その上に作品としての絵がある、というのではなくて、土台そのものが異常な状態になるような形で絵を描いている、という話なんです。

これはアルトーのデッサンのたぐいを見ると、確かに印象に残ることです。そこから、デリダが一九六七年に書いた二つのテクスト「吹き込まれた言葉」と「残酷の演劇、あるいは上演の閉鎖」という論文――これは『エクリチュールと差異』という論文集に載っていて、翻訳がある筈です――の話に戻るわけです。このデリダのアルトー論は、それまでのアルトー論をまったく一新してしまった。それまでのアルトー論は、アルトーを知っている同時代人の証言のようなものか、あるいは、アルトーのある部分、アルトーが言っていたことを演劇の技術の問題として論じようとする、あるいは捉え返そうとする――たとえばバローのような人のはそうでした――あるいはアルトーの、「言葉の解体」をシュールレアリズムと結びつけて、その上で一九五〇年代の不条理演劇――つまりイヨネスコとかベケット――に関係づける、というような、そんな議論ばかりだったんですね。さもなければ、精神病患者の症例として論じる。デリダは、そういうものを全部ひっくり返すくらいの論文を書いたので、僕はちょうどその頃パリにいましたが、読んで非常に興奮した記憶があります。

その翌年、一九六八年にパリでは、例の「五月革命」があった。日本では六八年の後半から六九年にかけて、いわゆる大学紛争というものが起きるわけで、世界的に同時多発的な若者の反乱があり、それが「文化大革命」の国際版というふうに言われた時だった。その頃は、演劇の世界はそういう運動を最も過激に受けとめていた、というか、ある意味では、そういう運動の温床になったのが演劇だと言ってもよかったのですね。

一九六〇年代後半の、ヨーロッパおよびアメリカの演劇の中で最も過激な実践は、ポーランドの演出家グロトフスキの「実験室劇場」とか、あるいはアメリカのオフ・オフ・ブロードウェイから来た「リヴィング・シアター」だとか、いずれも「肉体の演劇」と言われていた。「肉体の演劇」は、それまでのように、書かれたテクストをやるのではない、演出家はいらない、しかも単なる即興でやるんじゃない、ものすごく身体訓練をします。そしてパントマイムだのバレエだの踊りだののように、コードの決まっている身体運動ではない異形な身体行動と、ほとんど意味を失ってしまっているような、「叫び声」に近い音声とで作る演劇だったんですね。そういう演劇の背景として、グロトフスキの場合には、ポーランドの土着的カトリックの神話のようなものがあって、物語が全然ないわけではありませんけれど、とにかく確かなことは、身体行動と言語を解体して、舞台の上にいる役者の体だけで何かを表現するというやり方だった。その時にレフェランスとして使われたのがアルトーであったわけです。「アルトーを読んで自分の仕事を作ったわけではない」とグロトフスキは何度も言っているし、多分そうなんでしょうが、しかし一九三〇年代に書かれて、一種の熱狂的な読者はいたにしても、ほとんど頭の変になった人の妄想としか思われていなかったようなアルトーの演劇のヴィジョンが、突然具体的な姿をとって現れたような印象を、人々は持ったのです。そういう「事件」と、デリダの言説はちょうど見合っていた。デリダがその当時、舞台の現場や作業にそれほど関心があったとは思えないのですけれど、結果としてデリダの言説はそういう「実験室演劇」の「射程」を、理論的に明らかにする役割を果たしていた。少なくとも、僕が興味を持ったのはそういうことでした。

その時点から、この〈基底材〉の話にとぶわけです。アルトーのデッサンとか肖像画の〈基底材〉――つまり紙とか土台になるものですね――、それとアルトーがどういう関係を持っているか、ということをお話ししましたけれども、デリダの論文『基底材を猛り狂わす』のなかでは、〈基底材〉は単に画用紙だとかノートの紙だとか、ということだけではなくて、もっと広い意味で比喩的に使われるようになります。そこで予想されるいくつかの〈基底材〉のなかには、当然〈言葉〉があります。それから、〈体〉があります。アルトーの「残酷の演劇」というのは、「言葉」を一種の〈基底材〉として、そこに暴力をかけてそこから何が出てくるか、あるいは「体」というものに対して暴力をかけて、そこから何が出てくるかということでもあるわけですね。ただ、さっき、煙草の吸殻を押しつけるとか、いろいろと言いましたけれども、それで紙が燃えてなくなってしまっては困るわけで、やはり、紙は紙でなければならない。いくら役者に暴力をかけると言っても、役者がそこで死んでしまったら困るわけです。そういう文脈の中で、極めて鋭いアルトー論をデリダは書いて、それがたいへん面白かった。

今日の話で直接関係があるのは言葉で、アルトーが言葉というものに対してどういう暴力をかけ、どのようにしたか。デリダの言い方を借りると――デリダの言い方を借りると言うよりは、私が言い直している、と言ったほうが正しいかもしれないけれども――、アルトーは、言葉というものをまず、それを構成する音にまで分解する。音には母音と子音がある。また、言葉は母音と子音がただ組み合わされて出来ているものではなくて、〈調子〉というものがありますね。イントネーションとかアクセントとか。そして、イントネーションとかアクセントとか言えば、当然「声」の問題が出てくるわけだし、また、声というのはひと通りではない、いろいろな声がありうる。たとえば、単純に声帯が振動しない声と振動する声がある、ということからもわかるように、声のもとを辿れば、「息」ということになる……という具合に、アルトーは言葉をそういう言葉の要素や調子や声や、そしてさらには息にまで解体した、というふうにデリダは考えるし、それは正しいと思います。

ヨーロッパ的な発想のなかでは――ヨーロッパ的発想というのは、ギリシアの古典哲学から後ですけれども――、言葉というものは声と不可分なものとして、つまり、「生きた言葉というのは声のある言葉だ」と考えられてきた。これはデリダが六七年に出した『グラマトロジーについて』という本の主要な命題です。つまり、ヨーロッパで言語を考える時にはまず、それは声だ、というわけです。聖書に「はじめに言《ことば》ありき。言《ことば》は神なりき」とありますが、その言葉も、キリスト教では文字ではなくて音声を担った言葉だ、音声を担った言葉だけが生きた言葉だ、文字は死んだ言葉だ、というのがヨーロッパ二千年の歴史だ、というのがデリダの作ったストーリーです。そういうなかで考えると、言葉を声に還元するのは当たり前だという気がしてきます。

さらにキリスト教的に言えば、〈精霊〉はラテン語では〈スピリトゥス〉と言うけれど、あれは「息」

であるわけです。神の息であるわけだから、息に還元したってよさそうですが、しかし、ヨーロッパのルネッサンス以降、つまり広い意味での近代になると、声の持っている身体性とか物質性、あるいは息の持っているそういう肉体的な要素は切り捨てられて、「声を担った言葉が生きた言葉だ」という命題だけが独り歩きをするようになってしまう。ジャン＝ジャック・ルソーの『言語起源論』などが、啓蒙思想の文脈のなかで、この命題を補強した。デリダはだから、一九六七年頃の本では、「声」とか「息」にアルトーを結びつけるのを非常に用心しているのですね。

ちょっと面倒くさい話になりますけれども、今言ったように、声を担った言葉が生きた言葉で、神の言葉もそういう言葉である、という発想のところから声について語ると、デカルト以来の、普通〈コギト〉と言っている近代的な自我というものに逆戻りしてしまいます。そういうかたちで声をつかまえなおした最後の哲学はメルロ＝ポンティの現象学です。六〇年代末の日本のアングラでも、鈴木忠志がひとつ覚えのようにメルロ＝ポンティを使っていましたが、無理もないので、現場的に身体とか声とか言うと、メルロ＝ポンティは非常に使いやすいのです。しかしデリダの立場から言うと、それは結局のところ、構造主義以後のものの考え方が解体しようとしていた近代的な「思考する自我」をもう一度補強することになってしまう。デリダは慎重にそれを避けていて、この時期には「文字」ということばかり言います。エクリチュール（"écriture"）これはフランス語で〈文字〉のことを言います。デリダはそれを比喩的に非常に広く使って、音声で言われる言葉以外の記号のシステム、あるいは、記号を生み出すような「差異の総体」を「エクリチュール」と言ってしまいますので、これは訳すことができない。片仮名語で「エクリチュール」というのは、七〇年代以降、日本でも非常に流行りました。

蛇足ですが、デリダという人は、一九六〇年代の末から七〇年代にかけて日本に初めて紹介されて、ひと頃流行りましたが、そのあと、たとえばフーコーやレヴィ＝ストロースが日本に来てしまうということなどもあった挙句、今度は八〇年代になってニューヨークのコロンビア大学経由で流行るようになります。その頃からデリダは、八〇年代のいわゆる「脱構築（ディスコンストラクション）」の理論的な根拠として使われるようになります。ただ、そのコロンビア経由のデリダは、今お話ししている『基底材』のデリダとはちょっと違うのですね。私は、その辺のデリダにはあんまり興味がなかったんですけれども、今度のこの『基底材』では、六七年、デリダが提出した命題のなかで、こちらが興味があって取り上げていたことが、もう一度デリダ自身によって取り返されている、という思いがしました。

声とか息とか言っても、日本人がごく楽観的に考えるようには、ヨーロッパ人は不幸にして考えない。そこで様々な、哲学的・形而上学的・存在論的、あるいは認識論的な補助線というか、防御線というか、前提というか、そういうものを積み重ねていきます。ですから、日本人が読むとたいへんわかりにくい。この『基底材』のなかでデリダは、アルトーという人が言葉を〈舌語〉――これは松浦さんの訳語で、フランス語では「グロッソラリー（glossolalie）」と言う。グロッスというのは「舌」、ラリーというのは「しゃべる」という語源なんですが、その〈舌語〉にもっていってしまう、ということを論じている。先程、子音とか母音とか言いましたが、子音とか母音とかいうのはまだまだ言語学的であるし、言語学的であるということは、普通の言葉の在りようを前提にした議論なのであって、そういうものじゃない、ということをデリダは言いたい。

それから、これはほかに言いようがないから、〈アントナシオン〉――英語なら「イントネーション」――という言葉を使います。〈調子〉ですね。そして〈息〉です。その息も、「呼吸」「レスピレーション」にあたる言葉を使わないで、〈スーフル（souffle）〉という言葉を使います。こうして、言葉の解体の手続きが非常に身体的なレヴェルで行われていることは、想像していただけるのではないかと思います。ただ、その「身体的なレヴェル」ということなんですが、〈身体〉というひとつの場とは、そういう解体の作業が行われる場にすぎないのであって、身体だけでない、そこで問題になっているのは〈言語〉なのです。その結果、たとえばアルトーが画用紙やノートを破いたものの上に描いていく、ああいうデッサンは、単に「見る」絵ではない、「読む」絵だ。それから、デッサンを描いているのではなくて書いているのだ、とデリダは言う。フランス語で「かく（描く）」と「かく（書く）」とはたいへん違うことで、「書く」のだと言います。そこから「絵文字」――アルトーのデッサンは単なるデッサンじゃなくて、一種の絵文字だ、隅々それはあのインカの象形文字みたいなものが描いてあるだけではなくて、すべてが絵文字だ、とデリダは説きます。「舌語」だとか、「息」とか、「声」のところで止まってしまうと、それほど面白い話にはならないんですけれども、それが「絵文字」になってしまう、というのはたいへん面白いので、今日の虚構的なタイトルである「テクストの身体性」という話にもつながっていきます。「絵文字」とは何なのか、ということをあとでもう少し考える必要があるでしょう。

ところで言葉を、そういう「舌語」だとか「イントネーション」だとか「息」だとかに還元する作業というのは、アルトーが最初にやったことかと言えば、あそこまで徹底してやったのは最初であるかもしれないけれども、そういうことをやった人は前にもいる。ひとりはマラルメ、ひとりはクローデルということになるのですが、比較的わかりやすいクローデルのことからお話しします。

クローデルという人は、日本に大正年間に大使で来ていたこともあるし、若い時にカトリックの信仰を取り戻して、たいへん過激な信仰を持っていた人ですから、構造主義の側は毛嫌いをする。と言うか、あぶないので手をつけないのですけれど、たとえばデリダの言っているような、ヨーロッパ二千年の言語についての考え方というようなことは、クローデルを読んでいるとものすごくよくわかるんですね。反教会的な言説ばかり読んでいると全然わからないんですけれども。

そうでありながら、クローデルの詩というのは、何も、神さまはいい人だとか、聖母さまは美しいとか、そういう甘ったるい信仰頌みたいなもの――フランス語では《bondieuserie》と言うんですけれど――では全然なくて、これはもう、世にも過激な詩です。特に初期の、たとえば『黄金の頭』というような戯曲は長短入り交じる自由詩で書かれていますが、長短入り交じるだけではなく、自由詩が単語の途中で行が変わる。そういうことばにかける暴力をむやみとする。それは今の、デリダによるアルトー論と並べてみると、まさに〈舌語〉と言われているものであるし、言葉というものが、「声」を通りこして「息」のところまで追いつめられているような、そういう詩句だと思えてくる。クローデル自身は、若い時から、自分の詩句は、「息を目に見えるようにページの上に書いたもの」だ、と言っています。

それからこれは、クローデル自身ではなく、アントワーヌ・ヴィティーズという演出家が彼について言ったことですが、あれは一種の「譜面」なんですね。「生きて語られる言葉の譜面」、「体の言葉の譜面」のようなものだ、と。信仰があるにもかかわらずそういうことを、クローデルはする。信仰があるから出来たのかもしれないし、あるいは信仰との葛藤のなかでそういうことがあったのかもしれない。その傾向は晩年まで続くんですけれども、一九〇五年から六年にかけて、クローデルの生涯には大きな転機があった。それは、人妻と姦通事件を起こすことなんですが、そのあとで書いた『真昼に分かつ』という戯曲とか、あるいは、『五大讃歌』という長篇叙情詩、そういうなかでも、今言っているような「息」だとか「舌語」だとか言われるものに還元された言葉の過激な実践というものが、いたるところにあります。

先程、「スピリトゥス」は「息」だ、「精霊」は「息」だ、と言いましたけれど、ふつうヨーロッパ人はそういうことを観念的にしか捉えません。しかしクローデルは、文字通りに、それを大地を吹きわたる風だと思うわけですね。『五大讃歌』の第二というのは、北京で書いた「精霊と水」というタイトルをもった極めて神学的でもあり、形而上学的でもある詩ですが、その冒頭に、突然稲妻が閃いて風が吹きおこってくる情景があります。そこなんかは、できればこの場でフランス語で朗読したい気がするくらいです。たとえばこの《souffle》の、S、F、Lという三つの子音は非常に強い。特にSとFは強い子音なんですね。

フランス語の詩は、主として、母音の効果でしか考えないのが伝統的な詩法なんですが、実を言うと母音だけで成り立っているわけではなくて、子音も非常な効果を持っている。ただ十七世紀に、それから以後三百年を支配するようなかたちでフランスの詩歌が成立した時は、ラシーヌなんかも、やはり母音の美しさ、母音の組み合わせの美しさ、というようなことを意識していた。もちろん子音の美しさはあるんですけれども、子音がそんなにゴツゴツ入らない、というのがフランス語の言語の上での美的感覚のようになってしまう。それより前の、十七世紀の前半だとやたらゴツゴツした詩はあるんですね。十九世紀になってからも、そういうのはありますけれども、やはりクローデルほど子音が強い詩を書いた人は少ない。それは単に子音が強いというのではなくて、ここで言っている〈舌語〉というのに近いかたちで子音が強い。従って、母音ももちろんそれなりに強い、ということです。つまり、単なる音ではなくて、一種の「強度としての声」と言うか、「息」のようなものが出現し、支える。クローデルは、そういうふうに詩を身体のレヴェルに還元しようとしている。これはクローデルが、戯曲を書くことで詩人として出発した、十九世紀の末としてはたいへん異常な決断ですが、その決断を説明するひとつの理由になります。動機になります。

十九世紀のフランスでは、一八三〇年代、四〇年代までは、文学上のロマン派革命が劇場を席巻したんですけれども、流行は十年ぐらいで終わってしまう。そこからあと文学史のなかで演劇は、未来に向かってベクトルを向けている、あるいは、実験的だったり前衛的だったりするものではなくなります。作家はみんな戯曲は書くんですよ、フランスではね。書かなかった人はプルーストくらいです。しかし、ボードレールの芝居なんてのはまったくお話にならないし、フローベールだって、小説は後世あれだけ評価されても、芝居は失敗作です。ゾラが自然主義で騒ぎを起こしますが、しかし、ゾラの芝居自体はかなり通俗劇風に書き直されている。だから、劇場と文学の前衛的な部分が断絶するという現象が十九世紀の後半に起きてしまって、『椿姫』を書いた小デュマなどの「風俗劇」だけが流行る。

そんななかで、詩で、韻文で劇を書くのは、とんでもない選択なんですけれども、クローデルはそういう選択をした。その理由のひとつは、やはり「言語の身体性」ということがあったからだと思うのですね。クローデルの姉さんは、カミーユ・クローデルという彫刻家でした。天才的で美しい姉が彫刻家で、彫刻家というのは肉体労働で、石という素材、あるいは粘土という、まさに基底材があってやる仕事ですよね。言葉のように、なんとなく抽象的で観念的な、あるいは単に頭脳的であるかのように見えるものではない物質的材料を相手にしている。弟のほうは言葉というものを、やはり肉体的というか、体と関係のあるものだというふうにつかまえて、それと格闘するということをやる。クローデルにとっての言葉とはそういうことなんだけれども、クローデルはだから、カトリックの信仰が説く筈の、言葉だけがすべてだ、というようなこと——カトリックの信仰だって実はそれほど単純な話ではないけれど——そういうふうにはいかない。体で表現するものが非常に重要だということを若い時に確信してしまう。

そのきっかけとなったのが、一八八九年のパリの万国博です。これは例のエッフェル塔が出来た時の万国博で、「フランス大革命百年祭」の万国博です。この万国博がどんな意味を持っていたかをざっとお話ししますと、一八七〇年にフランスは、普仏戦争でプロイセンに負けて、皇帝のナポレオン三世がつかまって、帝政が崩壊する。第三共和国が成立するんですが、その間にパリ・コミューンという血腥い革命騒ぎがあって、ようやく「共和派の共和国」になる。しかしそこから先もなかなかたいへんで、つまり、日本の中学・高校の世界史には、十八世紀末の大革命があってフランスは共和国になった、ほとんどそれしか書いてありませんから、例のドラクロワの、『バリケードに民衆を導く自由の女神』の絵で全部解決したと思っている人が多いと思うんですけれども、そんなばかなことはないので、王政復古もありましたし、帝政もありました。その挙句にやっと、かなり長持ちする共和国になった。しかしこの共和国は、左翼のほうには、アナーキストとか共産主義者がいるし、右翼には、もちろん王党派までいて、両方から攻められている。そこで十九世紀の八〇年代には共和制をなんとか確固たるものにすべく、様々な政策を取る。その一つが万国博だったので、万国博覧会というのはたいへん政治性を担ったメガ・イヴェントなんです。巨大な「政治的な装置」、「政治的な文化装置」なんです。そのことがもっともよくわかるのが一八八九年のパリ万国博だった。

東洋からは安南の芝居と、それからジャワ——つまりオランダ領ですけれども——、ジャワの宮廷舞踊が来ている。この八九年の万国博が記憶されるのは、その時に、若い芸術家の卵で、その後の、フランスの芸術の上での前衛的なベクトルを担うことになる二人の若者が、東洋のパフォーマンスにものすごい衝撃を受けたことです。

その一人がクローデルで、安南の芝居に感動する。もう一人は――このほうが文化的事件としてはよく知られていますが、作曲家のドゥビュッシーです。ドゥビュッシーにとって東洋の音楽との出会いは決定的な事件であったと、なんの本にも書いてあります。それまでは、たとえば浮世絵版画は、ゴンクールの努力でパリの前衛芸術家たちにもてはやされていましたけれども、パフォーマンス芸術とか音楽とかは、現地に行ったことがある人以外は見たことも聞いたこともない。レコードも映画もない時代ですから。

安南の芝居というのは、当時の記録から復元してみてもよくわからないところがありますけれども、浮世絵版画を紹介したことでも名高いゴンクールなんかは、「耳障りな胡弓の音」だとか、「さかりのついたネコのような声を出す役者」だとか、と書いて、まったく受けつけないのですね。ところがクローデルは、それを観て非常に感心する。

それだけではなくて、クローデルは日本に来たくって外交官になるんです。もちろん、すぐには日本に行けません。最初はニューヨークの領事館に赴任します。ニューヨークのチャイナタウンで中国の芝居を観ます。その頃は本土からも巡業が来たり、あるいはチャイナタウンで芝居をやったりしていたようです。一八九五年からやっと、念願かなって東洋に行きます。中国に行き、南部の福州に駐在するんですけれども、広東とか福州でやはり中国の伝統芸能を観て、たいへん興味を示します。

これは、クローデルを好きでも嫌いでも、異文化との接触、異文化を理解した事件としては、特筆すべきことなんです。つまり、浮世絵版画がもてはやされていたから日本とか東洋のものがなんでもわかっただろう、というようなことは全然ないわけで、フランス人が「東洋の演劇」というものを、真面目に観るようになったのは、第二次世界大戦後ですね。たとえばアルトーは、一九三〇年代にパリの植民地博覧会でバリ島の踊りを観る。ジャワではなくてバリ島の踊りを観て、すごい衝撃を受ける。アルトーというとバリ島、というくらい有名ですが、それでもアルトーの書いたことが余りに強烈だったからというだけではなくて、やっぱり「なんでバリ島の踊りなの」というような感じに受け取られたりしていたわけで、かならずしも理解されなかったと思われます。

一九五〇年代になって京劇がパリ公演を行なった。京劇は、梅蘭芳とブレヒトの出会いという記憶がありますから、パリの「ブレヒト派」は熱狂的に受け容れる。その辺からが、フランス人がインテリも含めて東洋の演劇に興味を示しだした最初だと言ってよく、一九五七年に、僕が留学生で行っていた頃に、有史以来初めて能がパリへ来ました。喜多実と先代の観世喜之が率いて、囃子方もすごい名人たちが来たんですけれども、しかしその時『ル・モンド紙』に、ロベール・ケンプという劇評家——フランスの劇評家というのは、アカデミー・フランセーズの会員になったりするくらい偉いんです。紙面も十分あるし、そのロベール・ケンプが、クソミソに書いたのですね、全く分からない、と。つまり、分からないことが恥だというよりは、分からないものは分からないときちっと言うほうがフランス人の誇りなんだろうと思われるくらい、ものすごい酷評を書きました。もっとも、その数年前に、ザツキンとデュヴィヴィエが日本に来て、能の『熊野《ゆや》』を観せられて、死刑に次ぐ刑として「一生、能を見る刑」を作ったらいい、と言ったという有名な話もありました。

それを考えると、クローデルが十九世紀、明治二十年代ですからね、その頃に東洋のものに興味を持ったってことは、やはり驚くべきことです。大正年間には東京に大使として駐在して、能に熱中した話は有名だと思いますが、ただ、クローデルが興味を持つについてはいろいろな伏線がありました。天から降ってきたように東洋演劇に興味を持ったわけではありません。一つにはワーグナーの楽劇があった。神話——ヨーロッパ人がふつう神話というとギリシア・ローマの神話ですが、そうではなくて、北欧・ゲルマン神話——を使う。そして、天地創造以来の大ドラマを人間のドラマと重ねて作ってしまう、というようなこと。その上それは、従来のオペラのようにナンバーが並んでいるというのではなくて、オーケストラ・パートが肥大しているので、登場人物も背景に退いて行くように、ライト・モチーフに解体されてしまうとか、一種の「オペラによるオペラの解体」のようなものとして受け取られていました。一般に受け取られていた、と言っては誤りなので、そういうワーグナー歌劇のイメージをフランスの当時の前衛芸術家たちに植えつけるのに貢献したのが、これから話そうと思うステファヌ・マラルメなのです。

ステファヌ・マラルメという人は、なにしろ難解な詩を書きますし、日本では東京帝国大学がその研究の家元みたいに受け取られている詩人ですけれども、従来は、その難解な定型韻文の研究ばかりで、後期の散文の研究はほとんどなされてこなかった。マラルメ自身が「批評詩」と称する、単なる散文ではなく散文詩と言ったほうがよい批評的散文が読まれるようになったのは、ほんの最近のことです。マラルメは一八八〇年代に『独立評論』という月刊誌に、まったく勝手な劇評を一年間書く。その劇評が実はマラルメの後期の散文のなかで最も重要な部分をなします。マラルメという人は「演劇とも劇場ともまったく関係のない人」、というのがほぼ四分の三世紀にわたって持ち続けられたイメージなんですけれども、まあ比較的最近になって——ここ二十年くらいでしょうか、フランスでもマラルメの演劇論に関心を持つ人が出てきた。

さて、そのマラルメという人が興味を持ったものは何か。通念的な演劇にはまったく興味を示さない。と言うのは、マラルメは二十代の時に、すべての詩人がそうであるように、韻文体の戯曲を書いて、それで認められようとします。『エロディアード』というサロメを主題にした韻文劇と、半獣神を主題にした韻文劇を書き、コメディ=フランセーズで、後にシラノを演ることになるコクランという役者に読んでもらって、舞台には難しいと言われて、それでもう劇場に進出することをあきらめる、という苦い経験をします。二十三歳の時ですね。

その後マラルメが興味を持ったのは、たとえばその時代、つまり一八八〇年代にフランスの代表的な劇作家であった小デュマ——『椿姫』の作者です——ああいう風俗劇のようなものではない。あるいは、ユゴーのようなロマン派の韻文劇でもない。では、なんだろう。ひとつは「バレエ」なんですね。もうひとつは「ワーグナーの楽劇」。それから「カトリックの典礼」、あとひとつは「韻文劇の朗読会」——これは詩による「オラトリオ」のようなものです。その四つがマラルメが興味を持つ演劇的な表現の代弁をしていた。

ワーグナーについては、「ワーグナー派」という言葉は特にフランス人について言われるくらい、一九八〇年代のフランスの前衛的な芸術家は、皆ワーグナーに興味を持ったから特に驚くことではないんですけれども、「神話」のかかわり方とか、「登場人物の解体」の仕方、あるいは「物語自体の解体」、「抽象的な演劇」というような発想は、マラルメが発明したものです。このワーグナー・イメージについて言えば、マラルメはバイロイトなどへ行きませんでしたし、ほとんど演奏会で抜粋を聞くだけだったから出来たので、実際にバイロイトに行ったりして、ハリボテの竜だとか、ビア樽のようなブリュンヒルデが出てきたならば、とてもそんなことは書けなかった。幸い舞台を見ずにワーグナーの主張を信じたから、そういう抽象体な劇作術の見本としてワーグナーをほめます。

それからバレエですが、バレエは〈バレエ〉と言った時にはいわゆるクラシック・バレエを想像するでしょうが、あれは文芸の流派で言うとロマン派のバレエで、ゴーチエとか、そういう人たちの台本を使ったわけですから、「ロマン派バレエ」と言うほうが正しいのですけれども、バレエのなかでは〈クラシック〉と言う。バレエはだいたい十九世紀の半ばくらいに大流行しますが、フランスでは、世紀末にはかなりもう廃ってきているんですね。バレエと言ってすぐ「ロシア・バレエ」という時代は、二十世紀の一九一〇年代にならないと来ませんからまだ間があるので、一種の大空位時代だった。当時、オペラ座のそばにあったエデン劇場で、イタリアから来た振付家・演出家の作ったバレエがあって、今で言うと、ベジャールのいちばんくだらない部分に似ているのじゃないかという気がします。が、神話的なお噺が出てくるとか、群衆ピラミッドをやったりとか、『エクセルシオール』という、「スエズ運河で地球が一つになった」ことを主題にしたバレエは、ミラノ・スカラ座で作って、それをエデン劇場の開場記念にやるのですが、マラルメは結構気に入って、観に行く。オペラ座のバレエのほうは、くだらない、くだらない、と言うんですね。もう救われ難い、と。それにもかかわらずバレエに興味を持つのは、マラルメに言わせると、舞台でやっているものは、ふつうはすべて書物に還元できる。音楽はそうはいかないんですけれども、マラルメは詩人として、詩句——詩のなかにある音楽——だけでいいと思ってますし、譜面というのもありますね。譜面を見てオーケストラを想像するのはなかなかむつかしいけれど、理屈として出来なくはない。ところが、バレエだけは、ダンスだけは書物に還元できない。強いて言えば「舞台の上に書かれていく文字」だ、しかもそれは単にアルファベットのようなものではなくて、意味のある文字だから「象形文字」だ。人間の想像力の深層にあるいろいろなかたち、フォルムの原型のようなものを舞台の上に、一種の文字として書いていくのだ、だからバレエは面白い、と言う。同時代にそういうことを書いた人は非常に少ない。ボードレールがちょっと似たようなことは書いているけれど、徹底して書いた人はマラルメが初めてです。

「象形文字」と言うと、二十世紀はすぐアルトーを思うんですね。アルトーは、バリ島の踊り手を「象形文字」だと言いましたから。ところが、それよりも五十年以上前にマラルメが言っている。アルトーがマラルメを知っていたかどうかはわかりませんが、マラルメの言説は、*N.R.F.(Nouvelle Revue Française)*――『新フランス評論』という雑誌、つまり両大戦間の前衛です――そこでは常にもてはやされていましたから、知っていても別に不思議はない。

それから、「カトリックの典礼」。大革命以後のフランスでは、共和制になると、カトリック教会をいかにして潰すかということに、政府も世論も躍起になってはいたけれども、しかしいわゆる政教分離、つまり「教会の固有の財産というものはない、あれは全部国のものだ」というふうにするのは二十世紀になってからなのです。政教分離というと日本人は、政治家の靖国神社参拝のことしか思わないんですけれども、フランス人は国葬をノートルダムでやっても一向に驚きません。それは当事者の信仰の問題だと思うからなので。ただし、ノートルダム寺院は国のものなのですね。ノートルダム寺院は何年か前に大改修工事をやっていましたが、その時に、どこにでも出ている工事現場のパネル、あれを見ましたら、「施工者」のところに「文化庁」と書いてある。「所有者」の項目には“l'Etat”と書いてある、つまり国が持っているんです、ノートルダム寺院は。フランスはそれを二十世紀初頭に、徹底してやりますが、十九世紀にはまだそこまでは到っていない。クローデルのような非常に特殊な例外を除くと、インテリは総て「反教会的」

でしたから、カトリックの典礼とか、おミサがいい、というようなことを言うのは非常に問題でもあった。ところが、マラルメは、それに興味を持った。何故興味を持ったかと言うと、これは、典礼そのものが面白い。ということの前に、それとパラレルな現象があった。

それは、管弦楽の演奏会が十九世紀の一八六〇年代からフランスで流行りだします。興行としての管弦楽の演奏会も、ルネッサンスからずっとあるわけではないんです。今われわれが管弦楽の演奏会と言って思い浮かべるものは、十九世紀の発明品なのであって、特にフランスでは、それがいつから始まったかはっきりわかっていますし、一八八〇年代に大流行します。マラルメは、どうしてこれが流行るのかを考える。すると、ああ、これは「代替宗教」だ、つまり宗教のかわりになっているものだ、と。典礼が胡散臭いとか、神の存在を信じなくなれば、あんなものは意味がないと言っておミサに行かなくなって、そういう共有体験を失ってしまうと、今度は一種の「疑似宗教体験」がほしくなる。「管弦楽の演奏会」というのは、まさにこうした欲求を満たしているのだ、と。それから、より教会に直結していることでもうひとつマラルメが興味を持ったものがあって、それはオルガンの演奏会なんです。カトリック教会では、教会は、一年中、その聖会暦に従って教会として機能しているわけだから、当然一年を通して神の家であって、プロテスタントの教会みたいに日曜日以外はただの家、ただの建物、というのではない。ちゃんと三六五日、常に神聖な場所ですから、そこで世俗的な演奏会なんてことは考えられないわけです。ところが、結局信者が減っていくから、たとえばサン＝ジェルヴェ教会で宗教音楽会というものをやるようになる。オルガンの演奏会が主体です。一八七八年の万国博で建ったトロカデロ宮には、六千人くらい入る巨大なホールがあり、そこに大オルガンが設えてあって、その演奏会が無料なので、ものすごく流行った。マラルメもその常連でした。そういうすべてのことは、本を正せば「カトリックの典礼」だった、とマラルメは考える。そこから、カトリックの典礼、つまりミサ聖祭こそ「未來の祝祭的な演劇」のモデルになる、とまで言うのですね。オルガンは、宇宙的な拡がりを暗示するし、典礼は、二十世紀的に言うと、「参加の芸術」でもあったわけです。つまり信者がみんなで歌う——当時はラテン語ですから、わからなくてもラテン語で歌う。歌うことで、そこにいるはずの見えない神と合体する体験をする。

それから四番目になりますが、マラルメの言説の上では、最初に来るものとして、「韻文劇の朗読」、言わば「朗読オラトリオ」のようなもの。マラルメは詩人として、詩がなくなってしまってもいいとは言えないので、最も過激に言葉だけのパフォーマンスを考えた場合には、そういう一種の朗読パフォーマンスが出来る、と言うのですね。

話をクローデルに戻すと、若いクローデルはそういうマラルメの言説を真に受けます。つまり演劇について、当時はあまり人が信じなかった、特に現場は信じなかった、演劇界はマラルメのマの字も知らない、誰も相手にしなかったマラルメ——その周囲にいるごく少数の芸術家や知識人以外は相手にしなかった、そのマラルメの言説を、地方から出てきて比較的間のないクローデルは真に受けます。後世は、マラルメと言うと、ヴァレリーがマラルメ学の家元みたいになって久しい。クローデルは、カトリックになって、マラルメのやっていたことは「挫折」だ、などと言うので、マラルメ学者からは嫌われているし、ヴァレリーのほうが「マラルメ教」を作っていたのですが、実を言うとヴァレリーは、マラルメがやっていたことで自分に出来ないことは切り捨てている。詩を彫琢するとか、どのように詩を書くかを考えることが重要だとか、そういう知的な操作のことばかりヴァレリーは取り上げて、形而上学的な部分や身体的な部分を全部切り捨ててしまうのだけれど、クローデルはマラルメの言ったことを、言わば全部真に受ける。こういう文脈のなかで、クローデルは、「ワーグナーの楽劇」とか、「舞台の上で踊られる踊り」というものに興味を持つようになる。安南の芝居や、中国の伝統芸能が、マラルメ的問題形成の地平に組み込まれたのです。

クローデルは、ブラジルにいた時にニジンスキーを観ます。その後、一九二一年、つまり大正十年に日本に来て、日本の伝統演劇を観ます。順序として言うと、舞楽を観て、文楽を観て、歌舞伎を観て、それから能を観る。最初に観た能は『道成寺』なのですけれども、日本の文化を読み解く時にクローデルが使う理論的な武器はマラルメなんですね。自分が若い時に影響を受けていて、自分としてはそれほど評価はしないでいた筈のマラルメという青年時代の師の理論的な言説を、ほとんどそのまま持ち出して日本の文化を理解しようとする。そういうわけで、クローデルのなかには、今われわれにとってヒントになるような、演劇についての問題意識が集約されてあり、特にそれが、一九二〇年代に書かれていて、アルトーより先であった、ということに注目しておきたかったわけです。

演劇は、言うまでもなく、単に言葉だけではない。「言葉の演劇」と言った時も、言葉はふつうの意味での、意味を担ったコミュニケーションの道具としての言葉ではなくて、それを発する息だとか、身体だとか、あるいはそれが発せられていく時の様々な肉体的・物質的な様相、つまり情況において、そこに存在すべきであるということ。そういう捉え方を、構造主義以後の一種のジャルゴンでは、「記号の存在が浮上した」と言うんですね、言語は記号ですから。ある言葉、たとえば「花」と言った時には花という音をこちらが発し、そちらが聞いて、そして花の観念が伝われば、花という音自体は消えてしまってもかまわないわけですね。要するに、コミュニケーションの道具としての言語の記号性はそこにあります。

ただしこれを英語で、flowerと言うのと、フランス語でfleurと言うのと、これは同じ系統だからいいのですけれども、日本語のhanaは全然違いますね。その上日本語では文字が幾通りもあります。片仮名で〈ハナ〉と書いたのと、平仮名で〈はな〉と書いたのと、漢字で〈花〉――化けるほうの〈花〉――を書いたのと、中華民国の〈華〉を書いたのでは、ちょっと日本語が出来る人、それが日本人ならなおさらのこと、まったく同じだとは思わないでしょう。ワープロだって少なくとも四つは変換で出てくるわけですから。「花」というひとつの意味を担う音に対して、少なくとも四つの表記がありうる。

もっと詩的な例で言えば、〈ばら〉なんてのはそうですね。片仮名の〈バラ〉、平仮名の〈ばら〉、〈薔薇（そうび）〉というふうになった時に、昔の人は、翻訳をする時に〈薔薇〉と書かないとなんとなく「薔薇」ではないような感じがするわけで、みんな〈薔薇〉という字を書く。ところがわれわれはまた、〈そうび〉というふうにも読んでしまう。つまり、言葉には、単に意味を伝える要素だけではない部分があるというわけです。

それは、直接的な意味と、暗示的に文化的にまつわっている意味に分けて考えることもできます。「直接的な意味」を「デノテーション」、「暗示的な文化的な倍音」を「コノテーション」と言いますが、それだけではなくて、「花」なら「花」という音とか字自体が何かを持っているかもしれない。そういうことは、記号が記号として機能している時には気がつかない。ところが、記号が記号として機能しなくなった時に、それが浮上する。たとえば外国語を聞いて、わからないと言う時には、それは機能していないのですね、記号として。そこに単に音がある。たとえばフランス人だと、「ハナ」とは言えなくて、「アナ」と言う。でも、「ハナ」と「アナ」は全然違うわけだから、そこには差はある。差はあるけれど、フランス人はそこでハ行の発音が出来ないから、差があるかどうかもわからなかったりする。そこから、それは単に、差異を生んでいるだけではなく、そこに、言ってみれば、モノとしての記号がある、ということが言えます。

芝居の上で言うともう少しわかりやすいかもしれない。たとえば〈ハムレット〉という役は記号だとする。『ハムレット』という作品のなかに、〈ハムレット〉という役があって、デンマークの王子というのを演じていて、その〈ハムレット〉の担っているフィクションのシステムとしての記号があります。これはだから、オリヴィエが演ろうと、平幹二朗が演ろうと仲代達矢が演ろうと、片岡孝夫が演ろうと、野村武司が演ろうと、記号としては、〈ハムレット〉という意味のシステムがある筈ですね。だけど、日生劇場のお客は〈ハムレット〉でもなんでもいいので、要するに孝夫を観に行くわけですね。もちろん、孝夫というのは、これはこれで、また別の記号ではあるのだけれど、今言っている意味で言うと、記号の肉体的な部分を、孝夫が明らかに担っていて、だから〈ハムレット〉じゃなくて孝夫であり、すると今度は孝夫が記号として機能してしまう。そして孝夫が単に記号になってしまうとまたつまらない、ということになっていく。そこで、「役者が単なる記号ではなくなる時点」ということを、アルトーは言い、クローデルも幻想し、そして六〇年代のアングラはやたらと言った。たとえば、「体が見えていない」といった言い方をするのはそういうことだったわけですね。つまり、「踊り」がいいだけではなくて、「踊る体」が見えないとつまらない、ということを新しい芝居のほうで言い出したのは、六〇年代末が初めてです。その〈記号の存在そのもの〉というのが、最初に言った〈基底材〉の話とかかわってもきます。

マラルメのことをもう少しお話ししようと思うんですけれども、これはフランス語の話をしないと通じなくて、それが非常に不便なんですが、とにかくマラルメは晩年——彼は十九世紀が終わりに近づいた一八九八年に死ぬんですけれども——いくつかの仕事をしていて、まずさっき言ったように、劇評というかたちを口実にして演劇論を書きます。それは当然、単なる演劇論ではなくて、いちばん手前には、詩の言語についての反省があります。そして、「ワーグナーの楽劇」と「バレエ」と「カトリックの典礼」が代表的な表象として挙げられる。そういう四角形の「問題の系」を立てます。

韻文としては、〈ソネ〉という十四行の短い詩があるのですが、この十四行詩のかたちで「詩法の詩」、つまり、詩を書くとはどういうことか、という反省を詩にしたものですね。「詩が書けない」という詩作の不能力を詩にしたものです。マラルメの詩が難解だと言いましたけれども、ほんとうに難解なのは、マラルメ自身が「批評詩」と呼んだ散文のほうであって、詩は実はそれほど難解ではない。十四行しかありませんし、「アレクサンドラン」という十二音節——一行に母音が十二ある詩句十四行ですから、十二の十四倍しか母音の数はない。八音節のソネも幾篇も書きますが、こうなると、短いだけに圧縮されて、難解だということはあります。しかしマラルメの散文の難解さはそういうことではない。

「詩の危機」と題された〈批評詩〉のなかで、マラルメは名高い「言語の二分法」を語っている。散文というのは極端に言えば、新聞や雑誌の言葉であって、コミュニケーションの言葉だ、つまり意味が伝わればそれで言葉は消えてしまってもいい。ところが詩つまり韻文は、意味が伝わるだけでは意味がありませんね。それだったら散文で書けばいいわけですから。こんな面倒くさい約束があって、しかもその約束を侵しながら守って、とか、どうしてそういう面倒なことをやるのか。それはやはり、「かたち」というものが重要だからですね。

言い換えると、〈詩のかたち〉というものが意味を持ってきてしまう。文が意味をあらわして、文自体が消えてしまう、というようなことではなくて、その詩句、それぞれの行の詩句、詩句を構成している音まで含めて、一篇の詩は、意味が通じれば消え去るというものではない。その言葉、表現している言葉自体がそこで意味を持ってこなければいけない。様々なレヴェルでの意味を担いながら、読み手の記憶のなかに根を下ろさなければならない。そして、それが様々な記憶を呼び起こしてもいくような、一種の鏡のようにもならなければいけない。あるいは、触媒のようにならなければいけない。つまり、発語して、意味が通じて消えてしまうのが散文で、そこで消えてしまわない、言葉の存在が残るのが韻文だ、とマラルメは言います。そこで、「散文は紙幣であり、韻文は金貨だ」という比喩も出てくるので、これはまだ金本位制のあった時の話ですから、今はあまり通用しないかもしれませんが。同じ「詩の危機」――これは正しくは「詩句の危機」で、定型韻文が詩句としての力を失い、「自由詩」というものが生まれつつあることを論じているのですが――この名高い批評詩のなかでも特に名高い一節、「わたしが花と言う時」で始まる詩句の働きの定義があります。「するとわたしの声が、如何なる輪郭をもそこへ追放する忘却状態とは別のところで、認知される具体的な花々とは別の何物かとして、あらゆる花束に不在の、快よい、観念そのものである花が、変容的に立ち昇る」というものです。

「観念」そのものが「音楽」に喩えられていますから、まったく抽象的な話ではなく、身体を巻き込んだ想像力の次元へと通底する。「批評詩」と名付けていることからも想像できるように、マラルメの後期の散文は、ものすごく難解になります。どう難解かと申しますと、たとえばふつうの文章というのは、主語と動詞、主語と述語があるものですよね。主語と述語があって目的語がある、とか。それから、主節――主な文章――と従属節とがある。つまり、「なになにした時は」、というのは従属節ですね。接続詞を伴ってくるようなもの。ところが、マラルメは、主節がなくて従属節だけがあるような文章とか、主語だけがあって動詞がないとか、副詞があって主語になる名詞があって動詞がないとか、というような文章を書きます。これはもう極めて難解で、フランスのフランス語で書かれたテクストのなかでも、最も難解なテクストです。どうしてそういうことをマラルメはやるのか？　それは、散文もひとつの詩だ、という考えがあるからです。

マラルメが晩年に書いて、遂に完成を見ずに亡くなった『エロディアードの婚姻』という長篇劇詩は定型詩ですが、ソネ十四行などよりずっと長くて、その統辞法——文章構造——は、晩年の「批評詩」の散文と同じくらいに解体されていて、異常な構文なんですね。フランス語では、英語の“-ly”にあたる副詞を作るのに、“-ment”という語尾を使います。マラルメは、この“〜-ment”という副詞が非常に好きで、濫用と言ってよいくらいよく使うのですが、“triomphalement”とか、“péremptoirement”とかいうような語を文の頭にもってきて、それからなかなか動詞が出てこない、というような文なのです。

この『エロディアードの婚姻』というのは未定稿のまま終わってしまったこともあって、まさに「舌語」であり、あるいは「強度」のイントネーションであり、あるいは「息」であるような言葉の在りようを示している。単なる定型詩のフォルムとか、あるいはフォルムの実験というようなものではなくて、何か異常な「強度」の氾濫する言説なのです。

デリダが、マラルメ晩年の詩篇を持ち出して、アルトーを思わせる、などと言っているわけではありませんよ。ありませんけれども、デリダが〈基底材〉について書いたものを読むと、こちらが思っていたことは正しかったという気がします。つまりマラルメという人は、およそ身体とか、あるいは肉体的なものとか、あるいは物質的なものとかを捨象して、ひたすら精神的な高み、あるいは精神だけが志向できる「絶対」というようなものを目指していた詩人だというふうに、ふつうは考えられている。まったく頭脳的な、あるいは知的な人だと。それ自体は間違っていないのですが、一八八〇年代に一年間でも連載で劇評を書いたり、それをあとでコラージュ的な手つきで再編集して、独自の演劇論を展開したりするマラルメを知ってしまうと、やはり通念的なマラルメ像とは違って、「身体」とか、あるいは「言葉の身体性」というものに、反省的な思考も創造的な思考も集中させていた人だった、ということがわかります。

言葉の物質的な、あるいは身体的な強度ということを考える時に、フランス語では「模倣的諧調」という修辞学的な技法がありますが、クローデルにしてもマラルメにしても、そのようなレベルを突破して、何かを模倣している、というようなものではない。模倣する対象がなくなってしまっている。言葉だけが、しかも言葉は確かにそこでは活字になったものでしかないけれども、その活字になったものを声に出して読むと、それが一種の譜面のようになって、読む側に「ある声」を要求する。「ある声」ではなくて、「ある息」を要求する。そして、〈舌語〉のようなことが、そこで出現してくるのです。

つまり、マラルメが『エロディアードの婚姻』という詩篇で、どういう意味のことを言いたいのか、ということよりは、そこにある形容詞なり副詞なり、文なりがあって、そこに出現してくる言葉の存在自体のほうが、よほど重要だ。それが非常に深く広いレヴェルで、マラルメが考えているサロメ神話——天才の首が、処女によって切られて、そこでほぼ同時期に、ワイルドによって通念化された『サロメ』のように斬られた首に接吻したりするわけではないのだけれども、首が切られることで、ある絶対的な結婚が成り立つようなお斬が、非常に遠いところからこちらにわかってくる。つまり、〈意味作用〉において、「意味をあらわすもの」と、「意味されているもの」との間に距離があるというだけではなくて、意味する側、つまり言葉の物質的な側面が異常に肥大してしまって、それだけでほとんどひとつの演技をしている、とも言える。それは、実際にそのフランス語の詩句を読んでお聞かせしないとピンとこないことではありますが、つまりマラルメのように最も知的だと思われている詩人でも、少なくとも十九世紀の末には、言葉の〈意味の臨界〉のようなものにぶつかり、あるいはそれを突き抜ける、ということが起きていた。それはクローデルにもあったし、アルトーにもあった。と言うか、アルトーはほとんどそれだけを極端に追求した。

こういう話をしているのは、演劇において言語のことを考える時に、〈模倣的諧調〉、つまり、あることを表現するために身体感覚的に似たものを持ってくる、というだけでは身体性の問題にはならないので、それを突き抜けなければいけないだろう、というのが僕の考えなんです。ただ、それを現場につなげるとどうなるか。たとえばさっき言ったように、〈基底材〉として想定できるものは、単にキャンバスや画用紙やノートのページだけではなくて、もしかしたら役者の体かもしれない。ただし、「基底材はすべてを担わなければいけない」とか「基底材は裏切るのだ」とかいう言い方をアルトーはするわけですから、そういうことまで比喩を広げていくと、役者の体は果たしてすべてを担えるだろうか。また、役者の体が裏切るということは確かで、演出家の作戦としては、役者の体が裏切るところまでおさえなければいけない。〈裏切る〉というフランス語は"trahir"というのですけれども、これには二つの意味があって、こっちが予想し想定されていた約束を破る、というふつうの意味での「裏切る」という意味のほかに、「心ならずもあらわしてしまう」という意味があります。だから今の、「基底材が裏切る」場合も、二重の意味があるわけで、こちらが役者にやらせようと思うことを役者がしないとか、いくら稽古をしても、その役者の体が裏切ってしまうということだけではない。そこで「裏切られたこと」が面白い、ということもあるわけですね。つまりそこで実は、違うことが見えてきてしまったりする。その二重の意味で「基底材は裏切る」。そういう意味では、役者の体は基底材かな、とも思う。しかし、「すべてを担う」というふうに言われると、これは果たしてそうか。

この、デリダのアルトー論を読んでいて私が思ったのは、グロトフスキのところにいたチェスラクという役者のことです。グロトフスキはフロイト的な精神分析にたいへん凝っていた人ですから、役者を精神分析してしまうわけですね。だから、役者の持っている深層の欲望をすべて演出家が摘出してしまう。そういうかたちで舞台を作っていってしまうために、役者は、もぬけの殻みたいになってしまうのですね。チェラスクという人は、グロトフスキと別れてからは、結局アル中になって、破滅的な体験をするわけなんだけれど、これも大変だと思う。一般的に言うと、演劇作業の現場のいちばん切実なことにつながってくるかもしれなくて、アルトー、少なくとも、「デリダが読んだアルトー」は、そういうヒントにはなるだろうと思います。

ただ、最初に言いましたように、アルトーについて書かれたテクストとしては、デリダのものが一九六七年で、僕自身が書くのがそれから二年くらいあとですから、もう二十年も昔の話になってしまうのだけれども、それからあまり言説の上での進歩はない。と言うか、人々がそういう言説に興味を失ってしまう時代が長く続いたように思います。「錬肉工房」の場合は違うと思うのですが、一般に役者というものは、理論的な言説とか、批評的な言説とかいうものに興味を示さないのがふつうです。

そういう意味で六〇年代末のアングラが非常に特殊だったのは、あの時にかかわっていた役者たちは、多かれ少なかれ、理論的なフレイム・ワークに興味を持っていた。いささか嫌みになりますが、そういう問題にだけ興味を示しすぎた役者もいたかもしれない。それは単純に言って、新劇がそういう問題に興味を示さなくなっていたからなんですね。六〇年代に、アングラが新劇に対して投げかけた知的偏重とか何とかというのは、あれは実は仮想敵で、その時ですらも、新劇はまったく「非－知的な」集団になっていました。

もうひとつの別の問題は、そういう理屈や言説は、理屈や言説にするのはたいへんむつかしいけれども、してしまうとなんということはない、という場合も多い、ということです。東大の表象文化論で、『声と体』というテーマで修論を書いた学生がいて、人形のことを主に書くと言って、クライストから現代までくるんですが、文楽のところがいちばん面白かった。文楽のところが面白かったのは、たとえば文楽を日本人がどういうふうに受け取っているのか、つまり、文楽というあのパフォーマンスで、言葉がどのように機能しているのか、ということをもう一度考え直そうとしていたので、それは確かに必要な作業なのですね。

「文楽」についてはロラン・バルトが、一九六八年の五月革命の時期に、雑誌『テル・ケル』に書いた「エクリチュールのレッスン」という有名なテクストがあります。いかにも、かつてのブレヒト派論客らしく、舞台上の「エクリチュール＝言語態」を、ヒエラルキーの関係ではなく、並列の関係で捉え返そうとする。つまり文楽の場合には、三つの言葉、三つの「エクリチュール」が並立されている。語り手

——つまり太夫と三味線ですね——のエクリチュール。それから、もちろん人形のエクリチュール、それから人形遣いのエクリチュール、それらが三つ並列されている。ヨーロッパの舞台表象では、構造は「神学的」だから、「声」としての「テクスト」の支配のもとに、「人形遣い」も「語り手」も見えなくして、「人形」だけが見えている。そういう神学的構造を破壊するのには、文楽は「言語態《エクリチュール》のレッスン」になるという論の展開で、バルトが演劇について書いたものとしては、恐らく最後の、調子の高い文章になっていた。

それは確かにその通りだし、三つの「言語態」は、確かに並列されている。たとえば人形遣いが人形と同化して表情を作るのはいけない、というふうに、少なくとも近代になっては言われているけれど、それは要するに、われわれが両者を関係において見てもいるからです。しかし、日本語がわからないバルトは「並列」だと言う。そういうふうにわれわれが並列で見ているわけではない。やはり、「語り手」の言葉が圧倒的に「場」を支配しうるからあのパフォーマンスは成り立っている。そこまでは誰でも気がつくことですけれども、その修論を書いた学生は、近世の人形浄瑠璃の芸談をよく読んでいて、たとえば、これもお客としては常識なんですが、〈太夫〉と言った場合に、義太夫を語っている人と三味線とがいますけれども、えらいのは三味線だ、つまり、三味線がすべてを支配している、という芸談を紹介しています。その三味線の作業を〈ハコビ〉と言うんですね。〈ハコビ〉というのは、うまい言葉だと思うけれども、三味線がハコブ、三味線がその作品の風景を示す——まあ、風景と言うか、雰囲気と言うか。つまり、三味線が作品の構造を示すのだ、という芸談なんです。それはまことにそうなので、ただ漠然と三つがあって、チャンスオペレーションみたいなことをやっているというわけではない。そういう関係は、ロラン・バルト氏にはまったくわからない。わからないから、逆に面白いことを言ってくれている。生半可わかっている日本学者よりも面白いことを言っている。ただ、バルトの説だけでは駄目だということです。

現場のほうから言ってくる、「言葉と言葉の間の関係」と、バルトのように言葉を理解しないで見ている人が見ているつかまえ方との、その隙間に、言説——あるいは理論的な言説の可能性——はあるわけで、言葉が人形にどういうふうにかかるのか。人形にかかる、と言うけれど、それは要するに、受容者を介してかかっている筈だから、そういう「三角形」がどうして成り立つのか、それが肝腎なことだと思います。それは、能の居グセのようなものでも同じでしょう。観世寿夫の『井筒』だったら、やはりあの面（おもて）を見ていなければ、面白くない。ほとんど役者は動かないところだけれど、「面」と、そこで演じている「役者の体」を見ていなければつまらない。何もしない筈のところが、いちばん面白いかもしれない。こういうことは、ヨーロッパ的に、「存在するものが表現されている。だから、表現されているものだけが存在している」という発想からは上手くいかないんですね。そこで、ああいう「舌語」だの、「調子」だの、「息」だの、「声」だの、ということを持ち出すと、日本のことも少し説明がつくかと思うわけなんですが、なかなかそう簡単にもいきません。苦労して理論や言説にしてみても、舞台で行われていることのほうが先行している——と言うか、言説はそれをなぞっているにすぎない、ということがわかったりするわけですから。

最後にひとつだけ言っておくと、これは岡本さんの前のシンポジウムの総括のなかに書いてあって、確かにあの時に私は、三分の二くらい天の邪鬼で敢えて言ったんですけれども、「言葉を始原的な発生状態に戻せばすべて解決する」、とはとても思えないわけです。「始原的な発生状態」、あるいは「発生状態である始原」というようなものは、神話的にしか在りえない、ということはつまり、実際にはない、と私は思います。ただそれは、一種の言説的な戦略としては有効性を持っていた時もある。私としては、だから、言葉をばらばらにすることのほうからやったほうがいいんじゃないか、ということをあの時は言った。ばらばらにする、というのは、「脱構築」だの「コラージュ」だのということだと思われると困るので、そこに出てくる言葉の断片は、それ自体で、もしかしたら、独自に生きてしまうかもしれない。その時に、やっぱり僕自身が興味を持つのは、ひとつは言葉。つまり、言葉の構造体としての「テクスト」なんですね。テクストが面白い、というのは、その意味が面白いというほど単純なことではない。テクストの持っている手触りみたいなもの、あるいは体で感じられるようなものが面白くないとつまらない。これが一つ。

それからもう一つは、やっぱり役者なんですね。役者がいい、というのはいろんな意味があるんですけれども、ラシーヌ・シリーズで、後藤加代という女優とかなり過激な作業をして、いわゆる新劇的な思い入れだとか心理主義だとかは、全部切ったつもりでいた。ラシーヌ・シリーズの三本目に『アンドロマック』をやった時、それまでの経験則的な配役で言えば、「嫉妬に狂うお姫様」のほうをやらせる筈だったのだけれど、アンドロマックという「母もの」のほうをやらせた。ところがそれがものすごくよかった。つまり、結婚したこともなければ子供もいない女優が、「母もの」でよいというようなことがあったりするんですね。それがさっき言った〈裏切る〉の、二番目の意味の〈裏切る〉で、そういう裏切りが面白い。

しかし、今度はそういうことがわかってしまった時にどうするか。そういうことが出てこないで、演出家の言いなりになっている役者はつまらないですしね。でも、役者のほうのそういう地と言うか、地肌みたいなものだけで持っていくとつまらない。そこのせめぎ合い、というようなことになると思うんです。で、その〈地肌〉が、果たしてデリダがアルトーについて言っている〈基底材〉と正確に同じかどうかは疑わしいのだけれども、しかし、そういう〈地肌〉というものは確かにある。役者としては、それを何とかうまく面白いものにしていかなければならないし、演出家もそれに仕掛けていかなければならない。

一九六〇年代から七〇年代初めにかけて、私が寺山修司に否定的だったのは――そして唐十郎については比較的寛容であったのは――、唐十郎の「特権的肉体」というのは、あれは結構「新劇」なのであって、不破万作が星の字に頭を剃って出てきた、とかいうだけの話ではない。四谷シモンという人だって、あれはそれなりに「作られたもの」として評価できると思った。ところが寺山という人はどちらかと言うと、奇形なら奇形というものをそのまま持ってくる、という「素材主義」というか、一種の「見せ物精神」があるでしょう。

それは要するに、「芝居では、子供と動物には勝てない」と言うでしょう。つまり、子役が出てきちゃうと必ず負ける。実物の動物が出てきたらまったく駄目ですね。『豚とキャベツ』というのをやろうとした人がいたのですけれども、さすがに役者たちがみんな反撥して、豚じゃなくてキャベツだけが天井から降る、という芝居になりました。あの時に豚が出てきたら、もう全部喰われてしまったに違いない。つまり、ガキと動物が出たら駄目、異形なものがそのものとして出てきたら駄目。奥山の見せ物には勝てない。錬肉工房だって勝てないのですから。そういうレヴェルで、単にブツがあるのはいい、というのは私はいやなんです。やはり作ったものでないといやだ。作ったものだけれど、作ったもののなかに、作っていくもの、そして面白いもの。

ただ、世阿弥という人はえらいことを言いました。「我心、我にもかくす安心」と。世阿弥が言っていることはすべて、そういうものをむき出しに見せたら決してお客は喜ばない、隠してるんだ、隠してるんだ、って言うからお客は面白がる、という作戦があるわけですね。恐らく世阿弥という人は――これは何度も書いたことですけれども――、非常に言葉を信じた人なので、そうすると、言葉がなくって体だけがあるようなもの、つまり近江猿楽みたいなものとか田楽みたいなものは、やはり不得意だった筈なんですね。まあ、大和猿楽は、抽象的な、囃子だけで舞うようなものは伝統になく、それを近江猿楽の「天女の舞」から取った、というのが近年の定説だと思いますが、それに、自分は体がきく、体がきくからやろうと思えば出来てしまう、出来てしまうけれど、それはやると駄目なんだ、ということも自覚している。だから、「心を十分に動かして体を七分」という言い方も、あれはやはり、世阿弥という人は体が十二分に動いた人だから、その十二分に対してさらに二十分ぐらい心を動かさないと駄目だ、というのを按分比例して言っている。動かないほうがいいという話とは、違うと思います。

なんだか基底材の話から動かない話になって、動かない話になると、もうこれはきりがないのでありまして、特に能で動かない話をすると、もう動かなくなりますから、この辺でやめます。

(錬肉工房連続講演会　一九九二年四月五日　錬肉工房アトリエにて)

6 能の演技の探求と本質

観世榮夫

KANZE Hideo

観世です。私はこの資料にも書いてありますけれども、今年七十九歳で、もうじき八十歳になります。能をやっている家に生まれましたから、もう赤ん坊ぐらいのときから能のまねをして遊んでいたりしてました。舞台へ立つことは当然だと思っていましたから、気がついたときは舞台へ出ていました。三つの年に初舞台をして、子供の役などをだんだんやるようになって、八歳のときに『忠信』というので初めて主役のシテを舞わしていただいた。私のうちでは大体八歳、昔の八歳ですから、小学校へ上がる年に、私の兄貴の寿夫も、弟たちも初シテというのを大体演じる。だから、知らないうちに能をやるのは当たり前だと思っておりました。

小学校へ行って帰ってきてから、普通は表へ出て遊びたい頃ですけれども、兄貴と能のまねをして遊んでいた。家に舞台もあり、能をやる環境でしたから、自然に能をやっていて、自分にとってはあまり特殊なことじゃなく、やるようになりました。

兄弟で能をやって遊ぶんですけれども、兄貴はいい役で、僕らはそのあまりをやっているみたいなところがあって不満もありましたが、そのうちに、祖父などが僕らが能をやるのを見ていろいろ助けてくれた。祖父は家の中じゃ、あんまり機嫌がいい人じゃなくて、表へ出ると、とても優しいおじいさんだったようですけれども、家の中じゃ、割に厳しい顔をしていたんです。

しかし僕らが能のまねして遊んでる時は、とっても優しいおじいさんになって、布団地のような布で、能装束の形の着物を縫ってくれて、それで「これでやりなさい」と言ってくれたりしたんです。祖父が自分で布を裁ち、縫ってくれたんです。こちらも、子供ながらそれを大切にして、自分たちの戸棚を一つだけもらって畳紙に入れて、「能の装束だ」と言って仕舞い込んだりしていました。それで面もおもちゃの面みたいのをつくったりして、勝手に見よう見まねで、能のことをやって育ってきました。

そういうふうに知らないうちに、能をやるのは当たり前だと思うようになっていました。皆さん、能役者というものは、大変厳しく修行するみたいに思っていらしたかもしれませんが、僕らはそういう意味で、別に大変なことを嫌々やっているというようなことはまずなくて、楽しくというか、遊びながらやっていたように思います。

世阿弥の書いた『風姿花伝』の「年来稽古条々」に、能の稽古を始めるには七歳と書かれています。今の年でいうと満だから、ちょうど小学校へ上がるころですけれど、僕らはもっと前から舞台に出てました。幼年期のころは、なるべく指導者が、型にはめないで子供のいい素質なり、何なりを引き出すようにして、伸び伸びと好きなようにやらせろと世阿弥も言ってますよね。これもとても大切なことです。まず、そういう舞台へ立つことに身体が慣れてくるというのが大切なわけです。だから声なんかでもあまりつくったりしないで、伸び伸びとやらせるようにする。そのうちに好きな子は好きなようにやるだろうし、いろいろ身体も成長していく。成長していく中で、筋肉なり何なりが、鍛えられていくのだと思います。

能は世阿弥以来六百年間同じようなことを、ずっとやっている、それが伝統だと皆さんはお思いかもしれませんけれども、実は違うわけですね。

世阿弥がやってたころと、今やっている能とは、随分違うところがあるんじゃないかと思います。というのは、世阿弥のころは野外でやっておりますね。ですから自然の影響があるわけです。例えば今の舞台ですと、屋内ですから能は照明をあまり変えたりはしないんです。にもかかわらず、暗くなったというときには、謡なら謡、囃子なら囃子の音楽に乗って暗い感じというのを演じることができるわけです。例えば『阿漕《あこぎ》』という能で言えば、漁師がいると、「俄《にわ》かに疾風《はやて》吹き海面暗く」というときに、そこからにわかに暗くなって風が吹いて波が立つという情景をやらなくちゃならない。野外でやっているときに、急に明るくなるときだってあるわけだけれど、そういう自然よりも強い印象を持てる演技というのをしなければならない。周りが明るくなっても、暗くなったというのを観客に感じさせるような演技をしなければならない。

だから、それはやはりとっても大変なことなんです。ですから、そういう意味では野外でやっていたときの能と、今、私たちが屋内でやっている能というものは随分違うわけですね。屋内でやるようになってから、ようやく百年ぐらいですよ。明治の初めに東京では芝紅葉館――明治学院大学の近くですけれども――、その建物の中に能舞台というのが初めて屋内にできた、それ以前というのは全部、見所《けんしょ》、つまり観客席と舞台の間には大空が見えて自然の空間があったわけです。そういう舞台が今度は閉じられた。つまり、舞台の屋根の上に屋根がかかるという現在の能舞台になった。そういうことからも演技の質というのは変わってきていると思います。また、能装束の着方にしても、明治のころの写真を見ると、今よりも随分、楽に着てる、今みたいに精密に着るというんじゃないかと思いますね。だから、そういうことでも随分違う。

もちろんそれは能ばかりでなくて、歌舞伎なんかでもそうじゃないかと思いますが、例えば僕らが見ることができた明治の団十郎の『娘道成寺』の花子という、能でいう前シテの役も随分、衣装なんかずるっぺに着ていますし、メーキャップだって、団十郎の顔もそうだったのかもしれないけど、男みたいな顔をしてやっています。今の玉三郎など、ああいう本当に女っぽいメーキャップじゃないのでやっているんです。そういうふうに、能というのも知らないうちにいろいろと次第に変わってきているんです。そうしたいろんな要素が変わってくると、能の演技というのも変わってくる。だからずっと同じことをやってるわけじゃなくて、その都度、観客との対話の中で変わってきていることがたくさんあります。

それじゃあ、能をやっていく上で大切なのは何なのかということなんですが、基盤となる表現する力、つまり感覚なり、それに対応できる身体、声というものをいかにつくっていくかということは、能の修行の中で非常に大切なことなんですよ。先にも言いましたように、僕らは子供のときから能の舞台で遊んでいるようにやってました。小学校に入る年に主役をやると決まって、本来の役づくりというのを初めてやる。そのころからどこかで自然に身体の中で覚えていくというのがあって、それで中学校の二~三年ぐらいで声変わりするまでは、できるだけ本人の素質を伸ばすように、伸び伸びと役者として育てられる。

しかし、中学二~三年過ぎて声変わりが始まるころから、今まできれいな声だったのが変に声が出なくなったり、急に背丈だけ伸びてバランスが悪くなって、変な身体つきになってくるわけです。世阿弥の『風姿花伝』に基づいて言えば、そのときに「一期の境ここなり」と、人から笑われようが、ひたすら稽古に励むんだということが出てくる。だからそれまでは、なるべく周りの人が、子供なら子供の一人の役者の素質を大事にして育てるようにしていかなければならない。素質というのは、一つはものの考え方もあるし、一つは筋肉とか身体、そういうものを能役者向きに育てていくことをやっていく必要があるんじゃないか。

そして中学に入るころになって、また何番目かのシテをやるようになり、十六~十七歳で大人の身体になった時に初めて面をつける。それまでは大人の役でも面をつけずにやっているわけですけれども、面をつけてやるそのころから、ようやく声変わりを脱出できるかどうかのころですが、今度は一人前というか、一人の役者としての修行という段階になってくる。もちろん教えるほうも厳しくなってくる。

私などが幸いしたというのは、十六~十七歳になったころ、次第に日本は戦争がひどくなってきて、能界であまり能ばかりやっているという世の中じゃなくなってきて、祖父も父親も家にいることが多くなった。ほとんど失業と言いますか、仕事がない、アマチュアの方にお教えするということもほとんどなくなってきてますから、僕らを稽古するしかなくなってしまう。家にいるとやることがないから、僕ら子供の稽古をよくしてくれるということがありました。そして私は終戦の前の年に、中学四年から、今の東京芸大、もと東京音楽学校というところに入学するわけです。

戦争がだんだんひどくなってきて、その頃は家の中で音などを出していると、いろいろうるさい時代だったんです。学校へ行くということは、音楽学校ですから音を出そうが何だろうが、それはあまり近所から怒られるといったことがなくて、そうした時期に修行ができたというのは不幸中の幸いだったと思っています。

だから、世阿弥が言う、十七～十八歳から二十二～二十三歳まで、「一期の境ここなり」と勉強、修行しろという時代に稽古をよくつけてもらったわけですが、そのころに寒稽古というのがあった。寒稽古というのは朝四時過ぎから五時ごろまでに起きて、謡曲の順番で、朝二番、夜は十時ごろからまた二番。だから四番を一日にやる。それを一月続けるわけですよ。

そうすると冬であることもありますけれど、眠くもありますし、謡本もだんだん読んでたってよくわからなくなっているくらいなんだけれども、それでもつまり一日四番やりますから、一月やると百二十番やるわけです。だからどこかこの身体の中に、記憶の中に自然に染まってくるわけなんです。そういう稽古を一年で百二十番やり、二年やると大体全曲やることになるということになるんです。もちろん老女物みたいな難しいものはやりませんが。

しかし一月毎日ですから、やはりほんとに眠いし、半分朦朧としながらもやっているんですが、一月のうちの十五日過ぎると、一度声が出にくくなっちゃうんですよ。でもそのうちに二十日過ぎ、二十五～二十六日過ぎになると、また声が出るようになる。だから、昔、一度声をつぶさなくちゃいけないみたいなことを言われましたけれども、本当は、そうではないんじゃないかと僕は思っています。大事なのは、声が出なくなったときに、いかに自然に声を出すかということなんですよ。声帯というのは、大体こんな小っちゃいもので、声帯そのものは空中でいかに振動したってほとんど聞こえないんですよ、それが聞こえるというのは、胸郭とか、こういう頭蓋骨とか、ほお骨とか、そういうところに共鳴するから聞こえるわけです。これはほかのジャンルでもそうだと思います。例えばバイオリンだって、もし弦を空中で弾いたって全く音はしないものなんです。それをあれは胴に共鳴するから、ああいういい音が出るわけでね。そうしたことを身体で覚えてくるというのが、つまりほんとの寒稽古の意味なんだと思います。だから、そうしたことを割にうまく通過できたというのが、僕なんかはありました。

それとともに、今度は身体や演技のほうの稽古は、やはりこれも謡本の順番で毎日二番ずつやります。兄貴が一番、僕が一番みたいなことで、これを一月やると、大体六十番になるわけです。それもあまり難しいものはやりませんから、二年やると大体一通りやり終える。これも能を舞うための、つまり筋肉というか、身体というのをつくり上げるための一番いい時期に、一番いい勉強をさせてもらったということがあります。

こういう修行のあり方というのはとっても大切なんだけれども、現代の忙しい世の中だと、僕らみたいに子供のころからずっとやってたり、自分の家の中で毎日稽古できる環境にいないと、なかなかそういう稽古はできない。だから例えば、十八~十九歳になってから修行を始めるとか、大学に入ったぐらいの年からもう一度稽古を始めるようなときには、今度はそれはそれなりの新しい修行のメソッドというのをまた考えなきゃ駄目だと思いますね。そういうことが今必要とされていると思います。

またそれと同時に、能をいかに解釈して、いかにそれを舞台の現実としてつくり上げていくかということ、ものの見方に関しても、違う操作、工夫がいります。若いころのことを思い起こしてみると、戦争中になって、能の舞台上演は非常に少なくなってきた。徴兵をされたりして一流儀だけで、自分の家だけでは、なかなか能はできないということになって、あるときは各流の人が同じところで集まって稽古したりということが出てきて、自分の家だけのものの見方というのじゃない見方ができるようになった。そして戦争が終わって、若い人がいなくなっちゃったものですから、各流とも合同で行われる能というのが多くなって、そこでほかの流儀の若い人にも接するし、ほかの流儀の大先輩の舞台というのに接するようになったんですね。これは恵まれていたと思っています。

うちの兄貴の寿夫は、亡くなった宝生流の野口兼資《のぐちかねすけ》先生に心酔していました。うちの兄貴というのは美声だったんですけれども、野口先生というのは難声の方だった。「お、お、お」という声だったんだけど、その分だけ、この謡というものに対する身体での覚え方、つくり上げ方というのが的確で緻密になさっていた。うちの兄貴もそれに心酔して、美声だった兄貴が一時はあんまり「お、お、お」という声でやっていたものですから、あるときに、能評で「何で寿夫はあんな変な声を出しているんだ」と言われて、その次には突然大きな声を出してやったりしたことがあった。そういうふうに幸いに自分の生まれてきた、やってきたことに批判的にものを考えられる環境を生きるということがありました。

言うまでもなく、能役者というのは、半分は頭で曲を理解して演じるということもあるんだけど、それより前に能役者としての身体というものをつくらなくちゃならないわけです。いかに能をやろうと思っても、身体が動かなけりゃ、どうしようもない。そして声をつくっていかなくちゃいけない。そんな中で私なりにあれこれ考え、問題意識が出てきて、それで、二十二〜二十三歳ぐらいの時に、私が喜多流へ行きたいと言ったんですが、喜多流の方でいいと言ってくれて転流するということがありました。能は縦割り社会ですから、能が始まって以来、違う流儀、メソッドのところへ行くなんてことは、五百年か六百年の間、誰もいなかったので、それは大問題になった。にもかかわらず、うちの親も祖父も理解してくれて、それじゃあ、というので喜多流の後藤という家の芸養子ということにして転流した。だから私は、十年間ぐらい、後藤榮夫でおりました。そこで観世流とは違う、喜多流の身体のメソッドというものを学ぶことができた。そういう形を特別に許されたというのも、もし私の家みたいなところで生まれなかったら、なかなかできないことだったと思いますので、そのことは感謝しています。確かに教わるというのは、まず基本的な形を教わるというのはありますけれども、その時にいつも、自分をもう一つちゃんと客観的に見る目を持たないといけない。そして自分も本当に納得のいく演技の方法というのを、一曲ずつ生み出さなければ駄目なわけです。私自身は若い修行の時期に、そういう視点を持つことができたということがありました。

ところで今、身体の使い方の話をしましたけれど、現代のお芝居だってそうで、なかなかそういう基本的なことを教えてくれないんですよね。例えば人間の身体の使い方というのは、相手を許しているときはね、真正面で向かって「ああ、そうかね」と言ってられます。それがけんかになったり、相手と意見が違ったときは、「なにを！」と身体をねじって構えるわけですよ。身体をここで使う。それはエネルギーをいかに狭く凝縮して相手にちゃんと伝わるようにするかということですけれど、そこには一つの身体の原理があると思うんですね。

つまり、ボクシングだってこう身体をねじって構えるでしょう。こう構えて、ほんとに自分のエネルギーを十分出して相手を殴るとか、剣道だってこうなるし、それから普通の労働だってそうですよね。つまり、シャベルで穴を掘るというんだってこうねじるし、それからフェンシングで突くというのだってこうなる。だからエネルギーを一瞬に、一つ所へ集中するというときは、身体をこうねじって使うみたいなことがあるわけですね。そういう、目的に合わせて使ってくるような身体の使い方、身体の訓練の必要性もあるけれども、それと一緒に集中する感覚みたいなものを養うということも同時に非常に大切なわけです。

能の摺り足なんかもそうですし、能の基本的な型、所作であるサシコミヒラキなんかでも、サシコムときに、身体一杯のエネルギーを、これをいかに一点に絞っていくかと、どういうふうに集中して使っていくのかということを考える必要がある。そういう訓練をしながら、それから今度は自分の表現したいものに、それをいかに応用して身体を使ってやっていくか、そのことも同時に必要なわけですね。

これはもちろん普通の芝居のせりふだってそうですね。「おまえは！」と言ったときに、非常に力をこめて投げかける。今度はそれを受けとめたら、こう身体で返していくような、そういう身体のレベルでのコミュニケーション、基本的なやりとりの感覚というのを養う。それをまた組み立てて、一曲なら一曲、一人の人の行動というのをつくっていく。能舞台は吹き抜けですから、どこからでも見られる中で、同時に自分も四方から見ている眼差しの感覚、例えば背中からでもわかる、見えるようにするにはどういう身体の使い方、集中をしなくちゃならないか、といった高度な課題が出てくる。

本当に舞台の表現というのは頭だけではできないところがあって、それを身体全体で表現しなくちゃならない。「おっ」とサシコムとき、この指先にいかに集中していくのか、また例えば「おまえは！」と言ったときに、そこへ全エネルギーを集中していくような身体の使い方をどうしたらいいのかということです。そしてさらに、今度は、「おまえが憎いから、おまえを殺す！」と言うときに、「殺す！」にエネルギーを一杯こめてぶつけていくためにはどうしたらいいのか。さらに、「おまえを殺す」と言うときは、他は殺さないけど、おまえをというわけですから、「おまえ憎いぞ」ということに、いかにそこで集中し、単に心理的な表現だけではなく、身体のエネルギーをこめることができるかというのが求められてくる。そういうことの積み重ねで一曲というのがあるわけです。

そういう意味では、身体のあり方というものをもって客観的に考えて、しかもそれをちゃんと一曲なり、一つの行動の中で組み立てていくことができるというのが、つまり演技の基本であるはずです。そういう組み立てというのは、一曲を演出していくようなものの見方というのができなくちゃいけない。世阿弥はこれを「離見の見」というふうに言ってます。

世阿弥は能楽論の『花鏡』の中で、「離見の見」を展開していますが、離見と対になっている我見、これはこれをやりたいというのは我見なんですよ。だけどそれをもう一つ、自分を上からなり、自分の背中から客観的に見る必要がある。自分の我見だけでやると、ただ急にどなったりなんかしちゃうんです。それを目的に沿って身体全体を使う、頭までを含めて身体全体の意識の回路をうまく使っていくというのが離見なわけです。もちろん我見がなくちゃ、表現なんてやったっておもしろくも何ともないんだけど、我見をもう一つ客観的に納得させられるような演技なり、それから身体の使い方というのをつくり上げていくというのが離見でしてね。そうした離見の見というのを持っていないと、良い能が舞えないと世阿弥は言っています。先祖がいい教えを残してくれているからありがたく思っていますけれども、それを単に言葉の上だけじゃなくて、本当に良い舞台を実現していくためにはやはり大切なことだと思います。「おれはこれをやりたい」ということだけでやっているのはそれは我見なんですけど、それを客観的に見て、なるほどあいつはこうやってこうやるんだとか、ほかの見ている人にも納得できるような客観性というのも一緒に持っていると言いますかね。我見という自分がこうやりたいという意志と、それを納得させるような客観性、そういう両方を同時に持つことが大切なので、終始どこかで自分をもう一つ監督する目というのを持って、自分の背中なり、上からなり、離れて見る目というのを一緒に持っている必要があるんですね。

舞台というのは自分だけでいい気持ちになっちゃう人がどうしたっているんですけれど、それじゃ駄目で、そうではなくやるにはどうしたらいいのかということですね。それがやはり舞台に立つ人間にとって特に重要なことなんです。自分が自分をなかなか客観的に見られませんからね。どうしても自分主体になっちゃうから、いい気になってやっちゃうところがありますからね。自分だけでうまいと思っていても、人から見るとおかしなこともよくあるわけで、随分気をつけているつもりだけど、ちょっと気を許すとすぐ駄目になりますから難しいもんです。

もちろん、このことは演技の問題だけではなくて、生き方の問題というか、終始いろんな局面に遭遇していくと言いますかね、自分の方から求めていかないと、どうしても慣れたところで安住して好きなことを自由にやってしまう。それはそつなくはできるようになるけれど留まってしまう。そうではなくて、人間というのはいつも新しい局面に向かって挑戦してないと、どんどん堕落しちゃうということがあります。

日本の場合には名人芸というんではないけれど、それだけやるとうまいという人もいますが、もちろんそれもとても大切なことで、そうした名人芸も必要なんだけれど、名人芸と一緒に新鮮さというのかな、その日に初めてめぐり合う環境の中で自分といかに闘って少しでも先に進められるか、そうしたことが大事だと思ってやってきました。そして常に現代という時代に生きているわけで、その時代というものにいかにいつも直面していくのかということがないと、特に伝統芸術なんていうのは、ただ形だけみたいなことになってしまう。それではどうにもならないんじゃないか、そういう時代は過ぎたんじゃないかと思ってやってきました。

まだまだ申し上げたいことはたくさんありますけれども、時間も一杯になってきましたし、まあ思いがあり過ぎてこれも我見ばかりになっちゃうといけませんのでここまでにさせていただきます（笑）。どうもありがとうございました。（拍手）

（明治学院大学シンポジウム講演　二〇〇六年十一月二十五日　明治学院大学にて　初出：『藝術学研究』第十七号）

7 現代演劇から見た能・狂言

――音声・構エ

岡本 章

OKAMOTO Akira

ご紹介いただきました岡本です。これから楽劇学会大会の基調講演といたしまして、「現代演劇から見た能・狂言――音声・構エ」というタイトルでお話をさせていただきます。

先程ご紹介にもありましたように、私は現代演劇の現場で演出の仕事に携わっておりまして、一九七一年に「錬肉工房」という劇団を創設し、今年で四十年になります。その間に様々な演劇的試み、作業を行ってきましたが、その中でも特に重要な課題でありましたのが、能・狂言の本質を捉え返し、それを現代演劇にどのように活かすかという試みでした。それは活動の初期から取り組んできましたが、また、一九八九年からは「現代能楽集」というタイトルで連作を行い、現在十一作目を準備しております。そこでは能・狂言の身体技法、演技のあり方に注目し、能・狂言と多様な現代芸術との共同作業を積み重ね、新たな表現の可能性を模索してきましたので、今回こうした形でお話しすることになりました。そのような実践的な探求の作業を踏まえ、現代演劇の立場から見て、能・狂言の音声表現と動きの特色、また相違点、さらには現代演劇から見たその演技や身体技法の魅力や特質、展開の可能性についてお話しさせていただきます。

しかし、とは言いましてもあまり自分の視点だけでお話しし、偏ってもどうかと思いますので、もう少し広げ日本の近・現代演劇の歴史的流れの中で、能・狂言と現代演劇がどのような関係を持ってきたのかということをまず述べておきたいと思います。優れた仕事を達成された先達の営為に触れ、その後で、私の立場からお話しさせていただきます。

さて、ここでちょっと大きな課題になりますが、演劇だけではなく日本の文化の流れを考えたときに、伝統と近代の断絶、二重構造の問題ということが存在します。もちろんそれは日本だけではなく、ヨーロッパの近代を外側から強いられた非西欧圏の国々、文化はそれぞれそうした問題を抱えているはずですが、わが国でも明治維新以降様々な分野で、それまでにあった伝統と名付けられるものを一度切断するということがありました。

私たちの演劇の領域でも、ご承知のように近代演劇、近代リアリズム演劇を移入し、定着させるというのは重要な課題、仕事でした。その中で例えば小山内薫は、築地小劇場の『役の行者』の上演の際に、『歌舞伎を離れよ。』／『伝統を無視せよ。』／『踊るな。動け。』／『歌うな。語れ。』と述べたように、一度ここで意志的な切断が入ったわけです。そして、その後この伝統と近代の断絶、二重構造の課題をどのように引き受け、関係づけていくのかということで色々と試みられてきましたが、やはりそれはまだ未解決であり、現在に至るまで重要な課題として残されております。

こうした課題に、理論的、実践的に関心を持ち意欲的に取り組まれた一人が武智鉄二さんです。みなさんご存知のように、多様な仕事をされた方です。戦前から評論活動を行い、戦中は「断絃会」を組織し伝統演劇を保護する活動をし、戦後は「武智歌舞伎」と称された歌舞伎の再検討の運動もされました。一九五三年から五七年頃まで、能・狂言と様々な現代芸術ジャンルとの前衛的な共同作業を行い成果を挙げました。まず狂言との作業を始め、五三年の『濯ぎ川』が最初ですが、『東は東』、『夕鶴』、『彦市ばなし』などで、新劇のテキストを狂言の発声、身体技法で取り組み、伝統と近代の断絶を超えていこうと試みました。『東は東』では、茂山千五郎さん、千之丞さんと、宝塚出身の萬代峰子さんを共演させ、狂言師が狂言以外の台詞を初めてしゃべった舞台でした。

翌年の『月に憑かれたピエロ』は、「円形劇場形式による創作劇の夕」で上演され、現代音楽のシェーンベルク作曲の音楽に、アルルカンが観世寿夫さん、ピエロが野村万作さん、コロンビーヌがオペラの浜田洋子さんで、舞台美術、衣装と訳詩を前衛音楽、美術の「実験工房」が担当しました。寿夫さん、万作さんは全身タイツ姿で抽象的なマスクを着け、伝統の型や様式ではない動きもそこで模索され、多様なジャンルの実験的な共同作業が実現しました。そして同時に上演された三島由紀夫の『綾の鼓』では、能から櫻間道雄さん、観世静夫さん、狂言から野村万之丞さん、茂山七五三さん、千之丞さんが出演し、文学座の女優さんと同一の舞台に立ち、洋服に能面を着け、また能、狂言の発声で現代語が語られるという実験が行われました。武智さんの仕事は、能・狂言の身体技法、演技のあり方を現代に活かしていく先駆的な試みでした。その共同作業の中で新劇、近代劇の俳優に能・狂言の持つ演技の力、特に狂言のしゃべり、語っていく力、身体の深部から届いてくる強度のある声、存在感に気づかせたことは重要な成果で、五五年には狂言ブームが起こり、身体技法の具体的な見つめ直し、捉え返しがそこで出てきました。

続いて観世寿夫さんですが、寿夫さんが探求し、達成された仕事も、能・狂言と現代演劇との関係性を考える上で、重要なものがあります。寿夫さんは、能を演劇として捉え直し、現在に生きる人々に訴えかけを持つ能を目指して、多様な現代芸術ジャンルの人々と共同作業を行い、能を現代に開きました。

そうした作業の切っ掛けになったのが先ほどの武智演出の『月に憑かれたピエロ』だったのですが、それ以降も、現代音楽の武満徹さんのミュージック・コンクレートによる『水の曲』の作舞・出演や、横道萬里雄作、野村万之丞演出の新作能『鷹姫』の作曲・作舞・出演もされています。そして一九七〇年に能狂言と新劇の青年座の人々が共同で伝統と現代の課題、新しい演劇、舞台のあり方を探っていく「冥の会」を結成します。第一回公演のギリシャ悲劇『オイディプース王』では、オイディプースを寿夫さんが演じ、また『アガメムノーン』やベケットの『ゴドーを待ちながら』などにも出演し、多面的に能・狂言の演技、身体技法の検討が行われ、充実した成果を挙げました。また一九七四年には、同時に現代演劇の「早稲田小劇場」の鈴木忠志さんとも仕事をされ、『トロイアの女』、七八年は『バッコスの信女』に出演しました。白石加代子さんとの共演で、圧倒的な存在感を示し、能の身体性を現代演劇に新たに活かしました。

ここで重要なのは、六〇年代の後半に現代演劇の領域では、世界同時的に近代リアリズム演劇批判が出てきて、舞台が戯曲作品の単なる再現ではないことが主張されました。そこにはアントナン・アルトーなどの影響もあり、始源的な深層の身体、言語のあり方が探求され、能の演技、身体技法の持つ深い存在感や自在な時空の変容、変身のあり方が一つの重要な手掛かりになりました。五〇年代に新劇の俳優の間で狂言が注目されましたが、七〇年代初めには、現代演劇において、能の演技や身体技法が注目され、捉え返されるという状況があり、寿夫さんを中心とした実践作業が、伝統と現代の課題に新たな照明を当てたと言えると思います。

このように、能・狂言と現代演劇との関係性を問う先達の重要な実践作業があったわけですが、ここで少し先ほどお話しいたしました、私が連作で行っております「現代能楽集」の試みの問題意識について述べさせていただきます。三点ありまして、その一つは、言語レヴェルだけではなく、能の演技や身体性、特に夢幻能の演技の持つ自在で深い存在感、関係性、それを支えている身体技法に注目し、対象化の作業を行うということ。二つ目は、そのため実際に能、狂言、囃子方などの演者の参加を得、共同作業を行い、その本質的な構造を浮き彫りにしていく。同時にその作業が「現在」に根差した、新鮮でラディカルな実験的な作業として息づくように模索していくということ。そして三つ目としましては、能・狂言以外の多様な芸術ジャンルの表現者との共同作業を行い、それが相互の手の内の技芸の寄せ集めの縮小再生産ではない、絶えず各ジャンルの根底のゼロ地点に戻っての、自在で「開かれた」新たな表現の、関係の場の探求となることを目指していくということです。

なかなか上手くはいきませんが、こうした問題意識を持ち、毎回様々な課題を掲げ、私の構成・演出で持続的に実践作業を行ってきました。具体的には、例えば一九九〇年に上演した現代能『水の声』では、現代演劇、能、音響彫刻、コンピュータ音楽といった多様なジャンルの人々が参加し、〈即興性〉、〈偶然性〉、プロセスの問題に的を絞り共同作業が行われました。また一九九八年の現代能『無』では、舞踏家大野一雄さんと観世榮夫さんが共演し、能『姨捨』とベケットの『ロッカバイ』をテキストに使用し、「老い」と「救済」の課題が追求されました。そして二〇一〇年のギリシャ悲劇『バッカイ』では、江戸糸あやつり人形、能、現代演劇、現代詩、現代音楽の表現者の参加を得、日本の伝統演劇が持つ〈変身〉のあり方、語り物の構造が、現代演劇の演技の重要な課題として見つめ直され、多様な角度から「伝統と現代」の問題の捉え返し、模索を行いました。

さて、そこでそうした能・狂言と現代演劇との関係性の歴史的な流れ、また実践活動を踏まえまして、現代演劇から見た能・狂言の演技の特質と可能性についてお話を進めたいのですが、少しその前に前提となる能・狂言の音声表現と動きの特色、また相違点について整理しておきたいと思います。またこの後、「実技とシンポジウム」で、野村萬師、観世銕之丞師によります興味深い実演があり、そこで具体的に丁寧な技法の比較検討が行われると思いますので、私の方はその基盤となる、理論的な側面の考察を中心に進めさせていただきます。

まず、ここで触れておきたいのは、一つは、言語、発話行為レヴェルの諸相についてです。人間が通常行っている言語、発話行為には、表層から深層まで多様なレヴェルが存在します。それは具体的には、「のる——うたう——かたる——しゃべる」という諸相であり、日常の一番表層の「しゃべる」のレヴェル、もう少し深くなると「かたる」になります。そして、さらにそれが高まり凝縮してくると「うたう」に移行する。「のる（宣）」というのは、託宣、神が憑依してくるシャーマニスティックなレヴェル、発話行為です。そうした視点から能・狂言の言語、発話行為を見たときに、例えば能は「うたう」、「かたる」が主体になりますし、また本当に卓越した能の演者になると、「のる（宣）」の位相にも足を着けている。とは言いましても、もちろんバリ島の演劇、儀礼のように直接トランス状態になるわけではないのでして、そのような言語の最深層レヴェルを演劇的に対象化し、洗練させて、心身のあり方や他者、さらには時空の自在な関係性として生き直されている。だから能は「のる――うたう――かたる」の諸相を生き、一方狂言は、謡もあるわけですから、「かたる」を軸としながら、「うたう――かたる――しゃべる」の言語領域が中心となります。近代リアリズム演劇は日常行為の再現ですから、「しゃべる」のレヴェルに限定されています。そして、このような言語行為のレヴェルは、言うまでもなく私たちの意識、身体のレヴェルとも密接に関連していて、そこに言語＝意識＝身体といった存在のあり方が浮かび上がってきます。言語、発話行為の表層から深層のレヴェルは、同時に意識、身体、存在のレヴェルの諸相でもあります。

もう一つ考えておく必要があるのは、能・狂言の演技における抽象性と具象性、様式性と写実性についてです。もちろん能・狂言ともどちらの要素も含まれていて、その比重の置き方が違っているわけです。単に能が抽象性、狂言が具象性とはいかないわけでして、狂言の演技はリアリズム演劇のような写実的な物真似ではなく、そこには様式性、抽象性がある。ただ能は抽象性・象徴性の側面が、狂言は具象性・写実性が強く、また能においては純粋舞踊的な要素が、狂言は物真似的な要素が強いというように、それぞれの演劇としての立ち位置の相違があります。世阿弥は『申楽談儀』の冒頭で、「遊楽の道は一切物真似なりといへ共、申楽とは神楽なれば、舞歌二曲を以て本風と申すべし」と言っていますが、言うまでもなく能の演技の根底は「舞歌」であり、あらゆる演技のあり方にそれは貫かれています。一方、写実的な表現を求められる狂言においても、「舞歌」の要素を含む曲も多くあり、その演技の基盤として「舞歌」や「語り」が重視されていて、構エや運ビも両者で共通しています。能・狂言の演技、身体技法の具体的な差異、共通性は、この後の「実技とシンポジウム」の実演での比較検討で、存分に明かされることと思いますので、整理はここまでにしておきます。

では次に、これまでの考察と実践活動を踏まえまして、現代演劇から見た能・狂言の演技、身体技法の特質とその展開の可能性についてお話ししたいと思います。四点あります。第一は、「戯曲の思想、テーマの表象＝代行、単なる身振りつき文学の再現ではない演技、身体性の位相」についてです。先ほども少し話しましたように、六〇年代後半に現代演劇の領域で近代リアリズム演劇批判が起こってきました。その背景は、近代リアリズム演劇ではヒエラルキーがあって、その最上位に戯曲があり、それを演出家が解釈して、俳優を使って再現していく。もちろん戯曲は大事なのですけれど、下手をすると演劇上演が単なる文学、言語の再現行為、身振りつき文学になってしまう。ポーランドの演出家グロトフスキーが演劇を定義して、「演劇を観客と俳優のあいだで起こるもの」と述べましたように、演劇のもっとも本質的な構造は、やはり、生身の俳優と観客の緊張感を持った相互変換する関係性、出来事性にあるはずです。伝統演劇そして能・狂言には、こうした再現行為に収束されていかない関係性、出来事性を現出するための重要な手掛かりがあるのではないか。例えば近代劇では、舞台で役を演じる場合、演者の自己の存在を消して役に同化します。しかし能では、女面をかけても、わざわざ男の演者の顎が見えるように仕掛けてあり、虚構が露出しています。絶えず、現実と虚構の二重性があり、だからこそ役と同時に演者の存在がそこに立ち上ってくる。そこから演者と観客との自在な相互変換、関係性が生成するとともに、同時に夢と現、生と死、過去と現在、男と女といった二重性が自在に戯れ、映しあっていくことも可能となるはずです。能・狂言の演技、身体技法にはそのような近代劇の枠組みを超えていく具体的な手掛かりがあるものと思われます。

第二は、「身体に劇世界、記憶、さらには自然や宇宙まで担い、内蔵する演技や身体技法（構エ、運ビ）」です。フランスの詩人、劇作家のポール・クローデルの有名な言葉、「劇、それは何事かの到来であり、能、それは何者かの到来である」から浮かび上がってくるように、能、特に夢幻能では、西洋演劇のような登場人物の対立、葛藤、劇的展開を描くことを目的としていません。しかし優れた演者が演じる『井筒』の後場などでは、クライマックスの井筒を見込む場面で、ある瞬間、数百年という時間が還流し、刻々自在に変幻を遂げる〈変身〉の位相が生きられます。もちろんこれは近代劇の写実主義や心理主義の感情移入の使い分けでは実現出来ないわけでして、ここには西洋演劇とは違った劇性、劇的世界が現出しています。ですからクローデルの「何者かの到来」の何者か、シテは通常の登場人物を超えた何者かであり、その身体に劇世界、記憶、さらには自然や宇宙まで担い、内蔵して到来します。クローデルはそうした能の身体の特性について気がついていたんだと思います。だからこそ吹き抜けのほとんど何も飾っていない舞台で、劇的な対立、葛藤、具象的な動きがなくても本来的な劇性、劇的世界が現出する。ただし、もちろん誰でもいいわけではないので、本当に卓越した身体性を保持した演者が到来したときに、それが立ち上り、信じられる。そういう身体のあり方が能にも狂言にも存在するんだと思いますが、そのことを観世寿夫さんが著作『心より心に伝ふる花』の中で、的確な言葉で語っておられます。

カマエとハコビ。これは能の、からだを動かすめんでの最も基本である。能、殊に夢幻能においては、演者はあの吹き抜けの舞台で、一人の生身の肉体であることを超越してそこにいたい。空間というものが演者によって変貌させられてほしい。そのために演者の姿は舞台に根が生えたような存在感を伴わねばならぬ。ただ立っているだけで一つの宇宙を象《かたど》り得る存在感。どうやってそれを持つか。

このような、「ただ立っているだけで一つの宇宙を象り得る存在感」を生き、担って到来する何者か。能・狂言の構エと運ビは、そのような身体性の射程を保持しているはずです。これは高度で複雑ではありますが、現代演劇にとっても魅惑的で刺激的な演技のあり方、身体技法だと言えます。

第三は、「多様な言語、身体レヴェルを自在に生きる本来的な対話劇の可能性」です。先ほどの言語、発話行為のレヴェル、「のる——うたう——かたる——しゃべる」に戻って考えてみますと、私たちの普段の日常生活では、「しゃべる」という言語、発話行為レヴェルを中心に過ごしています。近代劇は、それを写実的に忠実に再現しようとしたわけです。そうした「自然さ」を追求しました。能・狂言は、もっと深部のレヴェルまで射程に入れようとしたことはお話ししました。ここで「自然さ」ということに一つの的を絞って演技の問題を捉え返すと、能・狂言の「老いの芸」の問題が浮かび上がってきます。老境に入り、体力は衰えているけれど、なんとも自在で深い、奥行きがあって、存在感のある老名人の芸と稀に出会うことがあります。その姿は自然です。それは一見似ているようですが、日常の写実的な再現の「自然さ」とは違っています。natureの翻訳語として「自然」が選ばれましたが、もともと日本語の「自然」には「おのずから」の生成の働きの意味が強く含み込められている。能にしても、狂言にしても、しっかりと芸を積んでこられた先にある「老いの芸」には、作意を超えた無心の状態、そうした「自然さ」が生きられています。ここに、本来的な意味での対話劇の可能性の手掛かりを見ることが出来ると思います。比喩的に言えば、海に浮かんだ氷山を考えていただくと、ただ海面に浮かんだ浅い氷山と、見えている所は一部分で水面下の深くにまで延びた氷山もあります。表層の「しゃべる」のレヴェルにおいても、日常生活の写実的再現の「自然さ」の対話と、水面下の深層の、「かたる——うたう——のる」までも含み込んだ無心の「自然さ」の対話とは、その手応え、存在感、奥行きがまったく違ってくるはずです。本来的な意味での対話劇は、そのような多層的な奥行きを持つことが必要なはずで、近代劇的な対話の限界を超えていく上で、能・狂言の「老いの芸」の「自然さ」のあり方は、重要な示唆や手掛かりを与えてくれるものと思われます。

第四は、「高度で充実した自在な「間」、関係性、内心の深い集中を生きる音声表現、息のあり方」です。世阿弥は『花鏡』の中で「せぬ隙」の考察をしています。西欧では「間」は単なる空白ですが、そこでは、「無心の位にて、我心をわれにも隠す安心にて、せぬ隙の前後を綰ぐべし」と、高度で充実した自在な「間」、内心の深い集中のあり方が的確に語られています。様式の洗練化が進み、型通り行われている印象のある能・狂言で、同時に演者間での、息をはかりあってのスリリングな緊張感のある引っ張り合い、自在で充実した「間」が現出します。この偶然性の中に必然を探っていくような、ある種本来的な意味での〈即興性〉は、現代演劇にとっても示唆的、刺激的な関係性のあり方、演技、身体技法と言えます。さらに言えば、このような「間」のあり方、内心の深い集中を可能にしているのが、「息を詰める」という身体技法だと思われます。私たちも日常生活で無意識ですが注意を集中するときには、「息を詰め」ているわけでして、充実した「間」の背後には、このような「息の詰め」方があり、伝統演劇では心身の集中と「息」との相関のメカニズムの探求の積み重ねがあります。また『花鏡』冒頭の「一調二機三声」の論は、発声に至るまでのプロセスの課題を明瞭に語っていますが、そのことは同時に内心の深い集中、「間」のあり方、「息の詰め」方とも密接に関係しているはずです。

やはりここで重要なのは、能・狂言における型、様式の問題です。能・狂言の演者は長年の修行、研鑽工夫によって型、様式を身をもって学び、体得するわけですが、型や様式は、演者を人間存在の根底の場、深層の言語＝意識＝身体の領域に下降させ、運び込んでくれるある種の通路の役割を果たしてくれるものと思われます。演者はそうした修行を通し、「間」や「息の詰め」方を身につけていくのでしょうが、しかし同時に、無自覚に型や様式に寄りかかり、支えにすることで、正に「型通り」演じられ、なんの新鮮さもない惰性化、形骸化したなぞりの演技に陥る危険も隣り合わせであることは言うまでもありません。型や様式の持つ深い意味を探求しながら、それを神秘化するのではなく、自覚的に対象化し、捉え返していく必要があるはずです。型や様式の基盤にある、音声表現や動きの原理的な筋道を、腰や肚、息の詰め方といった具体的な身体技法のレヴェルにまで下降して、対象化し、抽出してみること。それは能・狂言の演者にとっては、型や様式の深い意味の内実、構造を自覚し、芸の深奥の位相を体得していく、重要で有意義な手掛かりになるものと思われます。そしてそれは同時に、伝統演劇の世界、枠組みを超えた根源的な身体技法、方法論の可能性を模索する作業につながってくるはずで、型や様式を持たない現代演劇や現代芸術の表現者にとっても、貴重で重要な手掛かりになることは言うまでもありません。

私がこれまで持続的に行ってきました「現代能楽集」の連作の試みも、伝統と現代の多様なジャンルの表現者がもう一度ゼロ地点に戻り、少しでもこうした捉え返しの共同作業を設えることが出来ればという思いで積み重ねてきましたが、今後とも具体的、実践的な形で、伝統と現代の断絶の課題を考え、超えていけるような作業を展開していければと思っております。

（第十九回楽劇学会大会講演　二〇一一年七月三日　銕仙会能楽研修所にて　初出：『楽劇学』第十九号、楽劇学会）

第6章

現代能『始皇帝』［撮影＝前島吉裕］

対談・座談会

1

大野一雄との対話

出席者

大野一雄

岡本 章

岡本 大野先生は昨年の十月で八十七歳になられたそうですが、いつも舞台を拝見していて驚嘆するのは、先生は世界の舞踊の第一人者でいらっしゃると同時に、現在も第一線で、毎回新たな試み、豊かで瑞々しい舞台を創出しておられるという事実です。また、その自在で奥深い舞踏が、いろんな層の観客、さらには文化やナショナリティーを超えて世界の各地で感動と共感の波を起こしているということです。きょうはそのあたりの秘密について、その一端を少しでもうかがえましたら、と思っています。

大野 ええ、何でもお聞きください。

岡本 先生が最初に踊りをご自分でやってみようと思われたのは、やはりスペインの女流舞踊家アルヘンチーナの舞台をご覧になったからですか。

大野 そうです。

岡本 おいくつのとき?

大野 えーとー、一九二九年ですから、二十三歳のときでしたね。

岡本 その頃は体操の勉強をされていた?

大野 ええ、体操学校を卒業する春一月、学校の寮を経営している門田義雄さんという人が、いつも私のために音楽を聴かせたり、いいものがあるというと、すぐ「大野さん、行こう」と連れていってくれたんです。アルヘンチーナは、アメリカからの帰りに立ち寄って、帝劇で公演したんです。三階から観ましたが、一目見た瞬間、強烈な印象、ほとんど衝撃といってよいほどの印象を受け、魅了されました。彼女は三六年の七月でしたか、亡くなってしまうんです、若くして……。

岡本　それまで踊りはけっこうご覧になっていたんですか。

大野　いや、見ていません。

岡本　じゃ、本当に最初の踊りとの出会いであり、決定的な出会いであったわけですね。

大野　そうです。アメリカ各地、カナダ、あるいは南米と、世界中に彼女の踊りを見たことのある人がいて、私の「ラ・アルヘンチーナ頌」公演のあと楽屋口で私を待っていて、「私もアルヘンチーナを見ました」と言って、涙をこぼしながら、抱擁してくれる。どれだけ多くの人が私と同じように彼女の踊りを素晴らしいと思い、その感動を共有したがっているかがわかりました。

岡本　先生の代表作のひとつ、「ラ・アルヘンチーナ頌」は一九七七年が初演ですね。帝劇で見てから五十年近くたっている。

大野　七六年に、画家の中西夏之さんの展覧会を見たんですが、亜鉛板に油彩でかかれた幾何学的なデザインの絵がありました。それを見て、アルヘンチーナの亡霊なのか何なのかわからないけれども、とにかく「アルヘンチーナだ!」と思ったんですね。確かに彼女の命にふれたのです。

岡本　中西さんはもちろんアルヘンチーナをご覧になったわけでも、描いているわけでもないですよね。

大野　ええ、そうです。

岡本　その絵を見て、時間を超えて大野先生のなかで、「アルヘンチーナだ!」ということが突然出てきたわけですか。

大野　はい。ですからどう考えてもね、亡くなったアルヘンチーナの命が私に対して働きかけたというふうに考えざるをえない。

岡本　それで、その再会を機にアルヘンチーナを讃え、捧げる踊りを踊ってみようと考えられた。

大野　ええ。

岡本　私も初演の舞台を拝見しましたが、今度はわれわれがすごい衝撃と感動を受けた。もちろん、単に後ろ向きの追想であるわけがなく、豊饒で根源的な時間性、自在で見事な〈変身〉のあり方に魅了されました。先生は、アルヘンチーナの舞踊について、「天地創造の一翼をになった舞踏だ」と書いておられますが。

大野 ええ、昨年でしたか、アメリカを巡演し、「ラ・アルヘンチーナ頌」をカンザスにもっていったとき、その初日の前に巨大な露天掘りの夢を見たんです。平地と山との重なり。無数の命の参加による工事なのに、そこに人の気配はあるんだけれど、人の姿が見当たらない。

小学生のとき、秋田の小坂鉱山に東大教授だった伯父がかかわっていて、伯父からオーストラリアの露天掘りの写真を見せてもらった。その写真が八十年ぶりに私の夢のなかに出てきたんです。まるで宇宙記憶、生命記憶として、私の魂に刻みこまれておったものです。八十年も前の体験でしたが、私の夢は間違いなくその現場であったと思います。

夢のなかで行われていた工事は、「天地創造の一翼」を担った土木工事だと思うんです。で、アルヘンチーナを讃える舞踏の再生にかかわる新たなエネルギーの開発をしなければならないと思ってたところですから、そのような想いと願いが露天掘りという工事の夢となって出現したんだと思う。私の舞踏はどうもこのような夢と実存の結びついた中で、魂の学習として命の成長する現場で成立すると思っています。

岡本 なるほど。そうすると、先生はアルヘンチーナの舞踊をご覧になって、そうした「天地創造の一翼」、根源の、永遠の「いのち」そのものの流れの中にすっぽり入るような体験を、その時されたというわけですね。

大野 ええ、そうです。

岡本 ところで先生は、お母さんの思い出もたびたび書いていらっしゃいますよね。

大野 私は母親に対して非常にわがままいっぱいだった。母親は子供たちを育てるために限りを尽くした。身も心もすり減らしながら子供たちを育てていった。ですから亡くなる直前までからだを憔悴させたわけですね。私は、「とにかく気をつけないとだめだよ。母親はそのために病気になったんだから、わがままを通しちゃだめだよ」と私自身に言い聞かせた。「ごめんなさい」と謝りにいくと、「おまえの気持ちはよく知ってるから、そんなことは気にしなくてもいいんだよ」という言葉がいつも返ってくる。

そうして、もう亡くなってから、どうしてそうだったのかわからないけれど、夢のなかで母親が毛虫になって出てきた。毛虫が毛をピーンとたててね。目が小さいけどランランとしてて。それがね、手のひらに這っているのを夢のなかで見たとき、私は「お母さーん!」って絶叫したわけですよね。私はわがままの限りを尽くして這う虫になるまで母を追いつめた。もしも私が非常にいい子で、わがままでなくて、ハイ、ハイと言っていたらどうなったか。もしもそうしてずうっと過ごしたとすると、母が毛虫になるような夢を見ただろうかと思うんですよね。現実に亡くなっているのに、私と母親がいつも現実以上の現実に触れ合うことができているのは、私がわがままであったからだと思わざるをえない。

子供は母親の胎内で、エラで呼吸して、こんどは肺で呼吸するようになり、口からものを通すようになる。誕生のときは羊水を飲んで、そして母の胎内とさよならをする。母親と完全にスキンシップする時間を体験して生まれてきた。だから、いつも母親の胎内を忘れないでいたいわけですよね。触れたいという。そういうことが子供のなかのわがままという問題のなかにあるのだろうと思います。

人間が活き活きと生きるということは、死者の恩恵による。生命が成立した天地創造の初めからもそうですね。母親はお腹のなかで自分の命を削って子供に食べさせ、食べさせ、そういうなかで小さな命が変貌に変貌をとげていく。からだのなかで死と生の重なりを体験してきている。

岡本 そうですね、私たちはふだん生と死を分けて考えていて、とくにいまの世の中は死が見えないようになっていて、隠蔽されているわけですが、先生の踊りでは死と生が絶えず重なり合っている。そして夢幻と現実、虚と実、過去と現在といった二重性が、緊張感を持ちながら自在に交錯し、往還している。そういう死と生の無限の重なりのなかで、いまがあるんだということですね。母親の胎内の問題は同時に宇宙の胎、人間存在、生命の根源の問題に直結し、一体となっている。

大野 人間が生きるということは、ただ生きているから生きているのでなくして、死と生の重なりのなかで生きているんだ、という思いが、私のなかにあるんですよ。ともかく死と生のかかわりあいという過程を経たということが、私のなかでどうしても抜きがたくあるんですよ。

岡本 先生は、著書の『稽古の言葉』の中で、踊りというのはやはり人間の生きるということを離れては決して成立しない、と書いておられますね。それは、人間の、宇宙の、生命の根源の問題に触れてくるようなことでない限りだめなんだ、ということですね。

それとともに重要だと思われる言葉として、「私は舞踏を始めるとき、いつも何から始めたらよいか戸惑いを感じる」とお書きになっている。また、他にも「揺れ動く」、「追い詰められる」、「ただ立ちつくす」といった言葉があるわけですが、これらは先生の踊りの根幹にかかわる鍵となる大事な言葉だと常々考えているんですが。

大野 私は、こうしてこうすればこうなるということでない世界があると思う。考えたってしょうがない、無限にあるんだ。その無限の稽古をやっているかどうかというと、無限の稽古をやっていないわけです。限界があるようなテクニックの問題じゃない。テクニックというものを拒否する無限の限界のなかで稽古でやってみたらどうか。そうすると、でたらめの限りを尽くすわけです。でたらめの限りを尽くせたら、たいしたものだと思う。「でたらめのような」(笑)ということはあっても、「でたらめ」じゃないわけですよ。

岡本 「でたらめの限りを尽す」というのは刺激的で面白いですね。

大野 だからね、いつもでたらめの限りを尽くすような稽古を何とかしてやりたい、やりたいと心のなかで願っている。

岡本 それは先生の舞踏のいちばん重要な核になっている「即興」の問題とも直接絡んできますね。先生のおっしゃる「即興」というのはそのへんのことですか。

大野 そうですね、やはり「でたらめの限り」。

岡本 普通よくやるような、恣意的な思いつきの「でたらめのような」ものでは全くないわけですよね。だからそのあたりがきっと非常にむずかしく、面白いところで……。

大野 そうですね。考え出すものか、生み出すものか、生まれるものか、この三つの中でやってくより仕方ないわけだけれども、そうした中での「でたらめの限りを尽す」、「即興」。

岡本 なるほど、そうなんですね。それから先生、お母さんが亡くなったとき、鰈のことを書かれてますよね。

大野 ええ。

岡本 お母さんが亡くなるときに「私の身体の中を鰈が泳いでいる」とおっしゃったと。それに続けて、「舞踏は丸まっこい命が平らになるまで砂のなかで耐えに耐える。泳ぎ始めるときに垂直に全力をつくし、大地を引き上げんばかりに身をそり返したなかで泳ぎ始めた鰈。私は気づくのに二年程かかった。これは私への母の遺言だ」と書かれていますけど、海底でぐうっと耐えていた鰈がブワッと持ち上がる、その瞬間が舞踏だとおっしゃっている。そういう耐える時間も必要なわけですね。

大野　そうです。舞踏は、考えて構成してできる、考えてわかるようなものじゃない、それを超えた世界だと。そのために、手が習慣的に動くような、そんなものはみんな捨ててしまう。そして、戸惑いながら、耐えに耐えて、わからないというようななかに突入していかないとだめだと。わかるということなんか、もうだめですよ。

岡本　それは言い換えれば、自分と、自分を取り巻く世界との関係が根底から変わるということでしょうか。今までの自分の枠組みがこわれ、いったん死に、ある種の痛みを伴いながら、新たに再生されてくるような根底からの「経験」の転換。その契機、仕掛け。

大野　そうですね。以前、御殿場の富士山の麓で「狼」をやったときに、母なる森の散策のなかで命の出会いをどう演じたらいいか、非常に追いつめられたときがあってね。その現場への出発の朝、親しいブラジル人夫妻の赤ちゃんが死産でうまれたことを思い出したんです。見たらきれいな手でね、もちろん小さいけど関節がきちんとついている。母が命の限りを尽くして胎内で育てた子、最後の最後までスキンシップをしていた子。もう可哀想で。苦労もせず、結婚もしないで亡くなったんだから……。そうしたら突然、「関節をつけなさい」と私の心に聞こえてきた。で、竹と銅線と新聞紙を用意して富士山麓にでかけました。それで関節をつくって、踊ったんです。私は人形を大切に抱いていたのに、いつの間にか引きずり、揚げ句の果てに人形を折り畳み、関節までも外れるようなもてあそびよう。親しみのつもりがいつの間にかこんなことになってしまって。よくまあと思われるほど、限りを尽くしたお遊び。お遊びなのに真剣な面持ち。関節は肉体とくみあわさっていたのにバラバラになり、新聞紙もバラバラ。森の根方に運んだ竹人形はバラバラだった。私はおおいかぶさるようにその上に倒れ伏した。手足も無残。使いようもなくなった手がその下から突き出され、小さな指が何かに触れた。……枯れ葉だ。なぜか手が伸び、腕が伸び、背が伸び、立ち上がって枯れ葉をかき集め、人形にふりそそいだ。自分の命のような人形にふりそそいだ。人形は私なんです。非常に気持ちが、生命が新鮮になり、いつの間にかバラバラだった体が再生され、元にかえって立ち上がっていた。私は、森の瞑想は森の散策でもあり、宇宙論についての魂の学習であると思っています。

岡本　なるほど、そうなんですね。戸惑い、追いつめられ、それを逃げずに精いっぱい格闘してみるとき、不思議に自分のそれまでの枠がこわされ、バラバラになり、限りを尽くしたお遊びが始まる。嬉々とした生命のかかった「でたらめの限りを尽した」お遊び。そしていつの間にか、いったん死んだ自分が新たに生き生きと蘇生されてくる。

今の「森の散策」のお話で、なぜ先生が即興を大切にされるのかということが、改めてよくわかったような気がしました。それはやはり生命の根源、誕生の場に立ち帰るということ。人間の死と生の重なりは無限の繰り返しですけれども、それは絶えず一回性の新たな繰り返し。例えば、海の波がある瞬間起こり、そして消え去る。そうした生命の無限の新たな一回性の繰り返しの生成の運動に根ざしてみること。それはそうした生命生成の場に足をつけた、言ってみれば、必然の連鎖でもあるような、スリリングで新鮮な偶然性のあり方ではないのかと思いました。

ところで、先生、能を大成した世阿弥の晩年の伝書に「却来華《きゃくらいか》」というのがあるのですが、そのなかで「老心の妄執」ということを言っています。先生は、著書の『御殿、空を飛ぶ。』の「ことづて」のなかで、「羽織っている衣を脱ぎ換え……」と書いておられましたですよね。

大野　ええ。羽織っている衣を脱ぎ換え、脱ぎ換え、脱ぎ換える。脱ぎ換える衣がなくなったのに、それでもなお脱ぎ換えようとする執念……。

岡本　はい、先生のその文章と出合い、この世阿弥の「老心の妄執」という言葉がふと思い浮かんできました。ご承知のように、世阿弥も透徹した眼差しで人間の生死の相を見つめ、また存在の、生命の根源の場に降りようと一生をかけた人だと思われますが、この「老心の妄執」は、晩年の失意のなかでの単なる自分の芸道に対する執着ではなく、さらなる「自分を脱いでいくこと」、放下の意志のようなものをそのなかに感じました。先生の徹底した姿勢と根底のところで通底するものがあるように思うのですが、いかがですか。

大野　そうですね。やはり、天地創造の初めから必死になって生きてきて、それが肉体となったり衣となって魂がこうしておるということで、冷たいだろうから、私の着物を脱いで、その上を歩いていらっしゃい、着物を脱ぐこともできなくなったら、自分の皮をはいで、その次は肉をそいでその上をいらっしゃい、そんなことはできっこない、できっこないことだからやってみたい、というような気持ちですけれども。

岡本　いや、すごいお話ですね。徹底した自己放下、捨て方とともに、ある種の「献身」、「身を献《まつ》る」というあり方。それは、もちろん、先生が生活を大切にされ、舞踏と信仰をひとつに考えておられることとも密接に絡んでいるのでしょうけれど、そうした放下の過程、格闘のなかで、先生がすっと自在に根源の生命の場に立ち戻られる。そして、多数の観客も、先生と一緒に、われ知らずそうした根底の場に立ち戻らせてもらい、相互につつみ、つつみ込まれる。そうなれば国籍や文化などあまり関係なく、豊かで深い感銘をいただけますものね。

しかし、普通多くの場合、いざ何かをつくろうとか、表現しようとかということがすぐ出てきて、果てなくずれていくわけですが、そのへんはいかがでしょうか。

大野　森のなかの散歩、お母さんのお腹の中ですよね。学校なんかの教育、結論がいつも出てくるんですよね。こうしなくちゃいけない、ああしなくちゃいけない。それは絶対だめ。結論なんかね、それは見ている人がね、子供たちが自分で発見して、自分のものになるんであって、その大事なところをこうしちゃいけない、ああしちゃいけないと結論を下すというのは、教育でないわけです。

岡本　鋳型にはめている。

大野　自分の都合のいいように（笑）、やっているんでしょう。しかし子供がお母さんのお腹の中の森を散策するとき、お母さんは決して結論を出していない。自分で体験したことは全部、われわれの体験で、次から次へと子供に散歩をさせた。

岡本　いいですね、散歩というのは。森のなかの散歩というのはいいですね。

大野　それは散策であるし、子供にとっての哲学です。魂の哲学です。大切なお遊びです。

岡本　きょうは生命の根源に触れてくる貴重なお話、本当にありがとうございました。

（初出：『アサヒグラフ』一九九四年三月四日号　特集・大野一雄の世界）

2 水の声・地の声・コンピュータの声
──即興性、プロセスの問題

出席者

藤枝守
岡本章

岡本　今度、銕仙会の能舞台で、現代演劇、能、コンピュータ音楽、それから音響彫刻といった多様な芸術ジャンルの人たちが集まって異質なものの出会い、ぶつかり合いの中から新しい表現の可能性、関係性を模索する試みとして、イェーツの『鷹の井戸』をもとに横道萬里雄さんが書かれた能『鷹姫』を基盤に、『水の声』の公演を行います。まあ、なかなか面白いラディカルな作業になりそうで、今から楽しみにしているのですが、その作業の狙い目というか、ポイントとしていくいくつかの要素が考えられると思います。その中で、特に重要だと思っているのは、例えば、〈即興性〉や〈偶然性〉、それからプロセスについての考え方だろうと思われるのですが、この所、藤枝さんとは何回か一緒に作業する機会があり、なかなかスリリングで充実した作業の手応えが共有できたのではないかとそれなりに感じているのですが、その辺りはいかがですか。

藤枝　昨年、一九八九年の銕仙会での錬肉工房の『AYAKO SEKIGUCHIのための「姨捨」』の公演の時は、素材としてモンポウの曲がすでにあり、その音楽的コンテクストとどう関わっていくのか、また錬肉工房の独自の〈身体性〉、エネルギーのようなものにどう自分がその場で即興的に対処していくか、というようなことがあったのですが、今年のアトリエでのコラボレーション『〈うつし〉I』の際は、そのモンポウというひとつの枠のようなものをとってしまって、じゃあ何ができるんだろう、ということが頭にあって、そこで錬肉工房の独自の〈声〉のあり方、という問題が出てきた。拡散するエネルギーとして、あるいは身体の深部から響いてくる自在な〈声〉、そして、緊張と集中度のある〈身体性〉や身ぶりと等価であるような〈声〉、その〈声〉と自分がどのように関わっていくかということが出てきた。私の作業の中ではまあ一貫してコンピュータを用いているわけですが、私の場合、コンピュータによって自分で音を作ることはしないわけです。外からの声や言葉の音といったような外界からの情報を組み換えて、変換させて、ひとつの音を出す。コンピュータはその時、ある自動的な処理を行っているわけですが、自分はそれをどうコントロールしていくのか、ということがあるんです。それはかなり即興的に、その場の空気というか状況で判断していかなければならないんですね。今回の『水の声』の公演では、そこに、さらに美音子グリマーさんの音響彫刻から出てくる音が、演技する方たちの、身体から発する声に絡まり、加わり、いずれもが即興的というか、二重三重にその関係性が交錯するということが起こってくる。そこでコンピュータを操作する自分も即興的にならざるをえないと思うんです。

岡本　一緒に作業して思ったのは、通常、作曲家がコンピュータという新しいメディアを使って、自己の作曲、表現をするということがありますけれども、藤枝さんの場合はそれと随分違っていますよね。まあ通常演劇の場合も、まず自分たちの表現したいことがあって、その表現をさらに強固にしていくためにコンピュータという新しいメディアを使うっていうのもよくありますが、アトリエでの時もそうでしたが、そういう使い方はしたくなかった。できれば、そうした自己表現、同一性の信仰のようなものをつき崩したいといった思いがあるわけでして、そうした了解が互いにあったからこそ、それなりに共同作業ができたわけですし、色々と発見できたこともある。そのあたりに大事な問題がかくれているのではないかと思うのですがね。

藤枝　二、三日前ですが、朝日新聞のコラムで高橋悠治さんのことが書かれてましたが、あそこで書かれてあることは全くその通りだと思うんです。機械というのは全体的なプロセスあるいは指示をして、すべてのデータを統合し、構築された世界を作りだそうとする。その手段としてハイテックなもの、コンピュータなどが用いられてきたのが近代的な方向だとすれば、身体性という大きな問題に対して、その機械の置かれ方なり、状況なりがじゃあどうだったのか、という問いが当然出てくると思うんです。そしてそれに対する解答は、従来の近代的な用い方をしているうちには見えてこないと思って。同時に、すべてを統合、コントロールしようとする時の大きな欠如っていうか、その場の瞬間性なり、リアルタイムなりといった状況性がなくなってしまう。僕の場合は、コンピュータというメディアを、ひとつ通過させる、あるいは組み換えを行う、その中に自分も組み込まれることによって、絶えず他の人たちとのコラボレーションする中での関係性として存在して、その表現は僕だけのものではなくなる。そのひとつの入り口としての、コンピュータというように考えているんです。

岡本　私も高橋さんの記事を読みましたが、確かコンピュータを用いて「不正確」にとおっしゃっていましたが、納得できますよね。例えば、私達の演劇の方でも、ご承知のように近代劇というのがあって、基本的に戯曲というものが先行してあって、その思想やテーマなどを再現＝代行するために演技者がいるという構造になっている。戯曲を頂点としたヒエラルキーがあって、そのコントロール化に置かれている。ですから、ある意味では文学の再現ということになってしまう。そこでも、生身の演技者と観客が向き合い、相互に関係を新たに生成していくといった側面が、ともすればないがしろにされる。まあ、わが国でも一九六〇年代後半からの様々な前衛的な作業も、そうした問題と密接に絡んでいると思われますが、私達のこれまでの作業なんかも、そのあたりの問題をかなり徹底して追及してきたような所があるわけで、〈即興性〉の課題もその辺と絡んでいる。

藤枝　音楽の世界でも、古典的な時代から現代まで、作曲家の行ってきた仕事というのは、作曲家本人の持っている世界というか構想なりを記述して、それを演奏家たちが演奏するという形ですね。つまり、書くもの、書かれたものがすでに構築された世界として演奏家たちの最高技術のもとに提出されていくんですね。

岡本　一回一回、新たに生成してくる関係性のようなものがないんですね。

藤枝　ええ、まさしくそうですね。

岡本　ある固定的な関係を絶えずつき崩していきながら、また、同時に、絶えず生成してくる。繰り返し起こってくるんです。そうした、ある種の、「根源的な関係の生成の磁場の運動」とでも言えるようなあり方について、私なりにそれなりに、ずっと考えてきていて、私たちの作業のかなり大事な側面でもあるんですが、そういった場に生きられればなかなか面白いことになるんじゃないかと思うんです。

藤枝　ええ。ですから作曲もある音を聞いて、それを生成し、かつ解体する。そういうことを即座に行うことができるのが、いい意味での実験的な作業になるんじゃないかと。つまり机の上で作られた抽象的で構築された世界でのものが、具体的な音として提出された時はすでに生命を失っている。そういう抽象度の高さを志向しすぎたこと、インテレクチャルな方向に進みすぎたことに、現代音楽が衰退していったことの大きな原因があるのではないかと思うんです。じゃあどうすればいいんだということで、僕の場合は自分で音を出す、と言ってもピアノが特別にうまいわけではないし、まあ、たまたまコンピュータがひとつのとっかかりになったんですね。

能の〈即興性〉と身体性

岡本　そうですね。〈即興性〉という言葉は、どうも手垢がついてしまっているようなところがあって、曖昧になってしまっていて、もう一度洗い出して、捉え返してみる必要があると思うんですが、これからもそういうところを大事にして作業していこうと思っていますし、これまでの私達の作業の中心的な課題もそういう所にあったのだと思います。それは、もちろん、現代演劇、ダンス、また美術や音楽からも色々と刺激があって行ってきたのですが、同時に、私の場合、若い頃に観世寿夫さんの能と出会うことがあって、また、寿夫さんからは直接深い所で、影響や刺激をいただいたということもあります。六百年の伝統を持つ能は、普通、様式化の極北のように思われていますが、ある種の優れた刺激的な能は、数少ないですけど、型に徹することによって型を離れていく。そうしたある自在さ、本来的な意味での即興性のようなことが存在する。まさに関係の生成の磁場なんですね。シテ・ワキ・地謡・囃子方という人たちが、常に深い所で、引っぱり合い、存在の火花を散らしあって、偶然性の中に必然を探っている。この問題は、うまく設えれば、現代芸術の先端の課題ともどこかで触れてくる所があるんじゃないか。そんなことも考えているのですがね。

藤枝　僕はこれまで能の世界を全く知らなくて、やはり能というのは抽象化されすぎていて見えてこなかったのですが、ある緊張関係という視点から見ていると非常に面白いですね。なんて言うんでしょうか、例えば、シテと囃子のみの関係だけに注目するとか。物語性とか言葉の意味から離れてみる。決して型だけではなくて、コラボレーションするモデルとしての能というふうに僕自身は見ているということがあります。違うメディア同士が、あるいは楽器同士が、それぞれ固有の音なり、世界なりをもっているわけですが、それらが少しずつズレを持ちながら共存していく世界というように自分なりに解釈しています。

岡本　能を大成した世阿弥が非常に興味深いことを言っているんですが、彼の能楽論の『花鏡』の中で、「せぬ所が面白い」という客がいるって言っているんですね。つまり何もしない、謡や舞いのやんだ空白が面白いっていう。間（ま）というか、それがいいって言うんですね。それは先程からの関係性の生成の問題ということに非常に絡んでくる。もちろん、それは何もない空白の、からっぽの間ではない、ある充実した持続のある間。どうも世阿弥っていう人はそういったレヴェルの身体性ということを考えていたようなんですが、ただそれを生きるっていうのはもちろんなかなか難しくて、現実に、実際に生きられている能というのは少ない。ただ先にも言いましたように、思いがけず、若い頃にまさしくそこに「せぬ隙《ひま》」の充実というか、充実した持続で舞台を生きる、いくつかの面白い能と出会って、強い刺激を受けた。まあそんな意味で今回一緒に作業することになった能シテ方の三鈷《さんこ》の会の皆さんは、流派を超えて一つの会を作っているわけだけれども、それだけでも能界の中では大変なことでしょうし、皆さんもやはり若い頃に観世寿夫さんの影響を受け、その多面的な作業をどこかで受け継いでいこうとしているわけですね。そこに私なりに共感もありますし、今年の初めの国立能楽堂でのワークショップでの作業が機縁で、今回こうして一緒に作業することになったんですが、それとともに今回一緒に参加して下さる、美音子グリマーさんの音響彫刻というのは藤枝さんの紹介で出会いがあったのですが、前にビデオを見せてもらったり、先日の日本での初の個展を拝見したりして非常に刺激的で、深い所での共感がありました。今回の『水の声』の舞台でも重要な仕掛けのひとつになってもらえるんじゃないかと思っています。美音子グリマーさんの音響彫刻の魅力は色々とありますが、言えることは、それはある大きな開かれ方を持っている。個人の狭い自己表現の枠に閉じていない。それでいて、もちろん全く、彼女独自のオリジナルなすばらしい作品ですよね。そのあたりが興味深いし、面白い。

藤枝　個人的にはアメリカにいる時から非常に好きな作品だったわけですけれども、何が好きかと言われれば、やはり先程岡本さんがおっしゃったように、プロセスということで、その仕掛けっていうのは、小石が氷結されて上に吊られてますよね。それが自然に溶けて下に置かれた水面に、竹やブロンズや弦をはじきながら落ちる。そういう仕掛けなんですが、ナチュラルなシステムが介在しているわけなんですよね。つまり必然的な因果関係が偶然的な時間を生む、っていうようなことがあるわけです。ですから先程の岡本さんの言う間《ま》ということ、偶然に小石が落ちる、落ちて水にあたって音がしてしまう。その音にいたるまでのプロセス、間っていうのが強く感じられて、そういった部分が好きなんです。

プロセスの問題について

岡本　そうですね、同感です。と同時に、それとともに、舞台の演技者にとっては、非常に怖い存在、仕掛けでもある。というのは、今度の美音子グリマーさんの音響彫刻は極端なことを言えば、上に吊られ凍らされた小石が落ちない可能性だってあるわけですよね。その時の室温や何か色々な外在的な物理条件に左右される。通常、舞台上で、よく演奏家も参加して、生で即興的にやることもありますが、当然人間ですから、様々にコントロール、按配がつく。その意味でも今回は怖い所があると同時に楽しみなんです。音の発生に関してコントロール不可能ですからね。その音と演技者が一瞬一瞬、どういう関係を持つのかっていうことですよね。ある意味で、即興性の極のような所がある。そしてまた今回は、その音や演技者の発語した声を藤枝さんがフィードバックし、コンピュータで変換してシンセサイザーから他の音になって出てくる。それをまた演技者が受けとめ、自在に動き、発語していく。そうした時、そこに非常に多層的な関係が生まれてくると思うんです。この間も藤枝さんと一緒にやった柏のアトリエでのコラボレーション、『〈うつし〉I』の時はあまりの暑さに……。

藤枝　ええ、コンピュータがうまく作動しませんでしたが……。

岡本　私も舞台に出ていましたから、困ったけれど、でも非常に面白かった。最小の枠組みしかいつも決めていない、即興性の作業と言っても音が急に全く出ないっていうようなことは、通常ならば出演している僕らにとっても、藤枝さんにとっても、大変なことなんだろうけれども、かえってそういったことにどう自在に対応していくかっていうことで、ある意味では稽古の時よりも数段面白かったし、充実した舞台になった。今度はある意味ではもっとそれを徹底していきたいっていうことがあって、美音子グリマーさんの音響彫刻にも参加していただくことになったんですよね。

藤枝　ええ。やっぱり即興性っていうのはただ単に自由にやればいいっていうことじゃなくて、もともと何が起こるかわからない時間の中で、何が起こっても対応できるっていうことで、初めて即興するということになると思うんですね。そのためには自分なりのプロセスを作っておかないとならない。つまり即興で失敗するということは本来ありえない。

岡本　全くそうだと思います。本当の意味でプロセスにかけていれば、失敗ということは出てこない。通常考えられている軽いアドリブやなんか、といったレヴェルじゃない即興性というか、関係性の生成そのもの、プロセスそのものであるような即興ということができれば面白いんじゃないかと思うんです。だから、三鈷の会の人々にも大変だろうけれども、一旦、能の型や様式、謡の発声、技法をやめてもらう、離れてもらうという稽古をこの所やってきた。もちろん、それは、単に皆さんを困らせるためにやっていたんじゃないのでして、同時に、私の演技メソッドを中心とした色んな補助線も引き、やってもらう。そうすることで、先程から話していました、能が深いレヴェルで持っている、自在な間、存在と存在の引っぱり合いといったひとつの本質構造そのものを捉え返し、新たに引っぱり出せないか。それは能にとっても大事な対象化の作業でしょうし、言ってみれば、型に封印された、存在の、演技の深い集中のあり方、様々な身体技法の捉え返しにもなってくるはずだ。逆説的になるけれども、一旦、型を離れてみることで、型の持つ、型に秘められた奥深い意味、関係性の生成のシステムを明るみに出し、捉え返せないだろうか。そしてまた、それは同時に、言うまでもなく、演劇、舞踊、音楽、美術などのジャンルの先端であり、かつ根底の課題、例えば、〈偶然性〉の問題などとも、どこかで結びついてくるのではないかとも考えてもいるんですよね。能の人達も、やはり最初はとまどいや困った所があったようですが、皆さん自覚的な方々だから、継続的に取り組むことで、思いがけない発見や、展開も出てきたようです。ある瞬間、普段の型や様式の中でもなかなかできないような深い集中、身体の持続を持ちながら、独自で新たな語り口、動き、表現も出てきた。それは私にとってもかなり強烈なインパクトがありましたし、同時に、まぎれもなく能そのものだという感じもして、なかなか興味深い発見でもあった。それは言ってみれば、今までの体系からはズレていきながら、それによって新しい関係が生まれるってことだし、ある表現のあり方を固定化させていくのではなく、絶えず無に引きもどされながらまた新たなプロセスが生まれる、それを身体でつかんでいく。それはやはり、能の本来持っているはずの本質的な即興性、関係性、身体性の構造にどこかで通底していくと思うんです。また私達、錬肉工房でも、今回は、意識的に関口綾子、大木晶子という女優二人を能舞台にのせてみようと思っています。ご承知のように能舞台は、これまで基本的に男の能楽師の人達が格闘し、支え、持続してきたといった側面があるわけでして、そこに別のジャンルの女優が立ち、能のシテ方とそれなりに真正面から引っぱり合いをしてみる。これはなかなか大変でしょうけれど、新たな演技のあり方、思いがけない関係性が生成してくる、といった展開も生じてくる可能性がある。そんなことも色々と考えているんですけどね。藤枝さん、そのあたりはどうですか。

藤枝　そうですね。実際の舞台というのを想定してみますと、美音子さんの音響彫刻というのが舞台の上に置かれてあって、演者の方々がいる。僕も同じような関係でいようと思うんです。それからやはり、もちろんプロセスということが問題なんだと。これまで二回、錬肉工房の舞台をご一緒して、勉強になったというか、興味を引かれたのは、演者の方々の、声が出てくるまでの緊張感というか、時間的プロセスということが大変勉強になりました。ことばが身体化されて、身体の深い所から声になって出てくるといったプロセス。そういうことが勉強になりましたね。

岡本　いや、私たちの方でも、藤枝さんとの共同作業で、これまでの枠がつき崩されることが多々あって、かなり自由になれたところがあって、色々と刺激をいただいてありがたかったんですが、今、おっしゃったように、これまで舞台で、あるテーマの再現、あるイメージの表現を忠実にやるだけの演技の技術を探ってきたのではなく、そうしたことを一旦、無化したある関係性の生成の磁場の中で、自発的に、必然的で、一回性の新しい動き、自在で豊かで新鮮な声が、その場その場で生まれてくるような演技のありよう、身体のありようをできれば生きてみたいと探ってきたことは確かではあるんですが。もちろんなかなか上手くはいきませんが。ところで世阿弥の言ったことで、そうしたことに関わってくることで重要な指摘だと思うんですが、「一調二機三声」というのがあるんです。これは謡を謡う時の心得なんですけれども、声が出る前に、まず全体の調子を把握して、それを取り込み、ある内的な充実、機が熟したある瞬間に声が出るんだと。つまり、やはりプロセスの問題を非常に大切にしているんですね。このことを観世寿夫さんが読み込みをされているのがあって、読んでいて非常に示唆深かったのは、「声は出した時が終わる時」と書かれている。これは、なかなか味わい深いですよね。これまで藤枝さんがおっしゃってきた問題とも絡んでくる。今回、もちろん、色んな作業の楽しみが考えられると思いますが、こうした、「せぬ隙」の充実、引っぱり合い、〈即興性〉、〈偶然性〉、プロセスといった問題が、やはり、今回の、『水の声』で四つの異なったジャンルの人達が集まって、ここに共同作業をやり、新しい表現の可能性、関係性を模索していく際に、重要な共通項というか、コンセプトになってくるのではないかと、今話しながら考えていたんですがね。そして、できれば、音響彫刻から発生してくる「水の声」と、原コロスとでも言える、「関係の生成の磁場の運動」そのものとしての、大地の底から沸き上がってくるような演技者の「地の声」、さらに、そこにコンピュータの声が交錯し、互いに自在に響き合うといったことが少しでもやれれば、それは、かなり深い充実した試みになると思うんですよね。ともあれ、折角の機会ですから、何か奇をてらったことではなく、地道で、新鮮でスリリングな作業になっていけばと思っています。

藤枝　ええ。私もそう思っています。

（一九九〇年十一月二日対談　初出：初演時の公演パンフレット）

3 能の身体の仕掛け

出席者

観世銕之亟

岡本 章

人間国宝をうけて

岡本　このたびは人間国宝のご認定、おめでとうございます。観世流では初めてということですね。

観世　ありがとうございます。これは、あくまで個人に与えられたというものではなくて、多くの先人から受けついできた優れた芸能を後の世代に手渡すという使命を与えられたのだと私は思っているんです。私の家は四人兄弟でしたから、じいさんは「おまえ、やる気があるならやれ」というわけです。寿夫は家を継がせるけど、おまえは何をやってもいいと（笑）。けれど、それは僕にとって非常に幸福だったんです。稽古をするにも、寿夫は、一回ごとにいろいろ考えてやっていました。『西行桜』が一番顕著でしたが、三回やって、三回とも違っていて、それの地を全て勤めましたし、僕の方は、いつでも代役できるようにと考えていたのです。

岡本　名実ともに能界を代表される立場になられたわけで、これまでを振り返ってのご心境など、少しお聞かせください。

観世　私の家では……寿夫もそうでしたけれども、お囃子、お狂言、おワキという三役の方々と毎週一回やっている稽古能を通して、日常的にお付合いし、お話ししながら舞台を作っていくというところがあるんです。観世流だけでなしに、他流との方々ともお付合いがございまして、いろいろな先生からこれまで教えていただいたこともたくさんあります。

終戦後は、社会の価値観も大きく変わりましたし、能の伝承も危ぶまれましたね。外国の演劇、歌舞伎の方たちや新劇の方たち、また、研究者の方々とのお話し合いがいろいろとできたのです。価値観が変わった時に、どういう対応をしていかなくてはいけないか、ということを考えてきたんです。

武智鉄二さんとの仕事も……私が初めて三島由紀夫さんの近代能楽集『綾の鼓』に出させていただいたのも、この頃でした。武智さんが、文楽で勉強なさったことを稽古の合間によく言われましたが、それらが能の場合にも通じるものがあったのです。言葉をどのように言うか、などですね。「文楽の方では、古靭大夫さん……つまり山城さんですね、はこう言ったよ」とかね。これは私たちの所に置き換えてみれば、たとえば観世華雪なり、野口兼資先生はこう言われた、ということです。

そういう所から、環境としては、戦前は、だいたい謡を習っている方々が観客でしたが、戦後は、一般の、歌舞伎も見れば、映画も鑑賞するという方々で観客席が埋まるという形になってきたから、〝全ての演劇の中の一ジャンル〟としての方法を、どのようにしていったらいいだろうか、と。こういうことを話し合ってきました。

岡本 能の長い歴史の中で、伝承されてきた身体技法の核心を、華雪師などの先人を通して受けとめ、一方で、外部との交流から学ばれたもの、双方が骨組みになっていたわけですね。

観世 そうです。ごく初期的なことで言えば、寿夫は戦争前のスタイルの中の、観世分家の当主ですからね。そういうスタイルでやってきたものを、どんどん変化させていったということを、僕らはあとから見ていくわけです。そうしている中で、僕は地謡なりで参加したので、自分自身、変わったこともあったと思うんです。

寿夫などは、戦前の……つまり、謡で言えば、音曲的な謡というものを、語り芸としてのスタイルに変えていきました。野口兼資先生とうちの華雪などは、全然スタイルが違うのだけれども、根拠としては共通するものがある感じがするんです。今の私の考えで言えば、〝腹筋〟とか〝横隔膜〟を、強力に使いこなすことで、役に化けるというかね。……歌舞伎なども同じでしょうけれども、見たこともない、聞いたこともない人物になったり、あるいは実在していない役になったりするわけですけれども、それをするには、どうしても腹筋の強さが必要なんです。

岡本　メロディアスに情緒的に謡うのではなく、また、意識的な感情移入や心理描写でもなく、強さ、ある種の強度の持続を大事にするということですね。

観世　たとえば、小野小町、建礼門院、弁慶の役になると思っていても、これは飽くまで情緒的なことで、それだけでは会ったことも見たこともない人物にはなれない。その役になるためには、日常的なことを超えて、どうしても〝腹筋〟や〝横隔膜〟で強く支えることが必要になる。身体の緊張感を作ることでその役の位置が取れ、観る側にも伝わるのです。昔の方は、よく「腹筋から声を出す」と言いますが、具体的には、〝腹筋〟と〝横隔膜〟を鍛えて使うことで役のインパクトの強さや、喜怒哀楽を表現するのですね。これは、落語をなさる方でも、皆同じだと思います。俳優という人たちには、これが大事なのでしょう。

岡本　とても納得のいくお話ですし、刺激的ですね。〝腹筋〟や〝横隔膜〟と言いますと、これは身体的な問題ですけれども、同時に心の、意識の集中の問題でもあって、もちろん単に腹をしめればいいのではないわけですね。〝腹筋〟がきちんと使えるという、つまり強度の持続が保てるということは、かなり深いレベルの意識、〝心の集中〟がない限りできませんですよね。例えば日本語の肚や中国の丹田などは、そうした心身の、存在の深い集中の中心のポイントのことを言うのでしょうが、能はある意味では、かなり徹底した身体的な型や様式の芸能であるわけですけれども、同時に、世阿弥は「心より出で来る能」、「無心の能」と言うわけですから、まさに心の問題が大きく関わってきますね。そうした強度、心身の深い集中のあり方が、能を、他に類例のない魅力的な演劇にしているのだろうと思います。そのような問題を、能の伝統の中と外から照らし出されてこられたんですね。

役になる

岡本　戦後の混乱期、果たして能が続けられるのかという危機意識の中で、様々な模索、試みをされてきたわけですが、そうした中で考えてこられたことをもう少しお話しいただけますか。

観世　兄などが「能楽ルネッサンスの会」を始めた頃は、

僕らは、寿夫ほど、戦前からやってきた歴史は持っていませんから、何か気恥ずかしい気がしましたね（笑）。僕は戦後から始まったという意識ですが、戦前までやってきた伝統のあり方と、もう少し広がった中での能の考え方とを結び付けた稽古をさせてもらえましたね。少し具体的に言いますと、たとえば、名優と言われたルイ・ジュベなどを含めて見てみると、実に役になり切るというか（……歌舞伎などで言っているよりも、もっと大きな意味で）、具体的な方法として、情緒的にそうなるんじゃなくて、体を使えばそのようになり得るんだということを、明治からの名人と言われる方々の舞台を拝見していて凄く感じたんです。情緒的に何とかというのじゃなくて、確かな方法が現れたような感じがする。そういうものが、今、いろいろとやっていく中で、何かの形で、能全体の……囃子の方でも、ワキ方でも、狂言方でも、共通する問題として、流儀にもこだわらないで、基本的にいいものはいいんだと。そのための方法として、役になるということができればと思っておるわけです。

岡本　私も、現代演劇をやっていて、〝役になる〟ということがあるわけですが、能はかなり特異な形ですね。仮面を着けるわけですから。しかも、その仮面の着け方も、顔を全部隠してしまうのではなくて、顎が少し見える形ですよね。

観世　『天守物語』などをした時には、歌舞伎と同じようなメイクをしましたが、このような経験を通して面を使うということが却ってよくわかったような気がします。

岡本　完全に感情移入して同化するのではなく、異化、本来の顔と面を同時に生かしていくという感じですね。

観世　そうです。

岡本　二重性とでも言えるような、そういう仕掛け、方法を能は様々な形で持っていますね。特に『井筒』の後場の名残の井筒を見込む変身の演技などを見ると、一体、どのような〝役になる〟構造になっているのかなと、いつもとても興味深く見ているんです。感情移入や心理描写ではまったくあのような自在な変身は表現できないわけでして、男の演者がある時は紀有常ノ娘の霊で、それが同時に在原業平を生きるわけで、また、能には、時間を自由に行き来する手法がありますね。映画などなら編集すれば可能でしょうけれど、これを舞台での演技の問題として考えると、大変な身体技法が必要です。そうした、存在の根底とも言える部分に演者が立ち返った時、近代劇的な心理の使い分けではなくて、刻々生成されてくるような複数の役、複数の時間を演者の方が生きることによって、とても不思議で自在な感じがします。こうしたあり方が能の重要な魅力の一つであり、また、現代の他ジャンルの人間にとっても、とても刺激的なものではないかと思います。そして、その根本にある身体技法が、今おっしゃった〃腹筋〃や〃横隔膜〃ということではないのでしょうか。

観世　ええ、そうだと思います。墨絵などは、墨の濃淡で表現するのだけれど、長谷川等伯の松林図などを見ると、平面に描かれているのに奥行きがある。これは技術でしょう。そういうものの中に日本の精神があると思うんです。能の場合にも切り詰める精神があって、これらは同じ発想だと思います。平面の上に描かれた松が、立体的に見えるというのは、一種のマジックで、それと同じようなものが、能の場合にもあると思います。

また、能の人たちはあまり言いませんけれども、〃眼の力〃というものがありますね。たとえば祖父の華雪などは、歌舞伎座で『正尊』を演じたことがあるんです。その時、「歌舞伎以上に面白い正尊を見た」とおっしゃった方があったんです。『正尊』では頼朝が義経一門を襲うわけで、兄弟が敵味方に分かれますね。そういう時の眼というのは、新劇でも、歌舞伎でも出会う眼のようですけれど、違う独自の眼なんですよね。能としての特別の時間があって、能としての作り方とは弁慶の役だからこうとか、正尊だからこうという使い分けではなしに、そこに華雪自身の眼というのが逆に生きていたと思う。

岡本　それは面白いお話ですね。心理的に作った眼ではない、深い身体技法の究極としての眼ですね。

観世　そうです。

岡本　以前鍈之亟さんにも出席していただいた、私どもが主催した一九八九年のシンポジウムで、舞踏家の大野一雄さんが、能面の中の演者の眼は一体どのようになっているかと話されたことを思い出しました。その時、それは死者の眼ではないかとおっしゃっていましたが、そうした日常的なものを一度捨てた中に出てくる演者の〃眼の力〃の凄さでしょうか。

他ジャンルとの競演

岡本　ところで、「冥の会」での『天守物語』の富姫や、『ゴドーを待ちながら』のポッツオは、面白く見せていただき、色々と印象深かったのですが、他ジャンルとの交流の中でやはり発見がおありでしたか。

観世　およそ十年ぐらい、いろいろなものをやったけれど、やはり、やらなければ発見はなかったと思いますね。

この間、ポーランド人でピーター・ブルックのところにいる役者さんが来られたのですが、その時、私は『景清』の稽古をしていたんですよ。それをご覧になって、「役者さんが、だんだん、年代を経ていく間に変化していくのは素晴らしい。私たちは、演出家のオブジェとして、そのポジションに置かれてしまうが、あなたの『景清』を見ていると、あなた自身が生きてきたことや、役者としての美学と、この景清の役をやるということとが、一つになってきてわかるような気がする。私もできることなら、そういう役者として年をとっていきたい」と言われたんです。

岡本　そうですか。能では芸を深めていくことが、同時に自己を深めていくことにもなっているわけですね。私の稽古場にも、外国の演劇人が色々訪ねて来られますけれども、そういう時に話を聞いていると、皆さんやはり能に関心をお持ちですね。外国、特にヨーロッパは言葉の演劇ですから、徹底して言葉をつき詰めていくと、究極はベケットのような所まで行くわけですね。そういう中でも、反対に、身体の演劇、身体を持って表現することに対する関心とか、必要性を感じる人が多いようですね。そうした中でかなり切実に能に対する関心や興味が出てくる。

観世　この十月、歌舞伎座での同時上演『「安宅」と「勧進帳」』をやらせていただいた時に、団十郎さんや富十郎さんとお話したんですが、私たちは室町の時代にできた台本・演出でやる。一方の『勧進帳』は、江戸末期という時代の空気の中で、どうしても、ああいう形に作られたという意味があって、私どもの方を作ったのも、室町という時代の、社会との接点の上に作られたと思うんです。ですから、二つを上演してみて、どちらがどうだという解釈ではなしに、それぞれが歴史の空気の中からできたんだということを感じとっていただければいいのだと思うんです。私たちも、何も競うのではなくて、それぞれが作られた時代背景を感じながら、素直にやりましょう、と話したんですよ。

岡本　そうでしたか。私も見せていただきましたが、興味深い体験でしたね。個別にそれぞれは良く見ることはあっても、同じ場所で続けて見るのは初めてで、色々と発見がありました。能の方は、歌舞伎座の中に能舞台を仕込むという不利にもかかわらず、銕之亟さんをはじめ皆さんの力演があり、能の特色、その時代背景というものが充分良く見えてきましたね。特に能の〝直面〟というものが持つ意味について少し考えました。先程の〝眼の力〟のお話とも関係するでしょうが、表情は作らないのだけれども、〝直面〟や居グセの求心的で抽象的な演技でこそ、義経一行の多様な心理の襞、無常の感慨、激しい対立といったことが、的確に浮き彫りになる。こうした身体の仕掛けを能は持っているのだと再確認しましたし、歌舞伎は歌舞伎で、のびやかで自在で官能的な気分が圧倒的にあふれ、その特色が出て面白かったですね。そうした両者の違いとともに、興味深かったのは、ある共通項、両者に通底する演技のあり方が見えてきたということがありました。それは西洋の主体の対立のドラマとは違って、心理や対立を支え、生み出しているのが「間」「空白」、まさに「せぬ隙」によって支えられ、包みこまれているのだということで、両者を同時に見ることで、改めて貴重な体験ができました。

観世　他ジャンルの方々との仕事ということで言えば、先に少しお話ししました武智さんと一緒に仕事をさせていただいた時には、以前にやったことのない役をするので、とても刺激的でしたね。能の場合は、何百年の間に「あの人は、どうだった」ということが残されていますからね（笑）。そういう中から我々は勉強するわけだけれども、こういうあり様とは全く別に、一から自分で作り上げるということを体験すると、今度は『杜若』であるとか『井筒』などを演じる時に、やはり、一から考え直すという意識を持つようになったりするんですね。それとともに、ギリシャ劇の場合などは、凄く饒舌ですよね。百行ぐらいのセリフを喋らなくてはなりません。能の場合には、その十分の一もセリフはありません（笑）。

岡本　（笑）、凝縮されてますものね。

観世　ええ。あちらのものをやらせていただいた時は、百行のセリフも三十行分ぐらいにエネルギーを凝縮させて言うことができると教わりました。ということは、能の場合の一行は、その三倍ぐらいのエネルギーでやらなくてはいけないのだなと思ったんです。どこかでは埋めていくのだけれど、その埋め方が問題でしょう。

岡本　能固有のあり方があるのでしょうね。もっとそれを徹底すれば「間」や沈黙の方が充分物語ったりする。こうした発見は、他ジャンルに携わったり、交流を持ったりしなければ、なかなか見えてこないことなのでしょうね。
　銕之亟さんの舞台はこれまでも数多く見せていただいておりますが、この所も多彩な演目を次々と演じておられ、しかも、一曲一曲充実した成果を挙げておられますね。それは、能固有の技術、芸の確かさ、凄さということもあるし、と同時に、能自体をどう演劇として捉え直すのかという課題、またテキストをどう読み込むのかといった問題もあるのだと思います。そうしたことも、これまで寿夫さん達と共同作業されてきた中で、色々と手探りがあったのだと思いますが。

それらしいもの

観世 そうですね。私のところでは、玄人の場合は、一曲を稽古する場合、囃子やワキ、狂言のことまで踏み込んで考えていくんですね。そうした作業をしていくと、能というものは、説明をして作るっていうんじゃなくて出来上がっていくものだと感じるんです。稽古の時間がないと、どうしても説明の域を出ないような能になってしまう。そういうところが、日本の伝統芸能の特徴なんでしょう。先程、お話に出ましたが、世阿弥が「せぬ隙」とかという言葉で表現していますが、日常の、役者としての材質とかキャラクターというものを超えたものが表現されてこないと面白くない。たとえば、歌舞伎ですと、立ち方と女形というように分かれるのだけれども、僕らの場合には全ての役をやるのだから、単に女の役であるとか、男の役であるというようには分けられないんですね。もっと深い所にあって、〝それらしいもの〟（虚構の中のリアリティ）ということがあって、それが女であっても男であっても出てくる。そういう所が能の非常に面白い所だと思うんです。

岡本 〝それらしいもの〟というのは興味深いですね。さっきの『井筒』の自在な変身のあり方ともつながっていると思うのですけれど、優れた能を見た時に、ある本質が露わになり、何とも言えない充実した自由さ、リアリティがありますね。これは自由と不自由との関係の問題になるのでしょうが、ある意味で型や様式に徹することで、そこから離れ、自在に生きる。そんな時は演者も観客も、私たちの存在の根元へ降りていって、生命そのものに直に触れているのではないかと思うんです。生命の働きそのものは、形を持ちませんから、色々な形をとって表されてきますよね。〝それらしいもの〟とおっしゃった演技のあり方、その位置というのは、そうした色々な形、役などが生み出されてくるような、生命の根源のところに直接触れている瞬間ではないのか。いい能を見た時の何とも言えない充実した自在さ、リアリティというのは、そうしたものではないかと、今、お話をうかがいながら考えていました。

後進の育成

岡本 今までにも、少しそれに関する話題が出てきておりますけれども、後進の育成と言いますか、現代における芸の伝承をどのようにしていくのか、という問題については、具体的には、どのようにお考えですか。

観世 稽古というものは、日常的に回転していることしか役者にはないのじゃないかと思うんです。言葉を発しながら肉体をある所へ持って行くことをしなくてはならないから、思い付いたり、頭脳的に考えたりでやると、凄くダウンするんです。だけど、それでは何も考えないでやる方がいいのかということにはならない。役者として大切なのは、しょっちゅう稽古を続けなくては駄目だということじゃないでしょうか。

岡本 それとともに稽古のシステムみたいなものも、旧来の稽古法でいいのか、あるいは、別の方法があるのか……。銕仙会は、一つには演劇として能を捉え直す作業をずっと続けてこられた側面もありますから、その辺はどのようになりますか。

観世 つまり、演出家というのがいてですね、……もちろん私は、演出は必要だと思っていますけれども……役者が演出家のオブジェと化すのではなくて、演劇が存在するためには、個人の役者としての、舞台に立つ人間から発散する最も人間の根源のようなものがなければならない。それには毎日稽古をしていないと、どんどん変わっていきますからね。自分の体でも、この前うまくいったから、これでいいだろう、などと思ったらとんでもない。また、お囃子方との組合せとか、おワキとの組合せとか、お狂言との組合せによっても、どんどん変わってしまう。一人一人が持つ位置というのがあって、これが自由に解き放されてやった時に、いい結果が出る、ということです。

岡本 様々な関係の中で、型や様式のあり方、自分の芸に揺さぶりがかかり、捉え返されていくということですね。

私たち現代演劇をやっていましても、十年、二十年も続けていると、やはりそれぞれ自分なりの型や枠組みができてくるわけですよね（笑）。それはもちろん支えにもなるのだけれども、同時に拘束にもなってきて、新鮮にならず不自由になったりする。能などは、もっと凝縮した形で、この問題が出てくる。定型的な型や様式というのは、ある規範性を持って、何代も何代も踏襲されてくる中で洗練されてきて、上手くいけば先程の人間存在の、生命の根源に連れて行ってくれる〝通路〟のような役目をするものでしょう。しかし、単に「型通り」にやられてしまうと退屈極まりないものになってしまう。同じ型をやっていても、深い感銘を与えたり、なぞりでしかなかったりと雲泥の差がある。能には、そういうことが凝縮してあらわれてきますね。能を見ながら、そういったことに常々関心を持っているんです。型の中に安住してやっていると、型が形骸化して、惰性的で陳腐なものになる。また一方で、決して型を崩すわけではなくて、そうした形骸化した枠組みに色々な形で揺さぶりをかけてやることで、一瞬一瞬、新鮮にスリリングに型を生き直すこともできる。これは能だけの問題ではなくて、様々なジャンルの表現の大事な問題に通じていると思うんですよね。その辺りいかがですか。

観世　そうですね。特に考えるのは、地域が非常に広くなって、全国的に演能がなされます。そうしたことも今後は考えていかなければならないと考えているわけです。

岡本　今回お始めになった「能楽座」は、そうした問題と、結びついているわけでしょうか。どういう経緯から始められたのか少しお聞かせください。

観世　まず最初に思うことは後進養成ですね。終戦直後には終戦直後としての、流儀を問わずの後進養成があったわけで、私などは肌で接することができた。だから私たちも、でき得る限り若い方々と、いい形で接していきたいと思っているんです。能の場合、流儀単位とか、いろいろなことがありますが、本当に全体を考え直すとなると、流儀の違いなどは問題ないと思います。戦後は、多摩川と染井の二つの能楽堂しかありませんでしたから、宝生流の近藤乾之助氏などとは日常的に稽古をしていましたけれど、特に違和感を持ったことはありません。今回、こうしたグループを作りましたけれど、グループだけの問題ではありません。流儀を超え、シテ・ワキ・狂言・囃子という役職を超えて、能を作っていく皆で交流を図ろうということです。

現在は演能が各地でありますので、九州とか大阪とか名古屋などにも行きますから、若い方々とも会う機会が増えてきています。お互いの和を少しでも広げていきたい。

岡本　枠を超えて新鮮な交流の場、創造の場を広げていくということでしょうか。

観世　そうですね。今は、いろいろなジェネレーションの方も会を持ちますけれども、若い人たちが今後やっていくために、我々が一つの指標になり得るようにということ。地方ですと、なかなか出会う機会がありませんから、少しでも多くの機会を作っていきたいと考えています。

これからの花

岡本　鋏之亟さんは、復曲とか、現行曲の見直しとか……世阿弥本による『雲林院』が最初でしたか……いろいろと研究者の方々と充実した良い作業をなさっておられますね。こういう運動も、能の伝承・再生に関わる大事なお仕事でしょうね。

観世　そうです。まあ、もちろん曲にもよりますけれど、演劇は、ある所まで観客の中に身を突っ込んでいく必要があります。落っこちる所まで行っちゃわないと駄目なんです。手を拱いて「能はこういうものだ」などと言っていても、とても駄目です。ちゃんとした手触りの所までやってしまう必要があります。そういう意味で『当願暮頭』とか、『松山天狗』をしたんです。

岡本　刺激的ないいお仕事を見せていただきました。まさに、能とは演劇であり、なま物で、能の伝承と再生は、観客との間で現代を呼吸しながら、復曲や他のジャンルとの交流など、枠組みに揺さぶりをかけるような多様な試みなども、やっていく必要があるということですね。

観世　そうです。「能は素晴らしいものだ」と言ってしまうのが一番いけないので、能を充分に生かしていくには、演者の問題もありますし、テキストの問題もあります。また、お客様と接する劇場の問題とかもあります。そうした問題をきちんとやっていかないといけませんね。

岡本　世阿弥に「老木に花の咲かんがごとし」という言葉がありますが、凄いですよね。西洋では、生理的に衰え、身体がおっつかなくなったらもう駄目じゃないですか。能には、心の働きを大事にし、長らく探求してきた歴史があるから、年を重ねるとともに、身体を超えた存在の根源、自在な生命の流動そのものになっていくわけですね。今後もお忙しいことと思いますが、くれぐれもお身体を大事にしていただき、これから、鋏之亟さんがますますどんな見事な〝老木の花〟を咲かせ、見せてくださるか楽しみにいたしております。

観世　祖父の華雪も言っていたことなのですが、自分の中に凝縮していくというようなこと、一生これまでのように能をする、そうした中で何か出てくればと思っています。できれば、そんなに立派そうじゃない能をしたいですね（笑）。

（初出：『能楽タイムズ』五二六号一九九六年一月一日）

4 能を現代に開く

出席者

岡本 章

羽田 昶

新作能『紫上』

羽田　十月に新津市で演った『紫上』という新作能の構成・演出をなさったんでしょう。三月に東京で再演されるそうですから、私はそれを拝見したいと思っていますが、その『紫上』のことから伺いましょうか。

岡本　この企画は「橋の会」と私どもの「錬肉工房」の提携で、昨年、一九九七年の十月二日に新潟県新津市美術館開館記念公演として上演されました。能作は劇作家の深瀬サキさんです。「橋の会」はこれまでも良い仕事を積み上げてこられていますし、土屋恵一郎さんや松岡心平さんは以前から存じ上げておりましたし、お互いに、能を現代にどう開いていくのかをいろんな角度から捉え直してきていますので、お引き受けしたのです。「橋の会」が制作全般を、私どもが作品内容に関して責任を持つ形で分担し、取り組んでいます。

羽田　どういう内容ですか。

岡本　ご承知のように能の中で源氏物は色々とあるわけですが、紫上を題材にしたものはありません。光源氏の妻になってからは、劇的な事件がなかったからかもしれませんが、深瀬さんのテキストでは、その紫上の内面の魂のドラマ、格闘が死後にわたって明瞭に浮き彫りになっています。それで舞台の設定としましては、光源氏の最晩年、『幻』の巻における紫上の死後の、傷心の陰暦十月頃に設えてみました。原作では紫上も光源氏もどちらも亡霊でしたが、少し構成を入れ変えて「大空をかよふ幻夢にだに　見えこぬ魂の行方たづねよ」の歌を冒頭にもってきて、源氏は現実の人間であると同時に亡霊でもある重層的な役柄にしてみました。もちろん能の持つ生と死、夢幻と現実といった二重性の構造を生かしたいと思ったからなんですが。

羽田　構成としては一場物になるのですか。

岡本　いいえ、中入のある二場の構成です。前半は紫上の喪に服している光源氏の白昼夢のような感じで、若い頃の『若紫』の巻の出会いから新枕までの紫上の姿を、中入をはさんで後になると、紫上にもう一度出会いたいという源氏の思いが高まって、「楊貴妃」のように行方を訪ねていった魂が紫上と出会います。

紫上はヒロインで、一見幸せそうに見えるけれど、現実には内面に深い孤独、悲哀、絶望をかかえていたのではないか。だから、紫上は死後も未だ成仏していない。源氏との間に強い葛藤があり、それが噴出してくる。それを見て、死後まで紫上に執着している源氏が目覚め、悔恨の情を起こし、読経することを契機に、紫上が序之舞を舞ってその魂が浄化されていく。一方、思いの断ち切れずにいた源氏もそこで解き放たれる。双方の深奥の思いが、全部、空（くう）になって溶け入っていくんですよね。そうした中で、もう一度〝出会い直し〟〝生き直し〟があって、二人が相舞をします。ある意味でかなり普遍性、今日性のあるテーマだと思います。また、同時に紫上には、依り代、つまり『源氏物語』に出てくるいろんな女たちの思い、赤裸々な魂の声が、総て依りついてくるような、劇的な性格、側面があるのではないかと思って、そこにも私なりに一つの演出の的を絞ってみました。

羽田　まさに能でこそ表現出来る題材と言えますね。浅見真州さんと野村万蔵（萬）さんの共演だそうですね。

岡本　光源氏が野村万蔵さん、紫上が浅見真州さんで両シテの感じでしょうか。お囃子は一噌仙幸さん、北村治さん、柿原崇志さん。浅井文義さんを地頭に観世流の地謡でしたが、喜多流からも二名入っていただきました。今回の東京での再演では、金春流の瀬尾菊次（櫻間金記）さんや、ワキからも加わっていただく予定です。その外にコンピュータ音楽が入り、新津では照明も駆使する中で、能舞台ではない空間で新しい試みを探ったのです。

羽田　コンピュータ音楽というのは、岡本さんの『水の声』なんかでも使っていらしたけど、今度は能の囃子とどのような関係になったのでしょう。

岡本　担当されたのは現代音楽の作曲家の藤枝守さんで、事前に作曲したものを演奏するのではなく、偶然性・即興性の強い音楽になっています。

羽田　併奏する形ですか。

岡本　ええ。その場で出来るだけ能の囃子、謡の声に耳を澄ます形で、ある箇所までは囃子と重なり、またコンピュータ音楽だけになる部分もありました。もちろん奇を衒った形ではなく、出来れば能の持つ本質的な「間」の問題、メトロノーム的な拍ではない伸縮可能な緊張感のある相互の引っぱり合いをそこで表現し、新鮮に展開することが出来ないか。だから変に表面的に自己主張するのではなく、耳を澄ませ能の囃子と深部で響きあい、切り結ぶ形でやっていこうと。そのため音の種類も必要最小限に限定し、かなり深い集中で音量も微妙にコントロールしていました。そういう形で、舞台時空の重層化が表現出来ればと考えていたわけです。

羽田　浅見さんもご自分の会のパンフレットの石光泰夫さんとの対談で、稽古の過程で岡本さんの要求が厳しくて苦戦しているとおっしゃってますね。言葉の持っている「真実」のようなものを探り出してほしいと要求されて、とても厳しいと。

岡本　色々と難しい注文をお願いしましたのに、真摯に受け止め、取り組んでいただき充実した稽古でした。今回、一番考えたのは、能の持っている演技の深さ、存在感、その身体技法をどう捉え返し、展開するのかです。野村さん、浅見さんにも、もちろんその技芸を踏まえていただきながらも一度離れ、根底に立ち戻り、そこで新たな可能性を模索することが出来ないかと、色々と話し合いながら稽古を進めました。万蔵さんも、「伝統芸能というのは技芸の伝承が大事なことはもちろんだけど、同時に一方で、折々に絶えず新しいことに挑戦をしてきたからこそ伝統が繫がってきたわけで、単に手の内でやっていただけでは駄目なんだ」とおっしゃっていまして、今回それを身をもって率先して示していただき、感服しましたし、とてもスリリングで刺激的な現場でした。

今回は、通常の型や様式、技芸に即しながら掘り下げ深めていく部分と、新しい演技の課題に挑戦する部分を混在させましたが、特に「語リ」の部分では少し的を絞り工夫してみました。とは言っても、現代劇の語りをそのままなぞっても仕方がないわけで、能でも、狂言でも、現代演劇でもない根底の「語り」のあり方、能や狂言の技法、発声をベースにしながら、少しでも新しい「語り」の可能性を展開出来ないかと探ってみました。

羽田　地謡にも、「語り」の部分があるんですか。

岡本　あります。能の発声や呼吸を踏まえながら、一つの新たな群読のあり方も探っていく稽古になったと思います。ともすれば型や様式できれいに処理され、流れてしまいがちになる、「語り」や言葉の「真実」（リアリティ）をどのように捉え返すのか。それは言うまでもなく、リアリズムの心理描写とは全く違うわけで、一度、息づかいや声の根元に戻ってみる。まさに世阿弥の言う「一調二機三声」のプロセスそのものですよね。そうした深い集中を大事にしてみる。特に源氏や紫上のお二方にはその辺の「語り」の課題に積極的に挑戦していただく箇所も用意したが、先程の浅見さんの対談でのお話も、後場の紫上の内面の思いが噴出する「語り」の場面のことだと思います。稽古で色々と苦労をかけましたが、丁寧に探っていく中で、通常の様式的な語りでは出ない、言葉のいのちの根元に触れたようなリアリティが感じられた時は、やはりインパクト、充実した手応えがありました。

能と大野一雄

羽田　今年は『紫上』の他にも、能と現代演劇との接点になるようなお仕事が予定されていると伺いましたが……。

岡本　ええ。このところ準備してきた能と現代を結んでいくような企画、作業が、今年は『紫上』を含めて三連続であります。『紫上』の後は六月に、渋谷のシアターコクーンの主催で、現在世界中で踊りの神様のように尊敬されている、九十一歳で現役の現代舞踊家の大野一雄さんと能の第一人者の方々とのコラボレーション（共同作業）を予定しています。能の方からは観世榮夫さんに出ていただき、老女物の『姨捨』を材料に、伝統と現代の根底を問うような舞台になればと計画しています。

羽田　『姨捨』は以前に、錬肉工房の主演女優の関口綾子さんがなさいましたね。今度のものとは関係があるのですか。

岡本　一九八九年に銕仙会の舞台で、『ＡＹＡＫＯ　ＳＥＫＩＧＵＣＨＩのための「姨捨」』というのを『姨捨』の詞章を中心に様々な言語素材をコラージュして行いました。今度の舞台には、そうした実験、準備を踏まえた私にとりましても積年の計画であり、面白い舞台に出来ればと、色々と構成・演出の工夫を考えています。

羽田 今度は、いわば〝大野一雄と観世榮夫のための『姨捨』〟ということですね。

岡本 そうです。能や古典芸能はまさに「老木の花」で、ある年齢に達しても見事に花を咲かせる身体の仕掛け、メカニズムを持っているわけですが、現代の舞踊、演劇などではなかなか難しい。大野一雄さんは本当にその希有な例で、型や様式のない現代の舞踊家であるわけですが、老齢の現在も第一線で毎回瑞々しい舞台を創出しておられ、その自在で奥深い舞台が、いろんな層の観客、さらには文化やナショナリティを超えて世界の各地に感動と共感の波を起こしている。その高い芸境は、私も少し書かせてもらったことがありますし、多くの方が指摘しているように、ある種の能や古典芸能の老名人の無心の、自在な境と確かに通じあっている。

一方で観世榮夫さんは、ご存じのように、能の方では、先日の『檜垣』もすばらしい舞台でしたが、言うまでもなく高い優れた芸境、力量を持っておられるとともに、これまでも、また現在も留まることなく挑戦的に様々な舞台芸術の枠を超え、横断する意欲的でラディカルな作業で成果をあげておられる。本当に願ってもない顔合わせで、私も楽しみにしているんです。

羽田 その大野さんと榮夫さんが、どのように絡むんですか。

岡本 本格的な作業はこれからなんですが、『姨捨』と言いましても、もちろん能の『姨捨』をそのままやるわけではないので、サミュエル・ベケットの『ロッカバイ』という晩年の戯曲を引用して使ってみようと思っています。死の象徴でもある揺り椅子に腰掛けた孤独な老女が、「もうそろそろやめていいころよ」という声が入り、だんだん椅子の揺れが遅くなって、最後に息絶えるという、詩的な文体で書かれた見事なテキストで、ヨーロッパのある徹底した孤独で空無化した老いの、生死の姿がシンボリックに浮かび上がってきます。

羽田 一つの台本の中に、二つのものが織り込まれるのですね。

岡本 ええ。一方で能の『姨捨』の、あの妄執を超えた月光の精とも見える自在で澄みきった「無心の位」。大胆に二つの世界を交錯させ、こうした東西の極北のような老いの姿が照らしあう。それをどのように引き受け、自在に生き直すことが出来るのか。

羽田　「老い」がキーワードとなる。

岡本　そうです。具体的には能の地謡や囃子で大野さんに舞ってもらう部分と、現代音楽の三宅榛名さんの即興演奏の中で、大野さんと榮夫さんが新たな身体の位相を探っていく部分と、大きく二つの絡みを考えています。古典と現代、舞踊と演劇、そして東西の文化の差異を超えた根底の生死の、身体の、生命の、表現のあり方が垣間見られるような舞台になればと思っています。

身体の地下水脈

羽田　さて、もう一つの公演は何ですか。

岡本　十一月に、三軒茶屋の世田谷パブリックシアターで、ドイツの劇作家ハイナー・ミュラーの『ハムレットマシーン』を、ドイツ語と日本語を使用して、能、現代演劇など多様なジャンルの人々が垣根を越えてやってみることになっています。これは、私ども「錬肉工房」の主催です。『ハムレットマシーン』は対話劇が完全に解体されていて、モノローグの集積のようなもので、記憶の断片が交錯しているような挑戦的なテキストです。ベケット以後、最先鋭の劇作家と言われる人で、各国の演出家が挑戦しているのですけれども、なかなか難しい作品ですね。これを初めて読んだ時に、能役者と演ってみたいとまず思ったのです。個のアイデンティティ、同一性が根元から解体されているので、複数の自己、性、役柄が錯綜しているんです。ある意味では夢幻能の、『井筒』の後場の〈変身〉の在りように近いところもある。それで今回、金春流の瀬尾菊次さんに出演をお願いしました。

以前、一九九二年に錬肉工房公演として私どものアトリエで、ドイツ語と日本語で、能の『井筒』を上演しましたが、その時一緒に作業した川手鷹彦さんにも参加いただきます。川手さんは、長くドイツで演劇や朗唱の勉強をされ、また言語セラピストとしても海外で活動していて、ドイツ語の語感が豊かな人ですから、ドイツ語、能の古典の日本語の発声、さらに私ども錬肉工房の現代日本語の三通りのあり方で『ハムレットマシーン』に取り組み、絡みあっていければと思っています。もちろんこれも言うまでもなく奇を衒っているのではなく、先にドイツ語と日本語の『井筒』のアトリエでの実験の作業もあり、それらを踏まえながらもう一つ深め、出来れば言語体系や文化を超えた、そのもっと基層にある言葉と身体の地下水脈のようなものが見えてくると面白いと思っています。それから音楽面では、ヴァイオリンとフルートの演奏者の混成に能の囃子も、と思っています。

羽田　お囃子はどなたに。

岡本　大鼓の佃良勝さんにお願いしていて、西洋楽器との共演、引っぱり合いを楽しみにしています。

羽田　それにしても『ハムレットマシーン』という戯曲は、今度初めて読みましたが、不思議な作品ですよね。

岡本　「私はハムレットだった」という言葉から始まる（笑）。

羽田　オフィーリアになったり、マクベス、リチャード三世が出てきたり……。

岡本　ギリシャ劇やそしてドストエフスキィ、カフカ、ニイチェ、サルトル、マルクスなどと全編がまさに色々なものの引用の織物ですね。

羽田　岡本さんが今までやっていらした数々のお仕事も、こうした作劇法ですよね。

岡本　そうです。私も、これまで戯曲、詩、小説など、色々な言語素材の断片を引用し、コラージュし構成してきましたので、ミュラーのテキストが持っている面白さはよくわかります。ある意味で能の謡曲のテキストも引用の織物のようなところがあり、どこかで通じている。

確かに錯綜し不思議な作品ですが、よく耳を澄ませ言葉の深部に下降してみますと、テキストの根底に、ある人間存在、魂のありようが浮かび上がってくる。それは例えば非業の最期を遂げた「御霊」、日本の伝統演劇の根元にある御霊信仰などにも結びついていくような魂の、言葉の、身体の地下水脈の存在。ギリシャ劇から現代に至るまでヨーロッパの歴史においても連綿と根底で流れ続いているはずの、そうした地下水脈の存在にどこかで足を着けることが出来ないだろうか。そうした時、差異は差異として、いろんな文化や歴史、時代背景を超えて相互に響き合い、映（移）しあうことも多少とも出来るのではないか。なかなか難しい問題ですが、『ハムレットマシーン』のテキストをもとに、少しでもそのような、本来的な意味での異文化交流の可能性を探る共同作業になる所があればと思っています。

羽田　瀬尾菊次さんや浅井文義さんは、岡本さんの仕事、「現代能楽集」の『水の声』で重要な役割をされましたね。それも、単に能の技法をそこに導入しただけではなくて、瀬尾さん・浅井さんの才能と、岡本さんの演劇の方向が、必然的に結びついていて面白かったです。しかもその後、瀬尾さんなどの活動を見ていると、岡本さんと作業されたことの影響が、古典の能を演る時にも、とてもよく作用しているように思います。

岡本　そう言っていただくとやはり嬉しいですね。あまり大したことは出来ませんが、こうした共同作業が何か特殊な外側のこととして終わるのではなくて、出来れば、少しでも能の方々の演技の本質を照らし出し、どこかで芸の肥やしになるようなことがあればと思ってやってきた所もありますので。

羽田　岡本さんの演出作品には、緻密な集中力を必要とするものが多いから、能楽師にとっても必然性があるように思いますね。浅見さんも前のパンフレットの対談で「寿夫先生が様々な試みのなかで演劇とも関わったことの意味は、今回の岡本さんとの格闘でわかりました」と言っている。

「錬肉工房」――観世寿夫との出会い

羽田　そもそも岡本さんと能との出会いはどこから始まるのですか。

岡本　早稲田大学の能楽サークル「観世会」なんですが、出身が奈良の結崎の近くの田原本で、世阿弥の菩提寺のある所なんですよ。向こうにいる時は能と関わっていくなんて思いもしなかったですけど、不思議な因縁ですね。

羽田　早大生の時は「観世会」以外に、芝居もなさっていたんでしょう。

岡本　早稲田の劇団「自由舞台」で演出や俳優をやっていました。

羽田　学生演劇の名門ですよね。錚々たる演劇人がここから輩出している。

岡本　ええ、鈴木忠志さん、別役実さんも先輩になります。ちょうど同じ頃に、舞踏の笠井叡さん、大野一雄さんのお弟子さんですが、この方の「天使館」創設に参加したりしました。一九七〇年前後、同時期に能と現代演劇と舞踏に関係するといった体験がありました。

羽田　サークルの師匠は山本順之さんですか。

岡本　そうです。丁寧に指導していただき、大変お世話になりました。また、当時の早大観世会は単に謡や仕舞を稽古するだけでなく、作品研究をしたり、新作能を考えてみようとか、能の技法を捉え返してみようなど、多面的な活動をして自由な雰囲気であって面白かったですね。また、「関観連」(関東観世流学生能楽連盟)では鑑賞能の企画・運営もしました。特に、当時能界を離れておられた観世榮夫さんに『鷹姫』に出ていただく企画をしたことは、思い出深いですね。

羽田　ああ、昭和四十五年横道萬理雄先生の新作能『鷹姫』の再演の時ですね。拝見しました。

岡本　はい、その頃は上野の文化財研究所で、横道先生の第二次能楽技法研修会に参加させていただいておりました。技法研修や早稲田観世会、関観連などでは竹本幹夫さんともご一緒でした。

羽田　「錬肉工房」という劇団をお始めになったのは、卒業後ですか。

岡本　大学四年の時に創りました。この名称は、「肉体の錬金術」ということを考えていて、まあアルトーやユングなどの影響があったと思いますが、人間存在の変容のプロセスに興味があり、そうしたことを演劇の中で追求したかったのだと思います。それで一九七一年に自由舞台の仲間を中心に「錬肉工房」という集団を創ったのです。しかし、特別に高校演劇なんかをやっていたわけでもなく、専門的にこうした方向に進んできたのは、振り返ってみれば、大学時代に能、そして特に観世寿夫体験と言いますか、寿夫さんの能に出会ったことがやはり大きかったですね。

羽田　寿夫さんの舞台をご覧になって。

岡本　はい。寿夫さんの舞台での、幽美さと官能性を伴った強度のある声、身体性、深い存在感にまず圧倒されました。当時、アングラ・小劇場と言われた現代演劇、新劇、能、歌舞伎、文楽、舞踏、バレエといろんなものを並行して見ていた。そんな中で寿夫さんの能を見て、深い感銘とともに〝まぎれもなく古典の奥深い世界なのだけれど、同時に現在そのものだ〟という体験をして、本当に目から鱗が落ちる感じがしましたね。古典である能を通して、普遍性とともに、ある意味での現代劇以上に現在が透けて見えるという体験。一九六〇年代末の激動の時代でしたが、ある確かな存在のリアリティーをそこで感じたのだと思います。これは一体何なのかと思って、もちろん一所懸命に見るようになり、どんどん能に惹かれていったのです。

羽田　寿夫さんは、本質的な意味で伝統的な、オーソドックスな能を舞いつつ、かつ現代に生きる演劇としての能を追求し、そういう舞台を展開された。

寿夫さんとは個人的にも親交があったんでしょう。

岡本　ええ、最初は関観連の「鑑賞能」の出演交渉などを通じてでしたが、その後も亡くなるまでいろんな折に親しく交流していただきました。若い生意気盛りの頃は、勝手な議論などを吹っ掛けたりしたこともあったと思いますが、そんな折も柔軟に耳を傾けて聞いていただきました。本来的な意味で、謙虚で開かれた方だったと思いますね。絶えず能はこのままでいいのかと、現代に訴えかけるには……と考えておられた。形骸化、惰性化を嫌って、一瞬一瞬新鮮であることを常に求めておられたんだと思います。私はもちろん直接のお弟子でもありませんけれども、そういう姿勢から、ものを創り出す「物腰」、表現、創造行為の根底のあり方とでもいったものを教えていただいたような気がしています。能界外の人間にもそれくらいインパクトや影響力があったということですね。その後も実際の舞台や著作、親交の中から多くの感銘、示唆をいただいてきました。十八、九の若年の時でしたけれど、特にそういう出会いがあってありがたかったと自分なりに思っています。

羽田　寿夫さんとの出会いが、今の岡本さんを作っていると言っても過言ではない（笑）。

岡本　そうだと思いますね。

羽田　寿夫さんに、岡本さんの現代能の試みに参加してもらえたらね。

岡本　ええ、残念ですね。晩年私の「岡本演戯塾」の特別講師もやっていただき、そんな折などに一緒に共同作業しようというお話もあったものだから……。しかし今でも榮夫さん、銕之亟さんとも親しくお付き合いいただいておりますし、銕仙会の皆さんとの共同作業は続けさせていただいておりますので。私の演劇の作業の核になるものとして、重要なものが四つくらいあるのですが、その中でも能は特に大きな存在で、やはり根底のところでいろんな手掛かり、示唆、材料をもらってきていると、改めて思いますね。

「現代能楽集」

羽田　「錬肉工房」で、最初に上演された作品は何でしたか。

岡本　一九七一年に唐十郎さんの処女戯曲をベースにして解体し、いろんな言語素材を引用構成した『聖・女郎花』です。ここでもすでに能の演技や身体性の問題は考えておりましたね。

羽田　私も岡本さんと錬肉工房のお名前は知っていながら、初期のお仕事は拝見していない。『水の声』以後はほとんど拝見しています。国立能楽堂の研修舞台で、「三鈷の会」の瀬尾さん、浅井さん、粟谷能夫さんの三人と一緒にデモンストレーションをなさり、それが発展した形で「現代能楽集」の一つ『水の声』が生まれたのですね。

岡本　そうです。一九八九年から「現代能楽集」というシリーズを始めました。その最初が、先程も少し触れた『AYAKO SEKIGUCHIのための「姨捨」』。続いて、『水の声』、そしてドイツ語と日本語による『井筒・AMBRUNNENRAND』、『〈春と修羅〉への序章』と試みを重ねてきています。

この「現代能楽集」の試みでは、能の演者の方々と共同作業しながら、能の本質的な構造を浮き彫りにし、それを現代に生かしてみる。そしてその作業が、同時に「現在」に根差した、他のジャンルの人々にとっても新鮮で刺激的な表現になればと色々と模索してきたわけです。これまで少しお話ししてきましたように、私は能の、特に夢幻能の演技、身体性の持つ自在で深い存在感、関係性などは非常に重要で、大事な能の本質的な構造であると思っていまして、能を現代に開き、活かしていく時、テキスト・レヴェルだけでなく、こうした演技、身体性の課題をちゃんと射程に入れてみる必要がある。そんな思いもありまして「現代能楽集」の作業、試みになったわけです。しかし振り返ってみれば、もちろんそれは創立以来の積年の課題でもあったわけで、やはりそんな簡単な作業では全くなく、その具体化、作業の開始、実現までに二十年近くかかったわけですよね。地道な捉え返しの実験、検証の積み重ねの作業が必要だったと言えます。

羽田　「現代能楽集」は今後も続けられますか。

岡本　はい。三月の『紫上』は今度は現代能と冠して、昨年の新津での作業の成果をもう一つ深め、思い切って展開出来ればと思っていますし、六月のシアター・コクーン、十一月の『ハムレットマシーン』も、能と現代を繋ぐ「現代能楽集」の試みの線上にある仕事だと思いますので、困難な課題ではありますが、今後とも各界の意欲的な方々のお知恵、協力をいただいてじっくりと、息長く取り組んでいきたいと考えております。

羽田　非常に多彩な活動でありながら、また底にじわーっと流れているものは持続し一貫していますね。今年の三公演も楽しみですし、今後の活動にも期待しています。

（初出：『能楽タイムズ』五五一号一九九八年二月一日）

5

大きくゆれる振子となって

出席者

野村万蔵（萬）

岡本 章

岡本　昨年、橋の会で深瀬サキさんの『紫上』を、ご一緒につくらせていただきました。その時は、本当に私もいろいろ難しい演技の課題、注文ばかりいたしまして、それをよく受け止めていただいて、ありがたく思いました。

野村　古典だけをやっていると、役者というのは、悪い評価を書かれれば居直っちゃえばいいというようなところがあって、なかなか客観的な眼から自分を見るということができない。評論との関係にしても、舞台は舞台、評論は評論というふうで、なかなか相互の関係ができるようにはなっていません。それが、『紫上』の場合には、岡本さんに、演出の立場からいろいろ言っていただいたことが、こちらにも響いてきて、自分の枠から出てみるようなこともできるわけで、それが結果的には大切なんだなと思いましたね。

上演された場所も、一つは新津市美術館のギャラリーの空間であり、一つは国立の能舞台であったということが、そこに当然違うものを生み出すことになっていました。岡本さんにも申し上げたことですが、どうしても能舞台になってくると、そこに安住してしまいます。身体の生理が黙っていても出てきちゃうというところがあります。しかし、どうも能舞台の中だけで能と狂言というものを考えていても駄目なんじゃないか、能舞台の中の振り子の振幅だけで物を考えるのは、もう小さいんじゃないかと思うんですね。もう一つ何か大きな振り子で、また能舞台へ帰着するというか、戻ってくるというか、そのぐらいのものがないといけないのだと思います。それを、今回の『紫上』では、おかげさまでそういうものを体験させてもらいました。能舞台の中だけで考えると、すぐ技術的になって、謡とか台詞とか何かということになる。それをもう少し、声とか音とか、そういうものに還元した物のつかみ方というのがあって、ただの技術的なそれこそ箸の上げ下ろしを問題にするようなことではない、能と狂言をとらえる「庭」というものが必要なんでしょう。

岡本　そうなんですね。それはまさにこの前、一緒に作業をさせていただいた折に一つ的を絞った大事な問題だったと思います。今回の共同作業は、おもしろかったし、すごく手ごたえがありました。あるものをどう使うとか、どういうふうに組み合わすかじゃなくて、皆さん、今度は、お力のある方々に集まっていただいたので、その力量を踏まえながら、一度その技術を方法的に離れてみる。それはなかなか大変なことですけれども、もう一度とらえ直してみて、何かそこでもう一つの根底の、今、万蔵さんが、声とか音とおっしゃっていましたけれど、語り一つにしても、ある様式の中で謡ってしまうとか、語ってしまうとかいうことではなく、また体の動きも、一度型や様式の根底の部分に戻ってみて、新たな動き、可能性を模索できればと、いろいろ注文をつけさせていただいたわけです。

野村　最初はどうしたって、自分の技術の引き出しへ引っ張ってこようとしてしまうことになります。そういう引き出しへ引っ張っちゃうんじゃなくて、与えられたものを、なるべく素直に全人的に抑えて、何もそれが能であるとか、狂言であるとか、技術のパターンじゃなくて、自分の中から何が生み出ていくかということを試してみたかった。最近は狂言でも、いい意味で、楽にとか、自然にもう少し物事ができないかなと思うんです。舞台というのは、何たって非常に技術というものの関門が大きく構えていますから、それを確かに超えた、楽しさであったり、自然体にならなくちゃ、本当はいけないんでしょう。

岡本　一番最初に稽古で皆さんと顔合わせした時に、万蔵さんが出演者の皆さんにお話しになったことを今でも思い出しますが、先生はこうお話しになりました。能狂言というのは確かに伝統芸能だから、伝承というのは非常に大事なんだ。そのことはそうなんだけど、同時にただ守るだけじゃ、しょうがないんだ。能とか狂言が伝承されてきたというのは、絶えずそのときそのとき、新たなことに挑戦してきているはずだ。だから、そういうことをやっぱりやっていかなきゃ駄目なんだと。そうおっしゃって、その後に、「危ないことをやらなきゃ駄目なんだよ」とおっしゃった。それはまさにそのとおりだと思いましたし、その後の作業の中で、それを率先して、身をもってやっていただいたところがあったので、演出としてもとてもありがたかった。難しい注文ばかり、勝手なことを言いましたけれども、それは本当に得がたい体験で、いい共同作業の時間をもらったなと思っています。

野村　能とか狂言の出処進退から離れるということはなかなか難しいことですけれど、一つは、新津市美術館の空間の中に立つということもあって、まず摺り足というものからなるべく離れてやるぐらいのところから向かうべきなんじゃないかと思っていました。最初から摺り足で出ていっちゃうと、どうもそこで能の枠にからめとられてしまって、能の約束ごとで動いてしまうことになる。そして、最後の場面は、能と狂言の根底にある本質的な舞歌《ぶが》というものに当然昇華していかなくちゃならない。そんなふうに考えて臨んだわけです。そのことで言えば、国立能楽堂のあの長い橋掛りを歩いていく時よりも、新津市美術館の時の方がしっくりくるというか、空間との関わりを感じました。

岡本　国立能楽堂での公演が終わった後でしたか、万蔵さんと少しお話しする機会があった時に、「能舞台じゃ、なかなかそれは難しいのかな」とおっしゃって、「でもね、僕はあれはやってみて興奮したんだよ」と、言われたんです。思い切った試みに挑戦していただきありがたかったし、その言葉を聞いただけでも、何よりもやってよかったなと思いました。

新津の時からやりたかったことは、能・狂言があり、現代劇というものがあるとすれば、それぞれの技芸を踏まえながら、それを一度離れて、根底の演技のありよう、体のありよう、語り、言葉との関係、いろいろなものをもう一回とらえ直すような作業をやってみるということでした。万蔵さんも先程、自然にいたいんだということをおっしゃっていましたが、観世寿夫さんが、能の「居グセ」で舞台に座っている時に、自然に咲いている花みたいに、舞台に座っていたいと書かれていますけれど、そのことは作業しながら一つ念頭にあったことで、できれば、冒頭橋掛りを歩いてこられるとき、能でもない、狂言でもない、現代劇でもない、そういう、ある自然さ、そういうものがもしも可能であれば探っていただけますかと、僕は難しいことを注文したと思うんですね。そうしたら「うーん」とおっしゃって、実際に当日の光源氏の橋掛りへの登場を見て、ぞくぞくしましたよ。すーっと来られるときにね。それで、ふっと来て「はて気配ぞありける」という言葉になる。これは、能でも狂言でも現代劇でもない、ある語り口、動きがそのときにありましたね。まさに花が自然に咲くように人が歩んできた、何か無垢なものが歩んできたという感じがあって、非常にスリリングでした。

野村　昔、寿夫さんとよくしゃべったときには、振り子が右なら右の方へうんと振れていったときには、それは大いに抽象的な序ノ舞になり、反対側に振れていったときには、声を出して笑うというのがある。能舞台の空間の中にはそれだけのものが包含されているんだから、役者は、両方の振り子がちゃんと振れていて、しかる後にこれが専門だというならわかるんだけど、これが専門のためにこっち側の振り子が全く呼吸できなかったりしたんじゃいけない。今度の『紫上』でも、実際に私がやった光源氏は別に序ノ舞も何も舞いはしないけれども、しかし、何かそういう能の持っているというか、言葉だけだとちょっと短絡的ですけれども、ある抽象性みたいなものをどこか体で感じながら、存在していなくちゃどうも成り立たない。また一方で、寿夫さんで言えば、やっぱり早稲田小劇場でいろいろなものをやったことによって、能舞台では体験できない、あるリアリティーにぶつかったわけです。実際に『トロイアの女』だったですかね、彼が一番最初の場面に出てきて、ヘッヘッヘッと笑うようなところがあって、聞いていて、気持が悪かったことは覚えている（笑）。でも、そうした能舞台じゃ体験できないリアリティーというものも必要なわけです。安易な日常性でそのリアリティーを試すんじゃなくて、いろいろな抵抗感を通り抜けながら、そこに到達する。それは古典に安住しているだけではなかなかそういうふうにはならないけれども、改めて思うと、『紫上』では、そのことを経験していたんですね。

岡本　僕なんか、外から見ながらですけれども、能・狂言を見ていると、力のある方がやられると、様式を通して個人の狭い枠を超えた、人間存在の奥深い基盤にすーっと入っていくわけですね。下降するための通路の役割を呈してくれるというか、そういうものが型、様式の中にはあると思うんです。しかしまたそれは諸刃の剣で、ややもすると、惰性化、形骸化してくる。もちろんそれは現代劇でも同じです。

野村 黙っていれば保守的なところへ戻るということがよくわかったでしょう（笑）。あまり具体的なことは言いにくいけどね。

岡本 それは難しい問題ですね。自由と不自由の問題でもあるわけですから、そういう不自由さ、拘束を一回背負って生きてみないと自由にいかないということもあるわけだし、しかし、やっぱりそこで楽しちゃう可能性もありますよね。まさに「型通り」演じられて、表層の「芸」になってしまう。

稽古で皆さんにも大分苦労をかけましたけれども、能の中にある様式で語るわけでもないし、現代劇をなぞってもしょうがないわけで、そこを両方もう一回離れて根底の「語り」のあり方を問い直すようなことも、『紫上』の浅見真州さんにも、また地謡にもやっていただいたわけです。それはうまくいったところもいかないところもありましたけれども、皆さん、よく取り組んでくださって、ある手掛かりにはなったなと思っておるんですけど。

野村 謡も、節がついてしまえば、言葉というものをもう一つ超えた位置というのが、たくまず出てくるんだけどね。節がつかないで言葉を言ったときに、その言葉をちゃんと超えたところに行けるかどうかというのは、容易でないんですね。

岡本 容易でない、大変なことですね。そういうことを当然いつもやらなきゃ、さぐらなきゃいけない現代劇の役者でも、すぐにそれはなぞり、パターンになりますからね。

野村 それは現代劇だけじゃなくて、能や狂言だって同じことですね。だけど、残念ながら、そこら辺が非常にないがしろというか、少しおざなりになっているようなところがあるように思いますね。いい意味でも、悪い意味でも、小さいときからやっていると、そこにあぐらをかいちゃうことが多くて、それをもう一遍ぶち壊して、再構築するなんていうことは、寿夫さんでなくちゃできないことだろうかと思ったりもします。どうしても自分の持っている技術というものにあぐらをかきたくなっちゃうんですよね。そういうものをどこかで否定されたり、そういうことがないとね。

僕の体験で言うと、冥の会というのをやっていた時分に、寿夫さんと中島敦の『山月記』というのをやったんですよ。

岡本 拝見しました。

野村 矢代静一さんが脚色してくれたんですが、稽古しているときに、矢代さんが、「君、ここは別れの場面だよな、別れの場面なのに、何で君はそんなポカポカポカポカあったかい声を出すんだ」と言うから、こっちは、そんなあったかい声を出しているつもりはないのに、寿夫さんが、「おい、おまえ、もっと冷えた声を出せ」と、言うんだ（笑）。「何だ、冷えた声って。冷えた声ってどういう声だ」と言ったんですけどね。それはやっぱりふだん、狂言という芸能をひっさげて舞台をやって、何のわだかまりもなく声を出していて、そうしてあぐらをかいている声というものは、どこへ行っても通用するものじゃないということです。それは所詮は能舞台でどこかあぐらをかいている声なんですよ。そういうものを指摘されたというか、そういうことが発見できただけでも『山月記』をやってよかったと思いました。舞台に立つ人間がもっと声というものの存在感、いい声とか悪い声という問題じゃなくて、そういうところへの神経というものを、もっと厳しく働かせていかないと、能舞台の大きく言えば進退にもつながらないんじゃないかという気がします。

岡本　ちょっと思い出したのは、書いたこともあるんですけど、木村敏さんという精神病理学者が生命と形について書いておられて、我々、根底に生命があって生きているわけですけれども、生命というのは、いろんな形を、人間も含めた、ありとあらゆるものを生み出すわけです。その生成消滅させている形なき働きとしての生命は、ふだんは姿を見せないわけですね。しかしある瞬間、その生命の姿を垣間見させてくれる瞬間があると書かれている。それはどんなときかと言うと、一見、安定して連続しているように見える形が、自己を更新するときだとか、以前の形が壊れて、新しい形がそれにとってかわる瞬間に、そういうクリーゼ（転機＝危機）とおっしゃっているけど、そういう転換の一瞬に生命は初めて垣間見れる。

　だから、先程の先生の危ないことをやらなきゃとおっしゃったときに、ふっとそのことを思い出しましてね。解体して壊れていくことが同時に、創造していくこと、生成していく、つくり出していくことになるような、そういう試み、振幅、そういうことが、これは古典芸能、現代演劇を超えて、根底の課題としてあるのかなということですね。今お話を聞いていても思いましたし、一緒に共同作業をさせていただいて、そういう問題を身をもって一緒にやれたという、そういう時間を共有できたということはとてもありがたかった。

個人的には、僕はこれまでもいろんなジャンルの人々とコラボレーションをやってきました。それから「現代能楽集」という形で、能、狂言、現代演劇、多様なジャンルの人々と、根底の問題のとらえ直しを持続的にやってきたのも、みんなそうした問題意識から出ているのだと思います。でも、なかなかうまくはいきません。実際、みんなやはりある技芸を習得すれば、さっきおっしゃった、守りになるし、支えにする。守った瞬間、固定した瞬間、腐ってくるわけですよね。こうした型や様式の問題は古典芸能だけでなく、かなり普遍性を持っていると思います。難しいことですけれど、そのような固定した枠組みに絶えず揺さぶりをかけていく作業は、非常にクリエイティブだし、豊かで、新鮮なことなのだということを、今度、『紫上』をやってみて改めて感じました。

野村　いささか我田引水ですけれども、さっきからずっと言っている、能舞台の進退というもので考えていけばおわかりのように非常にいい作品というか、いい役を与えていただいたと思っています。それは何も分業的に、狂言であるとか能であるとか、ワキだとかという問題じゃなくて、そういう一個の役者として探っていくものが作品のなかにあったということです。そこで得た手ごたえというものが、ちゃんと自分の栄養源になって、それがどういうときに萌芽するか、それはそんなにたくらんで何とかするものじゃないから、また、目に見えてくるかどうかわからないけれども。最初に申し上げた振り子のことにかえって言えば、そういう振幅のうちにいつも立つ気概というか、勇気というか、それが現在も、若い人達にあってほしいと思いますね。

岡本　それは私共の現代劇の方でも同じことですね。表現の根底の問題を問いながらやっていくというプロセスがどんどんなくなってきている。エンターテイメントというか、やはりそちらの方へ流れていくわけですね。もちろんそれに危機意識を持っている人もいるわけだけれど、なかなか一人でそれを突破していくことはできません。僕なども微力ながら、「現代能楽集」という問題意識に立ってやっているのも、古典の方にも現代劇の方にも危機意識を持っている人がいるはずで、そうした人たちの解体が即生成となるような振幅というか、先程のお言葉で言えば振り子が大きく振れる場所をつくっていきたいと思うからです。今回の『紫上』では、そうしたことの萌芽を万蔵さんとの仕事を通して発見できたと思っております。今日語ったこと全部がパンフレットに載ることはスペースのこともあって無理でしょうが、改めていろいろとお話を伺えて、元気が出てきました。今日はありがとうございました。

（初出：橋の会『第五七回公演プログラム』一九九九年四月十三日）

6

能と現代

——現代能『始皇帝』をめぐって

出席者

梅若六郎（実）
岡本 章

岡本　本日は、「能と現代」というタイトルで、能の本質、その魅力、課題といったことを、現代との関わりの中で問い直してみたいと思っております。その対談のお相手に、現在の能界を第一人者として担っておられ、同時に新しい試みにも挑戦されている梅若六郎さんをお招きしました。能の本質を踏まえながら、現代に活かしていくためには、どういうことが必要なのか、可能なのか、そういったお話を多面的に考えながら、また現代能『始皇帝』の作業にも触れながら進めたいと思います。今日はよろしくお願いいたします。

梅若　よろしくどうぞ。

岡本　先程ご紹介がありましたように、去年、二〇〇三年十二月二十三日に、現代能『始皇帝』の上演を能楽座の主催で国立能楽堂で行いました。今回は、まずはその第一弾として「テキスト・リーディングの試み」という形でしたが、後場では、実際に面をつけて梅若六郎さんに舞っていただいた。これは現代詩の第一人者であり、長老でもある那珂太郎さん、長らく日本語の美といいますか、日本語の響き、音楽性、そういったものを生かす作業をして、優れた仕事をされている方です。その那珂さんに新しくテキスト、能本を書いていただいたのが現代能『始皇帝』で、梅若六郎さんにシテの始皇帝とその亡霊をやっていただきました。他に宝生閑さん、観世榮夫さん、山本東次郎さん、櫻間金記さん、今、能界を背負って第一線でやっておられる方々、皆さんに出ていただいて、現代能とついておりますように、通常の能の技法をベースにしながらも、新しいチャレンジをそこで行ってみました。僕は演出に携わったんですけれども、非常に手ごたえのある楽しい作業でして、那珂太郎さんのテキスト自体が能の良さ、魅力を踏まえながら新しい試みをされている、興味深いテキストでした。その作品と、力のある能狂言の演者の方々が格闘して下さって、面白い作業になりました。お蔭様で反響も良く、『現代詩手帖』という詩の雑誌でも特集が組まれました(二〇〇四年三月号)。それはひとえに演者の皆さん、特に六郎さんがいい舞台を創ってくださいましたので、今日は後程そのこともいろんな角度から捉え返してみたいと思っております。

さて、そこでその前に、まず能の本質や特色、その魅力について六郎さんに伺いたいと思います。私も現代演劇の演出をしておりますので、世界中のいろんな演劇を見ます。日本にも様々な伝統演劇が残っているし、今も行われていますけれども、その中でも能は他に類例のない表現のあり方、そして型、様式を持っています。そこで六郎さんから、これまで長らく能を舞ってこられて、ちょっと大きな課題になりますけれども、お稽古、修行の過程を踏まえながら、能の持っている演劇としての特色、本質と言いますかね、その辺はどのようにお考えでございますか。

梅若　まあ、大変難しいご質問なんですけれども(笑)。

岡本　最初から申し訳ございません(笑)。

梅若　まず私は三歳から稽古を受けましたんですけれども、これはもちろん稽古というほどのことじゃありません。ただ子供ですから、本当にあやすように舞台に立たされた。その後六、七歳くらいから、なんとなく祖父(二世梅若実)が僕を少しずつ騙しながら導こうという罠に、まんまとはまってしまったというのが現実なんですけれども、とにかく大変具体的に面白く教えてくれた。ですから祖父は、例えば「能だからこうだ」とか、「この型はどうだ」とか理屈は一切教えません。非常に具体的に、「この物語はこうだから、どういうふうにお前考えてるんだ」とか、子供に話して聞かせるような形で稽古をしてくれたわけですね。それが十か十一歳の時に祖父が亡くなりましたんですけれども、その辺まではそういった稽古に終始しました。

そして今度はうちの父親（五十五世梅若六郎）に稽古を受けたわけですけれども、これはまったく祖父とは反対で、能の様式っていうものを非常に厳しく教え、具体的なことは一切言いません。様式的なことを教える、器ですね。それでまあ、なぜそういうふうにしたかなと今思えば、祖父がわりと具体的に教えてたんで、自分はもう少し年齢がいってから、何でも受け入れられるような器を作っておこうとした。そうすれば祖父が教えたことが実になってくるんではないかというような感じでしたですね。そういった稽古を父が亡くなるまで、丁度三十歳まで受けたわけです。もう本当に決まりきったことしか言わない。ですから怒られたこともあまりないです。とにかく出来ないのはお前が悪いんだと。教え方が悪いんじゃない、お前が悪いんだから、お前のせいだと、というような稽古です（笑）。そういうふうには言いませんけれども、もう俺は精一杯教えたんだから、後はお前のとおりにやれと。それはあなたの努力次第でしょ、ということですから、さようでございますかということでずっと、それを三十歳まではやってきましたんです。そして今度は逆に、父親がいなくなってしまったら誰も教えてくれる人がないわけで、各流の先輩方とか、そういう方の舞台を拝見して、ずっと手掛かりにしてきたわけですけれども、その中で今おっしゃった自分の能楽観みたいなものが少しずつ出来上がってきたというか、まだもちろん完全ではないです。まだ出来上がってませんけれども、少しずつわかってきたかなっていう、その少しのお話しか出来ないんですけれども。

岡本　是非、それをお聞きかせいただきたい。

梅若　いろんな能については、こうであろう、ああであるとか、いろいろ話はあると思うんです。でも私はあくまで役者ですから、要するに役者としての立場っていうのを、まず忘れてはいけないってことですね。これがね、能の場合ちょっとつらいのは、岡本さんのような演出をしてくださる方がいないでしょ。

岡本　そうですね。

梅若　もう全部、一から十まで自分でしなくてはならないということで、どうしても役者ではないところの感覚っていうのも養っていかなくてはならないんですね。ですから、それをどういうふうにしていくのか。その先達っていうのは観世寿夫っていう大変なお人がおられた。丁度父親の亡くなる一年前なんですよ、亡くなったのが。それで凄いショック受けましてね。この人がいてくれるから、後からくっついていけるのになっていう感じがあったんですけれども。ですから寿夫さんの仕事をずっとこう見ていて、僕があのくらいの年齢になったら彼以上の仕事をしなくちゃいけないなっていう、もちろん追い抜けはしないんですけれども、絶対追いつけ追い抜けっていう気持ちだけは、もう捨てまいと思っていましたですね。寿夫さんは演出の仕事ですとか、他ジャンルのお仕事ですとかね、ずいぶんなさってましたけれども、僕は能の演出とかはずいぶんしましたんですけれども、他のジャンルとのお仕事は、一切してないんですよ。

岡本 確かにそうですね。

梅若 ええ、まったくしてないんです。多少一、二そういった類いのものがありましたけれども、それもほとんど能的なことをやってればすんでしまったということでした。それは僕の場合には、能から離れてしまったら、自分で言うのも変なんですけど、僕、変に小器用なところがありまして、いろんなものが混じりすぎちゃうんではないかと。だから、是非不器用になろうと思いましてね、能一辺倒で行こうという気がしたんです。で、そういうふうに覚悟を決めたら、途端に能の中にある素晴らしいものがたくさん見えてきたんですね。それで僕は自分で、「あ、間違った選択じゃなかったんだな」と思ってるんですけれども。まあ能は抽象演劇とか、そういうふうに言われてます。確かにそうではありますけども、それだけではすまないんじゃないか。やっぱり同時にエンターテイメントの部分ていうのはなくちゃいけない。それを否定したら、演劇という形には絶対にならないんじゃないかと。そういう側面を大事にしながら、演じていても抽象演劇になり、また要するに能独特な世界っていうものが生まれれば、それに越したことはないと思っているんです。それでまず、とにかく全部受け入れちゃおうと。否定するものは、それからでも少しずつ必要ないものは落ちてくるだろうというのが、今の僕のスタンスなんですけどね。

岡本 なるほど、それは重要な視点ですね。やはり子供の頃から、お祖父様やお父様から教わり、また自覚的に稽古を積んでこられ、様々に模索しながら考えを深めてこられたことが良くわかりました。またその中で観世寿夫さんとの関係、影響というのもおありになった。私も若い頃に観世寿夫さんの能を拝見することがあって、古典の能を舞っておられるのを見てですね、素晴らしい舞台で、魂を揺さぶられましたが、同時に、不思議なんですが、現代演劇と同じように、いや現代演劇より切実に現在を感じるということがありました。

梅若　そうですね。

岡本　古典演劇でこんなことがあるのかと、これは驚きました。どういうふうな演技の構造になってるんだろうと思って、能に強い関心を持つようになりました。その後有難いことに寿夫さんとも親しく交流していただきましたので、その背景と言いますか、問題意識、格闘の姿がわかってきました。そうした寿夫さんの物腰とか志みたいなものを六郎さんが大事にされ、受け取ってこられた。しかしそれと同時に、その中でさらにまた六郎さんの独自のスタンスで考えられ、試みをされてるんだということを、今お聞きしてて良くわかりました。

梅若　今申し上げたなんでも受け入れちゃえていうのは実は寿夫さんなんですよ。ある時、寿夫さんと二人っきりで話していた時に、突然その話になってね。「君は今どう思ってる」とか（笑）。びっくりしちゃったんですけれども、こんなとこでそんな話していいのかなというような場所だったんですけれど。で、そういう話になってね、寿夫さんが「実は僕はみんなから少し誤解されてるんだ」と。「うちの父親とか、お宅のお父さんとか、そうした芸を否定してるってことを言ってくる。とんでもないことだ」と。「僕は、父親の芸を尊敬してるし、あなたのお父さん」、六郎ですね、「先代の六郎おじさんの芸も素晴らしいと思ってる。全部受け入れたい」と。「が、俺は観世寿夫だ」と。「だから、これは必要ないところは落ちていくんだ」と。

岡本　なるほど。

梅若　ええ、「だからまず、全部受け入れなさい」と。そういうことが、寿夫さんの遺言のようなことなんです。

岡本　それはよくわかります。でも大変なことですね。意志も力量もとんでもないくらい要りますしね。

梅若　つらいことなんですけれども（笑）、ですけどこれだけは、僕、一生守りたいなって思ってるんです。

岡本　それは本当に一番要のところですね。やはりみんな、自分の間口でやるわけです。そこを開いて受けとめるっていうところで、自分のそれまでの枠が壊れるってことは当然ありますしね。その中で確かに要らないものはきっと落ちて、大事なものが洗い出されて残ってくるってことがあるわけですね。

梅若　そうですね。ご承知のように、寿夫さんは現代演劇の方たち、白石加代子さんなんかとなさいましたね。

岡本　はい、早稲田小劇場との作業ですね。

梅若　あれを拝見しましてね、寿夫さん、どういうふうになるのかなと（笑）。

岡本　ギリシャ悲劇の『トロイアの女たち』。

梅若　興味津々に拝見したんですけどね、やっぱりお能なんですよね。ええ、姿、形は違ってるんですけどね、お能なんです。

岡本　なるほど。

梅若　「あ、これは凄いな」と。

岡本　最後に、戦後の焼け跡の浮浪者みたいな姿で出てこられるんですけど。現代演劇であるとともに、能でしたよね。

梅若　ちゃんと能になってるっていうのが、多分寿夫さんは能を意識してないと思うんです。一生懸命皆さんと違和感がないようにしようとしてらっしゃるのかもしれないんだけども、とっても能なんですよね。

岡本　そうでしたね。

梅若　だからこれはやっぱり凄いなと。こうならなくちゃいけないんだなと思ったんですね。

岡本　そうですね。寿夫さんは別に能の型、様式をそのままそこで使うということ、それにこだわってというんじゃなくて、一度開かれている。劇団の皆さんと一緒に稽古も一生懸命されたみたいですよ。その作業の中で洗い出されて、出てくるものが誰が見ても非常に素晴らしいものだった。そういうことを通して能の本質、核の部分が同時にあらわになったということなんでしょうね。

梅若　寿夫さんがね、声をからしたっていうのは初めてなんですよね。

岡本　ああ、そうでしたか。

梅若　発声から、多分違うと思うんです。それを寿夫さんは、

岡本　やろうとされたんですね。

梅若　やろうとしたんです。「寿夫さん、声、どうしたんですか」、「いやあ、違うんだよ。今、舞台やっててね、こんなんになっちゃったんだ」と言っておられた。ということは、やっぱり違う発声なんですよね。

岡本　自分の手の内でやってなかったってことですよね。

梅若　そういうことです。でも、それをあえて挑戦していった。それは能ではそうでないってことも、きちっとわかったわけですよ。それってものすごい収穫だと思うんです。

岡本　その後きっと能に持って帰ってこられたと思うんです、それをね。晩年の能は、また変わられましたよね。

梅若　変わりました。ですからそういうものも多分、何か少し入ってると思いますね。

岡本　表面的な影響ではなくってね、根元での体験ですね。

梅若　そうなんです。はい。

岡本　体験がきっと変えていくんだろうと思います。また六郎さんも、ずっとそうしてこられたっていうのは、よく僕もわかりますし、それは六郎さんの中でどんどん醸成されて、現在の舞台の存在感、凄さを作ってこられたんだろうと思います。ただ、私のような外部の人間がこんなことを申し上げるのはあれなんですけれど、是非ですね、そろそろ他のジャンルとのお仕事、そういう作業もお願いしたいと思います（笑）。

梅若　（笑）

岡本　きっとまた寿夫さんとは違ったですね、能の良さをいろんな場で生かし、展開して下さるだろうと思いますし、それをまた、能に持って帰られると思います。そうした時に能の持っている特質、本質をどう考えていくのかっていうことは大事な問題としてありますよね。先程おっしゃっていた、「抽象」っていうことと、それからある種の「エンターテイメント性」の話をされましたけれども、確かに、能に両方の演目、要素がございます。もちろんそれぞれ大事で魅力的ですが、私のように現代演劇に携わっている人間から見れば、その「抽象」の側面、何故あんなに動かないで、あれだけ切り詰めた表現で劇的世界が立ち上り、伝わってくるかというのは、これは不思議ですし、刺激的です。是非知りたいと常々思っています（笑）。現代演劇、現代芸術にとって、これは表現の大きな手掛かりだと思いますね。それは例えば、世阿弥が言う「せぬ隙」、「何もしないところが面白い」ですね。そういう集中であったり、あるいは切り詰めた表現の中で、人間存在の根源のようなものが、直接伝わってくるっていうようなことは、ちょっと他に類例がないと思っているんです。いかがですか、そのあたりのことは。

梅若　役者から言わしていただければ、何にもやっていないところが、もう目一杯やってる、という感じはするんですね。これはね、祖父が教えてくれたことじゃないかなと思うんですが、例えば、子方ですよね。子方って別にずっと待ってるわけじゃない。ほとんど座ってることが多いし、何にもしないことが多いけれど、あれがね、やっぱり大人になってから凄く重要になってくるんです。

岡本　ああ、そうなんですか。

梅若　ええ。そういう時に、ただただ座らされるんじゃなくて、うちの祖父はその物語とか、今の演じられてる状況とかいろんなことを、教えてくれたんですよ、子供にわかるように。そうするとね、子供でも現場にいるという感覚が生まれてくる。だから飽きないわけです。

岡本　ただ座ってるんじゃないんですね。内部で動いてるわけですね。

梅若　そうです。だから、感情も凄く動いてるし、揺れ動いている。「あ、自分のこと言われてんのか」とか、「今、こういうとこやってんのか」っていうことが、手に取るようにわかる、子供でもわかるんですね。ですから例えば、ワキ方の演技なんてもう完璧にそうですよね。あれ、なんにもわかってなかったら、ただ座ってるだけで一時間も二時間もいろと言ったら、

岡本　とんでもないことですね（笑）。

梅若　死んじゃいますよね、本当に。気が狂っちゃうと思う（笑）。ですから、切り詰めるっておっしゃったけどもね、そういう中で、子供の時からそうした演技を教えられてますから、切り詰めるってことがね、ごく当たり前に出来てしまう。

岡本　なるほど。

梅若　ですから逆に言ったら、この当たり前のことを、いつそれを当たり前じゃなくて、もう一遍考えられるかっていうところが、難しいんですね。そのまま行っちゃうと駄目になっちゃうことは凄く多い。本当に二十歳になればただの人っていうのが物凄く多いっていうのは、そういうことにある。子方の時は凄く出来てても、そういう稽古を結構受けてるわけですよ、名子役っていう人たちは。でも、それがやっぱり大人になった時に、普通の人になってしまうっていうか、ただの一役者になってしまうっていうことは、そこで切れちゃうんですね。

岡本　それは何を自分が教わってきたのか、やっていかねばならないのかっていうことを、もう一度対象化し、捉え返す視点が要るっていうことですね。

梅若　そうです。僕がそれをやらせてもらえたのは、丁度父親が、五十代、六十代ぐらいかな、まあ一番盛りの時でしたけどね。それでね、僕は子供の時からやってますから、自分で言うのも変ですけど、周りの四十代、五十代の大人が舞ったりすることを、全部覚えてたんですよ。それで、何故大人がこんなのが出来ないんだろうかって（笑）。

岡本　それは凄い（笑）。

梅若　凄い言い方ですけども（笑）、そうですね、七つか八つで『道成寺』舞えたんです。まあ、「乱拍子」は知りませんでしたけども、「急ノ舞」から「鐘入り」とか「後」とかっていうのは、だいたいわかったわけですね。

岡本　そうなんですか。

梅若　でもみんな一生懸命稽古してるじゃないですか。で、間違ったりしてますよね。「何でこのおじさん間違えるんだろう、どうしちゃったんだろうな」って思ってたんですけれども（笑）。子供の時から、考えればそんなことが出来るのは、僕、当たり前だと思う。でも何故そこをそういうふうにするかっていうことがわかるのはとても大事で、だから形を覚えることが出来ることじゃないっていうことですね。それをもう一遍、一から考え直す必要性、時期、それが丁度僕は二十歳くらいの時でしたですね。

岡本　そうなんですか、二十歳くらいに。

梅若　何やっても駄目だって言われたんですよ。

岡本　そういう時期がおありだったんだ。

梅若　父親からも言われましたし、周りの評論家の人たちから、「達者だけども、何にも伝わらない」みたいな言い方されましたね。父親からも「うん、まあ、いいけどね」のような（笑）、非常に突き放された言い方ですよね、もうその時は二十歳ですから、「いいけどねって言ったって、じゃあ具体的にどうなんですか」って言ったら、「いやそれは、あなたがやっていけばわかるでしょ」っていうようなもんでしたね。非常に突き放されたおかげで、見直すことがそこで出来たっていうことがありました。それでさっきお話ししました、ちょっと不器用になってかなくちゃいけないなってことを考えました。

岡本　なるほど。そこでかなり自覚的になられた。

梅若　はい。

岡本　するとその後、ある時期から復曲の仕事をされたり、また今度も一緒にお仕事させていただいたように、新作能を試みられたりと挑戦してこられたというのは、やはりそこは重要な分かれ目ですね。ただ教わったことを無自覚にやっていくのではなく、その根元を捉え返してみる。能をもう一度ですね、外側から見るっていうか、そういう思いがおありになった。

梅若　そうですね。それと僕の周りの先輩に、宝生閑さんとか、山本東次郎さんとか、そういう本当にいい先輩がいて下すって。まあ、もちろん僕よりも年上の方ですけども、僕は能を舞う度に、このお二人が見て下さったり、一緒に舞台に出て下さったりしています。でもとにかく「いい」って言ってくれたことが一度もないんです（笑）。

岡本　ああ、そうなんですか。

梅若　最近もないな（笑）。最近は「駄目だ」とは言いませんけども（笑）。まあ、東次郎さんはたまに言っていただくこともありますけれども、それだけやっぱり、きちっと見ていただいてる。

岡本　緊張感がありますね、それは。

梅若　とにかく閑さんなんか、「お前、こんなことやってちゃ駄目だよ」とか、「こんな謡うたってちゃ駄目だよ」とかね、「もっと他の人見てみろ」というようなことも言って下さった。そうすると本当に、寿夫・榮夫・静夫さんとかね、そういう人たちがいる。宝生流には、松本恵雄先生とか、高橋進先生とか、そういう凄い人たちがいらっしゃる。先輩には、その当時本当に、各流凄い人がいらした。

岡本　僕もその方々の晩年の能を拝見しています。

梅若　喜多流の後藤得三先生とか、いろいろいらした。話はあれですけど、後藤得三先生とは、『鉢木』の共演っていうのがあったんですよ、僕。

岡本　いつ頃。

梅若　二十二、三の時。騙されたんですよね、これ（笑）。違う曲で頼まれて、OKして番組来たら、二人の『鉢木』になってた。日替わりで（笑）。

岡本　凄いですねえ。

梅若　これは嫌だと思って親父に代わってくれって言ったんですけれども、「まあ、やれよ」って（笑）。「お前がまずいのは当然なんだから、いいじゃないか」って。

岡本　良い勉強になられた。

梅若　ええ、ものすごい良い勉強させていただきました。もちろん、その時後藤先生の『鉢木』も拝見させていただいて、本当にこんなに違うのかっていうことを嫌っていうほど知らされました。ですから、そういう方たちの舞台を拝見できたってことは、もの凄い財産ですね。

岡本　そうして諸先輩方から多くのことを学ばれたわけですが、一番印象に残っている方と言いますか、学ばれたことで何が一番大きかったですか。

梅若　もちろん父親なんでしょうけども、とにかくあまりにも短かったもんで、まあ具体的なことは、なかなか思い出せないんですけれども。やっぱり寿夫さん、と言いたいんですけども、寿夫さんもそうですけど、僕にとっては銕之亟さん。静夫さんですね。あまりこれ、今まで言ったことないんですけども、とにかく僕にとって一番かっこいいお兄さんだったんです。子供の時から、憧れてたんですね。舞台観ててもね、はっきり言って寿夫さんより銕之亟さんの方に目がいってたんですよ。やっぱり子供ですからね、かっこいいっていうのは一番良い。それと寿夫さんていうのは、何かもう別の存在になってたのかもしれませんね。だから銕之亟さん、要するにその当時の静夫さんていうのは、僕にとっては一番身近な人だったのかもしれない。そういう意味で舞台を拝見してても、例えばうちの父とか祖父にも通じるような芸風であったと思います。

岡本　確かにそういう芸風の所がおありでしたね。

梅若　もう晩年なんかまさにそうですよね。僕は晩年の銕之亟さんを拝見しててね、祖父、それから華雪の大叔父様とかね、そういう方たちの舞台はこうだったんだなっていうのは、見えてきましたね。ですからね、一番影響受けてるとしたら、寿夫さん、静夫さん、半々か、または静夫さんのほうがちょっと多いかもしれません。

岡本　ああ、そうですか。

梅若　まあ、本当の影響を、ショックを受けたのは寿夫さんですね。

岡本　それぞれ違った凄い花を咲かせられたわけですからね、お二方。

梅若　その当時の静夫さんていうのは素晴らしかったんだけども、寿夫さんていう大天才がいたおかげでね（笑）、ちょっと陰に隠れた存在であった。逆にそれがね、良い形で晩年出てきたっていうことがありましたね。謡なんかね、僕は晩年の銕之亟さんの謡っていうのは、寿夫さんより良いと思いますよ。良い謡を謡ってらっしゃいましたね、本当に透明感のある、僕も晩年になってこういう謡を謡えたらいいなって思うような感じですね。

岡本　いや、それは僕も良くわかります。これまでいろいろお聞きしていて本当に良い諸先輩を持たれて、そこと緊張関係を持ち、格闘されながら、今、いらっしゃるわけですね。さてここで、ちょっと話を「能と現代」の問題の方へ向けていきたいと思うんですけれど、六郎さんが最初に取り組まれた新作能ですね、それは『伽羅沙』でしたか。

梅若　ええ、そうです。

岡本　新作能に取り組んでみようと思われたのは、どんなことが一番ありましたか。

梅若　先程、復曲の話も出ましたけど、最初に手がけたのが復曲で『谷行』の、役行者が出てくる一節。これは、私の会で演じようと思いまして、宝生閑さんに阿闍梨の役をやっていただくつもりで相談したら、そうしたら、「実はまだ父親がやってない」と。「やってないんで、父親を差し置いて僕がすることは出来ないから、じゃあ、親父がやるって言うかもしれないから、一遍話してみる」と。そしてお話ししたらやっていただけるっていうことで。それで閑さんたちと演出の話になって、観世流の現行の形の、役行者が出てこない形っていうのはどうも具合が悪いと。今、それを阿闍梨が代わってやるような形だけれども、文句とは沿わないし、それはやっぱりここで一遍そういうことを見直したらどうだろうということがありました。それで法政大学の能楽研究所に行きまして、資料なんか見せていただいて、させていただいたのが、それがまずきっかけになったわけですね。

岡本 それは一九八〇年代ですか？

梅若 ええ、『谷行』がまずきっかけになってます。それから私が四十八、九の時に、初めて新作というものをさせていただいたのが、『伽羅沙』ということです。

岡本 あれはサントリーホールでしたですね。

梅若 ええ、これは五年間ぐらいかけてそういう仕事をしようと思って。まあ区切ったんですけども、十年くらい経っても今でもやってるんですけども（笑）。

岡本 ぞくぞくと（笑）。

梅若 止まんなくなってしまったっていうことではないんですけど（笑）。その時にやっぱり見直すというか、能の原石みたいなものっていうものを探ってみたいという気持ちがあったもんですからね。今僕らが見てるっていうのは、とにかく本当に磨き抜かれたものしか見てない。そうすると素晴らしいものであることはわかるんだけども、そうなったいきさつというものまで見てみたい気があるわけですね。

岡本 創作過程っていうようなこととか。

梅若 そうなんです。ですからもちろん、何百年経ってますからね、なかなか難しいのかもしれません。だったら自分で作ってしまうのが一番なんじゃないかという、非常に単純なきっかけなんですけど。それで山本東次郎さんにお願いして、『伽羅沙』というものを書いていただいた。それが僕の新作第一作目です。もちろん前にちょっとそれらしきことはやってますけども、本格的な第一作は『伽羅沙』ということになってます。

岡本 それ以降も、『ジゼル』やられたり、この前は『陰陽師・安倍晴明』やられたり、あと瀬戸内寂聴さんや石牟礼道子さんの作品も上演しておられますしね。まあそれぞれで、ねらいはきっとおありだったと思うんですけれども、まず何より、今おっしゃった新作をやることで能を作っていくプロセスですね、そういうことがわかるっていうことがあります。それはやはり能自体が極度に、洗練された型、様式っていうものを持ってるっていうことがあって、それは能の特色でもあるし、魅力でもあるわけですけれども、両刃の剣と言いますかね、そうした大事な問題がきっとあるのかなっていうようなことは、常々思ってるんですが。その辺はいかがですか。

梅若　あります。我々はね、便利に様式、様式って言ってしまいますよね。「様式って何」と言われてしまうと、答えに非常に困るんです（笑）。それで困ると「切り詰めたことだ」とかね、ただ口だけになってしまう、言葉だけで終わってしまう。じゃあ演技をつけていく過程において様式化することを、実際にやっていかなくちゃいけないと思うんですね。最初は、とにかくべたにいろんなものをくっつけてしまう。もうごてごてに塗り付けてしまうっていう作業から入るわけですね。そうしますと必要ない部分ていうものが、落ちていくわけですね。落ちていくんですけども、それは意識的にくっつけたものなんです。そこを間違っちゃいけないなっていうのは最近思ってるんですけども。ところが意識的ではないところでの無駄がずいぶんあるわけですね。それをいかに省くかっていうのを、今一番に目指しているんですね。それは例えば、もしかしたら、現行のものにもそういうものがかなりあると思うんです。

岡本　まあ、当たり前に固まってしまっている。

梅若　そうなんです。固まってる。

岡本　それをある意味後生大事にやるしかないし、やってるわけですけれども。

梅若　これは様式化された能でございますといった、例えば極端な話、『井筒』という古典がありますよね。それは我々にとっては宝物のような曲であり、これが能の代表的な曲であると、もう信じ込んでますけども、冷静に見たらこれでもまだまだ削れるところがあるんじゃないかなと思うわけですね。だから、それぐらいまで突き詰めて考えていきたいなと思ってますね。

岡本　それは凄いことですね。また同時に、もちろんそこに本当の意味で能を大事にするっていうことが、ないと駄目ですよね。

梅若　思います。だから逆にはねつけられることもありますね。「お前がそんなことを考えたってこれはもう完璧に出来てるんだから、お前の考える余地はないよ」って言われそうなことも、もちろんありますけどね。そういうことも確かにありました。でもそういうことでも、それがわかるだけでも良いわけですから。

岡本　それは非常に大事だと思いますね。やはり一度外からって言うか、離れて見てみるって言いますか、世阿弥の言葉では「離見」ですよね。そういうことが具体的に機能しないと、大事なことを見落としちゃうっていうようなことはきっとあるでしょうね。僕ら外の人間から見てましても、能ほど両極端と言いますか、魂を揺さぶられて、もう何十年も前に観たのが昨日のごとく蘇るような、そういう素晴らしい舞台もあるし、本当に退屈でつまらないものもあるわけですよね、それは（笑）。六郎さん前にしてあれなんですけれども、やっぱりそれぐらいの幅がありますね。そのことが良くわかるのはやはり、決まった型や様式があるからですよね。

梅若　様式ほど怖いものないなって思ったのは、ある方の『井筒』を拝見したんですよ。どう考えても上手い人じゃないんです。僕も下手な人だなと思って観に行ったんですけどね。そうしたらね、結構観られちゃったんですよ。『井筒』という曲が、観せてくれたんです。「あ、これは能にとって怖いことだな」と。ある程度は様式ということで、観せてしまえるんですね。

岡本　観れちゃうんですね。

梅若　ええ、逆に僕は観れないかなと思ってたんです。そしたら、何にもしないでしょ。無駄なこともないでしょ。そうするとね、ある程度のことさえやってると、何となく、「うーん、別にそれほど下手じゃないかな」と思えちゃう。まあ、僕の目が変なのかもしれないですけれど。

岡本　いやいや、良くわかります。

梅若　なんかそんな感じがしまして、これは実に恐ろしいことだと思いました。

岡本　いや、様式や型があるから能の素晴らしさもあると同時にですね、やっぱり型っていうと、「型通り」っていうことあるじゃないですか、その問題ってこともあるわけで。当然、型があるわけだから、それを徹底して稽古、修行していくっていうことが大事ですけれども、同時にそれがなぞりになって、ある意味では形骸化、惰性化していく、そういう怖さっていうのはありますよね。

梅若　演じてる時はそれでも良いと思うんです、逆に言ったらね。

岡本　そうそう、型があることで自然に運ばれていってね。

梅若　そうなんです。

岡本　我々の現代演劇は、様式も型もないから手探りで、はからって変に自意識ばっかり立ってきて駄目なことはいくらでもあるわけです。能は型や様式が通路のようになって、まずは存在の根源に運んでくれるところがある。それは素晴らしいことでもあると同時に、下手しちゃうとそれは形骸化し、惰性化し、寄っかかりになっちゃう。型とか様式は支えだけど、変に寄っかかりになると、これは表現じゃなくなりますね。

梅若 凄くありますね。

岡本 新鮮じゃなくなりますよね。その辺の問題っていうのは、難しいなと思いますね。

梅若 だから助けられてるんだけども、それが逆に一番の我々の弱点みたいな。

岡本 怖いところですよね。それはどんなものを観るよりも能を観ると、その面白さと怖さっていうのが良くわかりますね。その辺のことも含めてきっと、六郎さんの中でこれまでいろいろチャレンジしてこられ、今も試みておられるのは、やはり常に新たでありたいっていうこと、まあ世阿弥は能楽論の中で「住する所なき」って言ってますよね、停滞することですね。それは個人の芸のこともあるし、それから能全体のこともあると思います。それは本来的な意味での、新鮮さ、チャレンジ精神というものを六郎さんはお持ちだと思うんですが、いかがですか。

梅若 ですからそれが危機感となって、全部の能楽師にね、そういう危機感が生まれてくれれば、僕は能っていうのは、もっと前進していくと思うんですけども。でもやっぱり能は素晴らしいって信じるのは良いんですけれども、信仰に近い人も結構いるんで(笑)。信仰になっちゃ僕はいけないと思うんで、信じることは良いけども、信仰になった時は止まってしまうと思うんですよね。ですから、それがあるのはないよりは結構だと思いますけども、それを盾にとってやるのは嫌だなと。

岡本 そうでしょうね。僕も以前、現代能『紫上』を「橋の会」の主催でやった時に、野村萬さんに光源氏やっていただきました。その時にそこでも能の基盤を踏まえながら、少しでも新しいことを試みてみようと思って、顔合わせの時に、まずひとしきり演出の方向性を説明をして、その後萬さんに振ってお話をしていただいたんです。今、六郎さんのお話聞いててその時のことをちょっと思い出したんですけれども、萬さんが、「我々のやってるのは伝統芸能だから、伝承っていうのは非常に大事だ」と。「でも同時にただ守るだけじゃ、しょうがないんだ」と。「能とか狂言が伝承されてきたというのは、絶えずその時その時、新たなことに挑戦してきてるはずだ。だから、そういうことをやっていかなきゃ駄目なんだ」とおっしゃって、そして最後に「危ないことをやらなきゃ駄目なんだよ」って(笑)。本当に本来的な意味でちゃんとチャレンジするってことの意味をそこでおっしゃって下さった。で、ご本人がそれを一番実践して、稽古に取り組んで下さったんで、その後の稽古の設えは楽になりましたね。やはり、「ちゃんと考えておられる方はそうなんだな」と納得しましたですね。

梅若 そう思いますね。だから役者意識と言うか、問題意識がとにかく大切だと思います。こういう仕事っていうのは一人でやってるわけじゃなくて、大勢の人たちが集まってやるわけですけど、一人一人がその意識で参加してくれれば良いんですけど、中にはお付き合いで（笑）、参加してくれる人もいるもんですから、それもなかなか難しいって時はありますけど。

岡本 それはもういろいろな場を設えてこられて、現在もやっておられるんだと思いますけれども。

梅若 ええ、お付き合いでやって下さる方もわかるんですよね。でもその時にね、その人に何か新しい発見をさせるようなことをしてあげると、その次から変わりますね。ですから、それも大事じゃないかなと思うんです。その人の意識を呼び覚ますというか、呼び起こすというか、そういう作業も必要じゃないかと。僕の周りでも、例えばうちの一門がいますよね。最初はうちの先生、まあ僕ですけど、六郎が何をやってるんだろうな、とさっぱりわからなかって人も何人かいましたよね。一緒に仕事をさせますと、少しずつわかってくるんですよ。「先生は、ああいうことを言いたかった、やりたかったんですね」って言うから、「そうよ。わかってくれた」って言うと、「わかりました、自分たちもやってみて良かったと思います」っていう言葉を聞くのが一番嬉しいですよね。わからない人がわかってくれた時がやはり大事で、わかってくれる人は、もう初めからわかってますから、参加をしてくれますけれども。

岡本 それは、きっと凄い経験になってるんでしょうね。その中で感じて考えるっていうことが出てくる。そういう場を設え、ご一門だけじゃなくって、能界全体の中でそういうことをやってこられたことが良くわかりました。これまでお話ししていただいたことで、六郎さんが考えておられる能の本質的な問題、それから現代との取り組みということについて、だいぶ輪郭が見えてきたと思います。

さてここで、最初にも言いました現代能『始皇帝』について触れたいと思います。この作品は、現代詩人の那珂太郎さんに僕が依頼して新たにテキスト、能本を書いていただきました。そして能本、演出、演技の面で能の本質を捉え返せればといろいろと挑戦を試みています。そのため、じっくりと稽古を積み重ねる必要があるわけですが、ご参加いただいた能界の第一人者の方々がお忙しく、稽古日程の調整がなかなかつきませんでしたので、今回はまずはテキスト・リーディングという形で上演しました。那珂さんは現代詩の世界の第一人者で、日本語の美、音韻、リズムを生かした数多くの作品を発表されているのですが、秦の始皇帝陵の兵馬俑坑を見て感動され、長編詩「皇帝」を書かれました。僕はそれを読んで是非能にしてもらいたいとお願いしました。この能では、絶大な権力で中国の最初の統一帝国を創った始皇帝の一代記が描かれたわけではなくて、始皇帝というのは人間の持っている欲望や願望といったものを凝縮したような人物ですよね。こうした人物に的を絞ることで、人間の持つ永遠の生命、栄華、権力などに対する執着が浮かび上がり、そしてさらについにはその執着の空しさを悟っていくというのが、この作品の重要なテーマになっています。

そのため那珂さんは、シテの始皇帝とともに徐福という方士に注目されてワキとして登場させ、二人の対話が行われます。徐福は始皇帝の命令で不老不死の薬を探しに海中の三神山に出かけるんですが、帰ってこないんです。そして全体の構造は複式夢幻能形式になっていて、舞台は二十一世紀の現代の日本人が、中国の始皇帝陵を訪ねるところから始まります。その人物は実は方士徐福の後裔なんですね。前場では、後裔の白昼夢に始皇帝と徐福が出会う巡幸の場面があります。そして後場では、後裔の夜の夢の中に始皇帝の亡霊が出てきて、徐福と二千二百年後の対話を交わすんです。そして最後の場面は、那珂さんが、「虹《こう》桟虚空《さんこくう》の舞」と名付けられた舞を始皇帝の亡霊が舞って、虹の桟をのぼりながら宇宙の塵となって消え去る、といったスケールの大きな能なんですね。

僕の演出としての工夫、仕掛けとしましては、「コロス劇」の課題がありました。那珂さんは、始皇帝がシテではあるけれど、同時に舞台を根底で支えている兵馬俑の地下軍団の兵士たちを重要視されて、彼らを地謡、コロスとして描かれているんですね。それは例えばギリシャ悲劇では、コロス（合唱隊）からヒーローやヒロイン、対話が発生したと考えられていますが、この舞台では現在分業化し、役割分担が固定化している地謡のあり方を、もう一度見つめ直し、展開するような試みとして考えたところがありました。能の方でも昔は、地謡とシテ、ワキは一緒に謡ったりしてたことがありましたですよね。

梅若　そうです。ワキ方が地謡の役目ですから。

岡本　もともとそうしたこともあったわけで、それをもう一度根底から演劇的に捉え直してみるようなことが出来たらなと、「コロス劇」として設えたところがあったんです。今回は六郎さんにはいろいろと新たな試みに挑戦していただき、ご面倒をおかけしましたが、やっていただいていかがでございましたですか。

梅若　いや最初、お話いただいた時ね、これは僕には無理だと思いました（笑）。今まで自分の中で経験のないこともありましたんで。しかしとにかく、経験って言っては申し訳ないんだけれども、さしていただくってことは、僕にとって良いんではないかという気持ちがありましたので、お話をお受けいたしたんです。でも、始皇帝だとは思わなかったんですよ（笑）。実は、もう少し楽な役だと思ってたんです。

岡本　いやあ僕は、初めから……（笑）。

梅若　いきなり始皇帝を振られてしまいまして、これは参ったなと思ったんですけれども。とにかく一応は、この間はテキスト・リーディングという形でさせていただきましたけれども、まだまだ全部がわかったわけでもないし、やっぱりこれはその内に、きちっとした能の形としてですね、やらなくちゃいけないなっていうふうには思っていますす。

岡本　僕は演出として実際に客席から観せていただいて、演者の皆さん、能の一番深いところを踏まえながら、チャレンジしていただいたなという感じがありましたですね。それとともに今回那珂さんの能本、テキストについても、漢文訓読体で書かれていて新たな挑戦をしていただきました。能には中国種の作品はいろいろありますが、そのほとんどが大和言葉のレトリックを使っているわけで、この漢語を主体にした簡潔で力強い文体、リズムは、能の演技や発声と深く響きあって効果的だったと思います。六郎さんには、シテとともに作曲、節付けをしていただきましたが、いかがでした。

梅若　作曲させていただいたんで良くわかったんですけれども、実にあの漢文訓読体のところは、節はのりますね。これはね、もちろん那珂先生のお力だと思っているんですけども、最初、どうかなっていう気はしたんです。こちこちな感じになってしまうんではないかなって、ちょっと思ってたんですけども、そんなことは全くなくて、のりよく出来ました。作曲しながら、面白く作れましたね。

岡本　本当に言葉が立ち上ってくる良い節付けしてくださって、生きる形になりましたね。演じておられてそこら辺は手ごたえは……。

梅若　ありましたですね。

岡本　そうでしたか。それからこれもちょっと大変な挑戦をしていただきましたが、能では言葉の部分の様式がありますですよね、語り方があるわけですけれども、それを踏まえながら、出来ましたらこういう新たな文体なので、別に現代劇のやり方をやる必要は何もないんで、そうではなく、様式的な語りと現代劇の会話の中間って言いますかね、能をベースにしながら、そのどちらでもない新しい語りの表現にチャレンジをしていただけませんかってお願いしました。今回、櫻間金記さんには徐福の役をやっていただきましたが、前場の往時の始皇帝と徐福の出会い、掛け合いのところでお二人に探り、試みていただいた。少しは手掛かりというか、補助線も引かせてもらって、稽古始めてみましたら、いや、本当にお力があるなと思ったのは、何回かやっていくだけでですね、そこで新しい作業が立ち上がってくるんですね、言葉の語りの表現の。それは一緒にやってて楽しいことでした。

梅若　いや、苦労しました（笑）。

岡本　すいません（笑）。ご苦労あったんだと思うんですけれども。実際、お二人が能を踏まえながらも、那珂さんの言葉と格闘されていて、新たな語りがその中から立ち上ってくる所があった。それでちょうどそのすぐ後、六郎さんが新作能の『鷹姫』を演出、出演され、僕も拝見しました。いやさすがだなと思いましたのはね、『始皇帝』での新たな語りのあり方を、『鷹姫』の中で展開しておられた。きっと掘り当てられたものがあったんだと思うんですね。そのことを他の舞台の中ですぐに展開し、活かしておられるっていうのは凄いと思いました。それからキリの「虹桟虚空の舞」も見事でしたですね。先程言いましたように、『現代詩手帖』っていう雑誌で特集が組まれて、そこで那珂さんのインタビューが掲載されています。その中で六郎さんの舞いのことを那珂さんが褒めておられます。最後の「虹桟虚空の舞」で那珂さんはご自分の考えておられたことを目の当たりにされたんだと思います。舞を通し、そして舞の後の数行の詞章の中で、「歴史上の現実の存在としての始皇帝、絶対権力者という欲求をもっていろいろやってきた始皇帝から、政治的属性を取り払った人間の普遍的な姿へと性格が変った」とおっしゃっています。そしてそれが最後には、人間存在の象徴のようなものとして宇宙の塵と一体化して消えていくわけですよね。これは、普通の能でもなかなかそんなスケールの能はないですよね。

梅若　ないですね。最後のところは本当になんか、裸にされちゃうみたいな感じがありました。感覚的に。

岡本　ああ、それは凄いですね。自分が全部、その鎧ってるものが取れてしまう。

梅若　そうなんですよ。なんかあそこは特殊な感じ方がありましたですね。

岡本　そうでしたか。いやそれはもちろんお力もあるし、そういう深い感覚をお持ちだからこそ現前化したんでしょうね。今回は後場は、物着をし、舞台で面を掛けていただき、舞になりましたが、あの面はどういう……。

梅若　あれは「三日月系」ですね。うちの面じゃないんです。鋕之亟家の。

岡本　だからやはり、人間を超えたスケールというのは出ておりましたよね。

梅若　そうですね。ちょっと特殊ですよね。あの面は。

岡本　それでは今日はビデオで持って参りましたので、全部というわけにはいきませんが、重要な場面を観ていただこうと思います。

（ＶＴＲ再生）

岡本　駆け足でしたけど、こうして今観ていても本当に良くやっていただいていたと思います。やはり最後の「虹桟虚空の舞」は素晴らしかったですね。「八萬四千の事象悉くこれ空無」という言葉があって舞が始まる。それがテーマと言いますか、『始皇帝』の一番根底の世界観を端的に表しています。それを具体的にどう描くのかということですけれど、現代演劇ではなかなかこんなことは描けない(笑)。やはりこれは、能でなくては表現できないようなところがあると思うんですよね。

梅若　そうですね(笑)。

岡本　まあ、「空無」をストーリーで描くのではなく、まさに「空無」そのものを存在として生きるということですね。スケールの大きな世界を現前化させていただきました。今日は長時間いろいろと興味深いお話をお聞かせいただきありがとうございました。今後さらに作業を重ね、きちっとした形で上演したいと考えておりますので、最後に抱負も含めて少しお話しいただけましたら幸いです。

梅若　とにかくこの曲に関しては、きちんとした能という形で、多分一年後ぐらいにはと予定はしておるんですけれども。とにかくこれだけのものですから、かなりその前の段階でしっかりと稽古を行ってから決めたいと僕自身も思ってますし、岡本さんもそういうふうにお考えになってらっしゃると思います。これは平成という時代の中でかなりの重要な位置を占める作品になってくるんではないか、またそれだけのものにしなくてはいけないとも思っています。今回のものはまだまだ第一の段階で、本で言えば第一稿でございますので、演技的にも、全体の形としても直すところはいろいろと工夫が出来ると思いますので、あとはもう演出家におまかせして（笑）。

岡本　いやいやとんでもない（笑）。ただ今回、第一人者の方々が挑戦し意欲的に取り組んで下さったわけで、本当に有難いことだなと思っております。改めまして、そうした挑戦の姿勢があるからこそ能というものがこれまで続いてきたんだなと感じております。

梅若　楽しみな作品なので、是非大事に取り組めればと思います。

岡本　本日は貴重なお話をどうもありがとうございました。

（二〇〇四年五月二十九日対談　朝日カルチャーセンター新宿にて）

7

伝統と現代

――横断する身体

出席者

観世榮夫

岡本 章

四方田犬彦（司会）

四方田 それではこれから、私、本学（明治学院大学）教員の四方田犬彦の司会によりまして、観世榮夫さん、それから本学教員である岡本章さん、このお二人を交えて討議といいますか、シンポジウムを開きたいと思います。

先程、観世さんからいろいろ貴重なお話をお聞かせいただきました（第五章講演6）。観世の家に生まれて幼少時から舞台に立つこと、あるいは能であることがもう自明のことであるというところから、幼くして初舞台を踏まれ、そして世阿弥の『風姿花伝』の言及もございましたが、十七～十八歳から二十二～二十三歳で一つの境を越える。そういった形で、これまで七十九歳まで能ばかりではなくて、いろんな演劇や他のジャンルをまたがって横断され、あるいはそれを統合されるような形でお仕事をなさいました。そのことを振り返られながら、どこまでも自分というものに固執するのではなく、自分の我見というものを離れて、もう一度、自分の仕事を振り返るべきであるというふうなことをおっしゃっていただきました。それでは、このような発言を踏まえた上で、今度はまた最初に観世さんのお仕事を紹介されました岡本さんにお言葉をお願いします。

岡本 具体的にご自身の修行に即してお話をしていただき

ましたので、能の身体性や演技の構造、その特質、また様々な活動の中で、伝統と現代についてどういう問題意識を持ってやってこられたのかということが非常によくわかりました。絶えず離見を持って、固定化しないで、変化を求められてきた。

確かに、先程もおっしゃっていましたように、伝統演劇である能は、普通は皆ほとんど変化してないと考え、ある種の権威主義的な伝統墨守のように狭くなってしまうこともあるわけですけれど、実はいろいろ変化もしてきている。これは一つ押さえておかなければならない点だと思います。それはそうなんですけれど、そこで大事な所は、観世さんの場合は非常に意識的、自覚的に変化を求め、固定化を脱してこられたわけで、能を根底から捉え返すために、外部の眼を持って様々な活動を展開してこられたということがある。やはりここは重要な所で、せっかくの機会ですから、お話を踏まえながらいろいろお聞きできればと思うんですが、戦後、縦割りの家元制度の中で、転流するなんてことは普通は誰も考えないし、あり得ないことだと思うんです。それはやはり、それまでの観世流のメソッドにないものが喜多流の中にあると感じられて、ぜひそれを学んでみたいという強い願望がおありだったからだと思うんですね。具体的にはどういう所だったのですか。

観世　ええ、それはね、いろいろな面があります。観世流の家に生まれて子供のときからやってきた。それは当たり前みたいにやってきたわけですけれども、そのときに各流に名手がおられて、それを拝見できたのはいい時代に育ってきたんだと思います。その中で、さっきもちょっと言いましたけど、能の詞章の中で曲を理解して曲をどういうふうに舞い、どういうふうに謡うかというような理解の側面もありますけれども、それと同時に、少なくとも二十（はたち）代までには能に向いた身体をつくらなくちゃならないという問題意識も出てきました。それは例えば、足腰をいかに能向きに鍛えるかということがありますよね。僕らは子供の時から習慣的にそういうものの繰り返しをしてきたけれども、喜多流では僕らと違った身体の鍛え方のメソッドを持っているということがあったので、それをどうしても学びたいなと思ったのが一番大きな理由です。喜多流はどちらかというと身体をうんとつくる考え方で、曲の解釈よりもちゃんと摺り足で歩くというようなことを一生懸命にやるわけです。

いろいろ方式があるわけですが、自分のところだけというのは、何だか自分のやりいいほうに逃げちゃうみたいなところがどうしてもある。そういう意味で、もう一度、自分を見直すにはどうしたらいいのか、それから身体づくりというのはどんなことがあっても二十代じゃなければできませんから、それまでにどうしてもやりたいなと思って転流したわけです。

岡本　なるほど、そうでしたか。能は伝統演劇で、家元制度もあり締めつけもありますから、その家に生まれたらずっとそのメソッドをやっていくと、みんなそう思ってきた。しかし、ある意味でそれまで絶対と考えられていた制度や流儀の考え方、メソッド、能の伝承ということに関しても、疑問を持たれた。ある危機意識といいますか、絶えず根本的な疑問、このまま留まったままじゃ駄目だという気持ちを強くお持ちだったわけですよね。

世阿弥は、『風姿花伝』の中で、「住する所なき」と言っております。留まること、停滞しちゃ駄目だということですが、世阿弥は能の魅力を「花」に喩えて語っています。花は散るから、また咲く時節がやってきて、珍しさが生じるわけで、能も同様で、同じ境に住しない、停滞しないことが大事だと。しかし、それは言うことは言えても、実際に実践することは大変なことで、そのことをずっとやってこられたということは、本当にそれはすごいことだなと思っています。

観世　今の世阿弥の、住するということなんですけれど、自己感覚の中で、いいということ、満足しちゃうことはすぐできるし、確かにそれによるということも必要なんだと思います。しかしそれと一緒にそういう自己感覚でいい感じだと思ったら、それをもう一度、批判的に検討するということもしょっちゅう必要なわけです。そういう目を常に持つ必要がある。

つまり、さっき言ったように、我見と離見というのをあわせ持っているということが重要で、我見がないのはまた駄目なわけなんだけど、我見をもう一度、批判的に見られる、客観的に見られる離見というのをやはりあわせ持たないと、我見の長所も生きてこないんじゃないかと思うんですよ。もちろん、実際にそういう環境をつくっていくというのは、いろいろ苦労もありましたけれども、様々な活動、試みの中で自然に身につき、養われてきたんじゃないかと自分では思ってますけれどね。

岡本　自然とおっしゃったけれど、実はすごい意志と工夫で挑戦し、超えてこられたんだということは、さっきのお話や年譜を見てもわかりますし、現在もそのことを実践しておられる。その辺りは四方田さん、いかがでしょう。

四方田　私はもともと映画の勉強をしてきた人間ですので、観世さんのお顔というのは、実は能舞台ではなくて、大島渚の映画であるとか、新藤兼人さんの映画であるとか、勅使河原宏さん、そういったところにずっとレギュラーで出ていらっしゃる方というふうに、高校生ぐらいのときから思っていたわけです。

私がお聞きしたいのは、例えば、まず観世の流派から喜多流にお変わりになって、その後で、能そのものからも離脱といいますか、一時、距離を置かれて、そしていろいろな演劇的なジャンルを横断されてお仕事をなさっていた。それは今でもなさってらっしゃいますね。この間も私は観世さんの出演されたサミュエル・ベケットのお芝居を拝見いたしました。しかし、年譜を調べてみますと、本当に例えば東ベルリンでブレヒトの演出に行かれたりとか、オペラであるとか、新劇も、あらゆるジャンル、演劇的なものに自分に縁がないものはないみたいな形でご活躍をしていらっしゃいます。こういう方も、僕は世界的に珍しいんじゃないかと。特に伝統的な家に生まれた方で、こんなふうにそういったところから、一たび離れていろんなことを修行というのは言葉があれですけれども、いろんなところに向かわれ、そしてまた横断を自在になさっていらっしゃる方というのは、非常に僕は例がないのではないかと思います。これもやはり観世さんのおっしゃる離見のあらわれの一つなのではないかと、今、理解したのです。どうなんでしょう。自明であった能から離れて、全く違うオペラであるとか新劇であるとか、そういったところで演出なり、出演をなさるときというのは、どんなふうな感じだったのでしょうか。

観世　あのね、つまり能というのは台本が決まっていて、それでまた型付けという演出のやり方も、観世流はこういうふうにとか、各流決まっているわけですけれど、それが例えば、初めは一〇度、角度が違うんですよ。それがそのまま百年たつと、こんなに離れちゃうんですよね。そうすると各流のどっちが正しいのか、それを検討するには、つまり演出家的な目というのがどうしても必要なんです。あいつはこうやっているけど、おれはこうっていうんじゃなくて、それはなぜこうなって、なぜ今はこれじゃなくちゃいけないのかという目というのは必要なわけです。だから僕はまずは、能を演じるのも演出家的な目というのが必要なんじゃないかと思ってやってきた。

まあ、その後、他のジャンルの演出もやるようになりましたけど、演出というのも難しくてね。演出を、自分でいい演出だ、いい演出家だと思っても、一緒にやってくれる人がある程度、それを信じてくれなきゃ、演出なんてできないですからね（笑）。だから、それはなかなか難しかったけれど、なぜか周りでそういうふうに信じてくれる人がいて、新しいお芝居の演出もやるようになるし、歌舞伎もやるし、オペラもやるし、文楽の演出もやるようになりました。

岡本　能は型、様式が細部まで決まっていますので、演出家はいないわけです。だから演出家の目を持って能を捉え返すというのは能にとっても大事なことだったと思いますね。

ちょっとさっき、四方田さんの質問の時に、観世さんの演技のあり方に関して思い出したことがありました。以前、私と一緒にお仕事をしていただいた、現代能『ベルナルダ・アルバの家』の稽古の時のことなんですけれど、あれはスペインのアンダルシア地方の話で、それをいろんなジャンルの人々の共同作業で新しい形の能にしたわけです。観世さんには主人公のベルナルダと八十歳のおばあさんの役、マリーア・ホセファをやっていただいた。そのマリーア・ホセファの方はちょっと頭が変な人で、色情狂のような不思議なおばあさんなんですけれど、それをそのままメークも何もしないで、演じてもらいました。私は演出をやってまして、稽古場であまり笑ったりとかなくてじっと見ているほうなんですが、そのときは今も覚えてますけど、観世さんがマリーア・ホセファで出てこられた時に、思いがけず微笑が出たんですね。それは何とも不思議な感覚で、おかしいんだけど、同時に悲しくて、いとおしくて、いろんな感情を含みこんだものでした。おばあさんであり、また少女のようでもあり、もちろん男性である観世さんでもあるわけで、何か猥雑で無垢なものが、こう歩いてこられた。あれはすごく感銘を受けました。そのときの演技や身体のあり方は興味深かったですね。

観世さんは能はもちろんのこと、現代劇、歌舞伎など、様々な演技の技術をお持ちなわけだけれど、それが引き出し演技ではなく、それらが一度自分の中で消化され、刻々新たな形で自在に出てくる。ちょっとそんな方は他にはいらっしゃらないと思うんですね。ああいう時はご自分ではどうなんですか。どういうふうにつくっておられるのかなと思って、あの時は聞けませんでしたので（笑）。

観世　いやね、特に役者で出てるというときはね、初めからこれをどういうふうにやろうというのは、あまり考え過ぎないようにしてるんですよ。舞台全体がどういう方向に進んでいるのか、その中で考えていく。だから僕はつくっていくのは、割に遅いほうなんだと思いますけどね。だけど、そのかわり毎日ね、今日やったことはどうなのかというふうに、それこそ自分を自分で批判する、離見というのを常に持つということを、割に心がけていますね。そうじゃないと、一度、ぱっとやったものは決まっちゃう。どうしてもそれのなぞりになってしまう。それが恐ろしいんですよね。

岡本　結構、みんなそこは楽だから、それでやりますね。何か身につけるとそれを支えにするし、またそれが売りになって、それを求められるとそれでやるということはあるけれども、毎回、捨てておられるんですよね。捨てるという言葉はちょっと強いけれども、離れると言ったらいいのかな。そういう試みをされているのかと思いましたけれど。

観世　そうですね、やっていく中で、だんだん見えてくるということもあるし、関係の中で深まってくるということもあるので、なるべくそういうふうにしたいと思っているんです。自分が役者で出るときは、特にそう思いますけどね。

岡本　私なんかは現代演劇ですから、もちろん基本的に型や様式はないんです。だから、毎回自由に探っていいし、またそうするしかないわけです。観世さんは能の家に生まれられ、子供のときから修行してこられた。

ご承知のように能はある意味で型や様式の洗練化が極まで進んでいる所がありますが、普通、修行するというのは、徹底して型や様式を学び、体得することであるわけですよね。ですから、何代にも踏襲されてきた型や様式というのは、演者を人間存在の根源の場とでもいうような所へ下降させ、運び込んでくれるある種の通路の役割を果たしてくれるものでしょうけど、同時に、無自覚に型や様式に寄りかかり、支えにすると、すぐ惰性化し、形骸化し、腐ってくる。「型通り」とか「型にはまった」なんて言い方をすると、そのなぞりになってきます。そういう能もたくさん見ますが、言うまでもなく、観世さんのはそうではなく、そうした問題に自覚的で、能だけでなく、他のジャンルでもそのことを一貫して身をもって考えてこられたんだと思います。固定しない新鮮さというか……。

観世　そうじゃないとね。つまり、自分の技術の切り売りみたいになっちゃうのは、やはりとっても嫌ですよ。技術で切っていくというのはね。そうじゃなくて、毎回挑戦することで、自分のそれまでの技術をもう一つ批判して、固定化しないで自分の技術に力が足りないところは、もう一つ先に行くというような姿勢でありたいと思ってますけどね。

岡本　これはもちろん能だけではなく、様々なジャンルの表現に関わってくる根源的な問題ですよね。どうですか、四方田さん。

四方田　例えば、能楽師の方とお話しするというのは、こういうふうなことを期待していたわけです。つまり、真の能というのはこういうものだとか、こういうものは能ではないとか、そういうお話を伺えるのかと思っていました。ところが、観世さんのこれまでのいろいろな発言を私が勉強しますと、観世さんは非常にある種の歴史的な感覚をもとに立ってらっしゃるなという印象を持ちました。というのは、例えば流派の特徴というのは固定的なものではなくて、時代によって変わるものであると書いていらっしゃいますね。

宝生流というのは江戸時代は派手であったけれども、明治のある時期からまた変わって、宝生九郎さんから、また変わるとか。あるいは九郎さんという方は非常に美声だったけれども、その弟子の野口兼資先生というのはそうじゃなくて、難声であったとさっきおっしゃっていた。それで今は宝生流というと、どちらかというとまた地味なことになっている。だから、能の発達というのも真っすぐに行くのではなくて、いろんなところにジグザグに行ったり、こっちはこっちというふうなことを書いていらっしゃいますね。

観世　ええ、そうですね。だから、別に今の宝生流は駄目だということを言っているわけじゃなくて、例えば明治の名人、宝生九郎という方は今でもレコードがありますけれども、すごい美声ですよ。そんなに派手という美声じゃないんだけど、すごい美声ですよ。

そしてそこに二人、高弟がいらして、野口先生という方も難声だし、松本長《ながし》さんという方もどちらかというと難声ですよ。それは九郎先生の美声に惹かれていくんじゃなくて、九郎先生の能のつくり方、対し方というものを深く学びながら、お二人は、どちらも自分の個性で自分の道を行かれている。野口先生というのは難声であったから、随分ごつごつしているように感じるけど。

岡本　「お、お、お」という感じですね。テープでしか聞いたことないですけど、ちょっとよく聞き取れないぐらいの声ですね。でも伝わってくるんですよ、そういうきれいな声よりも伝わるものがある、すごい謡を謡った方ですね。

観世　ええ。だから、うちの兄貴なんかも野口先生を非常に尊敬していた。うちの兄貴なんかはさっき言ったように美声だったんだけど、野口先生の謡に、つまり引いた謡というかな、それに強く惹かれて学ぼうとした。だからそのときに、どこが自分に足りないのかということを捉え直したんだと思います。

四方田 お話を聞いてますと、そういう流派を継承するとか、跡を継ぐということは、その師匠、先生のイミテーションをするのではなくて、もっと別なことだという印象を受けますね。

観世 はい。

四方田 それでずっとその後になって、観世さんが、例えば年齢的には若い岡本さんのお芝居の現代能『無』に出られて、そして舞踏の大野一雄さんと競演されるとか、『ベルナルダ・アルバの家』も拝見しましたが、斬新な試みで非常にびっくりしました。観世さんをはじめ能役者の方とともに、能舞台に女優さんがどんどん出てきてコロスを形成する。私は能は良く知らないのですが、自分の中にあるジャンルの境界、考え方が非常に揺らめくような印象を持ちました。

これまでの話を聞いてわかりますのは、つまりこれこそが本当の能で、それ以外は能じゃないという立場じゃなくて、むしろずっとなされていたお仕事はこれも能なのである、あるいはこれだけではなくてこういう手も能だし、こっちに行っても能なのであるというふうな、何か能というジャンルの考え方が非常に開かれて、大きな原理として考えてらっしゃるような印象を受けました。これもあり、これもありみたいな。一方では、また別のところで、様式というには非常に強いほうがいいとおっしゃってる。その上で様式を忘れる、感じなくなることが重要なのであるというふうに何かの対談でおっしゃっておられて、この二つの力が、何か観世さんの二つのベクトルにあるんじゃないかという印象を受けました。

岡本 そうですね。私なんかも実際にお仕事をさせていただいて、その両方のベクトルを強く感じますね。しかし、言うまでもなく、もちろんこんなことを考え、両方のベクトルを持って自覚的に実践してこられた方というのはほとんどないわけで、やはり多くは現在まで閉鎖的で伝統墨守の立場ですよね。

観世さんは別の所で、僕は伝統というのは断絶があったときのほうがいいんじゃないか、そういう危機感が生まれたときのほうがいい、ほんとに生きた形でそれが出てくるんじゃないかというふうな言い方もされています。それは確かに近い能の歴史を少し振り返ってみても、明治維新期や敗戦直後の変動期に強い危機意識が生まれ、能が展開し、息を吹き返すわけですよね。そこで時代や社会との格闘、切り結びがあった。先程、少し話しましたように、戦後、お兄さんの寿夫さんを中心に、榮夫さん、静夫（先代銕之亟）さん、そして野村さんの兄弟などが、現代という時代、また他のジャンルとの関係の中で、能を根底から問い直し、揺さぶりをかけられた。舞台芸術のアクチュアリティとでも言える問題が確かにその中にあったはずだと思うんですよね。その後の足跡を振り返っても、観世さんは、そのことを一貫して大事にしてこられたんだと思います。

観世　そうですね。時代、時代でいつも逃げないで直面し、対峙していきたいと思ってはやってきましたね。特に戦後は、皆考えざるを得なかったと思います。伝統というものは、縦にすうっと流れてくるものじゃなくて、こっちにぶつかったり、あっちにぶつかったり、実はどの時代もみんな挑戦してきたんだと思いますよ。だから、前の時代の名人、名手に感心しながらも、同時にそれに反発しながら自分のものをつくっていくみたいなことが本当は伝統なのでね。そして、それをやっていくのに一人ずつの主体なり、意志というのが明瞭で、強烈にないとね。そのことが一番やはり大切なんじゃないかと思います。

岡本　確かにそれは能の中でも、これまでそういう格闘もあったけれど、能の外部に出て、まさに〝横断する身体〟として多様なジャンルの間を振幅をしながら、観世さんはそのことをやってこられている。そして現在もやっておられる。この年末に、川村毅さんという、私なんかよりも若い世代の演劇人の作品に出演されますし、いろんな試み、挑戦を観世さんは今もされているわけですね。

　ここでもう一つお聞きしたいのは、現代演劇、オペラ、映画といろんなジャンルのものにかかわってこられて、反対に見えてきた能の持っている、能でなければできない特別な演技のあり方、またその本質みたいなことで一番お感じになるのはどんなところですか。

観世　能は詩劇のようなところがあるんですよね。普通の意味でのドラマというと、人間と人間、人間と自然、運命とかぶつかり合いの中で起こる葛藤を、それをつまり劇的なものとして表出していく。世阿弥が創り上げたいわゆる夢幻能というのは、死んだ人間が自分の一生を振り返って、それで自分の一番感じたことを、つまり五十歳で死んだとすれば、五十年間のうちに一番心に残ったことを、一時間半の能の中に凝縮して盛りこめるということでしょう。一番うれしかったことの次に一番悲しかったことが出てきても、ちゃんと成立する。五十年間の生涯を、もしリアルなというか、自然時間の推移の中でやるとしたら、いくら詰めたって、一時間半で五十年を全部やるってわけにはいかないわけですよ。しかし夢幻能は、回想形式になっていて、死者が出てきて、自分の一生を振り返って語る。そうしたら一時間半の中に人生が凝縮され、見つめ返されてくる。こうした世界を演じるには、心理的というか、リアリズムのやり方ではできないわけです。能というのは、そうした時間、空間の自由さ、凝縮して人生を描き、生きてみることが可能な形式で、そのための演技や身体の仕掛け、工夫がある。それは、ある意味で舞台に立つ一番根本の問題が、実はそこにあるんだと思うんですよね。

四方田　あの、よろしいですか。

観世　はい。

四方田　今日のお話の中で、例えば十八〜十九歳のときに境を越えるといった、昔の若いころのことを回想された興味深いお話をいろいろお聞かせいただきました。そこで今度は、ちょっとその先のお話を聞きたいと思います。というのは、以前に、自分はやはり『卒都婆小町』までは演じることができるけれど、その次の小町物というのはまだ自分が若過ぎて、今でもまだ演じられなくて、八十歳を過ぎてからでないとできないんじゃないだろうか、といったことをおっしゃってられたと思います。そういう年齢を重ねて、経歴を重ね、あるいは人生経験をいろいろ重ねていくということと、それから選ぶ演目なり、演じ方というのはどんなふうな関係があるんでしょうか。

観世　さっきもちょっとお話があったように、能では三老女といって、三つの老女の役があるわけです。それは『姨捨』があって、『檜垣』があって、そして『関寺小町』がある。『関寺小町』というのは、僕はまだやってないんです。それはもうちょっとたったらやりたいなと思っているんです。

この能は百歳になった小町がいるわけです。近江国の関寺というところにね。七夕の日に、そこにひ孫ぐらいの小さい子供たちが遊びにきて、それで歌を教え合ううちに、子供たちが遊びで舞い始めると、それにつられて舞うというだけの能なんですけれどね、そのときに本当にね、百歳が百歳を忘れて舞っていくといった状態、そうした技術で見せるというんじゃなくて、それを超えてできるようになったらやりたいなと思っているんですけどね。まあ、それをやれるまで生きてるかどうかと思ってますけれども、そういう能というのもあるわけです。つまり、別に何ということないんですよ。七夕の日に歌を教わりにきた稚児の舞につられて舞う。じゃあ、何をそこで表現したいのかということになる。まあ、それを若くてやっている人もいるけれども、やれたらやればいいんだし、やれるようになったらうれしいですけど、僕はまだやりませんけれどもね。

岡本　『関寺小町』は老女の中で最高位に置かれているものですけれど、いや、能はすごい射程で人間の一生を、また自由ということを見てるんだなと思いますね。普通演劇というと、できるだけ劇的な構造、仕掛けをつくって見せていこうとするわけですけれど、ただ、ある無心の状態ですね。そういう心身の、ある自由な自然な状態を、やはり最高のものだとして置いている。そういう射程といいますか、奥行きみたいなものが、能にはあって、もちろん技の切れを見せるとか、劇的な展開とか、いろんな能はあるわけです。しかしその究極にそういうものを理想として見ているということですよね。これからの老齢化社会にとっても一つの希望を与えてくれる（笑）。身体は衰えても、心の方はどんどん、とらわれが取れていって自由になる、深まっていく可能性はやはりあるわけです。それは単に何もしないでいてはしょうがないんでしょうけれど、絶えず、さっきからおっしゃっているように、自分を離れ、客観的に自分を見るという繰り返し、積み重ねの中で、ひょっとしたら見えてくるのかなというようなことを、今、お聞きしていて感じました。

それでちょっと、先程の私の話のときにご紹介しようと思っていて時間がなくてできませんでしたが、観世さんについていろんな方が書かれた観世榮夫論がございます。その中で先年お亡くなりになりましたけれども、高橋康也さんという英文学者が、さっきの現代能『無』をやった時に、「観世榮夫讃」というタイトルでプログラムに書かれた文章を読まさせていただきます。短いけれども、観世さんのお仕事、それから今日お話を聞いたことが凝縮されていますので、少し読ませていただきます。

「観世榮夫が若き日に能の内部の流派の境を越え、さらに能の外へ出て行こうとしたとき、彼の直面した困難はどのようなものだったのか。それは私たちの推測の及ばぬところだが、確かなのは、以後の彼が——兄・寿夫の死のあとに能に復帰したことも含めて——類例を見ないモビリティー（一所に定住しない精神）を発揮しつづけてきたということだ。

能はその伝統にもかかわらず「現代の劇」でなければな

らない、という信念を共有する人は少なくないが、それを観世榮夫のように身をもって実践してきた能役者はまれである。しかも能への激しい集中は、他のジャンルとの積極的な交流と矛盾しないというか、矛盾こそは、この演劇的アーティストにとって、この上ない刺激であり、誘惑であるらしいのだ。能を演ずるだけでは、おさまらない。渋谷のジァン・ジァンで狂言役者を使ってベケットを演出したかと思うと、ダブリンのゲイト劇場に招かれて、能に霊感を受けたイエイツの芝居を演出する。映画に出演し、オペラの演出を手がける。往くとして可ならざるはなき活躍ぶりである。

だがそこにあるのは肩に力の入った頑張りではない。独特のしなやかさである。そういえば、一〇年ほど前、銕仙会の小グループとともにヨーロッパ巡業をしたことを思い出す。行く先々の劇場や講堂で、特製の絨毯を両面テープで張りつけて仮の能舞台を作ったのだが、悠々と、しかし的確に、率先して手仕事をする観世榮夫の姿に私はいたく感銘したのだった。この人がいなかったら、この国の伝統的・前衛的パフォーマンスの風景はずいぶん淋しいものになっていたにちがいない」と結ばれています。

本当に私もそのように思いますし、今後とも能をはじめ、様々なジャンルの現場で刺激的なお仕事をしていかれると思いますので、それを拝見できるのを楽しみにしています。

四方田 私の質問は最後になると思うんですけども、例えば六〇年代に一時、能から他のジャンルに移られたときに、やはり日本中の演劇人は驚いたと思います。例えば能楽協会の人なんか、怒る人もきっといたと思うんですね。

観世 たくさんいました(笑)。

四方田 つまり、これは大きなスキャンダルだったわけですね。スキャンダルであると同時に、やってらっしゃるお仕事は、そういう意味では前衛として成り立ったんだと思います。

観世 というよりね、怒る人ももちろんいたと思いますけどね。ただ、あいつはもう駄目だからとか、能から追い出そうみたいなことはなくて、あいつはあいつで、というのがどこかであったから、それ以後もつき合っていられたんだと思いますけどね。あのね、能を嫌いだからと言ったことは一度もないし、能なんか何だと言ってやったわけでも何でもないし、そういう意味で、僕の能を見ててくれた先輩たちがどこかで許してくれるところがあったからだと思いますけど。もちろん大分、能楽協会に反逆したり、いろいろしましたけども、あんちくしょうと憎まれて追い出されたという感じは――こっちが勝手に思っているのかもしれませんけど――あまりないということもあります。だから、割に自信を持ってやれたということもありますね。

四方田　私が思いますのは、例えば、今、三十歳ぐらいの人が、ある演劇なり、あるいは小説でも音楽でもいいですけど、そのジャンルから別のことをやろうとしたときには、多分、観世さんが体験された困難ほどの困難じゃなくて、素直に移行できて、そういうのもいいんじゃないというふうに割とスムーズに。昔はやはりそれが大きな波紋というか……。だからこちらの実験もできるし、前衛もスキャンダルもあったけど、今はそういう形でスキャンダルがなかなかできない。みんなが初めから許してくれちゃって、みんなでいろいろやっていいんじゃないですかというふうになってしまう。だから、実験も前衛も今は非常に難しくなってきているんですね。

美術なんかでは、六〇年代はこれでも美術かみたいなことをやる岡本太郎が、あるいは勅使河原宏の前の蒼風さんの場合にはヌード生け花などを試みたりする。いろんな前衛が生じたんですけれども、今の、例えば私よりもうちょっと年少の世代は何をやっても、初めから「ふーん」というのでおもしろがられて、その次には何ですかというふうに、前衛がスキャンダルにならない時代になってしまったと思うんですね。そういう意味では、僕は観世さんの若いころの、そういうふうないろんなことをなされて、いろんなところで波紋を呼び出したというのは、やはり芸術にとって幸福な時代だったと思うんですね。今の若い人たちはそういう、何をやっても許されてのみ込まれてしまうような状況。彼らも彼らなりの困難を持っているわけですけれども、そういう人たちに何か、どういうサジェスチョンを与えていただけるでしょうか。

観世　何をやっても、許されてしまうというような状況は確かにあるかもしれませんね。だけど自分の中に、今これをやらなければ、というようなものがあるということが一番必要なんだと思うんですよね。何か思いつきでやっちゃうというんじゃなくて、これはどうしても今、やらなくちゃいられないというくらいのものが自分の中にあってやるということが大事だと思ってますね。それは、だから批判を受けたって仕方がないわけだし、無反応に受け入れられても仕方ないわけで、それに耐えられるほどのものをつくるという、自分の中の信念というか、自分の中で育ててきたものが強烈だったりすることが一番大切なんじゃないかと思いますね。人が、前衛と言うからいいということにはならないし、前衛だから駄目ということにもならない。だから、そんなことにかかわっているのは前衛じゃないという感じさえもありますからね。

四方田　どうもありがとうございました。もしよろしければ、ちょっと観衆、観客の皆様からご質問を。

観世　今、何時ですか？

四方田　まだ一〇分弱あります。

観世　あのね、急に思いついて何も用意してないんですけど、せっかくですから終わりにちょっと、お面も何もないけど、仕舞をやってみます。（拍手）

岡本　本当に思いもかけないお話で、よろしいんですか。

観世　ええ、少し時間をもらってやってみます。それで、先に質問のある方は、どうぞおっしゃって下さい。

女子学生①　お話を聞いて、すごくいろいろ感銘を受けて言葉が出ないんですけど、観世さんはやはりいろんなジャンルを横断してこられた方なので、能とか、現代演劇とかに限らず、芸術のすべてに通ずるようなものを感じ取られているように思いました。何か漠然としていて申しわけないんですけど、これこそすべてに通ずるといった、そういう何か考えがあったらお教えいただきたいなと思います。

観世　いや、その答えになるかどうかわかりませんけど、表現したいということはね、つまり僕が役者なら役者として表現したり、また演出するときに、こういう芝居をつくりたいという自分の考えが的確にないとできないわけです。それが凝縮してきた時に、どうしてもこういうふうに表現したいということになって、初めて舞台になってくることがありますね。先に表現というのがあるわけじゃなくて、こうやりたいということがぐーっと高まってきて、それが岡本太郎じゃないけど、爆発だというふうになるかどうかということなんでね。でも、一年中、何もやりたくないなんて思ったことないからわかりませんけどね。次から次へ出てきて、それが僕の場合は、こっちへ行ったり、あっちへ行ったり、いろいろするんですよ。人から頼まれたときに、やってみたいなとすぐ思っちゃったりする悪いところもありますから、何とも言えませんけどもね。でも、やるときには自分の中からできた主体というかな、そういうものがないと駄目なんで、おもしろそうだからそれをやってみようということにはならない、僕の場合はね。だけど、そうなったときには、もう途中で止められても、止められないみたいなときもありますからね（笑）。

四方田　じゃあ、もう一方ぐらい、どなたか。はい、どうぞ。

女子学生②　観世さんのお話、大変興味深くて面白かったです。それで質問なんですけれど、一九五八年に能界から離脱された。その能界から離脱された決定的な理由というか、決心というようなものをお聞きしたいんですけど。

観世　その時代というのはどういう時代かと言いますと、京劇の梅蘭芳の一行が日本に来て、そのときに京劇団の人は日本で二ヵ月公演したんですよ。東京の歌舞伎座で一ヵ月、それから関西で一ヵ月かな。それで来るときに京劇団の人から、能をちゃんと教えてくれと言われたんですよ。それで京劇団が日本に来てから帰るまで同じホテルで一緒に過ごしました。東京は皇居前のパレスホテルへ一緒に泊まって、公演がいつも十一時ごろからなんですけど、朝九時ごろから一時間半ぐらい、毎日、二ヵ月間、能の基本を教えてたんですね。そのときに、京劇団の方と毎日いろいろしゃべることがあった。伝統演劇というのは、京劇だって型はちゃんとあるのだけれど、型だけやってたんじゃ成り立たないといったことを互いにしゃべっていて、一緒に考えました。じゃあ、どういうふうにやってたらいいのかなといろいろ悩みまして、僕も三十歳過ぎてきたし、ここらでちゃんと決心してそういう勉強をし直さなきゃ、もうとても間に合わないんじゃないかなという気持ちが、その二ヵ月の間に強く出てきた。それが直接のきっかけで、半年後に能楽協会をやめたんじゃなかったかと思います。

岡本　照らし返してくれる他者と言いますか、外部との出会いがあったんですね。

観世　ええ。

女子学生②　わかりました。ありがとうございました。

観世　はい。どういたしまして。（拍手）

岡本　先程、突然、思いもかけないご厚意でここで仕舞を見せていただけることになりました。それではよろしくお願いいたします。

観世　『景清』の仕舞をやります。景清というのは平家の侍だったんですけれども、源平の闘いで負けてしまった。でも、一門の没落後も生きのびて、敵の総将源頼朝の命を狙いますが、果たせず、かえって源氏方に捕えられます。景清は、源氏の栄える世の中を見ることを潔しとせず、自らの両目をえぐって盲目となり、日向の国、宮崎に流されて、乞食同然の身になっているわけですね。そこへ何年かたって、鎌倉に残した娘が訪ねてくるんですけど、もう乞食みたいな格好しているから、初めはうそをついて「この辺にはいないよ、もっと他をさがせ」と先に行かせるんですね。だけど、ついには発見されて娘と対面し、景清は今の身を恥じつつも、やさしく娘を抱き寄せます。そして、娘の所望によって、屋島の合戦で、敵方の三保谷と兜の錣《しころ》を引き合った華やかだったころの武勇伝を語ります。その最後の錣引きの場面をやってみます。

（観世榮夫氏の仕舞の実演）

岡本　観世さん、どうもありがとうございました。全く何もないこの教室の会場で、声や身体の強度、自在さによって、どれだけ豊かでリアルなものが立ち上ってくるかということを、身をもって体験させていただけました。今日は本当に貴重な興味深いお話をたくさん聞かせていただき、また最後には素晴らしい仕舞まで見せていただきましたこと、改めまして観世さんに御礼申し上げます。ありがとうございました（拍手）。また多数出席下さいました会場の皆様方も、最後まで熱心にご清聴いただきましてありがとうございました。今日の第一回舞台芸術シンポジウムは、ここまでとさせていただきます。

（明治学院大学シンポジウム　二〇〇六年十一月二十五日　明治学院大学にて　初出：『藝術学研究』第十七号）

8

「現代能楽集」の共同作業を振り返って

出席者

櫻間金記

岡本 章

小田幸子（司会）

小田　岡本さんは一九七一年に錬肉工房という劇団を創られました。当時から能とは深い関わりがあって、能のテキストを引用構成するなどして台本を作られていたわけですけれども、実際に能役者の方々と共演したのはその後ずいぶん経ってからですね。最初に能役者と競演した作品が一九九〇年の『水の声』ですが、そこにはどんな意図があったのでしょうか、またその結果、どんなことがわかってきたのかをまず伺いたいと思います。

岡本　お話しいただきましたように、僕は一九七一年に錬肉工房を創設しましたけれども、初期から能にはずっと関心があって、能を現代演劇に活かしていくということが僕の作業の重要な核の一つとしてありました。七四年に上演しました『須磨の女ともだちへ』、『アメリイの雨』の連作は、詩人那珂太郎さんの詩集『音楽』を基盤にしたもので、ある意味で僕の演劇界でのデビュー作でもあるのですが、そこでは能『松風』や『卒都婆小町』などの詞章を引用して作品を構成しました。その頃からテキスト、詞章だけではなく、できれば直接能の演者の方々にも関わってもらい、能の演技のあり方も射程に入れて、現代演劇の中で捉え返す試みをやってみたいと思っていました。とは言いましても堅固な型、様式を持つ能の演技を射程に入れて共同作業することは、なかなか困難な課題で安易に取り組むことはできませんので、やはり時間がかかりましたね。通常の新作能のように型、様式をそのまま使うのではなく、一度離れて緊張感のある共同作業の中で、少しでも新たな演技のあり方を探りたかったので、それを対象化できる声や体、演技の方法論をまず僕の方できちんと持つ必要があり、そのため時間をかけて丁寧に演技メソッドの探求の作業を積み重ねてきました。まあ、その準備に二十年ぐらいかかったとも言えますが、その中で演技の方法論やメソッドが深まり展開し、手応えが出てきましたので、思い切って踏み出したのが「現代能楽集」の連作の試みです。その第一作になったのが一九八九年に銕仙会の能舞台で上演した、『AYAKO SEKIGUCHIのための「姨捨」』ですが、それを能シテ方の浅井文義さんが見られて、特に主演の関口綾子の演技に感銘を受けられたようで、浅井文義さん、粟谷能夫さん、瀬尾菊次（現櫻間金記）さんがやっておられた「三鈷《さんこ》の会」から、共同作業のお話がありました。

直接の切っ掛けは、一九九〇年に国立能楽堂の企画でワークショップ「シテの技法解剖」という試みがあり、そこで僕が頼まれて、「三鈷の会」の皆さんと能『鷹姫』を基にした実験的な試みを行いました。これはなかなか面白い企画で、能シテ方の声や体の身体技法を捉え直すとともに、僕の構成・演出で、お三方に『鷹姫』の詞章の一部を使い、即興で演じ、緊張感のある関係性を探ってもらいました。その時、これまでにない興味深い自在でスリリングな場が現出したのを覚えています。そしてそれが展開して一緒に舞台を創っていくことになったのが、「現代能楽集」の二作目にあたる『水の声』になります。先程も言いましたように、初期から能の演者との共同作業を射程に入れ、取り組んでみたいと思っていましたから、満を持した形で踏み出したわけです。

それで『水の声』のことになりますが、これは先程も話に出ましたように、横道萬里雄氏が作られた新作能『鷹姫』ですね。この作品はその少し前に三鈷の会の皆さんが上演されていましたので、それをベースに新たな挑戦の作業を行いました。そして現代演劇、能、音響彫刻、コンピュータ音楽と多様なジャンルの人々の参加を得、共同作業を試みましたが、普通コラボレーションというと、それぞれの技芸を持ち寄っての足し算になる。そうするとだいたい縮小再生産になってしまうことが多いんですね。そこでこの試みでは、それぞれの技芸を捨てることはないけれど、一度離れてみて、絶えず根底のゼロ地点に戻って、自在でスリリングな関係性を探ってみることに挑戦しました。またさらに能の重要で本質的な構造であり、また各ジャンルの表現者にも共通する課題として、〈即興性〉、〈偶然性〉に一つの的を絞って共同作業を行いました。この課題は、プロセスの問題と言っても良いのですが、それは例えば、世阿弥の能楽論『花鏡』の中で、「一調二機三声」が出てきますが、そこには声が出る前に「一調二機」というプロセスがあるんですね。稽古場でも良くそんな話を取り上げながら共通の課題として捉え直しの作業を行いました。

小田　今、一度技芸を離れてみることによって、形になる前の生き生きしたものをみんなの中に呼び戻していこうというお話が出ましたけれども。櫻間さんは初めて現代語の台詞を言わなきゃいけないし、面もないし、能の衣装ではないし、いわば能の様式性を外れたところで舞台に立つ経験をされたと思うんですけど、それは実際どんな経験だったのでしょうか。最初誘われた時は、「じゃあやってみよう」という気持ちだったのですか？

櫻間　いやあ、何にも考えずに（笑）。一九八七年、三鈷の会の立ち上げで『鷹姫』をやったんですよね。それで先程おっしゃった国立能楽堂のワークショップの企画だったんですけれど、その相談の中で演出家に入ってもらおうということになって、誰がいいだろうって言った時に、浅井さんが岡本さんの名前を出したんですが、申し訳ないけど何も知らなかったのでそのままくっついて行って。それでワークショップをやったのかな。

岡本　その時、僕が構成・演出した『能「鷹姫」によるヴァリアントI』は、即興でやれるように言葉の断片だけにして、「あたさらさまらききりさや、ききりさやおん、かからさやうん」というオノマトペ的な詞章を唱え、息やテンポ、間合いを探りながら、能の本質的な演技の構造、自在な関係性が浮かび上がるように演出したと思います。

小田　ところで、三鈷の会は、新しい試みをしようということで始まったのですか？

櫻間　いや、そういうわけでもないですよね。能のことを考えてみようという形だったと思います。その前に準《しゅう》の会というのがあったでしょう。それはもう新しいことをやってみようということで三役とかシテ方じゃない人たちも入っていたんです。それが発展解消したような後で、シテ方だけで能のことを考えてみようということだったと思います。それでやり始めて、演目を選ぶ時に能『鷹姫』になったんですよ。『鷹姫』のコロスっていうのは普通の地謡のように役割分担じゃないでしょう。またその中にワキとか狂言方とかが入ってきた編成であり、新しい試み、取り組みがあり、やってみようという話になりました。

小田　凖の会は、浅井文義・粟谷能夫・鵜澤久・石田幸雄・亀井実氏らが同人で、金記さんはオブザーバー的な位置で近くにいらした。そんな中、浅井さんが黒テントの佐藤信さんの演出で『道成寺』を上演されたのが印象に残っています。

岡本　八〇年代前半ですかね。浅井さんとは古い付き合いで、僕が学生で、浅井さんは書生でおられる時から知っています。

小田　浅井さんはわりと昔から現代演劇に関心が深くていらっしゃって。

櫻間　こういう言葉を使っていいかわからないけど、前衛演劇というんですか、私はそういうことには全く目を向けてなかったんですね。

岡本　僕は櫻間さんには、その前に寿夫さんの「清雪忌」で、ご挨拶程度でお会いしたことはあったんだけど、そんなに親しくは話していなかったと思います。このワークショップがほとんど初対面みたいなものでしたね。

小田　ワークショップでの岡本さんの最初の印象は？

櫻間　わけわからなかったです（笑）。変なことを言うとね、自分の中ではこういう作業はそれほど嫌いではないから。ただそれまでとっかかりがなくて、自分は能の分野だと思っていて、演劇は新劇でしたけど見たりしてるし、民俗芸能やそういうものを見るっていうことに関しては嫌いでもなかったんだけど、自分からそこへ出かけて行くという感覚がなかったんですよ。

岡本　きっかけが要りますよね。

小田　じゃあ、結構お芝居はお好きだったっていうことですよね。

櫻間　まあ好きですね。

小田　でもご自分は能の役者として、能の様式で演じると思ってらした。

櫻間　要するに、生きてきたのがそういう世界だから、その中で自然とそうやって歩いてたっていうことだけなんでしょうね。他に飛び出してみるとわかるけど、そういうことはあまり考えないものですよね。能楽界そのものがそういう考え方だったですから。櫻間道雄さんが、武智鉄二さんと『絵姿女房』や『綾の鼓』などをやっておられたけれど、あれはまるっきり特殊なものだと思ってましたから。

手伝いに行ったこともありましたけどね。それはよそ事で自分の中にはなかったですからね。

小田　でも無意識の中には何かあったかもしれませんよね。結果的には櫻間さんが、一番長い間岡本さんとお付き合いすることになったわけですから。

岡本　三鈷の会の皆さんは、それぞれ関心の差があったと思うんですよね。ただね、僕がふと「これは一緒にやれるかな」と思ったのには、観世寿夫さんのことがあるんですよ。それは何かというと、浅井さんは特に直接のお弟子だし、栗谷さんも影響を受けているし、櫻間さんも寿夫さんのことを大事にされているっていうのがあって、僕にとっても、観世寿夫さんの能と出会って、能と現代の問題を考えようと思ったっていう大きなきっかけがあるので、それが大事な共通の土台になった。寿夫さんは絶えず能はどういう演劇なのか、という事を根底から捉え直そうとされていたし、現代に訴えかけるような能についても考えておられた。また、そのためにいろんな芸術ジャンルの人たちと共同作業された。能をもう一度多様な側面から捉え直してみようという視点が寿夫さんにはあり、そのあたりはね、すぐに話が通じたという覚えが僕にはありました。そういう共通の磁場があったと思いますが、どうですか。

櫻間　見てましたからね。寿夫さんとか静夫さんたちがなさったことを、ある面では観客席の方から見てたことがあるから、そのつながりはあると思いますね。

岡本　僕が、「一緒に何かやってみれるかな」と思ったのは、そうした寿夫さんの仕事に対する共感が皆にあったということがやはり大きかったですね。

小田　ちょうど錬肉工房創立二十周年で、岡本さんの側にも二十年の作業の蓄積があったんですよね。現代能という名称を用いたのもここからですか？

岡本　「現代能楽集」の連作の試みは、前作『ＡＹＡＫＯ　ＳＥＫＩＧＵＣＨＩのための「姨捨」』から始めましたが、現代能という名称を付けたのはこの公演からですね。「現代能楽集」という名称について言えば、もちろん三島由紀夫さんの『近代能楽集』を意識して名付けたもので、あれは能の現代化の類まれな達成であることは言うまでもないんですが、演技や身体技法の問題には全く手がつけられていない。ある種の近代劇として翻案されているわけで、だから様々な演出処理も可能なんですが、現代演劇にとって能が興味深く刺激的なのは、テキスト、謡曲も面白いけれど、やはり何より演技、身体性の問題なんですね。ずっとこれまでそのことを射程に入れて作業を考えていましたので、それを試みるなら「現代能楽集」という名称だなと。ただ三島さんの仕事には敬意がありましたから、安易には冠さないできたんですけれど、作業の積み重ねの中で、踏ん切りがついて始めました。

小田　三鈷の会も、その前の準の会の運動も含めて考えると、従来の能の枠組みを越えようとする動きが、『水の声』に結実したと言えましょうか。

櫻間　さっきの初めての経験でどうだという話がありましたが、お能にも直面というものがあるわけだから、そのへんの抵抗感ていうのは別になかったですね。最初に国立能楽堂でやったワークショップの時は紋付でやったんじゃなかったかな。言葉もそれこそ「あたさらさまらききりさや」だから、そんなに抵抗感がなかった。

岡本　あの時は、能の演技、身体性のエッセンスを引き出せる形で、声と動きの自在で緊張感のある掛け合い、引っぱり合いをやってもらって、興味深いインプロビゼーションになりました。それで、それが切っ掛けで共同作業が展開しまして、次の試みとして私どもの柏のアトリエで、『能「鷹姫」によるヴァリアントⅡ』を上演しました。そのために皆さんに柏のアトリエに来ていただいて稽古を始めたのですが、まず足袋を脱いで、素足になる所からやっていただきました。それからテキストも、最初は能とは距離のある谷崎潤一郎の『鍵』の一部を覚えてきてもらい、連日即興のエチュードを積み重ねました。まあ皆さんにはご苦労をかけましたが、やはりどうしても語り口が謡の朗唱風になるので、その度に手を打ってダメ出しをしましたですね。能を演じている時の深い集中を持ちながら、新たな発語ができないかという、かなり困難な作業でしたが、地道に繰り返しやりました。そして二ヶ月くらい経った時に、舞台で櫻間さんの直面の顔がひび割れて、そこからニッと笑みが浮かんだんですね。これは衝撃的でしたね。そこから何か官能的、生命的なものが溢れ出してきて、独自で新鮮な笑みでした。それが一つの切っ掛けになって稽古が展開して、能の他の演者の方々も自由になり、発語のあり方も変化し、また身体の方もそれまでしっかりと構えがありましたが、それが次第に崩れてきて、舞台でゴロゴロ寝転がって芋虫みたいな動きも出てきました。それでいてちゃんと腰が入っているんですよね。こうしたことがやりたかったし、それは面白かったですね。しかし、そこまで来るのに大分時間がかかりました。そんな稽古のプロセスがありましたね。

小田　笑ったり、転がったりしたこと覚えていますか？

今振り返ってどうですか。

櫻間　覚えています。構えないと言葉が出てこないの、声が。そうでしょう、能で舞台に出るっていうことは腰を落として構えるということですから。それがないと出てこなかった声が、壊れていったというか違う方法でできたというのは覚えていますよ。

岡本　さっき言った笑いが、現代劇の笑いでもないし、狂言の様式でもない、日常の微笑でもない何かで、それは今まで見たことのないものでゾクッとしましたよ。それでこういうことなんだという作業の方向性が、皆で了解できたといいますかね、能の演技の一番深いところに足を着けながら、それが同時に新しい表出になっていくということが始まったようなところがありましたね。

小田　金記さんはとても楽しそうにそれをされていたという事を見た人に聞いたのですけれども、やはり能の演技を封じられていることへのある抵抗感を持ちながらも、新しいことをやる面白さと、やりたくない気持ちの、揺れの中で作業が行われていたと思うんですが。

櫻間　抵抗感ということじゃなくて、わからないということですね。どうやっていいかわからない、それが多かったですね。質問されてもわからないんですよ。

岡本　僕は大体いつも稽古の後で、「どうでした」と聞きますからね。でも櫻間さんはいつも「わからない」とおっしゃるんです。僕はすごくそれがいいと思うんです。わからないところへ行かないとだめなんですよね。皆わかったところでやろうとする。わかったふりをしてどこかで見たようなことをする。わからないところへ行けたときに何かが動きだすんですよね。そういう作業を通して皆で一度、ゼロ地点と言ったらいいのか、わからないところへ行こうということだったわけです。櫻間さんはわからないとおっしゃってたけど、そのことをずっと自分の内部で考え、捉え返しがあったからこそニッという笑みが出てきて展開したわけです。皆さん長年やってきて、力のある人たちだから、そういう人たちが一回わからないところへどうやって行けるのか、ということがすごくスリリングだし、そういう共通認識はあったんじゃないかな。だから抵抗感みたいなことはなかったと僕は思いますよ。それでもなかなか二月ぐらいは大変でしたよね。

小田　その後も岡本さんと金記さんの共同作業は続いていて、次は……

岡本　一九九三年の『〈春と修羅〉への序章』ですね。錬肉工房の演者と、櫻間さん、浅井さんに加わっていただきました。これはぜひ現代能として形にしたいと思ってはいるんですけれども。宮沢賢治の詩集『春と修羅』を中心に、童話、戯曲、書簡などを再構成して作った作品で、ここでも新しいチャレンジをしていただいたと思いますけれども。

小田　柏のアトリエで、その前年に『井筒・AM　BRUNNENRAND』を上演しておられますが。

岡本　ええ。『井筒・AM　BRUNNENRAND』は、その後、一九九八年に櫻間さんにも参加していただいた『ハムレットマシーン』を一緒に上演しました、川手鷹彦さんというドイツ語の朗唱をやられる方と取り組みました。そこでは能『井筒』の詞章を、ドイツ語の朗唱と錬肉工房の現代の語りで交互にやってみる、といった新しい挑戦が行われましたが、それが展開して『ハムレットマシーン』の作業につながります。

小田　そうですね。九〇年から九三年にかけて、柏のアトリエで「錬肉工房コラボレーション」のシリーズという形で、意欲的に六作品を上演しておられますね。

岡本　この時期はかなり積極的に集中して様々な試みにチャレンジしましたね。八〇年代に柏のアトリエを基盤に、じっくりと劇団で演技の共同作業や演技メソッドの探求に取り組みましたので、その成果を問うような形で公演や講演会を活発に行っています。特に八九年に『AYAKO SEKIGUCHIのための「姨捨」』で「現代能楽集」のシリーズを開始しましたが、その時に同時に、各界の第一人者の方々にお集まりいただいて、シンポジウム「〈ことば〉のいのち、〈からだ〉の声――能のコスモロジーと身体性」を開催しています。そこで刺激的で興味深いお話を色々としていただきましたが、やはり時間が足りませんでしたので、参加者の方々にさらにじっくりと展開してお話しいただける機会を、柏のアトリエで連続講演会として行いました。この時期には、コラボレーションのシリーズの舞台上演と、講演会を二、三ヶ月に一回ぐらいのハイペースで取り組みました。それが基盤になって、九七、九八年からの『紫上』や『無』、『ハムレットマシーン』の「現代能楽集」の新たな展開になったと思っています。

小田　そうやって積み重ねてきたことの成果として、『紫上』と『無』の上演が続けて行われました。深瀬サキ台本の『紫上』は新作能という形で、能舞台を前提として能狂言の方たちが出演する基礎があって、音楽に作曲家の藤枝守さんが入られた。私の印象としては、野村萬さんが光源氏になって、紫上と不思議な相舞をされたのが印象深かったのと、シテ方による現代語風な台詞の試みが面白かったですね。紫上役の浅見真州さんがチャレンジされていました。

岡本 そうですね。野村萬さん、浅見真州さんと何回も丁寧に稽古をしました。さっきも金記さんの時に話しましたけれども、現代劇風にやるわけでもない。また能の朗唱、語りのあり方でやるわけでもない。能の深い集中を持ちながら、新たな語りの表出ができないものかということで、紫上の後シテの独白のところを、色々と探りながら丁寧に稽古しましたね。浅見さんも初めての試みでしたが、真剣に取り組んでもらって新しい展開がありました。

小田 紫上の霊の「いとつらし」と始まる述懐が耳に残っています。そして次に、岡本さんの作品の中でも一つ頂点をなすかな、という忘れがたいコクーン現代能『無』なんですけれども、これはとにかく大野一雄さんの舞踏、能の観世榮夫さんの二人がコラボする点がクローズアップされた面があったのですが、能と言いながら、能ではない部分も多かった。能の老女物『姨捨』と、役者人生の総決算、さらに、人間が年をとって死んでいくという普遍性が重層し、いろんな意味で非常に面白かった。櫻間さんはコロスをされたんですよね。

岡本 この作品では『姨捨』の詞章と、サミュエル・ベケットの『ロッカバイ』を使いました。『姨捨』も老女物ですけれども、『ロッカバイ』も一人アパートで狂気に陥りながら孤独に死んでいく老婆のモノローグです。そこを能の方々、榮夫さんと櫻間さん、小野里修（小早川修）さんの三人で即興を基盤に掛け合いでやっていただいた。それから能の『姨捨』の序ノ舞の部分を能の地謡と囃方にきちんとやっていただいて、その中で大野さんに切り結びながら自在に舞っていただきました。また、現代音楽の三宅榛名さんにも作曲と演奏で参加していただいた。

シアターコクーンの公演終了後、イタリアのサンタルカンジェロ演劇祭から招待があって参加したのですが、その直前に大野さんが体調を悪くされましたので、錬肉工房バージョンと言いますか、新しいバージョンを作って参加しました。その時は大野さんがやられた老女のところを榮夫さんがやられて、榮夫さんがやられたワキにあたる部分を櫻間さんにやっていただいた。そして錬肉工房の僕と長谷川功、それから能シテ方の永島忠侈さんも出ていただいて、そういうコロスの編成で取り組みました。屋外の十八世紀の貴族の館の庭で上演し、非常に貴重な体験をしました。

小田　私はコクーン公演の時の櫻間さんの声をよく覚えているんですけれども、コロスが司祭のような衣装を着ていて、フーッと回っていて、ベケットの「もうそろそろやめていい頃よ」と、言い出すタイミングが絶妙でした。

櫻間　ああ、あれね（笑）。

岡本　榮夫さんがその後、「人生なんてくそったれよ」って言うんですよね（笑）。さっきの『水の声』にもありましたけれども、能の持っているある偶然性とか即興性みたいなものを大事にして、能の人々には掛け合いで自由に動きながらやってもらうという演出でしたね。

櫻間　大野一雄さんという人をこの時初めて知ったので、率直に言っちゃうとすごい光栄でしたよね。

岡本　当時九十一歳でいらした。

櫻間　そういう方が、要するに稽古の時も、本番の時も全然力を抜いていないでやっているということにすごい驚きを持った。大野一雄と観世榮夫という二人のそばにいて、それを見ているという印象しかないんですけどね。

小田　岡本さんとしては大野一雄さんの舞踏と、能の持っている舞の共通性を感じたからこそ、こういう企画を立てられたんだと思うんですけど。

岡本　そうですね。大野さんが久しぶりに公演を持たれた、七七年の『ラ・アルヘンチーナ頌』の初演を見ましたけれど、圧倒的な舞踏体験で深い感銘を受けました。その時、感動の質が何かに似ているなと感じて、ふと思ったのは、いい能、特に優れた演者の夢幻能を見た時に感じる感銘に近いものがあるなと考えたんですね。もちろん能と舞踏は全く違ったジャンルのものですし、大野さんは能の修行をされたわけでもないので、どういうことなのかなと考えることがありました。それでできれば大野さんと能の第一人者の方が共演し、切り結ぶようなことがあれば、何か見えてくる、生まれてくるんじゃないかと思っていましたら企画の話がありましたので、手配し実現しました。

小田　『姨捨』を選んだ理由として、『AYAKO SEKIGUCHIのための「姨捨」』を上演された経緯があると思うんですけど、能『姨捨』に対しての岡本さんの考えがあれば教えてもらえますか。

岡本　『姨捨』はやはり能の中でも三老女の一つとして難しい曲とされていますが、それは普通の能のように恨みつらみを訴えてるんじゃないんですよね。そうした棄老の悲惨さを超えて、月の光と同化した洗い清められた舞いを舞わなければならないわけです。これはとても難しい課題ですが、それとともに「老いの芸」の問題がありますよね。能や伝統演劇でずっと探求されてきた「老いの芸」のあり方が、『姨捨』では問われているわけですが、それを新たな形で捉え直し展開させたかった。それは大変な課題ですが、そこには時間の自在な重層性のあり方があるはずで、そうした課題は実は活動の初期からずっと「老体」の演技の位相という形で取り組んできています。それは例えば七四年にやった『アメリイの雨』や『須磨の女ともだちへ』の中でも、「思い出される身体」のあり方として、関口綾子が取り組んできましたが、そうした積み重ねがあって、八九年に『AYAKO　SEKIGUCHIのための「姨捨」』をやったんです。そして次にやるなら例えば、大野さんや榮夫さんなんかにもぜひ関わっていただいてやってみたい。そしてさらに言えば、能の第一線の地謡や囃方に序ノ舞のところをちゃんとやってもらって、そこに大野さんに入ってもらったらどんなことが起こるんだろうかと。大野さん独自の序ノ舞を見てみたいということもありましたね。それは別に奇を衒ったことじゃなくて、大野さんの身体、舞踏の中のある深い部分と能のエッセンスがどこかで触れてくるところがあるはずだと思い、その展開をぜひ見てみたい、とそういう試みをしました。

小田　拝見した印象を言うと、大野さんの舞踏はお年を取るに従って、だんだんだんだん愛や魂が溢れてきて、こちらが浄化される、ちょっと手が動いただけで涙がこぼれるみたいな境地に至っていたと思うんですが、『無』はちょっと違っていて、大野さんの持っている怖いものが見えてきたような気がしました。特に最初の前シテにあたる姿は、まさに六道絵の餓鬼が本当に出現してきたようで、それはもうびっくりして、大野さんの美しい姿の裏には実はこういう怖い餓鬼がいるんだと発見できたのが面白かったです。それがあるからこそ、最後の月光を浴びて、月に向かっていく、月に照らされている姿が美しかったと思うんです。凄みのある力強い姿に裏打ちされた美は、能『姨捨』の世界に通じるのではないでしょうか。ところで、金記さんはまだ『姨捨』はなさっていないんですね。最近老女物の『卒都婆小町』を演じられましたが、老女物について少しお聞かせ願えればと思います。

櫻間　若い頃に、野村保という私の師匠からちょっと示唆されたことがあるんですけど、うちの流儀というのは腰を曲げて老女の足ですか、そういうのはあまりやらないんですね。そういう写実に近いような型はあまりやらないわけです。私の知り合いのご老人がいて、その人は背骨まっすぐにして歩いてるんですよね。歩くのはゆっくりゆっくりなんだけれども、決していわゆる老人の歩きではなくてね。で、野村に言われたのは、あれが老女物の姿勢であり、あいうのが老女だという風に言われたのが頭にあるんですよね。『卒都婆小町』をやった時には滲み出るものなんだという気がして。自分が老女の『卒都婆小町』をやるんだということでなくて、ずっと能に携わってきた人間がそこで『卒都婆小町』をやることによって、滲み出すものがあって成り立つんじゃないかなという。だから特別にどうやろう、ああやろうということではなかったです。多田富雄先生にパンフレットにも書いていただいたけれども、最後には聖女になるんだということを読んで初めてわかったけど、そういうところに到達すればいいんじゃないかなというふうに思っているので。これから先に老女物をやる時でも、そういう覚悟でやればいいんじゃないかなと思っています。

小田　『卒都婆小町』と『姨捨』の違いは何でしょうか。役者にとって。やはり『姨捨』は年をとらないと上演できないような作品なのかな。

櫻間　それでね、この前の夏に『卒都婆小町』を奈良でやったんですよ。その時には直裁的な表現はしてはいけないと思いつつ、ああそうだ、『卒都婆小町』はドラマだったなあと。『姨捨』もそうかもしれないけど現在能みたいなドラマでしょう、あれは。ああ、そうだと、恥ずかしながらそこで気が付いたんですけど。そういう時に、これまでのこういう共同作業をやったことが、自分の中で、何かこう生きてるんだなあと思いましたね。どこがどうというんじゃないんですけどね。それをドラマと感じて、能から離れてはいけないけれども、ある程度ものを表現していくということがあるんだなあ、ということは絶対的にこれだなという気がしてるんです。

小田　きっと皆さんそういうことを伺いたいと思うんですよ。岡本さんの劇に出演してきたことが、どんなふうに櫻間金記という能役者の身体の中に生かされ、また能の中に還っていくのかということ。たぶん具体的にこれですと指摘できないことなのかもしれないですけれども。

櫻間　最近そういうふうに思いだしてるんだけど、突っ立っていていいんだなと。

小田　突っ立っていていい？

櫻間　肚、中心というか、そういうところに力がこもっていれば、能舞台の上っていうのは突っ立っていても成り立つんじゃないかなと。だけど、やはり一つ装束を着たり、能の形式はあるからそれはカマエとかってなるのであって、そのカマエも老人だからこうしよう、女だからこうしようというんじゃなくて、結局一番最初の若い時に、子供を脱して面をかけてシテをやるようになった時に教わった、最初の立ってる姿がカマエっていうんですね。型なんかも、そこに月があるから差すとか、何か遠くを見回すために差し回しするとか、そんな言葉の意味合いでやるとくっついちゃっていやらしくなるから、そんなこと取っ払っちゃって、ただ差せばいいんじゃないか。ただ差し回してやればいいんじゃないかと。肚、中心に力さえあれば、それでいいんじゃないかなというのを最近感じているんですけどね。

それにはやっぱりいろんなことを、一番最初におっしゃったように一度自分の手の内を離れて、捉え返しの共同作業を色々やりましたけれど、あれだって身体を動かすっていうのは、結局自分の発する言葉がどこから出るかなっていうことを見つけるためにやっているわけでしょう。身体を動かして、それでどこに音があるかなっていうのを探すような感じで、そこから紡ぎ出してくるわけでしょう。それを能舞台の中で能役者っていうのは一点に集めて舞台の上に立ってやっているわけだから、そうすると上手く言えないけれども、それこそ突っ立っていてもいいんじゃないか、何もしなくても出てくるんじゃないかと。それは最近なんですけどね、そう感じているのは。そこには絶対あると思うんですよ、一緒にやってきた共同作業の成果が。サシ回シでも何でも手を動かす時に、若い頃はただやっていたけれども、やる前の動かす前の力っていうのが肚、中心からくる力、それによって動くんだなということですね。

小田 自分を動かすものは言葉としてあるんですか？

櫻間 型でしょう。まず型をやる。しかし型にとらわれすぎてきたかもしれなくて、もうそこのところは抜けていいんだなという感じですね。それには中心の力がありさえすればいいんだと。身体の中心に力があればいいんじゃないかということなんです。

岡本 そうですね。思い返してみますと、ご苦労をかけたけれどゼロ地点に戻る共同作業の中で、声の出し方もそうだし、動きもカマエをやめてもらうようなことをしても、ちゃんと腰が入っているっていう、そういう捉え返しの稽古を色々とやってきましたよね。同時に補助線として、僕の呼吸法や丹田などの身体の集中、リラクゼーション法などの演技メソッドなどもやってもらいながら探ってきました。そうした作業の中で櫻間さんはパッとわかられたんだと思いますね。

櫻間 その時はわからないけれどね。

岡本　ええ、だんだんやりながらね。でも、その時も、どこまで自覚されているかは別にしても、実際には身体の内側でそういう自在なものが動いていて、それを積み重ねながらだいぶ長く一緒に探ってきた中で、さっきおっしゃったようなことを確信として持たれた。それが今度は能の演技に実際に活かされ、返っていくというか、そういうことがあると僕はすごく嬉しいですよね。良くある単に能は能、現代演劇は現代演劇と、その技術の使い分けじゃなくて、現代演劇の作業の中での新たな発見もある、それと同時に、そのことが能の何か本質を照らしてくれることになる。

小田　私、今日は言いたいことが一つあって、櫻間さんの演技を見て気がついたことは、役者っていうのは、反応体というのか、受容体というのか、そういう存在じゃないか？　特に能役者はそうじゃないかって思ったんですね。『ハムレットマシーン』を見てて思ったんですけど。『ハムレットマシーン』の公演は、能、現代演劇、ドイツ語朗唱の共同作業で、長時間稽古と試演会を重ねて取り組まれましたが、能バージョンの試演会の時、不思議な体験をしました。櫻間さんがオフィーリアの面をかけて真っ暗な中に座っていて、最終的には「わたしはオフィーリア」という意味のある言葉になる以前の出来事です。どんどん闇が濃く、凝縮していって、「ワ」という音がやっと出てくる。いったいどのくらい時間がかかるんだろうと不安になるくらい長かった。その後、「ワタシ」が出てくるのですが、闇の中にたくさんの白い顔の亡霊がいるような気がしたんです。それがスーッと動いて、櫻間さんの身体の中に入っていきました。もう一度「ワタシ」と言った時にある一人の女が見えた。そして、「オフィーリア」の時にまた別の女が見えて、最後に「わたしはオフィーリア」と言った時に、オフィーリアが立ち上がった。つまり、あのオフィーリアは個人じゃなくて、たくさんの女が生きて死んでいった、その霊が集まってきた結果としてのオフィーリアがそこに居る。それが、あの劇で能面を使っている意味だし、能もたぶんもともとそういうものなんだろうと感じたんです。能のシテの本質がそこに見えていた。

櫻間　能の名乗りがそういうふうにしてできるとね。だから橋掛かりを歩いてくるというのは、ある意味ではそういうことになるかもしれないですね。

小田　自意識とか自我みたいなものがどんどん消えていった時に、役が入ってくるのかなと、お話を伺っている時に思いました。能ではその過程があまり見えないけれど、岡本さんの劇ではその過程が見えた。気持ち悪く、同時に、この上なく美しい姿でした。

岡本　それは確かに今おっしゃったようなことを、かなり意図的に、自覚的に演出の方法としてやってきていて、さっき『水の声』のところでも話しましたように、あの時には、能の持っている「即興性」や「偶然性」の問題を普段以上に拡大してみるとか、プロセスの問題として間合いのあり方を大胆に探ってみる。そんなことを『ハムレットマシーン』でも、さらに徹底してやってみようということで試みましたので、だから『水の声』の時よりももっと大変だったと思います。

先程、小田さんがおっしゃったオフィーリアの場面、あれは黒のシャツとズボンで女面をかけてた櫻間さんに、オフィーリアになってもらう「女のヨーロッパ」という場面でしたけれども、そこで僕が指示したのは、櫻間さんの身体、存在の中で一番深い声、息を探ってもらう事だったんです。それは、出なければ五分でも十分でも時間をかけても構わないから、そしてそれが出てきたら、またもう一回味わいながら、次はもっと深めて出していくということを大事にしてやってくださいと。まあ、ある意味では、世阿弥の「一調二機三声」の発語のあり方を意識的に徹底してやるような所がありました。そして能の深い集中を持ちながら、そこで新しい、能の朗唱でも現代演劇の語りでもないようなものを探ってもらえたらと試みました。その時には、きっと普段の自我とか役の存在なんかを超えたと言うか、根元の何かが語り出すようなところへ、僕はそれを「存在の井戸」と言っているんですが、井戸を掘っていくようにスーッと入って身体の深部に降りていく。その時に出てくるものがあるわけで、そこまでは本当に丁寧に作業しましたし格闘してもらいましたね。

櫻間さんは世田谷パブリックシアターの本公演のアフタートークで、自分の中に言葉を探っていく時に、能には感情移入の没頭する演技だけじゃなく、離見の見ということがあって、絶えずそれを見ている目を持つ。でも、それも捨てていくようなところを要求されているんだという事を思ったと。それは自分の中に「潜り込んでいく」感じがあったとおっしゃっていたと思うんです。

櫻間　深いところを探っていくと言っても、やはりどこかに何かの意識があるから、それを捨て去るっていうことをしなきゃいけないのだろうし、まあ、それが潜り込むっていう言葉の表現になったのだろうと思うんですけどね。

岡本　「自分の中に潜り込む」っていうのはすごく的確な表現で、感情移入の没入じゃない、能はそれを見ている目がある。そのもう一つ先の探り方ですね。

小田　もう一つ大変なシーンがありました。第三景で、オフィーリアが花嫁風の白く長いヴェールを着け、短めの黒ヴェールを被った岡本さん、長谷川功さんがそこに加わり、一種の舞を櫻間さんと舞う。そしてこの後に、岡本さんが櫻間さんのヴェールとともに能面を剝ぎ取る、というショッキングな場面です。

岡本　「スケルツォ」の場面でしたね。ハイナー・ミュラーのテキストでは「死者たちの大学」、そして「死んだ女たちのギャラリー」というト書きがあって、そこのところを全然違った演出にしたんです。オフィーリアの面を掛けた櫻間さんがいて、長いウェディングヴェールを着けていて、コロスの我々と一緒に舞う場面があるんですけれど、どういう風にそこをやってみようかずっと考えていたんです。実は櫻間さんに初めてこの公演で能面を着けてもらったんですね。面をかけてもらおうと思った時に、言わなかったけれど思っていたのは、舞台でその面を取る、剝がすということをしたいということがありました。それはもちろん能を冒瀆するわけでも、乱暴狼藉を働くという意味ではなくて、まさに櫻間さんが「自分の中に潜り込む」と言ったように、もう一つ能の本質、存在の根元へ戻ってみたいという事でした。不思議なもので、能というのは面をかけることで根源の何かがより顕わになって浮上してくる、ということがあるわけだけれども、その枠組み、構造自体にもう一つ揺さぶりをかけたら、そのもう一つ根元の根源的でアクチュアルなものが出てくるんじゃないか、そういう仕掛けをしたいと僕は思ったんです。『ハムレットマシーン』のあの場面での試みはそういう試みだと思うんですが、でもそれはずっと言えなかった、お願いできなかったですね。で、今回は無理かなと思ったんですが、やはりどうしてもやりたいというのがあったから、確か本番の十日か二週間ぐらい前に、櫻間さんに、実はその場面で面を取りに行きたいんだと話したら、「いや、そんなことはできない」と拒否されました。それは僕もよくわかっていて、能にとってどれだけ面が大事なものか、櫻間さんにもその時に、「我々にとって面がどういうものか岡本さんが一番よくご存知でしょう」と言われました。僕は「もちろんよくわかってます。だからこそ取ってみたいんだ」というお話をしたんだけれども、「やはりそれはできないから」と言われ、僕もそれは納得できたので、その時は引き下がったんですけれども、しつこい方だから、また次の日もまたお願いして（笑）。三回目ぐらいに頼んだら、「そんなに岡本さんがおっしゃるんだったらやってみるよ」と言ってもらって、やりました。

小田　稽古なしで？

岡本　何回か稽古しましたが、ちょっとやったぐらいでほとんどぶっつけでしたよ。

櫻間　やはり一つには、それは自分だけが納得してもしょうがないので、自分の面じゃない借り物の面でしたから、創った人がそういうことに使ってもいいかという了解を得ないといけないという面もあるわけですよね。それとやはり道具じゃないから能面の扱い方というのがあって、剝がした後どういう風に扱ってもらうか、ということが非常に心配だったわけです。

岡本　それは僕はすごくよくわかりました。やはり能のすべてを象徴し、統一しているものが面であるということがあるわけだから、能楽師の方々にとって能面の持っている意味というのはすごく重いことはよくわかっていました。そういうことも踏まえてもう少し捉え返して話しますと、能はご承知の通り、女の役をやる時でも面をすっぽり被らないでわざわざ男の顎を見せてやっていく。だからある意味では役と自己という、二重構造が見える形をとっている。そうすると、その中で絶えず役と自分の関係というのが問われてくるわけです。それは能を舞う時はどこまで意識してやられているかわかりませんけれど、そういう二重構造があるから絶えず問われ、格闘があるんだと思います。近代劇の同化の方向とは違う構造を持っているのは、僕にはすごく興味深いことですね。

さっき『姨捨』の老女物の話が出たけれども、ある言葉、動きを通して、その人の人生が出てくるような、その人が顕わになるような演技の構造を能は確かに持っている。それがすごく面白い。そうしたことを能面が象徴的に担っているわけで、その構造をさらにもっと徹底したいと思ったんですね。だから面を取るというのは冒瀆するとかそういう意味じゃなくて、面を取ることで、役と自己という関係のさらにもう一つ根元のあり方が出てくるようなことにならないか。特にそれは『ハムレットマシーン』という作品自体が、『ハムレット』の世界が二重化され、西欧の様々な非業の死者たちの声がテキストに凝縮されている作品だったので、それを現代の日本で上演したいと思ったから、ぜひそれには能の演者に参加してもらおうと思っていたんです。しかし、その時に工夫が要るだろうと考えて、能が持っている根底の演技の相が浮かび上がると同時に、その枠組みを超えて、またヨーロッパや日本という文化や言語をも超えて、アクチュアリティを持ったある根源的な身体のあり方、死者の声、そういったものを出来ればそこで現出させたくて、そういう挑戦をしました。

小田　何だか地獄の蓋が外れてしまったようでした。

岡本　そうですね、能は日常的な自我の留め金を外して、存在の深いところへ戻っていくところがあるけれど、その枠組み、構造自体にもう一度揺さぶりをかけるようなところがあって、能面を取ることで、もう一つ能の根源が顕わになるような演技のあり方を探ってみたかった。大変なことですが、引き受けてくださってありがたかったです。でもね、実はこっちも怖かったんですよ、あれは。

櫻間　（笑）

岡本　僕は背後から面を取りに行ったんだけれど、近付いていく時、何とも不思議な感覚があった。ある恐怖と同時に何かワクワクするような不思議な高揚がありましてね。で、面をスッと外した瞬間に、自分の顔の皮膚もベリッと剝がされる感じがあった。加害者と被害者みたいなもんじゃなくて、こちらの存在の枠組みも壊される感じがあってそれがなんとも怖いし、快感ではあったんですよね。それでフッと見たら、目の前にオフィーリアでもハムレットでも多くの死者たちでもあるし、そしてちゃんと初老の櫻間さんがいて、また同時に何か無垢なものがフーッと立ち上がってくる感じがありました。そういう興味深い体験でした。

櫻間　岡本さんのやっていることっていうのはストーリーを追うドラマじゃないでしょ。やはりそこに演出家としての考えがあるわけでしょう。そうするとね、引き受けたからにはやろうという気があるんですよ。嫌だったら稽古の段階でやめていると思うわけで、演出家の意図というか仕掛けというか、そういうものは、やらないと作品の中の一人になれないんじゃないかなという思いがある。作品の中に出て行く時には、やはりそういう覚悟はありますよね。

岡本　今、櫻間さんが一つの覚悟があるんだと言ってくださった。もう僕と十五、六年一緒に仕事をし、僕の「現代能楽集」のほとんどの作品に何らかの形で出ていただいて、本当に心強い共同作業者です。観世榮夫さんとも一緒に作業していただいていますけど、ご両人とも共通した所があると僕は思っていて、それはどういう所かと言うと、世阿弥が『風姿花伝』で言っていますが、「住する所なき」、留まらない、停滞しないっていうことですね。絶えず何か自分の中で挑戦していく、新たなことを探っていくという意欲を櫻間さんの中にすごく感じます。探求していこうというのが強い人だと思いますね。だから一緒にやってこれたんだと思うんですね。そういう作業に関する意欲と興味がおありだし覚悟もあるし、一緒に作業しながらそれを感じながらきました。

櫻間　自分では方向付けみたいなことはやらない、というかできないから、周りからのきっかけがあった時に、それならばと思ってやることでしょうね。

岡本　でも普通はね、恐れてというかすくんでしまったり、無理だと思ってやっぱりやらない人も多いと思います。だって手の内じゃないことを挑戦して作業していくわけですからね。だからそのへんの意欲と、やはりそういう作業の意味をよくわかっておられるんだと思います。そのあたりのことがすごく明晰ですよね。

櫻間　自分がどういう風に通用するのかなということなんじゃないですかね。

岡本　それはいろんな現場でっていうことでしょうか。

櫻間　ええ。

岡本　どこかでお書きになっていたけれども、能の、特にシテ方っていうのは狂言とか歌舞伎と違って、他の現代劇の現場とかでなかなかしっくりこないようなところがあって、そこをどうしていくかみたいなことは櫻間さんの中であるんでしょうか。

櫻間　最近そういうところへ出ていくような能役者の人たちが増えてきたけれど、見ているとやっぱり能役者として出ていくでしょう。そうじゃない、能で培ったものをどう自分の中で変えていけばそこで通用するのかな、ということをやってみたいわけだから、普通のドラマとか何とか、そんなものには出たくない。能の場面だから能をやってくださいというのも嫌だしね。

岡本　そういう人は珍しいんですよ。普通は自分のやってきたものを技術として使うという、そういう人はたくさんいるんだけど、櫻間さんはそういうことはやらないし、そういう興味じゃないんですよね。だから一緒に作業をやってきてくださったんだろうし、僕らも一緒にやれてきたのかなと、それはありがたいですよね。

小田　そうですね。能の技法の根底に降りていく、と岡本さんがおっしゃいましたが、じゃあ能の役者さんが誰でもそれができるかというと、そうではない。作業を積み重ね、出会いの中で奇跡的に生まれてくるものがあるという気がするんです。いつも岡本さんがおっしゃっていたことが、「ああ本当なんだ」と心から納得できたのが、『ハムレットマシーン』の金記さんとの場面でした。オフィーリアが立ち上がった時と面を外した時に、もろもろの隠されていたものが取れて何かが顕わになっている。それを言葉で言えば、胎児＝生まれる前の姿です。もし生命が形を持っているとしたら生命そのものみたいな。言葉にすればそういうものだったんですよ。『ハムレットマシーン』という作品全体が、この世の終わりと次の時代が始まる中間の世界、役者が役を降り、人間が人間をやめて、その時に何が見えてくるのか、という芝居だったんだとその時に感じました。作品と岡本さんの演出のあり方、それと金記さんの演技が出会って、刺激的な体験でした。

岡本さんは常日頃、見えるもののさらに先に、未来を見すえていて、それは岡本さんの理想の能だったり未来の能だったりするんですけれども、まだ見えないものに向かって進んでいく時に、櫻間さんというパートナーがいらしたんだなっていうのを一番感じた作品でした。そろそろまとめに入ろうかと思うのですけれども。

岡本　そうですね。振り返ってみれば、この「現代能楽集」の試みは、能を重要な手掛かりにして、現代演劇、能、舞踏、現代詩、現代美術、現代音楽などの多様な表現者たちが共同作業をすることで、それぞれの枠組みを超えた発見がいろいろと出てきました。能の演者の方々が参加してくださることで、いろんな分野の表現者たちが能と出会い、触発され刺激を受け、新たに作業を展開されてきています。そこで最後に、金記さんがこの共同作業を通してどういう風なことを感じ取ってくださったかということを、もう少し話していただけるとありがたいですね。

小田　先に言わせていただくと、岡本さんの現場での櫻間さんの現代劇を拝見して、またその後櫻間さんの能を見ると、声の出てくる場所が明瞭に違ってきたような気がするんです。これは大事だと思いますね。それと、もう一つは女形の問題です。能では女形という言い方はしないんですが、『ハムレットマシーン』で、オフィーリアになっている時、ふと、女形という言葉が浮かびました。歌舞伎とも違う、今まで見たことのないような形で男が女になる姿と言うんですかね。女の姿にすっぽり包まれているのではなくて、男であるという裂け目が見えるんですね。先程、面から顎が見えているというお話がありましたけれども、それが裂け目だとしたら、何かに扮装している、何かになっているものの裂け目がいくつか見えるような女形です。妖しい魅力があって、それ以来櫻間さんが演じる女性の姿が「能の女形」として見えてきたんですよ。

岡本　今、小田さんから声の変化の話がありましたが、羽田昶さんなんかもそう言ってくださったことがありますね。共同作業をやった後の金記さんの能を見て、すごく面白くなっていると。それを聞いて僕も嬉しかったですね。使い分けじゃなくて、能の演技の構造の根底からの捉え直しであるとともに、それがまた同時に現代の斬新な表現だということを、ご苦労をかけて一緒に探ってきたわけで、そういうことがあると、やはり嬉しいですね。

櫻間　それまではガチンコでお能というものしか考えていなかったけども、こういう共同作業に参加させてもらったことで、緩むというか、ものの捉え方の幅が出てきた。自由になったということじゃないかと思います。お能はお能というものであって、能をやるということは同じことを何度もやらなくちゃいけないんだ、というような考え方から少し解き放たれたんじゃないかと。それが最大の収穫かな。

声に関しては、謡を謡うというところにとらわれていたのが、そうじゃない声を出すということですよね。本当は能楽師というのは「一調二機三声」をやらなきゃいけないのだけれど、普段あまり考えもしないでハアヨーホーだから謡い出すんです。錬肉工房での共同作業でそうじゃないこと、探り当てるようなことをやったことによって、一番最初の声の大切さとか、そういうことがわかって。能で声を出す時にも、突き動かされるものがあるんだということを常に自分の中で認識するようになってきたと思います。

最近は殊に、動く時に手足から動くんじゃなくて中心から動くんだということを感じるようになってきたんですね。それは年をとってきて体がきかなくなったからかもしれないけれども（笑）。前はパッパッとやってきちゃったところもやっぱりそうじゃなくて、動き出す前に中心に力があってここから動き出していくんだということが、頭の中で考えるんじゃなくて出てくるようになったんじゃないかと感じているんです。それは非常にありがたいと思っているんです。ただ、これから先は体力がね。岡本さんの演劇は体力がないとね（笑）。

岡本　体力要りますよね、稽古も長いし（笑）。まあ、だんだん僕も年とともに身体よりも心の方にウェイトを置いて、自在に動く方向で展開していこうと考えていますので。あまりご負担かけない形で、これからもご参加いただいてやっていけたらなと思っています。

櫻間　錬肉工房のアトリエでゴロゴロ転がってやったものが身体に残っていて、それで能の舞台でも、自分はそうやっているつもりでも一つの能の形になっている。さっき言ったサシ回シとかサシヒラキとかがそういう形になっている。それが一番最初に教わった頃のカマエに戻ってきたということが表現できていけばありがたいし、そういうものが舞台で感じられないかなと思っています。

岡本　原点ですし、根源ですね。

櫻間　本人は中心の力だけでくねくねしていてもいいんだけれど、見た人にはちゃんと能だということが表現できていけば死んでもいいんじゃないかと（笑）。そういう能をいつかやってみたいなという気がします。

岡本　世阿弥の能楽論で言えば老いてからの、ある無心の境というか自在の境、老女物なんか特にそうでしょうけど、そういった位相ですよね。身体は衰えるに決まっているわけだけれど、やり方によっては心の方はどんどん深まってくるし、ある自由さを持てる可能性はある。そういったこと身体と型の問題をどう関係づけて考えていくのか、ということを能はこれまでも探求してきているけれども、そのことをさらにもう一度根底から捉え直してみると、能だけでなくかなり普遍的な表現の課題がその中から浮かび上がってくると思います。さっきの話に戻せば、大野一雄さんと能との共同作業をやった『無』も、そのへんの問題があったと思います。そうした課題はこれからも大事に探求していきたいですね。金記さんは大野さんをご覧になっていかがでしたか。

櫻間　やはりすごく自在ですよね。

岡本　自在でしたよね。序ノ舞のところもそうでしたし、跳んだりはねたり転がったりもしているけれども、ちゃんと『姨捨』の世界を生きておられましたよね。孤心の舞いの中で、気がつくと月の光がスーッと差してきていました。実はあの時、大野さんは直前に腰をいためられていたんですよ。心配しましたけれども、でもやりたいとおっしゃってくださったのでやりました。だから時々よろけて舞台の中でこけちゃうこともあったんです。普通はこけちゃったら舞台は壊れちゃうけれども、そうじゃなかったんですね。よろけることで、かえって不思議にお客さんの心身が解き放たれる、フーッと楽になるのを僕は見、体験しましたね。これは一体何なのかなと、いろいろ考えました。それはね、例えばコップがこけるみたいに大野さんはこけるわけなんです。普通人間がこけたら失敗したとか、何とかしようとか思うわけだけど、フッとこけている。それはある意味で究極の自然さなんですよね。逃げも隠れもしないでそのまま背負い、さらけ出し、限りを尽して精一杯生きる姿がそこにありました。そうすると、見ている観客の方も解き放たれて楽になるんですよね。

小田　世阿弥も『九位』の中で「却来」ということを言っていますね。達人が修行の果てに下三位《げさんい》に戻り、非が是になる境地があるということですね。

岡本　ええ、確かにそういうところとつながっているし、もうちょっと言えば、世阿弥はかなり意識的に戻ろうとしたけれど、大野さんの場合は、身体が衰えて図らずもこけてしまうわけだから、そんなことを言えば踊り手としては破綻するすれすれのことですよね。そういう領域で成立する自由さとか自然さとかが、あの人の身体の中にはあるんだと思います。何か「無心の芸」とか、「老いの芸」を考えていく上で、貴重な手掛かりがあるんじゃないかと思っています。櫻間さんはそのへんのことがきっと射程にあるんだろうと今お話を聞いていて思いましたので、これから能の中でも、またこういう共同作業をしていく上でも、そのへんのことを今後とも一緒に探っていきたいですね。

小田　どうも今日は長い間ありがとうございました。

（座談会　二〇〇七年九月十三日　明治学院大学岡本研究室にて）

9 新たな能の可能性

出席者

岡本 章
小田幸子

能という演劇

小田　今日は、演劇集団である「錬肉工房」を主宰されている、演出家の岡本章さんをお招きして、二〇一四年三月二十日に国立能楽堂で催される現代能「始皇帝」のお話を中心に、色々とお聞きしたいと思います。岡本さんは、一九七一年に「錬肉工房」を始められましたが、活動の初期から能を現代演劇に活かす試みを様々に展開されてきています。最近でも二〇一二年に、ルーマニアのシビウ国際演劇祭やモルドバの演劇祭に招かれ、現代演劇の中に能の要素を取り込んだ舞台が、高く評価されました。

岡本　ジャン・ジュネの『女中たち』を現代演劇の女優さん五人で上演しました。能の切り詰めた、凝縮した演技のあり方を捉え返しましたが、反響、手応えがあり励みになりました。

小田　岡本さんの多彩な舞台活動の中でも〈現代能楽集〉と名付けたシリーズの舞台は、もう二十年以上継続されていますね。

岡本　二十四年くらいになりますね。作品の数ですと十三作です。

小田　まず、岡本さんと能との出会いからお話をお願いしましょうか。

岡本　やはり観世寿夫体験と言いますか、観世寿夫さんの能と出会ったのが大きいですね。早稲田大学に入学し、学生劇団と「観世会」の両方に入っていましたが、その中で寿夫さんの『井筒』や『砧』などを見て感銘を受け、魂を揺さぶられたんですね。深い存在感があり、美的であるとともに、古典の能を演じられているのに、現代演劇以上に今を生きているリアリティー、何か切実なものが届いてきて、これは一体何なのかと思って、一生懸命能を見るようになり、惹かれていきました。

小田　私も同じ頃に能と出会ったのですが、古い演劇なのに、人間の捉え方がとても現代的だと感じたのを思い出します。現代演劇にとって、能はどのような意味を持っているとお考えですか。

岡本　去年の十二月に私が勤めています明治学院大学で、「演劇の核とは何か」という国際シンポジウムを行いましたが、その中で丁度そうした問題が論じられました。世界の現代演劇研究の第一人者であるフランクフルト大学名誉教授のハンス＝ティース・レーマンさんの特別講演を軸に活発な議論が交わされましたが、レーマンさんは西欧の近世、近代演劇を戯曲中心のドラマ演劇であると言っています。そして、それを超えていこうとする現代演劇と、ドラマ演劇以前のギリシャ悲劇などとは、多くの共通する点があると重要な指摘をし、能についても話をされていました。

小田　ギリシャ悲劇と能については、これまでも比較されてきています。

岡本　レーマンさんも共通点を話されていました。その中で、私も現代演劇にとって、能はどのような意味を持っているかについて発言したのですが、それはまず、テキスト（台本）の問題としては、「夢幻能」の構造があります。「夢幻能」は西洋演劇のように人物の対立、葛藤を描くことを目的としていません。しかしそこから人間の普遍的な本質、情念が立ち上ってきます。死者の視点から人生を見つめ直すわけで、これはまた違った意味で非常に劇的で、ベケットの『ゴドーを待ちながら』以降の現代演劇にとって示唆的な所があります。そして続いて演技の問題がありま す。これはとても重要で、「夢幻能」を成り立たせている演技のあり方、それは例の、クローデルの「能とは何者かの到来である」といった演技、身体のあり方ですが、もちろんそれは単に登場人物ではありません。その身体に劇世界、記憶、さらには自然や宇宙まで担い、内蔵して到来します。だからこそシンプルな筋、展開で、劇的なものが立ち上ってくる。これは刺激的ですね。寿夫さんも著作の中で、「ただ立っているだけで一つの宇宙を象り得る存在感」と書いておられますが、ドラマ演劇を超えようとした時に、非常に参考になります。

現代能楽集

小田　岡本さんの作業の特色として、まずそうした能の演技、身体への注目があると思うのですが、ご自身は、「新作能」ではなく、「現代能」と呼んでいらっしゃいますね。

岡本　古典の能の様式、構造による「新作能」は、そこに新しいテーマなどを盛り込むことで展開があると思いますが、私が「現代能」と呼んでいますのは、能のテキスト、言語レベルだけではなくて、能、特に夢幻能の演技の持つ自在で深い存在感、関係性を射程に入れ、多様な現代芸術ジャンルの人々と共同作業を行うことで、能の本質的な構造を捉え返し、浮かび上がらせるとともに、現代の表現としても新たな展開、可能性を探ってみたいと考えているわけです。そのために能・狂言の演者の方々に毎回参加していただいている。私の演出作品はある意味で全部が能と関係していると言えるかもしれませんが、〈現代能楽集〉のシリーズとそうでないものとの区分けははっきりしていまして、具体的には能・狂言の演者に参加してもらうか、能舞台を使用するとか、直接能に関係するところがある作品を〈現代能楽集〉のシリーズに入れています。大変な課題ですが、能・狂言の演者に参加してもらうのも、それは演技の問題を毎回射程に入れてやってみたいからです。もちろんシリーズの中でも色々な試みをしていまして、多様な現代芸術ジャンルとの共同作業を行うケースと、能・狂言の演者だけで捉え返しを行うケースがあって、今回の現代能「始皇帝」は、後者になります。

小田　現代演劇と能・狂言の共同作業には色々なパターンがあると思いますが、それが現代演劇にとって刺激的であると同時に、能の側に何がもたらされるのかということも大切ですね。

岡本　ええ、もちろんそうですね。様々な共同作業の形があっていいと思うんですが、能と他のジャンルが新しい作業をするのに、三つくらいのパターンがあると思います。一つは、能・狂言の型や様式をそのまま保持し、他のジャンルの表現と緊張関係を取る場合。二つ目は、型や様式を保持しながらも、他のジャンルから吸収、取り込みを行う場合。三つ目は、型や様式を方法的に一度離れて、型や様式の根源に戻ってみる、下降してみる場合です。私の行ってきた〈現代能楽集〉のシリーズは、もちろん、この三番目の作業にあたるわけですが、これは私も体験があるのですが、共同作業と言っても、単に相互の手の内の縮小再生産で終わることが多いんですよね。そこで型や様式を方法的に一度離れて、各ジャンルの分かれる前の、根元のゼロ地点に戻ってみる。なかなか大変ですが、それが実現し共同作業が始まると、ある瞬間、能・狂言の本質的な構造がより鮮明に浮かび上がるとともに、新たな表現としても展開してくることがあるんですね。離れると言っても、もちろん他ジャンルの真似をするとか、変わったことをやるわけではないんで、能・狂言の持っている本質的な構造を、方法的にさらに徹底、拡大してみる作業をそこで行ってみるわけです。その中で皆さん色々と気づきや発見があるようです。

小田　確かに、岡本さんとよく共同作業をされている、櫻間金記さんや鵜澤久さんの舞台を見ていて、一緒に仕事をされた後、芸が深まったり展開されているのを目にしてきましたし、そうした能評を読んだこともあります。

岡本　そういうことがあった時は、やはり一番うれしいですね。共同作業を通して、型や様式の基盤にある声や動きの原理的な筋道や、何か芸の深奥を体得される一つの手掛かりになって、持って帰っていただければと思ってはいますので。

現代能『始皇帝』

小田　次に今回の現代能『始皇帝』ですが、どのような形で上演されるのですか。

岡本　シテの始皇帝である観世銕之丞さんを中心に、山本東次郎さん、宝生欣哉さんと能界の力のある方々が意欲的に参加して下さっていて、また銕仙会や山本家の方々にもご協力いただいて、錬肉工房の主催で、〈現代能楽集〉のシリーズの中の一作として取り組んでいます。能・狂言の芸、声や身体技法の豊かさを捉え返すとともに、その新たな展開の可能性も探ろうと、実際に、昨年の九月から飛び飛びですが、稽古は始めているんです。もともとこの作品は、二〇〇三年に能楽座の主催で、梅若玄祥（実）さんを中心にテキスト・リーディングの形で上演されました。その際も皆さん積極的に参加して下さっていたのですが、なかなかお忙しく、この作業は稽古時間もいりますので、まずテキスト・リーディングという形でいたしました。その後も装束をつけた本格的な現代能として上演したいと思っておりましたが、今回それが実現し、十年越しの待望の上演となります。

小田　作者の那珂太郎さんとは、どのような出会いだったんですか。

岡本　ご存知の方も多いと思いますが、那珂太郎さんは現代詩の世界の第一人者で、最長老の方です。日本語の美、音韻、リズムを生かした質の高い数多くの作品を発表されていますが、私はご縁があって、活動の初期の頃一九七四年に、那珂さんの詩作品を舞台の台本の中に引用し、使わせていただいて、能と現代演劇の接点を探る仕事をしております。その頃からの出会いでして、当時から、那珂さんに是非一度能のテキスト、台本を書いていただきたいと思っていました。そこで今回の「始皇帝」なのですが、秦の始皇帝は、皆さんもご承知の通り、絶大な権力と武力で華麗な宮殿や万里の長城を建設しましたが、自分の死後のために地下宮殿を設けて、そこに等身大の八千体の護衛の兵士と馬の人形をつくっていたんですね。それが一九七四年に偶然発見された有名な兵馬俑ですが、那珂さんはこれを実際にご覧になって、衝撃を受け、深く感じられることがあって、長篇詩「皇帝」を書かれました。これがすごい詩で、始皇帝の事跡や出生の秘密を踏まえながら、二千二百年後の現在と過去が往還し、始皇帝の内面、人間存在の根底がくっきりと浮き彫りになってくる。それを読んだ時に「これはぜひ、能にしてもらいたい」と思ってお願いしました。

小田　非常にスケールの大きな作品ですよね。

岡本　ええ、そうなんです。そしてお引き受けいただいて、今回の現代能『始皇帝』を書くにあたり、那珂さんはその翻案ではなく、新たな工夫、創作を加えられ、さらに大きく展開されました。まず登場人物を整理し、そこで徐福という人物に注目し、焦点を当てています。これが上手く構造化されていて、魅力的になっていますね。始皇帝は晩年、不老不死思想に取り付かれるのですが、徐福というのは方士で、始皇帝の命で海中の三神山に不死の薬を探しに出かけるのですが、帰って来ない。紀州に上陸したといわれて記念碑があったり、日本各地に徐福伝説のある人物で、この徐福をもう一方の主人公にすることで、緊張感のある両者の対話が行われる。始皇帝というのは、絶大な権力を持って中国最初の統一帝国を創るのですが、言ってみれば人間の持っている欲望や願望といったものを凝縮したような人物ですね。そして同時に徹底した人間不信もある。こうした人物に的を絞ることで、人間の持つ永遠の生命、栄華、権力に対する執着が浮かび上がり、そしてついには、その執着の空しさを悟っていく。ここに根源的な権力批判とでもいえるこの作品の重要なテーマ、問題意識があると思います。

小田　舞台や台本の具体的な進行について、お話しいただけますか。

岡本　物語は、二十一世紀の現代の日本人が、中国の始皇帝陵を訪ねるところから始まります。図式的ではありませんが、ある意味で複式夢幻能形式になっているのですが、この陵を訪ねた現代の人間というのが、徐福の後裔なんですね。これを宝生欣哉さんにやっていただきますが、彼が始皇帝陵をたずねて、まず前場で白昼夢の中に始皇帝と徐福が出会う巡幸の場面を見るんです。この始皇帝は、観世銕之丞さん、徐福は山本東次郎さんにやっていただきます。そして徐福は童男童女数千人を連れて船出する。中入りがあって後場になると、また徐福の後裔が始皇帝陵をさまよい、夜の夢の中に始皇帝の亡霊（観世銕之丞）が出てきて語り出す。そのうちに、徐福の後裔が夢の中で徐福そのものに変身していき、二人の二千二百年後の対話が始まります。そして最後は、始皇帝の亡霊が、那珂さんご自身が名前をつけられた「虹桟虚空《こうさんこくう》の舞」という舞を舞って、虹の桟をのぼりながら宇宙の塵となって消え去る、という巨大なスケールの能なんですね。観世銕之丞さんが舞われる、「虹桟虚空の舞」は見物ですし、楽しみにしているのですが、そこから普遍的な世界、人間存在の真理、深淵が浮かび上がってくる。

小田　お話をうかがっていて、ワーグナーのオペラ『ニーベルングの指輪』を連想しました。権力や欲望という能には珍しいテーマを夢幻能の形態を踏まえつつ新しい工夫を盛り込んで表現するのですね。

岡本　そうなんです。他にも随所に工夫があり、今回その文体も漢文訓読体で書かれています。能には中国種の作品はたくさんありますが、そのほとんどはやはり大和言葉のレトリックを使っています。日中の混交した登場人物を生きるためにも、この文体は効果的ですし、漢語の簡潔で力強い文体と能の発声が響き合うよう、新しい文体でチャレンジされています。

重要な「コロス」

小田　チラシを見ますと、地謡をコロスとして捉え直すとありますね。

岡本　ギリシャ悲劇のコロス、合唱隊と能の地謡は共通した所があります。単なる対話劇と違って、絶えず劇世界を相対化、重層化し、物語の進行の基盤となっています。那珂さんは、兵馬俑をご覧になって感銘を受け、「皇帝」という詩を書かれたんですが、今回の『始皇帝』でも、始皇帝がシテではあるけれど、同時に、舞台を根底で支えている兵馬俑の地下軍団の兵士たちが重要視され、位置づけられていて、彼らがまさに地謡、コロスとして描かれ、構造化されています。能の地謡は、分業化されて役割分担し、登場人物を生きることはありませんが、今回の舞台では、役を担い、語り、そして動きます。能の地謡やコロスの捉え返し、その展開が今回の重要な課題の一つだと言えます。

小田　一九六七年に初演した横道萬里雄氏原作の新作能『鷹姫』でも、コロスが「岩」の役として登場します。これが、地謡をコロスとした最初の作品でしょうか。

岡本　『鷹姫』は、新作能の中でも重要な作品ですね。私も色々と刺激を受けています。今回の試みは、ある意味でそれをさらに徹底させ、新たに展開する作業だとも言えますね。私の演出の面からの、今回の『始皇帝』での取り組みの一つの要になっているのが、やはりそうした「コロス劇」としての捉え直しです。今回、コロス、地謡としての地下軍団の兵士たちを、さらに、宇宙の生成の大きな働きとしての「無」、無限の存在や意味を生成し、消滅させる場所、システムとしての「無」の役割を生きるものとしても、同時に位置づけてみました。これはそんなに突飛なことではなくて、『始皇帝』の後場でコロスがクセで謡う、「無のゆらぎよりあらゆる有、万物は生じ／しかしてあらゆる有、万物はやがて無に帰すべきもの／宙宇のあらゆる有は　無より無への途上に他ならず／人の命もまたこれに異ならず」に描かれているように、それは『始皇帝』の劇世界の最奥のテーマ、根底の部分を明瞭に浮かび上がらせ、担うものです。実はこの言葉はもともと徐福のセリフだったもので、始皇帝の亡霊がそれを聞いて、「汝の謂ふところ　わが身の上にあり……三千世界は眼の前に尽きぬ」と、すべては無だと認め、「虹桟虚空の舞」を舞い、宇宙の塵と一体化して消えてゆくのですが、このセリフをコロスの分担にしました。今回の舞台では、「無」そのものとしてのコロスのあり方を根底にすえ、具体的に様々な形で探っていければと思っています。それは例えば、ギリシャ悲劇ではコロス、合唱隊からヒーローやヒロイン、対話が発生したと考えられているように、先にも少し話しましたように、現在の分業化した地謡のあり方をもう一度捉え返し、展開する試みにもなるはずです。

小田　岡本さんの劇では、まだ形になる前の生命体の塊を思わせる集合体があり、その中の一人がある人物になっていくという、人間が生まれて死んでいく視点がいつも働いていると感じます。

岡本　一般的に、夢幻能の構造としましては、死後の世界から自分の人生を見つめ直すといった形ですが、私の舞台、演出では、それをもっと徹底したと言いますか、例えばそれは、第何次かの世界戦争後の廃墟、人間もふくめて万物全てが消失した廃墟のイメージ、設定が常にありますね。そして「無の場所」とでも言えるそうした廃墟に、不思議に浮遊する輪郭も形象も不明な魂魄（もの）が、いつしか形を持ち、語り出す。今回の『始皇帝』でも、冒頭の部分は、那珂さんと相談して、暗闇の中で、「無」そのものであるコロスたちの語りから始め、そこから始皇帝も、徐福も、その後裔の役も生み出され、消滅していくように演出を考えています。

小田　二〇〇三年のリーディング公演では、多層的な声と言いますか、シテの声、狂言やワキの声など、個人個人の役者が声を発するところから物語が始まっていく箇所に特に感銘を受けました。

岡本　ありがとうございます。こうした多層的な声、役、人格のあり方は、例えば『井筒』の後場の水鏡での、刻々姿を変える〈変身〉のあり方を考えても能の演技の根底にもあるはずですし、レーマンさんのドラマ演劇、近代演劇の自我主体を超えていく視点でも、現代演劇の複数の自己のあり方、課題などともつながってくると思います。

小田　いつも岡本さんの舞台を見ながら思いますのは、時間、空間の限定されない場所から物語が立ち上ってくることです。ある意味で夢幻能の枠をうんと広げている。

岡本　そうですね、図式的な構造ではない形で、夢幻能を展開できないかとは常に考えていますね。廃墟から立ち上ってくる声、それはやはり死者の声なんですが、非業の死を遂げた死者たちの声には、深い関心があります。

小田　九月頃から稽古を始めておられるとのことでしたが、稽古場はいかがですか？

岡本　今回の現代能の試みは、能・狂言の演者の方々のみでの共同作業ですが、もちろんこれまでお話ししてきましたように、古典の能の型、様式、構造の枠の中だけではない試みも少しでも出来ればと、毎回色々と手探りしながらやっております。観世銕之丞さんを中心に、皆さん真摯に、意欲的に取り組んでいただいておりまして、能・狂言の声、語り、動きの捉え返しの作業などは、最初はやはりとまどいもあったようですが、その中で色々と発見もあり、皆さん、興味を持って探っておられますね。

小田　配役が変わった以外に台本も変えられたということですが、どの辺りが変わったのでしょうか？

岡本　全体的に少し長かったので、始皇帝の出生の秘密、内面描写の部分は削って、始皇帝と徐福の対話、関係性が明瞭に浮かび上がるように手を入れました。それとともに、テキスト・リーディングの時は中入りせずに物着にしましたが、今回は中入りがあり、本来ならば間語りですが、那珂さんの詩作品「鎮魂歌」を使用し、そこでコロス、地謡の方たちに動きながら語ってもらおうという試みをしています。そこで能・狂言の芸、身体技法の豊かさが出るとともに、新たな声、語りの展開が出来ないものかと探っていただいております。

小田　これ、すごい詩ですね。いつ頃書かれたものなのでしょうか。

岡本　一九六四年に書かれたもので、那珂さんの初期の代表的な詩集である『音楽』に収められています。音韻、リズムを大事にしながら、人間の生と死、生者と死者の関係性、鎮魂の思いが珠玉の言葉で定着されています。最後は「しづまれたましひうつろひやまぬうつつのなか」という言葉で、能の根底にある鎮魂の思い、構造にも触れてくる所があると思います。

小田　ちょっと浅薄な言い方かもしれませんけれども、日本が大災害を経験した直後だと直接心に響いてくるものがありますね。

岡本　深い言葉ですよね。詩人で小説家の清岡卓行さんが、那珂さんの『始皇帝』の核の部分について、「巨大な叙事性と虚無」だと書いておられましたが、今回、そうした根源的で斬新なテキストの言葉と、観世銕之丞さん、山本東次郎さん、宝生欣哉さんをはじめ、能界の実力者の方々の卓越した芸、演技、身体性が切り結び、響き合って、そこで能の本質的な構造が浮かび上がり、そして同時に、少しでも新たな能の可能性を探ることが出来ましたらと思っています。

小田　現代能『始皇帝』の舞台、楽しみにしております。

（初出：『能楽タイムズ』第七四三号　二〇一四年二月一日）

10

ジャンル未分化のゼロ地点からの創造

出席者

岡本 章
鶴澤 久
小田幸子（聞き手）

小田　シアターアーツでは、舞台関係者をゲストに招いて創作活動について語ってもらう「シアターアーツ・オープンカフェ」を開催しています。今回は、この春二〇一三年三月、前衛的なスタイルで『オイディプス』を上演された錬肉工房主宰の演出家・岡本章氏、同作品に出演された能楽師・鵜澤久氏をゲストにお招きしました。六〇年代演劇の一つのキーワードである「身体性」の問題を中心に、意識的に取り組んでこられたお二人の創作活動についてお話を伺います。

六〇年代演劇からの流れ

岡本　錬肉工房というと、何か筋肉を鍛えたマッチョな俳優の舞台をイメージされるかもしれませんが、もちろん、全くそういうものを目指したわけではありません。言うまでもなく身体性の探求はずっと続けてきましたが、実はこの名称は、アントナン・アルトーの『演劇とその分身』からきています。私が演劇を始めた一九六〇年代後半に、演劇書のバイブルのように読まれていたのがこの本で、その中に「錬金術的演劇」という論があります。それを読んで私の中で動くものがあり、大きな手掛かりになった。当時、特別に錬金術に思い入れがあったわけではありませんが、近代科学は、物心二元論で物質と精神を二分化してしまったけれど、錬金術に携わる人達が、物質と精神、存在の変容とをつなげて考えていたことは知っていました。それでアルトーの演劇と錬金術を結びつけて、物質と精神をはじめ様々な二項対立に揺さぶりをかけ、消滅、融合させ、演劇の中に危険な力を見ようとしている眼差しに刺激を受けたのだと思います。そこからさらに言葉と身体、自己と他者、自己と社会などの二分化の問題、その関係性の変容、ラディカルな捉え返しの課題にも展開していくわけでして、そこで一九七一年に劇団を創設した時に、肉体の錬金術ということを考えて、錬肉工房と名付けました。

小田　様々なジャンルの方と共同作業をしていくというのは、坩堝の中から変容して新しいものを作るというイメージからきているのかもしれないですね。

岡本　いつも根底にその発想がありますね。

小田　私は一九七四年に『須磨の女ともだちへ』という作品で岡本さんの舞台を初めて観ました。能や現代詩をコラージュした作品ですが、ツギハギした不自然さは全くなく、断片が響き合うことで、新しい演劇が生まれていることに驚きました。岡本さんは、よく複数のテキストを組み合わせた構成台本を使われます。この作品は岡本さんの作品作りの原点ではないかと思いますが、いかがですか？

岡本　そうですね。『須磨の女ともだちへ』と『アメリイの雨』という作品を連作でやって、方法論的に自分としては、テキストの問題や演技、身体性の課題について一つの方向性が見えた、つかめたと感じたところがありました。観世寿夫さんや鈴木忠志さん、扇田昭彦さんなど、様々な方が観て下さって、扇田さんなんかも高く評価して下さって、四つか五つの雑誌に批評を書いていただき励み、出発点になった公演です。

『須磨の女ともだちへ』は、那珂太郎さんという現代詩の第一人者の方の詩作品を中心にして、能『松風』のテキストをはじめ、いろんな文章、文献から引用し構成して、一つの作品にしました。能のテキスト、謡曲では和歌をはじめ様々な引用で構成されていますが、当時活動の初期から、能を捉え返し、現代に開いていくという問題意識がありましたので、テキストのレヴェルでも挑戦し、その現代化をそこで試みました。能『松風』の構造を枠としながら、詩や小説、ドキュメンタリーなど多様な言語素材を引用、構成し、同時に演技の課題とも絡めて、言葉と身体の関係性を丁寧に探ってみました。

小田　八〇年代に入ると、一九八一年に千葉県柏市にアトリエを設け、八二年に十周年記念公演で『水の鏡』を上演して、八三年に再演しています。そして八九年に発表した『AYAKO　SEKIGUCHIのための「姨捨」』から「現代能楽集」の試みというシリーズが始まります。ここで「現代能楽集」という言葉が出てきます。岡本さんは、これまで十二の「現代能楽集」の作品を作られていますが、新作能もあり、ギリシャ劇やハイナー・ミュラーのテキストも使うといった形で、テキストも非常に多様性がありますす。そういったものを現代能としてまとめていく時はどんな意識で作業しているのでしょう。また岡本さんとしては「現代能楽集」の作品と他の作品では何がどう違うのか。現代能の条件をどのように考えているのでしょう?

岡本　この「現代能楽集」というシリーズも、二十年以上持続してやってきたので、いろんな展開がありました。八一年に柏にアトリエを構えて、そこで言葉と身体の関係性のラディカルな作業や、じっくりと演技や身体性の課題を問い直す試みを積み重ねましたが、八九年からこのシリーズを始めました。先程も少し話しましたように、活動の初期から能を射程に入れていて、実は「現代能楽集」という名称で作業したいと思っていましたが、テキストだけでなく、能の演技や身体性の課題にも挑戦したかったので、そんなに簡単にできるものではなく、準備に二十年近くかかったということですね。私の演出作品は、その多くがどこかで能と関係しているところがあると思いますが、「現代能楽集」のシリーズと、そうでないものの区分けは、結構はっきりしています。具体的には能・狂言の演者に作業に参加してもらうか、能舞台を使用するとか、直接能に関係するところがある作品を「現代能楽集」に入れています。

そこで「現代能楽集」、現代能と呼ぶための条件なんですけれども、まず言うまでもなく、能を現代に開き、活かしていくということがある。そして、その時にテキストだけでなく、能の演技、身体性の問題についても的を絞って取り組んでいます。これは少し大きな課題になるのですけれど、背後に日本の近代化に伴う特殊性、「伝統と現代の断絶」の問題があるわけでして、それをどのように捉え返すかということを考えてきました。そしてご承知のように、日本の伝統演劇の伝承の重要な特色は、テキストだけではなく、演技や演出が堅固な型、様式として残されてきているわけです。そこで伝統と現代の二重構造の問題を対象化し、捉え返すためには、なかなか大変ですが、やはりどうしても伝統演劇の演技や身体性を射程に入れる必要があると思われます。だからこそ能の演者にも参加してもらっている。また次に重要なのは、その時に能以外の、現代演劇、舞踏、ダンス、現代音楽、現代美術、現代詩などの多様なジャンルの表現者との共同作業の場を設えるということがあります。それは、その作業が能を現代に活かすと同時に、さらに現代の表現としても斬新なものとして息づくことが目指されているわけでして、そのための共同作業の場をどのように設えるか、これが一番の要かもしれません。私もいろいろな共同作業をやってきましたが、それぞれのやってきた技芸を寄せ集めると結構計算できて、すぐ作れますが、どうもつまらない。縮小再生産になってしまう。そこで私は、毎回、各自がやってきたことから一度離れて下さいといって、飛び飛びですが、半年とか一年とか長期間一緒に共同作業をしてもらっています。なかなか難しい課題ですが、その中でそれぞれのジャンルが分化する前の、根元のゼロ地点に戻ってもらう。ある瞬間、それが実現してくると非常に面白い。思いがけない新鮮な表現、関係性がそこで生み出されてくるわけでして、そうした場で初めて、先程の「伝統と現代の断絶」の大きな課題なども、具体的に探ることが可能になってくるのではないかと考えています。

小田　能役者との共演が重要な意味を持つということですね。能役者との共演は一九九〇年の『水の声』からでしょうか。浅井文義さん、粟谷能夫さん、櫻間金記さん（当時、瀬尾菊次）の三人が加わった作品です。

岡本　「現代能楽集」の第一作目の公演となった『AYAKO SEKIGUCHIのための「姨捨」』を、能シテ方の流派を超えた集まりである「三鈷の会」の方々が観られたんですね。この作品は、能舞台を使用して、能の老女物の秘曲といわれている『姨捨』に錬肉工房が取り組み、挑戦したものですが、面白く見られ刺激になったようで、皆さんの方から一緒に共同作業をしたいという話がありました。お三人とも良く知っている方々でしたので、「それじゃあ折角ですから、手の内の技芸の寄せ集めではないことをやりますが、いいですか？」と言って始めました。そこでその時に、能の構エや運ビ、摺り足、謡といった様式や技法を、方法的に一度離れてみるという難しい課題に挑戦してもらいました。この作品は、現代演劇、能、音響彫刻、コンピュータ音楽といった多様なジャンルの共同作業になりましたが、共通の課題として、〈即興性〉、〈偶然性〉、プロセスの問題に的を絞りました。音響彫刻は、美音子グリマーさんという美術家が創られた、氷結された小石が溶け落ち、その下に仕組まれた水面や竹、ピアノ線を美しく響かせる音の出る彫刻で、それを舞台全体の進行を取り仕切る囃子方の役割に据え、一番の基準にしました。その偶然性に満ちた音との緊張関係の中で、演技が展開するように演出しましたので、演者の皆さんは、深い集中で音に耳を澄ませて、刻々間合いをはかりあいながら取り組んでいました。能は堅固な様式に守られ、型通り行われている印象がありますが、実はそこでメトロノーム的な拍ではない伸縮可能な時間性、自在で充実した「間」が生きられている。そこには、ある種の本来的な意味での即興性があるんですね。私の現代能の問題意識、演出の方向性は、そうしたそもそも能が持っている本質的な構造を、方法的にさらに徹底、拡大してみる。そしてそれをゼロ地点の共同作業の場で受け止め直し、捉え返してみる。そこから能の本質的な構造がより鮮明に浮かび上がるとともに、「現在」に根差した思いがけないスリリングで自在な関係性、表現のあり方が生み出されてくるということも出てきました。

能面を舞台上で外した『ハムレットマシーン』

岡本　それから、その後一九九八年に『ハムレットマシーン』を上演しました。ハイナー・ミュラーの問題作ですが、この作品を読んで何か能につながってくる、非業の死者たちの声のようなものを感じました。テキストはモノローグの断片の集積で、冷ややかで空無化された世界ですが、その中に「熱」のようなものがあり、鼓舞され、挑発されるところがありました。ギリシャから始まり、二十世紀の東欧の現実まで、戦争、暴動、革命の中で死んでいった様々な非業の死者たちの声、視線が作品の深い所に潜んでいて、「熱」のようなものになっているように思えたんです。能にももちろんそうした死者たちの声が満ちているわけでして、そこで能の演者にも参加してもらい、ドイツ語朗唱、能、現代演劇の共同作業という形で取り組み、「現代能楽集」のシリーズの一作としました。その中で、能の櫻間金記さんに若い女面をかけ、オフィーリアの役をやってもらう場面がありました。櫻間さんは、様式化された能の語りや謡とは違った、もう一つ根元の新鮮な響き、声で語っていましたが、その時私もコロスの役で出ていて、一緒にゆっくりと舞い終えた後、背後から忍び寄り、舞台上でその能面を突如剝ぎ取るということがありました。もちろん、能役者にとってどれだけ能面が大事なものかは知っているわけで、何回かお願いしてやっと本番の直前に実現しました。「六百年の肉付きの仮面が割れた瞬間に立ち会ったような衝撃が走った」という評もありましたが、能は能面を付けることで日常性を超える回路を持っています。能面を剝ぎ取ることで、その回路、枠組み自体にもう一度揺さぶりをかけ、さらに根底の存在の、共同作業の場所に戻ってみたかったんですね。その時、こちらの私の顔の皮膚もベリッと引き剝がされる感じがあり、不思議な恐怖と昂揚があって、オフィーリアであり、ハムレットであり、また様々な非業の死者たちの呪詛の声、何か無垢なものが、そこに立ち上ってくるようでした。

小田　面を取った時に、変な言い方ですが、生まれたての老人といいますか、これ以上むき出しにできないものが生まれてきた印象を持ちました。『ハムレットマシーン』は言葉が解体されているので、そういう意味では岡本さんの構成台本の言葉の一つ一つが担っている射程とか歴史が長い。そうしたところで現代能ということを感じます。

岡本　そうですね。『ハムレットマシーン』の持つアクチュアルな課題、濃密な意味を、現在の日本の状況の中でどのように受け止めるのかということを、能も含めた日本の文化の水脈を踏まえながら、少しでも問い直してみたかった。それはまた、もちろんテキストレヴェルだけではなく、演技や身体性の問題を大事にして、「伝統と現代」の課題を捉え返し、探ってみたとも言えると思います。単に伝統、古典演劇の型や技芸、構造を使うとか、そこに回帰するとかではないんですね。

鵜澤久という能楽師の特性と錬肉工房の出会い

小田　鵜澤久さんは数少ない女性の能楽師として第一線で活躍されていますが、女性能楽師というのは特別な存在ではないかと私は思います。まず一度自分の生身の女性の身体を封印して、男の能楽師が持っている演技術を身体化していく過程があるのではないか。性を越境する、往還していくということについて、役者として、役柄として男以上に意識せざるを得ない。鵜澤さんはその点について非常に意識的だと思います。鵜澤さんの能は、とにかくキレが良いのと、男の声か女の声か判断つかないような強さに特色があります。ご自身で男性でも女性でもない「能役者」という身体を構築してきたと思うのですが、さらに、奥にかくれていた鵜澤さん本来の女性性が舞台にかいま見えた時にとても面白い。そうした特殊な能役者が岡本さんの現代能作品に出会って、役者としてどんな展開をしていくのか非常に興味があるのですが、岡本さんの作品に出演するようになったのは何かきっかけがあったのですか?

岡本　昔からよく存じ上げていて、舞台も拝見していますし、私の作品も、初期の頃からご覧いただいています。

鵜澤　岡本さんがずっと能との接点、そして能ではないけれど現代演劇の中で能を活かそうと模索して戦って、一つ一つの作品を作ってらっしゃるというのは拝見しながら感じてきました。それは普通の新作能のようにわかりやすい形ではないのですが、それが『月光の遠近法』を観た時に、岡本さんが能の作品を作ったとはっきり感じました。そうしたら小田さんも同じようなことを話していて、これは能ではないけど間違いなく能だ、という感覚がしました。

岡本　これは二〇〇五年に上演した作品です。現代詩人の高柳誠さんにテキストを書いていただき、現代演劇と舞踏、現代詩との共同作業で、能の方は参加しておられませんので「現代能楽集」のシリーズには入れていませんが、夢幻能を図式的な構造ではない形で舞台化でき、こちらとしても手応え、展開があった公演です。それでですね、大分前から鵜澤さんとは一緒に作品を作りましょうと話していましたが、あまり思いつきみたいなことではやりたくなかったので、じっくり機会を待って二〇一二年に、現代能『春と修羅』に出演していただいた。それは私共の四十周年記念公演でもあったのですが、宮沢賢治の世界を物語世界の再現という形ではなく、詩集『春と修羅』を中心に、童話、戯曲、書簡などの断片を再構成し、現代能として作品化しました。賢治の世界は、生と死、過去と現在、虚構と現実が自在に交錯し、また人間と動物たち、木や石や月あかりたちが直接交わり、戯れるわけで、これは能、特に夢幻能の劇的世界とつながっている。それで是非鵜澤さんに出ていただこうとお願いしました。それとともにこの作品は、能、現代演劇の女性の演者だけで上演したのですが、賢治の世界、宇宙と、女性の自在で生命感溢れる声や身体性とは響き合う所があるはずで、それを一つのを手掛かりにして上演したかったので、鵜澤さんにお力をいただければと、出演をお願いしました。

鵜澤　声をかけていただいて嬉しかったですね。岡本さんの目指していらっしゃる舞台作りというものに共感するところがありましたから。能の形を使って何かをやるというのは、もう今では色んな形でコラボレーションとしてやられています。私にはそれはまがい物としか思えなかったのですが、岡本さんは全然そうではない形で何かを作ろうとしている。そういう根源的なところでの能の捕まえ方というものに非常に共感していたので、声をかけていただいてとても嬉しかった。自分の年齢的にも今、そういうことをやりたいということにもちょうど合致したし、岡本さんのところで呼吸、声、身体みたいなものをもう一回自分でも洗い直したいということがあって、とてもいいタイミングで声をかけていただいた気がします。私自身は常に女なんか能をやるべきじゃない、という声を引きずりながら生きてきたので、人前で能楽師ですと名乗るのもはばかられるような感覚を持っていました。平成一六年（二〇〇四年）に重要無形文化財総合指定の保持者にならせていただいたことが、社会的に認められたということで、私にとってはそこがきっかけになって、じゃあその先どうしていくか、ということになっています。今回こういう出会いがあって、自分のやっていることの洗い直しみたいなことにもなって、自分が持っていること以上のことを要求されて、それが今後の能の表現に結びついていくと本当にありがたいと思って、『春と修羅』『オイディプス』をやらせていただきました。

小田　『春と修羅』に出演された直後に、鵜澤さんが能の『殺生石』のシテを演じられたのですが、前シテの第一声「なう、その石の辺へな立ち寄らせ給ひそ」という、そこの声が今までの鵜澤久にはないすごみがあった、ということをある能評論家が書いていました。岡本さんの芝居に出演する過程で鵜澤さんの声に何か変化があったのでしょうか？

鵜澤　呼びかけにもいろいろありますが、あれは「Must not」みたいな、「その石に近寄るな」という強い呼びかけです。その呼びかけの時に最初の「なう」の時に、英語の「No」というニュアンスが自分の中にあることに、自分でびっくりしました。岡本さんのところで言葉を解体するという作業をしていて、言葉というものは表面的な意味の伝達を軸にしてしまうと駄目で、一度それを切断すること、という話をさんざん聞いて、やっていたからかもしれません。それから自分でもびっくりするくらい開放的な声が出た。それと絶対近寄るな！　と言っているのが非常に上手くいったようで、その力強さが能楽堂中に響き渡ってすごかったと評論家の方が書いて下さいました。

岡本　私の稽古場では、例えば「わたし」という言葉があったら、「わ・た・し」と一つずつ切断して発語するように、まずやってもらっています。言葉の意味、概念を一度切断、解体して音のレヴェルにまで戻ってもらう。それを通して言葉の深層の意味が生成されてくる、発生の現場に立ち戻ってもらいたいと思っているわけです。こうした作業は活動の初期から、言葉と身体の関係性の捉え返しとして、ずっと探ってきました。その時大事なのは、単に言葉を区切って喋るのではなく、破裂音というのですが、激しい呼吸作用を伴って切断していく。「パ」とか「マ」とかいう破裂音（閉鎖音）は、パパ、ママ、マンマなど、人間の言語獲得の一番最初のもので、また言語喪失においても最後まで残ると言語学で言われています。生命的なものと結びついた、非常に根源的な音声、発声であるわけです。そうした深層の言語領域に戻って、そこからもう一度「わたし」と音が結びつき、発語されてくると、単に表層の意味伝達ではない、多様で重層的な意味の生成を担った発語となってくる。破裂音は、一旦、呼吸を止めることで内圧が高くなり、非常に身体性の強い音となってきます。能の発声の根元には、こうした破裂音があるのですが、それをもう一度、徹底して捉え返してみたとも言えます。鵜澤さんに出演していただいた時も、さんざんやりましたね。ご苦労をかけましたけれど、鵜澤さんは興味を持って、面白がって意欲的に取り組んでおられました。そうした作業が、能に戻って活かされ、展開されたと聞くのは、何より嬉しいですね。

鵜澤　能というのは若い時には師匠から習うけど、ある程度いけば自分で型付けというのがあって、そこに全部演出ノートも書いてある。それを自分なりに立体にして、師匠に見てもらう、ということをやっていく。そういう作業と岡本さんのところでやる作業は、同じものがありました。最初は演出家である岡本さんがあれやりなさい、これやりなさいと指示するものだと思って稽古場を訪ねたのですが、そしたらいきなり「はい、鵜澤さんやってください」と言われて（笑）。「はあ？」と心の中では思ったけど、それは見せちゃいけないと思って、ちょっと音楽が入っていたことも助けになって、勝手なことをやらせていただくことが毎日続きました。昨日やったことをまたやってもつまらないし、何か新しいことをその都度やることが自分の経験にもなると思ったし。かといって、何をやればいいのか、演出家が指示するわけでもない。能は台本が決まっていて、所作が全部決まっている中で作っていきますが、何もないところから作っていくのが現代劇なんだと改めて感じました。さらにびっくりしたのは、役が公演間際までなかなか決まらない。毎日役を変えるので、台本を全部完璧に覚えていないといけないと言われて。その中で作り上げていく作業は本当にドキドキする作業でした。岡本さんが、「そこ立ってないで座って下さい」「そっちからこっちに来て下さい」と、やっと演出がつき始めたのが、半年以上稽古しましたが公演の一ヵ月前でした。

岡本　私も長く演出に携わってきましたし、また一つの作品を創る時には、もちろん事前にいくつもプランを持っているわけです。ああして欲しい、こうして欲しいということは山ほどあるのですが、私の方も辛抱をしているんですね。演者の方々に、一度、手の内の技芸を離れてゼロ地点に戻って、言葉と身体の関係性を丁寧に探り直してもらう。私の方も、出来るだけ自分のプランから離れて、その時に白紙の状態で耳を澄まし、立ち合ってみたいわけです。その中から、ある瞬間思いがけない新鮮な声、動きが出てくる。作業の現場が、そうしたゼロ地点に戻り、立てるようになってくると生き生きと動き出し、始まってくるんですね。そこまでは、お互いに辛抱もいるし、大変なんですが、もちろん、手掛かりになるいろんな補助線も引き、具体的に投げかけて、やってもらってもいます。それは先程の破裂音などの呼吸の問題や、身体の強度、中心点を探っていくといった作業ですが、皆さんやはり面白いようで、興味を持って取り組んでおられます。もちろんせりふは言うまでもなく呼吸が基本ですが、伝統演劇では、「息」とか「間」が大事にされ、その探求もいろいろされてきています。腰や肚、息の詰め方といった伝統演劇の身体技法を変に神秘化することなく、徹底して対象化し、音声表現や動きの原理的な筋道を抽出していく。そのことは能などの伝統演劇の演者にとっては、自分たちの型、様式や身体技法を自覚的に捉え返し、芸の深奥を体得していく手掛かりになるでしょうし、また、一方ほとんどそうした身体技法、メソッドを持たない現代演劇の俳優にとっても、新たな演技のあり方を探る重要な手掛かり、可能性として導入できるはずだと思います。

現代能の最新作『オイディプス』

小田　今年三月に上演された『オイディプス』は台本を高柳誠さんが書かれた作品ですが、特色としてはオイディプスとイオカステが死者として登場してきて、もう一回過去を生きるという夢幻能的な構成になっています。鵜澤さんも出演されましたが、『春と修羅』の時は賢治になったりトシになったり、あるいは童話の人物になったり、主体が移り変わる点は、ある意味で夢幻能と近しい気がしますが、逆にイオカステという個人の女性の台詞を言うのは、ちょっと大変ではなかったですか？　特に夫を殺した実の息子と結婚していた事実を知るという、大きな感情の高ぶりの中で泣き叫ぶシーン、自分の外に向かって感情を発散させる演技があって、それは能では馴染みのないものだったと思います。能では内部の荒れ狂った状態があっても、それを外に向かって出す時の演技は抑制されている。その辺りの作業について伺いたいです。

岡本　鵜澤さんの演技は新鮮でしたね。もちろん現代演劇風ではなくて、能の演技の集中を持ちながらも、感情の発散があり、インパクトがありました。今回は、現代詩人の高柳誠さんに、死者からの視点で、新たにもう一度『オイディプス王』を捉え返した刺激的なテキストを書いてもらいました。それを全体の枠組みとして、その中でソポクレスの作品の後半、コリントスからの使者の場面以後をテキスト通り上演しました。夢幻能的な構造で構成しましたが、もちろんそれを図式的になぞるものではなく、演技、身体性の課題と絡めて取り組んでみました。全篇上演して筋を追っていく面白さもありますが、今回は、夢幻能的な死者の視点から『オイディプス王』の世界を見ることで、人間の格闘して生きてきた姿をより凝縮して捉え直すことができ、オイディプスの人生が、人間存在の真の自由と悲劇性が鮮明に立ち上ることがあればとやってみました。糸あやつり人形（田中純、塩田雪）、能（櫻間金記、鵜澤久）、現代演劇（笛田宇一郎、岡本章、北畑麻実）、現代詩（高柳誠）、現代音楽（細川俊夫）の、第一線で活躍する人々との意欲的な共同作業となりましたが、能の鵜澤さんには、イオカステの役で、新たな演技のあり方に挑戦してもらいました。イオカステが事態、真実を知り退場していく場面で、感情の高まりを演じてもらいましたが、それは現代劇的な感情表出ではなく、引きに引いた果てに出てくる叫びの声で、こちらも揺さぶられるものがありました。これまでにない新鮮な声、表現であるとともに、同時に能の根底に潜んでいる強度のある声、身体性がそこにはあり、またそこでゼロ地点に立たれて新たに挑戦されたのだと思います。運命と対峙するオイディプスの姿から、人間とは何なのか、人間存在の悲劇性、有限的生の真実が立ち上ってきますが、現在の我々にとっても同様に、震災があり、津波があり、原発事故があって、我々人間は気がついたら何とも無知だったということを思い知らされた。『オイディプス王』には非常にアクチュアルな課題が存在していると思います。現在の我々が生きている枠組みを根底から照らし返すようなところがある。そうした問題をもう一度問い直してみたいと思って、今回、このような試みを行ってみました。

小田　引き続き、岡本さん、鵜澤さんの活動に注目していきたいと思います。本日は有難うございました。

（初出：『シアターアーツ』第五七号　二〇一四年二月）

第7章

現代能『春と修羅』［撮影＝宮内勝］

資料集

The Cho
"Conter
Noh Perfo
T e W
Ren hik

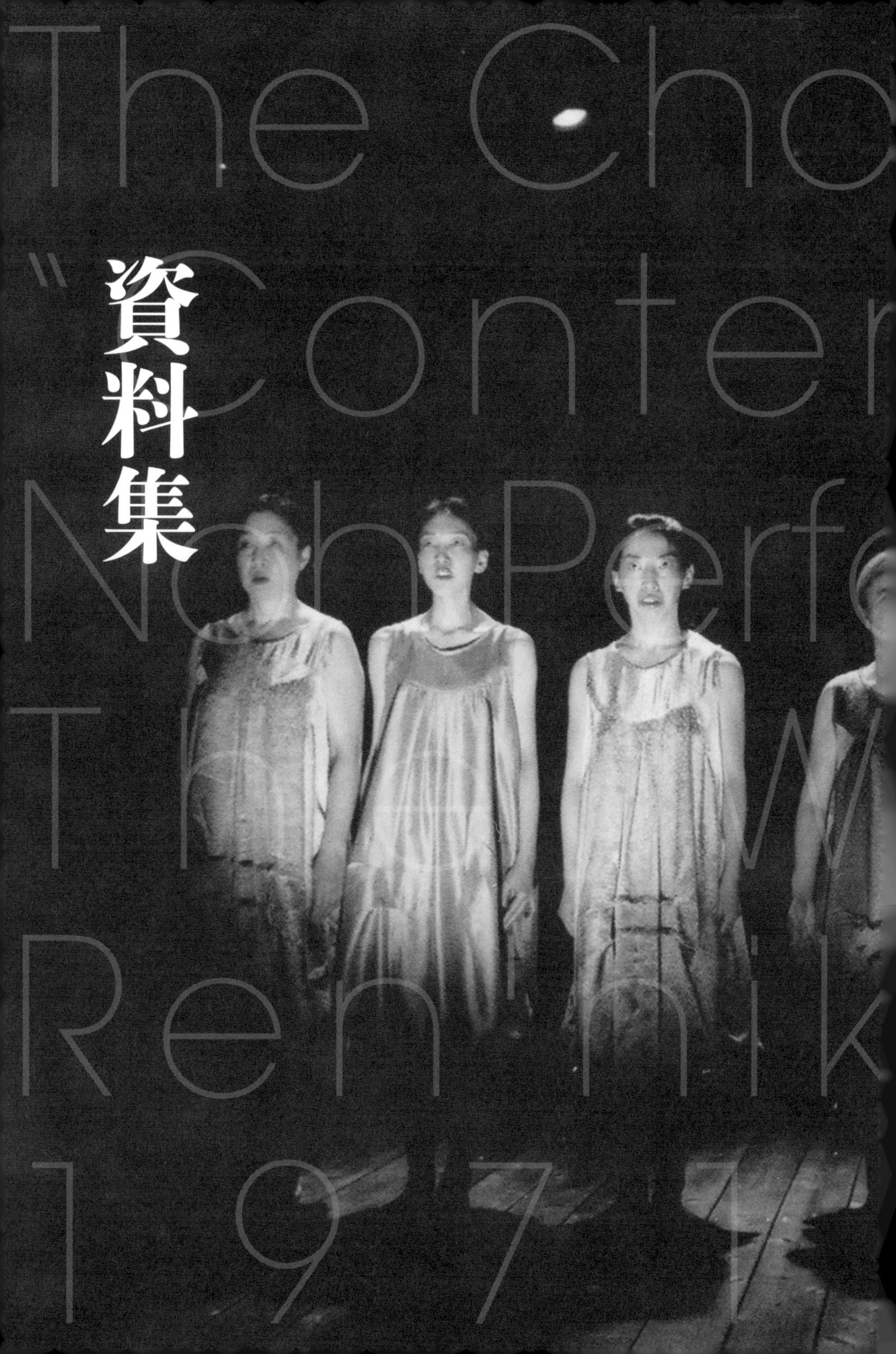

1　「現代能楽集」の連作一覧

1　『AYAKO SEKIGUCHIのための「姨捨」』

——フェデリーコ・モンポウ「沈黙の音楽」を中心に

構成・演出：岡本章　出演：関口綾子、岡本章、大木晶子、金子三郎、岩崎倫夫　音楽：藤枝守　主催：錬肉工房

シンポジウム「〈ことば〉のいのち、〈からだ〉の声—能のコスモロジーと身体性」

出席：大野一雄、観世銕之亟、高橋康也、那珂太郎、渡邊守章、岡本章

一九八九年十一月　銕仙会能楽研修所

2　現代能『水の声』

——能「鷹姫」によるヴァリアント

構成・演出：岡本章　出演：関口綾子、浅井文義、粟谷能夫、瀬尾菊次、大木晶子、他　音響彫刻：美音子グリマー　コンピュータ音楽：藤枝守　主催：錬肉工房
一九九〇年　九月　錬肉工房アトリエ
一九九〇年十一月　銕仙会能楽研修所
一九九一年　六月　青山円形劇場、梅若能楽学院会館（二十周年記念公演）

3

『井筒・AM BRUNNENRAND』

作：世阿弥　構成・演出：岡本章　出演：関口綾子、川手鷹彦、岡本章、長谷川功　音楽：藤井孝　主催：錬肉工房
一九九二年十二月　錬肉工房アトリエ

4

『〈春と修羅〉への序章』

作：宮沢賢治　構成・演出：岡本章　出演：関口綾子、浅井文義、瀬尾菊次、岡本章、長谷川功　音楽：藤枝守　主催：錬肉工房
一九九三年　三月　錬肉工房アトリエ

5

現代能『紫上』

作：深瀬サキ　構成・演出：岡本章　出演：野村万蔵、浅見真州、浅井文義、他　音楽：藤枝守

主催：橋の会
一九九七年　十月　新津市美術館
一九九八年　三月　国立能楽堂

6

現代能『無』

構成・演出：岡本章　出演：大野一雄、観世榮夫、他　音楽：三宅榛名　美術：島次郎　照明：服部基　衣装：緒方規矩子／大野悦子　主催：Ｂｕｎｋａｍｕｒａ
一九九八年　六月　シアターコクーン
一九九八年　七月　イタリア・サンタルカンジェロ演劇祭

7

『ハムレットマシーン』

作：ハイナー・ミュラー　演出：岡本章　出演：瀬尾菊次、川手鷹彦、岡本章、長谷川功　音楽：藤井喬梓　美術：島次郎　照明：山口暁　音響：須藤力　主催：錬肉工房
一九九八年　十月　世田谷パブリックシアター
二〇〇三年十一月　麻布ｄｉｅ　ｐｒａｔｚｅ

8

現代能『ベルナルダ・アルバの家』

作：ガルシア・ロルカ／水原紫苑　構成・演出：岡本章　出演：観世榮夫、山本順之、瀬尾菊次、新井純、鈴木理江子、千賀ゆう子、友貞京子、横田桂子、上杉貢代、他　音楽：藤枝守　美術：島次郎　照明：山口暁　音響：須藤力　主催：神奈川芸術文化財団
二〇〇二年　二月　テアトルフォンテ　三月　横浜能楽堂

二〇〇八年　九月　錬肉工房アトリエ

9

現代能『始皇帝』

――テキスト・リーディングの試み

作：那珂太郎　演出：岡本章　出演：梅若六郎、観世榮夫、宝生閑、山本東次郎、櫻間金記、他　主催：能楽座

二〇〇三年十二月　国立能楽堂

10

『バッカイ』

作：エウリピデス／高柳誠　構成・演出：岡本章　出演：田中純、櫻間金記、笛田宇一郎、美加理、結城一糸、他　音楽：細川俊夫　美術：島次郎　照明：山口暁　音響：須藤力　主催：江戸糸あやつり人形座

二〇〇九年　十月　明治学院大学アートホール

二〇一〇年　二月　赤坂ＲＥＤ／ＴＨＥＡＴＥＲ

11

現代能『春と修羅』

作：宮沢賢治　構成・演出：岡本章　出演：鵜澤久、古屋和子、横田桂子、北畑麻実、牧三千子、村本浩子、吉村ちひろ　美術：島次郎　照明：山口暁　音響：須藤力　主催：錬肉工房

二〇一一年　十月　明治学院大学アートホール（アートホール版）

二〇一二年　三月　赤坂ＲＥＤ／ＴＨＥＡＴＥＲ（四十周年記念公演）

12

『オイディプス』

作：ソポクレス／高柳誠　構成・演出：岡本章　出演：櫻間金記、田中純、笛田宇一郎、鵜澤久、塩田雪、岡本章、北畑麻実　音楽：細川俊夫　美術：島次郎　照明：山口暁　音響：須藤力　主催：錬肉工房
二〇一三年　三月　上野ストアハウス
二〇一五年　三月　座・高円寺2

13

現代能『始皇帝』

作：那珂太郎　演出：岡本章　出演：観世銕之丞、山本東次郎、宝生欣哉、柴田稔、小早川修、他　主催：錬肉工房
二〇一四年　三月　国立能楽堂

14

『西埠頭／鵺』

作：ベルナール＝マリ・コルテス／世阿弥　構成・演出：岡本章　出演：上杉満代、笛田宇一郎、横田桂子、岡本章、川根隆伸、牧三千子、村本浩子、吉村ちひろ　美術：島次郎　音楽：曾我傑　主催：錬肉工房
二〇一七年　三月　上野ストアハウス（四十五周年記念公演）
二〇一七年　六月　明治学院大学アートホール

2

錬肉工房
活動公演年譜
一九七一―二〇一七

一九七一年

錬肉工房を結成する（八月）。

早稲田大学六号館五階アトリエ。

十一月七日、東大の劇団よりの競演の申し出を受け、駒場祭において、『聖・女郎花のための序章』を上演、屋外広場にて、〈死と再生〉の儀礼をモチーフにした舞踏行為を行う。

『聖《セイント》・女郎花《おみなえし》』

錬肉術第壱番公演　十一月二十八～三十日　早稲田ＪＡＺＺ　ＳＰＯＴ「ＴＡＫＥ－１」
作・構成：岡本章、長谷川功　演出：岡本章
出演：岡本章、長谷川功、関口綾子、中沢孝夫、樋高秋穂
スタッフ：山口克博、杉山恵治、武原恵子、浜本良子、森充子、成沢勝、吉田俊幸、他

主催：錬肉工房

一九七二年

五月、機関誌『錬肉術』第壱号発刊。

『物忌姦《モノイミカン》』

錬肉術第弐番公演　十月十〜十三日　六本木自由劇場
作：岡本章、長谷川功　演出：岡本章
出演：岡本章、長谷川功、関口綾子、中沢孝夫、土岐政彰、今村元信、竜村修、他
主催：錬肉工房

一九七三年

四月、事務所・稽古場を千葉県松戸市北松戸に移す。
六月二十日、機関誌『錬肉術』第弐号発刊。

『たゆたふたん』

錬肉術第参番公演　七月二十六〜二十九日　池袋シアターグリーン
作・構成：岡本章、長谷川功　演出：岡本章
出演：岡本章、長谷川功、関口綾子、中沢孝夫、土岐政彰、中村裕身子
主催：錬肉工房

一九七四年

『須磨の女ともだちへ』――那珂太郎詩集「音楽」を中心として（一）

錬肉術第四番公演　一月十五〜二十日　池袋シアターグリーン

作・構成：岡本章、長谷川功　演出：岡本章
出演：岡本章、関口綾子、長谷川功、土岐政彰、中村裕身子、長崎光孝、田村慶子
主催：鍊肉工房

『須磨の女ともだちへ・抄』

三月二十三〜四月一日　新宿アート・ビレッジ
出演：岡本章、関口綾子、土岐政彰、長崎光孝、田村慶子
主催：鍊肉工房

『アメリイの雨』の、幕間狂言の部分だけを抜き出した喜劇公演。
五月十八日　新宿アート・ビレッジ

『アメリイの雨』——那珂太郎詩集「音楽」を中心として（二）

鍊肉術第伍番公演　六月十二〜十六日　池袋シアターグリーン
作・構成：岡本章、長谷川功　演出：岡本章
出演：岡本章、関口綾子、長谷川功、土岐政彰、長崎光孝、田村慶子
主催：鍊肉工房

喜劇公演『無人島』、『新マッチ売りの少女』
八月十七、十八日　新宿アート・ビレッジ
作：岡本章、長谷川功　演出：岡本章

『音楽』

錬肉術第六番公演

其の壱『アメリイの雨』

改訂版公演　十月二～七日　池袋シアターグリーン

其の弐『須磨の女ともだちへ』

決定版公演　十月九～十四日　新宿アート・ビレッジ

主催：錬肉工房

一九七五年

『須磨の女ともだちへ・抄』

大阪公演　二月二十四日～三月一日　梅田スキャンダル

喜劇公演『便所《トイレット》のマリア』　四月三～六日　新宿アート・ビレッジ

作：岡本章、長谷川功　演出：岡本章

一九七八年

四月、「岡本演戯塾」を開塾。

第一期開講。特別講師は、大野一雄、那珂太郎、観世寿夫、渡辺守章、坂部恵、高橋康也、鈴木忠志、太田省吾、金杉忠男、小苅米晛、長尾一雄、甲野善紀、手塚俊一の各氏

一九七九年

岡本演戯塾試演会『暗い春』

三月十七、十八日　品川中村座

作・演出：岡本章

出演：金子三郎、大木至、林英樹、蒔苗昭三、村上世志則、大木晶子、佐藤文恵、酒井康子、高橋文子、林恵利子、森せい子

スタッフ：鈴木俊司、大地鉄也、阿曽朱、山本真弓

主催：錬肉工房

『うつせみ』――岡本章「霊老女」より

錬肉術第七番公演　九月十～十六日　品川中村座

作・構成：岡本章、長谷川功　演出：岡本章

出演：岡本章、関口綾子、長谷川功、金子三郎、蒔苗昭三、大木晶子、佐藤文恵、酒井康子

スタッフ：鈴木俊司、中村裕身子、村上世志則、林英樹、大地鉄也、高橋文子、林恵利子、森せい子

主催：錬肉工房

一九八〇年

『うつせみII』

錬肉術第八番公演　三月二十七～三十一日　池袋シアターグリーン

作・構成：岡本章、長谷川功　演出：岡本章

出演：岡本章、関口綾子、長谷川功、金子三郎、蒔苗昭三、大木晶子、佐藤文恵、酒井康子、大地鉄也、近藤重朗

スタッフ：鈴木俊司、中村裕身子、村上世志則、高橋文子、木嶋久美子、林恵利子、山田晃生
主催：錬肉工房

インプロヴィゼーション公演　No.1『演じられる身体』
五月三十一、六月一、八日　品川中村座
構成・演出：岡本章
出演：関口綾子、長谷川功、金子三郎、蒔苗昭三、大木晶子、佐藤文恵、他
主催：錬肉工房

一九八一年

四月、岡本演戯塾を、集団の営為により密着した形で展開するため、「錬肉工房附属岡本演戯塾」として、第四期開講。

錬肉工房トライアル（若手公演）No.1『暗い春・II』
六月二日　品川中村座
作・構成・演出：岡本章
出演：金子三郎、近藤重朗、梅津順次、粟原孝誠、大木晶子、佐藤文恵
主催：錬肉工房

一九八二年

十二月、新アトリエが千葉県柏市に完成し、事務所も移転する。

『水の鏡』

錬肉術第九番公演（新アトリエ柿落し、十周年記念公演）
五月一～十日　錬肉工房アトリエ

作・構成・演出：岡本章
出演：岡本章、関口綾子、長谷川功、金子三郎
スタッフ：鈴木俊司、村上世志則、大木晶子、佐藤文恵、高橋文子、梅津順次、蒔苗昭三、岩崎倫夫
主催：錬肉工房

一九八三年

『水の鏡』

錬肉術第九番公演（決定版再演）　二月五、六、十一、十二、十三、十九、二十日　錬肉工房アトリエ
作・構成・演出：岡本章
出演：岡本章、関口綾子、長谷川功、金子三郎
スタッフ：鈴木俊司、村上世志則、大木晶子、佐藤文恵、高橋文子、蒔苗昭三、岩崎倫夫、古谷孝裕
主催：錬肉工房

十二月二十五日、茨城県筑波のクリエイティブハウス「AKUAKU」のフェスティバルに招かれ、『水の鏡』のビデオ上映と、演劇シンポジウム（出席・岡本章、西堂行人、林英樹）に参加。

一九八四年

錬肉工房トライアル（若手公演）No.2『SWEET MEMORIES』
一月二十八、二十九日　錬肉工房アトリエ
作・構成・演出：岡本章
出演：金子三郎、近藤重朗、梅津順次、岩崎倫夫、大木晶子、佐藤文恵
主催：錬肉工房

『まぼろしのまりあんぬのころが…』

錬肉術第拾番公演　六月八、九、十、十六、十七、二十三、二十四日　錬肉工房アトリエ
作・構成・演出：岡本章
出演：岡本章、関口綾子、金子三郎、梅津順次、岩崎倫夫
スタッフ：鈴木俊司、長谷川功、中村裕身子、大木晶子、佐藤文恵、近藤重朗、高橋文子
主催：錬肉工房

錬肉工房AKUAKU公演『SWEET MEMORIES』

十二月十五日　筑波クリエイティブハウス「AKUAKU」
作・構成・演出：岡本章
出演：岡本章、関口綾子、長谷川功、金子三郎、岩崎倫夫
「AKUAKU」のフェスティバルに招かれ、十二月十五日、公演と公開ワークショップ「岡本メソッドの現在」。十六日、パフォーマンス&シンポジウム「即興をめぐって」（出席・岡本章、石井満隆、川仁宏、他）

一九八五年

アトリエで、じっくり腰を据えて、演戯の共同作業や、演戯・身体訓練メソッドの探求に取り組む。

錬肉工房トライアル（若手公演）No.3『真夏の夜想曲』
八月十日　錬肉工房アトリエ
構成・演出：岡本章
出演：金子三郎、岩崎倫夫、大木晶子、他

一九八六年

鍊肉工房トライアル　No.4『〈春と修羅〉への序章』
三月二十三日　鍊肉工房アトリエ
構成・演出：岡本章
出演：関口綾子、金子三郎、岩崎倫夫、大木晶子、藤本サエ子

若手中心に勉強会、試演会を多く行う。
アトリエにて夏季特別稽古（八月三〜十七日）
『インプロヴィゼーションの夕べ』　八月十七日　鍊肉工房アトリエ
出演：関口綾子、金子三郎、大木晶子、岩崎倫夫、藤本サエ子、吉村ちひろ、他

一九八七年

『木蓮沼』

鍊肉工房＋千賀ゆう子企画＋ジァン・ジァン提携公演
六月十九〜二十四日　渋谷ジァン・ジァン
作：石澤富子　構成・演出：岡本章
出演：関弘子、関口綾子、千賀ゆう子、富永由美、大木晶子、藤本サエ子
スタッフ：鈴木俊司、斉藤厚史、丹下一、谷地梨恵、梅津順次、岩崎倫夫、中村裕身子、秋山智子、三木弘次、横山恵美子、吉村ちひろ、他

『海へ…』——二つの戯曲と詩作品によるコラージュ

鍊肉工房アトリエ公演
十一月二十二〜二十三日　鍊肉工房アトリエ

一九八八年

構成・演出：岡本章
出演：関口綾子、大木晶子、梅津順次、岩崎倫夫、吉村ちひろ
主催：錬肉工房

アトリエの演戯の共同作業の積み重ねの発表、試演会を「作業」と名付け、連続して行う。

錬肉工房「作業」No.1『奥崎さんの彼方へ』
五月四日　錬肉工房アトリエ
出演：梅津順次、岩崎倫夫、大木晶子、吉村ちひろ
錬肉工房「作業」No.2『奥崎さんの彼方へ・II』
六月二十六日　錬肉工房アトリエ
出演：梅津順次、岩崎倫夫、金子三郎、大木晶子、吉村ちひろ
錬肉工房「作業」No.3『奥崎さんの彼方へ・III』
十月十日　錬肉工房アトリエ
構成・演出：岡本章
出演：金子三郎、梅津順次、岩崎倫夫、大木晶子、吉村ちひろ

一九八九年

錬肉工房公開稽古『我が心慰めかねつ……I』
五月二十七日　錬肉工房アトリエ
出演：岡本章、関口綾子、金子三郎、大木晶子、吉村ちひろ
錬肉工房公開稽古『我が心慰めかねつ……II』
九月二十三日　錬肉工房アトリエ
出演：岡本章、関口綾子、金子三郎、大木晶子、吉村ちひろ

「現代能楽集」のシリーズを開始する。

『AYAKO SEKIGUCHIのための「姨捨」』――フェデリーコ・モンポウ「沈黙の音楽」を中心に（「現代能楽集」の連作）

十一月二、三日　銕仙会能楽研修所
作・構成・演出：岡本章
出演：関口綾子、岡本章、金子三郎、大木晶子、岩崎倫夫
スタッフ：藤枝守、板谷静男、丹下一、鈴木俊司、長谷川功、中村裕身子、梅津順次、吉村ちひろ
主催：錬肉工房

十一月三日、公演に併行して、シンポジウム「〈ことば〉のいのち、〈からだ〉の声――能のコスモロジーと身体性」を銕仙会能楽研修所にて行う。

出席者：大野一雄、観世銕之亟、高橋康也、那珂太郎、渡辺守章、岡本章

一九九〇年

三月三日、岡本章、国立能楽堂の依頼で、能公開ワークショップ「シテの技法解剖」の構成、演出と解説。同時に、能シテ方の「三鈷の会」との共同作業で、『能「鷹姫」によるヴァリアントI』の演出を行う。

柏アトリエにおいて、様々な〈差異〉のネットワークを目指して、連続的にコラボレーション公演と講演会の試みを行う。

錬肉工房コラボレーションNo.1『〈うつし〉I』

六月九、十日　錬肉工房アトリエ
構成・演出：岡本章
出演：藤枝守、関口綾子、岡本章、金子三郎、大木晶子

錬肉工房講演会第一回『大野一雄　舞踏のことば』
六月十日　錬肉工房アトリエ
講演：大野一雄　対談：大野一雄、岡本章

錬肉工房講演会第二回『那珂太郎　詩・声・ことば』
九月九日　錬肉工房アトリエ
講演：那珂太郎　詩朗読：那珂太郎、岡本章、関口綾子

錬肉工房コラボレーションNo.2
『能「鷹姫」によるヴァリアントⅡ』
九月十二日　錬肉工房アトリエ
構成・演出：岡本章
出演：浅井文義、粟谷能夫、瀬尾菊次、関口綾子、大木晶子
スタッフ：鈴木俊司、長谷川功、中村裕身子、岩崎倫夫、梅津順次

『水の声』――能「鷹姫」によるヴァリアント
錬肉工房＋三鈷の会提携公演　十一月二十一、二十二日　銕仙会能楽研修所（「現代能楽集」の連作）
構成・演出：岡本章

出演：関口綾子、大木晶子、浅井文義、粟谷能夫、瀬尾菊次、美音子グリマー（音響彫刻）、藤枝守（コンピュータ音楽）
スタッフ：板谷静男、梅津順次、中村裕身子、鈴木俊司、丹下一、藤岡美奈子
十一月二十日、公演に併行して、銕仙会能楽研修所において、ワークショップ『能と現代芸術の接点』を行う。
構成・解説：岡本章
講演：坂部恵、レクチャーと実演：浅井文義、粟谷能夫、瀬尾菊次、岡本章

一九九一年

現代能『水の声』——能「鷹姫」によるヴァリアント

（錬肉工房二十周年記念公演・「現代能楽集」の連作）
六月十一、十二日　青山円形劇場　六月二十九日　梅若能楽学院会館
構成・演出：岡本章
出演：関口綾子、岡本章、大木晶子、浅井文義、瀬尾菊次、美音子グリマー（音響彫刻）、藤枝守（コンピュータ音楽）、福井正紀（映像）
スタッフ：板谷静男、坂井利徳、鈴木俊司、長谷川功、中村裕身子、金子三郎、梅津順次、他
主催：錬肉工房

錬肉工房講演会第三回『観世銕之亟　能の心と身体技法』
九月二十九日　錬肉工房アトリエ
講演：観世銕之亟　対談：観世銕之亟、岡本章

錬肉工房コラボレーションNo.3『〈うつし〉Ⅱ』

十月十二、十三日　錬肉工房アトリエ
構成・演出：岡本章
出演：藤枝守、関口綾子、岡本章、長谷川功
主催：錬肉工房

錬肉工房講演会第四回『高田宏　木に会う』
十二月一日　錬肉工房アトリエ
講演：高田宏　映画上映『べべ――朽木村針畑の生活記録3』（丸谷彰監督）座談会：高田宏、丸谷彰、岡本章

一九九二年

錬肉工房講演会第五回『高橋康也　演劇における時間』
三月二十二日　錬肉工房アトリエ
講演：高橋康也　対談：高橋康也、岡本章

錬肉工房講演会第六回『渡辺守章　テクストの身体性』
四月五日　錬肉工房アトリエ
講演：渡辺守章　対談：渡辺守章、岡本章

錬肉工房コラボレーションNo.4『HAPPY DAYS』
九月十三、十五日　錬肉工房アトリエ
構成・演出：岡本章
出演：山田せつ子、藤枝守、関口綾子、岡本章、長谷川功
主催：錬肉工房

一九九三年

鍊肉工房講演会第七回『市川浩　身体のコスモロジー』
九月二十三日　鍊肉工房アトリエ
講演：市川浩　座談会：市川浩、藤枝守、岡本章

鍊肉工房コラボレーションNo.5
『井筒・AM BRUNNENRAND』

（「現代能楽集」の連作）
十二月五、六日　鍊肉工房アトリエ
作：世阿弥
構成・演出：岡本章
出演：川手鷹彦、関口綾子、岡本章、長谷川功
音楽：藤井孝　演奏：岩亀裕子（フルート）
スタッフ＝照明：板谷静男、音響：梅津順次　衣装：中村裕身子　舞台監督：鈴木俊司　制作：大木晶子、金子三郎
主催：鍊肉工房

鍊肉工房講演会第八回『中村雄二郎　〈演劇的知〉と〈臨床の知〉』
十二月十三日　鍊肉工房アトリエ
講演：中村雄二郎　座談会：中村雄二郎、川手鷹彦、岡本章

鍊肉工房コラボレーションNo.6
『〈春と修羅〉への序章』

（「現代能楽集」の連作）
三月二十、二十一日　錬肉工房アトリエ
作：宮沢賢治
構成・演出：岡本章
出演：浅井文義、瀬尾菊次、藤枝守、関口綾子、岡本章、長谷川功
スタッフ＝照明：鈴木俊司、音響：梅津順次　衣装：中村裕身子　制作：大木晶子、金子三郎
主催：錬肉工房

錬肉工房講演会第九回『真木悠介　ワガウチ秘メシ異事ノ数』
三月二十八日　錬肉工房アトリエ
講演：真木悠介　座談会：真木悠介、岡本章、関口綾子

一九九五年

錬肉工房アトリエや都内のカルチャーセンターなどで、開かれた形で持続的にワークショップを行う。

一九九七年

新作能『紫上』

橋の会＋錬肉工房提携公演（新津市美術館開館記念）
十月二日　新津市美術館
作：深瀬サキ　構成・演出：岡本章
出演：野村万蔵、浅見真州、浅井文義、中村邦生、長島茂、柴田稔、小野里修、奥川恒治、鈴木啓吾、浅見慈一　囃子方：一噌仙幸、北村治、柿原崇志　後見：永島忠侈、清水寛二
スタッフ＝節付：野村万蔵、浅見真州　音楽：藤枝守　照明：服部基　舞台監督：鈴木俊司　制作：橋の会　主催：新津市文化振興財団

一九九八年

現代能『紫上』

橋の会＋錬肉工房提携公演（「現代能楽集」の連作）
三月六日　国立能楽堂
作：深瀬サキ　構成・演出：岡本章
出演：野村万蔵、浅見真州、浅井文義、瀬尾菊次、宝生欣哉、殿田謙吉、小野里修、柴田稔、奥川恒治、鈴木啓吾　囃子方：一噌仙幸、北村治、柿原崇志　後見：永島忠侈、清水寛二
スタッフ＝節付：野村万蔵、浅見真州　音楽：藤枝守　音響：坂井利徳　舞台監督：鈴木俊司　主催：橋の会

現代能『無』

（「現代能楽集」の連作）
六月五～七日　シアターコクーン
構成・演出：岡本章
出演：大野一雄、観世榮夫、瀬尾菊次、小野里修、三宅榛名（演奏）
スタッフ＝音楽：三宅榛名　舞台美術：島次郎　照明：服部基　衣装：緒方規矩子、大野悦子　音響：坂井利徳　舞台監督：鈴木俊司　演出助手：垣内友香里　主催・制作：Ｂｕｎｋａｍｕｒａ

現代能『無』

（錬肉工房ヴァージョン）
イタリア・サンタルカンジェロ演劇祭招聘公演　七月五、六日　イタリア・リミニ　ヴィッラ・トルロニア

構成・演出：岡本章
出演：観世榮夫、瀬尾菊次、永島忠侈、岡本章、長谷川功
スタッフ：荻原達子、山口暁、井田邦明、鈴木俊司

『ハムレットマシーン』

（「現代能楽集」の連作）
十月三十一日、十一月一日　世田谷パブリックシアター
作：ハイナー・ミュラー　演出：岡本章　訳：岩淵達治、谷川道子
出演：瀬尾菊次、川手鷹彦、岡本章、長谷川功　演奏：佃良勝、宇佐美陽一、江頭史雄
スタッフ＝音楽：藤井喬梓　舞台美術：島次郎　照明：山口暁　音響：須藤力　衣装：中村裕身子
能面制作：岩崎久人　舞台監督：鈴木俊司　演出助手：垣内友香里　主催・制作：錬肉工房

二〇〇〇年

『K——カフカと恋人たち』

韓国・華城国際演劇祭招聘公演
七月二十九〜三十日　韓国・水原
作：F・カフカ／阿部日奈子　構成・演出：岡本章
出演：上杉貢代、秀島実、サキ、岡本章、長谷川功
スタッフ：勝本みつる、山口暁、古谷美和、丹下一、鈴木俊司

『K——カフカと恋人たち』

九月十五〜十七日　錬肉工房アトリエ

作：F・カフカ／阿部日奈子　構成・演出：岡本章
出演：上杉貢代、秀島実、サキ、岡本章、長谷川功
スタッフ＝オブジェ・衣装：勝本みつる　照明：山口暁　音響：須藤力、古谷美和　舞台監督：鈴木俊司　主催・制作：錬肉工房

二〇〇一年

『カフカ』

（錬肉工房三十周年記念公演）
十月五～八日　シアタートラム
作：F・カフカ／阿部日奈子　構成・演出：岡本章
出演：上杉貢代、秀島実、サキ、岡本章、長谷川功
スタッフ＝オブジェ：勝本みつる　舞台美術：島次郎　照明：山口暁　音響：須藤力、古谷美和
衣装：中村裕身子　舞台監督：鈴木俊司　主催・制作：錬肉工房

二〇〇二年

現代能『ベルナルダ・アルバの家』

錬肉工房＋神奈川芸術文化財団共同企画（「現代能楽集」の連作）
二月二十三日　テアトルフォンテ　三月六日　横浜能楽堂
作：ガルシア・ロルカ／水原紫苑　構成・演出：岡本章
出演：観世榮夫、山本順之、櫻間金記、上杉貢代、新井純、鈴木理江子、千賀ゆう子、友貞京子、西山水木、森下真理、横田桂子、藤田るみ　演奏：柴野さつき、石川かおり、丸田美紀
スタッフ＝音楽：藤枝守　舞台美術：島次郎　照明：山口暁　音響：須藤力　衣装：中村裕身子
舞台監督：鈴木俊司　主催：財団法人神奈川芸術文化財団

二〇〇三年

企画展『伝統と前衛――鍊肉工房と岡本章の30年』

九月三十～十一月十九日　早稲田大学演劇博物館特別展示室

『ゴドーを待ちながら』

龍昇企画＋鍊肉工房共同企画公演
十一月十～十七日　プロト・シアター
作：サミュエル・ベケット　構成・演出：岡本章　訳：安堂信也、高橋康也
出演：龍昇、新健二郎、直井おさむ、米田亮、猪股俊明、吉田重幸、丹下一、山本政保
スタッフ＝照明：山口暁　音響：石井光夫　衣装：中村裕身子　舞台監督：鈴木俊司　舞台監督助手：川根隆伸、永瀬泰史　演出助手：北畑麻実　制作：畑中由紀子

『ハムレットマシーン』

（再演・ハイナー・ミュラー／ザ・ワールド参加）
十一月二十七～三十日　麻布die Pratze
作：ハイナー・ミュラー　演出：岡本章　訳：岩淵達治、谷川道子
出演：櫻間金記、川手鷹彦、岡本章、川根隆伸　演奏：佃良勝、渡瀬英彦、辺見康孝
スタッフ＝音楽：藤井喬梓　舞台美術：島次郎　照明：山口暁　舞台監督：鈴木俊司　衣装：中村裕身子　主催・制作：鍊肉工房

現代能『始皇帝』――テキスト・リーディングの試み

二〇〇五年

（「現代能楽集」の連作）
十二月二十三日　国立能楽堂
作：那珂太郎　演出：岡本章　節付・作調：能楽座
出演：梅若六郎、観世榮夫、宝生閑、山本東次郎、櫻間金記、梅若晋矢、清水寛二、西村高夫、柴田稔、角当直隆、馬場正基、山本泰太郎、山本則孝、山本則重、山本則秀
囃子方：藤田六郎兵衛、松田弘之、大倉源次郎、安福光雄、三島元太郎　主催：能楽座

『月光の遠近法』

三月十八〜二十一日　麻布die Pratze
作：高柳誠（「廃墟の月時計」より）　構成・演出：岡本章
出演：上杉貢代、笛田宇一郎、友貞京子、岡本章、川根隆伸、辻みち子
スタッフ＝舞台美術：島次郎　照明：山口暁　音楽：曽我傑　衣装：中村裕身子　舞台監督：鈴木俊司　舞台監督助手：國井聡、下川次郎、永瀬泰史　制作：北畑麻実、村本浩子　主催：錬肉工房

『女中たち』

錬肉工房＋龍昇企画共同企画公演
八月二十四〜二十八日　麻布die Pratze
作：ジャン・ジュネ　演出：岡本章　訳：渡邊守章
出演：猪股俊明、直井おさむ、笛田宇一郎、龍昇、山本政保
スタッフ＝照明：山口暁　舞台美術：長田佳代子　音響：須藤力、古谷美和　衣装：中村裕身子　舞台監督：鈴木俊司　舞台監督助手：國井聡、下川次郎、菊地大介　演出助手：北畑麻実　制作：龍昇企画、畑中由紀子

二〇〇六年

『風の対位法』

九月十五〜十八日　麻布die Pratze
作：高柳誠　構成・演出：岡本章
出演：上杉満代、笛田宇一郎、友貞京子、横田桂子、岡本章、戸田裕大
スタッフ＝舞台美術：島次郎　照明：山口暁　音響：曽我傑　衣装：中村裕身子　舞台監督：鈴木俊司　舞台監督助手：國井聡、下川次郎、菊地大介　主催・制作：錬肉工房

『月光の遠近法・抄』

十一月十二日　アミュゼ柏クリスタルホール
作：高柳誠（「廃墟の月時計」より）　構成・演出：岡本章
出演：上杉満代、友貞京子、岡本章
スタッフ＝照明：山口暁　音響：曽我傑　衣装：中村裕身子　舞台監督：鈴木俊司　主催：Job anアートライン柏実行委員会

二〇〇八年

『月光の遠近法』

（明治学院大学アートホール改修記念公演）
七月五〜六日　明治学院大学アートホール
作：高柳誠　構成・演出：岡本章
出演：上杉満代、笛田宇一郎、友貞京子、岡本章、川根隆伸、牧三千子
スタッフ＝舞台美術：島次郎　照明：山口暁　音楽：曽我傑　衣装：中村裕身子　舞台監督：鈴木

俊司　舞台監督助手：國井聡、茂木謙二郎　主催：明治学院大学文学部芸術学科・言語文化研究所

『ベルナルダ・アルバの家』
九月十九〜二十一日　錬肉工房アトリエ
作：ガルシア・ロルカ／水原紫苑　構成・演出：岡本章
出演：横田桂子、岡本章、北畑麻実、牧三千子、村本浩子
スタッフ＝音楽：藤枝守　照明：山口暁　音響：須藤力　衣装：中村裕身子　舞台監督：鈴木俊司
舞台監督助手：國井聡　制作：吉村ちひろ　主催：錬肉工房

二〇〇九年

『バッカイ』——アガウェ篇
十月十日　明治学院大学アートホール
作：エウリピデス／高柳誠　構成・演出：岡本章
出演：櫻間金記、田中純、笛田宇一郎、結城一糸、結城民子
スタッフ＝音楽：細川俊夫　照明：山口暁　音響：須藤力　衣装：中村裕身子　人形美術：塩川京子　舞台監督：鈴木俊司　舞台監督助手：國井聡、茂木謙二郎　主催：明治学院大学文学部芸術学科・言語文化研究所

二〇一〇年

『バッカイ』
（「現代能楽集」の連作）
二月二十七〜三月四日　赤坂RED／THEATER
作：エウリピデス／高柳誠　構成・演出：岡本章

出演：櫻間金記、田中純、笛田宇一郎、美加理、岡本章、結城一糸、結城民子
スタッフ＝音楽：細川俊夫　舞台美術：島次郎　照明：山口暁　音響：須藤力　衣装：中村裕身子
人形美術：塩川京子　舞台監督：鈴木俊司　舞台監督助手：國井聡、茂木謙二郎　主催・制作：江戸糸あやつり人形座

『女中たち』

九月二十四〜二十六日　錬肉工房アトリエ
作：ジャン・ジュネ　演出：岡本章　訳：渡邊守章
出演：横田桂子、北畑麻実、牧三千子、村本浩子、吉村ちひろ
スタッフ＝照明：山口暁　音響：須藤力　衣装：中村裕身子　舞台監督：鈴木俊司　舞台監督助手：國井聡、茂木謙二郎　主催・制作：錬肉工房

二〇一一年

現代能『春と修羅』

（アートホール版）
十月八日　明治学院大学アートホール
作：宮沢賢治　構成・演出：岡本章
出演：鵜澤久、古屋和子、横田桂子、北畑麻実、牧三千子、村本浩子、吉村ちひろ
スタッフ＝照明：山口暁　音響：須藤力　衣装：中村裕身子　舞台監督：鈴木俊司　主催：明治学院大学文学部芸術学科・言語文化研究所

二〇一二年

現代能『春と修羅』

錬肉工房四十周年記念公演（「現代能楽集」の連作）
三月七〜十一日　赤坂RED／THEATER
作：宮沢賢治　構成・演出：岡本章
出演：鵜澤久、古屋和子、横田桂子、北畑麻実、牧三千子、村本浩子、吉村ちひろ
スタッフ＝舞台美術：島次郎　照明：山口暁　照明操作：綾部晋二　音響：須藤力　衣装：中村裕身子　舞台監督：鈴木俊司　舞台監督助手：國井聡、茂木謙二郎　主催・制作：錬肉工房

『女中たち』

ルーマニア・シビウ国際演劇祭招聘公演
五月二十九日　ルーマニア・シビウ　ゴング劇場
作：ジャン・ジュネ　演出：岡本章　訳：渡邊守章
出演：横田桂子、北畑麻実、牧三千子、村本浩子、吉村ちひろ
スタッフ＝照明：山口暁　音響：須藤力　衣装：中村裕身子　舞台監督：鈴木俊司　舞台監督助手：國井聡

『女中たち』

モルドバ・BITEI国際演劇祭招聘公演
六月二日　モルドバ・キシナウ　国立ミハイ・エミネスク劇場
作：ジャン・ジュネ　演出：岡本章　訳：渡邊守章
出演：横田桂子、北畑麻実、牧三千子、村本浩子、吉村ちひろ
スタッフ＝照明：山口暁　音響：須藤力　衣装：中村裕身子　舞台監督：鈴木俊司　舞台監督助手：國井聡

二〇一三年

『オイディプス』

（「現代能楽集」の連作）
三月六〜十日　上野ストアハウス
作：ソポクレス／高柳誠　構成・演出：岡本章
出演：櫻間金記、田中純、笛田宇一郎、鵜澤久、塩田雪、岡本章、北畑麻実
スタッフ＝音楽：細川俊夫　舞台美術：島次郎　照明：山口暁　音響：須藤力　衣装：中村裕身子
人形美術：塩田雪　舞台監督：鈴木俊司　舞台監督助手：國井聡、茂木謙二郎　制作：吉村ちひろ
主催：錬肉工房

『女中たち』

（凱旋公演）
八月二十七〜二十八日　座・高円寺2
作：ジャン・ジュネ　演出：岡本章　訳：渡邊守章
出演：横田桂子、友貞京子、牧三千子、村本浩子、吉村ちひろ
スタッフ＝照明：山口暁　音響：須藤力　衣装：中村裕身子　舞台監督：鈴木俊司　舞台監督助手：國井聡　主催・制作：錬肉工房

二〇一四年

現代能『始皇帝』

（「現代能楽集」の連作）
三月二十日　国立能楽堂

作：那珂太郎　演出：岡本章
出演：観世銕之丞、山本東次郎、宝生欣哉、柴田稔、小早川修、馬野正基、浅見慈一、北浪貴裕、長山桂三、谷本健吾、山本則重、山本則秀　後見：清水寛二、西村高夫
囃子方：藤田六郎兵衛、大倉源次郎、亀井広忠、小寺眞佐人
スタッフ＝舞台監督：鈴木俊司　照明：山口暁　制作：錬肉工房、笠井賢一　主催：錬肉工房

二〇一五年

『オイディプス』

（「現代能楽集」の連作・決定版）
三月二十七～二十九日　座・高円寺2
作：ソポクレス／高柳誠　構成・演出：岡本章
出演：櫻間金記、田中純、笛田宇一郎、鵜澤久、塩田雪、岡本章、牧三千子
スタッフ＝音楽：細川俊夫　舞台美術：島次郎　照明：山口暁　音響：須藤力　衣装：中村裕身子
人形制作：塩田雪　舞台監督：鈴木俊司　舞台監督助手：國井聡　制作：吉村ちひろ　主催：錬肉工房

二〇一六年

『女中たち・抄』

四月二十四日　プロト・シアター
作：ジャン・ジュネ　構成・演出：岡本章　訳：渡邊守章
出演：牧三千子、村本浩子、吉村ちひろ
スタッフ＝照明：綾部晋二　音響：須藤力　衣装：中村裕身子　舞台監督：鈴木俊司　主催：錬肉工房

二〇一七年

『西埠頭／鵺』

錬肉工房四十五周年記念公演（「現代能楽集」の連作）
三月八～十二日　上野ストアハウス
作：ベルナール＝マリ・コルテス／世阿弥　構成・演出：岡本章　訳：佐伯隆幸
出演：上杉満代、笛田宇一郎、横田桂子、岡本章、川根隆伸、牧三千子、村本浩子、吉村ちひろ
スタッフ＝舞台美術：島次郎、沼田かおり　照明：山口暁　音楽：曽我傑　衣装：中村裕身子　舞台監督：國井聡　主催・制作：錬肉工房

『西埠頭／鵺』

（明治学院大学芸術学科演劇身体表現コース開設記念）
六月十七日　明治学院大学アートホール
作：ベルナール＝マリ・コルテス／世阿弥　構成・演出：岡本章　訳：佐伯隆幸
出演：上杉満代、笛田宇一郎、横田桂子、岡本章、川根隆伸、牧三千子、村本浩子、吉村ちひろ
スタッフ＝照明：山口暁　音楽：曽我傑　衣装：中村裕身子　舞台監督：國井聡　主催：明治学院大学文学部芸術学科・言語文化研究所

3

錬肉工房・岡本章演出作品演劇批評集成

1.

須磨の女ともだちへ

〔作・構成〕
岡本章、長谷川功

〔演出〕
岡本章

〔初演〕
1974年1月
シアターグリーン

〔再演〕
1974年3月
新宿アート・ビレッジ

〔戯曲〕
『新劇』
1975年3月号掲載

独自の時空をめざす集団の開花

扇田昭彦

最近見た若手の演劇集団の公演のうちで、この舞台ほど強い感銘と高揚感を与えてくれたものは、他にひとつもなかった。私は去る一月に東京池袋のシアターグリーンで初演された『須磨の女ともだちへ』でこの集団の舞台に初めて接して一種異様な感動を受け、その感動の正体をもう一度考え直してみるために、東京・新宿アート・ビレッジでの改訂再演に足を運んだのだが、結果としては、ますますこの集団への関心と期待を募らせること

になった。断言してもいいが、岡本章が率いるこの錬肉工房は、若手集団のなかで、いま最も注目に値するグループである。

この集団の何よりの特色は、多くの若手演劇集団がおちいっている状況劇場、早稲田小劇場、68／71などの先行集団に対するパロディー的ないしエピゴーネン的状態から、すっぱりとみずからを切り離し、まったく独自の別の時空をめざしている点にある。〔……〕最もユニークなのはこの集団の演技、いいかえれば肉体と意識に対する具体的な考察の深さと鋭さである。たとえば冒頭の、三人の男優による音も台詞もない数分間にわたる超スローモーション的な歩みの演技は、一見、ボブ・ウィルソン系の俳優のそれを連想させるが、しかし注意深くみつめれば、それがたんに緩慢な動作ではなく、意識の極度の集中と覚醒から生まれる超時間的な肉体の流れ、むしろ能の演技に近いことがわかる。しかも岡本章は、たんに能の演技を表面的になぞろうとしているのではなく、そのひたすら醒めたゆるやかな動きをたどることによって、「反省意識を超えた原意識とでも名づけられる、自他の分化以前の」「沈黙の深み」へひたすら下降しようとしているのである。彼らの試みの実際が、岡本章の理論の顕現にまで達するにはまだ時間を要するのであろうが、しかし、少くとも私はこの舞台において、肉体と意識の深淵に最も深い思考の錘を垂れている若い演劇人に率いられる集団のあざやかな開花を目のあたりにした。

（『映画評論』一九七四年七月号）

物言わぬ貝。日本人の長大息

長尾一雄

『須磨の女ともだちへ・抄』と題した錬肉工房のアート・ビレッジの公演は、一月の池袋シアターグリーン公演に続いて二度目である。〔……〕那珂太郎の詩集『音楽』を中心として、謡曲や千田夏光の『従軍慰安婦』やその他さまざまのもののモザイクである点は早稲田小劇場の場合（『アトリエNo.2』）と似ている。だがこちらでは詩の緩慢な繰り返しと波のような俳優たちの動作とに揺られて劇が誕生して行くという形で構成がなされていた。これを錬肉術第四番と名づける構成・演出者岡本章は全体を「能」だと言う。『松風』が

構成や趣向の骨組みになって、『音楽』が血液になっているひとつの「肉体」ではないかと私は思うのである。

この舞台では三つほどの印象的な場面がある。最初は、第一の登場人物である、ソクラテスの顔をした土岐政彰が右手の黒幕から出て舞台中央まで来る動きで、どこがいつ動いたか誰にもわからぬうちに微妙なバランスをととのえながら極度にゆっくりした速度を一度も変更せずに中央まで来る。やがて登場した何人かが、「ｎｎａｍｉ（波）」とねばって言うのと「アワ（泡）」と寸づまりに言うのと、この二つのことばが交錯してはじめて劇の主題めいた二つのトーンが出揃う。二つ目は、この場面に近接して、桃色の薄衣を着た関口綾子が「波ここもとや須磨の浦……」と『松風』のシテツレ連吟の一節を朗誦するところ。この適度に粘る女の声は、口もとの独特の動きと共に、口は女陰の実にきれいなアナロジーであることを思い知らせる。そして行平と松風との心の関係は、淫水の糸引く日本の海辺の貝のつぶやきとして、那珂の詩のこまやかな連想の波と相響くのである。第三はこの女の貝の長大息が戦争中の山村の生活に来る。これは長尾宇迦の『山風記』かと思われるが、舅の善助に犯され、兵隊帰りの夫に恥かしい所行を強いられて、批難の心さえ押しかくさねばならぬ戦争の妻下畑京子の「空虚な心を見とおして（御嶽山が）押し入ってきたようであった」という、岡本の語りがあってのち、関口は岡本とかけ合いで「あしびきの／山巡り／山また山に、山巡り」と『山姥』の一節を唱えて、そのまま、実にゆっくりと、中央の通路を去る。ここでは歴史の上のあらゆる女の、くされさせられた性が、思想となることをあきらめた性が、歩み去って行くのを見た。終わり近く、岡本は女装して出てやがて軍服に着がえ、これが『松風』の物着のパロディだそうだが、「なみ、なみあみだぶつ」と、はじめにあった句を唱えて魂しずめの心で終章をむかえる。天誅組や、満蒙開拓青少年義勇軍の記録も包含して、残酷な島日本のための、繰り返される長大息と鎮魂詩がこの上演のすべてであると言ってよい。この上演のさまざまな意味を分析している余裕が今はないが、戦争を知らない子供たちであるこの一座の人々が、『松風』から戦時の妻までの女と、軍人を中心とした過去の姿から現在の鎮魂者としての青年に至るまでの男とを演じているのを見ると、左翼的な告発などとは全く別に、物言わぬ貝である日本人の長大息と言うべきものを提示された思いがする。

（『新劇』一九七四年六月号）

肉体の深部への醒めた目

扇田昭彦

ともに或る共通項をもち、しかもともにきわめて刺激的な舞台をふたつ見た。早稲田小劇場の新作『アトリエNo.2』と、錬肉工房の岡本章演出による『須磨の女ともだちへ』の改訂再演である。しかし、ふたつの公演におけるこの「刺激的」という表現にはかなりの違いがある。早稲田小劇場の場合は、この集団がすでになし遂げた仕事と水準を踏まえたうえでの、いわば再確認的な意味あいを含んだ「刺激性」であるのに対し、錬肉工房の場合は、新しい可能性にみちた若い集団に出会えたときにのみ感じられる発見と驚異の、「刺激性」なのだ。

このふたつの集団に共通するのは、第一に、肉体と意識の深部へ醒めた目をもってひたすら下降、沈潜しようと志向し、その結果として、岡本章の表現に従うなら、「我が国の肉体史を縦に貫通する肉体位相構造」（『あらかじめ沈黙する肉体とは』）、より端的にいうなら「連綿と流れ続いていく血にあたるような、風土的刻印を帯びた」肉体表現を掘り起こそうとする態度である。ただし、早稲田小劇場を率いる鈴木忠志の場合には、そのような「風土的刻印」といった、いわばナショナルな表現を公的な文章の上で使うことはないのだが、白石加代子に代表される早稲田小劇場の役者の演技が、結果として日本人の肉体所作の始源的な姿を浮かびあがらせてきたことは、まぎれもない事実である。第二の共通項は、このような肉体と意識への下降作業を通過することによって、日本の民衆の根源的な姿を、もっともストレートに、いわばもっともラジカルに探求しようとする姿勢である。とはいえ、このふたつの共通項は、決して同時に自然発生的に生まれでたわけではない。若い岡本章は、唐十郎の特権的肉体論や鈴木忠志の舞台での仕事にまず刺激され、突き動かされ、そのうえで、しかし彼ら先行者のエピゴーネン的、パロディ的な方向とはまったく別の方角から、錬肉工房独自の作業仮設を展開しつつあるの

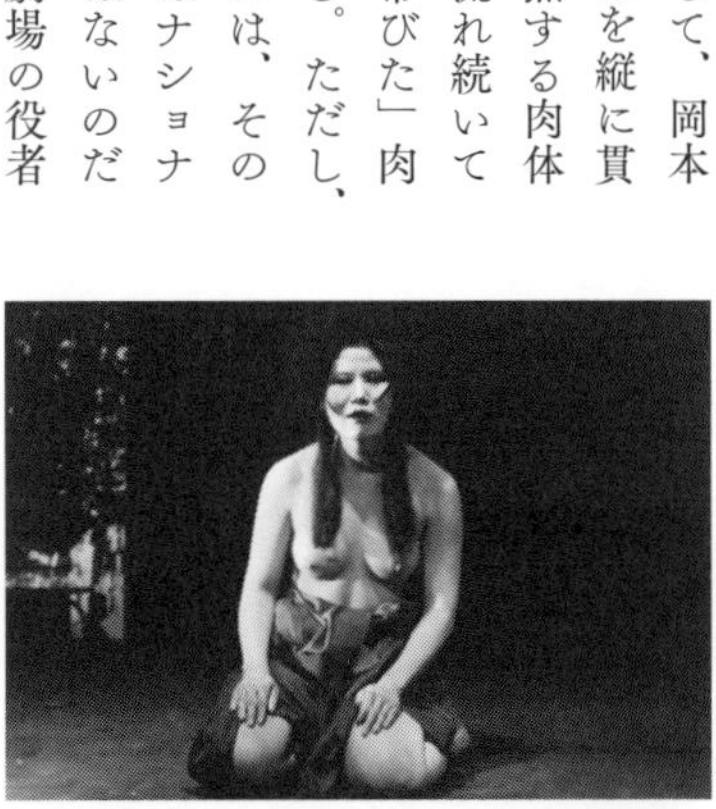

だ。〔……〕明確に錬肉工房の演技が早稲田小劇場のそれと区別されるのは、岡本章のめざす方角が、「憑依現象を舞台空間に定着させた先行芸能」としての「能」の再生にあるということ、だからこそ、その演技は早稲田小劇場や状況劇場よりもさらに禁欲的な「沈黙の戯れの薄明」（岡本章）の場であるということだ。とにかく創立三年目を迎えたばかりのこの若い劇団は、その肉体の内奥に対する深い凝視において、いまもっともユニークな、注目に値する集団だと思われる。

（『美術手帖』一九七四年六月号）

2. アメリイの雨

〔作・構成〕
岡本章、長谷川功

〔演出〕
岡本章

〔初演〕
1974年6月
シアターグリーン

普遍的な「女」の醸成

長尾一雄

『アメリイの雨』は、岡本章と長谷川功が那珂太郎の詩集『音楽』を中心として構成したものの第二作で、先々月で述べた『須磨の女ともだちへ』では謡曲『松風』に構成の範を仰いでいたのに対し、今回は『通小町』および『卒都婆小町』がその骨子になる。

仮面をつけた関口綾子の「花の色はうつりにけりな」からはじまるのだから前作よりはるかに古典的な色調が強く、おそらく岡本の視点は二つの「小町」を描いた観阿弥よりも、古典的な深い完成を志向した世阿弥の方に向いていよう。今回は歴史批判的な題材がほとんど採用されて居らず、その点世阿弥的な芸術至上主義に堕ち込んで行くすじみちも感じられるが、「雨」と「性」と「老齢」とを主題とした構成は『老花夜想』（転形劇

場）のテーマとも触れ合って来る。岡本に太田省吾の自閉が耐えられるかということを課題にしてもよいと思うのだが、詩と、前衛音楽と、万遍ない体の動きと、変にしらけて明るい喜劇場面とが交錯する舞台は、依然として独自である。

業平二条の后芥川の逃避行にも似た紅袴の女（関口）と青袴の男（岡本）との場面で、東北弁の近親相姦風のセリフがあり（宮沢賢治『永訣の朝』からの構成）、女が倒れると男が童子の面を着けて祭りの人混みから母が自分を捨てて行った場面を単調に独白し、そのあと女が「春らんまんのはるらんまんの」という詩句の中に立つところで、多くのイメイジの中を転身し続けながら一個の普遍的な「女」が、長い時間かけて醸成されて来たのを見たと思った。

（『新劇』一九七四年八月号）

肉体の新しい水脈の発見

深尾　誼

自分たちの演劇を独自な方法意識を持って舞台に定着させようとするとき、必然的に個体に属するはずである俳優の方法意識がどのような根拠をもとに集団としての方法論を獲得してゆくかということは現場にとって等しく実践的な課題ではあるが、錬肉工房が『アメリイの雨』で試行した舞台はその意味で確かに一つの可能性を提示していたといえる。

那珂太郎の詩集『音楽』を中心的素材として構成されたこの舞台は、ゆるやかな謡曲じたての序走で始まり、かなり恣意的に肉体をもてあそびながら集団としての肉体個々の位相が緻密に関係づけられていたと言える。そして〝老体〟というものの一つの在り方に演劇的な意味を獲得していたとも、又、那珂太郎の自律的な詩空間に肉体の様々な変容によって対峙していたとも言える。明らかに俳優の肉体に対する独自な発想が貫徹しているように見えた。〔……〕彼等の正鵠な方法へのこだわりは肉体への新しい水脈を発見してゆくに違いない。真に演劇的出合はそう遠いことではないような予感がする。

（『日本読書新聞』一九七四年十月二十一日）

すぐれた集団演技の造型力

石澤秀二

錬肉工房の公演を見た。その名称のごとく、この演劇集団は劇表現の根拠を演戯する肉体に置く。そしておもに那珂太郎の詩に言語表現の基礎を置く。こうして岡本章演出の『アメリイの雨』が現出した。

詩の舞台化自体は、これまで多くの集団で試みられており、演戯する肉体の劇的自立の試みも今や多くの集団で行われている。だが素顔を仮面化し、きわめて緩慢な動きの持続に劇的緊張の高揚をはかる演劇集団は、錬肉工房のほかに例をみない。筆者の観劇体験では、アメリカの前衛演出家ロバート・ウィルソンの演出作品にみる緩慢な動きの連続ぶりが想起されるだけである。『アメリイの雨』の初演舞台は、ゆっくりした動きの集団演技の造型力がすぐれ、超現実的幻想のわく組の中で、妙になまなましい詩的イメージの現実感をつくりだしていた。〔……〕能や地唄舞の伝統と深部でつながるであろう錬肉工房の試みは、いわゆるアングラ演劇世代よりもう一つ若い演劇集団の諸活動のなかでは、期待がもてる。

(『東京新聞』一九七四年十月十四日夕刊)

3. うつせみ

〔作・構成〕
岡本章、長谷川功

〔演出〕
岡本章

〔初演〕
1979年9月
品川中村座

〔戯曲〕
『新劇』
1979年10月号掲載

舞台言語を組織する、身体の脈絡

西堂行人

すっくとした清楚な肉体が舞うように演戯する

二時間余のあいだ、私は舞台を観つつも、この舞台を支えている演劇的思念力に想いを巡らしていた。ひどく悠々とした物言いと能や伝統芸能を思わせる身ぶり、そしてそこにたゆとうように流れる時間の遅々とした速度（遅度！）、こういった歩みのノロさとおそらく私（たち）自身の通常の意識が要求してやまない時間《テンポ》とリズムとの間の著しい懸隔はいったい何に由来するものであろうか。

舞台が刻みつけていく時間の感覚は、夢が湧出してくる幻想の時間のそれと重なりあう。身体の正常な速度（自然体としての時間）をケタ外れに遅巻きにすることで、身体の意識をせき止め、封じこめつつ次第に無化していく。それは同時に一個の殻を抜け出ることで、個の意識から脱自し、有名性を喪失させ、無名性の非人称のわれを手に入れることにつながる。そのとき一個のわれはすでに私有性とは別の領域に踏みこんでおり、私的で固有のことばを持たない。すなわち人格や個性といった近代的自我の彼方にある集団の無意識の場、さらにいえば民衆の身体に根ざした記憶の収蔵体に下りていくのである。

錬肉工房という演戯者集団は、さまざまの断片的なことばを身体の脈絡としてたぐり寄せ、それを舞台のことばに組織し直すことで、身体の底に沈んだ埋蔵物を探りあてようとする。岡本章、長谷川功が仮構したテキストは、全体性を剝奪されたことばや、文脈から切り離されて非完結なことばのまさに引用に次ぐ引用の集積であり、このときテキストという言語場はあくまでも身体の脈絡を引き寄せる為の格好の〈仕掛け〉として機能する。テキストに引用された言語は、ほぼ二種類に大別できよう。ひとつは、言霊《おと》による身体の意識と無意識の往還運動をうながすもので、言語を発する以前の身体的あり方をよび醒す類のものである。それは例えば、「くる」や「きこえる」といった言霊《おと》の執拗な繰り返しによって自らを憑依状態へ導きこむ回路であり、時間を途絶した中世的な幽幻で透明な言語によって担われる。そして他方は、満州へ送られた従軍慰安婦の声や大陸の開拓青年のことばや2・26の青年将校の決起の辞といった類の直接的で生ま生ましい言語群である。それらは戦争やその周辺に残像する記憶を触発することで、具体的なイメージ群を引き連れる。前者は身体をタテに直列的に下降することば（言霊）の回路であり、後者はその奥底に沈殿した収蔵体がヨコへ並列的に拡がり、連鎖していく回路

を持つ。劇は両者を網の目のように縦横に交叉させながら、私たちの身体を取り巻きつつ支配する言語の状況をあばき続ける。満州を媒介項とした言語群が今なお私たちの最も身近で鮮烈な記憶と分かちがたく連なっており、そこに共通のイメージの領域を形成しているように、謡曲などからとられた雅びな言語群もまた、ほとんど無意識にまで風化してしまった身体的記憶の一方の核を形成している。それは戦争といった実体的ななにかを提示しているわけではないが、より日本《やまと》的とでも呼びうる感性の貯蔵源を形成しているのだ。

演戯者はテキストに憑依し身を一にすると共に、そのテキストと微妙にズレている己が身体も周到に準備し、その示差を浮き立たせ、批評的に演戯する。そこには中世的言語と戦時的言語の間を揺れ動きつつ、そのいずれにも与しないもう一つの私たちの位相、すなわち現在の私たちの身体（＝言語）の状況を開示するのだ。この劇は、驚くべき地道な実験精神（演劇的思念力）に裏打ちされた、密度の濃い演戯論である。〔……〕

（『共創空間』一九七九年十月二十日号）

4. 水の鏡

〔作・構成〕
岡本章

〔演出〕
岡本章

〔初演〕
1982年5月
錬肉工房アトリエ

〔再演〕
1983年2月
錬肉工房アトリエ

〔戯曲〕
『錬肉工房 1971―1982』十周年記念集
掲載

ヒトの思いの尸童《ヨリマシ》たらん〔初演〕

國吉和子

地がすりも袖幕もない。新築家屋一階のホールといった、およそ芝居小屋らしからぬ空間、その縁先から普段の稽古着に素顔のまま入ってきた四人の演戯者を認めた時、なにか恐ろしいような気がした。私が注目しているそこには見る者の想念をかき立てるような何の手掛りもない。そのかわりに丸腰で演戯者と対面させられてしまったような不安感だ。そして不意の暗転、続く一時間あまりの作品——『水の鏡』という長篇作品のエスキスとして今回上演された（作・構成・演出＝岡本章）——は極めて密度の高い時空間を現出していたように思われる。

創立十周年記念と、アトリエ（千葉県・柏市）の柿落しを兼ねて上演されたこの作品は、これまでに同工房が発表した作品群に見られる、筋立ての厳密に構築された世界とは異なり、七場面ほどの小品だ。衣装、装置、照明、音など必要最低限に抑え、ほとんど素のまま、何も無いところからの出発となった。演戯者は特定の役柄を演じることなく、時に応じ場に応じて、さまざまに成り変わってゆかねばならない。頼りにすべき何ものも設定せず、外的な手掛りをことごとく取りはずしたのも、もっと露わに在ろうとするための岡本の考えであり、観客をも含めて個々の思いの淵へ一気に下降させるための、賭にも似た企てだったのだ。そして一回ごとの舞台行為と、岡本の演戯論、さらに日常次元での作業をも含めたこれら三つの流れが互いに強く引き合いつつ均衡を保とうとしていること、こうした錬肉工房全体の志向性がはっきりと確認できた公演だった。

那珂太郎の詩集、謡曲『姨捨』そしてハロルド・ピンターや谷崎潤一郎の作品を主なモチーフとして引用しながらも、言葉の意味や演者個人の自我の根本から解体が願われていることは、工房創立以来の基本姿勢だが、今回は加えて舞台全体を新たな意味生成の場として流動的に捉えること——「限定しえぬ意味をつねにはらむ」（那珂太郎）ような、「水の鏡」のようなものであろうとすることを課題として前面に押出している。そして岡本がかねてより提唱していた、意識の深い集中が可能にする肉体の始源的下層部に降りてゆく作業を通して、意味生成の根源から発せられる言葉《オト》が私達を豊かな渾沌の地平へと解き放ちうるのではないかという仮説は、今回の舞台でまた新たな方法を探りあてたようだ。

それは即興の問題だ。いわゆる即興というと、外界の偶然性に自己を感応させつつ、自分でも気づかなかった領域を広げることとか、軽い遊びだとか、思いつくままに自己を発奮させ働きかけてゆく過程で、オリジナリティを豊かなものに導くなどという、精神や感性の柔軟さによる自己開発

のような意味あいで使われてきたが、どれも自己満足の域を出ていないように思う。即興が成功する時は、かなり自己を無化した状態が前提として必要なのではないか。

　近代的な自我主体の限界を自身の内部から崩すためのさまざまな工夫を科してゆかなければならない。――岡本の場合、この十年の間に実現させてきた「無身《ナミ》」という肉体位相、さらに「老体」という作業仮説だ――こうした自己修養にも似ためくるめく時間の後に初めて現われる自他の関係の未分化な状態、生成変化する一切の意味を内蔵しつつも決して一定の意味に渟ることのない「始源的な混沌の不安の戯れの場」（岡本章）においてこそ、即興が成立するのではないかと思われたことだ。叫びや吃音に似た音声が次第に分節言語となってたちまちのうちに意味を蝟集させてゆく過程、あるいは逆に、私達を囲繞する諸制度、枷としての言葉、幻想などの堅い枠組みが内部から喰い破られてゆく過程、これらのどちらともつかないその間にあって、鋭い緊張関係の下に引き裂かれるべく、身を尽くそうとする人々を演戯者と呼ぶのではなかったのか。

　彼らは渾沌のはざまに身を投ずることで、遠い過去の時間やさまざまな人々の思いを自在に寄り憑かせ顕現させてみせる。こうした一種の尸童《ヨリマシ》的な者が介在することによって生ずる偏りが、世界の構造変換を行なう鍵を握るのではないか。そのために積極的に投じられる石として言葉《オト》が岡本の中で意識されはじめているようだ。そして時空を超えてさまざまなヒトやモノを正確に映し出す行為として即興が語られねばならないのだと思う。男達による掛け合いの妙、言葉の執拗な反復にしても、同じ言葉を強化してゆくのではなく、創造的な即興行為として一回ごとに捉え直すことが可能となる。限定しえぬ意味を内蔵する収蔵体に加えうる力として、そこに初めて錯綜体としての肉体が問われるのではないか。さらに肉体の下層へ降下してゆく唯一の手掛りとして、日々の営み、個々の日常というものがここで再び浮上してくるのだ。関口綾子が前半のモノローグの場面でみせた、水に映る月のような透明な物腰、さらに「ケッ！」という音だけを通底させて変身し、ものふりてゆく集中力の強さと知覚の正確さは強く印象に残る。自らすすんで、ヒトの思いの尸童として献身しようとする、この果敢な勇気は一体どこから湧いてくるのだろう。

舞台の始まる前に、私が感じた漠然とした不安感は、これら、満を持して存在の極みに立とうとする者達から受けたまぶしい照り返しに、ほかならぬ私自身が足もとから動揺したために感じたものかもしれない。

（『美術手帖』一九八二年七月号）

「箱」の中で息づく肉体〔初演〕

長尾一雄

柏の駅前からの道が刻々自然路の顔を帯びはじめ、地虫の鳴く声がきこえ、そして突然、木の香の感じられるような錬肉工房の「箱」があった。

内部に座った感じは本当に「箱」に近い。これは私が勝手にそう名付けたのだが、生活空間でも演技空間でもない、なにかまっさらな容器という感触なのであった。そこに四人の演戯者が思い思いにあらわれて、即興的な進行にゆだねつつ、岡本章の『水の鏡』を演じはじめた。それは日常の肉体訓練や朗誦練習のようでもあり、そのような目的的ななにかを持たぬ非日常の深まりのようでもあった。

岡本章が、関口綾子や長谷川功といっしょに、ユニークなこの劇団をはじめてからかなりな時がたつ。一〇周年記念に、柏市内のこのアトリエができて、今私が見ているこけら落とし公演が五月のはじめに行われたのだが、初期の、シアターグリーン等に拠って「稠密な空間」と評され、能の構成に近かった舞台、品川の中村座その他での昭和史劇の匂いの濃厚な暑熱のつぶやきのような長い独白の群れ、そして今回のやや冷たい感覚での即興の流れをたどるアトリエの床での演戯と、この劇団の表情も三度変遷した。

岡本章の構成はいつもコラージュの方法によっている。早稲田小劇場の鈴木忠志のコラージュが華麗な語りかけを持ち、劇の内部をのぞき込もうとする観客をしばしば劇の周辺にまで突きかえしたりしながら求心力を作動させて行くのに対して、同じ早稲田出身の岡本のコラージュは語りのうちに観客を取り込む志向が極めて強く、語りかけというよりも語り込みの傾向を持つ。能に対する態度にしても鈴木が能を透過してオリュンポスの山へ登ったりするのに比して、岡本は能そのものの内心の狂気にひたすら寄りそって、その狂気と等価の、他の日本の狂気をそこへ併置するのである。

『音楽』をはじめとする那珂太郎の詩集から常にコラージュの要素を採っていることからも言えるように、岡本の世界は劇的であるより前に詩的なのだ。

今回の『水の鏡』は、錬肉術（岡本は自分の演劇をこう呼ぶ）第九番として、詩や会話を朗誦しながらインプロヴィゼーションによる演戯（演技ではない）を行なってゆく、長い台本があったのだが、実際の上演は簡潔にけずり落とされた七つ八つの場面に集約された。私のすぐそばにうずくまった関口の激しい吐息のような息づかいからはじまって、『音楽』や、谷崎潤一郎の『鍵』や、島尾敏雄の『死の棘』や、能の『姨捨』を通って、岡本と関口と長谷川と金子三郎がタイツ姿や女性はそれに簡単なものを羽織ったりするだけの、要するに稽古場の普段着で感情の相克のなかを遊泳していった。それぞれの場面が断片であり、しかも表出は即興によるから表情は常に浮動的である。稽古着たちはことばのむなしさとむなしさの間にはさまれて、わずかな詩的空間を漂うように見える。

演戯の開始時の音楽は武満徹の『カトレーンⅡ』で、その音楽の限定された抒情と同じく、錬肉工房の俳優たちは、「意義」を厳しく奪われたわずかな「意味」の間を泳ぐ魚である。ここでもまたわれわれは「劇的」である以前に純粋舞踊的なこの劇団の特性に出逢った。時には黒タイツが音譜に近く見えたりするほどそれらは限定されたことばの壁の間を通ってうごき流れた。

その向う側に例えば『死の棘』の、限定された感情によったいさかいの「劇」がひとくさり見えて、また「無の花花のはなやぎのさきみだれのさみだれのさざめきの散華の……」といった那珂詩句の連鎖のなかを揺れ動く「無意味」が通る。その通る無意味のなかをまた彼等の即興が通る。この堂々めぐりの果てしなさが岡本の劇のリアリズムである。その黒っぽい狭さのうちで、例えば関口綾子の、「箱」の中であっても現実の肉体を息づこうとするいきづかいがほのかに貴重さを増して来る。この人は劇団の主婦であると同時に眼（まなこ）であるのかもしれない。

（『日本読書新聞』一九八二年六月七日）

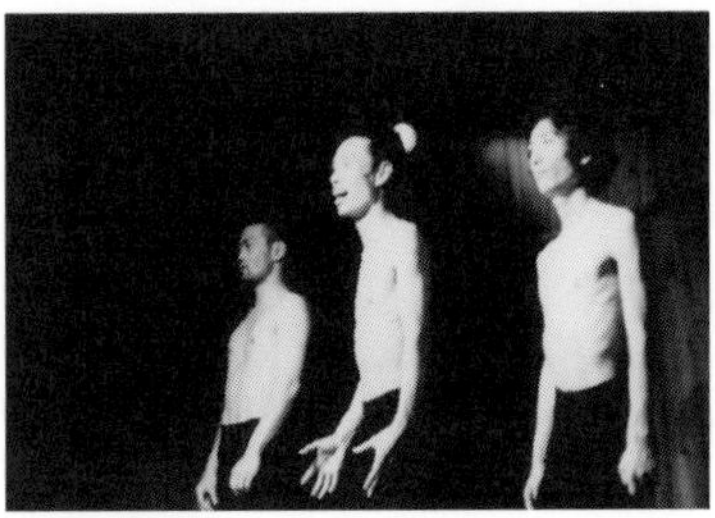

演戯と即興〔初演〕

西堂行人

岡本章と錬肉工房が新アトリエの柿落しと創立十周年を記念して上演した『水の鏡』（構成・演出／岡本章）は、彼らが一貫して追求してきた演戯と即興に関するエチュードの集大成というべきものであった。

　二年程前、旧中村座で公開された「演じられる身体」では、身体訓練の方法とともに、即興（インプロヴィゼーション）の可能性についてのいくつかの実験的パフォーマンスが行なわれたことが記憶の底に残っている。これはその前年の『うつせみ』で試みられたことの延長線上にあるもので、彼らの関心が奈辺にあるのかをよく証していた。今回は、これらの作業がさらに綜合化されたもので、錬肉工房の演戯論が純化されたかたちとして提出されていたと言えるだろう。以下順を追ってたどってみることにしよう。

　ほとんど何の装飾も施されない板敷の空間に、普段の稽古着と思しき黒タイツと上半身裸の男たちが、まるで準備体操でもするかのように、身をならしながら現われてくる。すると、そこで私たちが耳にするのは〈ム〉や〈ナ〉といった音《オト》が音節に区切られたまま発せられ、次第にそれらが接合していき、遂には〈ムナシイ〉という言葉を形成していく過程であった。この運動からは、いったん音節にまで解体された分節言語が、役者の肉体を通過することで、いま一度生き直され、生成してくる過程をうかがい知ることができる。一般に私たちは「空しい」あるいは「虚しい」といった文字との連関から〈ムナシイ〉という音声を意味として聞き届けることができる。だが、ここが企図されているのは〈語り〉そのものが意味を産出してくる過程であるということ、言い換えれば、音声の連続こそが意味をつくり出していく運動であることを役者の身体をつうじて明らかにしていることだ。言葉が肉体とともに立ち現われてくるというのは、おそらくこういうことを指すのだろう。

　ひとつの単語が成立すると、次は「すべての肉はむなしい」という文節が綴られていく。この段階で個的な作業はとりあえず落着する。つまりここまではまだモノローグの領域なのだ。芝居といった、集団の関係性がかたちづくる表現である には、他者の文脈との出会い、葛藤が求められて くる。したがって次なる段階においてはモノロー グとモノローグが衝突しあい、互いに作用、反作 用を繰り返すなかで、次第に両者が関係づけられ、 ダイアローグの環を押し広げていくのだ。ここで 紡ぎ出されてくるのは、物語の原型とでもいうべ きものであろう。錬肉工房の役者たちは、この過 程を即興的な演戯を通してやり抜いていく。単語 の生成という次元からはじまって、文節の形成、 物語の構築に到るまでの全過程を、演戯の課題、 すなわち役者個々が言葉を産出していく行為のう ちに精密にたどろうとするのが錬肉工房の演戯論 の基礎であり、そのさい即興性というものが実際 の局面で重要な役割を果たしている。

では何故言葉との関係にそれほど精密をきすの だろうか。その方法的根拠とは何か。

たしかに言葉を問うことは身体を問うことであ り、また身体を問うことは言葉を問うことでもあ る。そして彼らが言葉の生成過程を自己の身体意 識と遊離したものではなく捉え直していこうとす るのも近代的な自我といったものに閉じこめられ た「我」を精確に問いつめていく方法だというの も言を俟たない。ところが言葉とは、意味として 固定化することで忽ち制度化されるものであり、 身体もまた言葉によりかかろうとすることで、た 易く制度の中にとりこまれるものだ。だからこそ 彼らは一瞬ごとに言葉を無化していくことを演戯 の方法すなわち即興によって実践するのであり、 意味として定着しようとする言葉とそれに抗おう とする身体のあいだに生ずる偏差を無限に極小化 していこうとするのである。

役者は〈意味〉に捕らわれて然る後に抜け出そ うとする。そのとき〈制度〉という不可視のもの をはじめて対象化することができる。ところで 〈制度〉にとりこまれて格闘しているのは役者だ けではなく、それ以上に息苦しい檻の中にいるの は、観客の側であるかもしれない。すべてを〈意 味〉を介在せずにはおかない習性、眼前で展じら れている一挙手一投足に全身の神経を傾けて、そ こになにかを発見したくてウズウズしている欲 求、物事をありのままに見るといった自然性を私 たちはもはや持ちあわせてはいない。むしろいか にして〈自然性〉を人為的に捻出しようかと悪戦 しているのだ。この形容矛盾のなかにしか、私た ちの〈見る〉行為の本質はありえないのだ。その

ような矛盾を対象化することを通じて、はじめて〈制度〉にがんじがらめにされた身体存在の位相を発見する。錬肉工房が舞台によって追求し、そしてそれを〈見る〉ことによって覚醒されるのも、もっぱらこのことに尽きるといっていい。〔……〕

(『新劇』一九八二年七月号)

ボケの完成とこれから〔再演〕

長尾一雄

「暗闇の中で、烈しい息づかいと、弾けとぶ肉体。緊迫した空間。照明、薄明るくなる」

「即興の積み重ねの中で、『むなしい』という〈ことば〉が、一旦、音にまで解体され、演戯者の肉体の深い根に取り返され、通過し、そして、次第に方向づいて、分節化されてゆく」

鍊肉工房が、一昨年の暮れに柏市に新築したアトリエでの第二公演『水の鏡』(錬肉術第九番)の、冒頭のトガキの一部である。謡曲や、那珂太郎の詩や、谷崎潤一郎や、いろいろの断片のコラージュを主にして、即興性を多分に持ったこの作品は、「むなしい」ということばが生まれて来るところから起こり、それだけが生きのこるところで終っている。「むなしい」ははじめ「む」と発音されるところからはじまり、それが「むな」になり、「むなしい」になり、母音や子音の不定型の幼なさが次第にわれわれの言語の発音になって行く。武満徹の『カトレーン』のかすかに鳴るなかでこのような認識のめざめとも言える「流れ」が形成される経過がこのパフォーマンスの始めをなす。同じ戯曲の第一回上演の時にはこの「流れ」がこれほど自然には形成されなかったのを思うと、昨年五月のこけら落しから今年までの間に、即興の積み重ねによる熟練と、このことばを発してゆく主宰者岡本章の内部での肉体感覚の成熟とが加わったのであろう。〔……〕

「弾けとぶ肉体」というトガキと、「むなしい」ということばとの間の落差を言うべきであろうか。闇のなかで裸身に近く衣服を脱いで行きながら、「シィ!」と息を吐いたりする岡本の印象は「弾けとぶ肉体」よりは「波」であった。須磨の海岸の波の印象がかつての『須磨の女ともだちへ』の基調のひとつであったが、ここでは「むなしさ」への回路に「波」の感覚が用いられているのであり、劇中でも「ヒトが海へ流れますが……」というくり返しのあとで片言の「海行かば」がとなえられたりする。「弾けとぶ」よりはしなやかに魂の波動のなかへすべり込んで行く肉体の動きであったし、その魂の波動のなかで、「むなしさはもういらない」ということばと共に、「むなしさ」の仮面の奥に見たものがこの劇の内容なのであった。

コラージュされた劇の内容が、二人のボケ老人の叫び合いではじまり天皇陛下に手ごめにされた女の譫妄的な独白に終るのは、岡本の視野に人間のボケから国家のボケに至る鳥瞰図が書かれていることを示しているのだろう。「弾けとぶ肉体」という指示が、しなやかに意味の中に潜り行く母音子音の波に翻訳された時、「弾けとぶ」もののの対極にある主題たる「ボケ」の深海がそのいくばくかを垣間見せはじめたのであった。そこに若い肉体よりは、劇団十周年に達した精神の流動の見えて来たのが、いわば挫折ののちに再起した錬肉工房の発見したものであって、ゆるやかに緊張を解きながら底へ沈んで行く肉体や精神が、はじめて見ることのできるものがそこにあらわれていたのである。このことは技術の問題であるよりもそのまま岡本が告発しようとしている主題の姿にかかわって来る。谷崎の『鍵』や島尾敏雄の『死の棘』を含みまた昭和史の内面告白をも含むコラージュの内容は、昭和の子である岡本たちの肉体の歴史のなかに住みついている「ボケ」の魔なのであり、島尾敏雄のことばで言えば「ウニマ」である。それは岡本たちの肉体の奥にある深海にその在りかが求められなければならないだろう。「肉体」から内部への潜りかたが、岡本をはじめとして関口綾子、長谷川功、金子三郎たちによって発見されて来たのである。

もう一人の演戯者のうちにその内部への筋道を見よう。謡曲『姨捨』による独白を、枯れたキリンソウの束を抱きながら演じるのは関口綾子自身のアイデアだそうだが、この人の低音部の更け行く夜のような音調はちょっと他にない稀な美質である。〔……〕キリンソウの束がほどければほどけるほど、かえってそのなかに埋もれて行くような錯覚を起こさせながら『姨捨』を、また「水底にうつるものは／うごめく生血／水底にうつるものは／軍靴の響き」などと続く詩句を言い続ける時、昭和史に刻まれた民族のボケの如きものが、更に深いひとつの闇を射当てつつあるのではないかという可能性が感じられる。〔……〕抒情性を含んだ、性と毛と個々の個人のボケ的な矛盾との濃い海にただようような錬肉工房の芝居は或る程度の完成をここでむかえた。関口綾子の魅力も深化をむかえた。そして、これからなのである。

（『新劇』一九八三年五月号）

5. まぼろしのまりあんぬのこゑが…

〔作・構成〕
岡本章

〔演出〕
岡本章

〔初演〕
1984年6月
錬肉工房アトリエ

スリリング 錬肉工房

江森盛夫

ゆるやかな所作につれて、何やら意味不明の呪文のような音声が男と女の口から洩れ出し、異様な雰囲気が場内を圧しはじめる。一つ一つの音にまで解体された〈ことば〉が、一瞬一瞬の即興の営為の中で、演戯者の身体の根元から意味のある〈ことば〉に再建——創出されてくるプロセスが、上演全編のくり返される単位になっていて、〈ことば〉が始原のオトから意味に生成し、遂にはうねりを生じて〈ことば〉の喜びの渦に変貌していくダイナミズムは、おどろくほど新鮮でスリリングな体験を与えてくれた。

即興が動きの主体をなしているが、標題が那珂太郎の詩集から採られているように、ベースになっているテキストは那珂太郎の詩集を主軸に、様々な小説・戯曲・手記・新聞記事等からの引用から構成されている。

創立して10年以上にもなってから、初めて観てやたらに感心してしまうのも不明の至りだが、10周年の記念の文集、雑誌「現代劇」（2）の岡本章とのインタビューなどを読み、その演劇理論の強靭さとヴィジョンの豊かさに敬服した。較べて

撮影＝池上直哉

みるのもおかしいかもしれないが、新橋演舞場「華岡青洲の妻」とか評判のよかったサンシャイン劇場の「グッド」など、杉村春子や江守徹の名演技をもってしても、制度化され管理された「感動」の一回限りの商品化でしかないことが、今回の錬肉工房の公演を観て思いしらされたことだった。

（『噂の真相』一九八四年八月号）

超思想的思想への契機

長尾一雄

岡本章の錬肉工房が、六月中の土、日曜を中心に錬肉術第拾番公演と銘打った『まぼろしのまりあんぬのこゑが……』を上演した。千葉県柏市のアトリエにおいてである。今回も岡本独特のコラージュ手法による台本で、ロブ＝グリエの『去年マリエンバートで』のホテルの描写を前後の枠にとり、謡曲や、谷崎の『瘋癲老人日記』や、森本繁の『ああ満蒙開拓青少年義勇軍』、その他の昭和史文献などを構成材料に用いている。しかし劇（というより一種のパフォーマンスと言うべき体質のものであるが）の感触は、これらの材料が持つ思想的内容よりも、「錬肉」と岡本が言う鍛錬された肉体の流れがはじめにまず先行する。極めて音楽的で舞踏的な流れである。

今回の上演は、黒衣に身を固めた二人の演技者が闇の中へすべり込むようにしてあらわれ、肉体訓練の準備運動のような動きから、次第にひとつことばを発する存在へと昇華して行くところからはじまる。それは「ふる」ということばのくりかえしで、やがて「ふるへるふゆのひざしの……」という那珂太郎の詩句へと結実して行くのだが、それは動く体、つまり動物が、唇の動きを獲得し、やがてそこから意味を発明してゆく成長の過程に非常によく似ている。「ふる」は「振る」「触る」「震る」「降る」「旧る」「狂る」とも聞こえると、岡本の台本には記されているが、私にはfoolともfolleとも聞こえた。これらの「ふる」音の意味群のなかには理智以前のものから理智崩壊後のものまで、さまざまな内容が予測され、それらの人類史をつらぬく意味のたわむれを、唇と舌に集中された動きになぞらせる霊媒の存在を感じさせた。このようにして準備運動から意味の海のなかに投身して行くのが錬肉術の流れのあらましであ

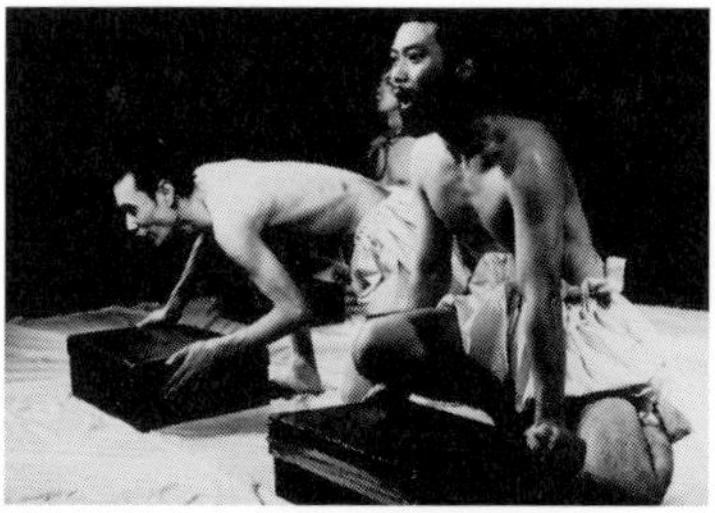

撮影＝池上直哉

り、これは肉体全体の舞踏的な動きをも時には豊富にともなっているから、意味さがしのパフォーマンスとしてはかなりスリリングな、心おどる豊かさと、またナイーヴな暗さとをそなえた作業と言うべきであろう。

しかし一方で、作品の中心部（上演時間の中心部）に置かれている次のようないくつかのことば――「伊太利の志気頽廃して乞食群生し小盗横行し、将に亡国の悲運に陥らんとする時、青年ムッソリーニ敢然と起って之（これ）を粛正し……」「天皇陛下、陛下の側近は国民を圧する漢奸でいっぱいでありますゾ。お気付キ遊バサヌデハ日本が大変になりますゾ……」など、岡本がこれまでの作品でもしきりに用いた引用文や、満蒙開拓義勇軍や終戦時の惨状に関する新しい引用文など、事実に関係ある文章で、それを配置するだけでも或る種の思想反思想を提示できそうに思われる鋭く、重い文章群は、この流れのなかに埋もれていて思想を提示することがない。そして、その流れたままに終る思想の種子を、私は岡本が思想を予想して用いた材料だとは必ずしも思わない。これらの文の配列の結果が思想として発動することを予想して岡本がこれらを置いたとは必ずしも思わない。岡本が用いようとするもうひとつの特徴的な要素として謡曲の文がある。これとの関係をここでは見なくてはなるまい。

満州のダンスホールの懐旧である第三部の老人たちの連呼は、関口綾子が語る「釣瓶（つるべ）の掛縄繰り返し憂き古（いにしえ）も……」という老女物『檜垣』のクセの詞章になり、更に老婆の古い恋の思いを告げる長い独白になる。彼女の恋人も満蒙義勇軍に身を投じたのだが、ここでは義勇軍の思想の対局に立つのではなく、「義勇軍」という思想に対して、個人的な「愛」や「思い」といういわば「意味」の領域にかたくなにとどまる女の姿が捉えられている。

大きな布の中から首を出し入れしながら、群像が一人ずつ語る満州引き上げの惨状は、やがて「大原御幸」の語りに集約されるが、運命が思想を超えてしまった際の無力な個人たちのあえぎの向こうに、やはり同じ境遇にある歴史の彼方の個人たちの、その「運命」をも超えて漠とした宗教的自意識にしたがって行動するさまが語られる。

これらの謡曲の引用は、現代の文章と同じ平面上の人間意識の事実として、歴史的あるいは文法的時間を超越して行われる。その並列のなかに

撮影＝池上直哉

は「思想」として未分化の「思い」が語られているし、その「思い」の強さが「思想」という冷淡なかたちをとるにはあまりに熱い個人の突出をこれらの文章に余儀なくさせているのである。この「個人」を更に追求すれば、前出の「伊太利の志気頽廃して……」「天皇陛下、陛下の側近は……」という文が同じ個人の突出を思想と誤認したための悲惨なあやまちの一部であるという、超思想的なひとつの思想を生むこともできるであろう。〔……〕

(『日本読書新聞』一九八四年九月十日)

6. 木蓮沼

〔作〕
石澤富子

〔構成・演出〕
岡本章

〔初演〕
1987年6月
ジァン・ジァン

集団ということ

佐々木幹郎

舞台一面に白い布が幾枚も敷きつめられてある。観客席の照明が落ちない内に、六人の女優達が黒い衣服をまとって登場する。その内に、敷きつめられていた白い布の一枚一枚をそれぞれが取り、ガウンのように身にまといはじめる。地上に落ちていた白い木蓮の花びらを、一人一人が身につけたという趣好だ。

錬肉工房+千賀ゆう子企画+ジァン・ジァン提携公演『木蓮沼』(作・石澤富子、構成・演出岡本章、渋谷ジァン・ジァン、六月二十日所見)は、こんなふうな出だしを持って、一時間半あまり、登場した六人全員がコロスとしての声を響かせる劇だ。ヒーローもヒロインもいなくて、コロスだけがいる舞台。これはみ終った後も鮮烈なイメージをわたしに残した。

いわば薄闇の中に、六つの折り紙の人形が吊るされていて、それが風の流れに応じてひそかにさ

撮影=犬塚健

さやき、あるいは風に揺られて、そのたびに身体の向きを変えるような。言葉は六人（関弘子、関口綾子、千賀ゆう子、富永由美、大木晶子、藤本サエ子）のそれぞれから発されていると言うよりも、この六人の背後に〝見えない物語〟の中心があって、その中心にぶらさがるようにして、うっすらと、時には激しく押し出されてくる。

　石澤富子の戯曲は、いったん物語の流れが解体され、全員がひとつの流れの中に入ってゆけるように（誰がどの台詞を喋っても交換可能なように）構成し直されている。関弘子と千賀ゆう子は、これまでも一人「語り」の試みを意欲的にすすめてきた。この「語り」については練達の二人が、今回の舞台ではみごとな引きわざを見せる。例えば、関と千賀がフーガ形式のように同じ台詞を重ねて、そして離れて喋るシーンがある。あるいは、台詞のない間の関が、立って喋っている関口綾子の足元ににじりよってゆく仕草をみせるとき。また、千賀ゆう子の少女のような笑顔。そのどれもが周到なコンビネーション・ワークの中で生きている。六人の「語り」だけで見せ、聞かせる劇であるだけに、誰か一人でも「個」を押し出そうとすると、連係プレーが壊れてしまうのだ。かといって俳優それぞれが「個」であることを忘れて、この「語り」の共同作業は成立しない。言葉が〝見えない物語〟の中心に向かって動くように、女優達六人の身体が動く。そのゆるやかなきしみを見せるようにして、この劇は形作られていた。

　富永由美が放つ笑い声。そしてそれに続く低い声での語りが見せてくるエロチシズム。関口綾子が息を呑みこんだようにして、聞こえるか聞こえないかの声で、ゆっくりと吐き出す「海」という言葉。このいずれもの声の響きあいと、身体の動きがわたしには風の中で揺れてささやきあう折り紙の人形のように見えた。白い布（ボア・シーツ）を身にまとった彼女達が、シーンごとにそのガウンの形を折り紙を折るように変えていく、ということにもよるが、何よりも大事なのは、六人全員が発声中の他の女優の声を聞きながら舞台の上に「いる」ということ。そのたたずまいと「いかた」がみていて心地よいのである。

　六人の誰の身体の中にも、全員の台詞が入っている。一人の女優が彼女の身体を通して声を放つとき、例えば「ねえさん」という単語ひとつでも、語るそれぞれに応じて全く違う物語がその身体の背景に匂いたつ。その物語をすくいとりなが

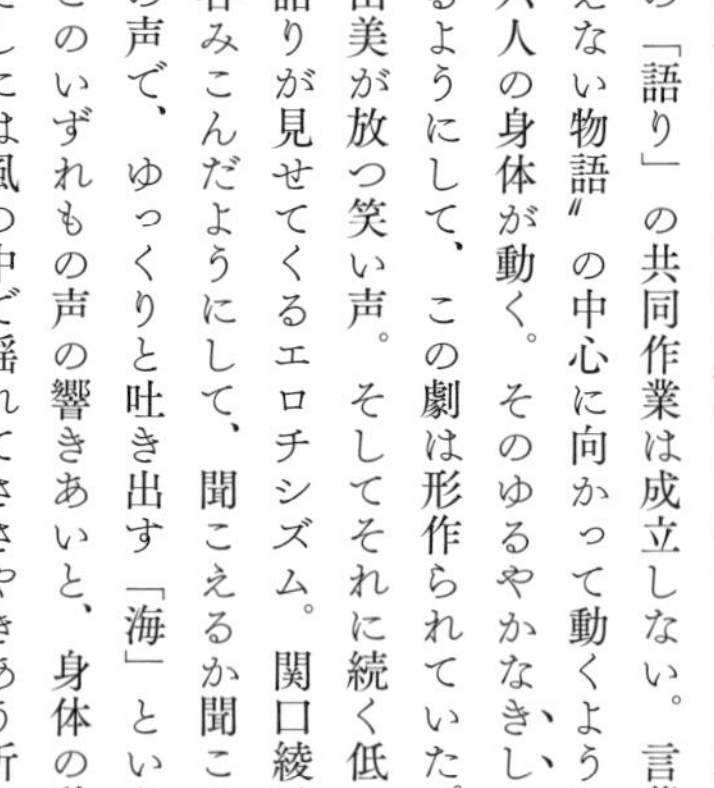
撮影＝犬塚健

ら、再び他の一人が「ねえさん」と同じ台詞をくり返すと、ここでも又別の物語が発酵しだす。そしてそれが六人の間で融合していくまでのゆっくりとした時間。それが今回の舞台であったと言ってもいい。一時間半はあっという間に過ぎた。〔……〕六人の女優達の木蓮の花びらを散らしたような衣裳が、南島の御嶽《うたき》（聖域）に集まった白衣の祝女《のろ》達の姿に重なりあう。この劇での言葉遊びは、南島の祝女や神女達が儀礼の中でやる「神遊び（カミアシビ）」の姿を彷彿とさせた。祝女や神女達も森の広場で〃見えない神〃のコロスとして、ゆっくりと歌い舞うのである。

（『新劇』一九八七年九月号）

差異を消すことと創ること

芹沢俊介

女優四人の舞台であるのに、その女優たちの身体とのエロス的な対応を拒否されるという珍しい体験をもった。俳優たちは稽古場から出てきたように黒のタンクトップ姿で登場し、舞台に置かれたボアシーツの衣裳をつけてゆく。体の線が隠れ、長い黒髪が包まれる。個性が消え、女性が消え、一種中性的なあるいは抽象的な存在が出現する。同時に闇転し、闇のなかから「おおおお――」という声が起り、合唱になる。それは沼に住む聖霊の目覚めであり、沼を渡る風の音であり、沼のざわめきであろうか。鮮やかなはじまりであった。

　俳優たちは相互に交換可能な抽象的な場所から、個々の現実に降りる道を探すよう要求されている。見る側は俳優の現実への着地の仕方と位置を見ることになる。関弘子・関口綾子・千賀ゆう子・富永由美はともすれば単調になりがちの舞台を彫りの深いものにした。ラスト近く千賀ゆう子が「のうみそに桜が三輪咲いて、頭痛もとれて、ご飯も三度三度おいしくいただき……」と呟く場面に、私の生理は確かに感応していたのである。

（『現代詩手帖』一九八七年八月号）

撮影＝犬塚健

7. AYAKO SEKIGUCHIのための「姨捨」——フェデリーコ・モンポウ「沈黙の音楽」を中心に

〔作・構成〕岡本章

〔演出〕岡本章

〔初演〕1989年11月 銕仙会能楽研修所

ダンスの能力論——錬肉工房とローザス

有森 静

ひとつの集合（錬肉工房）は、成金趣味を謳歌する極東の島国で、現代の興行師たちの巨大な手に移って壊れてしまう劇的なるものを、厳しく拒絶することで維持しようとする。持続する精神そのものである。もうひとつの集合（ローザス）は、ベルギーのフランドルというマイナー文化の可能性を一身に担って、ヌーベル・ダンスの尖端を疾走しようとする。EC統合の均質化する力に抗うように。

ふたつの集合に通底する特徴は、無自覚な幻想の皮膜を喰い破ってまっすぐに世界を屹立させる力能の、ある徹底した性格の存在である。錬肉工房は、身体の動きを抑制する鍛錬で手中にした内在的な運動感を、発話に変換し、〈声〉によるコスモロジーを樹立しようとする。そこにはおそらく、世阿弥の到達したテンションの高い「せぬ」演技を引き継ぎ、世阿弥の夢幻能を超え出て、「現在」と切り結ぼうとする演出家の野心がある。〔……〕

いくつかの断片から構成された台本、不可避的に観客の手に渡された謡曲「姨捨」、予告されたモンポウの楽譜「沈黙の音楽」、配置についた構成家・オペレーター（音楽・藤枝守）、裸の能舞台、自らが構成員である観客という内なる渾沌を抱え込んだ個体、照明器具、まさに登場しようとしているシテ（関口綾子）とワキ（岡本章）、裏で出を待つ演者たち。演出家（岡本章）は予告し

撮影＝池上直哉

ようとしている。劇的なるものを構成する要素の一つ一つがすでに小さな集合、刻々、渾沌と秩序が拮抗しあうような自律した集合であり、それらの雑多な質料の構成に道をつけて、彼はそこから「船」を出そうとしている(だからどんな観念も当てにはされていないのだし、なにものも隠されてはいない)。こうして「なにもない」(すべてある)空間は、異なるいくつかの構成要素からなる有機的な混合体が志向される。能舞台に残され(裸にされ)たのは、演出家の力能とよく鍛錬されたいくつかの身体、とくにその即興的に交わされる〈声〉である。

〈声〉は時を横断して自在に中世の、戦後の、現在の荒野を駆けめぐる。伝世阿弥作とされる「姨捨」(それ自体が姨捨伝説と歌といくつかの説話にもとづく)、那珂太郎の現代詩、剝き出しにされたエロスに戦後精神の荒廃を託した長尾宇迦の小説、二部は主にベケット晩年の人間理解のひとつの極北「ロッカバイ」。いづれも、極限的な場面で主に女たちの実存的な深層真理の襞が艶めかしい筆致で描かれる。台本はそれらの断片の集合からなり、いくつもの〈声〉に分節され、複雑に振りわけられる。錬肉工房の演者たちの〈声〉は、新劇の役者の科白のように日常的、直線的な意味のつらなりのメッセージでも、能の地謡のようにリズムの定型に仕えるのでもなく、メロディに仕えるオペラ歌手の発声でもなく、言語の地層を食い破るように、演者の匿名の肉体そのものを耳に投げ込もうとする。

〈声〉は薄っぺらな「現在」を相対化しようとする。錬肉工房の演出家の独創は、〈声〉の回帰のなかで垂直軸の――おそらく反―時代的な―― ―パースペクティヴを打ち立てること、そのことであった(それが「主体的」であること、「歴史的」であることの演出家の定義となっている)。なぜなら〈声〉は欲望と同じように反―時間的(線的)であり、多―空間的な能力をもつからである。内在的な身体の律動は、持続の中の変化の運動であり、刻々、千の騒音が蠢く〈声〉の強度閾の震源地。〈声〉を震わせ、シテの〈声〉は他の演者の〈声〉を叫んで濃密にからまり、からまりついて、〈声〉の抑揚に微妙にズレながら〈声〉から〈声〉への間を引き立たせるモンポウの音楽――沈黙と発話の中間で戯れる、音楽というよりは音の波紋であるような――と、観客の深い沈黙の密を吸いとった「音」の複合体。可視的な視覚

撮影＝池上直哉

像が固定された耳は、ついに〈声〉の厚みに棲みつき、棲みつかれ、〈声〉と同化をとげて不動の航海に運ばれる（だから可視性のレベルで空と大地のパースペクティブを開くことはなかった。またその必要も）。

シテ・老婆（ときに若い女）たる関口綾子の〈声〉は、その声音の波紋の粒子のひとつらなりごとにやがて科白の断片と織りなされた多様な〈顔〉を獲得していく。（ロラン・バルトの美しい比喩）声の粒、物質性と官能性の混合体であるような〈声〉、のすぐちかくまで迫っている。耳もまたすでに「実実」だとする国文学者の指摘がある（中西進）。存在のもっとも生き生きした根源的な現前である〈声〉は、他者の欲望の対象となる。〈声〉は無意識の願望と幻想を語る。〈声〉は欲望に起源をもち、他と自らの欲望と関係をもとうとする。〈声〉は錬肉工房の原初的コスモロジーの条件そのものであり、そのものとなる。肉を獲得した言語の痕跡だけを残して時々刻々、まさに生まれ出たその瞬間に薄暗がりの中に融合をとげようとするからである。（「オー、オー」という警蹕の声ほど鋭利ではない長音の、互いにその所在を確かめあう裸形の〈叫び〉だけが、くっきり闇に分節され長く尾を引いて、深い淵に飲み込まれるように全フィールドは閉じられる）。〔……〕中世における世阿弥という出来事の孤独を、共有する道程を一歩一歩たどってきた、錬肉工房の演出家のラディカリズムが、本当に切り結ぼうとしたものは、小林―宣長的もうひとつの「自然主義」だったのではないか。肉を切らせて骨を断つように、「言霊」の地層を喰い破る〈声〉の創造不断に賭けてみること。《叫びが歌聲になり、震へが舞踏になるのを待つのである。例へば悲しみを堪へ難いと思ふのも、裏を返せば、これに堪へたい、その「カタチ」を見定めたいと願ってゐる事だとも言へよう。捕へどころのない悲しみの嵐が、おのづから文なる聲の「カタチ」となって捕へられる。》（小林秀雄『本居宣長』）。一九四〇年代の前半、ある特権的な集合が能楽堂に「亡命」を強いられた事態とは、逆のベクトルに織り出されて、私たちの記述はダンスの能力論のすぐ渚まで来ている。

（『et』No.3 一九九〇年二月二十日）

撮影＝池上直哉

身体の響きの強さ

長谷川六

岡本章が関口綾子を主演者として作った「AYAKO SEKIGUCHIのための『姨捨』」は静謐な、隅々まで打ち水されきよめられた透明な空間（青山銕仙会能舞台）に於いて「老い」を赤裸々に語る壮絶な舞台だった。ここで見る関口の身体は主題と共振したきわめて強靭なコントロールされたもので、その身体の響きの強さは驚くべきものがある。（『新劇』一九九〇年一月号）

8. 現代能『水の声』

〔構成・演出〕
岡本章

〔初演〕
1990年11月
銕仙会能楽研修所

現代の能への期待

土屋恵一郎

岡本章構成演出の『水の声』、副題は――能「鷹姫」によるヴァリアント――となっている。「鷹姫」は横道萬里雄作のものである。もともとはイエーツの『鷹の井戸』に題材をとって、観世寿夫を中心として能に作られた。その『鷹姫』と谷崎潤一郎の『鍵』、さらに那珂太郎の詩を組み合わせて作られている。出演者は、能から浅井文義、瀬尾菊次、粟谷能夫、岡本章の主宰する錬肉工房から関口綾子、大木晶子である。この組合せから予期される様式の振る舞いは、まったくこの芝居にはなかった。それが、『水の声』から始まるこの試みの将来を期待させる。むしろ、ここでは、言葉と声が、生命の流体が肉体となりそれが

撮影＝吉越研

崩れていく時間を追って、呟きの宴になる。

関口綾子が暗い光のなかを立ちあがる。身に纏っているゆったりとした黒いサック・ドレスのなかで手があがり、声は震えてくぐもりながら「ふるふるふるへふりしきる雨の」と語り始める瞬間に、声の現れのセクシャリティーが、能舞台という空間の内側に、誰も予想しない官能の呟きとなって拡がっていった。それが、同じ衣装を身につけた瀬尾菊次が語る『鍵』の主人公が妻の裸体を見る時の言葉のなかにもあって、かつて桜間道雄が三島由紀夫の『綾の鼓』の老人として出演した時はこうでなかったかと思わせた。

この芝居の主題がなんであったかを、私はもう考えていない。ただ足元まで隠す黒いドレスを着た三人の男と二人の女が、円く集まってうずくまり、立ち上がって交差し、舞台を歩いて、そこで、呟かれる言葉と声の綾取りの糸が、幻覚のなかの官能をくるくると縛って、人間のからだのかたちを、暗い光のなかに映し出したのを見ただけである。

「親しい思い出たち」。そう言って五人は舞台の中心にあつまって、からだを寄せ円を作る。それは、なにかを待ち受けるようでもあり、五つの黒いドレスが一つの魂となって、抱擁する触感の至福のようでもあった。この試みが、能と舞踏との実験ではなく、いつか更に成熟した舞台となるのを予想させるのは、こうした触感の至福がはっきりと舞台のなかで生まれていたからである。そこまで動いていく舞台の自立した感覚系があったからである。岡本章の芝居の構成は、解放感と成熟を示している。この作品のつづく先で、岡本章が現代の能を作ることを期待したい。

（『図書新聞』一九九一年一月一日）

無垢の水の幻影

長尾一雄

一九九〇年の年末、東京は、時ならぬイエーツの「鷹の井戸にて」ブームに見舞われたことになる。もっとも、その先鞭をつけた岡本章の仕事は、今回の『水の声』の前に、「能『鷹姫』によるヴァリアントII」というタイトルで、すでにこの秋、千葉県柏の彼のアトリエで初演されて居り、その時も三鈷の会が出演した。錬肉工房には関口

撮影＝吉越研

綾子という知る人ぞ知る名女優が居て、この人と、大木晶子というやはりよく訓練された女優とが三鈷の会と共演した。〔……〕印象としては女優たち、ことに関口綾子が長年にわたって探求して来た舞台における存在感を、能楽師の存在感と舞台上で交換することによって或る普遍的な演劇世界を構築しようとするもののようであった。

　これは岡本章と関口たちがこれまで長いこと試みて来た演劇の道程に乗ったものである。岡本の作品には、すでに「松風」の物着で軍服を着る『須磨の女ともだちへ』や、小町もの『アメリイの雨』などの作品があって、那珂太郎の詩や昭和史のさまざまな表裏と能の詞章が交錯するのだが、『水の声』では「鷹姫」「鷹の泉」から或る距離をへだてて、能の「葵上」と谷崎潤一郎の『鍵』とが引き寄せられて来る。巫覡《ミーディアム》たちが他の主題言語を発語するのが岡本世界の特徴なのであるが、そのように「生きてこの世にましまさば……光る君とぞ契らん」の「葵上」は、関口の女ごえの、濃密な存在感によって発せられ、「私は木村さんを恋すると云うところまでは行ってはゐないが」の『鍵』は、キリスト修道士の黒衣の頭布を真似た、三鈷の会の楽師たちによって直面で言われる。たしか口を切ったのは浅井文義だったが、彼の口からこの朗誦が始まった時の印象を私は長く記憶することであろう。狂言師ではなくシテ方によるこの独白は、間語りのような「型」を持つことなく、かえって何の古典的伝承に捉われることなく無垢であった。関口の経験豊かな独白の方が舞台の上では豊かな肉をまとって居り、浅井の独白は無垢の裸身によってなされたと言ってよい。粟谷と瀬尾の場合も同様であって、あたかも三人は能の約束に「型」を預けることによって朗誦の自由を得たことになる。関口と大木がその裸身たちを岡本の世界へと導くアポロ・ムザゲートとなる。

　この構図は決してクーフリンと鷹姫とを直接喩すものではないが、後半に演者たちが人身を各面に彫ったトーテムポールのように集って、「あたさらさまらききりやさ」という梵偈のような唱言によって水の湧くさまをなす時、それは柱と液体というような通常の連想をはるかに超えて、われわれは無垢の水の幻影と、かつその後の空白とを見るのである。とは言え私の言う「通常の連想の世界」は正確に通らねばならないので、なればこそ錬仙会舞台では瀬尾菊次は、正先で『鍵』を語りながら、絶品の「いやらしき笑い」をうかべた

撮影＝吉越研

のである。シテ方が舞台で笑顔をつくったのは、近い歴史でははじめてであろう。

（『能楽タイムズ』一九九一年二月一日）

9. 井筒・AM BRUNNENRAND

〔作〕
世阿弥

〔構成・演出〕
岡本章

〔初演〕
1992年12月
錬肉工房アトリエ

「からだ」と「ことば」のあわい、または地下水脈

市川 浩

昨年十二月五日と六日、錬肉工房の柏のアトリエで『井筒・AM BRUNNENRAND』の公演が行われた。これは一九六〇～一九七〇年代の小劇場運動をおもわせる熱気に満ちた演技だった。もちろん時代がちがい、われわれが担っている課題もことなる。それにもかかわらず、いま演劇がなすべきことは山ほどあるのだ、と思い知らされた公演だった。

まず外面的なことから見てみよう。表題になっている『井筒』はいうまでもなく夢幻能の名作である。とはいえ『井筒』では、『伊勢物語』にある子供たちの恋物語の女主人公（里の女）が時代をへだてて、いまは草ぼうぼうの、在原業平と紀ノ有常の娘の古塚に参り、花や水を手向けている。不思議に思った旅の僧が問いかけると、「じつは私は恋をした紀ノ有常の娘かどうかも（さだかではないが…）夜にまぎれてあらわれてきたのです。（シテと地謡が交互に）紀ノ有常の娘とも…、または井筒の女とも…（いわれたのは）恥ずかしながら私のこと…」と（さまざまの所作あって）井筒の蔭に姿をかくす。

後半になると女は、在原業平の形見の直衣（のうし）と平安朝の公卿がかぶっていた冠（かんむ

撮影＝宮内勝

り）をつけ、面は若女（わかおんな）や小面（こおもて）という倒錯した装いで出てくる。そして「序ノ舞」のあと、井戸に姿を映すと、「女とも見えず、男なりけり、業平の面影。…見ればなつかしや。…われながらなつかしや。（と感慨にふけるのも一瞬）…明くれば古寺の、松風や芭蕉葉の、夢も破れて覚めにけり、夢に破れ明けにけり」と袖を返して留拍子を踏む。まったく完璧な夢幻能の傑作である。

岡本章氏はこれをどう処理するのか。しかも副題にあるように、攻撃的（と私には感じられる）ドイツ語と室町時代の日本語をどう調和させるのか、じつのところ私も不安だった。川手鷹彦氏はドイツを中心に、ゲーテやヘルダーリン、小泉八雲や『井筒』の独語の朗唱などで高い評価を得、また言語セラピストとして自閉症、ダウン症の子供たちの治療にもかかわっている人である。そのうえバリ島をもたびたび訪れ、バリ・ヒンドゥの精神・身体技法にも通じているという点で理想の人をえたといっていい。

それにしても岡本氏の演出の苦労と同時に、関口綾子、長谷川功、それに川手、岡本氏をふくめた出演者の新しい発見の喜びと目ざましい進境は察するにあまりがある。はじめは即興をまじえて、自由に各人が台詞を発し、演技する。『井筒』の筋はほとんど変えず、シテと地謡の台詞の一部を関口が語り、ワキと地謡、そしてシテの台詞の一部を川手がドイツ語で、また長谷川と岡本は日本語で、ワキと地謡のそれぞれ適切な箇所を語るという具合だ。しかも日本語とドイツ語というまったく異質な言語が、違和感を与えるどころか不思議に融合していた。

もっとも最初はそうではなかったらしい（当然のことだ）。はじめのうち各人に自由に表現させたのが、かえってよかったのであろう。やがて一人一人が、無意識にドイツ語と日本語の違いを気にしはじめたころになって、岡本氏の演出が流れだしたのである。それは阿吽（あうん）の呼吸とでもいうべきものである。言葉の違いと同時に、言葉の基層に流れている隠れた水脈（岡本氏のいわゆる地下水脈）の共通性に気づかせたのである。ドイツ語が残している言葉の古層が、日本語の古層と、幾重にも重なった差異を介して遠く遠くひびき合ったのであろう。

これは俳優のそれぞれが、互いに相手の言葉の意味だけではなく、そのリズム、その踊り、その

撮影＝宮内勝

間（ま）、それらの引き込み現象、そして音相互の響きあいに耳を澄ます訓練ができていなければならない。さいわい岡本氏は注意深いヨーガのインストラクター、関口氏と長谷川氏は微妙な脈診と触診ができる鍼灸師、川手氏はさきに触れたように「ハウス・アーリルド」で子供たちの治療教育にたずさわる言語セラピストであり、「からだ」と「ことば」の根源的な訴えを聞きとろうとする共通の関心をいだいている。

そのうえ作曲と演奏である。ここには能楽でつかう囃子（はやし）はない。フルート一本である。作曲家の藤井孝氏の作品はドルトムントの音楽祭で招待演奏されたほか、「今日の音楽・作曲賞」や「福井ハープ作曲賞」などを受賞している。人智学に共鳴し、「オイリュトミー」のための作曲、視覚障害者との音楽創造の試みを続け、もともと治療には関心が深いのだ。そしてフルートの演奏をした岩亀裕子さんは、「NHK新人賞」を受け、「パンムジーク・フェスティヴァル」の現代演奏コンクール・フルート部門で第一位入賞、フルートのほか龍笛の奏者としても知られ、ヨーロッパやアメリカでも活躍している個性的な演奏家だ。

はじめ暗闇のなかから静かにフルートの音が立ちあがり、四人の演戯者がほのかに浮かび上がる。フルートは、この台本の全編を通じて、鳴っていないあいだも単なる休止ではなく、能の緊迫した間（ま）のように、無音のまま次第に錯綜してゆく演戯者の台詞をつむぎ合わせ、ドイツ語の「B」の音と響き合って、全体を主導している。川手氏がスイスで学んだ言語造型術では「B」の音は、「いきいきとした生命力で囲い込み、結晶させて、形ある存在を生み出す音」とされているということだが、このフルートの響きとドイツ語の「B」の音は、その性格が異なっているにもかかわらず、きわめて自然に言語と音の基底層へと導いてゆく。

この前提があって初めて、能の『井筒』を日本語とドイツ語で同時に組み合わせて上演するという、キッチュになりかねない試みが成功したのである。しかも能の完成度の高い型や様式、地謡、囃子を用いず、音楽はフルートのみ、形式のうえでは、「中入（なかいり）前後二場ある複式能で前場のあと前シテが一たん退場すること」はなく、演者の役柄も固定していない（とはいえシテは、だいたい関口綾子である）。岡本氏の演出は、多様な関係が生成する一種のコロス劇として

『井筒』を再構成している（この舞台は岡本氏のよき理解者であった故観世寿夫にぜひ見てもらいたかった）。

そのために岡本氏の台本は、舞台を「時空をこえた秋の夜の古寺、あるいは現代の老人ホーム、あるいは精神病棟の廊下」に設定している。一人の女（若いかもしれないし、老婆かもしれない）が静かに語りだす。これは関口綾子だが、その集中は圧倒的であり、闇から浮かび上がるフルートの音、ドイツ語の「B」の音の断片とともに、現代の『井筒』の始まりを予感させる。つづいて長谷川功、岡本、川手（ドイツ語）のワキと地謡が語りだす。それぞれの身体の深い集中が高まるとともに、相互に絡み合う老人たちの混濁した意識にとぎれとぎれの記憶が浮かび、互いに紡がれ、響き合ってゆく。

ここからは「B」の音を基盤にして、『ハムレット』のオフィーリア狂乱の場の台詞、同じく当時の俗謡、『死の棘』をもとにした対話の一部「あ、あ、あな、あなた…」や「なんの毛だろうね…ちぢれて…ケが…」などの音に触発されるかのように、『ファウスト』の「ワルプルギスの夜」のメフィストの台詞「Der hatt' ein Loch gross und weit」（それに大きなあながあり）やグレートヘンの語り、またオフィーリアの嘆き、そしてまた「B」の音の繰り返しをへて、『井筒』に戻る。長谷川、岡本、川手（ドイツ語）のワキが「なほなほ業平の御事詳しく御事語り候へ」と促す。それとともに〈ことば〉が女の〈身〉に依り憑いてゆく。女は「身に残る思い出」を静かに語りはじめる。

能でいえば「中入」より少し前、「井筒の女」が業平のことを語る居グセの場面である。はじめ女は「わたくしはこのあたりに住むものであって、昔から遠くへだたった今、ゆかりも何もあるはずはない」と業平との関係を否定していたが、業平のことを語るうちに、「井筒の女」とは「有常の娘」の昔の名なのであろう、と不思議なことをいう。さらに僧が名前を尋ねると「紀ノ有常の娘」とも、「井筒の女」ともいわれたのは、わたくしのことです、とみとめ、井筒の蔭に姿を消す。中入の後のことは、さきに述べた通りである。

岡本氏の演出は、『砧（きぬた）』にでてくる「思い出は身に残り」を一層深化させ、現代の老人ホームにも、いやさらに異文化にも通じ、そして時代をへだて、まだまだ見たことのない地域に

撮影＝宮内勝

も、意識の底で降りてゆく方途を示した。また集合的無意識にも似た、氏の「重層的な時空」という考え方は、「井筒の水の面に、男でもない、女でもない、またそのどちらでもありうる〈身〉に数百年の時が還流し、自在に変身しながら映（移）し、映（移）りあう」とともに、世阿弥の『井筒』のすばらしさと、そのさらなる展開の可能性を開いたといえよう。

（『ダンスマガジン』一九九三年四月号）

10.

〈春と修羅〉への序章

走破の技法——「未知」と「驚き」のための

真木悠介

〔作〕
宮沢賢治

〔構成・演出〕
岡本章

〔初演〕
1993年3月
錬肉工房アトリエ

賢治の作品が、よく対比される同時代の作家たち、もっと新しい近代の作家たちと比較してさえ、現代芸術のあらゆる様式に、圧倒的に多くの霊感を起発しているということは、すでに多くの人の指摘があるとおりである。ドイツ語の能というような実験を重ねてきている表現集団錬肉工房が、九三年に『春と修羅』を能の舞台にのせようと試みたことは、こういう現代的な展開の内にあっても、特異な試みであるように思えた。表現のさまざまな領野における賢治の世界の、奔放に遠心する展開の豊饒のようなものをわたしは楽しんでいるのだけれども、この能の舞台は反対に、むしろ賢治の〈芯〉に向かって、削ぎ落とし削ぎ落としながら禁欲し求心しているように思われた。その〈芯〉のところに開口する異空間——「幽界」と記して消去されているもの——との往還には、能という様式によって、しかし「能」からいったんは自由になった能という様式によって、よく表現される何かがあるように思える。

　錬肉工房の舞台は、ほとんど賢治の作品の中のオノマトペだけで構成されていた。オノマトペは意味のない音、意味よりも先にある音、まず音としてあるような音たちである。賢治の作品の最初の「読者」である弟妹（正確にはオーディエンスというべきだろう）に読んできかせる時、作品が固有の抑揚と韻律と、時には旋律をさえもっていたこと、たとえば「春と修羅」のある箇所は「歌われた」ということを宮沢清六氏が証言し、天沢退二郎氏が正当な「驚き」をもって着目している。賢治の表現は、全部ではないのだろうが、声の直接性のようなものと切り離せないものだったろう。〔……〕前にふれた錬肉工房の能の舞台は、〈ポシャ　ポシャ〉という、オノマトペのいつまでもつづく長い導入からはじまっている。脚本が下敷きにした『十力の金剛石』という童話で、〈ポシャポシャ〉という霧の降る音、雨の降る音は、〈異の空間〉が、今ここに、目の前に開かれて来ることの前触れであった。〔……〕

（『アートエクスプレス』Ｎｏ．４一九九四年九月）

11. 現代能『紫上』

下降する力
――『紫上』公演によせて

小田幸子

〔作〕
深瀬サキ

〔構成・演出〕
岡本章

〔初演〕
1998年3月
国立能楽堂

　日本の古典芸能は、言葉にメロディーや抑揚をつけて「歌う」ものが多い。言葉の「意味」を、より深く強く、体の芯にまで届かせる力を音楽は持っている。しかし、逆に、音楽にばかり気を取られていると、かえって言葉の意味をきき逃してしまう。鑑賞する側にとっても演奏者にとっても、音楽は危険な武器なのかもしれない。決められた発声法と決められた抑揚・リズムにのっとって歌う「謡」は、システム化されているだけに、音楽性のうちに言葉の意味が埋没してしまう危険度が高いと思う。だから、謡のシステムから離れる冒険も、時には必要なのだ。

本年三月六日国立能楽堂で上演された橋の会・錬肉工房提携公演の新作能『紫上』（能作・深瀬サキ、構成演出・岡本章）を見終わったあと、上記のようなことを考えた。『源氏物語』を題材とした夢幻能的作品で、亡き妻をしのぶ光源氏（野村万蔵）の前に紫上（浅見真州）の霊が現れ、二人の間で激しい葛藤がおこる。全体に求心力が張り詰めた密度の濃い舞台で、数々の斬新な試みがなされていたが、とりわけ私が関心を抱いたのが、謡の様式とは異なる言葉の表現方法である。

そのなかでも、紫上の心情吐露というべき「語り」は圧巻だった。見えない力に押されるようにして徐々に上体が傾いていき、「いとつらし」と声が出る。そのとたんドキリとしてしまった。ひとつひとつの音と響きが、しっかりした「意味」となって届いてきたのである。確かに紫上の「内なる声」を聞いたと感じた人は少なくなかっただろう。技法上は異なるにもかかわらず、「これが能の語りだ」という印象がしたし、同時に、人間の声が持つみずみずしさに触れる思いだった。

源氏にも地謡にも用いられているこの「語り」について岡本は、「それぞれの技芸を踏まえながら、一度その定型的な型や様式を離れてみて、能でも、狂言でも、現代劇でもないその根底の演技の位相に下降し、立ち戻る」と上演パンフレットに記している。つまり、「様式を離れることで、逆に様式が本来もっていた言葉の力を明確にする」ということだろう。能に新しく何かを付け加えようとしたのではない。様式をはぎとった新しさ、様式の内側に向かって「下降」した結果生まれた新しさである。このような方法論による演出的仕掛けが、他にも様々な形でなされていたと思う。

復曲・古演出復活から出発した能界の新しい動向は、近年、新演出・新作へと拡大している。「古いもの」を基にしている場合であっても、全体としてみれば「新しいものを作り出そう」という動き、現代の能を活性化する運動として捉えることができよう。これらは、多かれ少なかれ従来の様式なり枠組みなりを崩す面を持っている。ただ、現象面では同じく能の枠組みを越えていても、新しく付け加える方法や能の外部へと表現を拡大していく方法がこれまでの主流であって（詳しくは「現代の能の『演出』」、国立能楽堂パンフレット、93年9月号を参照していただきたい）、『紫上』のように、はぎとったり、下降したりする方法はほとんどなかったと思う。一見付加にみえるコンピューター音楽（藤枝守）の導入にしても、目新しさを狙ったわけではあるまい。どこかで虫が鳴いているのかなと思っていたら、一気に音の粒がまたたいて降りそそぐシーンがあったが、なにかがしきりにせきたてられるこの音楽は、登場人物の内心のざわめきに空間全体が呼応したかのようで、能の登場楽として違和感がなかった。これも、能から離れることで能に近づく方法のひとつとみてよいだろう。

わかりやすく目立つ例を挙げたが、「むずかしいな」と感じると共に重要な問題提起となっていたのが、光源氏の役割である。紫上は、『源氏物語』に登場する女人たちの思いを一手に引き受けるだけでなく、「あなたは、私と本気でむきあったことが一度でもあったのか」と、この世のすべての女に共通の問いを投げかける。その問いを受ける源氏も個人を越えてしまう。たいていの能では、女の問いを引き受ける男は登場しない。わずかに〈砧〉や〈清経〉の例が思い浮かぶが、それらにしても本格的対決は生じないのである。源氏の登場は台本の現代性を物語るが、必然的にこれまでの能にはなかった役柄と演技とを要求してしまった。野村万蔵は喜々としてこの至難の役と格闘していたのではあるまいか。的確に表現する言葉がうかばないのだが、大袈裟なところは少しもなく、「内面の深み」で演じているように思われた。声の出し方も、歩き方も、立ち方にしても、能・狂言の様式を潔く捨てていた。しかし、その「さりげなさ」にとまどいを覚えたのも事実である。正直なところ、何をしているのか、どのような種類の演技なのか、はじめのうちはわからなかった。万蔵の演技が微細で高度だったからだけではなかろう。いつのまにか私自身の中に「能とはこのようなものだ」という枠組みができあがっていて、それに合わない演技を無意識に受け入れまいとしたのではないだろうか。私だけの問題ではない。能の歴史と能舞台をとりまく環境とがつくりあげた強固な制度である。

仮に源氏の役柄と演技が能の枠に納まっていれば、『紫上』は「よくできた新作能」で終わっていたかもしれない。能舞台で「能に限りなく近く、異なるもの」を上演しようとする際、必ず突き当たる難問への果敢な挑戦という意味でも万蔵の演技は貴重だった。設立当初から能と深いかかわりを有する錬肉工房は、能舞台での公演や能役者との共演を何度か行なっているが、能そのものの演出は、今回がはじめてである。能の内部に下降する方法と、それが生み出す新しい演技の続きを、もっと見たい。

（『能楽タイムズ』一九九八年七月一日）

心の声を聴く 新作能

土屋恵一郎

去年の秋と今年の春、現代の劇作家深瀬サキによる新作の能『紫上』が、能楽研究上演団体『橋の会』によって上演された。このことが一つの契機となって、現代の日本で伝統芸術である能がどのような積極的な意味をもつのかを、考えてみることができた。

この二回の上演は、秋は十月に新潟県新津市に新設された新津市美術館のギャラリーに舞台を作って行われ、春は三月に東京の国立能楽堂で、両方とも岡本章の演出によって行われた。それぞれに場所の特質が作品のあり方にも反映して面白いものであった。

登場人物である光源氏（野村万蔵）と紫の上（浅見真州）の世界に焦点がはっきりと合っていたのは、新津市美術館での公演であった。しかし、国立能楽堂での上演は、むしろこの作品の古典的均整をきわだたせることになって、現代が『源氏物語』のうちに発見した人間の姿を描くことにとって、能の古典的形式がきわめて有効な表現方法であることを、教えてくれた。

「古典的形式」とは、世阿弥が発明した「物語」についての語り方のことである。世阿弥はけっして人が知らない話を能にすることはなかった。だれもが知っている「物語」のなかの主人公を亡霊として登場させて、「物語」のなかの自分の人生について語らせる方法を思いついた。

今回書きおろされた『紫上』は、光源氏の正妻であった紫の上を能の舞台に呼び出して、『源氏物語』のなかに埋もれていた女性の心の声を聴こうとするものであった。声なく横たわっているかつての「物語」のなかの女性に言葉を贈って、死者がその言葉を魂にして甦《よみがえ》る世界である。それはまさしく世阿弥の能の劇作術そのものである。

深瀬サキが聴こうとした紫の上の心の声とは、夫である光源氏の世界への異議であった。『源氏物語』の「若菜下」の巻で、源氏が紫の上に向かって、いかに紫の上が源氏との結婚生活において幸福であったかを説く言葉への、そこでは語られていない紫の上の異議申し立てを、現代の能のなかで語らせることであった。

世阿弥を中心にした能の作者は、多くの『源氏物語』を題材にした能を作ったにもかかわらず、光源氏の正妻である紫の上を主人公にした能は作っていない。紫の上には、夫の源氏が自身考えたように、幸福で平穏な生活があるのみでさしたる劇的な事件が起きていないからである。

しかし、幼少の時から、源氏の女性の理想像であった「藤壺」の宮にかたどって育てられ、後にはいかに天皇の意向とはいえ、源氏が皇女「女三の宮」とも結婚したことを考えれば、紫の上の生涯には、けっして納得することができない心の事件はあったのだ。だからこそ、この新作能のなかで紫の上はいうのだ。「おのが心を包みかくさず申さば、ひとえに際なく寂し」と。結局は身代わりの愛であったのか、本当に源氏は愛していたのか、という疑問と怒りは、世阿弥にとっては「事件」ではないが、紫の上にとってはこれ以上はない「心の事件」であるのだ。

この紫の上の心の事件を描くものとして、深瀬は『紫上』を作った。ここでは、源氏の「幸福」の詐術を破って、紫の上は源氏の男の論理を許さない。しかし、この作品のなかで、紫の上は源氏の祈りの声を聞き、舞を舞う時間を通ることによって、究極で源氏を許すのである。そこに自らの苦悩からの救済があり、源氏もまた救済されることになる。

能の多くの作品は、主人公が舞を舞うことによって苦悩から救われる構造になっている。その救済は『源氏物語』には存在しなかったものである。能が題材とした物語のなかには存在しない世界を、能はその舞の構造によってつくり出してしまう。そこに能の力があり魅力がある。声なく物語のなかに埋もれた者たちが、この救済の場所で自分自身の声をあげるのである。それを物語からの解放ともいうことができるであろうし、物語のなかに拘束されていた者たちが自分の物語を語り始めるといってもいい。

この能の構造の力は、新作能というものの可能性を示すものである。『紫上』は、『源氏物語』という宇宙のなかに欠落していた紫の上の声を再びこの世界のうちに呼び戻した。それは、私たちが忘れ去った者たちの声を甦らせる場所として、能がいかに大きな可能性をもっているかを知らしめるものであった。

能はけっして伝統芸術として反復されるだけのものではない。その本質は、物語のなかで声を失っている人間が自分の声で物語を語り、人生の救済を得るための飛躍の場所となることである。そう思って歴史を考えれば、まだ多くの人間たちの心の声が、能による呼び戻しを待ち受けているのを知ることだろう。新作能は、その心の声を聴くために、繰り返し作られていくのである。

（『読売新聞』一九九八年五月十八日夕刊）

12. 現代能『無』

〔構成・演出〕
岡本章

〔初演〕
1998年6月

〔イタリア公演〕
1998年7月

大野一雄と能が出会う「無」

今野裕一

大野一雄の舞いは装飾過剰である。バロックにしてマニエリスム、それゆえに華麗である。が、同時に表現の頽廃もまた背中合わせにもっている。

今回、岡本章・演出の現代能『無』に踊り手として出演した大野一雄は、装飾を一切剥いで舞った。その踊りはしなやかで豊かであった。踊りの原型とはこうしたシンプルなものではないだろうかと胸打たれる思いだった。そのシンプルさはまさに能の舞いへともつながっていく。

　岡本の演出があり、能の観世榮夫と共演し、「無」というテーマで踊るということが、この明快な舞いを産み出したのだろうが、二十年前の『アルヘンチーナ頌』を思い起こせば、大野一雄は、舞台にすっきりと、まっすぐに身体をのばして現れたではないか。

　もともと大野一雄は、人間の優しさや美しさをダイレクトに踊るダンサーであった。『無』の大野一雄は、踊りの原点を見せたとともに、自身の原点へも還ったと言えるかもしれない。

「ゆらりゆらり、このひとを眠らせて……」というベケットの戯曲、能の『姨捨』そして那珂太郎の詩「秋」を組み合わせた現代能の『無』は台本としても良く書かれていて、様々なジャンルの言葉を能というテーブルの上でまとめ上げている。

　演出の岡本章、そして能の観世榮夫が、これまでに異ジャンルとの交流を積極的にしてきた経験が、このまとめあげに、おおいに貢献しているだろう。

　観世榮夫は抑えた演技で、大野一雄の踊りの魅力を引き出していた。大野一雄を抱えるようにして静まった観世榮夫の演技はさすがである。「無」というテーマを、空虚さ、あるいは死という究極として描くのではなく、無いということを正面からとらえれば、肉体には今という「有」が生まれてくるのだという表現をしていた。大野一雄の踊りも「無」という次元に一度立ち返ることで、本質的な豊穣さが顕れていた。

　伝統の中の前衛は思惑ばかりが先にたって、表現の豊かさが失われることが多いが、この現代能の在り方は、伝統に新しい意志を吹き込む一つの成功の方法である。


（『公明新聞』一九九八年六月十八日）

今月選んだベストスリー

西堂行人

　もう一本は、大野一雄、観世榮夫の両巨頭が揃い踏みした『無』（岡本章・演出）を挙げよう。能の秘曲ともいわれる『姨捨』とベケットの『ロッカバイ』、これに那珂太郎の詩『秋』を言語素材としたこの舞台は、死を目前にした〈虚無〉

撮影＝宮内勝

の深淵を覗き込む。ことに圧巻だったのは、舞踏家・大野一雄だ。女の三態を自在に織りあげていく大野は、ゆらりゆらりと空間をたゆたい、彼自身のなかに生と死の世界を自在に行き交う重層的な時間を呼び込む。と同時に、彼自身の身体のなかに、様々な思いが輻湊し、揺らぎはじめるのだ。能の堅固な様式を借りながら、その様式の外にはみ出していく瞬間を彼の肉体は垣間見させる。能役者もまた、本来の能の動きを封じられている。謡ではなく、語りを余儀なくされた観世榮夫は、むしろ言葉によって舞台空間を設える。笛や太鼓のなかを動き出す大野一雄の老体は、この世とあの世をつなぐ結界を生きているかのようだ。その自在さは、掛け替えのない生を謳いあげる。死を目前にした老体が、にもかかわらず、生への絶妙の讃歌を送る。虚無を見据えれば見据えるほど、かえって陽気な、生を力強く肯定する力が送り出るのだ。存在の根元に立ちゆらめく大野一雄の肉体から、過剰な生へのエネルギー、救済を感じとったのは、わたしだけではあるまい。スタイルや様式から抜け出し、いっさいのよすがから無縁の単独的な存在であるこの舞踏手は、表現というものの、ある極北を指差している。そこに、能とベケットの、つまり東洋と西洋の虚無の深淵を根元で問おうとする演出家のまなざしが看て取れるのだ。

（『テアトロ』一九九八年八月号）

今月選んだベストスリー

渡辺 保

付け加えれば私はその数日前に大野一雄の『無』を見た。その成果はすでに先月号で西堂行人がふれているから立ち入らないが、一つだけいえば、前半大野一雄が能の囃子と苦闘したあと、終りの十分間、『姨捨』の序の舞に至って囃子を征服したことである。大野一雄の背筋が宇宙を支える柱の如くにのび、その顔が清澄そのものになった。その顔の表情の輝きはまさに天寵というべきものであり、長絹の袖がひるがえるサマはいいようのない見事さ、袖のなかに宇宙がある。

（『テアトロ』一九九八年九月号）

撮影＝宮内勝

コクーン現代能と『鷹姫』

八嶌正治

その夜、魅惑的な〝コクーン現代能『無』大野一雄と能が出会う〟なるタイトルの能と出会う。謡曲『姨捨』・ベケットの『ロッカバイ』・那珂太郎の『秋』を織り交ぜての作だが、『姨捨』が土台になっている。三場に暗転するが別に装置があるわけではない。両橋懸かり風な台が作られているだけで、その上に第一場と第三場に四拍子の乗る台が置かれる。シテに当たる大野は第一場は腰巻き風な老女、第二場は洋風な部屋着姿、第三場はチャンチャンコ風に仕立てた舞衣をはおって四拍子に合わせて踊る。第二場は後方でピアノ演奏、第三場にはシンセサイザーその他が加わる。荒涼たる高地を象徴する風の音、夜の流れる雲。観世榮夫が『秋』を読む。「女のながい髪の毛は、なびくやなぎの波だち、それはかなしみの川のさざめきとながれて」。『ロッカバイ』の語り、「もうそろそろやめてもいいころよ、長い一日の終わり、自分に向かってひとりごと」「ゆらりゆらりこの人を眠らせてあげて」。仮面をつけた榮夫が姨捨伝説を語る。様々な要素を交えながら舞台に安定感があり、深い脱落感を支える情緒的な〝無〟や〝死〟が示される。九十歳を越えた大野の色艶とモダーンさ・奇怪さはゆるぎないものである。構成・演出岡本章。もう一度見たい作品である。

（『能楽タイムズ』一九九八年八月一日）

大野一雄と観世榮夫の「畏ろしい」までの舞台を観て

四方田犬彦

恐ろしいものを観てしまった。いや、この場合は正しくは「畏ろしい」と書くべきか。観てからすでに3週間近い時間が流れている。だが、衝撃はいまだ消え去らず、むしろあれは何だったのだろうという気持ちが強く自分を締めつけてくるばかりだ。ぼくは日頃、機会さえあれば舞踏のステージは観ておこうと心がけている人間だが、こんな感情に駆られることはめったにない。自分の心を落ち着かせるためにも、ここに書いておきたいと思う。

ぼくが観たのは6月5日から3日にわたって渋谷のシアターコクーンで行われた、大野一雄と観世榮夫の共演の中日である。『無』と題された演目は、岡本章が構成・演出を担当している。大野師は今年で92歳。一度でいいから能の衣装を身に着けて舞ってみたいといわれたのがきっかけとなって、今回の、この奇跡ともいえるジョイント・ステージが実現の運びになったのだという。舞といっても異種格闘技のようなものではない。舞踏と能における第一人者どうしが、それぞれのジャンルの約束ごとをひとまず置いて、生々しい二体の肉体に戻ったうえであらためて向かいあうという真剣勝負なのである。

岡本さんはもう25年以上にわたって「錬肉工房」というグループを率いてきた。ハイナー・ミューラーやアルトーといった西洋演劇の最前線と日本の能楽のいずれをも見据えながら、独自の演劇的肉体を築き上げてきた人である。この3月にも野村万蔵と浅見真州を使って、『紫上』という新作能を国立能楽堂で演出している。けれども、いったい能のような日本古来の芸能に、近代になってヨーロッパから導入された「演出」という考えが通用するのだろうか。

ぼくの素朴な質問に、岡本さんは答えてくれた。能役者はそれぞれ長年にわたって築き上げてきた、演技の完璧な型というものをもっている。最初の稽古のときには、まずそこから始まる。演出は、お互いの型と型の間にある、わずかの隙間をこちらが見つけ、指摘をすることから開始される。能の人たちはほんのささいなコメントにも、驚くほどに敏感だ。翌日の稽古になると、前日とはまったく違った演技が引き出されてくる。こうした作業の辛抱強い積み合わせが、舞台を作り上げていく。なるほど、演劇というものはいくら理論書を積み上げて読んでいてもダメだ。こうして現場で細かい演出を担当している人のいうことに耳を傾けると、ハッとすることがある。

それで実際の『無』の舞台はどうだったか。

まず能舞台の中央に板付きで観世が立って、那珂太郎の詩を朗誦する。いかにも世界のいかなる悲惨をも受け止めるといったていの、充溢した肉体の現れである。そこへ下手から大野師がゆるやかに登場する。山に捨ておかれた老女を演じているわけだが、こちらは対照的に、風に舞う病葉《わくらば》のごとく痩せて、妖艶さを漂わせている。喩えてみれば、人間の見る無限の夢そのものが枯れきって外界へと出現したかのようだ。

　このふたつの肉体が夢とも現実ともつかない空間で絡みあい、対話を続けていくうちに、まさに不死そのものと化した老女の胸中に宿る神秘的な恍惚が舞台の外側にいる観客にも伝わってくる。先に「畏ろしい」と書いたのは、この瞬間である。

　以前、大野師が90歳を迎えられて、さる教会の礼拝堂で記念講演をなされたことがあった。そのとき、師は故郷の北海道の川で産卵を終えたあとの鮭が、全身ボロボロになりながらも、水の流れを横切ってゆくという壮絶な光景について、恍惚とした表情で話された。そして話しているうちに、説明より踊ってみせた方が今の話はわかりやすいですよといわんばかりに、祭壇の前でプレスリーをバックに踊られた。

　老いるにつれて、本当は人間はいっそうの自由を得るのではないか。『無』の舞台を観て、ぼくはそう教えられた気がした。


（『週刊ＳＰＡ！』一九九八年七月八日号）

東洋の亡霊達の間で演じられる ベケットの荘厳な儀式

〔イタリア公演――錬肉工房ヴァージョン〕

S・C

　伝統的舞台芸術である能の卓越した名手である観世榮夫の誰もが認める功績は、伝統の世界の枠を超え、多様な芸術の間を横断することに成功したことである。すなわち現代演劇から映画、オペラ、歌舞伎そして実験的な舞台までである。観世の舞台では、伝統的な知恵、技術と知的鋭敏さが見事に一体化している。双方の直接的な結合を目の当たりにできることは、今年、このフェスティバルの観客に与えられた特権である。つまりこのフェスティバルでは、偉大な名手の芸に焦点を当てた一つの演目が二夜にわたって上演されたのである。

『無』、これは演出家兼俳優である岡本章が能の本質と理論を現代に生かし、又、観世の芸のために考案した三場から成る現代能のタイトルである。岡本は諸ジャンルの芸術間のコラボレーションの実践で高い評価を得ている。今回、彼の「無」という概念、テーマが、能の中にベケットのテクストの言葉を明白な形で引用させることになったとしても、私たちは奇異なこととして驚きはしない。

撮影＝宮内勝

ベケットの演劇が能に近いものだということは、とりわけ高橋康也の研究ですでに提唱ずみのことである。

「精神の演劇」についてはこれまでにも語られてきた。そして実際にサン・マウロ・パスコリのヴィッラ・トルロニアの中庭にしつらえられた木の舞台の上で、サンタルカンジェロ・フェスティバルで演じられる「無」の異なる三つの場面は、あたかも無心の境で演じられているかのようである。四人の地謡（コロス：瀬尾菊次、永島忠侈、岡本章、長谷川功）は、能の古典的囃子と現代音楽のサウンドの融合の中、現代の能を成立させ、観世は孤独の儀式の超現実的な荘厳さを醸し出す。

家族から捨てられた老婆の亡霊がさまようという、古くからの言い伝えである姨捨山の物語を題材にした能の古典的演目の間に、ここでは『ロッカバイ』（一九八一年）と題するベケット作の情感のない、眠りを誘うような詩的な戯曲が挿入されている。完全な孤独と老人を見捨てることを題材としたこのもう一つの物語は、夢と現実という二つの次元を融合させている。ベケットの言葉の催眠効果を示す複合的イメージに、能と現代演劇の俳優の語りのゆっくりした抑揚が内省的な深い響きを与えている。

冒頭の姨捨山の霊による長い語りの間と、その後捨てられた老婆の亡霊が月の光の下に現れる結びの場面での観世榮夫演じる「シテ」、つまり主役の演技は卓越している。純白な能面、彩色を施された扇子と白髪が薄明かりを反射する。観世はほとんど感知できないような微細な動きによって、亡霊の出現と無心の舞いを表現することに成功している。それはまるで漂いながら月光の反射の中に溶け込んでしまいそうなほどである。

（イタリア『イルレスト・デレ・カルリーロ紙』一九九八年七月七日）

豊饒な無
——観世榮夫と能〔イタリア公演〕

r・g

サンタルカンジェロ・フェスティバルは日曜日と月曜日に、能の素晴らしい舞台を観客にプレゼントした。能は６００年の伝統を誇り、日本の伝統的舞台芸術の基本とみなすことができる。主役

撮影＝宮内勝

は偉大な能の名手の観世榮夫で、四名の俳優を伴い、サン・マウロ・パスコリのヴィッラ・トルロニアの豪華な舞台で能は演じられた。

『無』というのはこの能の題で、有をつまりその反対をも含む無を意味する言葉だが、今回の演目『無』においては能と現代の演劇の出会いが見られる。つまり現代の能の潜在的可能性に関する実験的探求であり、もちろん単に風変わりなものや奇をてらったものを表現するということではなく、優れた成果をあげていた。扱われるテーマは、能の古典的題材の一つで老婆が主人公となる「姨捨」だが、今回はそれにベケットの『ロッカバイ』が挿入されている。この演目は岡本章の構成・演出であり、彼はこの能という古典芸能の継承と革新に力を傾けた。ここでは老年、孤独、生と死といった普遍的なテーマにスポットを当てた東洋的であると同時に西洋的な一つの視点を通して現実が描かれている。

舞台は三場から成り、第一場では一人の僧侶が姨捨山に登り、月を眺める。ここで僧侶は、かつてこの場所に捨てられ、その妄執が残り石に変ってしまった一人の老婆のものと思われる古い詩を朗読する。秋の夜に空が澄み渡り、雲一つない月が現れる時には、老婆の魂が現れて月と戯れて踊ると亡霊は語り続ける。モノローグが終わると、亡霊は姿を消す。第二場ではベケットの作品が引用され、死に瀕し、追憶と感情の高ぶりの中でさまよう老婆が登場する。第三場は夜の場面で第一場で登場したのと同じ山が舞台となる。月は輝き、強い光を放っている。亡霊が現実の姿で再び登場し、過去に思いを馳せながら無心に踊る。他に類を見ない一つのスペクタクルの中で、その踊りはまるで月の光の中に溶け込んでいくように見える。実際の情景のように見えるこれらの振りの美しさは神秘主義的な色彩を帯び、観客は魅了され、遂には俳優達の謡いと超自然的な振りの動きに引き込まれてしまう。美的な形態という点からも、その場面に適合しているという点からもいずれも素晴らしい豪華な衣装に身を包んで、俳優達はごく微少な、一切無駄のない虚飾を廃した身振りで動く。能の所作というものは大いなる全体を表現するための最小限かつ必然的な所作なのである。一つの小さな動きが一連の動き全体を示す。ここで重要なのはその流れが観客に伝わり、また緻密な持続的な流れだということであり、そこから観客を自由に入り込ませて理解させることが可能になってくるのである。

（イタリア『ロマーニャ・コリエーレ紙』一九九八年七月七日）

13. ハムレットマシーン

〔作〕
ハイナー・ミュラー

〔演出〕
岡本章

〔初演〕
1998年10月
世田谷
パブリックシアター

〔再演〕
2003年11月
麻布 die pratze

谺しあう「謎」

谷川道子

暗闇の奥から空間を切り裂くような大鼓の音、やがて青鈍色に光る鉄板の能舞台が少しづつ浮かび上がり、そこに黒いシャツとズボンの男（ゲーテアーヌムで修業し十余年滞独した川手鷹彦）が静かに登場してドイツ語のテクストを大鼓の音と拮抗しつつ朗唱しはじめる。暗転のあと今度はヴァイオリンの強度のある響きの中で同じ黒装束の二人の演技者（錬肉工房の岡本章と長谷川功）が烈しい身体と息の動きで登場し、同じ第一景のテクストを日本語で、音にまで解体されたものから身体を通過した分節言語へと絞りだしていく、「わ、ワ、わ、た、し、私、私はハムレットだった……」。いつしかフルートの音も交錯している。さらに暗転の後、フルートの狂おしい音色とともに若い女の能面が闇の中からだんだんくっきり立ち現れてきて、その能面の内奥から能のシテ方の瀬尾菊次の声が異空間の言葉を探して謡の音に集めるように響いてくる、「わーたーしーはーオフィーリア……」。そしてその四人の演技者と、ライブの大鼓、ヴァイオリンとフルートと、日本語とドイツ語が、次第に烈しく交錯・拮抗しあいながら、ミュラーの『ハムレットマシーン』の五景のテクストを錬肉工房の〈今、ここ〉の舞台へと変換していく。

『ハムレットマシーン』とは、二年前に他界したハイナー・ミュラーがシェイクスピアの『ハムレット』を受け手に映し変えるための装置として一九七七年に発表して以来さまざまな波紋を広げ、ウィルソン等の幾多の演劇人を挑発し続けてきた極小の不思議なテクストである。岡本章もその磁力に引き付けられて八年、舞台化の可能性を探り続け、それがついにこの十〜十一月に結実した。

世田谷パブリックシアターの空間には緊迫した〈気〉が漲り、一時間十五分ほどの間、客席は水を打ったような静けさで耳と眼と感覚を凝らして舞台に集中していた。一体これは何なのだという問いと、何かではあるという予感・手応えが観客の中で反響しあい、「分かる」ということと「分からない」ということの間が問い直される。それは、旧東ドイツの歴史を生きた作者ミュラーの記憶と連想のスクリーンに『ハムレット』を脱構築しながら透かしだしたこのテクストそのものが、謎のX線を放つ強力な光源であることと同時に、演出の岡本章がそれをそれぞれプロのテクネーをもつ人たち（演者、奏者、音楽、美術、照明）に託して、その内発性と即興性の探り合いの対話として舞台に乗せたことによろう。それぞれがどうこのテクストと対峙して、どう自分のテクストに翻訳・変換しようと格闘したのか、しているのか、その生成の現場に立ち合わされる中で、それが、観客にとっての意味生成の磁場となって反転していくのだ。テクストとテクスト受容とテクスト生成が謎＝〈シニフィアンの戯れ〉となって、重層的にこだましあう。

テクストを我々に手渡す裂け目のようなものも随所にあった。身体を通したオノマトペの声探り、川手鷹彦のドイツ語朗唱には彼自身の内発的な連想として『ファウスト』や『ニーベルンゲン』、『エッダ』等からの引用が入りこみ、岡本章は那珂太郎の詩の一節「燃えろ燃えろ森も燃えろ……むなしさも燃えろ」に逸脱したり。黒装束は反抗側、権力側双方の現代人の制服に、あるいは黒衣か影法師にも見えたし、将棋盤のような焼きの入った鉄の能舞台は照明によってさまざまに変容し、抑圧的で無機質な現代社会の暗喩にもなり、暴動場面で四人がもつ鉄パイプはゲバ棒にも警棒にも見え、鉄の床面と触れて楽器ともなる。なかでも能の女面の凝集力は圧倒的で、行き場のなくなった女性原理が夢幻能の成仏できない亡霊のよ

撮影＝宮内勝

うに中空に漂うかのよう。その面を外された瀬尾菊次が男となって暴動場面に加わり、最終景でまた女面をつけて他の演技者とともに「こちらはエレクトラ……」と語る構図は、ポスト・ジェンダーの現在を象徴するリアリティがあった。

岡本章は錬金術師ならぬ錬肉術師として能を現代に脱構築して蘇生させる試みを三〇年近く探り続けてきた。その伝統と前衛を越境／通底する演劇性の探りが観世寿夫や榮夫、大野一雄と出会い、さらに『ハムレットマシーン』と出会うことで探りの時空の位相をラジカルに広げた。これは翻訳劇でも翻案劇でもない、舞台というテクストへ創作された現代の夢幻能か、他者＝異質なるものとの出会いと探り合いの生成の場、演劇の可能性と異文化との遭遇の探りの新たな地平ではないだろうか。出会いとは、むしろ〈分からなさ〉の実態を問うことからはじまる。それが自己と他者の双方を問い返し、その境界を照らしだし、ボーダーレス＝越境／通底を真に可能にしてくれるだろう。この上演は、そういうことをも考えさせる画期的な試みであった、と思う。

（『図書新聞』一九九九年一月一日）

死者たちの記憶との「対話」

西堂行人

表現の制約を破ることがどれほど劇的なことか、たとえば岡本章と錬肉工房の『ハムレットマシーン』を見ていて感じるのは、そういうことだ。ハイナー・ミュラーのテクストはどこまでも挑発性に満ちた言葉が連ねられている。こうした「強い言語」（蜷川幸雄）を舞台に立ち上げるには、相応の手続きと、テクストを自分の側に引き寄せる方法が必要になってくる。ここでは、岡本章、長谷川功といった現代劇の俳優に、能役者の瀬尾菊次、ドイツ語朗唱の川手鷹彦がかぶさり、鼓やバイオリンといった生音《なまおと》とともに即興的に演じられた。ことに圧巻だったのは、途中で能の面が取られるシーンである。オフィーリアの白い花嫁のヴェールとともに剝ぎ取られた面の下から能役者の素顔が現われたとき、岡本がしばしば言うように、「能の六百年の面が割れた瞬間」に立ち会った衝撃が走った。能という伝統芸術は強固な慣例にしばられている。その制約の内に六百年守り育

撮影＝宮内勝

てた様式が確立された。それが引き剝がされたのだ。同様に、分節化された言語を解体していく岡本章ら演技者もまた、言葉の発せられた根っこへと遡行しようとする。舞台上に光の線で縁どられた格子状の空間のなかに、まるでウィルスがまぎれこんだように彼らの肢体が勇躍する。その言葉の根っこには累々たる死者の記憶が蟠《わだかま》っているはずだ。二〇世紀の虐殺の歴史のなかで葬り去られてきた死者たち、あるいはギリシア悲劇以来、神々の傲慢によって死地に追いやられてきた登場人物たち、そして日本のなかで非業の死を遂げてきた無名の民衆。こうした死者たちの記憶との「対話」が『ハムレットマシーン』の舞台でとり交わされているのだ。その言葉の磁力のなかに「潜りこむ」といったポストトークでの瀬尾氏の発言が強く心に残った。

（『テアトロ』一九九九年二月号）

伝統と現代が融合 「ハムレットマシーン」〔再演〕

江森盛夫

錬肉工房公演『ハムレットマシーン』（作 ハイナー・ミュラー、演出 岡本章）は98年に初演された。今回は日本、韓国、中国の国内外18劇団がH・ミュラーの作品に挑む「ハイナー・ミュラー／ザ・ワールド」の参加作品でもある。初演の成果の波紋は「全記録」として刊行された。東欧の歴史状況に密接に関わった、断片の集積であるテクストは内容の衝迫が促しても上演が至難視されてきた。岡本はこれをドイツ語朗唱、能、現代演劇のコラボレーションで取組み、更にフルート、ヴァイオリン、能の大鼓が加わり舞台化を成立させた。これは岡本の宿願である伝統と現代演劇との融合へのモチーフの強度がもたらしたものである。再演はさらに密度の濃い闊達感がみなぎる舞台になった。又、韓国の劇団滄波『ハムレットマシーン』、中国の紙老虎『殺手ハムレット／ウイルス』がテクストを触媒にして、韓国が日本に強姦された歴史への呪詛を強圧的に演じ、中国が「ハムレット」の上演現象を嘲笑したのも、岡本の仕事を、テクストの鉱脈の深を、鮮明にした。

（『噂の真相』二〇〇四年三月号）

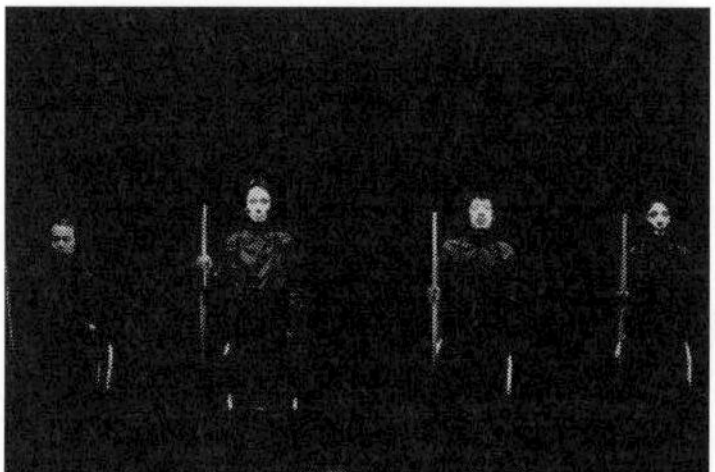

撮影＝宮内勝

14. K——カフカと恋人たち

〔作〕
F・カフカ／
阿部日奈子

〔構成・演出〕
岡本章

〔初演〕
2000年7月
韓国水原
華城国際演劇祭

〔再演〕
2000年9月
錬肉工房アトリエ

身体の深い闇だまりと官能

西堂行人

「カーァ、カーァ」という声が強く耳に残った。それはカラスの擬音語なのか。それともヨーゼフ・「K」のドイツ語の発音か。

いやそれ以外にも、心に刻みつけられた声があった。それは通常、舞台上で声を出すことを禁じられたダンサーのものだったからよけい心に残ったのかもしれない。いずれにしても、人間の身体から出てくる声が、これほど印象に残ったことも珍しい。

千葉県柏にある錬肉工房のアトリエ公演『K——カフカと恋人たち』は、そんなディテールが妙に心に留まる舞台だった。台本は詩人の阿部日奈子、そして演出はいつものように岡本章。「カーァ」の声は俳優でもある岡本自身によるものだった。同様に、ダンサー上杉貢代の声ならぬ声もまた、一種たとえようもないものだった。人間の身体のなかに深い闇だまりがあるとすれば、それはいちばん奥底から絞り出された声ではなかったろうか。わたしはそこに言い知れぬ「官能」を感じた。

フランツ・カフカの書簡や手紙をもとに自由に構成したこの舞台は、徹底的に筋が解体され、言葉もまた本来の文脈を離れ、まるで一つ一つの言葉が空中に投げ出されるかのようだった。言葉は音にまで分解され、オノマトペのような言語遊戯を経て再度立ち上がってくるとき、言葉は紙の上に書き付けられたそれではなく、身体に密着した「肉体の言語」として立ち現われてくるのだ。わたしが聞いた声とは、したがって身体の言語そのものだったといえる。

あらかじめ書かれたテクストを舞台上で「再現」するのではないこの上演にあたって、まとまった物語を頭のなかで組み立てていく観劇体験は封じられている。するとわれわれ観客は、言葉の意味ではなく、その言葉を発する身体の表情を、より深く見つめようとする。ディテールに目がとまったというのはそれゆえであり、そのさい、俳優やダンサーたちがなぜこうした形象に至ったのかのプロセスがひどく気にかかってくるのである。たとえばその声の根元とは何なのか。

先述した上杉貢代は、外国などでも十分なキャリアを積んだダンサーである。だが彼女はこのコラボレーションで、あろうことか踊ることを禁じられている。そういっていいほどに、禁欲的に映る。なぜ彼女はここまで追い詰められる必要があるのだろうか。まず湧いてきた疑問はこれである、自己の習得した技術を疑問視し、表情が虚ろになるまで自分を疑い尽くし、壊れてしまう瞬間。身も顕わになるとは、尊厳やプライド、自意識などがすべて〈どうでもよくなる〉瞬間である。

兵隊は「兵役検査」のさい肛門まで覗かれて自尊心がずたずたにされ、そうして初めて「軍隊」に帰属していくという。同様に果てしのない「屈辱」と「地獄を見た」上で、ようやく人間は自分自身が〈どうでもいい存在〉であることを知る。それは一見ネガティブな手続きともいえるが、あられもない肢体を見据えた上で、人間は自由になるという逆説がここで働く。

わたしがこの舞台で見たものは、もしかすると、自意識が解除されて〈どうでもよくなった存在〉、言いかえると、空っぽになった身体から絞り出された「声」ではなかったろうか。それはまるで不意打ちのように立ち現われる。計算を超えた一瞬が、そこに出現したとき、わたしは俳優やダンサーたちの、そこに至る膨大なプロセスを感じとってしまうのだ。同時に何ものかを潜り抜けた身体は舞台上を実に「自在」に遊びはじめていくことに気づかされた。秀島実のシャープで屈託のない動き、長谷川功の悪戯げな破天荒な身振り、サキの丸腰の肢体。「自在」とはここでは、明晰な意識を獲得し、他者との距離を計り、舞台上を思うままに遊ぶ存在に他ならない。カフカの言葉を操りながら、彼らは舞台上で、自由に緊張の糸を引っ張り合ったのである。それはまさに即興ならではの極致だ。

撮影＝宮内勝

五十人も入ればいっぱいになってしまう柏でのアトリエ公演の前に、同じ作品は韓国・水原（スウォン）の華城（ファソン）フェスティバルで野外公演を行なっている。二百年前に建造された城門を背景に、その前に仮設されたオープンステージの上で、五、六百人もの観客の前で上演されたものをわたしはこの七月に見た。夕日がとっぷりと暮れ、暗闇のなかから五人のパフォーマーたちは、息を呑む見事な絵柄ですっと現われた。手をぶらっと下げたまま岡本の「カーァ」という一声が空間を切り裂き、終盤、上杉のなかからふっと湧いて出てきたような声は、身体の強度ゆえ、散乱した意識を一気に凝縮する。

騒めく観客（何しろ芝居を見ることが「お祭り」なのだ）が次第に息を詰め、舞台を前のめりになって凝視していくとき、わたしは演劇が本来的に持っていた「強靭さ」を改めて確認したのだ。

（『図書新聞』二〇〇〇年十一月十一日）

カフカ世界の身体化

江森盛夫

錬肉工房公演『K――カフカと恋人たち』（テクスト　F・カフカ／阿部日奈子、構成・演出岡本章）。この作品は阿部の詩集「典雅ないきどおり」に収められた作品「K」を主体に、カフカの小説、日記、書簡の断片をコラージュしたパフォーマンス。柏の錬肉工房アトリエで上演された。出演者は舞踏の上杉貢代、秀島実、演劇側からサキ、岡本章、長谷川功。「K」はカフカの恋人たちの視点からカフカ或いは無誤謬書記機械への激情を刻印したテクストで、岡本はその言葉を一旦、音にまで解体して演者の身体を通過させ、分節化してゆく。そのプロセスの苦闘、言葉と身体のせめぎあい、表現の根幹から確かな意味が浮上するまでのスリリングなプロセスを現前させた。岡本の表現論を賭した必死の仮説が実証された成果で、カフカの世界を身体化を通して我々に近づけた。Kへの呼びかけが究極に空虚を招来したとしても、それが充実した快楽に近い不思議さも感じさせる。また印象深いのは、決して高踏的、独善的でなく高度な平明さで貫かれていることだ。

（『噂の眞相』二〇〇〇年十二月号）

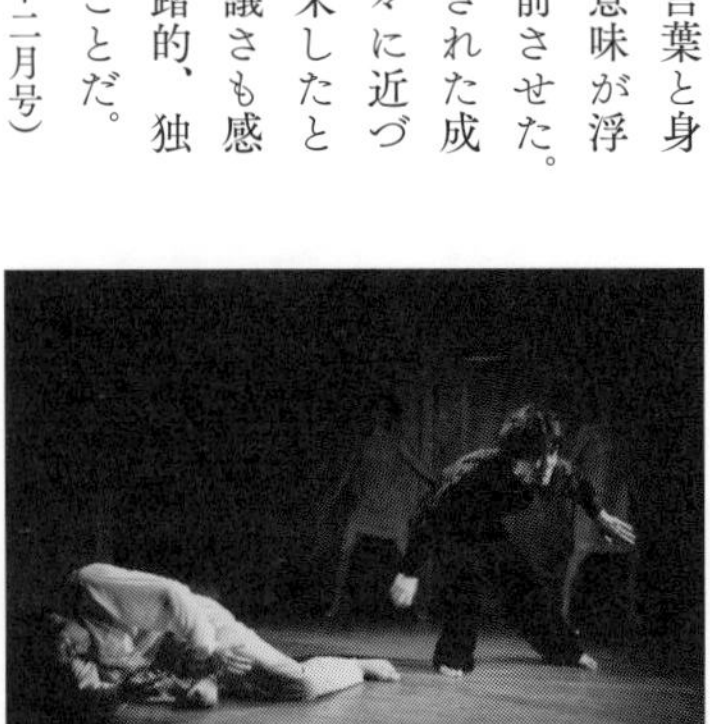

撮影＝宮内勝

15. カフカ

〔作〕
F・カフカ／阿部日奈子
〔構成・演出〕
岡本章
〔初演〕
2001年10月
シアタートラム

錬肉工房の声とカフカと暗い官能

長井和博

錬肉工房という劇団をご存じだろうか。一般にはほとんど無名にちかいのかもしれないけれど、その実験的で高度な劇表現の持続性において、いまや日本を代表する劇団といって過言ではない。先頃、新作『カフカ』（構成・演出／岡本章）を上演。昨年秋に千葉県柏市の劇団アトリエで上演された『K――カフカと恋人たち』を深化熟成させた、瞠目すべき舞台だった。現代演劇としては今年最高の収穫ではないかしら。

物語はない。会話もない。演劇を成立させる基本的な既成条件を取りはらうことから、この劇ははじまるのだが、いちおうテクストはある。阿部日奈子の詩と、カフカの散文。音楽は武満徹とギャヴィン・ブライアーズが効果的につかわれている。演者は錬肉工房の岡本章と長谷川功、劇団「DA・M」のサキ、舞踏家の上杉貢代と秀島実。うすあかりのなか、その5人の男女がゆっくりと膝を折り、身をくぐめ、這いつくばってはうごめく。「誰が疲れを知らぬ勢子《せこ》で誰が捨て身の獲物なのか」「いっしょに暮らすという幸福に対する罰としての性交」。そんな言葉の破片がぎくしゃくと、ときに憤然と、葡萄のたねのように口から吐き散らされてゆく。

表現上のポイントはふたつ。声と身体、その「つっかえ」と「くぐまり」である。岡本章（1949年生れ）の演出は、発話の始動から終結までの時間を異様にながびかせ、人物の立居振舞をたえず屈曲させることによって、通常の劇的対話や物語展開を遮断してしまう。かわりに立ち

撮影＝池上直哉

現われるのは、たとえば「あ、ア、あ、あな、あなた、あなたの前で……」と演者がつっかえながら発する様々な「あ」、不分明な情動を孕んだその声のおもいがけぬ豊かさであり、あるいはカフカ的なるもの（虫や鼠やオドラデク、スラプスティックなくらい卑小なニンゲンたち）をめぐる、贅と寓意を削いだ身体イメージの断続である。何者かに見離され、打ち棄てられたかのごとくこの世に生を享けたちっぽけな存在。その悲しみと恥辱と怒りが、無惨なまでに美しく描かれる。劇中いちどだけ上杉と秀島によって踊られる猫背のパ・ド・ドゥの戦慄は比類がない。ひとの感情のもっとも痛ましい領域にまで降りたったかのような作品なのに、全篇に揺らめく暗い官能は、見る者を釘づけにする。

この舞台はスタッフにもめぐまれた。チベット声明を遠い海鳴りのようにひびかせた須藤力の音響、鉄色の濃淡だけで舞台をつくりあげた島次郎の美術、その鉄色から独特の空気をかもしだした山口暁の照明。いずれも寡黙な、そして優れた仕事である。5人の演者のなかから、あえて一人を名指すなら、やはり上杉貢代がすばらしい。舞踏家の彼女が女優として舞台にたつのは太田省吾の『砂の駅』、前述の『K』につづいて本作『カフカ』が三度目。一言たりと台詞を口にしたことはない。だが、彼女の身のこなしからは、精神の緊迫が、皮膚に透ける静脈のように浮かびあがってみえる。この沈黙の舞姫に肩をならべるほど魅力的な舞台女優がいま何人いるだろう。

（『芸術新潮』二〇〇一年十二月号）

撮影＝池上直哉

16.

現代能『ベルナルダ・アルバの家』

〔作〕
ガルシア・ロルカ／
水原紫苑

〔構成・演出〕
岡本章

〔初演〕
2002年2月
テアトルフォンテ
3月
横浜能楽堂

コラボレーションの成果

大岡　淳

錬肉工房＋神奈川芸術文化財団『現代能　ベルナルダ・アルバの家』は、言わずと知れた現代スペインの劇詩人ガルシア・ロルカの代表作を、岡本章が構成・演出した作品。

言葉と身体の結びつきを、様々な実験的手法で探求してきた岡本だけあって、大胆な演出を施している。まず、テキストは歌人・水原紫苑によって改変を施され、「現代能」と呼びうるに相応しく「詞章」の数々を集成したものとなっている。とにもかくにも、俳優の心身の「深いところ」に届くように、という要求を岡本から繰り返されたそうである。結果、緊張感に溢れ、簡潔ながらも強度のあるテキストが立ち上がった。

このテキストをもとに、三人の能楽師、八人の女優、一人の舞踏家が、パフォーマンスを繰り広げる。特筆すべきは女優陣の使い方で、本来は役柄に応じて割り振られていた台詞の数々が、八人によってランダムに発せられるのだ。このため俳優は、固定した役柄とのつながりを断ち切られ、役柄それぞれの主観を超えた、言うなれば共同主観性とでも呼ぶべき、集団の深層心理へと分け入っていく。この形式は、〈家〉に隷属し、封建的因習に束縛されて生きる女たちの心象を描写するという内容に見事に対応している。これに、三人の能楽師が絡んで、やはり東洋と西洋の対立を超えた次元を浮かび上がらせようという仕掛けが施される。最後には、観世榮夫が「幾世代にもわたる、女たちの身体の記憶を抱えた老女の霊」を具現して、葛藤や確執にがんじがらめになりながらも生き続けねばならない女たちの覚悟を、まさしく心身の深みから搾り出すように語ってみせる。

近年、これほど緊密に各要素が結合したコラボレーションを、私は見たことがない。藤枝守の音楽は、実にシンプルに音を配列しながらも、全体としては、荘厳な印象を惹起することに成功している。単なる「劇伴」でもないし、かといって芝居から浮き上がってもいない、絶妙な位置を獲得したと評したい。岡本の堅固な方法論を尊重した役者陣も、それぞれの出自の違いを感じさせない統一感を醸し出していた。実は、女優陣はそれぞれ主役級のベテランと言っていい錚々たるメン

撮影＝宮内勝

バーなのだが、これだけ実力者が集まって、敢えて未知の領域に挑むという構図には、なにか清々しい印象さえ覚えた。ともかく、どこをとっても完成度という点では、文句のつけようのない舞台であった。

　では、稀に見る傑作であることを十二分に認めたうえで、敢えて注文をつけるとすれば何だろうか？　私は、芝居の醍醐味を、決して「完成」に至らぬ未生の何かが、今まさに生成しつつある瞬間に立ち会うことにあるのではないかと考えている。こういう私個人の好みからすれば、巨匠のモノローグによって幕が閉じられるという構成は、どうも惜しいという感じがした。これは内容とも関連していて、運命に対する諦念とでも言うべき情感を喚起することに舞台が収斂したような気がしたのだが、ロルカのテキストが一方で保っている強靭な生命力が、縮減されてしまった憾みがないではない。また、そもそも個々人の差異を超えた「深層」を目指す岡本演出は、魅力的なモノローグの集積とは見えても、社会的な諸力はその「深層」をも引き裂いて個々人を対立させてしまうという、ダイアローグによってしか表現しえない次元には決して触れえないという、もどかしさを感じる瞬間もあった（ユング的ではあってもフロイト的ではなかった、と言ってもよい）。

　だが、以上の批判は、好みの問題にすぎないと言えば言えるようなことだ。近年、公共劇場の自主公演の類で「コラボレーション」と銘打たれた舞台作品は数々あるが、その大半は、個々人がバラバラで何かやっている、やっつけ仕事に過ぎない。この作品は、同じような枠組で成立しながらも、劇団単位では達成することの難しい上質な舞台を作り上げることに成功した。神奈川芸術文化財団の企画力を、ここは手放しで評価しておこう。

（『テアトロ』二〇〇二年五月号）

コロスと明暗

長井和博

　燃える金魚よ　不眠のお前よ　真赤な背中の……とはじまる唄がある。「Back and Go」。佐藤信の『キネマと怪人』で、清水紘治が女装のダンディズムをふりまいて唄う姿に見とれたのは、もう四半世紀あまりまえのことになる。それからし

撮影＝宮内勝

ばらくして私はこの曲のバックコーラスに小さな趣向がこらされていることに気がついた。舞台での記憶はすとんと落ちている。だが、当時コジマ録音からでていたLPには、直前まで低声でシャウトしていた清水が、四、五人の女声コーラスによる「バッカンゴウゴウゴオ」のリフレインが湧きおこるたび、自らも一拍おくれてコーラスにくわわる瞬間がきれいに録られていたのだ。あのコーラスはなぜ魅力的だったのか。

先日、横浜のテアトルフォンテで錬肉工房の『ベルナルダ・アルバの家』（構成・演出／岡本章）を見て、そんな問いがふわりと浮かんだ。この舞台のテクストはロルカのいくつかの戯曲と詩篇、水原紫苑による詞章から構成されている。中核をなすのは「スペインの田舎における女たちのドラマ」と副題の付されたロルカの三幕劇『ベルナルダ・アルバの家』である。末娘アデーラの「外に出たいのよ！」と母ベルナルダの「静かに！」という二つの声に挟まれた家族の閉塞劇。岡本章の演出は原作がまとう濃厚な風土性には寄りそわず、新奇をてらう現代風の趣向替えにも与せず、夢幻能の形式をかりて、これをいずこともしれぬ場に生起する女たちの追憶劇に仕立てあげた。ベルナルダの母マリーアを思わせる老女の霊（観世榮夫）が「月も出づるか」夕闇に、空地の老木よろしく立ちつくし、ベルナルダ・アルバ家の女たち（家長たる寡婦ベルナルダ、成人した五人の娘、二人の女中）の思い出をきれぎれに招喚する。

まず注目すべきは、新井純ら八人の女優が一家八人を演じるにあたって、けっして個性を際立たせようとしないことだろう。たとえば舞台の第三場 ロルカ原作の冒頭ちかく、岩波文庫版の翻訳で九頁たらずの場面で、ベルナルダの台詞はかわるがわる六人の女優たちの口から発せられ、また、友貞京子を例にとるなら、当初女中ポンシアの言葉を口にしていた彼女は会話の流れにそって四女、次女、名のない女中、五女、長女とめまぐるしく人格をかえていく。だれもがベルナルダでありうるし、ポンシアはマルティリオでもマグダレーナでもアデーラでもありうる。八人の会話は個々のやりとりをこえて、まさしく『ベルナルダ・アルバの家』の、ひいては閉塞されし数知れぬ女たちの、いわば集団的な自問自答の様相を呈するのだ。最初から無名のコロスの一団を設定するのではなく、そのつど俳優と登場人物の一対一対応をずら

撮影＝宮内勝

していくことによって生じる動態的なコロス表現のあらたな可能性がここにある。

さらに印象ぶかいのは劇の全篇をおおう明暗の反復である。客席が暗くなり、舞台に照明があたり、また闇に溶けて終わるのは舞台上演の常ではあるけれど、岡本章は客電が落ちてから舞台が明るむまでにたっぷり時間をとり、夏の光と月の夜の点滅で場をつなぎながら、生命のリズム劇ともいうべき特異な劇形式を探ろうとしたように思われる。明暗の緩やかな反転と断続は死と生の連綿たる交替のリズム、というのが大仰なら眠りと目ざめ、呼気と吸気の身体的なリズムへと連想をさそう。深呼吸する演劇。そうした息の深さを最もよく体現していたのはやはり上杉貢代の舞踏であろう。劇の後半、動きを慈しみ、空間に残像だけがはらはらと舞い散るようなその一差は、ため息をつくしかないくらい美しい。

とはいえ作品総体には不満ものこる。個々の女の声がコロス化されたうえで、もう一度こちらに戻ってきてほしいと私は思うのだ。名辞以前の世界でも集合的無意識でもなんでもいいのだが、ある深みへと遡ってから、どうやって現在の浅瀬まで引きかえしてくるのか。錬肉工房の前作『カフカ』が傑作たりえたのは、そこが鋭く問われていたからだろう。あらかじめ名を奪われた、人とも虫ともオドラデクともつかぬちっぽけな存在たちが未分節の沃野から分節の荒野へと身をかがめ、口ごもり、自らの声を言語化しようとするときのあの暗い官能と痛切が本作では影をひそめている。夢幻と現在、遡行と散開のいずれにおいても後者に重心をかけること。強弁すれば、バック・アンド・ゴウのこころである。冒頭にしるした例のリフレインの魅力はコロスの混声そのものではなく、女たちの声の帯域にそれとは異質な男の声が混じりこむときの豊饒と、混声の帯域から男の個声がふたたび抜けだしてくるときの開放、すなわち声の融合と分離における揺りもどしの感覚にこそあったのではないか。現代能と銘うたれた『ベルナルダ・アルバの家』は、ともすれば遡行にとどまり、深みに回収されかねない危うさを秘めている。

（『図書新聞』二〇〇二年五月四日）

撮影＝宮内勝

榮夫と岡本章

八嶌正治

ロルカは言う。「死者がもっとも生き生きとしている国、それがスペインです」。スペインに於いて、死とは物事の終わりではなく、始まりである。今国立西洋美術館でプラド展が開かれているが、ゴヤの黒、濃厚な赤ワイン……、ストーリーはロルカ晩年の傑作『ベルナルダ・アルバの家』であり、すっきりした作で私の最も好きなものであるが、中に『血の婚礼』の一節等も入り、情緒化が行われている。岡本章の言に、「アンダルシア地方の、幾世代にもわたる古い身体の記憶を生きる死者たちのコロス劇としてしつらえ」「記憶が憑依し、生き直される依り代として一人の老女の霊を登場させることで、ある種のスペイン種の老女物の夢幻能の成立が目指されている」。

戯曲の登場人物は娘五人、それにベルナルダであるが、それを八人で演じてみたり、一人で演じたりし、それが或いは花のように集り、脇に二列に寄ったりしつつ、内容に沿った実に美しい様式美を作り出していたし、特に中世ヨーロッパで使われていたピタゴラス音律は、観客の身体に深く浸透する。老女の霊と、マリーア・ホセファ（ベルナルダの母）を演ずる観世榮夫が良い。マリーア・ホセファは中間に二度、締め括るのは、幾世代も生きて来たスペイン土着の老女の霊。

霊の方は面をつけているが、マリーア・ホセファの方は生である。老女物の雰囲気を醸し、両者共よかったが、特にテアトルフォンテ（多目的劇場）での最後の演技が秀逸。どこか遠く、日本の土着を扱い榮夫が出た新藤兼人の映画の映像が漂う。横浜能楽堂をも使っての二度の公演であったが、謡曲風な発声が後半多く出る為か、能楽堂の方がすわりが良く、ホールでのそれは異和感を感じさせた。ともかく最初と最後にコロスを使ったスペインの死のイメージは成功している。

（『能楽タイムズ』二〇〇二年五月一日）

男であること女になること

村上湛

撮影＝宮内勝

岡本章演出の現代能。旧時代のスペイン。大家族制度のもと、強権をもって一家を統《す》べる老女と、その重圧に喘《あえ》ぎつつ生きる女たちを描いたガルシア・ロルカの表題作に、同じく『血の婚礼』『老嬢ドニャ・ロシータ』などの一部をコラージュしたもの。〝現代の老女物〟を創作するという岡本の意図どおりと言うべきか、九人も出た女優に「女」を感ぜず、観世榮夫の老女に匂うような「女」を見たのは収穫。

　大家族を統べる老女、という点では、二月の歌舞伎座で通し上演された『菅原伝授手習鑑』の二段目「道明寺」の場が格好の比較材料になる。菅原道真の伯母・覚寿は、菅原宗家の未亡人。道真暗殺を企んで、わが娘を殺害した入聟を手づから成敗し、ここに名族の血統は絶える。男勝りの老女とはいえ、「初孫を見るまで」白髪を切らずにいた（この名セリフを今回は無定見にカット）覚寿には「女」として生きた年輪があり、これが巨大な「家」を支える族長の苦悩と重なるのが、この役のポイントである。本来は立役が演ずる覚寿を、女形・中村芝翫が演じたが、二度目でもあり現今では納得すべきレベルとはいえ、白髪の鬘と上品な衣裳に身を護られた芝翫の老女には、榮夫にあった手強い存在感が欠けていた。榮夫演ずるスペイン根生《ねおい》の老女には、男の素顔で、男の地声で、「男」であることをそのままに「女」になってみせた、強烈なインパクトがあったのだ。

　古典芸能に造詣の深い岡本の演劇手法は、いたずらに伝統に依るのではなく、能なら能の様式・技法を一度解体した上で再構築するのだが、そこで残るのは、榮夫なら榮夫の、能役者として叩き上げてきた声・身体の実存そのものである。同時にそこには、劇を枠取る演出家・岡本章という外部の目があるから、榮夫の恣意によって声・身体が浮遊することはない。榮夫が自身、面・装束をつけて、自らの演出意図で演ずる能よりも数等面白かったのは皮肉だが、抽象化・様式化された声・身体で性差を知的に乗り越えないかぎり、現代では能は、古典演劇は、もはや本当の力を発揮できないだろうと示唆する舞台であった。

　山本順之・桜間金記、修道服めいたものを着てコロスを演じたこの二人も、能の表現様式性に鎧われている間は存在感抜群。ところが劇の中途、謡の発声ではない地声で、半仮面を着け、歌い踊るように身体を解放する部分では、まるで高校生演劇のように素人臭く、見ているこちらが気恥ずかしくなるほど。様式を持たない声・身体がいかに見聞きするに耐えない浅薄なものか、嫌というほど思い知らされた一瞬である。冒頭・結末を中心に、水原紫苑の修辞がコラージュを繋ぐ。「月読の老いし心をたれか知るそのしろがねのみだれ髪」など、これは様式に寄り掛かって凄味のない、無力な言葉の羅列。

（『新・能楽ジャーナル』二〇〇二年第十一号）

面白う狂うて舞ひにけり

松原道剛

一八九八年、スペイン、グラナダ郊外の農場経営者の裕福な家庭に生まれたフェデリコ・ガルシア＝ロルカは、幼少の頃から芸術的な環境に恵まれて育ち、グラナダに出てからは、一時、音楽家の道をめざしてピアノと作曲の勉強を重ね、作曲家デ・ファリャとも出会っている。また、その一方で、文学への関心も深め、二〇歳のときにはスペイン各地への研修旅行からまとめられた『印象と風景』を出版している。彼はカフェの片隅で友人たちに囲まれた抒情詩人であった。

今回、二一世紀実験劇場「現代能」として上演されたのは、そのロルカの三大悲劇の最後の作品となってしまった『ベルナルダ・アルバの家』を中心に同じ作家のいくつかの作品を引用しながら、演出の岡本章が構成したものである。「スペインの村々における女たちのドラマ」であるこの表題作品は、女性だけの登場人物のなかで、古い因習に囚われた、体面を重んじる女主人が、夫の死後、五人の娘たちをヴェールで顔を隠して教会に出かけるほかは、塀に囲まれた中庭と家のなかに閉じ込めてしまう。村一番の伊達男ペペは持参金のある長女に求愛して受け入れられるが、同時に若い末娘アデーラとも逢引を重ねる。ペペとの関係を暴かれたアデーラは、母親にペペを殺されたと思い込んでみずから首をくくって死ぬ。抒情的詩的要素を排除し、直接事実に取材して、散文的リアリズムに支配されているこの最後の悲劇に、音楽的リズムをともなった韻文作品――『血の結婚』の嫁入りの朝と花嫁と恋人の逃走の場面を、また『老嬢ドニャ・ロシーナ』の婚約者を待って婚期を失う前の微かな希望をともなった女性主人公の花言葉の場面を、そしてサン・ジャック（聖ヤコブ）の巡礼地『サンティアゴの月の踊り』の死へのルナチックな詩——を引用する。

それらの物語が八人の女優と一人の女性舞踏家、そして三人の能楽師によって演じられる。唯一、母親である女主人と老女という配役を演じる観世榮夫は、演出家のいう「能の本質的な構造を捉え返し、少しでも現代に開く」ために、「定型」から離れた声や身体の、囁くような呟きと、杖を持ってたゆたうような蠢きに、面白う狂うているかのような神憑かり的な存在感を醸し出す。そのほかの配役を固定されていない女優たちによるそれぞれの娘たちの台詞は、対話としてではなく、コロスとして語部調に輪唱される。彼女たちのしぐさも振付としてあらかじめ固定されているのではなく、周囲のそれぞれに呼応しながら、あるいは役柄の内面を共有しながらゆったりと動き、舞踏家や能楽師もその間隙を縫うかのように即興的に舞う。それらによって固有名詞を与えられた登場人物のこの戯曲を、ふたたび、それぞれがもっている元型の物語に還元する。

三六年八月、ロルカは国内を二分したスペイン市民戦争が勃発した混乱のさなか、ナチと結びついたファッシスムとして西欧世界から非難を浴びていたフランコ側軍隊によって銃殺されてしまう。アンダルシア人共通の見世物となってしまう死に対する嗜好と恐怖を抱いていたロルカは、闘牛士が猛牛を呼び込むように招いたみずからの死によって、これらの悲劇を完成させ、その存在が伝説となり、いつまでもその死に対する謎は深まったままである。しかし、それであればこそ、その死ですらも今回のテクストに読み込むことによって、さらに明確な作品構成ができたのではないだろうか。詩人自身の「自伝的ノート」のようなものも残されているのだから。

八世紀から八〇〇年間のイスラム支配によって、アルハンブラ宮殿をはじめとするその文化をとりこんできたアンダルシアの大地を愛し、民族音楽カンテ・ホンドの伝統を守り、移動劇団バラッカにおいて古典戯曲を復活させたロルカは、この地の閉鎖的な農村を背景に、貧しさと因襲にとらわれていた人々に共感を覚え、民衆的な活動に根ざし、土着的な演劇をめざしていた。

しかし、その一方で、今回の公演の音楽には、藤枝守のピタゴラス音律にこだわったオリジナルが用いられている。ビオラ・ダ・ガンバ、箏と一七弦、そしてそれらのメロディをささえるポジ

撮影＝宮内勝

ティヴ・オルガンという東と西を超越した伝統に拠った楽器編成。アレグレットの韻律を歌い上げる軽快感とアンダンテの悲劇性をきわだたせる荘厳さ、そしてその中世的音律によって共振する楽器と空間、その場に居合わせているあらゆる身体。
　また上手と下手に対峙していたコロスたちが、能舞台において地謡座と後座に鈎型に位置すると、橋懸かりから登場する能楽師と相まって、そのアシンメトリーの、なにもない、そしてすべてがある、この位相をずらされた空間構成は、今回のテクストが内在させている悲劇的な必然性を顕在化させ増幅させるのであろう。しかし、なお「現代能」と限定する必要もない。
　ロルカの原作と現代演劇、能楽、舞踏、そして現代音楽のコラボレーションは、演出家をはじめとする丁寧な準備によって十分な成果をあげていたように思われる。そして、このような大胆な翻案こそ、それぞれの文化受容として、さまざまにこころみされるべきではないのだろうか。

（『テオロス』第十九号二〇〇二年三月）

17. 月光の遠近法

〔作〕
高柳誠

〔構成・演出〕
岡本章

〔初演〕
2005年3月
麻布 die Pratze

〔戯曲〕
『シアターアーツ』
第23号掲載

夢幻能の彼方へ

小田幸子

能は、とりわけ夢幻能は「霊魂《スピリット》の劇」である。

人間だけではなく動物も木も草も石も、この世のすべての現象は存在の奥に魂をもっている。それらは神や鬼や精霊や亡霊の形をとって彼方から舞台上（人間界）に呼び出され、自身の物語を語り、舞う。人間も死んでしまえば、存在レベルとしては動植物と同等である。夢幻能を媒介にして観客は、日常世界では感知しにくい霊魂の声をありありと聞き、その姿を見る。生きている人々とは位相の異なる目や耳でもって宇宙や世界を感得している彼らは、個々の物語を通じて、時にはこの世の隠された真実を明かすようにも、時には存在の深い意味を告げるようにも思われる。霊魂は、われわれ自身の魂へ向かってじかに語りかけてくるのだ。

「夢幻能」をぎゅっと絞ってエッセンスを取り出すと、こんな言い方になる。そして、この言葉は、ほとんどそのまま、錬肉工房の最新作『月光の遠近法』にあてはまるだろう。これはわたしの想像だが十代の終わりに能とのっぴきならない形で出会った岡本章は、夢幻能の劇世界を能にだけ閉じこめておくのがもったいなくて、より広い地平へ連れ出したいと考えたのではないだろうか。すなわち、現代演劇としての「霊魂劇」創作である。それを岡本は畏敬の念をこめて「現代能」と呼ぶのだが、もう少し詳しく述べると、「現代能」とは彼が「夢幻能」の中にかいまみた一種の未来劇であって、創立以来三十五年にわたる錬肉工房の活動は、その実現に向けての歩みだとわたしは考えている。台本引用、能役者・囃子方との共演など能との直接交流が目立つが、目標は「能の演技や様式を継承し生かす現代劇の創作」にとどまらない。夢幻能の可能性推進が同時に現代劇の新しい地平線を切り拓くとの確信の元、「能の内側に入り込み、能の様式を内部から破壊する」という途方もない方法で取り組んできたのだ。従って、錬肉工房の作業を能との関わりで考察する際、「いかに能を踏まえ、いかに破り、いかなる地点に到達したか」がポイントになるが、実は、『月光の遠近法』は一見能との関わりが薄い。「現代能」と記すわけでもなく、能役者・囃子方出演もなく、「夢幻能『融』の構造、世界を踏まえ」（パンフレットより）と記すにしては、場面設定を共有するだけであって、台本引用は二三の表現を除いてなされていない。にもかかわらず、冒頭に述べたような、全体の感触は夢幻能世界にとても近しい。以下では、夢幻能との対比を試みるが、注目したい点は二つある。第一に登場人物のありかた、第二に場の問題である。岡本は、夢幻能を構造面で支えているこの二つの柱を揺さぶってエイッと枠を広げてしまったのだ。

　舞台に即して述べることにしよう。

　登場人物は、男女三人ずつの計六人。衣装から

撮影＝宮内勝

みても役割からしても六人（というより六体）は同等で誰かが主人公というわけではなさそうだが、一言も言葉を発しない舞踏家上杉貢代には特別な位置が与えられている。「この作品世界全体が、現代を生きる一人の女の夢、幻想としても見ることが出来るよう、能のワキの登場のような冒頭の場面を設らえてみた」（上演パンフレット）を参照すると、上杉の役は、夢幻能におけるワキ、すなわちシテ（主人公・霊魂）の物語を引き出し見届ける現実世界の人間に相当する。夢幻能との対比でいえば、男性に限るワキを女性に変え、「聞き手」としての役割をクローズアップしたといえよう。たった一人で登場した冒頭シーンから、すでに上杉の身体は見えないモノの声にさらされて、かすかに震えていた。他の五人（仮に「発語体」と呼ぶ）が登場し、様々な物語の断片を語りはじめてから、上杉の「霊魂の声を聞く身体」はどんどん先鋭化していった。言葉の意味と音をひとつひとつ受け止め反応する様子は、他者の言語が彼女の皮膚の上に降りかかり、腕や足に一面に貼りついていくかのように目に見えた。その意味では、上杉はむしろ地謡の言葉を身に受けている時のシテに近いわけで、発語体の方は地謡《コロス》ということになる。上杉はワキとシテを兼ね、発語体はシテと地謡を兼ねると考えても多分間違いではないが、ここは能の役割分担へのこだわりを捨ててしまったとみるほうが正しかろう。「シテ中心主義」といわれるように夢幻能で語られるのはひとりの人間の物語であり、演技も主人公に集中している。その枠が外されて霊魂は複数になり、物語も複数になった。特権的主人公も特定の物語も無くなったかわりに、ワキの受動性が「積極的受動性」として浮上する。あたかも、聞くという行為が、かろうじてこの世の崩壊をつなぎ止めているかのように。

　さらに、一個の人格たるべきことから解放された役者たちは、モノ化（霊魂化）の度合いを強めていた。瓦礫から湧き出て、あちこち浮遊しているスピリット、かつて人間であったものの痕跡、鬼神、土、草、虫などが想起され、あまり人間にはみえない。とくに岡本は変幻自在で不気味な挑発者だった。舞台中央に座って語っている笛田の肩に顔を載せた岡本が、大きく口を開けて意味不明の音声を発するシーンはドキドキする怖さで、ファウストの耳元で誘惑するメフィストか、あるいは「死」そのものかと疑った。そういえば上杉

撮影＝宮内勝

も、世界の終わりの風景に迷い込み、触覚や薄い羽をふるわせている一匹の蝶という趣があったから、夢幻能的ワキを演じていたわけではなく、発語せずに言葉をどのように引き受け身体化するかに挑戦していた姿が、結果的に「言葉の反応体」として映じたのかもしれない。

次に場の問題に移ろう。

夢幻能の大半は、著名な名所・旧跡など、特定の物語と結びついた土地が場面となる。その地の景観、古人の詠んだ和歌、説話、主人公等を集約可能とする名所は劇作のための必須条件だと世阿弥は言っているが（『三道』）、この枠も岡本は外して「どこでもない場所」、言い換えれば「どこでもありうる場所」にした。「月光に照らされた廃墟」でありさえすれば、時代も自由、地域も自由である。個人や国や時間の節約から解き放たれた人類全体の歴史と物語とが、幾つも矢のように飛んでくる場所である。いや、空から飛んでくるのではなく、地の底から泥を押しのけて出現するのかもしれない。そう言いたくなるのは、床にしつらえた「廃墟」が素晴らしかったからである。

全体は深い銀鼠色で、自然な凹凸を持ち、粘土のような質感がある。が、人物が裸足で歩むと、凹凸の山が動いたり、小片が体に貼りついたりするのを不思議に感じ、終演後触ってみたところ小さく切った和紙の堆積だった。驚いた。他に具体物は何もなく、床面には細い光の束が数条射しこんでは、美しい直線を交叉させる。光線の方向は時折変化して場面変化や時間経過を演出していた（舞台美術・島次郎、照明・山口暁）。ここには、能舞台の反映があるやもしれない。極端な視覚制限を受けている能役者が感覚を足裏に集約させて歩むのにも似て、和紙の感触は足裏から役者の感覚に絶えず働きかけていただろう。

最近とみに、夢幻能とは「場の物語」ではないかとの思いがしている。世阿弥が場に注目したのも、土地にこそわれわれ先祖の歴史が秘められているからにほかなるまい。登場人物は遠い時を掘り起こす媒介者なのだ。『月光の遠近法』を見た後、その思いは一層強まった。場は、地球滅亡後の廃墟を思わせる地点にまで拡大し、登場人物は、人間の営みの断片のようなものに分解している。この一種の抽象化によって、夢幻能特有の「はるかな時の流れ」が強化されると共に、幾重にも積み重なった時間が、地層の断面をみるように出現したのだと思う。

撮影＝宮内勝

能を直接介在させない『月光の遠近法』は「現代能」たる実質を確実に備えていた。ただ、わたしが気になったのは、「静謐さ」である。無い物ねだりかもしれないが、九八年に初演し二〇〇三年再演した『ハムレットマシーン』の、襟首をグイッと摑まれるような衝撃や、なまなましさが無い。台本（高柳誠原作、岡本章構成）の言葉はイメージの喚起力に富み、極めて魅惑的である。完成度・成熟度が高い。だが、マグダラのマリアの独白・ギリシャ悲劇『エレクトラ』・ルドウッヒ二世の独白などの断片が、さらに大きなひとつの物語の渦となって、観客席に押し寄せてくるまでには至らなかったのではないか。これには、作者の資質もあろうし、先述した「積極的受動性で世界をつなぎ止める女性」のクローズアップとも関連していよう。また、これだけの言葉を担う演技者には、懸命に取り組む姿勢とは別に、相当な経験が必要とされる。ベテラン笛田宇一郎は岡本とは別種の不敵な力で渡り合うが、若手の川根隆伸・辻みち子は少しきつそうで、身体に時折躊躇がみえる。出番も少ない。女の言葉の大半を引き受ける大役を担った友貞京子は、強く鋭く響く声で熱演したが、顔の前面、特に眉根元に力が集中する傾向が気にかかった。マグダラのマリアにしてもエレクトラにしても、強さ以外の官能性が欲しかった。テキストに書かれているのは主に異国の物語である。月光が冷たく照らす地表を掘り進んで、我々自身の熱い物語とするためには、演技の力以外に、観客の積極的参加が必要だ。

以上、『月光の遠近法』を夢幻能形式の発展という観点から検討した。夢幻能にどっぷり身を浸しつつ、内側から解体する方法は、『ハムレットマシーン』よりさらに一歩進んだと思う。誤解の無いように付け加えると、これは夢幻能を知らないと分からない作品ではないし、夢幻能だけが岡本の演劇を解く鍵でもない。そして、岡本章は、さらに先、夢幻能の痕跡が消えてしまう彼方を目指しているのだろう。

（『シアターアーツ』第二十三号二〇〇五年六月）

ハムレットマシーンから エレクトラへ

新野守広

白昼の下に隠れていた月の要素が顕れ出る／夜

のスペクタクルがもたらす距離の惑乱／色彩のイリュージョン／月光の遠近法が進行する／すべてが全く無音のうちに黙り込む
（高柳誠詩集『月光の遠近法』より、書肆山田）

岡本章氏が主宰する錬肉工房の客席には、独特の雰囲気がある。長年舞台を見続けてきた観客が集まってくる。結成以来三十五年近くの絶え間ない活動を通して、作り手と受け手が問題意識を共有し、公演毎に思考を一歩先へ進める素地が出来ているようだ。客席に座るようになってようやく五、六年の私は、周囲の観客の熱い視線に気押される思いがしている。

公演のたびに劇場に通うようになったきっかけは、九八年秋公演の『ハムレットマシーン』で見た、能シテ方（櫻間金記）の能面を岡本氏が取るという、印象的な場面である。伝統芸能として保存されている能には、超自然的、あるいは宗教的な意味はもはやないが、面を取るという岡本演出によって世俗に敗れる超越の姿が示され、しかも軽やかな悪意すら込められていた。

世俗と超越の闘いを物語として見せる劇団は多いが、言葉と身体の関わりを問い直す作業を通して、いわば内在的に表現する劇団は錬肉工房以外にはほとんど見あたらない。錬肉工房と『ハムレットマシーン』という組み合わせは突飛に思われるかもしれないが、壊れてしまった西欧近代劇をユートピアの廃墟として見せるハイナー・ミュラーは、錬肉工房の問い直しの作業とモチーフを共有している。背景には、歴史の進歩の犠牲者に対する独特な鎮魂の考え方があると思う。

西欧近代劇には、超越が世俗に敗れ去ることで歴史が進歩するという近代社会の喪失感が反映している。敗れ去った超越は、失恋、自殺、犯罪者、詩人、分身、道化、障害者などの形象を借りて文学的に表現されてきた。この意味で近代劇は、歴史が進歩するための鎮魂の儀式でもある。多くの作家が処女作で主人公を殺す理由もここに関係している。ところが先の世界大戦では核兵器が使われたため、歴史の進歩を前提にした鎮魂が不可能になった。東欧諸国では進歩の目標であった共産主義ユートピアが反転し、スパイ国家が成立した。それ以来、近代劇が描いてきた喪失は不安と絶望に取って代わり、映像メディアの発達にともなって世俗と超越の闘いとして物語化され、私たちの現在の日常を覆っている。何を喪失したのか、忘

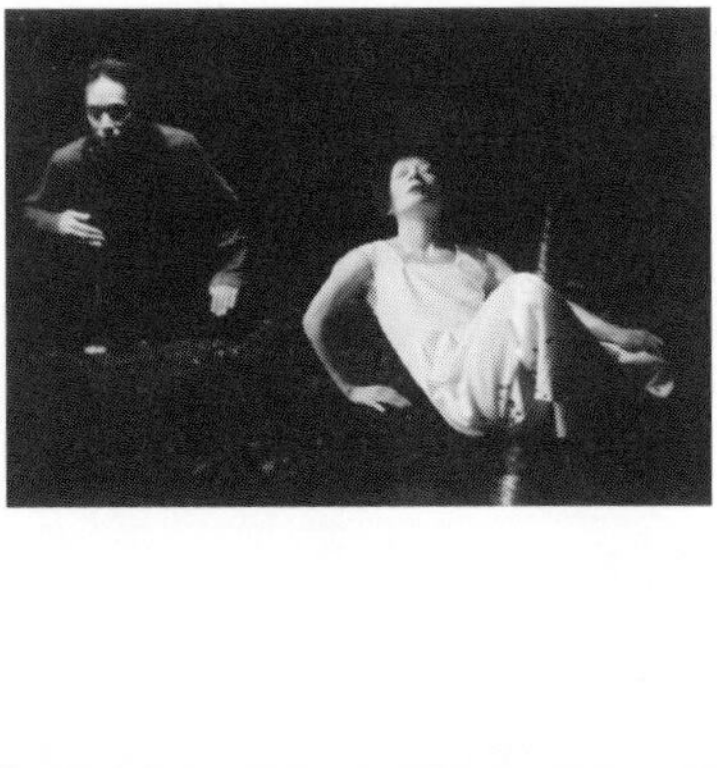
撮影＝宮内勝

れ去られてしまったのが現状だろう。

　錬肉工房が死者の想起にこだわる理由は、喪失を忘れ去った現状を核心においてとらえようとする意図から来ているように思う。錬肉工房は能という過去の形式を利用するが、能そのものには回帰しない。近代劇にしろ能にしろ、鎮魂の形式がすべて失われたのであるから、過去の形式を検証しながら、新たな形式の可能性を探ろうというのが基本姿勢となる。『ハムレットマシーン』での能シテ方の面を取るという演出は、この姿勢を端的に示している。近代劇の無効性ゆえに、首尾一貫した登場人物は登場しない。能の無効性ゆえに、吃音にも似た発語の慎重さが生まれる。コロスのように呼び掛けあうパフォーマーの声、相手の存在を意識しながらの自在な動き、それが舞台のすべてだ。そこから誘発される観客への喚起力だけで、一気に死者を想起させようとしている。忘れ去られた喪失を観客の心の中に直接喚起しようとする演劇である。

『月光の遠近法』（構成・演出　岡本章）の言葉は、詩人高柳誠が演出家との対話をもとに新たに書き下ろした（『廃墟の月時計』、詩誌「るしおる」五五号所収、書肆山田）。演出家の構成を経て、舞台には想起にふさわしい輪郭が与えられている。六人のパフォーマーがモノローグを呼び掛け合い、そのやり取りの極みに、ギリシア悲劇のエレクトラとオレステス姉弟が観客に想起され、ダイアローグが立ち上がると思うその瞬間、コロスが炸裂して砕け散る。月光に照らされた廃墟の静かなイメージから始まった舞台に、姉弟の対話が何度か語られるが、まさかそれがエレクトラとオレステスだとは観客にとって思いもかけず、不意打ちに近いものがあり、しかも姉弟の感情を語るパフォーマーが砕け散る様は想像をはるかに超えて激しい。ギリシア悲劇の憎悪の連鎖がまるごと現出したように思われ、心から震撼した。

　さまざまなジャンルで活躍するパフォーマーが参加している。舞踏家の上杉貢代、俳優兼演出家の笛田宇一郎、俳優の友貞京子、川根隆伸、辻みち子、そして岡本章の六人である。このうち上杉貢代は言葉を発さない。彼女は遅れて入ってきた観客のようにふらりと舞台に現れ、静かに中央に進み出る。黒い和紙の紙片を敷き詰めた何もない空間は、観客の視線を吸い込む。境界を区切る直線上の照明が何本も引かれる。以後の舞台上の出来事は、すべて彼女の見る夢のようにも思える。

撮影＝宮内勝

夢の中に死者たちが現れ、狂王ルートヴィヒ二世、マグダラのマリアらとおぼしき声が聞こえ、姉弟の対話が切れ切れに聞こえてくる。それらがソポクレスの『エレクトラ』に結実し、観客を圧倒する瞬間、二千五百年もの時を超えてすべてが砕け、場は一気に炸裂して、現在時に戻る。

パフォーマーの動きは、それぞれ独自のものだが、面白いことに岡本氏の動きが他の誰とも似ていない。柔らかく自在で、ひょろひょろと軽妙かと思えば根が生えたように堅くなる。おそらくその動き自体が、さまざまなジャンルを越境する根無し草にも似た不安と自由を表現しているのだろう。近代は終焉したが、伝統へは回帰しない。そのような決然とした拠り所のなさを身をもって表しているのが、舞台上の岡本氏の存在と思える。彼が一種の触媒となり、コロスを凝縮／爆縮させ、未知の情景を呼び覚ますのだ。

『月光の遠近法』は、詳細な上演譜が公刊されている（雑誌「シアターアーツ」二〇〇五年夏号所収、晩成書房）。舞台写真も多数掲載され、各場面に岡本演出の意図が詳細に述べられている。この上演譜はいわば啓蒙的な解説書であり、岡本氏はそこで手の内をすべて公開している。錬肉工房は秘技を重んじる高踏芸術集団ではない。誰もがアクセスできるように、方法は公開された。その発想には、西欧近代批判の視点からロマン主義を再発見したシュールレアリズムの詩人たちの方法が再活用されている。能は発想を実現するための形式として使われている。近代劇批判は、ベンヤミンとハイナー・ミュラーの天使と廃墟をめぐる思索から実践されている。それを読み、舞台の構成と言葉の選択にあらためて感慨を覚えた。高柳誠氏は一方的に言葉を提供したのではなく、演出家との対話を重ねるなかに、「毎日のように使者たちが私の肉体のうちを訪れて、身体のもっとも深いところから己の思いを迸らせる」体験をしたという（公演パンフより）。このようにして生まれた詩的言語は六人のパフォーマーに身体化され、舞台美術・島次郎、照明・山口暁、音楽・曾我傑、衣装・中村裕身子のコラボレーションに支えられて、想起にふさわしい力動を得た。

（『図書新聞』二〇〇五年七月九日）

原初へ

中村恵美

そこには、ただ「ことば」と「肉体」があった。個も名も、すっぱりと脱ぎ捨てた死者たちの叫びと舞踏があった。劇という有限の時間に咲く一瞬の生の轟き、祈り。人間存在の根源から立ち上る、原初のことばの発生を見た。

「錬肉工房」新作公演、『月光の遠近法』は、夢幻能『融』、ギリシャ悲劇『エレクトラ』等に触発された高柳誠のテクスト（「廃墟の月時計」）を軸に、岡本章率いる俳優たちの「声」と「身体」が響き合う。官能とストイシズムに貫かれた、白熱した舞台の時間は、私たちの内奥に眠る、「ことば」への、「体」への忘れかけた信頼を深く呼び覚ます。

舞台は、太古の洞窟を思わせる仄暗い闇。床一面に敷かれた砂利（実は黒色の和紙）の上へ、斜めに射す一条の光。ここは、廃墟。深まる闇。揺らめくように人影がゆっくりと現れる。ピンと張り詰めた静寂の底から、ことばたちが、一音一音、狂おしく産み落とされていく。

「シー」／「シー」／「シー」／「しん」／「しん」／「しんしんと、しんしんと、」／「げっ」／「げっ」／「げっこう」／「月光は…し、た、た、り…」。

音と音が結ばれ、一つの語となり、文となり、やがて壮大な物語として躍動していく。頭部から爪先までの、全身体を通過して、のたうち、這いずりながら発語されていくことばの蠢きは、まるで、ことばの赤ん坊が、「人」として大地へと屹立する姿を見るようだった。ことばの発生と成熟へのプロセスが、圧倒的な存在感を持って、観る者の胸を打つ。

さらに印象強かったのは、俳優たちの衣装だ。白いワンピースと黒いズボン、その色彩は、女と男、光と影、エロスとタナトスを象徴し、あえかな月光が、深い陰影を与えていた。あらゆるものの対比が事物の遠近を狂わせ、時空をねじ曲げていく。過去が今へと蘇り、死者たちが再生する。反転する生と死、そこへ漂う甘やかな郷愁。「ことば」と「体」は、さらなる分裂と交合を繰り返し、「も、も、も、もえろ、もえろ、もえろ、」と、悲劇の頂点へと高まっていく。「――ああオレステス、オレステス、お母様を可哀想と思っておくれ。」「――ああこの国の、この不運なお家の日々の呪いも、今消えてゆく、消えてゆく。」

テクストという「枠」を超え、「母殺し」という悲劇の内実の痛みをも超え、生々しく飛び交う「声」と「体」の不思議、その存在のリアリティ。二千数百年前の人々の営みの延長上に生きる自分、この「私」とは何か。謎めいた問いが、原初へ、原初へと遡っていく。

日々、夥しい死を目の当たりにして生きる今、「初夏の野原ほど死の匂いにあふれている」この時代、私たちは、浅く流れることば、生の「軽さ」に慣れすぎてはいないだろうか。それは内部の弱まりなのだ。ことばの奥深さ、重み、生命力を再認識すること。抗えぬ忘却に耐え抜いて届く、死者たちが投げかける「声」、その波紋は、大きい。

（『現代詩手帖』二〇〇五年九月号）

暗闇の向こうに続く場所

野中広樹

錬肉工房が『月光の遠近法』（高柳誠テクスト、岡本章構成・演出）を麻布die Pratzeで上演した。

なにもない空間、粘土質でやや湿り気を帯びたように見える黒炭色の地面を、ほんのりと月の光が照らしている。照らしだす光が呼び覚ますのだろうか、静謐なかに「シー」という声がこだまして、六体の人影が浮かびあがる。噛みしめるように放たれる力強い言葉とともに、ゆっくりと左右に彷徨する男女たち。彼らの身体が廃墟のなかを集合と離散をくり返すさまを見つめるうちに、私は思いがけない場所へ誘《いざな》われた。

「さらさらさら」と月光が地表にそそぐことで、すべてが溶けるように変質し、あらゆるものが逆転していく。見えないものが見え、遠いところが近くなり、過去が現在によみがえる。そこでは死者が世界を支配する。これが「月光の遠近法」だ。世阿弥の夢幻能『融《とおる》』の構造が援用され、そこにギリシア悲劇『エレクトラ』の世界、さらにはボスニア紛争時のサラエヴォのピアニストの逸話が挿入されていく。

しかし、月の光に照らされた空間に私がはじめに見出したのは、もうずいぶん前に読まれなくなってしまいこまれた古い本であった。その次が、米軍に空爆されて瓦礫《がれき》と化したイラクの家屋であった。どちらも舞台では語られてはいないものだ。だが、目の前でおこなわれていること、立ち現れた空間そのものが、そこへつながっているように思われたのである。

　月明かりがやさしく見守る暗闇の向こうにあったのは、幼少期に読んだ本のなかに眠る過去であり、新聞では毎日読んでいるものの地理的には遠い場所であった。これらの体験は「しんしんと」という言葉とともに、記憶として定着していく。

　もうひとつ、不思議だったのは地面である。あるときはぬかるんだ泥土、あるときは乾燥して埃が積もった床に見えたのだが、実は舞台一面に敷き詰められた黒い和紙だった。月の光は驚くほど自在に、物みなすべてを変えてみせる。


（『テアトロ』二〇〇五年六月号）

18. 女中たち（男優バージョン）

〔作〕
ジャン・ジュネ

〔演出〕
岡本章

〔初演〕
2005年8月
麻布 die Pratze

〈ごっこ芝居〉の枠組みを拡大する「コロス劇」

長谷川六

　錬肉工房の岡本章が演出した、ジャン・ジュネの『女中たち』は、強固にして未踏の『女中たち』の理解と演出手法だと感じさせた。演劇に対してジュネが希望した「象徴的記号」となりえていた、と受諾することができる。

　岡本章は、「ジュネが緊密に定着した〈ごっこ芝居〉の枠組みをさらに大胆に押し進めるため、第一線で活躍する男優四人による『コロス劇』とする」として、「私にとっての興味、関心は、ま

撮影＝宮内勝

ず第一には魂の根底を揺さぶってくるジュネの言葉の深層と、演技者の身体との関係性、その切り結びということになる。」と述べている。

　男優四人は猪股俊明（金杉忠男アソシエーツ出身）、直井おさむ、笛田宇一郎（早稲田小劇場出身）、龍昇（龍昇企画）で、いずれも龍昇企画や錬肉工房での仕事で舞台を踏んでいる。彼らはともに黒い服装、黒い靴であり、役の分担を明確にしない。絶え間なく役割が移動する。そしてひとつの人物を二人で、あるいは四人で行う場合もある。混沌と錯綜する言語の糸を皮膚の隅々まで全開して漂わせるこの四人の男優は、きわめて男くさくその魅力にあふれている。腹部をやや空洞化して呼吸を自由に保ち、両腕を脇において膝を緩めた姿勢を基本に身体を保つ。

『女中たち』は、妹のクレールと姉のソランジュの二人の女中と奥様の三人が登場、姉妹は、奥様の不在の家で奥様のドレスをまとい「奥様と女中ごっこ」をする。「ごっこ」はいたずらに肥大して憎悪と虚構を拡大する。現実と非現実のあいだを往来、つまるところは究極の悲劇へと進むのだ。しかしこの結末もジュネはつき放している。

四人の役者は対峙する、一列に並ぶ、背中合わせになったりしながら、戯曲がもつきわめて精緻な悪と汚辱を実行実現する。役者の身体は内的な汚物に犯されたような緩慢さと、空間の「移行」をおもわせるすばやい動きを交差しているが、最も特徴があるのが発声といえよう。すなわちジュネが言う「朗誦的な調子を可能にしつつ、演劇の上に演劇を重ねるようになるひとつのずれを手にいれようとした」ことの実践として、身体から発生する響きを声として押し出している。語るのではなく汚物を吐き出している声だ。能の発声を思わせるがむしろ、存在の悪としての生命体が内側から声を押し出している。役者のそれぞれが、経歴の相違から発声手法が異なるが、ここまで導き出したのが岡本章の特質と言えよう。

　この上演できわだっていたもうひとつは、舞台を能舞台程度のサイズに限定することである。床に敷かれた材木と椅子、それに一度も手を触れられることのない赤と白の衣装（衣装・中村裕身子）のみのシンプルな装置（舞台美術・長田佳代子）と、言語と身体の襞を極限まで追いつめる微細な照明（山口暁）、それにマルグリット・デュラスの『インディアソング』のあの頽廃を感じさせる音楽の位置。それらがさりげなく作業してい

撮影＝宮内勝

る心地よさがたまらなく作品をおしあげた。

　ジャン・ジュネ（一九一〇～一九八六）の戯曲『女中たち』は、ルイ・ジューヴェの依頼で書かれ一九四七年にジューヴェのアテネ座で初演されたものだ。彼の戯曲の中では最も上演回数が多いとされる。

　公演にむかうため、首都高速道路に沿って長い道を歩いていると、唐突にジャンヌ・モローのひとり芝居の『女中たち』を思いだした。ジュネが書いた唯一の映画のシナリオである『マドモアゼル』に主演した彼女は、自分とジュネの欠落した部分を埋めるかのように、可愛いエプロン姿で老婆になった。帰路、笠井叡や土方巽、唐十郎、寺山修司、鈴木忠志などの作品群のあの悪魔的魅力に思いを馳せながら、『女中たち』のせりふの断片をかぶせた。岡本章と交流があった観世寿夫の舞う姿も唐突に浮かんだ。

　すなわち、岡本章は、何事も断定せずにジュネを解体してひきよせたイメージの中にわれわれを漂わせた。

　ジュネの求めた「象徴的記号」とは、いままさにここにあるのではないかと感じさせた。

（『図書新聞』二〇〇五年十二月十七日）

ジュネのテクストの核心

江森盛夫

　奥様が留守の間に二人の女中、姉のソランジュ、妹のクレールが「奥様と女中ごっこ」を演じる周知の名作を、岡本が男優四人の「コロス劇」として変貌させる冒険的な試みに挑んだ。役を分散させ、台詞を様々な形に割って朗誦させる。これは分節言語を解体し、声そして息にまで還元させ、能の地謡に通底させるという岡本の年来の基本的なモチーフを果敢に適用させる試みだろう。衣裳は喪服を思わせる黒ずくめ。中央の椅子に赤いドレス、あとに白いドレスが置いてあるのみの簡素な舞台で、重要な小道具である電話も目覚まし時計も台詞で語られる。男優四人は笛田宇一郎、龍昇、直井おさむ、猪股俊明。最初の台詞は笛田。この限度一杯のテンションの大音声で客を圧する。この笛田がいわばペースメーカーで、舞台のトーンを設定した。笛田のパフォーマンスを軸に他の役者がそれに呼応し、岡本のテクストの読みからの強弱のアクセントを担う。朗誦を支える動きもミ

撮影＝宮内勝

ニマムだが台詞の専横を許さない均衡を保つ設計が実現・持続する。元々女の、女ことばの芝居なんだから、むさくるしく男がガンガン朗誦するばかりでは単に異称な芝居になってしまうだろう。それを防ぐ按配が鍵。女っぽい芝居が自然に出来る直井がそれを押さえ、単調な強度の誇示でなく暗い悦楽を潜めている笛田の演技が陰影を加えて、男優四人が性を超越したコロスの演技体に徹することができたのが成果の鍵だろう。そうして、舞台の壮麗化に腐心するばかりで空虚な、パンフレットの学者の解説で得心するような「翻訳劇」を越えた、ジュネのテクストの核心、存在の奥底、生死を越えた表徴を受感させた、賭に勝ったような成果をこの舞台は得た。晩年にパレスチナのキャンプで過ごしたジュネ、世界の苦悩と矛盾の坩堝で存在感を示したアクチュアリティをも想起させた舞台。ただ、従来の「翻訳劇」を観た経験がないとこの舞台の斬新性を楽しめないのではという危惧はある。

（『シアターアーツ』第二十五号二〇〇五年十二月）

19. 風の対位法

〔作〕
高柳誠

〔構成・演出〕
岡本章

〔初演〕
2006年9月
麻布 die Pratze

断片化される部位

高橋宏幸

岡本章が率いる錬肉工房の舞台は、彼らが結成された1971年という時代が孕んだ問題を今もって引き継いでいる。それはたとえば1960年代以後のアングラ演劇の中でも鈴木忠志が理論化しようとした俳優の身体の問題であり、冥の会などに代表される西洋の古典と日本の古典芸能との間に方法の連関を探る作業であり、さらにはアルトーやベケットからの影響として実験を思考する場に演劇というものを持ち込んだことなどである。錬肉工房の代表的な舞台である現代能楽集シリーズや、試演を繰り返して作られたハイナー・ミュラーの『ハムレットマシーン』をはじめとして、岡本が作る舞台は全てそれらの問題の中にあるといえる。

今回上演された『風の対位法』も同じである。これは昨年三月に上演され好評を博した『月光の遠近法』に続く作品であり、同様に詩人の高柳誠の書き下ろしたテクストを岡本が構成して上演用の台本にしている。その言葉のモチーフは前作と同じように多岐に渡る。『旧約聖書』のカインとアベルの話からはじまり、ギリシャ悲劇、『コロノスのオイディプス』や『アンチゴネー』など様々な物語から影響を受けた言葉を、六人の俳優たちが時にコロスの一員となり、時にモノローグ的に語ることで、いつしか劇の中で様々な声が重層的に重なり合い、それらが交差する形で展開され一つの舞台となっている。

たとえば冒頭、暗闇から抜け出して舞台へと出てきた六人の俳優たちが、コロスとして風の音を低音でうなるなか、その音の中から一人の男が前面に出てきて、音節の一音一音を途切れながら、それでも徐々に一つの連なりとして「かぜ」「カゼ」という言葉を言う。そこには岡本が『ハムレットマシーン』を上演した際に言葉が現れる瞬間に着目したと繰り返し述べたような、方法として言語を解体することによって言語と身体を自明化している認識から逃れようとする試みがある。しかし、それは何も俳優が訓練によって示す身体の位置を観客に提示するだけにとどまらない。そこには観客を異化することの問題も同時にもたらされている。

古典という練り上げられた作品の言葉の一節に触発されたテクストは、確かにその台詞を聞くものを没入させる。場面ごとにシアトリカルな要素が、この構成されたテクストの物語性には確かにあり、演出と役者を兼ねる岡本や笛田宇一郎をはじめとした俳優たちのスキルある身体と相まってより饒舌に流れる。むろん、それは単純に一元化できないが、物語と高度に洗練された身体の所作によって、見ているものをその形式の中に引き込むということにおいては能が作り出す世界と同じようにみえる。だが、そこで岡本の分節化された言語は、吉本隆明がいうような言語以前の言語と

撮影＝宮内勝

いうよりも、テクストの引用による意図的な切断を前面に押し出す。

そもそも岡本の舞台の基本の一つになっている能との関係も、渡辺守章が『虚構の身体』で書いたように、西洋演劇と日本の古典芸能との関連する部分を探り、現在の舞台へと構築＝引用することである。ただし、引用という側面は何もその連関する要素を引き継ぐだけではなく、むしろ古代のイメージによって現代に引用が挟み込まれ、異化する主体となることによって、切断の契機をもたらす方が重要なのである。その声の音は様式化された世界において身振りと共に、見るものがイメージする現代の世界との間で異化する装置となり差異を産出する。

だから、鉄肉工房の作品では一貫して俳優やテクスト以外にも様々なジャンルのアーティストと、たとえば音楽などにおいてもコラボレーションをすることによって、偶然性を誘発する要素を求めるのである。現代演劇に能のように徹底的に様式化されたスタイルを異化できる要素を入れ込むためには、その様式性に自身も還元されえないような言葉や俳優を必要とするのだろう。だから、この舞台の過程において必要なのは、テクストを上演するという関係ではなく、テクストに触発されるような形で舞台が作られるということである。

そして役者たちが台詞を話せば話すほど、時間が進むにつれ、徐々に声は身体から離れて浮かび上がっていく。異化される以前の意味が、身振りが集積化されコンテクストの余剰により、際限なく切断されているといっていい。だからそこにある身体も明らかに60年代のアングラ的な身体、表層を食い破る肉体とは遥かに離れて、一つの空間にあるはずの声や身体が乖離して、地面に細かく切り刻まれ薄暗い照明に照らされた黒い和紙を敷き詰めた床も、全ての部分が並列的に空間には羅列されているかのような錯覚が起こってくる。前回に引き続いて参加している舞踏家の上杉満代も、鉄肉工房の舞台という制約において、舞踏の動きをしているように見えるが、それでも滲み出てしまう個人の技術の蓄積として異化される対象となっている。このとき彼らの身体それ自体も、言葉を発し続ける口は音になり、床に跡をつける足という部分になり、部位の一つ一つが空間に並置されたように映ることに繋がる。

それは同じく古典芸能の要素を取り込み活動しているク・ナウカと比較してみると、その根底に

撮影＝宮内勝

ある差ともいうべきものが決定的に浮かんでくる。ク・ナウカの方法とでもいえるものは、徹底的にキッチュを突き詰めることにある。一見すると確かにク・ナウカの特色は伝統を現代演劇に変換したかのように見える。その方法の特徴ともなっている、俳優と台詞を言うものをそれぞれ分けて、俳優は文楽の人形のように動き、台詞を太夫まがいのものが言う。また衣装は分かりやすくポスト・コロニアルや差別問題の人物配置図に見立てるなど、確かに美加理に代表される俳優たちは優れているが、その舞台に現れるものは伝統を受け継ぐというより、伝統を真似ながらブリコラージュするところに方法が集約されている。その意味で彼らの舞台は非常に戦略的であるといえるし、あくまで現在という意味だけからとると、モダニズムの舞台である。

しかし、錬肉工房は幸か不幸か愚直にもそのような方法を用いていない。あくまで正攻法的に古典—歴史における身振りの重層化を身体によって今へと受け止めようとしている。それはグローバリズムの時代と呼ばれる現代において、歴史に蓄積された身振りを受けとめようとすることなのかもしれない。

(『図書新聞』二〇〇六年十一月四日)

多彩なテクスト群の身体化

江森盛夫

出演者は上杉満代、笛田宇一郎、友貞京子、横田桂子、戸田裕大、岡本章。冒頭、舞台の暗闇から静かに大地の底から響いてくるような声が聞こえてくる。「おおおおおおおおおお」……。「風のコロス」たちの出現だ。岡本は高柳の聖書（創世記）やギリシャ悲劇のテクスト群からの引用をちりばめた「風」そのものを純化した詩篇を、さらに日本の能の『景清』『砧』、岸田理生『糸地獄』などのテクストを加えて言葉の身体化の場所を整備した。風のコロスたちが聞かせるテクストが伝えるのは、さまざまな骨肉の兄弟の争い、呪われた血族の血塗られた歴史。それらの声は限りなく「現在」を問う。その声が清新で実質をもち、我われの記憶を揺さぶるのは、冒頭の演者岡本が発する発語の響きが、この舞台のトーンを定めテクストに命を与えたからだ。岡本の年来の課題である、自己の「存在の井戸」を深く下降することで原初の言葉の発生に立ち会う作業が、源泉を発見し、発掘できているからだ。ダンサー上杉と五人のパフォーマーの不即不離の位置のフォルムで、各シーンのイメージを身体化する配置、それぞれのパフォーマーの特性を生かす割りふりが実に洗練されていた。一条の光の帯が舞台を横切り、その帯を道しるべにした上杉のソロダンスも光った。テクスト群は精気を帯び、岡本のアクチュアルたらんとする気概もつたわった。テクストや上演意図の解説が常に周到で万全を期す岡本の舞台は、往々にしてその解説の範囲に留まる場合があったが、今回の舞台は未知への恐れというか、初々しさが知的な解釈を凌駕していた。多彩なテクスト群の身体化のアンソロジーとして十分楽しめた。また、「風」という扱いによっては舞台を陳腐化し、安易な客との結託になりかねない言葉、イメージをきびしく限定された範囲で生かしたのもよかった。

（『シアターアーツ』第二十九号二〇〇六年十二月）

「記憶」の血

中村恵美

書かれたテキストという「枠」、ことば。触れ得ぬものを、生身の肉体を通して現実化させるとは、どのような「時間」か。

一九七一年に結成された錬肉工房、伝統と現代を切り結び、多様な現代アートとのコラボレーションで知られる彼らの歴史を、私は活字で知り得る限りだが、その舞台は、「書かれた台詞」を「演じる」という常套のイメージを覆す驚きに満ちた体験だった。それは、「ことば」と「身体」の関係性を問い直し、生命力溢れる新たな回路を見出そうとする斬新な試みだった。

「舞踏の場というのは、お母さんのおなかの中だ。」（大野一雄）。

そのことば通り、幕が上がった仄暗い舞台は、まさに洞窟、懐かしい胎内を想起させた。無音の闇、緊迫した大気の奥から、揺らめく人影が、ひとり、またひとり、と微かな光を伴って現れる。さらに、静寂を破るように、その「肉体」を通過して、血塗れの「ことばたち」が、一音一音、狂おしく産み落とされていく。

シー／シー／シー／しん…／しん…／しんし

んと…／しんしんと…／げっ／げっ
／げっこう…／月光…は／し／た／た／り…
や／わ／や／わ／や／わ…／か／ぜ／…／か
／ぜ／…／風…

岡本章の構成・演出は、高柳のテキストのエッセンスを抽出しつつ、大胆に解体し、再構築する。そして、刻々と変化するリアルな肉体を通して、白熱した無意識下層から、始源性を携えた「ことば」を産み出し、やがて躍動する物語へと進化させていく。『月光の遠近法』（二〇〇五・三・一八〜二一）では、『エレクトラ』の悲劇の頂点、真っ赤な照明に照らし出された父の仇討ち、母クリュタイメストラの殺害のシーンへと、生々しいコロスの「声」が集約され、『風の対位法』（二〇〇六・九・一五〜一八／麻布ｄｉｅ Ｐｒａｔｚｅ）では、『コロノスのオイディプス』、能『景清』を主軸とし、盲目の男のイマージュが、「め／し／い／…／め／し／い／…」という岡本の「声」の響きと共に、悲痛な運命を「風」に乗せる。「うー」とも「おー」とも表しがたい、母音の唸り、存在の根底から立ち上る「風」のコロスが、舞台の袖から地鳴りのように吹き上がる。官能とストイシズムに満ちた「声」が、時に自らの存在の意味を振り解いて、「あ／…／い／…／愛…」と、もどかしく発される時、『存在の井戸』を深く下降する」（『風の対位法』上演パンフレット）ことで摑み取られる、自らの存在を超えた、死者の「記憶」、ことばの「記憶」が蘇るのだ。観る者は、その「記憶」を追体験し、今ここにいる「私」の根源を揺さぶられる。男と女が、黒と白の簡素な衣装を纏って、のたうち、這いずり、響き合って、再び生きる姿は、初めて見る舞台であるのに、甘やかで強い郷愁を感じさせた。そして、印象深いのは、上杉満代が舞台上方、微かな光へ向けて手を差し伸べ、何度も何度も舞台の上をぐるぐると回る姿だ。喜ばしげに、少女のように風になる姿は、肉体とことばを遙かに超えた、切ない「生命」そのものだった。

　自らの内部に深く潜行すること。テキスト、舞台の「時間」は、共に潜行するに耐えうる内部の深まりを強く要求してくる。だが、液晶の冷えた熱さとスピードに慣れすぎた現代の私たちに、緩慢な動きと夥しい死者たちの「記憶」を巡る血の熱さ、重さは、どこか、禁忌に触れうる恐怖すら感じさせる。恐らくは、世界との安易な和解や癒

撮影＝宮内勝

しを求めすぎる、自らの内部の弱さを刺激されるからだろう。深く自省しつつ思う。今、「ことば」は、私たち「人間」に一体何を求めているのだろうか。

　太古の死者たちの「記憶」に触れ、熱に浮かされたまま劇場を出ると、東京タワーの赤い光が、現代という謎めいた肢体を流れる象徴的な血に思えた。古代に生きた人々の血、私たちの内に流れる血、その熱さは過去も今も未来も、永遠に変わらない。しかし、この血、「記憶」の血、の確かな行方を、誰も知らない。


（『るしおる』第六十三号二〇〇七年一月）

20. ベルナルダ・アルバの家（錬肉工房アトリエバージョン）

〔作〕
ガルシア・ロルカ／水原紫苑

〔構成・演出〕
岡本章

〔初演〕
2008年9月

複数の声に向けて

新野守広

　実験演劇の試みは少なくなった。日常の世界を丁寧に描き、登場人物の感情や心理のずれをたくみに表現する舞台が今日の主流である。しかし、イデオロギーの対立が終わった後の世界を象徴する現代演劇の静かな風景は、どこか絵空事のように思える。現在の世界は矛盾と対立が激しく渦巻く力の場として、私たちの目の前に迫っているからである。人間の生死など米粒ほどにも考慮しない冷酷な現実を無視することなど、誰にもできない。もし作り手が生活描写を続けるばかりで、虚構と現実へのたくましい想像力を放棄すれば、演劇から観客がいなくなってしまうだろう。

　岡本章は、現実に拮抗する厳しい舞台を作り続けてきた。一九七一年、関口綾子、長谷川功とともに錬肉工房を結成して以来、能や現代詩を素材

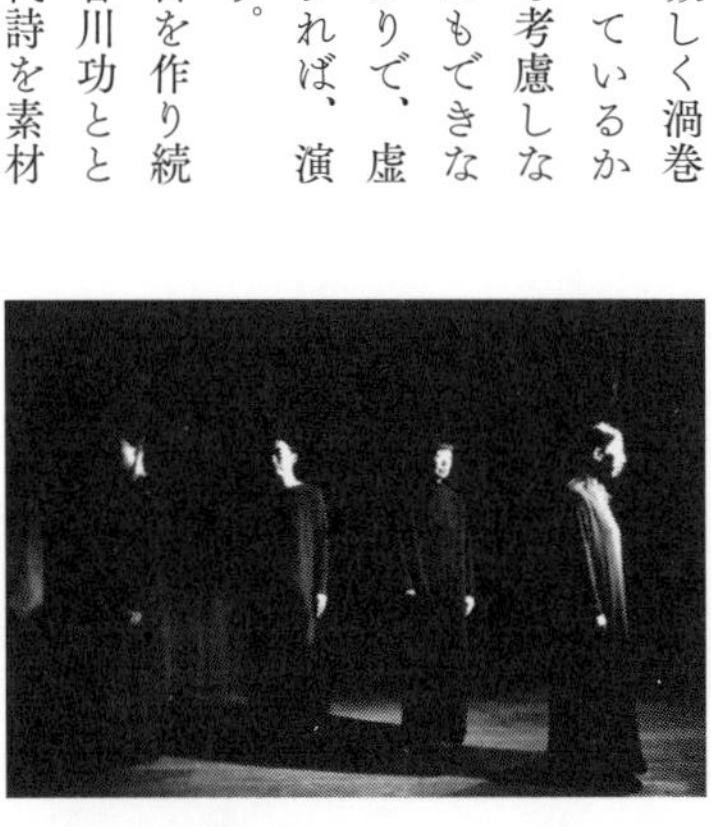

撮影＝宮内勝

に、言葉と身体の関係を徹底して問い続けてきた。しかしその舞台は、能の影響を受けている。しかしその舞台は、伝統としての能を守るためのものではない。むしろ演者の所作を通して、現代社会の根に触れる瞬間をめざしている。伝統と現代をめぐるたくましい想像力が、ハイナー・ミュラー『ハムレットマシーン』（九八年）、ジャン・ジュネ『女中たち』（〇五年）、高柳誠『月光の遠近法』（〇五年）など錬肉工房の代表作の核心をなしてきた。

錬肉工房公演『ベルナルダ・アルバの家』は、ガルシア・ロルカの原作に歌人水原紫苑が詞章を書き加えた同名の現代能（〇二年初演、構成・演出岡本章）の改定版である。〇二年の初演は規模が大きく、三人の能役者（観世榮夫、山本順之、櫻間金記）、八人の現代劇の女優（新井純、鈴木理江子、千賀ゆう子、横田桂子他）、一人の舞踏ダンサー（上杉満代）を合わせて総勢十二人が、横浜能楽堂の狭い能舞台に立った。特筆すべきは女優たちの語りと動きにあった。水原の詞章やロルカの台詞を発声する女性たちは、ひとつの台詞を数人で語ったり、複数の役を交代で演じたりしたのである。女性たちは個人としてではなく集団として、感情を表現し、存在を主張した。

〇二年の舞台は夢幻能を思わせた。冒頭では女優たちのコロスが月の詞章を詠い踊る。そこへ日本の旅人（山本）が登場する。彼は、自分は惨殺されたロルカの死に場所を訪れた旅の詩人であると名乗る。続いて老女（観世）が姿を見せる。この老女は、古い社会の因習にとらわれて幾代も苦しんだアンダルシアの女性たちの霊である。その後、コメディア・デラルテ風の幕間（山本と櫻間）をはさんで、女優たちが集団性に重点をおいて『ベルナルダ・アルバの家』を演ずる。劇中劇が終わると、山本と櫻間の謡が朗々と響くなか、観世が鎮魂の舞をゆっくりと舞い、橋掛かりを去る。最後に女優たちは冒頭の月の場面を繰り返す。そこで舞台は暗転し、終幕になった。

十二人の演者は、能、現代劇、舞踏というジャンルと、男女の性別に応じて、まとまったり混じり合ったりした。男性作家ロルカがアンダルシアの女性たちを描く原作の構造は、老女の霊を演じる男性の能役者と女優たちとの対比に生かされていた。演出した岡本章の関心は、因習にとらわれた世界を破るところにはなかった。むしろ因習の強さを足がかりに、虚構を通して現代を描いたの

撮影＝宮内勝

である。舞台は無の場所であり、死者たちの声が響く。この岡本の演劇観が見事に体現されていたのが、〇二年の『ベルナルダ・アルバの家』の初演だった。

さて、〇八年の『ベルナルダ・アルバの家』は、アトリエ内での公演ということもあり、演者は五名（岡本章、横田桂子、牧三千子、北畑麻実、村本浩子）に絞られたが、大きな会場では味わえない濃密な時間が立ち上がった。岡本と黒テントの横田以外は、錬肉工房ワークショップの出身者である。初演時の場面はいくつか削られたが、構成はほぼ同じで、四人の女性が入場し、月の詞章を詠う場面からはじまる。そこへ岡本が入ってきて老女の台詞を語る。語り終えた岡本がアトリエの壁際に退くと、四人の女性は『ベルナルダ・アルバの家』を演じる。このとき彼女たちは、ひとつの台詞を数人で語ったり、複数の役を交代で演じたりして、集団としての女性の存在と感情を表現する。

初演時と異なるのは、男女の役割だった。マリーア・ホセファ（ベルナルダの母）は初演時には能役者（観世榮夫）が演じたが、今回は四人の女性が集団で演じた。というのも今回は、ただ一人の男性である岡本が、『ベルナルダ・アルバの家』に参加しないからである。冒頭と終幕の老女の詞章を引き受ける以外は壁際に控え、女性たちの群舞と向かい合う、それが岡本の役割だった。このため初演時よりも能（男性）の要素が抑えられ、女性たちに重点が置かれた。その彼女たちの声と動きには、硬さはすこしもなかった。柔らかで優しさに満ちたその声と動きは、末娘の自殺を知って一気にはじけ飛び、死の衝撃の深さとやりきれなさを、まざまざと客席に伝えた。

壁際に座り四人の女性の群舞と静かに向かい合う岡本の姿は、アンダルシアの女性たちをテーマに戯曲を書き続けた男性作家ガルシア・ロルカを思わせた。因習に苦しむスペインの女性たちを見つめ続けたロルカを通して、岡本はひとり一人の女性に還元されない声を響かせようとしていたのである。それは無の場所に立ち現れる非人称の声である。月の詞章とともに語り出される声は、詩的なイメージを持つとともに、歴史的な苦しみを担っている。舞台から響いてくる複数の女性の声の背後に苦しみの重みを感じ取るとき、小さなアトリエは歴史の廃墟に変わる。この小さな場所で、矛盾と対立が激しく渦巻く現実がとらえられる。

それが演劇という虚構を最大限に生かす想像力の証なのだ。伝統芸能の起源を掘り起こす錬肉工房の舞台が、現代に向けられた鋭い意識を観客の心に呼び起こすのは、そのためである。

（『図書新聞』二〇〇八年十一月一日）

表現の独自性の深化

江森盛夫

久しぶりに柏のアトリエに行った。ここで八二年の柿落とし公演『水の鏡』を観た。岡本の地の底から湧いてくるような切れ切れな断音が、言葉を発祥させる演技を目の当たりにして異様な感銘をうけたことを思い出す。今回の上演は前回の故観世榮夫が出演した横浜公演のテクストを解体して凝縮したものによる。演者も五人に絞った。芝居の結構は身体と音声のパフォーマンスに極限された。それが岡本固有の表現の純化をもたらし、さらに詞章の訴求力を高めていた。黒テントの横田桂子と錬肉の女優たちは岡本のメソッドを受肉して、ベルナルダの女たちのインパクトを喚起させた。岡本が演じた老女の霊の言葉はまさしく現代能を感じさせた。総体としてロルカを触媒にした今回の岡本の上演は表現の独自性を深化させた。岡本の多様な活動を見続けてきたが、最近では多少拡散ぎみだと感じていたのだが、今回は原点に戻った、表現のモルトに回帰したと安堵した。このアトリエこそが多様な活動の洗い直しの場所なのだ。

（『シアターアーツ』第三十七号二〇〇八年十二月）

『ベルナルダ・アルバの家』を見て

高桑いづみ

二〇〇八年九月十九日から二十一日の三日間、錬肉工房アトリエで『ベルナルダ・アルバの家』の公演が行われた。ガルシア・ロルカの原作に水原紫苑が詞章を書き加え、二〇〇二年に岡本章の演出で上演された現代能の改定版である。初演は、能、現代演劇、舞踊の大がかりなコラボレーションであった、とうかがっているが、今回は、現代演劇の女優四人と岡本氏による凝縮した舞台で

撮影＝宮内勝

あった。

私が岡本氏の仕事を拝見するようになったのはつい最近のことであるし、二〇〇二年の公演も見逃しているのできちんとした報告ができるとは思えないのだが、今回の上演を通して、女声の可能性について考えるところが大きかった。いささか偏った見方になることを承知の上で、感想をのべることとしたい。

岡本氏は、声の生まれきたるところに重きを置く。今回も、暗闇の中で「ツッ」、強く深いアタックの息がまず聞こえてくる。「ツッ、ツッ」、息が繰り返され、そこにいつしか「クッ」の息が混じる。息が音となり、「ツッ・クッ」とつながって「ツクヨミノ」、音と音がつながって「月読の」、意味のあるコトバになる。コトバになるまでの、文字通り息のつまるような緊張感から、舞台ははじまった。いったん音が生成してしまえば、そこから思いはコトバとなってあふれ出てくる。暗闇の中から声が立ち上り、ふつふつと泡の湧くようにエピソードが語られては溶暗していく。ベルナルダとその五人の娘たち、だれがどの役を担当するわけでもなく、語り継いでいく手法。誰もが感じていた閉塞感、みなの思いの底にしずんでいる悲劇が、だれもがシテになりうる状況で繰り広げられていく。朗々と響きわたるわけではないが、喉も胸も締めつけず身体の奥底から無理なく響いてくる女声が、いかに心地よくこちらの深いところに届くことか。

私の偏見かもしれないが、身体に共鳴させるすべを知らずに胸式呼吸でキンキンと絶叫している舞台女優は多いし、男性に混じって地謡を謡う女性能楽師は男声にあわせようと喉に大きな負担をかける場合が多い。どちらも聞いていて苦しくなる。女性に能が舞えるのか、というよりも女性に地謡が可能なのか、そこが女流能の大きなネックになっていると感じていたのだが、あの夜耳にした深く落ち着いた声ならば、女声による地謡も不可能ではないかもしれない、この劇を見ながらそう感じてさっそく岡本さんに感想をお話しした。それから、数ヶ月経って、今、またビデオを見返しながら、思いを同じくしている。

しかも、身体の奥から共鳴させる発声法は同じでも、声質は四人四様である。声質の違い、それは個性そのものであろう。ときおり、四人が一緒にセリフを言う箇所でも、四人が声をそろえることはしない。共同体とは、こうしたひとりひとり

撮影＝宮内勝

の声が集まったもの、それこそがコロスなのだろう。統一しないことでかえって共同体としての確固たる存在がうかびあがる。

先代の観世銕之亟師は、地謡について次のように発言されている。「地謡は…単なる斉唱ではない…地謡の中に「地頭」という、いわばコンダクターみたいな人がいるんですが、その人が高い調子のでる人だったら、他の人は少し低い調子でそれを補佐する…一色の声だけでは、厚みというか、ふくらみがない…地謡も…言葉はちゃんと聞こえなくてはいけないから合わせますけど、八人が必ずしも同じキーに合わせないで、どんどん個性を出して発声してもらうことで、謡がぐっと面白くなるんです」(『ようこそ能の世界へ』二〇〇〇年暮らしの手帖社刊)。世阿弥時代、専用のコロス(地謡)は存在せず、登場人物全員が地を謡い、その中のメインキャラクターがシテやワキ、ツレを担当していた。地謡の中から役謡が浮かび上がる、というより、個人は地謡の中にしずんでいく、という印象もするのだが、そのためには共同体の声、地謡が必ずしも等質である必要はない。昔のSPレコードを聴くと、宝生流の松本長と野口兼資、声質の全く異なるふたりが、それぞれの声で地を一緒に謡っていたりする。強い個性を発揮しながら、ぶつかりあうわけでもなく、妥協するわけでもなく進んでいく謡のおもしろさ。もちろん地謡はフシを謡わなければならないし、現代劇のコロスのようにセリフに呼応して動きまわれるわけでもないからまったく同じというわけにはいかないが、地謡について考えるキッカケを与えてくれたのが女声だった、というのが私にとって新鮮であった。

コロスとしての声だけではない。四人の中で地頭的な存在でもある黒テントの横田桂子は、ベルナルダの母の役も引き受けていたが、引く息を中心にワンフレーズを有声化以前の息だけで語り上げてしまう表現には、息をのんだ。

ただし、今まで述べてきたのは女声に限る話である。今回、老女の霊に扮した岡本氏は、他の四人と一緒の場面に登場することはなかった。女声によるプロローグが一段落した後、老女の霊としてひとり登場した岡本氏は「おー」、という地の底から涌いてくるような深い響きをまず発した。暗闇の中で神霊の登場をうながす警蹕をイメージした声を繰り返す中で、霊が甦り、記憶が呼び覚まされる。その第一声だけを取り上げても、岡本氏の声は四人とは次元を異にしていた。一昨年拝見した舞台では、男声・女声が入り交じってコロスを形成していたが、男声に混じるとどうしても絶叫に近くなってしまう女声に当惑した記憶がある。これは、声の高さの問題ではない。質の問題である。「長唄」でも男女が一緒に謡っているではないか、と言われそうだが、「うた」と「かたり」の違いは大きい。地謡もコロスも語りに軸を置く以上、男女の響きの質の差は「うた」以上に大きな課題として残るだろう。今回は、男女が交じらないことで女声による深い「かたり」の世界が生まれたのだが、これは今後どのような展開を見せるのだろうか。

少し声から離れてみよう。岡本氏の語りでは、途中に、小さな動きが入る。たとえば片手を上げ、両手を広げ、小さな輪を描く様に胸に当てる。声が身体の内奥から発する過程を身体を通して見せている。そうした動きを見ていると、左右、サシコミといった能の型を思いうかべてしまう。現代劇を見ているのに能を思い浮かべるのはおかしいかもしれないが、日頃から能に深い関心を寄せ、世阿弥の伝書を深く読みこまれた岡本氏の舞台は、能役者が出ていなくても能たり得るし、現代劇だけではなく、能にとってもさまざまな問いを投げかけているのだ。なぜそこでサシコミ・ヒラキをするのか、舞台をひとまわりするのか、謡と乖離した迷子の舞台を見かけることが時折ある。声にしろ型にしろ、その原点を見つめる岡本氏の舞台は、今回も能にとって大きな課題を発信した、と感じた一夜であった。

（『能楽タイムズ』二〇〇九年三月一日）

21. バッカイ

〔作〕
エウリピデス／高柳誠

〔構成・演出〕
岡本章

〔アガウェ篇〕
2009年
明治学院大学アートホール

〔初演〕
2010年
赤坂RED／THEATER

現代劇における能の摂取〔アガウェ篇〕

小田幸子

　薄暗がりの中、小さな女の人形にスポットが当たっている。座って、うつむき、がっくりと左肩を落としている。人形は動かず、人形遣い（田中純）もしゃべらない。周囲から数人の男の声が聞こえてくる。それらは、女の心の言葉だ。いとしい息子の体が、バラバラに飛び散ってしまった。その断片をひとつひとつ探りあて、だきしめる、息子を引き裂いた張本人は、このわたしなのだと声は口々に言う。声に呼応して人形の表情や細い肩と腕がかすかに変化し、体一杯に湛えられた感情がこぼれ滴るようだ。

　時間が遡り、今度は息子が引き裂かれるシーンが展開する。息子のペンテウスも人形だ。ストーリー上では母親アガウェが女たちとともにペンテウスに襲いかかることになっている。だが、ここでも行動を起こすのは人間の男たちである。彼らは、丁寧にゆっくりと人形の手足を引き抜き、地面にバラバラに置く。小さい人形に対する大きな人間は、巨大な「運命の手」を思わせる。殺戮と鎮魂が一体であるかのような動作で、手は最後に人形の首を正面に据える。どちらのシーンも、周囲の喧噪の中で世界が切り取られ、一切の音が消え、恐ろしい静寂が支配している。人形は、いわば「空《くう》」なる存在である。そこに言葉が外部から降り注いで空洞が満たされた時、人形は生きて動き出す。アガウェの嘆きのシーンでは、人間の役者が自分の口で言うのよりもずっと深い感情の吐露を耳にした気がした。同時に物語そのものから離れて、死んでしまった親しい人たちのことがあれこれと浮かんできた。

　岡本章構成・演出「現代能楽集」・『バッカイ——アガウェ篇』は、「江戸糸あやつり人形座」と能・現代演劇の共同公演であった（一〇月一〇日／明治学院大学白金校舎アートホール）。これまでの岡本作品で人間と人形との共演ははじめてだ。その意図を考えるには、過去の歩みを振り返る必要がある。

　錬肉工房が「現代能楽集」の連作を開始したのは、一九八九年「AYAKO　SEKIGUCHIのための『姨捨』」からである。ただし、一九七一年の結成時から能との関わりは深く、事

撮影＝宮内勝

実わたしが見始めた『須磨の女ともだちへ』（七四）や『アメリイの雨』（七五）など初期作品でも能の言葉が取られていたし、岡本自身も「創立以来の課題でもある『現代能楽集』はそれまでの「集大成であるとともに、新たな手探り、挑戦の試みでもある」と書いている（「シアターアーツ」九五年二号）。つまり、「現代能楽集」とネーミングする以前も以後も、実質上すべての作品が「現代能」へ向けた歩みとみなされるのである。それはともかくとして、岡本によれば、「現代演劇、能、舞踏、現代美術、現代音楽」などのコラボレーションにより「能の本質的な構造を捉え返し、…現代に開いてい」くための新たな「挑戦」である「現代能楽集」（『文学』二〇〇〇年、一一・一二月号）では、能舞台の使用・能役者や囃子方の参加、および夢幻能の演技を支えている「身体技法」が問題意識になっているという。ただ、現在まで上演された九作品を概観すると、能舞台や能役者は必須条件ではないし、既存の能を踏まえる場合も物語は解体されている。むしろ、題名も内容も能とは直接関係が薄いことが目につく。最新作『バッカイ』も、エウリピデス作のギリシャ悲劇をもとに詩人の高柳誠が作成した台本に基づいている。岡本の現代能は、能の翻案ではないのだ。では、能はいかなる位置にあるのだろう。以下『バッカイ』を中心に検討しよう。

　アガウェの嘆きを見ながらわたしが連想したのは、観世元雅作の能『隅田川』である。失踪した息子を尋ねて京都から東国まで旅してきた母親が、子の死を知らされ、その墓を目前にして「この土を掘り返してわが子の姿を今一度見せてほしい」と土を手で掘ろうとして泣き崩れ、取り残された我が身と理不尽な死を嘆く。二つの作品は、子を失ったすべての母親、愛する者に先立たれたすべての人の心をゆさぶる普遍性へと開かれている。だが、類似はそれだけではない。『隅田川』の母親は泣き崩れたあと、じっと座って動かない。放心した母親の心身は「空」であり、複数の男声（地謡）が母親の感情を謡う。動かぬ空の身体と、外から発せられる内面の声という構造が共通しているのだ。『バッカイ』における手法を文楽の応用と見ることもできようが、それも含めてこのことは、岡本が把握した能・文楽・現代劇に通底する「身体と言葉のありかた」を示唆するであろう。図式的にいえば、「積極的受容体」と称しうる身体と、コロスによる多彩な言語の束のぶつかり合

撮影＝宮内勝

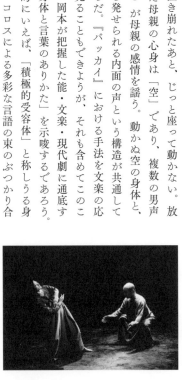

いである。「積極的受容体」と述べた理由は、単に空っぽな身体なのではなく、張り詰めた集中がもたらす「空」であってこそ外部からの言葉で満たされ、言葉の意味と感情が身体化され得るからである。

具体的ストーリーから導かれる「子を亡くした母の嘆き」という普遍的テーマを、深い真実味を伴って表現する身体技法を、能は独自の演技様式を磨き上げることによって可能にした。岡本が能の中で重視するのは第一にこの身体技法である。ただし、それはあくまで「能」を演じるための技法であって、そのまま他に横流しにはできない。その意味で、錬肉工房の歩みは、能の身体技法を現代劇として生かすための模索と深化の過程と考えられる。能舞台も同様に「どこにでもなりうる場所」という本質が重要で、実際の能舞台から離れてもかまわないし、特定の能を踏まえる場合もそのエッセンスを摑み出せばいい。

つまるところ、能の直接摂取ではなく、能を支えている基盤へのアプローチが「現代能」に至る道なのであって、個々の作品は完成品というより未来へ向かう軌跡であろう。演技者が「自己の枠組みを離れて根源に向かう」方法論は一貫しつつも、さらに新たな地平へ一歩踏み出したのが今回の『バッカイ』なのだ。アガウェのシーンは、人形と人形遣いの田中純が「積極的受容体」として言葉を担い、具体的物語の底に横たわる人間感情の本質へ観客を誘うことをあざやかに示していた。もっとも、人間と人形の共演は未知数な面がある。たとえば、人形を遣いながら台詞を言うシーンなどは成熟の余地を残した。来年に控えている本編公演を待ちたい。

（『シアターアーツ』第四十一号二〇〇九年十二月）

演劇の根源にある死と狂気をめぐって〔初演〕

藤井慎太郎

『バッカイ』（二〇一〇年二月二七日～三月四日、赤坂RED／THEATER）は、一六三五年以来の歴史を持つ結城座を離れて二〇〇五年に田中純、結城一糸らが旗揚げした江戸糸あやつり人形座が、錬肉工房を主宰する岡本章を演出に迎えて、エウリピデス作『バッコスの信女』（バッカイはギリシャ語原題）を大幅に書き改めた上で上演した作品である。結城一糸を中心に五年がかりで準備されたというだけあって、原作を大幅に凝縮して書き改めた詩人の高柳誠、音楽を担当した細川俊夫から、能シテ方金春流の櫻間金記、ク・ナウカの顔として知られてきた美加理、早稲田小劇場そしてSCOTで中心的な役割を果たした笛田宇一郎、さらに演出の岡本章という独特の身体性を備えた役者たちまで、特異な才能ばかりを豪華に揃えた力作であった。

古代ギリシャの三大悲劇詩人のひとり、エウリピデスが晩年に書き残した『バッコスの信女』は、葡萄酒の神であり、演劇の神であり、狂気の神でもあるディオニュソス（バッコスの別名を持つ）をめぐって、この神を信じることを拒み、逆に冒瀆したがゆえに、ディオニュソスを信奉し、狂気に見入られた実の母親アガウエに殺されることになるペンテウスを描いた悲劇である。この作品は、エウリピデスの死後、紀元前四〇五年の大ディオニュシア祭の際に、アテネ、ディオニュソス劇場で上演された。ディオニュソスを信じ、恍惚然となって狂気に陥る女性たちをコロスとして登場させる点で、ディオニュソス信仰とそれがもたらす狂気、忘我、死と演劇との根源的な関わりに関する特異な証言となっており、現代演劇においてもたびたび取り上げられ、リチャード・シェクナーのパフォーマンス・グループによる『ディオニュソス・イン・69』（一九六八）、鈴木忠志が演出した『バッコスの信女』（一九七八）など、その上演は重要な節目をなしてきた。

古代ギリシャ演劇と日本の古典芸能との類似は、文学性・音楽性・舞踊性が渾然一体となった点についても、仮面ないし仮面的身体、他者性・狂気との親和性についてもしばしば指摘されるし、岡本章、さらに鈴木忠志らが一貫して問い直し続けてきたことでもあるが、『バッカイ』はそうした思考や実践の正当性を改めて裏づけている。田中純、結城一糸らが操る人形は細部まで丹念に仕上げられ、確かな技術に支えられ、相変わらずの完成度を見せる。だが、それ以上に、ペンテウスが幻覚として見る二重の世界がペンテウスの人形が二体に分裂することで表される場面、信女たちが彼を八つ裂きにし、その生首を母親が高く掲げる場面におけるように、人形は生身の身体が再現しえない不可能を可能に変え、死と狂気と不可能をめぐる作品のまさに根幹をなし、そこにいわば死にながら生きている。人形振りともいえる機械

撮影＝宮内勝

的・忘我的な動きを見せる美加理も、作品の中心におかれた空虚を強く感じさせる。さらに上演を重ねていけば、人形と生身の身体との共存がもっとこなれて完成度もより高まり、歴史に刻まれる作品となることを充分に予感させてくれた。

最後にひとつつけ加えたい。仮にもはや取り返しがつかないのだとしても、結城座の分裂は何度考えても悔やまれることである。結城座がフランス人演出家フレデリック・フィスバックを再び迎えて、同じ3月にシアタートラムで上演した『宦官提督の末裔』も同じような力作であった上に、二つの作品がともに、古典的な技芸を受け継ぎながらそこに安住することなく新たな境地を目指し、徹底して現代の創造であろうとする点においては、いかなるちがいをも感じさせることがなかったからだ。

（『図書新聞』二〇一〇年六月十九日）

22. 女中たち（錬肉工房アトリエバージョン）

〔作〕ジャン・ジュネ

〔演出〕岡本章

〔初演〕2010年9月 錬肉工房アトリエ

ジュネへの、東洋からの真摯な応答

佐藤 康

日本でもこれまでさまざまなスタイルで上演されてきた二十世紀演劇の古典、ジュネ作『女中たち』にまたひとつ、瞠目すべき上演が加えられた。千葉県柏の錬肉工房アトリエで行われた岡本章演出による公演である。

岡本がこの作品をとりあげるのは今回が初めてではない。前回は今から五年前の上演で、このときは笛田宇一郎をはじめ異色の四人の男優によるものであったが、今回は趣が変わって五人の女優がこれを演じた。黒テントから参加の横田桂子を除いた四人はいずれも岡本の主宰する「身体表現

撮影＝宮内勝

ワークショップ」で日頃からトレーニングを積む、いわば岡本の手兵であるが、横田にしても近年の岡本演出ではおなじみの顔であるからけっして他流試合というわけではない。

俳優たちが独自の均質な身体性と声のメソードを体得している演劇集団は少なくなった。例外的とも言えるその特質が今回の上演の鍵であろう。全員が黒衣をまとい、薄暗い空間のなかでゆるやかに運動しながら、見事にコントロールされた芯のある声でテクストを肉声化する。一人の俳優が特定の役を固定的に演じるわけではなく、おもむろに交替をかさねながら劇は進行し、かと思えば群唱のようになる場面もある。岡本自身の言葉を借りれば「コロス劇」だ。

斬新な手法だが強引なところはない。身体所作とテクストが妙に乖離してしまったうらみの残る前回にくらべて、じつに自然である。俗に「ごっこ芝居」と呼ばれるが、姉妹の女中がひそかに演じる奥様と女中ごっこ。夜ごとにお互い「役」を交替させつつ、その女中もまた相手の姉妹になりすましているという、重層的な「演戯」の構造に、この手法は忠実な読解を与えるものにほかならない。本物の奥様が登場する場面までを、相似の儀式にふさわしく四人の俳優で演じる形にした演出は、作品に対する透徹した眼差しを感じさせる。

岡本が能を手掛かりに、言語と身体の深層を演劇表現に転化させようと試みてきたことは知られている。その深層の追究は、ことばと体が出合う地点としての、原初的な発声の瞬間へと向けられることが多かった。とりわけ重視されたのは、身体が発語へと至るプロセスであった。それは命の源である呼吸が息づかいとして意識され、それが声となり、ことばとなるそのプロセスのなかにこそ劇のエッセンスがあるという思想であった。しかし最近の岡本の作業は、そういう生成論の立場を離れ、ある種の関係論へと移行しつつあるように思われる。すなわち、身体と言語はそれぞれが固有のコードに基づく別物であり、ことばは体を通して、また逆に体はことばを通して媒介的に深層へ達するという思想へとである。だとすればその作業のために選ばれたテクストが、強度のある、渡邊守章の翻訳言語——肉声と純粋な記号のはざまに成立する——であったのは理にかなっていると言えよう。

ジュネは『女中たち』に寄せた文章のなかで東洋演劇への憧憬を語りつつ、この作品に「朗唱的

撮影＝宮内勝

な調子」を求めるとともに、西洋演劇の原理にほかならない「役」を演じるというシステムの破棄を主張している。今回の岡本演出は、そうしたジュネへの、東洋からの真摯な応答ではないだろうか。

日本がフランスに紹介すべき現代演劇として、これに勝る正当性を持つものはない。その日が来ることを心から待望する。

（『図書新聞』二〇一〇年十一月二十七日）

23. 現代能『春と修羅』

〔作〕
宮沢賢治

〔構成・演出〕
岡本章

〔初演〕
2012年3月
赤坂RED／THEATER

〔戯曲〕
『言語文化』
第30号掲載

我らはひとりひとりの修羅たちなのだ

谷川道子

二万人近くもの命を奪い、放射能という測り切れない魔物を置き去りにした東北大震災からほぼ一年。災害復興も原発対策もいまだしのなかで、個的にも類的にもいざ生きめやも、の力をどこから得てくればいいのか——おそらく観客は誰しもがそういう思いのなかで、この現代能『春と修羅』の舞台に吸い込まれていった。

真闇の廃墟か大地の底から響くような呻き声、水の音にまじって身体の深部から発せられるオノマトペ（擬音語・擬態語）のような言葉が発語され、それが次第に宮沢賢治の詩の言葉になり、数名のコロスの女たちが像のように浮かび上がってくる。

宮沢賢治は奇しくも一八九六年の三陸大地震津波の年に岩手に生まれ、一九三三年の三陸沖大地震の年に逝ったという。『心象スケッチ　春と修羅』は一九二四年に、賢治生前に唯一刊行された

撮影＝宮内勝

処女詩集で、妹トシの発病と死去が大きな契機となり、トシの魂との交流と鎮魂を詠んだ作品がよく知られる。しかも、農業指導をしながら詩作をつづけた賢治は、この詩集では春を歌う詩人、かつ自らを修羅として感じている。

「四月の気層のひかりの底を
唾《つばき》し　はぎしりゆききする
おれはひとりの修羅なのだ」

修羅とは、インドの仏教文化の中で仏教の神と戦って地下世界へ追いやられた堕天使――敗れたことに対する憤怒の化身であるが、同時に仏を守護する天使でもある、という。そういった大地との格闘に深く根ざした賢治の存在や詩作が、今回の東北大震災に際しても、しばしば多様に取り上げられるのは、けだし当然かもしれない。

この錬肉工房の創立四〇周年記念公演にあたる『春と修羅』は、何よりそのことを納得させてくれるものであった。その理由は、しかしこの舞台が、錬肉工房が一九八九年から続けてきた連作「現代能楽集」の11番目にあたったことにもあっただろう。

主宰者の岡本章は、観世寿夫の衣鉢を継ぎ、能を現代に拓く作業を果敢・多様に重ねてきた。テクスト・レヴェルでも、ギリシア悲劇の『バッカイ』やドイツのハイナー・ミュラーの『ハムレットマシーン』にまで至るが（作業過程が一冊の大部な本にもなっている）、のみならずテクストを、岡本の自在な構成・演出によって、生理的・身体的・感情的に、あるいは歴史的・共同体的に言葉が生まれてくる根源にまで遡りつつ、夢幻能がもつ、演じることの意味の本質的な関係性に迫ろうとするのだ。

ゆえに公演ごとに新たな地平が拓かれるのだが、今回とくに印象的だったのは、演者が、観世流シテ方女性能楽師の鵜沢久を中心に、現代演劇の古屋和子や黒テントの横田桂子など、それぞれに強烈な存在感をもった七名の女優たちからなっていて、そのあり方が、ギリシア悲劇におけるコロスのような存在に見え、かつ聞こえたことだろうか。ギリシア悲劇におけるコロス（合唱団）は、多くは都市国家共同体の長老たちか、あるいは信女たちが、「我々」という集団性を持って登場し、出来事に対する仲介者か解釈者のような役割を演じているのだが、近代演劇は、ギリシア悲劇からそ

撮影＝高島史於

のコロスが消滅することによって、個人同士の対立の演劇となって成立した。これに対して、現代演劇の課題は、このコロスの復活にこそある、とも言われている。我から我々へ——。この現代能『春と修羅』は、『バッカイ』やハイナー・ミュラー作のポリローグである『ハムレットマシーン』をも舞台化した彼らだからこそできた、しかし大いなる新地平だ。

しかも加えて彼女たちは、相互に掛け合いつつ、ゲーテの『ファウスト』にでてくる生命の母たちのごとく、だが「我らはひとりひとりの修羅たちなのだ」とでもいうような、個でかつ集合体、生命複合体（「あらゆる透明な幽霊の複合体」）、あの世とこの世、内語と外語、内界と外界を自由自在にスルーする、ひとりひとりの心象スケッチでありつつ、賢治の癒しと救いの融通無碍で仏教的な世界観・哲学の地平にも拓かれていく。さらには、この世で生きるわが身の在り方に向かっても、「おれはひとりの修羅なのだ」という、憤怒と反省の思いが働いていく。

いざ生きめやも、に向けての、生命の母たちの、ひとりひとりの修羅たちの、生命複合体のコロスが、そこには生起するのだ。

舞台全体が、劇場全体が、そういう鎮魂と再生の祈りと勤行の場となった。思わず手を合わせつつ、これが被災地で、東北で公演されるのを見たい、痛切にそう思ったのだった。

（『図書新聞』二〇一二年四月二十八日）

新しき創造と良き舞台と

八嶌正治

もう一つ、新しい方法論を確立している演劇として岡本章さんの錬肉工房の現代能の世界がある。今回は四十周年記念という事で現代能楽集の連作の第十一回目の公演で賢治の『春と修羅』が上演された。構成・演出の上ではまさに夢幻能そのもので、その形式を現代に移し変えている。舞台美術は、前述の島次郎が担当しているが劇形式は全く異なる。近代的自我意識は容易に越えられるし、論理的世界からの飛躍も可能で、この世界にとっぷりと入る事が出来る。そこでは生と死、過去と現代、虚構と現実、人間と動物・木・石・虹・月明等が直接交わる。「無の場所」に霊魂がいつし

撮影＝宮内勝

か形を持ち語り出す全く夢幻能の世界である。言葉↓オノマトペ〈擬音語・擬態語〉↓肉体へと移行する。しかし、過去との接続が飛躍的に行われているので、観客に、無限に深い溝を越える冒険を要求する。方法としては女性の自在で生命感溢れる〈声〉〈オノマトペ〉〈身体性〉を手掛りに死と再生の具象化を狙い、最後は鵜澤久を中心に肉体性に収斂する。私には魅惑的な賢治宇宙をくっきりと浮き彫りにするという所迄はどうも未だに行きついて居ないような気がしたが、それは、方法があまりに新しい為に、私の感覚がついて行けない為だったかもしれない。岡本章さんの仕事を今迄数多く見て来たが、この方法が最も永続性があり、確かな形である事は納得出来る。一つの新しいジャンルの出現といってよいであろう。

（『能楽タイムズ』二〇一二年六月一日）

24. 女中たち（海外公演バージョン）

〔初演〕
2012年5月
ルーマニア
シビウ国際演劇祭
シビウ・ゴング劇場
2012年6月
モルドバ
BITEI国際演劇祭
キシナウ・国立ミハイ・エミネスク劇場

岡本章の鋭い目で見た『女中たち』

クリスティアン・サボウ

ジュネの『女中たち』を舞台化するのは容易なことではない。それには、演出家の深い眼識と俳優の多様な能力が求められるが、特に観客として、距離を持って愉快そうに観る立場から、二人の姉妹が〈奥様と女中ごっこ〉をする狂気に対して集中して参加することが必要だ。

「つまり、召使いの運命についての弁護が問題なのではないということ。家事使用人の組合があると思うし、――それはわたしたちには関係ない。」とジュネは書いていた。

私は昨年の夏にモルドバのキシナウで開催され

たBITEI国際演劇祭（ウジェーヌ・イヨネスコ劇団のビエンナーレ演劇祭）に参加し、いくつかのオペラの舞台で上演された豪華な公演以外、スペクタクルな舞台展開を必要としない、宝石のような作品を見ることができた。その中の一つは、演出家岡本章が主宰する日本の錬肉工房による ジュネの『女中たち』だった。錬肉工房は四十一年にわたって活動してきた劇団で、能を現代演劇に活かす活動を中心的に行っている。劇団の主宰者によると、現代演劇の俳優は、能の技芸を身につけていないそうだ。実はその断絶は昨今のことではなく、一世紀くらい前からのことである。しかし、岡本章が開催する共同企画公演によって、能楽師といわゆるヨーロッパ風の演劇を学んだ現代演劇の俳優が、一緒の舞台に立ち、作業をすることで、互いを捉え直し、発見が行われているようだ。ジュネ自身も能に関心があり、ヨーロッパの演劇とは全く異なるその演劇のあり方を探求した。今回、錬肉工房がジュネ劇の上演で、世界の演劇史に残るような成功を収めたのは、もしかしたら偶然ではない。ジュネは俳優三人で上演するように指示を残したが、二〇〇五年に錬肉工房は四人の男優で『女中たち』を上演し、高い評価を獲得している。

「美しいあなたが、ひどく醜い！」のような矛盾語法は観客にどのように理解すべきだろうか？そして、こういう台詞をどれほどの説得力を持って舞台上で発語できるのだろうか？『女中たち』をいかに上演するのか？「盗むように密かな！」と、ジュネがどこかで言う。それは明らかにたくらみであり、愛によってのはかりごとであるからこそ、女中達が時折忍び足で動いた方がいい。音を立たないように足元に気をつけた方がいい。この陰謀に参加する二人は何も知らない少女ではなく、人生や奥様に奉公する長年の経験を積んだ成人の女性である。もちろん、観客に観ることができることの大部分は、奥様に見えないようにしなければならないので、この陰謀理論の法則を守るのであれば、女中達は忍び足で歩き、動きを抑制しなければならない。こうして台詞だけが観客に確かに届くのだ。アルトーは動きの音楽性を語っていたが、ジュネが求めたのは、一時的に差し控えた、中断された所作である。そこにおいてジュネと演出家岡本章と、登場人物の役を演じ分ける五人の女優たちとの喜ばしい出会いが起こる。三つの役を演じる五人の女優達（横田桂子、北畑麻実、牧三千子、村本浩子、吉村ちひろ）が、この大袈裟に演劇的に演じられるように創られている作品を――実際はそうではないのだが――過度に演劇的にしてしまう傾向を抑え込むことに成功しているのである。死と狂気の勝利を貧しい生活の最高の名誉として選ぶ行為、そのことを表現するにあたり、演出家と五人の女優はそこに適切な方法を見いだしているのである。二人の姉妹が選ぶのは、人生上で一番充実したクライマックスの瞬間が人生の終焉になるということであり、またそこで自分たちの社会における抑圧された、卑しい身分、存在が克服される設定を詳細に思い描く。女優たちの名前である桂子、麻実、三千子、浩子、ちひろという名前は、詩を構成しているように私には思えた。そしてこの五人の女優の演技は、エレクトラやアンティゴネ、クリュタイメストラ、アンドロマケ、そしてメディアなどの古代のヒロインたちのように戦慄を覚えさせる魅力を持っていた。

日本の女優の演技、凝縮した静止の姿勢や役を固定せず、一人の登場人物を複数で順番に演じるといった挑戦的な手法は、観客側に舞台に集中し、適応する努力を要求し、引き込む。それはジュネの物語の台詞に対してでなく、俳優がこの台詞の中に入り込み、そこに潜んでいるものを引き出す演技の方法論に対してである。この方法によってジュネの作品に新しい可能性を見つけるのが岡本章による演出の特徴である。それはまことに偉業であった。そこでは、舞台から遠くにいる観客は分からなかったかもしれないが、それぞれの役者が個人として舞台上で演じつつも、コロスとして自在に集合、分散し、まさに乱舞のように見事に役柄、人物の転換が行われていたのである。

（ルーマニア『アルジェシュ新聞』
二〇一三年四月五日～十一日、文化欄
翻訳：志賀重仁、ツァラヌ・ラモーナ）

25.

オイディプス

〔作〕
ソポクレス／
高柳誠

〔構成・演出〕
岡本章

〔初演〕
2013年3月
上野ストアハウス

東西の演劇知の結晶

立木燁子

同時代と響きあう現代能の創造を目指す岡本章は、主宰する錬肉工房を率い、地道に、しかし常に革新性に溢れた活動を展開してきた。その岡本が、ここ数年、意欲的に取り組んでいるのが、夢幻能の構造を織り込んでギリシャ悲劇を独自の演劇表現として仕立て直す試みである。今回の新作『オイディプス』は、新境地を拓いた『バッカイ』（二〇一〇）に続くギリシャ悲劇シリーズの第二弾で、満を持してソポクレスの名作に挑んでいる（上野ストアハウス、三月八日一三時半公演所見）。

詩人高柳誠がソポクレスの原作を基に書き下ろした詩的テキスト『星辰の歌、血の闇』を台本とし、ギリシャ悲劇と夢幻能の形式を構造的に融合させた重層的な枠組みを持つ画期的な舞台だ。

奥に岩山を模した装置があるだけのシンプルな舞台。冒頭、コロスが死者たち（オイディプス、イオカステ、ライオス）の声を響かせ、次第に具体的な物語が立ち上がってくる。薄闇の中に横たわる3体の人形に命が吹き込まれ、ドラマが動き出す。ソポクレスの原作の後半部分に光をあて、過去と現在、生と死を交錯させて、父を殺害し、母と交わるというオイディプスの悲劇が明らかにされていく。

貫頭衣風の衣装をまとった俳優たちの身体は性別、役柄を超えて均一化され、抽象的でありながら舞台上に存在の総体としての身体性を浮上させる。役者と人形が共演するこの舞台で、静の演技を通して生身の肉体が消え、思考し懊悩する存在

撮影＝宮内勝

に光があてられる。現実を再現するリアリズムの演技とは異なり、存在の総体としての〝語る身体〟の現出を目指しているからだろう。さらに、憑代《よりしろ》として人形の身体が悲劇を浄化する役割を果たす点も、注目される。真紅の血の涙を流す人形の小さな身体が壮絶な受苦の運命を引き受け、ドラマの生々しさを浄化していく。詠嘆調に悲劇性を強調して安易なカタルシスを生み出すことを避け、悲哀は詩的に浄化され、毅然として運命と向き合い、自らにも正義を貫くオイディプスの姿を崇高に描きだした。

台詞との関係でいえば、主人公・脇役という役柄を一人の俳優に特定せず、たとえばオイディプスの役と台詞は現代演劇の笛田宇一郎、能楽の櫻間金記、江戸糸あやつりの田中純が、随時入れ替わって担当する。そこでは、物語は普遍化され、誰しもが担う運命、生の姿として浮上してくる。

言葉がよく伝わる舞台である。朗々と響き渡る声に躍動感があり、強度のある声の身体性が劇的に空間を満たす。言語と身体表現の関係に関心を寄せる岡本章の演出では、発せられた言葉が持つ身体性を測る実験として発語の反復がしばしば試されるが、今回の演出では、反復の演出手法はあまり用いられていない。

多領域で活躍する表現者を力量のままに出会わせた異種混交の舞台で、演出はあくまで禁欲的だ。言葉の躍動感と共振性を重視した抑制的な演出には周到な計算が光り、役柄を超えた台詞、コロスの豊かな響きによって、「不動の動」と呼べる演出の効果が発揮されている。

ギリシャ悲劇の特質を生かしつつ夢幻能の形式を採り入れて重層的に織り上げる演出は、彼岸からのまなざしを招じ入れ、無限の時間と距離感を持つ壮大なパースペクティブのなかで物語をとらえることを可能にした。

終盤、宇宙的な俯瞰のまなざしで死者たちを見つめる場は、小さな空間に久遠へとつながる静謐で遥かな距離感を生み出した。死者たちに向けられた慈愛に満ちたまなざしに深い鎮魂の想いが込められている。抗いがたい大きな力に巻き込まれてカタストロフを生きざるを得ない人間という存在。オイディプスの受苦の姿は、日常の底に漠とした終焉への不安を抱えて生きる今日の観客の心に深い共感を生みだした。最善を尽くしながら運命に絡めとられる古典の悲劇性が、同時代的な主題を鮮やかに射抜く。

撮影＝宮内勝

ただ、オイディプスに焦点が絞られたこともあり、イオカステの存在感が薄い。女性の側からの悲劇性がもっと鮮烈に描かれるとドラマに豊かなふくらみが生まれるのではないか。台詞にやわらかな艶がほしい。

簡潔さのなかに抽象的な奥行きを見せる島次郎の舞台美術、繊細で多彩に変化する細川俊夫の音楽も、哲学的に、詩的に主題に迫る岡本演出を脇から支えて効果的だ。

正統でありながら、思い切った前衛性を発揮する岡本章の演出が冴えた小気味よい舞台成果である。確かな手応えを糧にさらなる挑戦を続けてもらいたい。

(『図書新聞』二〇一三年五月十八日)

夢幻能の視点による ギリシャ悲劇の可能性

高橋 豊

錬肉工房の『オイディプス』は上野ストアハウスで上演された。ソポクレス作のギリシャ悲劇「オイディプス王」を踏まえた詩人・高柳誠によるテクストを枠組みとして、岡本章が構成、演出した。

出演は、櫻間金記、鵜澤久の能楽、田中純らの糸あやつり人形、笛田宇一郎、岡本の現代演劇、と多彩に富む表現者だ。前作『バッカイ』に続いて、ギリシャ悲劇での「現代能楽集」シリーズを試みている。

冒頭から死者の眼差しによる述懐から始まり、夢幻能の視点でギリシャ悲劇を捉えようとしている。ソポクレスの原作の後半部分に焦点をあてたことで、根源的なテーマがより明解になり、オイディプスがなぜ自らの意志で目を潰し責任を取ろうとしたのか、運命との対峙、人間存在の自由と悲劇性が炙り出されてくる。

コロスの扱い方も、岡本らしい解釈を感じる。単なる合唱隊、群集ではなく、それぞれが多層的に変換し、存在している。東西の文化交流の可能性の面でも考えさせられた。

(『テアトロ』二〇一三年五月号)

今月選んだ ベストスリー

渡辺 保

以上二月の三本。ここまでかなり駆け足できたのは実は二月も終わって三月に入ったところでどうしてもふれたいという舞台を二本見たからである。「番外」として越境を許して頂こう。

一つは、高柳誠が原作を書き直し、岡本章が構成した錬肉工房『オイディプス』である。能の櫻間金記、糸あやつりの田中純、それに現代演劇の笛田宇一郎、岡本章たちの舞台であるが、私が面白かったのは次の四点。

まず第一に、ライオス王殺しの情景が原作よりも具体的かつ鮮明であること。なかでもライオス王が自分に襲いかかってくる金髪の青年が自分の若き日の姿にそっくりだと思うところが、神託との暗合を思わせて慄然とさせる。

第二に、ライオス王殺しの真犯人が自分だと分かった時のオイディプスの反応が、神託の運命を受け入れるというよりも、きわめて現代的な不条理に襲われたように見えること。この舞台が単に古典劇ではなく現代劇としてすぐれている証拠である。

第三に、イオカステが、オイディプスの母であり、妻であるのが不幸というよりも、女性としての二重の幸福であったように見えること。こういう印象は私にはまったくはじめてであったが、そう見えるのは近親相姦という罪の意識よりも、いま、ここで女として生きている現代性が強く出ているからだろうと思った。第二点同様、ここでも現代に生きる古典の普遍性が浮かび上がっている。

第四に、自ら目をえぐって盲目になったオイディプスに対して目を突いても仕方がない、いっそ死ねばよかったという意見が出ること。その通りだと私は思ったが、同時にこの指摘はギリシャ悲劇批判だと思った。第一から第三点までの視点も、この批判的視点から生まれたものであって、これなくしては古典劇は現代によみがえらないだろう。ただ惜しいことにプロローグとエピローグが冗長。意図はわかるが長すぎる。

（『テアトロ』二〇一三年五月号）

人形になった男

藤原央登

強迫観念にとりつかれて答えの出ない迷宮に閉

じこもるのではなく、人間を巨視的に捉え、小空間に大きな劇世界を湧出させたのが錬肉工房『オイディプス』だ。それを決定付けるのは、やはり江戸糸あやつり人形・田中純、塩田雪の操る人形の存在であろう。オイディプス王と、その妻であると同時に母でもあるイオカステの動きは、人形によってなされる。黒砂が敷き詰められた床を歩み、小高くなった山に登る人形のオイディプス。物語のラスト、自らの出自と所業の全てを知ったオイディプスは、自死した妻の黄金の留針で両目を突く。その際に流れる真っ赤な血も、人形に仕込まれている。血の涙を流す人形は、大地に佇む悲劇の王を凝縮して表現する。人形が王を任じることにより、小さな劇場空間が逆手に取られ、まるで特撮作品のようなスケールの錯覚をもたらすからだ。そのことで、観る者の心裡に巨大な王が投影される。ギリシャ悲劇の演劇的、人間的な大きな世界観を、虚飾を剥ぎ取って人形に集約させ、体現させた。田中、塩田以外の俳優たちの演技に注目してみてもそれは同様だ。演出の岡本が、パンフレットに「ギリシャ悲劇においてコロスからヒーローが生み出された」と記していることは改めて確認しておいて良い。作中にはオイディプスとイオカステがいまだ冥府の世界で悔恨していることを表すモノローグが差し挟まれている。それを受けて、いま一度全てを検証するかのように、オイディプスの真実が明らかになる物語のクライマックス──コリントスからの使者の伝令以降──に焦点を当て生きなおされる。夢幻能の形式を取った本作では、俳優たちはコロス、コリントスの使者、ライオス家の羊飼い、そしてオイディプス、イオカステの台詞を割り振って担当する。これらの声が、人形であるオイディプスとイオカステに息吹を与え、かつ収斂するように仕組まれている。ヒーローとコロスの関係性が、人形を介在することで強調されているのだ。ここにおいて、能が持つ表現形式としての夢幻能＋元テクストであるギリシャ悲劇が合流する。厚い歴史を背負った東西の演劇の交叉点が、人形と生身の人間との関係に体現されているのだ。

さらに、高柳はテクストに「星辰の歌、血の闇」を付け加えた。能、ギリシャ悲劇をも包み込む、宇宙から見返す高次の視線である。これにより、劇世界に巨視的な位置がもたらされた。泰然自若な宇宙が介在することで、演劇の始原としての『オイディプス王』の世界とて相対化される。

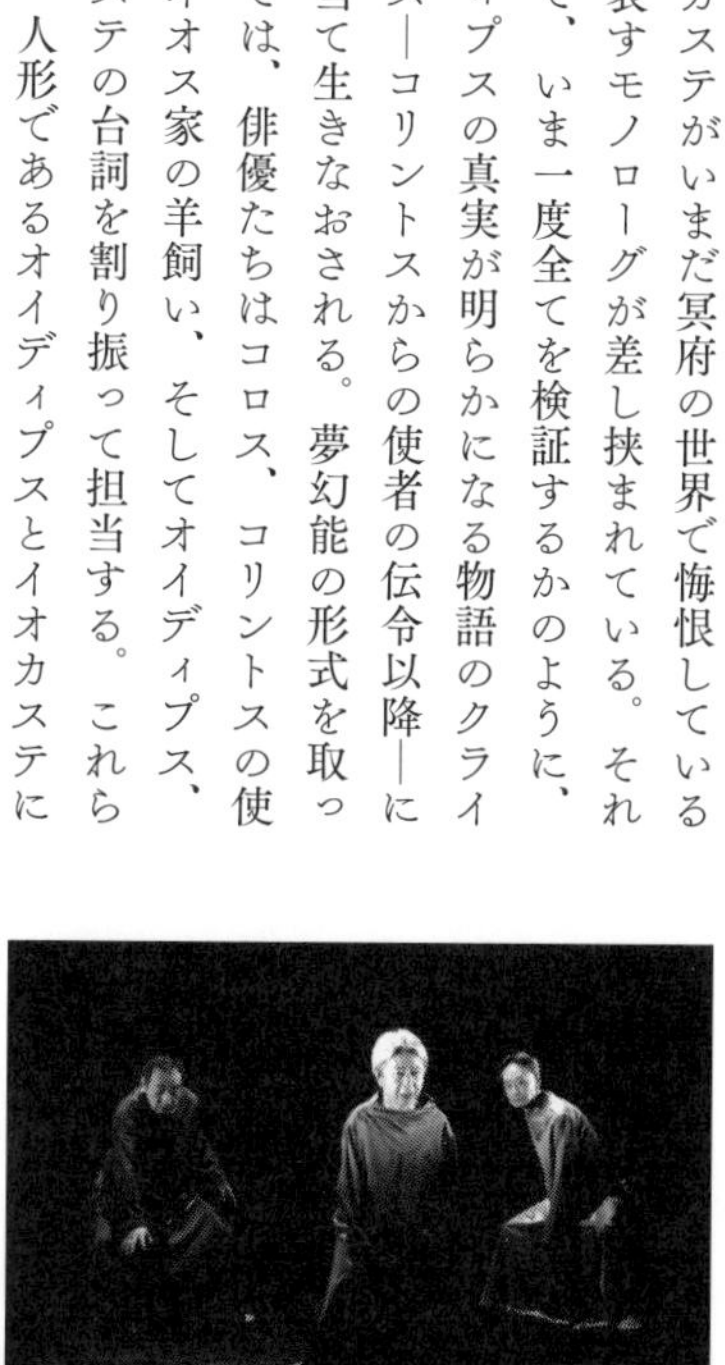
撮影＝宮内勝

そのような巨大な世界が、小空間に立ち上げられたことこそが肝心なのだ。

そのような世界観を通せば、各ジャンルの技芸達者な俳優陣の存在や語り口の技術すら霧消し、ある種の無名性へと立ち返る。これこそ、「コロス」の理念に通じるものであろう。宇宙から見下ろせば、人間は皆卑小であり、個性などないはずだからだ。そこへ降り立つことによって、名のあるオイディプス、イオカステという個人を語るとはどういうことかを、各俳優は問い返される。ひるがえっていえば、それは演技者としての自身を探る行為に極めて近似的となる。この無名性と有名性の絶えざる往還の中で、かろうじて存在感を得ようとすること。それが表現者というものである。生命のないはずの人形が生きているように見える瞬間と、それを実現させているのが紛れもなく人間であるという奇蹟。巨視的な視線を獲得することにより、人間にでき得る小さくない所業とそれを目撃することの喜びを空間全体で感得することができる。錬肉工房の四〇年の実験が本作には流れていた。

（『シアターアーツ』第五十五号二〇一三年七月）

26.

現代能『始皇帝』

〔作〕那珂太郎
〔演出〕岡本章
〔初演〕2014年3月 国立能楽堂

「無」のコロスから立ち上がる夢幻能

新野守広

印象的な始まりだった。暗闇の中、静かに橋掛かりを渡ってきた男たちが、舞台一杯に縦三列に立ち並び、「西安の東郊約三十五里　黄沙のなかよりむくむくと身をもたげ　奇怪なる軍團現れたり」と語り出す。一九七四年に中国で発掘された兵馬俑のイメージが直ちに喚起される。能役者である男たちは、シテ方もワキ方も狂言方も区別なく、ある箇所はソロで、別の箇所はコーラスになりながら、謡特有の節回しで台詞を朗誦していく。やがてこのコロスから、始皇帝や徐福といった登場人物たちを演じる能役者がそれぞれ歩み出て、物語が始まるのである。

「無」としてのコロスから様々な登場人物がいわば抽出され、複式夢幻能が立ち上がる。生成の時間を観客と共有する貴重な瞬間である。岡本氏はコロスの技法を、七〇年代から近作『オイディプス』に至るまで、様々なジャンルの演者との粘り強い共同作業を通して、一貫して突き詰めてきた。演者はそれまで積み重ねてきた経験をいったんリセットし、新たなる感覚で舞台に立つ。その核心には、硬直化した制度への異議申し立てがある。ルーティン化した演技をバラバラにし、再び立ち上げる「無」としてのコロスは、私たちが普段当然とみなしている演劇の感覚を揺るがすのだ。

このきわめてユートピア性の高い演劇観をつねに実践してきた岡本氏が、観世銕之丞氏、山本東次郎氏、宝生欣哉氏をはじめ、能界の実力者とともに作り上げたのが『始皇帝』である。シテ方もワキ方も狂言方も区別のない冒頭のコロスの場面は、分節化以前の状態を探求する岡本氏の演劇観が能役者と共有された成果であり、視覚的にも優れていて興味深かった。

ただ、これまで岡本氏が挑戦してきた現代能は、たとえ潤色されていても、皆、能の伝統とは別個に成立したテキストに基づいていた。上演にあたっては、新劇、小劇場、能、ダンスなど多彩なジャンルで活躍する表現者が男女問わず一堂に会し、それぞれの経験を文字通り「無」にして表現の根底を探り、新しい創造に取り組んだ。一方、今回の『始皇帝』の台本は、作者である詩人那珂太郎氏自ら複式夢幻能であると述べているように、能の形式に適うテキストである。これを能界の実力者が演ずるのであるから、従来の錬肉工房の現代能とはやや趣が異なり、見事な新作能の公演という印象が強かった。

舞台には二人の徐福が登場する。一人は往時の徐福で、不老不死の仙薬を求めるために始皇帝より蓬萊の島へ遣わされた男である。もう一人は現代の徐福で、東海の島から始皇帝陵を訪れた旅の者である。現代の徐福は往時の徐福の第七十代あ

撮影＝吉越研

まり後の後裔であるという。このような設定は、徐福が向かった蓬莱の島を日本とみなす言い伝えに基づいているようだ。当日配布資料に掲載されていた小田幸子氏の解説によれば、日本各地には徐福ゆかりの地が散在しているという。

始皇帝陵を訪れた現代の徐福が、白日夢に往時の始皇帝と徐福の姿を見るという設定である。現代の徐福（宝生欣哉）が脇座に控えると、コロスの一団から始皇帝（前シテ、観世銕之丞）と臣下たち、そして往時の徐福（山本東次郎）が歩み出る。虹の棧の彼方の緑の神山にあるという不老不死の仙薬を求めることに執着する始皇帝に向かって、徐福は童子童女や食料を皇帝に請い、仙薬を求める旅に出る。始皇帝は退場し、徐福は舞台に留まっているコロスの一団に戻る。この後、中入りになり、那珂太郎氏の詩『鎮魂歌』が冒頭部同様コロスの朗誦で謡われた。

中入り後、脇座に控える現代の徐福が皇帝への思いを語り出すと、始皇帝の霊（後シテ、観世銕之丞）が面をつけて橋掛かりから入ってくる。皇帝の霊は徐福の裏切りを嘆くが、その場を幻視していた現代の徐福が霊に語りかけ、仙薬を求めることの空しさを話すと、霊も自身の権力の空しさを悟る。地謡座に座ったコロスの一団の力強い朗誦に押されるように、始皇帝の霊は笛と鼓の音に合わせて舞い始める。虹棧虚空の舞と名付けられたこの舞が終わり、皇帝の霊が橋掛かりを去る時、コロスは「宇宙の塵とぞなりにける」と謡う。この言葉の余韻に包まれて、終演となる。

大柄な体軀の銕之丞が力強く舞う姿に権力者の妄執の空しさがにじみ出る。そこへ「宇宙の塵とぞなりにける」という詞がかぶさる構成の巧みさに驚き、演じたシテ方、ワキ方、狂言方の演技と笛、太鼓、小鼓方の演奏を記憶に刻んで、心のなかで見事と唱えるばかりだった。兵馬俑を訪れた詩人の心には、古代以来多大の影響を受けた恩を中国に返したいという思いがあったのではないか。それが現代の日本に生きる徐福の末裔との対話を通して始皇帝の妄執が取り除かれるという『始皇帝』の構成に反映していたのかもしれない。

緊迫の度を増す現在の日中関係を背景に、この舞台が二〇一四年に実現したことの意義を思った。

（『図書新聞』二〇一四年六月二十一日）

撮影＝吉越研

様式性のありがたさとそれへの「楔」と

みなもとごろう

三月二十日、国立能楽堂で上演された錬肉工房の現代能『始皇帝』（作・那珂太郎、演出・岡本章）は、さまざまな意味で刺激的・喚起的な企画だった。

作品のあらすじは、栄華の極みにある始皇帝が、不老不死の仙薬を求めに蓬莱の島に徐福を遣わす。だが、彼の消息を得ぬままに死ぬ。現代の徐福の子孫が兵馬俑のありさまを見て、在りし日の始皇帝の栄華を偲ぶところに、その始皇帝の霊が現れ、永遠の生命や栄華に執着していたことの虚しさを語り宇宙の塵となって消える、というもの。

はじめに、そして敢えて言えば、「能」に拘ることによって、むしろ「能」に限らない、現代劇そのものの可能性を示唆したものと私には感じられた。

第一は、何よりも現代における言わば見果てぬ夢だった「詩劇」の可能性を拓いたこと。明治維新以来の西洋コンプレックスから、日本に「朗唱術・デクラメイション」が存在しないことが永く嘆かれてきたが、現代における思惟が、必ずしもいわゆる現代口語に限らず可能であることをまず示した。この『始皇帝』の詞章は基本的に漢文訓読調の文語体を主に、例えば「奥の細道」などからの引用もある、言わば錦の綴れ織である。これが紛れることなく、言わば歴史的現在の表出として機能している。能の「語り」も「謡い」も含めた朗唱術は、見事にその効果を発揮した。シテ方の観世銕之丞（始皇帝）、ワキ方の宝生欣哉（現在の徐福）、狂言方の山本東次郎（過去の徐福）との間にスタイルの違いが全くなく自然であった点を見ても、「能」に出でて「能」を超えていた証拠になるだろう。

第二は、アイとしてか、アイの代わりにか、コロスとして登場する地謡によって語られる作者那珂太郎の「鎮魂歌」の「語り」の面白さである。エロスとタナトスの交差する人間の五体・五感をトポスとして、形而上的な問いの充溢する詩である。詩形の上でも頭韻や脚韻を大胆に試みた現代口語による一つの達成である。この硬質な抒情詩が、二〇〇〇年に亘る壮大な物語の骨格を内側から支えている。骨粗鬆の誇大とは一線を画してい

撮影＝吉越研

る。ここでも「能」の総体的な様式と「現代口語」との間に、齟齬はない。例えば、このアイの最後は、

　しづまれたましひ　うつろひやまぬうつつのなか（くり返し）
　樹樹のきらめき
　日日のひかり
　死の滴り…

というものだ。この間を大鼓と小鼓が交互に緩やかなリズムを奏でるのだが、それは恰も目に見えぬ「時」というものがまさに滴り落ちて来るかのように感じられる。西洋の抒情詩がリラと呼ばれる弦楽器によって歌われるのと比べて、日本語の謡われ方の極北とも言えよう。

　第三は、能舞台の可能性である。ソリストを含めて十二人のコロスが暗闇の中を一団となって登場する。やがて、灯りが入り彼らは姿を現すが、それは彼らがまさに語ろうとしている例の兵馬俑そのものが姿を現すかのようで、臨場感たっぷりであった。私は、この始まりに、野外で上演されるギリシャ悲劇の幕開き、つまりパロドスと呼ばれる入場行進の広がりを感じた。それだけに、終局が常に「能」の形式であったのが残念だ。パロドスに対してエクソダスが対応していたら、まさに「夢」を語る演劇の「夢」としてのありようが、より大きな世界に解放されたのではないかと思われる。

　古典的様式と現代の哲学的思惟とを様式として統一しようという試みを楽しんだが、以下のような方法もあるのではないかという思いも湧かないではなかった。アイは内容的にも表現としても見事なものだが、あまりにも見事すぎて、全体としては二つの舞台をみるような重さがいささか辛い。ここは、例の「マクベス」の飲んだくれ門番のような権力や不老不死など糞喰えという能天気なコミック・リリーフの逆光の手があるのではないか？　また、現在の徐福はシャレではないが、現代服がふさわしくはないか？

「能」に対するそんな「楔」もあってもいいのではないかと。

（『能楽タイムズ』二〇一四年六月一日）

現代能『始皇帝』の上演について

小田幸子

撮影＝吉越研

去る三月二十日、那珂太郎作・岡本章演出の現代能『始皇帝』が、錬肉工房主催のもと国立能楽堂で上演された。二〇〇三年のテキストリーディング（能楽座主催）を経た今回の公演は、面・装束を付けた本格的な演奏である

内容は、紀元前二二一年に中国を統一して最初の皇帝となった秦の始皇帝（紀元前二五九～二一〇）の生涯のうち「徐福伝説」を主要モチーフとした夢幻能で、始皇帝をシテに、不老不死の仙薬を蓬萊山に求めて海上に赴いた徐福をワキとする。ただし、古典の夢幻能と異なる箇所も少なくない。なかでも、立ち役と地謡役を「兵馬俑軍団」として「コロス」に設定した点は特筆に値しよう。紋服姿のコロスが幕から静かに登場して語り出すところから舞台は開始し、やがて、コロスの一人が、現代に生きる徐福の後裔（宝生欣哉）となって、いにしえの咸陽宮訪問を志す。そして、彼の白日夢にあらわれる始皇帝（観世銕之丞）も徐福（山本東次郎）も臣下らも、コロスの一員なのだ。古典的夢幻能の枠組みに、もうひとつ「現代」の時間の枠組みを重ねた二重構造になっている。始皇帝が現代人に身近になったきっかけは、一九七四年の大規模な兵馬俑坑発見にあった。那珂は、その時の感動から出発して長編詩「皇帝」を執筆し（一九九〇年刊『幽明過客抄』所収）、これを読んだ岡本の勧めで本作を作成したという。現実社会において始皇帝の世と現代との橋渡し役となった兵馬俑は、能のなかでも昔と今の橋渡し役をする。

また、コロスのあり方は、宇宙的時間の流れのなかで生起する生命の営みとして人間の一生をとらえる作者と演出家との共鳴の反映であり、「万物は無から生じて無に帰す」との本作の理念と直結する。後場では、徐福自身となった後裔と始皇帝の霊魂が、強大な権力と永遠の生命のむなしさを語り合い、始皇帝は舞を舞った後、「宇宙の塵」となって消えるのだが、スケールの大きなこの物語を前にして観客は、始皇帝も徐福もわれわれも、同じ生命体のひとつなのだという思いを抱かせられる。人間の欲望追求に邁進する現代社会に鋭く切り込んだ本作は、内容においても演出においても、「現代能」の名にふさわしい。

欲をいえば、〈楽〉の変奏として舞われた「虹桟《こうさん》虚空の舞」は、新しく作曲・作舞されるのが望ましいし、中入後に那珂の詩「鎮魂歌」を語るコロスにもう少し動きが欲しい気がした。また、

形而上学的で漢語の多い文体を謡にする難しさを感じる。古典と現代との双方向に開かれた意欲作を一回限りの上演で消費してはなるまい。さらに練り上げて能の財産になることを期待している。

(『観世』二〇一四年六月号)

現代能の稀有な実験

鉄二

先日、恐ろしい舞台を観た。岡本章が演出し、観世銕之丞がシテを演じる現代能『始皇帝』である。原作は那珂太郎の詩「皇帝」である。

秦の始皇帝が不老長生の妙薬を求め、徐福を日本へ派遣する。だが徐福は帰らず、皇帝は部下の裏切りに悶死する。歳月が流れ、徐福の裔《すえ》が帝陵を訪れると、始皇帝の亡霊が出現、権力者の孤独と絶望を告白して激しい舞を見せる。伝統的能では鶴亀の舞う不老長寿とは言祝《ことほ》ぐべきものだった。だが現代の新作では、それは願望の虚妄と傲慢と見なされる。帝陵を守護する兵士たちの人形が、地謡、つまりコロスとして有と無の形而上学を物語る。これは高齢化社会にふさわしい、斬新な主題である。

岡本は「現代能楽集」と称して、これまで十三本の新作能を披露してきた。伝統的な発声と身ぶりに長けた地謡に、現代文を朗誦させるだけでも一苦労であったはずだ。だが、古典と前衛的実験が両立しうることを見事に証明してみせた。

読み合わせが行われたのが十一年前、時充ちてようやく舞台に上げられた。国立能楽堂での、ただ一度だけの公演である。なんという長い時間をかけた、瞬間の蕩尽であろう。この贅沢さは近年の演劇でも稀有なことだ。

(『東京新聞』「大波小波」二〇一四年三月三十一日)

オイディプス（決定版再演）

27.

〔作〕ソポクレス／高柳誠
〔構成・演出〕岡本章
〔再演〕2015年3月 座・高円寺2

錬肉工房の『オイディプス』を見て

羽田昶

いささか旧聞に属するが、三月二十七日、座・高円寺で、錬肉工房公演『オイディプス』を見た。初めに全体的な感想を言うと、テキストがきわめて重厚かつ緻密に作られていたことと、その文体にふさわしい見事な朗誦術が繰りひろげられたことに、圧倒された。

おなじみのギリシア悲劇、ソポクレスの代表作だが、「作ソポクレス／高柳誠、構成・演出・岡本章」と謳っているので、この劇団が過去に上演し成果を上げてきた『月光の遠近法』、『風の対位法』、『バッカイ』と同じく、高柳誠作、岡本章構成に拠るテキストと見てよいだろう。まず、このテキストの構想が独自である。

中心部分はソポクレスの原作を忠実にたどった対話劇で、それをはさんでコロスによる長いプロローグとエピローグ——ここが高柳誠が書き下ろした詞章だろう——が附加される。プロローグとエピローグは、一部に劇的独白を含んでいるが、全体としては現代詩であり、オイディプスへの鎮魂歌とも挽歌ともなっている。

静寂と暗闇の中から、「ひたひたひた、ひたひたひたと、漆黒の闇の底になにかが凝り固まってくる」と始まるコロスのフレーズは、そぞろに「した　した　した。耳に伝ふやうに来るのは、水の垂れる音か。たゞ凍りつくやうな暗闇の中で」という折口信夫『死者の書』の冒頭を連想させる。が、それはおそらく偶然ではないだろう。「夢幻能の結構を取り込」んだと作者が言うように、本作のオイディプスは（イオカステも）、ま

撮影＝宮内勝

ず夢から覚醒した死者の霊として登場する。非業の死を遂げた大津皇子のさまよう魂と通い合うものがある。やがて、イオカステ、オイディプス、ライオスとおぼしき話者が、それぞれ回想的独白によって、母子相姦と父親殺しの事実を暗示的に物語ったのちに、中心部分へ移行する。

　中心部分は、原作を忠実にたどったと言っても、発端部すなわちオイディプス王が、国民を疫病から救うためにアポロンの神託を求め、神託は先王ライオスを殺した犯人を捜索して罰せよと言い、予言者テイレシアスは王自身が犯人だと言い、オイディプスはそれを義弟クレオンの陰謀と思い怒る、というストーリーは捨象して、いきなり核心部へ入る。すなわち、先王ライオスが三叉路で殺されたという話を聞いたオイディプスが、自分の記憶と経験に重ね合わせて疑惑に駆られ、コリントスからの使者の話を聞き、さらにライオス家に仕えていた羊飼いを問い詰めた結果、おそろしい真相を知らされることとなり、イオカステの死に直面し、我と我が眼を突き刺すまでの、もっとも戦慄的な展開部分が演じられる。

　そしてまた、オイディプスがクレオンにイオカステの埋葬と二人の娘たちの後事を託してテーバイを立ち去る、という結末は省略して、ふたたびコロスが、死後の世界からの回想と収束を語るエピローグとなる。

　演技陣は、能の櫻間金記・鵜澤久、江戸糸あやつり人形の田中純・塩田雪、現代演劇の笛田宇一郎・岡本章・牧三千子というジャンルを超えた共演である。しかし、プロローグとエピローグはもとより中心の対話劇部分も、オイディプスは誰、使者は誰というように一対一で対応せず、次々と配役が移り変わって行くので、せりふの内包する意味が重層的、複合的に感じられて、まことに興味深い。そして錬肉工房のせりふ術が常にそうであるように、一語一語が身体の内部から衝き動かされて出て来た必然的な表現であると感じさせる。特に今回は、ギリシア劇特有の人生の深淵とか運命との対決というような、根源的なテーマを表現するにふさわしく、地底から響きわたるような朗誦術が生かされた。櫻間金記と鵜澤久の強く深い息遣いから発せられるせりふに魅せられたのは、あながち日ごろ能に親しむ者の身贔屓ではないが、それと同じく、またはそれ以上に笛田宇一郎の発声と朗誦術は表現に幅と奥行きが感じられて説得性が豊かである。田中純の熱のこもったリアリズ

撮影＝宮内勝

ム劇的なせりふも全体とよく調和していた。
　演出に望蜀の願いを述べれば、プロローグ・エピローグ部分と、真ん中の対話劇部分とでトーンの違いのようなものが出てもよかったのではないか、という気もした。

（『能楽タイムズ』二〇一五年六月一日）

音が発する時

村　尚也

　能の櫻間金記や鵜澤久が参加した錬肉工房の『オイディプス』では、暗転の中、俳優たちの意味をなさない声が暫く発せられて始まる。この数日前から眼を故障した私は、半眼になりながらその声のようなものに聴き入っていた。それはまるで、この世に言葉が誕生する暁をイメージさせるものだった。徐々に照明が入り、初めのセリフが発せられると、当然ながらそこには既にロゴスがあり、私の勝手な空想は瞬時に消えた。
　そんな中、俳優たちは抑揚のないセリフの一音々々をあたかも同列の価値として響くように発し、重心をぐっと下げ足を横にスライドさせながら居所を変えて運命の悲劇は坦々と語られて行く。この横這いスリ足の音と、抑揚のないセリフが支配する世界は、様式になり切らない蠢きが、目を自ら突いたオイディプスならぬ半眼の私の聴覚をさまざまに刺激した。人の肉体が発する音の原初的かつ無限の可能性……様式へと整理される以前の混沌としたエネルギーの力強さ。様式とは力の結晶であるのか、衰退であるのか……そんな危うさを能に抱かせた昨今の出来事でもあった。

（『花もよ』第十九号二〇一五年五月）

28. 西埠頭／鵺

〔作〕
ベルナール＝マリ・コルテス／世阿弥

〔構成・演出〕
岡本章

〔初演〕
2017年3月
上野ストアハウス

岡本章の仕事——伝統と実験の間

西堂行人

0　対決する批評と舞台

岡本章と錬肉工房の舞台は、今、日本で批評することがもっとも困難な演劇の一つである。極度に圧縮された舞台、その背後には無数の補助線が引かれ、多くの演劇的知が層をなして巨大な文脈を成している。舞台で発語され、演じられるのはほんの氷山の一角であり、いざその理論の所在を知ってしまうと、こちらの知を最大限に駆使しなければ解明することができない。批評としては、対決を挑まれる舞台なのだ。いわば「演劇の極北」と言うにふさわしい。これが30年以上にもわたって岡本演劇に抱いてきたわたしの考えである。

1　岡本演劇を成り立たせてきた文脈

今回、錬肉工房が上演した『西埠頭／鵺』も例外ではない。まずいくつかの補助線を読み解かなければならない。第一点は現代劇作家、ベルナール＝マリ・コルテスの戯曲『西埠頭』（1983年）という相当難物なテクストだ。亡き佐伯隆幸の翻訳によるテクストを読むと、独特の文体と形式で成り立っており、劇中に発語する台詞とは別に、「エピグラフ」というト書きと見まがうばかりの言説が挟み込まれている。作者は上演に際して、いかようにもしていいと言明しているが、言語素材としてあまりにも自由なテクストは、上演に相当な工夫と知恵を要する。

このテクストに世阿弥の名作『鵺』が複式夢幻能の枠組みをつくり、ヨーロッパの前衛と日本の古典が反照し合っている。文化的融合を目指すの

撮影＝宮内勝

ではなく、むしろ差異をそのまま露呈することで、どのような異次元的舞台が生まれるか。これが第二点だ。

次に、この作品が「現代能楽集」と銘打たれていることの意義である。岡本は当然のことながら、三島由紀夫の「近代能楽集」を射程に入れている。同じ「能楽集」を冠しながら、岡本は「近代」を「現代」に読み換える。そこには演劇史への彼なりの批評＝批判がこめられている。では三島と岡本の違いは何か。それは文学から演劇へ、戯曲言語から身体言語への転生である。三島は謡曲を現代に翻案し書き換えた。中世の時空を現代に置き直したのは、確かに三島の手柄だが、彼は従来の演技には手を付けなかった。新劇の内部にあっては実験的な試みではあったが、その枠を超えることはなかった。１９５０年代といえば、まだアングラも小劇場運動も始まる以前である。それから30年以上経って、岡本は１９８９年の『ＡＹＡＫＯ ＳＥＫＩＧＵＣＨＩのための「姨捨」』を第一作とする「現代能楽集」を起ち上げた。今作が十四作目に当たる。

同じ「現代能楽集」という試みは、その後いくつかなされてきた。坂手洋二の燐光群は複式夢幻能をドラマトゥルギーに取り込んだ。また２００２年より、野村萬斎が世田谷パブリックシアターで若手や中堅作家たちに新作を委嘱し、シリーズ化した。萬斎の意向は、現代演劇の担い手たちに、まず能の古典に触れてもらい、それを実作にも応用してもらおうといった「啓蒙」的な意味合いが強かった。狂言師として長らく伝統演劇を守ってきた彼らしい芸術監督のディレクションだ。その中から、川村毅の『ＡＯＩ／ＫＯＭＡＣＨＩ』や前川知大の『奇ッ怪』など秀作も生まれた。『鵺／ＮＵＥ』と題した宮沢章夫による上演もあった（２００６年）。だがそれらは一種の「翻案」であり、能の文学的展開にはなったが、演劇論的な転換にまで至らなかった。

このような経緯と文脈が背後にある作品を批評する時、岡本個人の来歴も知らなくてはならない。岡本章は、これまでいくつかの軸を持って活動を展開してきた。学生時代に出会った観世寿夫から、能を彼自身の創作の軸に据えた。その後、彼は笠井叡の「天使館」の創設に関わり、舞踏の洗礼を受けた。一九九八年に演出した『無』では、舞踏家・大野一雄と寿夫の弟・榮夫が共演し、二つの軸が合流した。

撮影＝宮内勝

彼は他方で、早大の伝統ある自由舞台に所属し、学生演劇の雄に関わっていた。別役実の『カンガルー』の演出を行なったのも、この時期である。その思想的バックボーンは、彼の師でもあった安堂信也氏が翻訳した、アントナン・アルトーの『演劇と分身』（当時は『演劇とその形而上学』）だった。「錬肉」という言葉には、アルトーの「肉体の錬金術」が入っている。

こうして、能という日本の伝統と舞踏の身体性、現代精神を反映させた演劇観が合体して岡本の演劇思想が立ち現われるのである。その思想は、世界の最前線に位置するベケットやハイナー・ミュラーを通過することで深化し、その延長上にコルテスがあったのだ。

ここでようやく岡本の演出・出演した舞台に出会うことができる。

2 『西埠頭／鵺』の世界構成

世阿弥作『鵺』は、『平家物語』の源頼政の鵺退治が典拠となっている。だが能の後半部は、殺された鵺の側から描かれるところに特徴があり、単なる怪奇ものの武勇伝とは違っている。そこに流れるのは、敗者、非業の死者の叛逆の思いである。他方、『西埠頭』は、米国のとある港に面した一角で、多様な人間たちが織り成す群像劇だ。南米からたどり着いた家族を中心に、難民化した人々の生態が描かれる。故郷や祖国を追われた彼らの不遇が20世紀末の世界の状況を映している。岡本はこのテクストから戯曲のほんの断片、周縁的な位置にいたアバドという黒人や南米から移り住んできた家族に関するものだけを選びとった。

異物として「征伐」された鵺と人種差別・階級差別として排除されたアバド、両者に通じるのは、歴史から消された存在である。この形象を蝶番として、二つのまったく異なる世界＝テクストが表裏一体に並置される。

しかし、二作は文体も違えば、登場人物のあり方も異なる。『鵺』に登場するのは「死者たちのコロス」だ。いわば非人称のたゆたう形象で、近代劇以前のドラマトゥルギーが採用されている。一方、『西埠頭』では近代的キャラクターが台詞を喋る。ここで圧倒的なモノローグを披露するのは笛田宇一郎だ。集団的コロスの群声と、際立った個人の一人語り、二つのテクストから出発する上演はまったく対極的な方向にむかう。観客は思考の大きな飛躍を求められる。

撮影＝宮内勝

笛田は元々鈴木忠志主宰の「SCOT」に20年在籍し、退団後、自ら「笛田宇一郎演劇事務所」を起ち上げ、一人芝居など独自の活動を展開してきた。笛田は決して器用な俳優ではないが、ツボにはまった時の深い集中力には目を瞠るものがある。やはりコルテス作、佐藤信演出の『森の直前の夜』（2014年）では、岸壁から一歩も退けないシチュエーションの中、笛田は直立したまま二時間、途切れることなく語り続けた。理不尽な状況に追い立てられた役柄は、俳優としての己れの問題でもあったのだ。

舞台の底部にあって、始終くぐもった声で語るのは横田桂子だ。正確な台詞回しで、劇に流れる思想の底流を支える。横田は黒テント在籍時代に、『西埠頭』の初演（2006年）に出演している。彼女もまたコルテスの文体を自家薬籠中のものとし、ひたひたと押し寄せる感情の波が低い声の中にくっきりと浮かび上がらせた。

ラスト近く、鵺として登場するのは、舞踏家の上杉満代だ。彼女はそれまでコロスの一員として暴力的な言葉を一身で受け止めてきたが、このシーンでは溜めに溜めたエネルギーを一気に爆発させた。ちょうど笛田の「殺してくれ！」という強い叫びに呼応するように。だが上杉の舞踏的身体は、敗者の鵺でありながら、加害者である頼政にも見え、さらには無名の民衆の生とも重なり合った。一個の身体には多重な相を映し出すのだ。

『鵺』のコロスから言葉を切り出してきたのは、俳優・岡本章だ。演出家であると同時に特権的な俳優である岡本は、清澄で透明な声で語る。岡本の演技で特筆すべきは、終幕、『西埠頭』の言葉を発しようとして、その言葉がことごとく砕け散って音の破片と化してしまうシーンだ。テクストでは、移民の母から発せられるたどたどしい英語が、スペイン語を経由して、ケチュア語（現地語）に転化した、とある。舞台を観たわたしには、岡本の発する声は特定の言語構造を破壊し、身体の根っこから生み出された無国籍の〈音〉のように聞こえた。そこからとうとうと流れ出てくるのは、無数の民衆の生命力であり、歴史に封殺されてきた非業の死者たちの声だった。

『鵺』と『西埠頭』がこの瞬間、出会い、合体する。出会わせるのは、俳優たちの「身体」だ。「現代能楽集」が目指していたのは、まさにこの地点であった。三島由紀夫の企図していた「近代能楽集」を演劇理論として乗り越えようとした岡

撮影＝宮内勝

本の意図は、ここにあったのだ。

3　変わることと　変らないこと

ルーマニア人の演劇学者／批評家のスタンカ・ショルツは、日本の前衛的な演劇人がいかに能に影響を受けたかについて、三人の演劇人を挙げている。すなわち鈴木忠志、太田省吾、そして岡本章である。この三人の前衛的演劇人のうち岡本が他の二人と異なるのは、彼が身体の実践者であるという点だ。彼は「生きた教材」として、自らのメソッドを実践する。事実、今作でも一種の「聖なる俳優」として岡本の存在は際立っていた。透き通った声質、闇の奥深いところから起ち上がってくる声の出現は、劇の起源に立ち会っている思いがする。それは野外でギリシア劇を聴くような清澄な調べをたたえていた。

卓越した身体表現者の前では、物語の難解さやつじつまの合わなさが凌駕されてしまう瞬間がある。それが読み物としての文学と身体を使った演劇の違いである。岡本の実践は、その生きた例証であろう。

冒頭で、岡本を「演劇の極北」とし、批評が困難な舞台だと言った。観劇において通常要求されないレベルの思考が彼の舞台では促されるからだ。難解さや思考の実験が遠ざけられてきた現在にあって、岡本は終始一貫して、実験を手放さず、試行し続けてきた。その姿勢が、いつしか彼を「極北」の位置へと押し上げていった。

岡本章が演劇を開始した1970年代は舞台と批評はせめぎ合っているのが当たり前だった。80年前後に錬肉工房の舞台に接したわたしは、いまだ思考を挑発し続ける彼の活動に、変わらぬ「演劇の運動」の継続を見る。その変わらなさは有為転変する現代演劇では貴重である。それは同時に、つねに新しく変わり続けることと同義なのである。

（『テアトロ』二〇一七年六月号）

〈鵺〉美しさへのこだわり

三宅晶子

去る三月一〇日、錬肉工房創立45周年記念公演『西埠頭／鵺』（上野ストアハウス）を見た。フランスの劇作家ベルナール＝マリ・コルテスの『西埠頭』と世阿弥の〈鵺〉をジョイントさせた意欲

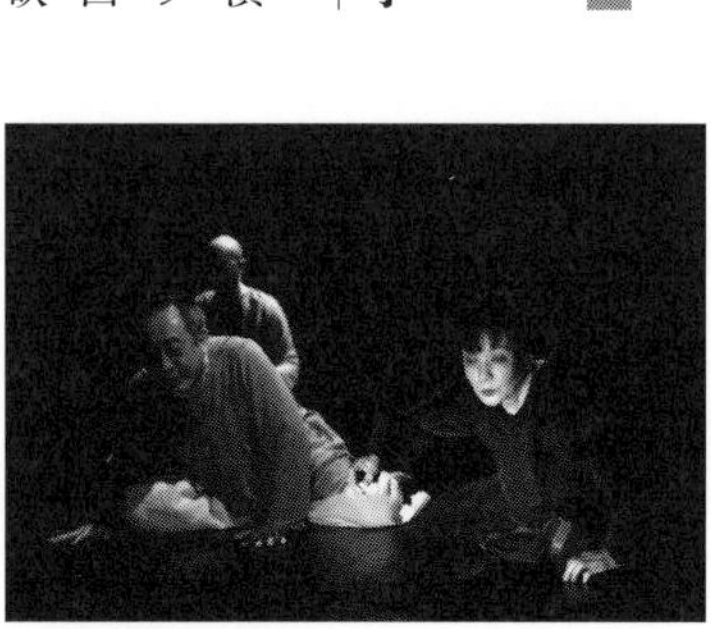

撮影＝宮内勝

作で、主宰の岡本章が構成・演出・出演も兼ねていた。

「ニューヨークの辺境の埠頭に流れついた、内戦で敗北した南米移民の一族。西欧＝資本主義の枠から排除され、追いやられ、圧殺された人々の姿を描く」（チラシ）『西埠頭』と、「単なる怪奇ものではなく、敗者である反逆者の内奥の孤独、虚無、暗闇を鋭く見定め、詩情に富んだ」（同右）能〈鵺〉のテキストを並置・再構成したものである。

能の詞章が、佐伯隆幸による翻訳の台詞劇の合間に挿入されることによって、言葉・表現法・背負っている世界の異質性がぶつかり、不思議な相乗効果を上げて、表現者達の巧みな語りや身体性によって、魅力的な舞台が作り上げられた。

一つ、気になったことがある。〈鵺〉は最後に救われるのか否か、観客は救いの可能性を見ることができるのか否かである。岡本本人に確認したのだが、まったく救いのない暗闇と考えている。だからこそ『西埠頭』の描く世界と合致できるのだろう。

私自身は以前から、終曲部の演じ方には二通りありうると考えていた（「動き出すことば」『能と狂言』12号）。しかしこの劇を見て、逆に能〈鵺〉、世阿弥の作った〈鵺〉は、絶望では終わらないという思いを強くしたのだ。

山の端の月と共に「海月」も入ってしまい、海月と共に、救いようのない暗闇に鵺の霊魂はまた帰って行くのだと言っているように見える。けれども

> 冥きより、冥き道にぞ入りにける、遙かに照らせ山の端の、遙かに照らせ、
> 山の端の月と共に、海月も入りにけり、海月と（古くは「も」とも）共に入りにけり。

傍線部は『拾遺和歌集』哀傷巻所収の和泉式部の歌を踏まえている。性空上人に贈った歌で、第三句は「入りぬべき」で、「このままでは罪深い私は煩悩の闇から地獄の闇に墜ちてしまうだろう。どうか山の端にある真如の月（性空上人）よ、遙かに照らして極楽まで導いてほしい」という。『古本説話集』や『無名草子』では、和泉式部はこの歌のおかげで成仏できたと伝える。人口に膾炙した名歌である。たとえエピソードを知らなくても、歌を聞いただけで救われるような気持ちになれる。歌の持つ力とでも言おうか、これが最後

に引用されている意味は大きいだろう。歌が謡われている間観客は、浄土に導く月が煌々と照る情景を思い浮かべ、救われるような感じになる。最後は演者の考え方次第で、希望・絶望どちらに終わらせることも可能であろう。

『西埠頭／鵺』を見て、現代の演者はさておき、少なくとも世阿弥は、希望で終わらせているのだと悟った。

世阿弥は「当世はなんでも祝言であることが基本なので、あまりに悲しみ一色にしない方が良い」（『五音曲条々』）と述べているが、能一曲の作風を見ても、幽霊は成仏するか、ワキの僧の供養によって成仏できるのだろうと思わせる結末を持っている。物狂能では別れていた親子や夫婦が必ず出会って大団円を迎える。

そのような世阿弥らしさの法則を当てはめる必要もなく、決定的な理由は、言葉の美しさである。引用した謡は、残酷な紋切り型と違って、暗示的でニュアンスに富む。絶望を表現するのには向かない。

『西埠頭／鵺』で〈鵺〉の詞章は、謡として謡われたのではなく、どちらかというと平板な語りだったのだが、どの部分も聞いていて美しかった。それは演者の巧みさの故であろうが、世阿弥の詞章の特色でもあるのだろう。耳に心地よい響きであり、違和感のない言葉続きであり、深く広がる意味の世界がある。特に終曲部分は比類無い美しさで、それだけで救いを感じてしまうのである。

これこそが世阿弥である。

（『花もよ』第三十一号二〇一七年五月）

身体そのものの言葉

志賀信夫

錬肉工房というと、舞踏グループのように聞こえるが、舞踏ではない。身体表現を中心に据えた演劇集団である。率いる岡本章は学生時代から早稲田の自由舞台、そして能の「観世会」に参加しており、舞踏家笠井叡、大野一雄とも関わり、一九七一年、設立したのが錬肉工房である。以降、四六年にわたり、ハイナー・ミュラーの『ハムレットマシーン』や新作能、ジャン・ジュネの『女中たち』や『月光の遠近法』、『オイディプス』などを上演し、イタリアやルーマニアなどで海外公演も行っている。

　まず錬肉工房に注目したのは、一九九八年に渋谷のシアターコクーンで上演されたコクーン現代能『無』である。構成・演出を岡本章が担当し、大野一雄と観世榮夫が競演した舞台は、岡本が関わってきた舞踏と能のリアルな遭遇であり、そしてこの二つの違いをはっきり見せたという意味でも、意味のある試みだった。一見、緩慢な動作や静謐な舞台で類似性を指摘されかねない舞踏と能だが、表現の形式を打破する舞踏、特に自由な踊りとしての大野一雄の舞踏と、様式美を極めてきた能はまったく異質な存在である。

　だが、岡本の中では身体性と精神性という点で、その二つが一つになっていると考えられる。また、岡本の舞台には、大野一雄の弟子でもある舞踏家上杉満代がしばしば参加してきたが、今回、上野ストアハウスで上演された『西埠頭／鵺』でも大きな役割を果たしていた。

　この作品は能の有名な『鵺』と、フランスの劇作家ベルナール＝マリ・コルテスの『西埠頭』を合わせて上演するという大胆な試みである。『鵺』は、天皇を病にして源頼政に矢で打たれて退治され、うつほ舟で流された怪物の鵺が、旅の僧に弔われて月とともに闇に消える話である。鵺は頭は猿、尾は蛇、手足は虎で、鳴く声が鵺《トラツグミ》に似ているということだ。実際の鵺の声は高音の口笛のようで、音としてはまったく不気味ではないが、あたかもだれかが口笛を吹いているようで、人がいるように思えたから怖がられたのかもしれない。

「悲しきかなや身は籠鳥、心を知れば盲亀の浮木、ただ闇中に埋木の、さらば埋れも果てずして、亡心何に残るらん」と、『鵺』の語りで始まる岡本の舞台は、長年能を学ぶ岡本と、近年岡本の舞台に出ている元早稲田小劇場の笛田宇一郎を中心とした声の力がまず圧倒する。そして同時に、漆黒の舞台にいる八人の演じ手が、二人、三人、五人と数人ずつ前に出て、照明が当たると、言葉を発し演じるという、極めて削ぎ落とした構成によって、それぞれの言葉と身体が迫ってくる。つまり、語られる言葉と身体が合わさって、身体表現そのものとして観客をとらえるのだ。

　特に笛田は早稲田小劇場の特徴である低い地を這うような声の力が圧倒的だが、岡本も鍛えた声でそれに応える。実は鈴木忠志のスズキメソッドは、身体訓練の歩行には能の動きを取り入れており、この舞台に親和性が高い。そこに言葉を発し

撮影＝宮内勝

ない上杉満代の舞踏が静かに絡むと、最強ともいっていい。

ベルナール＝マリ・コルテスはフランス生まれだが、名前の通りスペイン系の血を持ち、中南米やアフリカなどを放浪し、『西埠頭』ではニューヨークに住む南米移民の家族の物語を描く。米国の大戦に駆り出されて戻った父、次第にスペイン語、そしてインカ帝国のケチュア語混じりで、悲惨な生活の呪詛を語る母。岡本が『鵺』と『西埠頭』のテクストを交互に配して一体化したことで、舞台では、移民の父母の怨念の強い言葉と鵺の怨念が混じり合い、身体そのものの言葉と化すのだ。物語としての意味ではなく、それぞれ発せられる言葉そのものを丸ごと体験することにより、私たちは濃密な言葉と身体の本質的な闇に触れるのだ。

ここ数年、錬肉工房の舞台は見続けているが、『西埠頭／鵺』はそのなかでも最も優れた作品だと感じている。なお、このコルテスの『西埠頭』を訳した佐伯隆幸氏が、二〇一七年一月二一日に亡くなった。演劇集団68／71（劇団黒テント）創立に参加し、その後、演劇評論家、フランス文学者として活躍して、多くの著作、そして、多くの翻訳がある。近年舞台でお会いすることも多かった。ご冥福をお祈りする。

（『ＴＨ　トーキングヘッズ叢書』第七十号二〇一七年五月）

※一部の演劇批評で、
収録スペースの都合で部分転載になっています。

ハムレットマシーン［撮影＝宮内勝］

あとがき

能という演劇と出会い、五十年近くになる。私が能を見始めたのは一九六〇年代後半で、もちろん当時は、能を現代に開き、活かす活動にその後自分が携わるとは思ってはいなかった。周知のように、その頃は社会や文化状況が激しく動き、芸術表現の領域も活気があって、演劇や映画、美術、音楽と様々なジャンルの表現の場に足を運んだ。その中でも特に興味惹かれたのが演劇などの舞台芸術で、現代演劇や舞踏など色々と見歩いたが、同じ頃に能とも出会い、魂を揺さぶられた。今もありありと記憶に残っているのが、六九年に観世寿夫氏が演じた世阿弥の名作『砧』の前場のシーンである。

シテの妻は、九州で孤閨の悲しみをかみしめながら慕情をつのらせ、夫に恋慕の思いを伝えようと一心に砧を打つ。そして、そのクライマックスのクセが終わると、都から今年も帰らぬと知らせが入る。夫がいよいよ心変わりしたものと思い、張りつめていた心の糸が切れ、「さてははやまことに変り果て給ふぞや」の所で、シテはシオリながら膝を崩し安座する。その場面を見ていて戦慄が走った。奇妙なことに、膝を崩したシテの体が一瞬すっと床板の下にまで沈み込んでしまったように思われた。そしてその膝を崩すわずかな動きによって、直後の妻の死が、地獄での苦しみが先取りして生きられ、同時に私たちの存在の根底の虚無が露呈し、全てを容赦なく空無化してしまう非情な時の流れの重みが浮かび上ってきたのだ。これには驚かされた。一体どのような演技のあり方、声や身体性の工夫、仕掛けがそこには存在しているのか。

その数か月後、同じ観世寿夫氏の『井筒』も見、深い感銘を受けるのだが、こうした出会い、原体験が、その後の、夢幻能の演技や身体技法を射程に入れ、多様なジャンルの共同作業の中で能の本質的な構造を浮き彫りにし、さらにそれが、これまでにない新鮮な「現在」の表現として現出することを目指すといった、「現代能楽集」の連作の試みの基盤となった。

本書では、「現代能楽集」の連作を軸として、多面的な角度から長期間に亘る鍊肉工房の営為の意味、内実が捉え返されているが、能の本質を問い直し、また持続的に能と現代演劇、現代芸術との横断的な交流の共同作業の場を設え、展開していくことは、一劇団の仕事としては、組織的、経済的にやはり困難を強いられる所もあったことは確かだ。しかしある手応えを持ち、これまで途切れることなく積極的に挑戦の作業を持続、展開することが出来てきたのは、能との切実な出会いの体験の意味を問い直すことが、同時に現代演劇や現代芸術の根底の問題、またさらには日本の文化や社会の構造を貫く大きな課題とも結びついてくる所があったからだと思われる。

そして何より重要だったのは、能・狂言をはじめ、現代演劇、舞踏、ダンス、現代音楽、現代美術、現代詩など、共同作業に参加していただいた多くの意欲的な表現者の方々の存在と、出会いである。「現代能楽集」の連作の共同作業では、それが単に相互の手の内の技芸の寄せ集めの縮小再生産ではなく、一度離れ、絶えず各ジャンルの根元のゼロ地点に戻っての探求の試みとなったが、そうした長期間の実験的、根源的な格闘の作業の積み重ねの中から、貴重な発見や成果も挙がり、持続、展開してきた。このような挑戦の試みに、積極的にご参加、ご尽力いただいてきた共同作業者の皆様に、心から御礼を申し上げたい。またそれとともにこの連作の作業では、本書に収録されているように、多様な領域で活躍する表現者、研究者の方々にご出席いただき、継続的にシンポジウムや講演会、そして座談会、対談の機会を持ってきた。それは実践活動を持続的に行っていくと、すぐに方向付き、固定化してくるわけで、そのような事態に絶えず揺さぶりをかけ、問い直し開いていく必要性を痛感してきたからであった。こうした実践と理論の往復運動の試みにご理解、ご助力いただいてきた方々に深い感謝の思いを述べたい。さらに本書では、書き下ろしの論考とエッセイを収録している。それは「現代能楽集」の連作の試み、そして錬肉工房の持続的な実践活動の意味や内実が、より立体的に浮き彫りになればと考えられてのことであった。批評家、研究者の方々による論考では、距離感を持って営為が対象化され、多面的な角度から明瞭に分析が行われ、また表現者の方々のエッセイからは、共同作業の場のあり方や問題意識が具体的に語られ、奥行きを持って作業過程が浮かび上ってくる。力作の論考、エッセイをご執筆していただいた皆様に、厚く御礼を申し上げたい。

最後に、長丁場で多岐に亘る本書の編集に、熱意を持って取り組み纏めていただいた、論創社の森下雄二郎氏に御礼申し上げるとともに、これまで活動の初期から、様々な形でご助力いただいてきたすべての方々に衷心より謝意を表したい。

二〇一八年六月

岡本章

執筆者紹介

岡本章（おかもと・あきら）
一九四九年奈良生まれ。演出家・俳優。錬肉工房芸術監督。早稲田大学第一文学部演劇専修卒業。一九七一年の創設より錬肉工房を主宰し、全作品の演出を行う。二〇〇六年から二〇一八年まで明治学院大学文学部芸術学科教授を務める。二〇一六年度第38回観世寿夫記念法政大学能楽賞受賞。主要演出作品として、現代能『水の声』、現代能『無』、『ハムレットマシーン』、『オイディプス』、『西埠頭／鵺』など。海外公演は、イタリア・サンタルカンジェロ演劇祭、韓国・華城国際演劇祭、ルーマニア・シビウ国際演劇祭、モルドバ・BITEI国際演劇祭に招聘参加。著書に、編著『錬肉工房・ハムレットマシーン全記録』、『大野一雄・舞踏と生命』、共編著『武智鉄二　伝統と前衛』。

上杉満代（うえすぎ・みつよ）
福岡に生まれる。舞踏家。幼少よりバレエを学び、一九七〇年より舞踏家大野一雄に師事。一九七五年舞踏ソロ公演『紅蓮夜曲』にて極私的舞踏の追求を始める。他者との出会いの作業として、演劇や仏ダンサーとの公演などに参加。マダムメランコリア『夢六夜』にて二〇〇九年舞踏批評家協会賞受賞。

鵜澤久（うざわ・ひさ）
一九四九年生まれ。観世流シテ方能楽師。重要無形文化財総合指定能楽保持者。「銕仙会」理事。父鵜澤雅、観世寿夫、八世観世銕之亟に師事。三歳で初舞台。『乱』、『石橋』、『道成寺』、『卒都婆小町』、『鸚鵡小町』、『檜垣』を披曲。演能活動、海外公演、現代演劇出演など多角的に活動。川崎市文化賞受賞。

梅若実（うめわか・みのる）
一九四八年生まれ。シテ方観世流能楽師。五十五世梅若六郎の次男。父及び祖父（二世梅若実）に師事。初舞台は三歳。二〇〇八年に梅若六郎改メ二世梅若玄祥を襲名。芸術祭優秀賞、芸術選奨文部大臣新人賞、観世寿夫記念法政大学能楽賞、芸術院賞など受賞。芸術院会員。紫綬褒章受章。重要無形文化財各個認定保持者（人間国宝）。

大野一雄（おおの・かずお）
一九〇六年函館生まれ。舞踏家。体育教師として教鞭をとる傍ら、モダン・ダンスを学ぶ。60年代の土方巽との共演等を経て、一九七七年に71歳で発表した独舞踏『ラ・アルヘンチーナ頌』が高い評価を受け、一九八〇年にはナンシー国際演劇祭で海外デビュー、世界の舞踊界に衝撃を与えた。以後、世界各地で公演を行い、「Butoh」の名を世界的なものとした。二〇一〇年没。

小田幸子（おだ・さちこ）
一九四九年東京生まれ。能・狂言研究家。博士（文学）。法政大学大学院修了。主要研究テーマは、能・狂言の作品研究と演出史研究。復曲・新作・古演出のドラマトゥルクとして、研究と舞台をつなぐ活動も行なっている。論文に「能の舞台装置上・下」、「能の演技と演出」など。台本作成に、新作能『野馬台の詩』、復曲能『名取ノ老女』（小林健二氏と共同執筆）などがある。

観世銕之亟（八世・静雪）（かんぜ・てつのじょう）
一九三一年－二〇〇〇年。観世流シテ方能楽師。本名静夫。七世観世銕之丞（雅雪）の四男。青年時代より兄の寿夫、榮夫とともに観世三兄弟と呼ばれ、戦後の能を名実ともに担う。能の復曲・新作上演やジャンルを越えた舞台芸術にも積極的に取り組む。紫綬褒章、日本芸術院賞、芸術選奨文部大臣賞など受賞。重要無形文化財個人指定保持者（人間国宝）。

観世榮夫（かんぜ・ひでお）
一九二七年－二〇〇七年。観世流シテ方能楽師。七世観世銕之丞（雅雪）の次男。観世の家に生まれながら22歳で喜多流に移る。兄寿夫、弟静夫とともに能界に新風を吹き込み、32歳で能界を離れて演劇やオペラの演出、舞台や映画への出演など意欲的に活動。52歳で観世流に復帰、能役者として重厚な舞台を創る。芸術選奨文部大臣賞など受賞多数。

櫻間金記（さくらま・きんき）
一九四四年生まれ。能楽師（公益社団法人能楽協会シテ方金春流）。日本能楽会（重要無形文化財総合指定保持者団体）会員。八才にて初舞台。以後演能活動を行いながら、新作能（『晶子みだれ髪』・『不知火』・『三酔人夢中酔吟』など）、オペラ『カーリューリヴァー』演出、錬肉工房公演出演など、新しい試みに参加。観世寿夫記念法政大学能楽賞受賞。

高橋康也（たかはし・やすなり）
一九三二年－二〇〇二年。東京大学名誉教授。ケンブリッジ大、プリンストン大、トロント大客員教授を歴任。日本英文学会会長、日本シェイクスピア協会会長、国際シェイクスピア学会副会長。英国CBE受勲。シェイクスピアを狂言化した『法螺侍』と『まちがいの狂言』の作者。主著に『エクスタシーの系譜』、『ノンセンス大全』、『道化の文学』、『ベケット大全』。

高柳誠（たかやなぎ・まこと）
一九五〇年名古屋市生まれ。詩人。同志社大学文学部卒。『卵宇宙／水晶宮／博物誌』でH氏賞、『都市の肖像』で高見順賞、詩画集三部作『月光の遠近法』『触感の解析学』『星間の採譜術』で藤村記念歴程賞を受賞。他に最新詩集『放浪彗星通信』、全詩集『高柳誠詩集成Ⅰ・Ⅱ』、評論集『リーメンシュナイダー』『詩論のための試論』など。

竹本幹夫（たけもと・みきお）
一九四八年東京生まれ。能楽研究。一九八〇年四月実践女子大学専任講師・後助教授。一九八七年四月早稲田大学文学部助教授・後教授。二〇〇一年坪内博士記念演劇博物館副館長・後館長（二〇一三年三月まで）。現在、早稲田大学文学学術院教授。博士（文学・一九九七年早稲田大）。主著『観阿弥・世阿弥時代の能楽』（一九九九年明治書院）、『風姿花伝・三道』（二〇〇九年角川ソフィア文庫）など。

田中純（たなか・じゅん）
糸あやつり人形師。一九三四年十代目結城孫三郎の長男として生れる。一九三九年初舞台。一九五七年『きりしとほろ上人伝』に出演し、作品は芸術祭賞・団体賞受賞。一九七一年、ナンシー国際演劇祭に招待参加。一九七二年第十一代結城孫三郎を襲名。一九九〇年に結城孫三郎の名を返上し、結城座を離れ、独自の公演活動を開始する。著書に『傀儡師一代』など。

那珂太郎（なか・たろう）
一九二二年―二〇一四年。詩人。東京帝国大学国文科卒業。玉川大学教授。『音楽』で室生犀星詩人賞、読売文学賞、『空我山房日乗其他』で芸術選奨文部大臣賞、『幽明過客抄』で現代詩人賞、『鎮魂歌』で藤村記念歴程賞、一九九四年に日本芸術院賞恩賜賞受賞、同年芸術院会員、一九九五年、勲三等瑞宝賞受勲。萩原朔太郎研究の第一人者でもあった。

新野守広（にいの・もりひろ）
一九五八年生まれ。ドイツ演劇翻訳・研究。立教大学教授。著書に『演劇都市ベルリン』（れんが書房新社）、『知ってほしい国、ドイツ』（共著、高文研）、訳書にレーマン『ポストドラマ演劇』（共訳、同学社）、マイエンブルク『火の顔』、ローアー『最後の炎』（ともに論創社）など多数。第2回小田島雄志・翻訳戯曲賞受賞。

西堂行人（にしどう・こうじん）
一九五四年生まれ。演劇評論家。明治学院大学文学部芸術学科（演劇身体表現コース）教授。演劇講座、雑誌編集、シンポジウムなどに多数関わる。著書に『ハイナー・ミュラーと世界演劇』『劇的クロニクル』（論創社）『〔証言〕日本のアングラ』『蜷川幸雄×松本雄吉―二人の演出家の死と現代演劇』（作品社）。編著『唐十郎特別講義』（国書刊行会）他多数。

野村萬（のむら・まん）
能楽師（狂言和泉流）。一九三〇年、故六世万蔵（人間国宝）の長男として東京で生まれる。父に師事。4歳で初舞台を踏む。一九九三年七世万蔵を襲名、二〇〇〇年初世萬を名乗る。現在も多くの舞台で活躍する傍ら、能楽協会理事長など各芸能・芸術団体の要職を多年に亘り務め、広くわが国文化の振興発展に尽力している。重要無形文化財狂言保持者各個指定（人間国宝）、日本芸術院会員、文化功労者。

羽田昶（はた・ひさし）
一九三九年、東京生まれ。国学院大学文学部卒。高校教諭、東京国立文化財研究所研究員、武蔵野大学教授を経て、現在、東京文化財研究所名誉研究員、武蔵野大学客員教授。能・狂言の研究と評論に従事。著書に『昭和の能楽　名人列伝』（淡交社）、共著に『能の作者と作品』（岩波書店）、『能楽大辞典』（筑摩書房）など。

笛田宇一郎（ふえだういちろう）
一九五〇年生まれ。一九七六年劇団早稲田小劇場入団。リア王、ディオニュソスなどを演じる。一九九五年第二回読売演劇大賞優秀男優賞受賞。一九九六年笛田宇一郎演劇事務所設立。数々の舞台を演出し海外で演技指導を行なう一方、俳優として実験的な演出家の舞台に持続的に出演。著書『二十一世紀演劇原論』、『身体性の幾何学（エチカ）Ⅰ』。

藤枝守（ふじえだ・まもる）
作曲家。九州大学大学院芸術工学研究院教授。カリフォルニア大学サンディエゴ校音楽学部博士課程修了。博士号（Ph.D. in Music）を取得。植物の電位変化データに基づく《植物文様》を展開。著書として『響きの考古学』、CDには《ゴシック・ハープの植物文様》など。《夜の歌》や《甕の音なひ》、《織・曼荼羅》などの舞台作品も手がける。

古屋和子（ふるや・かずこ）
京都生まれ。ひとり語り、ストーリーテラー。早稲田小劇場を経て一九七八年より語りを始め、平家、近松など古典を主に取り組む。また北米各地の語りのフェスティバルに出演すると共に、先住民居留地を訪れ語りを交換。二〇一〇年、豊田文化功労賞。二〇一二、二〇一八年に錬肉工房公演「現代能『春と修羅』」に出演。

横田桂子（よこた・けいこ）
埼玉県出身。俳優。早稲田大学第一文学部文芸科卒。ギニヤ大使館勤（仏語秘書）などを経た後、劇団黒テント演劇学校、オペラの学校から同劇団員（一九八三～二〇一三）となり全国テント公演、海外公演に参加。退団後はフリー。また二〇〇五年より筑前琵琶を学び語りの活動も行う。演劇、琵琶、共に仏演劇人とのコラボ多数。

四方田犬彦（よもた・いぬひこ）
映画史・比較文学研究家。エッセイスト。詩人。近著に『ルイス・ブニュエル』『署名はカリガリ』『神聖なる怪物』『親鸞への接近』『詩の約束』が、詩集に『人生の乞食』『わが煉獄』が、翻訳書に『パゾリーニ詩集』がある。また編著に『大島渚著作集』全4巻、『日本映画は生きている』全8巻がある。伊藤整文学賞、桑原武夫学芸賞、芸術選奨文部科学大臣賞など受賞。

渡邊守章（わたなべ・もりあき）
一九三三年生まれ。京都造形芸術大学客員教授。東京大学名誉教授。専門はフランス文学、表象文化論。演出家。「空中庭園」主宰。著書に『越境する伝統』等。訳書にクローデル『繻子の靴』（毎日出版文化賞、日本翻訳文化賞）、バルト『ラシーヌ論』（読売文学賞受賞）、個人訳『マラルメ論集』等。フランス共和国芸術文化勲章、フランス共和国国家功労勲章。

「現代能楽集」の挑戦　錬肉工房 1971-2017

The Challenge of "Contemporary Noh Performance"
The Work of Ren'niku Kobo 1971-2017

２０１８年10月１日　初版第１刷印刷
２０１８年10月10日　初版第１刷発行

編著　岡本章
発行者　森下紀夫
発行所　論創社
東京都千代田区神田神保町２－23　北井ビル　電話 03（３２６４）５２５４　振替口座 ００１６０－１－１５５２６６
ブックデザイン　宗利淳一
ＤＴＰ　フレックスアート
印刷・製本　中央精版印刷

ＩＳＢＮ９７８-４-８４６０-１７１０-１